雪之寓所、神話起點與人類的歷史

HIMALAYA

喜馬拉雅

A HUMAN HISTORY

ED DOUGLAS

艾德・道格拉斯——著　呂奕欣——譯

目錄

一　朝聖／9
二　起源／29
三　探險先驅／43
四　消失的王國／69
五　世外桃源的建築師／93
六　廓爾喀的興起／121
七　通往西藏的要道／143
八　貿易戰爭／169
九　通往薩高利的艱難之路／195
十　喜馬拉雅山區的地圖繪製／221
十一　暴君與學者／251
十二　穿越邊境／291
十三　禁城／323
十四　植物獵人／355
十五　登山先鋒／389

十六　聖母峰的外交風雲／415
十七　烏托邦／455
十八　登頂狂熱／491
十九　暗牢之歌／527
二十　珠峰之爭／555
誌謝／583
參考資料說明／585
參考書目／589

生老病死宛如河川，向前奔流，沒有渡口，沒有橋梁……你是否為自己準備好一艘船？

——佛教大瑜伽士帕當巴・桑傑（Dampa Sangye，逝於一一一七年）

這是流言蜚語之地：
往下挖掘探看，你什麼都找不到
而流言蜚語
在家家戶戶底下累積，
因此這是流言蜚語的土地，
一個立於流言蜚語之上的國度，
一個自流言蜚語而興起的國度……

——尼泊爾詩人布皮・謝爾尚（Bhupi Sherchan, 1935–1989）

獻給喜馬拉雅山區的人民，無論身在何方

一　朝聖

大地問毗濕奴：「為何你以山岳之形現身，而非以己身型態？」毗濕奴答道：「山中存在之喜悅，優於眾生中所存，因山無感於熱，無感於冷，無痛、無怒、無懼、無歡。吾等三神將以山岳之形居住大地，護佑眾生。」

一九九五年夏末，我搭機到印度，展開攀登喜馬拉雅山的初體驗。那是將近四分之一個世紀以前的事，當時季風威力依然強烈，德里的部分地區已成水鄉澤國，許多地勢較低的街道淹沒於泥黃色的水中。我們在雨中搭乘巴士往北行，到瑞詩凱詩（Rishikesh）停留過夜，這座小鎮就位於河水暴漲的恆河岸邊。一九六八年，披頭四曾來此處，向瑪哈禮師・瑪赫西・優濟[1]學習超覺靜坐，在無數西方年輕人之間掀起東方靈修的風潮。「我嗑了迷幻藥（LSD）之後，」披頭四吉他手喬治・哈里森（George Harrison）憶道，「有個念頭縈繞心頭，揮之不去：『喜馬拉雅山區瑜伽士』……這是我前往印度的部分

1　瑪哈禮師・瑪赫西・優濟（Maharishi Mahesh Yogi, 1918-2008）：瑜伽大師，超覺靜坐運動的創始人。

原因。欣賞拉維．香卡[2]和西塔琴只是我的藉口；雖然也很重要，但這趟旅程真正的目的是尋找靈性的連結。」過了很久以後，我才明白自己曾被同一波文化熱潮的最後一道大浪打上山區：一九八〇年代初期，我人在郊區房子的樓上臥室，聽著老舊的巴布．狄倫（Bob Dylan）唱片，閱讀登山英雄在高聳參天、遙遠神祕的喜馬拉雅山所發生的故事。

隔天，我們抵達因傾盆大雨而幾乎是泡在水裡的山區。所有道路都被雨水淹沒，巴士車頂上方的崖面霧氣瀰漫，濃濃雲霧籠罩山峰。在距離當時隸屬於北方邦（Uttar Pradesh）的根戈德里（Gangotri）村外大約一哩處，巴士突然停下。在雨水的沖刷下，巨大的花崗岩石鬆動，落石從上方懸崖滾落。若要搶通道路，得動用炸藥和推土機，就目前看來，這裡已是道路盡頭。我們往上盯著不穩定的斜坡，不知何時又會發生落石，不免憂心忡忡，只想趕緊離開。幾個精瘦的男子在巴士旁眼巴巴地咧嘴而笑，他們穿著薄薄的棉短褲和上衣，只靠著肩上披著的塑膠布擋雨。講定價格之後，他們扛起我們的裝備，繼續前往村子，我們跟在後面，撐傘遮雨。眼前景象如同我發現了一扇寫著「冒險」的門，一腳踏進其中。

喜馬拉雅山的氣勢壯闊令人目眩：這地方不能只靠肌肉，還需要類固醇。我第一次遠征時，感覺山的力道不僅勢不可擋，甚至有壓迫感。此間的一切皆比我經歷過的更是巨大，無論是山峰本身、河川、落石、雪崩、冰河，或傳說及神話。從印度大平原來看，喜馬拉雅山脈猶如一堵白牆，是遙不可及的夢想城堡，也是分隔南亞與中亞、中國與印度的壁壘。各方在各自的邊境山區角逐利益，通常會以當地居民為代價，例如中國占領西藏。一九六二年，世上人口最多的兩大國甚至在喜馬拉雅山區交戰。

世界上沒有多少地方的地理環境，能如此深刻啟發人的想像。地球上固然有更長的山脈：安地斯山脈（Andes）綿延七千公里，為世界之最，但是談到高度，喜馬拉雅山睥睨群雄。這山區本身隸屬於龐大的高地區域，而高地區域為四千公里的新月形，西起吉爾吉斯，東至緬甸，包含帕米爾山脈、興都庫什山脈以及喀喇崑崙山脈。地球上超過七千公尺的高山約有四百座，全數位在此地區，其中有十四座為八千公尺以上的奇山。

喜馬拉雅山脈位於這區域東部，占全區三分之二，面積為六十萬平方公里，西臨印度河，東為布拉馬普特拉河（Brahmaputra），緯度與中東、北非、德州和墨西哥北部相當。山脈的兩端分別為兩座大山，其一是巴基斯坦的南迦帕爾巴特峰（Nanga Parbat），另一則是南迦巴瓦峰（Namche Barwa），西藏最大河流雅魯藏布江在此往南大拐彎，到了印度就稱為布拉馬普特拉河。這個區域也有一部分屬於世上最高、最大的高原——青藏高原，其面積為法國的五倍，平均高度為四千五百公尺，人稱「世界屋脊」。

喜馬拉雅山區的樣貌千變萬化，多元性令人稱奇。其西部為印度拉達克（Ladakh）與藏斯卡（Zanskar）區，屬於半沙漠地帶，一年到頭大多乾燥寒冷。東邊則為布拉馬普特拉河的分水嶺，潮濕程度舉世無雙，年降雨量超過十公尺。異質性最明顯的地方，莫過於喜馬拉雅山的垂直地勢。攀爬高度每上升一公里，平均溫度就會下降攝氏六度以上。從這方面來看，海拔高度就像緯度，在山上登高幾公里，就相當於行經幾千公里的緯度，從熱帶來到兩極冰帽。喜馬拉雅山脈和喀喇崑崙山脈的冰河蓄存大量的冰，因此地理學家稱這個地區為地球的第三極，只是隨著全球暖化，冰河正快速融化。

海拔高度、氣候以及其壯闊只是這山脈最初予人的震撼。就像光線透過晶體散射，山嶺形成複雜的三度空間，深深影響此間的自然多元性及居住本地的人口。不了解喜馬拉雅山區的人，往往會以為這些山脈是自然荒野。事實上，這山區支撐著約五千萬人口，其多元性毫不亞於他們所居住的地景——這

2 拉維・香卡（Ravi [Shankar]）：印度民族音樂家、西塔琴演奏家。

地方匯聚著世界三大宗教：印度教、伊斯蘭教與佛教。喜馬拉雅山區每座谷地的人類史，皆和地理環境密切相連，向陽坡或背風的山坡，相較於缺少這些優勢的鄰近地帶，會更適宜人居。只消看一眼，便看得出陰影中的峽谷和躲在山脊線背風面的一小塊平坦向陽地有何不同。這裡的地形光是規模，就出乎意料地深深影響著人類活動，最終亦影響了生理機能。不久以前，要在這裡行動，只能仰賴步行或騎乘動物。想在喜馬拉雅山區中海拔的山脊村莊展開一天，可沒那麼輕鬆。若眺望谷地對面的鄰村，就會知道要耗上大半天才能抵達對面：天色未明，就得先往下幾千呎，來到山谷下方的河邊，接著，在午後的炙熱驕陽下，費力登上對面斜坡。和其他地方一樣，水最是重要，能給予生命，也能奪走生命，而在喜馬拉雅山區甚至是能雕琢山脈的建築師，水，先以冰河的樣貌出現，之後則是洶湧的融雪和雨水，撕扯並沖刷山脈。登山是困難的，而且是非必要、令人難以理解的奢求。山脈是神之地，不是人的居所。河川屬於神，也屬於人。對於居住在這些山脈之間的人而言，河川所帶來的好與壞，遠非造訪者能輕易感受。

為了攀登西夫凌峰（Mount Shivling），我們來到印度喜馬拉雅山區的加瓦爾專區（Garhwal），這座山峰宛如一顆碎裂的白牙，時而金光燦燦，刺破根戈德里冰河越漸深藍的高處：美麗迷人，卻也嚴峻苛刻。不光是我，許多登山者皆認為，這樣的山峰會刺激身體的渴望。自一九七〇年代首攀以來，世上首屈一指的幾名登山家便在西夫凌峰最陡峭的石壁和山脊上攀登出新路線。若把這些攀登痕跡全放到同一張照片上，會覺得這些路線宛如附著在山岳衣料上的蜘蛛絲，每一縷細絲無不蘊含著苦難與堅忍、想像與勇氣的故事，成為構成傳說的元素。在根戈德里冰河上，諸多鄰近西夫凌峰的山岳皆有同樣的攀登路線，蘊藏著類似的故事，再透過書籍及電影流傳，吸引更多攀登者前來這座谷地，彷彿是趟朝聖之行。

但無論根戈德里對攀登者而言意義為何，對於無數印度人來說，這裡具有其他的神聖意義。這條冰河的中空冰河鼻（如今正快速後退）稱為高穆克（Gaumukh），意為「牛嘴」，流出的乳白色水流正是恆河源頭。直衝雲霄的西夫凌峰聳立於神聖地理景觀正中央，而初次描繪這座山峰的，是梵文史詩《摩訶婆羅多》（*Mahabharata*），一部貼近印度教的文化核心、起源可追溯至近三千年前的史詩。這條河流稱為帕吉勒提河（Bhagirathi），將展開兩千五百公里的旅程，注入孟加拉灣。《摩訶婆羅多》寫道，神祕人物帕吉拉薩（Bhagiratha，即這條河的命名由來）曾祈禱上千年，盼這條河能夠流動，為六萬名死去的親人贖罪，因為這些親人曾錯誤指控一名偉大聖者，因此遭到詛咒。然而這條河流的女神甘伽（Ganga）仍身處天界的宇宙中心，那是「轉動的世界中一處靜止之點」，不願移動，唯有大神濕婆有能力要她走，因此帕吉拉薩找上地位與濕婆相當的梵天，並聽從梵天指令再祈禱一年，期間不吃不喝。直到此時，甘伽才被迫從天而降，從濕婆頭上糾結的髮髻（jata）直衝而下，為印度平原帶來能賦予生命的河水。

這則《摩訶婆羅多》的故事流傳到般度五兄弟（Pandavas）耳中，他們確實踏上朝聖之旅。和我們一樣，他們也以外來者的身分前往印度一處超脫世俗之地，展開靈性探索。那地方就是杜布米（Devbhumi），一處屬於神的土地，遠離宮廷生活的政治紛擾。印度教經典文本《吠陀》（*Veda*）是比《摩訶婆羅多》早了好幾個世紀的文本，內容指涉的地理環境卻寥寥無幾，未提及多少喜馬拉雅山區或其他地方。（事實上，《吠陀》的文化焦點在更西邊的地方，位於印度河與薩特萊傑河〔Sutlej〕之間。）《摩訶婆羅多》這部詩歌則是回溯曾有英雄國王的逝去時代，成書之際，孕育這部作品的印度教與印度—雅利安文化已在恆河一帶穩固扎根。在《摩訶婆羅多》裡，恆河發源地的喜馬拉雅山極端地景，將進入印度教已然確立且持續擴張的文化敘事中。

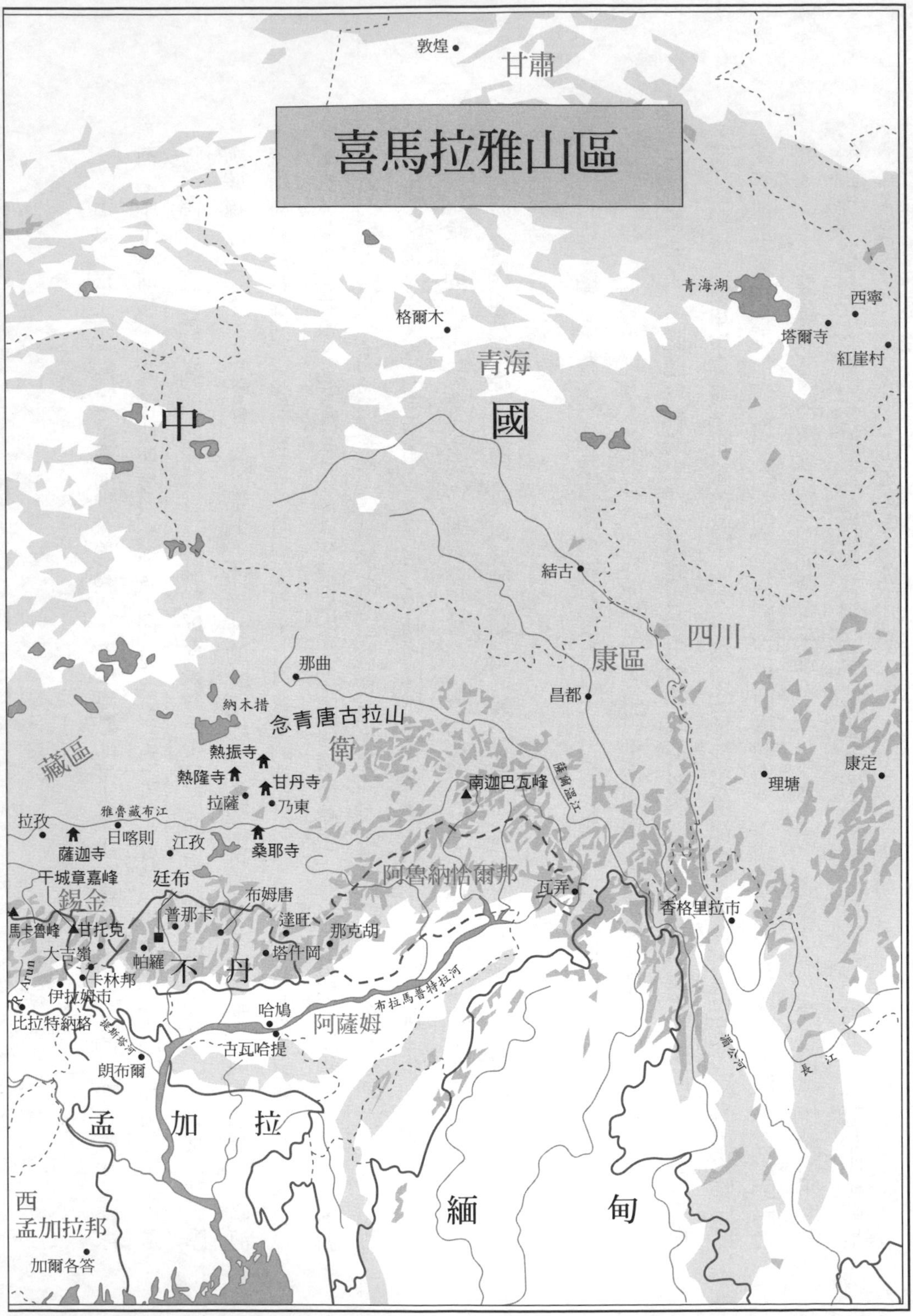

喜馬拉雅山區
敦煌
甘肅
青海湖
西寧
格爾木
塔爾寺
紅崖村
青海
中
國
結古
四川
康區
那曲
昌都
納木措
念青唐古拉山
衛
藏區
熱振寺
熱隆寺
甘丹寺
康定
理塘
南迦巴瓦峰
薩爾溫江
拉薩
乃東
雅魯藏布江
拉孜
日喀則
江孜
桑耶寺
薩迦寺
干城章嘉峰
廷布
阿魯納恰爾邦
瓦弄
錫金
布姆唐
香格里拉市
普那卡
達旺
馬卡魯峰
甘托克
那克胡
大吉嶺
帕羅
塔什岡
不丹
R. Arun
卡林邦
伊拉姆市
布拉馬普特拉河
哈鳩
阿薩姆
比拉特納格
古瓦哈提
朗布爾
湄公河
長江
孟
加
拉
西
孟加拉邦
緬
甸
加爾各答

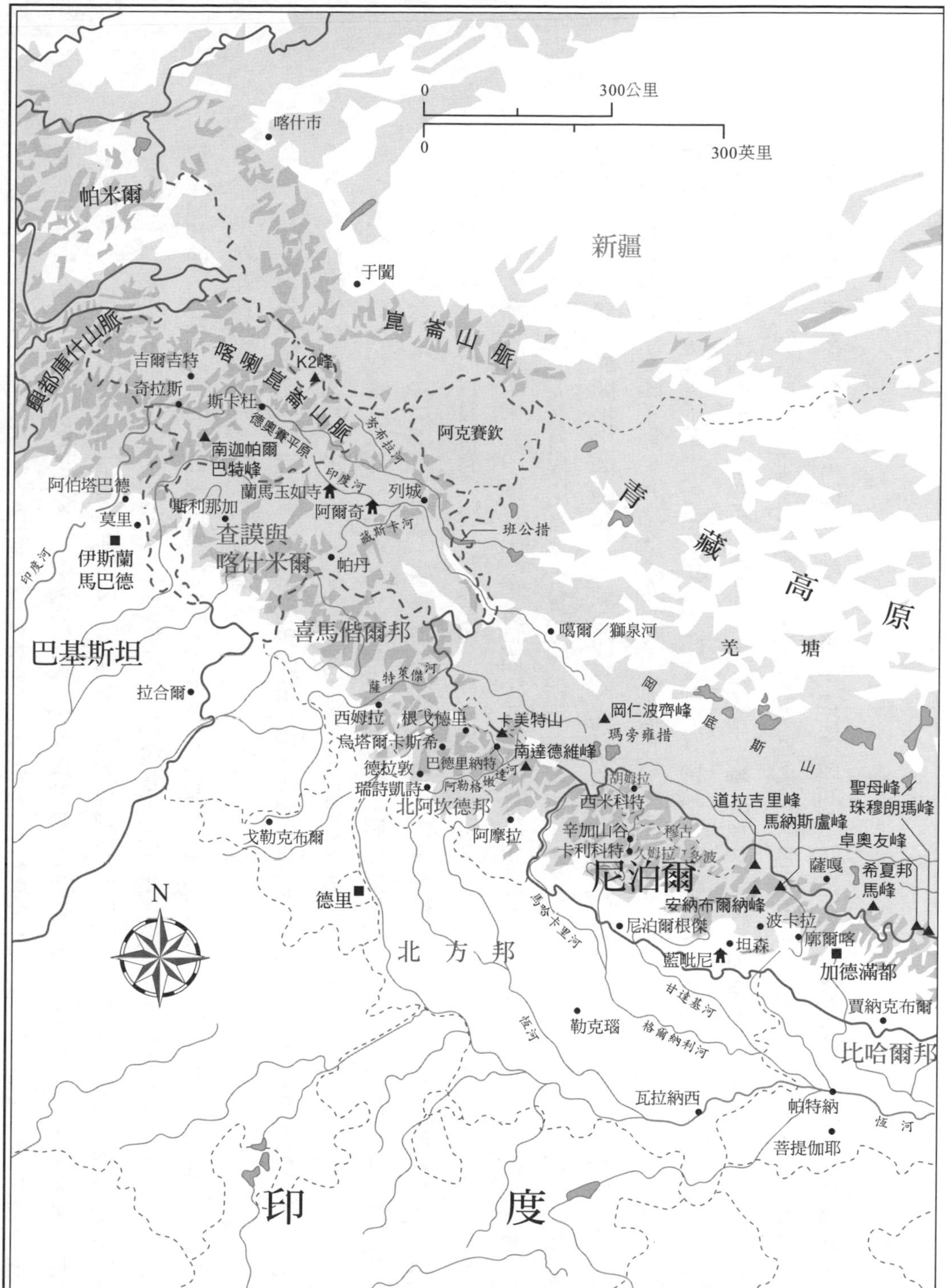
0
300公里
0
300英里
喀什市
帕米爾
新疆
于闐
崑崙山脈
興都庫什山脈
喀喇崑崙山脈
吉爾吉特
K2峰
奇拉斯
斯卡杜
德奧賽平原
努布拉河
阿克賽欽
南迦帕爾巴特峰
印度河
阿伯塔巴德
蘭馬玉如寺
列城
斯利那加
阿爾奇
莫里
班公措
青藏高原
伊斯蘭馬巴德
查謨與喀什米爾
藏斯卡河
帕丹
印度河
喜馬偕爾邦
噶爾／獅泉河
巴基斯坦
羌塘
薩特萊傑河
拉合爾
岡底斯山
西姆拉
根戈德里
卡美特山
岡仁波齊峰
瑪旁雍措
烏塔爾卡斯希
南達德維峰
德拉敦
巴德里納特
阿勒格嫩達河
瑞詩凱詩
胡姆拉
西米科特
北阿坎德邦
道拉吉里峰
聖母峰／珠穆朗瑪峰
馬納斯盧峰
辛加山谷
穆古
戈勒克布爾
阿摩拉
卡利科特
久姆拉
多波
卓奧友峰
尼泊爾
薩嘎
希夏邦馬峰
N
德里
安納布爾納峰
馬哈卡里河
波卡拉
尼泊爾根傑
坦森
廓爾喀
北方邦
藍毗尼
加德滿都
甘達基河
賈納克布爾
勒克瑙
恆河
格爾納利河
比哈爾邦
瓦拉納西
帕特納
恆河
菩提伽耶
印度

「喜馬拉雅」在梵文裡的意思是「雪之寓所」，且在這首詩中不時出現。不過，這座山脈還有其他名字：謝瓦拉雅（Shivalaya，「濕婆居所」）、喜馬偕爾（Himachal，「雪之山」），及喜馬凡特（Himavant，甘伽的父親山之王）。在印度，這個字是指整片綿延的山脈，但在尼泊爾則只稱為「喜馬」（Himal），僅包含山脈中的某一群山。「Himalaya」的發音更是變化多端。如今歐洲和北美重音會放在第三個音節，在梵文中的重音則在第二音節。而從梵文中發展出來的語言——印地語、烏爾都語、尼泊爾語——在詮釋這個字時，也都稍有不同。

一九二〇年代中期，關於發音這棘手的難題讓資深印度文官傑弗里·柯貝特（Geoffrey Corbett）很傷腦筋。他駐守於西姆拉（Simla）山城，只要從印度工商產業的政府公文堆中抬起頭，望向辦公室窗外，就能看見喜馬拉雅山。他從小就是登山者，如今會趁著假期探索這山區。柯貝特已是知名的山岳會[3]成員，這是一八五七年成立的第一個登山俱樂部。他想成立喜馬拉雅山岳會（Himalayan Club）；這不是什麼新點子，而柯貝特有人脈，也成為第一任榮譽祕書。然而，這座山究竟該怎麼稱呼？由於柯貝特經常主持會議，並和來自印度各地的官員見面，有一次，他索性在會議討論中暫停下來，詢問意見。每個不同語言背景的人各自提出答案，包括印地語、烏爾都語和孟加拉語。於是他把這件事交給軍事總部的語言顧問。顧問提出的結論是，藏人與說印地語和烏爾都語的印度人重音會放在第一個「a」，同時拉長這個音，烏爾都語使用者尤其如此，其他音節就任憑處理。尼泊爾人只念「喜馬」（Himal）。在印地語，則較像「喜馬雷」（Himalay）。印度穆斯林則稱之為「喜馬利亞」（Himaliya），這發音會出現變化，因為「回教徒」（Muhammadan，意為穆罕默德的信徒）並非原本就住在這裡的人。語言顧問建議，在第一個「a」標示重音符號，以引導說英語的人：Himàlaya。柯貝特也詢問友人布里傑拉爾·尼赫魯（Brijlal Nehru），他是印度獨立後第一任總理的堂兄。他們最後的結論是：「hi」的發音要像「him」中的[hɪ]、「ma」要像「father」中的[a]、「la」和「ya」則和法文的「le」母音一樣。他把這些探索提綱挈領發表在一九二九年的《喜馬拉雅期刊》（*Himalayan Journal*）。「一般英語化的發音是Himalaya，但近年來，多數族裔之間的傾向是Himaiiya或Himaliya。」而現今使用的Himalayas則讓我覺得刺耳，雖然這符合英語人士直覺，把印地語中已是複數的字再以複數處理：「pyjamas」（睡衣褲）和「chapatis」（印度烤餅）皆屬同例。當我自認為是行家吧，總之本書用的是Himalaya。

《摩訶婆羅多》與另一部梵文史詩巨著《羅摩衍那》（*Ramayana*）並稱《過去如是說》（*Itihasa*），梵文的意思是「歷史」。許多學者在神話的迷霧中仔細探看，設法從中攫取具體細節。雖然《摩訶婆羅多》並非真正歷史，但也不是「非歷史」。對般度五兄弟、來自平地的國王及柯貝特爵士等印度文官而言，喜馬拉雅山區扮演著兩種呈現對比的角色：一方面，這是遺世獨立、講究靈性的隱居之地，另一方面也是個交會之處，差異甚大的不同文化在高山小徑長久以來所形成的網路匯聚並交易。《摩訶婆羅多》的編纂者——一般認為是神話人物「廣博仙人」（Vyasa），宛如古印度的荷馬——不僅對這一區的喜馬拉雅山具有相當的地理知識，也了解此間的不同種族族群。但即使在兩千年前，喜馬拉雅山所代表的就是人類尚未馴化的大自然：幽暗的森林、洶湧的河川，是野生動物、老虎與熊出沒的地方。這裡也是「野人」的地方，他們不像文明國度的人會耕犁。

在《喜馬拉雅地名詞典》（*Himalayan Gazetteer*）這部重要著作中，維多利亞時代的愛爾蘭籍印度文官埃德溫·艾金森（Edwin Atkinson）就描述過印度教移民如何定居於這山區，「讓粗獷原住民的行為

3　山岳會（Alpine Club），經常翻譯為「登山俱樂部」、「高山俱樂部」，實務面和台灣常見的「登山會」、「山岳會」很接近，因此以下譯文多翻譯成「山岳會」，而在本段落則直譯「登山俱樂部」，用以說明這個詞的意義。

與儀式更令人愉快。」引導山地居民文明化的過程，和艾金森對於大英帝國的行為描述差不多，即使帝國的探險家是受到此間荒野吸引，而前往邊界森林以和積雪荒地。魯德亞德・吉卜林[4]在一八九八年就曾依循此想法而寫下詩歌〈探索者〉（The Explorer）：

有某物隱藏著。去找出來。去看看山脈後方——
有某物在山脈後方迷失。迷失，等你尋找。去吧！

山區向來引發低地居民的遐想：充滿惡魔，或者崇高又充滿冒險。雪之寓所成了巨大的白色屏幕，讓所有前來的人投射想像：流亡的國王、外來的帝國主義者、追求靈性的人、自負的探險家、考古學家、傳教士、間諜、地圖繪製者、藝術家、嬉皮——以及登山者。他們的故事猶如季風雲層，籠罩喜馬拉雅山區：這些想像的故事訴說著神祕的知識和新地平線，談的是萬事萬物的盡頭，及盡頭後方的某處。然這些想像鮮少體認到已在此發展逾千年的文化多麼複雜豐富，和形塑這些文化的山嶺一樣風情萬種。那些文化若不是受到忽視，就是被覬覦利益的外來者私占。想像與現實之間的緊張關係至今依然撕扯著喜馬拉雅山區。這些故事是如何編造並再編造而成，正是本書的主題之一。

＊

到了早上，雨停了。雲猶如煙霧從地面飄起。恆河女神在狹窄的河谷發出轟隆隆的聲響，水勢洶湧，充滿沉積物，靠著更結實——也更加不祥——的巨石震動支撐著怒吼，那些石頭被水的力量沖刷到下游。這巨響強烈提醒著我們，喜馬拉雅山被沖走的速度只比往天空推升的速度慢一點點。我們直覺以為山乃是永恆的，實則非也。山會崩落碎裂，之後再造，與大自然的其他部分無異——而我們也是。

我們之中幾人決定撐傘，造訪村子中央的小廟，接受住持的祝禱。他從香火裊裊的寺院探出身來，在我們額頭的眉心抹了個印子，稱為「明點」（tilaka）。寺院靜謐，信眾不願在季風季節冒險前來。根戈德里村通常可見朝聖者大排長龍，尤其是七月開始降雨前的兩個月。根戈德里是「喬塔查爾達姆」[5]的四個朝聖點之一，朝聖者會依序造訪，通常根戈德里是第二站。其他三個站點是亞姆諾特里（Yamunotri），這是亞穆納河（Yamuna rive）發源地；凱達爾納特（Kedarnath），其寺廟是供奉濕婆；以及最神聖的巴德里納特（Badrinath），其供奉毗濕奴的寺廟位於阿拉克南達河河岸，而阿拉克南達河之後會和帕吉勒提河匯聚成恆河。根據《摩訶婆羅多》，黑天神[6]就在巴達里納特單腳站立，雙臂舉起，「在風中生活」，長達一百年。

若要想像帕吉拉薩這樣的半神祇到什麼樣的地點尋求濕婆協助，那麼我們在西夫凌峰下的基地營大概八九不離十——這山峰是濕婆的靈根，也就是他神聖創造力的「陽具象徵」。這地方稱為塔波凡（Tapovan），字面上的意思是「苦行森林」，只是在四千四百公尺的稀薄空氣中，僅有矮小樹木生長。塔波凡一詞來自《摩訶婆羅多》，意指靈修之處。每年夏天，幾名瑜伽士會跋涉至此，在山下冥想。雖然有不少塔波凡，但最有名的就在這裡，因為世上最美的山嶺之一在此拔地參天，下方不遠處便是恆河

---

4 魯德亞德·吉卜林（Rudyard Kipling, 1865-1936），出生於孟買的英國文人，作品在二十世紀初的文壇影響深遠，於年獲頒諾貝爾文學獎。

5 喬塔查爾達姆（Chhota Char Dham），意指四寓所構成的小環型路。

6 黑天神（Krishna），又稱「奎師那」。

發源地。我們搭帳篷、準備停留幾週時，三名瑜伽士仍住在這裡，像帕吉拉薩那樣靠著新鮮空氣過活，只吃一巴掌的飯量，在簡陋的石造遮蔽處睡覺。

夜裡，帳篷外層結冰，月光下的山猶如鬼魅。到了白天，我們得在高海拔的烈日下瞇起眼，在臉上塗抹乳液。一名印度苦行高僧（sadhu）在溫暖明亮處，盤腿坐在平坦的花崗岩，山就在他的上方。他除了腰上纏著一個小布囊之外，全身赤裸裸，胸部凹陷，頭上綁著他自己的濕婆式髮髻，就這麼閉目冥想。他和我一樣，都是虔誠的信徒。我們都承受著身體不適，追尋著某個目標，雖然看得出這名印度苦行高僧比我更了解形而上之路。我在磨冰爪、打包登山背包，準備漫長的攀登之行，以求更了解這些山嶺時，尚不知這條路該如何前行。

神話從何處結束，現實又是從何處開始？我年輕時的登山故事，如何融入喜馬拉雅山那更是廣闊的歷史？在何處融入？要攀登喜馬拉雅山，登山者和這裡的政府官僚打交道的時間，比世上其他地方的政府還冗長，只是這些政府是如何演變而來的？喜馬拉雅山區的各國宛如奇特拼貼，這些國家究竟如何來到今天的位置？為什麼喜馬拉雅山區並非完全位於印度或中國境內？從外部來觀察，我想到雖然西方國家出版過許多關於喜馬拉雅山的地理著作，但歷史學家通常會把這個地區分成不同政治勢力。這種方法忽視了喜馬拉雅山地區的自我感：這裡共有的文化和經驗，亦即西方敘事中通常會忽略的連貫性。為何攀登聖母峰的故事，遠多於山峰陰影下的居民故事？這就像以高爾夫球場來評斷蘇格蘭一樣。喜馬拉雅山有什麼藝術、哲學、政治及陰謀？我狹隘的觀點粉碎成無數的觀看方式。究竟是什麼把我帶到喜馬拉雅山區？我又在這裡發現了什麼？我想在這兩者間找到交集，於是，我一次又一次回到此處，不光是以登山者的身分，同時也是永遠帶著疑問的記者與作家。然而，每當我感覺就快登頂，原以為能取得的獎賞又退至遠方。每回我改變觀點，又會有新地平線敞開，有新山峰呼喚著我。這感受大多不太舒服，而且不光是身體不適而已。高山深處也有殖民主義造成的傷痕，即使那些地區名義上保持獨立。於是我強烈感覺到，許多在此生活的人必須面對身體與心理的困境，那已成為生活的現實，而和那些人比起來，登山只是自我放縱。

我們在登山途中遇見的瑜伽士與探索者似乎是永恆印度的一部分，神祕、脫俗，超越歷史的常見限制。但就像我是受到冒險故事、心中的神聖文本及英雄典範吸引而來到此處，這些苦行僧和出家人也有啟發他們的來源；其他人的心靈驅使他們前來這裡。「塔波凡」這個詞這麼有名，是因為與印度教聖人塔波凡南（Sri Swami Tapovanam）的關聯（「Sri」意指令人尊敬的人，而「Swami」則是大師或導師，字面意思是「與自己同在」）。他一八八九年出生，當時的名字是奇普庫提（Chippukutty），屬於「奈爾」（Nair）種姓族群，是印度南部喀拉拉邦的貴族世家，但他違背父親的理想，不願在政府擔任要職，並且輟學，因為他認為學校會限制靈性發展，未來的職業前景枯燥乏味、可以預測。塔波凡南二十出頭時父親過世，之後留在喀拉拉邦。他是詩人，也是當地文學圈裡的一員，直到兄弟從學校畢業。後來，他永遠離開家，聽從內心的夢想，依照在書中研讀到的資料來到喜馬拉雅山，過著最簡樸的生活。

他在瑞詩凱詩過冬，夏天則到高山，雖然擔憂森林有熊出沒，但地景令他深深著迷。在林線以上的塔波凡，夜裡會有雪豹出沒，卻是他最喜歡的冥想地點之一。「我坐著凝望西夫凌峰（Sivalinga）與帕吉勒提峰（Bhageerathi Parvat），金色的嶙峋山峰在左右聳立，兩邊覆蓋著白雪的悠長山脈閃耀著銀色光芒，此景總令我內心充滿驚奇與喜悅。」塔波凡南在自然界得到的強烈喜悅，在著作中閃閃發光。人們蜂擁而至，聽他說話，幾位富翁還提供贊助，想為他興建修行處，但他比較喜歡森林，離世就像在世時那麼簡單，不像披頭四的大師瑪哈禮師．瑪赫西．優濟，只透過影片連結來面談，唯恐和記者親自接觸時會受到感染，在荷蘭往生時已是隱世的億萬富豪。

塔波凡南大師感覺到，他與喜馬拉雅山的這處聖區有另一種強烈連結。在根戈德里和他最愛的冥想地點以東、西夫凌峰的另一邊，是阿勒格嫩達河谷（Alaknanda）以及四大朝聖地中最大的巴德里納特寺。依據《摩訶婆羅多》記載，般度五兄弟正是從巴德里納特寺出發，踏上最後一趟致命遠征，於斯沃加羅尼山（Swargarohini）升天。對塔波凡南大師來說，坐在這間印度教寺廟感覺像回到家。這裡的住持依照傳統是由喀拉拉邦人擔任，兩人能以母語馬拉雅拉姆語（Malayalam）對話，塔波凡南年輕時即是以這種語言來寫詩。由喀拉拉邦人擔任住持的傳統，是源自於這座寺廟興建時的傳說。巴德里納特原為佛教寺廟，但傳說指出，八世紀的喀拉拉邦宗教哲學家商羯羅（Adi Sankara）大師在阿勒格嫩達河找到一顆毗濕奴的黑色舍利子，由此宣稱這地方是印度教的福地。

此時正值印度教興起，佛教衰微。商羯羅的生平細節備受爭議，聖蹟傳記不下十幾種，我們甚至無法論定他究竟活在哪個年代。塔波凡南大師覺得，能與啟發他靈性的人使用同樣語言和文化是很光榮的，因為商羯羅也是個遁世者、苦行者，在印度權力重鎮之間過著簡樸的生活，延續相同的印度教傳統——吠檀多不二論（Advaita Vedanta）。他的哲學觀點和佛教的差異，主要在於靈魂的基本概念。佛教認為靈魂虛幻，商羯羅則認為靈魂真實。對凡人而言，在世界屋脊觀想宇宙，認為核心自我可能在身體死亡之後存留下來，和視靈魂為海市蜃樓，似乎更令人寬慰。

商羯羅大師的故事足以說明喜馬拉雅山為何在西元的第一個千年是眾家爭奪之地，和過了千年之後，英國勢力擴張時一樣。商羯羅是出生在西元五四三年以後，亦即印度黃金時代笈多王朝[7]垮臺之際；笈多王朝曾有非常高度的文化與智識成就，對宗教也很包容。後來，印度北部分裂成諸多小國，有宗教重要性的地方（例如巴德里納特）便會受到多方相爭，秉持不同論述，聲稱擁有此地。十二世紀，伊斯蘭傳進次大陸，也只是徒增壓力罷了。許多商羯羅的聖人傳記是在十四世紀撰寫的，彼時穆斯林的影響持續擴大。新的政治與宗教利益猶如板塊，推擠著原有勢力，導致人們尋求庇護。他們通常躲進山中，倚著世上最高的牆作為依靠。有些難民會建立新王朝，有些像化石般，保留著在其他地方已消失且近乎遭遺忘的文化碎片。喜馬拉雅山區可以是避難所，也可以是陷阱，有時兩者兼具。

在一九六二年印度與中國發生邊界戰爭之前，高山地區幾乎沒有可供車輛通過的道路，這表示朝聖之旅需要在海拔四千公尺處辛苦跋涉。由於這趟路得花上不少錢來雇用腳夫，因此許多人無法成行。經濟條件許可的女性可雇用一名腳夫，坐在簍中讓腳夫揹，也可以坐上更尊貴的轎子，雇四名腳夫幫她扛轎。朝聖之旅需要事先付款，在一些邪惡的故事中曾提到，女性會在村子看不到的地方被扔進河裡，如此一來，腳夫就能在短短的朝聖季節大撈一筆。由於衛生條件差，加上人數眾多，每年都有好些人死於痢疾。而在較低的森林，瘧疾則奪走不少人命。位於這些朝聖城鎮上方的鄉間較為清新潔淨，大致上是遁世者與瑜伽士的保留地，他們已準備好承受寒夜與稀薄空氣的艱苦，靠夏季月份來此吃草的羊群所留下的羊奶過活。在中印戰爭之後，印度大舉投資喜馬拉雅山區的公路網絡，於是這個區域就此改頭換面，印度教的四個朝聖之地也向大眾旅遊招手。如今，每年都有數十萬名印度教徒參訪，而政府計畫升級此地的基礎建設，吸引更多印度教徒前來。根戈德里等地成為印度教文化重述的一部分，強調印度教的國族起源。

在印度，山是不盡人意的世上保留下來的完美地點，這概念是強而有力的修辭——就像對我這種西方登山者而言，山會讓我滿腦子充滿對荒野的浪漫想法。如今就像是時母[8]的時代，現代世界中爭論

7　笈多王朝的年代是西元三二〇至五五〇年。

8　時母（Kali），又稱大黑女，或音譯為「迦梨」，印度教重要女神，有時代表黑暗暴力，有時則象徵強大與新生。

不休、喧鬧的中產階級印度人越來越把山視為是逃離日常生活瑣事的地點，來到這裡可過著更單純的生活。《往世書》（*Puranas*）包含許多文獻，是涵蓋內容甚廣的宇宙百科，大部分所書寫的，是公元前幾個世紀（但不限於此）的事，內容談到許多宗教泉源的神聖地理特徵。根據《往世書》記載，這些谷地住著神靈，包括兼具善惡、半獸半禽的乾闥婆（gandharvas），會以歌聲迷惑神祇；這裡也有自然神靈夜叉（yaksha），祂變化莫測，有時是樹木與大地財富的好色保護者；山谷中也住著夜叉的堂兄弟羅剎，從梵天吐的氣誕生，會生吃人肉。這些山岳是天界（Swarga），即正派者的住所。「此間沒有悲傷、疲憊、焦慮、飢餓以及憂愁；居民無體弱痛苦，能持續享樂一萬或一萬兩千年。」《往世書》告訴我們，宇宙地景的中心是須彌山，狀如蓮蓬[9]，為倒置圓錐，山頂是梵天之城，花瓣就是神祇寓所，而像蓮鬚般從底部伸展出來的，則是眾多山脈。常有人說須彌山是高聳於青藏高原的岡仁波齊峰（Mount Kailas），南邊是喜馬拉雅山，北邊則是崑崙山脈。香格里拉的神話——喜馬拉雅山一處隱密的天堂——是英國小說家的想像，但其起源正是這類文本。

為了理解喜馬拉雅山區（無論我這份理解多麼不完美），我歷經漫長攀登，而這些神話經常是讓我磕磕絆絆。這些神話，和我所見的喜馬拉雅山世界，到底是怎麼連接起來的？我看見這裡的人處於經濟劣勢，必須自力更生，且文化相當複雜。多數平凡人的生活重心，只在生存、給孩子更好的未來，全然不在乎崇高地景或無窮無盡的視角。然而，若想對我這樣的旅客推銷此地時，他們的說詞卻又是後者。喜馬拉雅山脈居民的聲音從不曾缺少，但往往被淹沒，由外來者所取代，他們自認為對喜馬拉雅山區的想法更急迫、更重要。喜馬拉雅山脈的居民甚至採納這些對他們山間家鄉的詮釋，再賣回去給支持這些詮釋的人。這詮釋有相當優美的畫面，結合著宗教、商業與殖民主義，銜接起宇宙和日常之間的鴻溝。

《往世書》其中一部分作品稱為〈馬納薩坎達〉[10]。一提到岡仁波齊峰一帶，經常有人引用此文本，部分原因在於比起其他文本，〈馬納薩坎達〉有較多關於喜馬拉雅山區這一帶朝聖地的有用資訊，此外，也因為它很迷人。〈馬納薩坎達〉的主要重點是從岡仁波齊峰往南延伸，及附近神聖的瑪旁雍措[11]。有一則故事訴說，住在這山區的苦行僧達陀利耶（Dattatreya）如何前往迦尸國（Kashi），即光明之城，歐洲人多稱此地為瓦拉納西（Varanasi）。他在這裡和迦尸國王子丹萬塔里（Dhanvantari）談話。這兩人都是神：苦行僧是毗濕奴的化身，而王子則是阿育吠陀（*ayurveda*）之神，也就是醫神。兩人談起提爾塔（*tirtha*，意指朝聖地），苦行僧滔滔不絕地告訴王子，他在喜馬偕爾（Himachal）看見的奇景。「思索著喜馬偕爾的人，即使未親眼看見此地，仍比在迦尸國崇拜的人了不起，」他說。「即使有神的漫長歲數，我仍無法告訴你喜馬偕爾有多麼壯麗……正如露水在太陽升起時乾燥，人們目睹神聖的喜馬偕爾時，罪惡也隨之蒸散。」

這段美麗的文字不光是現代旅遊書籍經常引用，即使更學術導向的書籍也不例外，然而其緣由卻是令人意外。熟稔詹姆士國王欽定版聖經者，或許會在這些文字裡聽到回聲。他們聽見的並非〈馬納薩坎達〉的翻譯，而是摘要，那是出自十九世紀中的英國殖民官員約翰・斯特拉奇（John Strachey）之手。他早期的職涯是在印度的遙遠北部，與西藏接壤的邊境擔任區域官員。斯特拉奇是在調查下轄的庫馬盎專區（Kumaon）朝聖中心的財政狀況時，認識了博學之人魯德拉帕塔・潘特（Rudrapatta Pant）。他讓斯特拉奇看了〈馬納薩坎達〉文本，這在當時是朝聖者當作宗教之旅的指南書籍。斯特拉奇把其中的段

9　原文寫「蓮子」（lotus seed），但應是指蓮蓬，因此譯文更動。

10　〈馬納薩坎達〉（Manasakhanda），名稱可能是指瑪旁雍措地區。

11　瑪旁雍措（Lake Manasarovar），「措」即是藏語的「湖」。說明：網路上瑪旁雍「錯」比瑪旁雍「措」更常出現，維基百科也是用「錯」。但如果查西藏的官方網站，則是寫成「措」，甚至還有湖邊石碑的照片，可看出應使用「措」。

落翻譯成英文。許多英國殖民官員會找些與自己相對契合的主題，讓官僚任務更順應人心；斯特拉奇採用的是文學之作。因此，他寫下朝聖之旅的經濟價值，刊載到艾金森的《喜馬拉雅地名詞典》之際，便納入了自己的〈馬納薩坎達〉版本——這是依據潘特的翻譯而來，但是依照自己文學與宗教的傳統來修正，也就是英國國教會的傳統。

既然提到翻譯，那麼原文是什麼？在這麼多漫天翱翔的想像底下，倒是有些有趣的線索指向起源。比方說，這裡沒有提到這一區最神聖、與濕婆關聯強烈的地點根戈德里和高穆克。此外，這裡提到與甘伽女神有連結的，並不是《摩訶婆羅多》所寫的濕婆，而是毗濕奴。這些更動及省略之處，致使〈馬納薩坎達〉成為毗濕奴派的文本，屬於印度教中將毗濕奴尊為至高無上的支派：此觀點在喜馬拉雅山脈很不尋常，因為這裡通常是濕婆派。同樣值得注意的是，〈馬納薩坎達〉建議的朝聖地點都在庫馬盎區，完全未提及附近的加瓦爾。要怎麼解釋這些偏向呢？

中世紀以降的幾個世紀期間，昌德王朝[12]統治庫馬盎，在十七世紀曾與鄰近的加瓦爾國發生一連串的激戰。首都阿摩拉（Almora）最鼎盛的幾座寺廟，就是為慶祝庫馬盎的勝利而建。到了十八世紀中，亦即斯特拉奇與艾金森認為〈馬納薩坎達〉最可能的成書年代，庫馬盎和加瓦爾皆已被魯赫拉人（Rohilla）占領，這是一群從阿富汗移居至此的穆斯林普什圖人（Pashtun），效命於企圖在印度北部定居的蒙兀兒帝王。接下來，這裡又被剽悍的新國家廓爾喀王國（Gorkha）併吞，即今天的尼泊爾，過了二十年，英國的東印度公司與尼泊爾交戰，之後接手統治。英國把加瓦爾西部交還給末代國王之子蘇達山．汗（Sudarshan Khan），東邊則和庫馬盎合併，由英國直接統治到一九四七年。庫馬盎與土邦加瓦爾的主要差異，就在稅收。加瓦爾的稅收會交給蘇達山．汗，庫馬盎則是交給英國。因此〈馬納薩坎達〉這部朝聖者視為旅遊指南的文本，實際上就是會把讀者引導至屬於庫馬盎的地點，也可說在機緣巧合之下讓稅收進入英國國庫，同時強化這一區原生的毗濕奴傳統。換言之，阿摩拉的大師想在穆斯林占領以及廓爾喀專制暴政之後重建宗教掌控權，沒有比〈馬納薩坎達〉更有說服力的文本了，這份文件吻合新占領勢力的利益，也讓他們保有聖事的自由。於是，這文本乍看之下，只是單純表達雄偉的喜馬拉雅山區永恆不變的魅力，卻在結盟時間短暫、持續變化的世界，成了高度政治性的文本。然而，這並不影響〈馬納薩坎達〉的文字之美，對於目睹過喜馬拉雅山脈黎明的數百萬人而言，也不會不那麼真實，而它也確實展現出喜馬拉雅山區的世界，是怎麼因為外人的利益而被簡化、被美化。

*

把永恆山脈當成政治斷層似乎很矛盾，但如今依然是事關重大。在面對德里或北京相互競爭的策略利益時，喜馬拉雅山區的社群仍奮力維持其身分認同。在我們遠征西夫凌峰之後不久，加瓦爾和庫馬盎這兩個古老的喜馬拉雅山王國結合起來，脫離更大的北方邦，於是印度的這個角落成為第二十七個邦。當地人喜歡以北阿坎德邦（Uttarakhand）來稱呼他們的新家園，《往世書》便是使用這個詞來稱呼此區域；而在德里，印度民族主義派的印度人民黨政府堅稱此地為「北安查爾邦」（Uttaranchal），是「番紅花化」[13]的印度民族主義派版本，聽起來似乎不那麼分離派。直到二〇〇七年，印度人民黨失去執政權

12　昌德王朝（Chand dynasty），約是西元七〇〇至一七九〇年。

13　番紅花化（saffronised），印度右翼政黨的政策，強調印度教對整體印度歷史的貢獻，並貶低其他因素；番紅花指的是印度常用的橘黃色。

後的三年，這裡終於改稱為北阿坎德邦。

歷史上，像加瓦爾和庫馬盎的緊張情勢在喜馬拉雅山區一直存在，今天尤其如此。在遙遠的尼泊爾，長久以來都有新國家廓爾喀蘭（Gorkhaland）的建國運動，這個地方位於西孟加拉大吉嶺的山間避暑地，經常爆發暴力衝突，最近一次是在二〇一七年。從西邊的喀什米爾、東邊的阿魯納查邦（Arunachal Pradesh）到北邊的西藏，當地人的需求通常會和距離更遠的富裕地區發生策略利益牴觸；過去覬覦喜馬拉雅山區黃金或麝香的權力核心，如今則看上水力發電或邊境安全。今天想維護利益的人不再仰賴強大軍隊，而是偏好運用文化認同（通常以宗教和語言為形式）以及抗爭來當作工具。

喜馬拉雅山區複雜且不確定的政治未來，是源自於各式各樣的過往：有那麼多聲音、那麼多傳統想被聽見。而那豐富又細碎的歷史，是因為這區域驚人的地理環境所造成的，我們無法只側重歷史或地理。極端環境會促成極少見的生存策略，沒有任何地方能和世上最高的山區一樣，地理與文化的關係如此明顯。身為登山者，我見過當地人如何發揮機智，面對日常生活的困境，也讓我們在當地的所作所為似乎更顯可笑。唯有深深記住世上最高山區的壯闊及挑戰，才能完全理解那些不可思議的人性故事。但是該怎麼做？又該從何開始？

二　起源

在塔波凡，遁世者會伸出手，試著碰觸梵天心靈，而你可以從這裡轉身背對西夫凌峰，往北眺望根戈德里冰河，看著巍峨聳矗的山峰在靛藍的天空下所形成的線條——這就是帕吉勒提山脈。在這之中，最令人印象深刻的是帕吉勒提山三峰（Bhagirathi III）遼闊的南面，大約有兩千公尺高，是氣勢滂礴的垂直花崗岩，頂上則有碎裂的黑色頁岩。在我們一九九五年的遠征中，帕吉勒提山三峰在我眼裡就像巨大棋盤的一部分，白底上有黑色。這裡花崗岩的顏色比我在其他地方看過的要淺，而它與上方黑色頁岩形成的對比，則激起我的好奇心。喜馬拉雅山區的花崗岩通常顏色較淡，稱為淡色花岡岩（leucogranite），leukor就是希臘文的白色。從地球化學來看，這些花崗岩相當獨特：有電氣石、石榴石，白雲母多而黑雲母少。我當時並不知道，眼前的畫面正簡要說明地球最高的山岳數百萬年來持續不斷形成——以及破壞——的過程。

在我攀登西夫凌峰的幾年前，地質學家麥克．席爾勒（Mike Searle）（如今已是探討喜馬拉雅山岩層的世界級專家）抵達塔波凡，他懷抱著雄心壯志，要以新路線來攀登這座山。這可不是為了好玩，而是這條路線似乎是在不同高度蒐集花崗岩樣本最有效的方法。席爾勒試著解答一個顯然相當難回答的問題：喜馬拉雅山脈究竟何時來到目前七、八千公尺的高度？席爾勒和同事蒐集樣本，研究花崗岩裡的礦物質鎖著的元素，進而提出看似有理的時間軸，說明花崗岩是在何時及地殼的何種深度首度融化，之後經由掘升作用抬起、冷卻，表面也受到侵蝕。

他和登山伙伴東尼．雷克斯（Tony Rex）選的這條路很適合蒐集樣本，卻是危險得令人心驚膽跳，一旦雪崩發生，從山的西北面俯衝而下時，你會暴露其中。第二天行程就碰上天氣變化，導致他們受困在嚴厲的風暴中。那一夜，他們連坐下的地方都沒有，就這樣站著，把拉緊連帽外套，在風暴的襲擊下等待天明。半夜，他們聽見一道碎裂聲響從上方傳來，宛如爆炸似地，接下來馬上發生巨大的岩崩。登頂的機會無疑告吹，他們這會兒得下降幾乎垂直的一．五公里，到下方平坦的冰河，沿途蒐集花崗岩樣本。（樣本一定是在下降的途中蒐集，理由無須多說。）慢慢地，他們的背包裝滿了沉重的岩石。等他們停下來泡茶時，兩人意見一致，便把石頭樣本放到同一個背包，之後扔下山，如此輕鬆多了。這麼做，會出什麼岔子呢？他們看著背包越滾越快，之後在雪坡上撞到突出的岩石，於是背包爆開，岩石樣本唏哩花啦在山上滾落四處，每一個都裝在寫著標示的塑膠袋裡。接下來三小時，他們爬下山，盡量收集能找到的樣本。

迄今，這些石頭都放在實驗室，席爾勒和同事運用一九八〇年代才開發的技巧，測量鈾的兩種不同同位素放射性衰變。結果顯示，在接近山頂所蒐集的花崗岩，是兩千三百萬年前的熔融岩漿結晶而成。從檢驗中也可看出，席爾勒的樣本是一千四百萬年前變成固體之後快速掘升，之後掘升作用明顯放慢。在兩百五十萬年前，第四紀冰河作用展開之後加速侵蝕，也造就出我望向根戈德里冰河時所看到的地景。熔融花崗岩穿過的黑色頁岩是沉積物，且年代更為久遠：是五億年前的古生代形成。在花崗岩與頁岩接觸之處，液態花崗岩撕裂原本成塊的「圍岩」[1]，之後就在這個地方冷卻凝固。席爾勒和團隊依照他們的結果，提出一項喜馬拉雅山區造山運動（orogeny）的模式，認為造山運動是在兩千萬到兩千三百萬年前抵達巔峰。而他們的下一個任務，是蒐集其他地方的花崗岩樣本，看看這模式是否適用於整個喜馬拉雅山脈。

我讀過席爾勒的冒險事蹟，和他也有共同的朋友。有人告訴我，麥克曾在喜馬拉雅山區西緣北邊的喀喇崑崙山脈一處遙遠谷地盡頭，裝了滿滿一桶的岩石樣本，並雇用一名腳夫扛回道路盡頭。他們花了幾天，沿著滿是碎石的冰河辛苦跋涉。這名腳夫不明白為何有人會想要冰河遙遠末端的岩石，明明離他自己家裡更近的地方有更多好端端的石頭。這懷疑也不無道理。於是，他把麥克交付的桶子清空，等他們抵達時才又把桶子裝滿。朋友告訴我，麥克也就認命接受這消息。

我是在岡底斯山脈紮營時聽到這個故事，地點大約在喜馬拉雅山主脈北方一百公里處，位於高海拔的青藏高原。後來在同一趟旅程，我坐在尼泊爾首都加德滿都一間旅社的花園時，朋友看見了剛從另一趟研究之旅返回的麥克。我們便問起岡底斯山脈的地景，畢竟，那裡和喜馬拉雅山區大量山峰混亂擁擠的情景形成對比：岡底斯山脈的巨大山峰彼此遙遙相望，像大型帆船漂浮在一望無際的棕色青藏高原上。接下來半個小時，麥克簡明扼要訴說著喜馬拉雅山的起源，這山區如何形成，以及對原本亞洲南岸的影響。在中生代，古地中海（Tethys Sea）分隔了岡瓦納大陸（Gondwana）與勞亞古陸（Laurasia），而我們所站的高地國家就能俯瞰著越來越小的古地中海。這時間與空間的尺度超出我的理解範圍，根本無法想像，但麥克似乎靠著內心之眼，凝視著地球表面千萬年來的皺摺及彎曲。那故事聽起來似乎和訴說地球創生的印度教神話一樣精采。

我們對於山如何形成的理解，是出乎意料地新近。即使人類已在地圖上繪製出山脈，但過了許久，

1　圍岩（country rock），指包圍著侵入體的原有岩石。

我們對月球地質的了解，仍勝於對喜馬拉雅山形成過程的認知。一九七〇年代，席爾勒尚在求學，那時關於版塊構造、陸塊在地球上移動等觀念才剛蔚為主流。這觀念發源於「大陸漂移論」，是一九一二年由德國氣象學家暨地球物理學家阿爾弗雷德・韋格納（Alfred Wegener, 1880-1930）提出。在此之前，地質學家認為，地球的熔岩表面冷卻之後，主要地質樣貌便已確定。而早期企圖攻上聖母峰的嘗試也提供了一些線索。亞歷山大・赫倫[2]在一九二一年探勘之後，繪製第一份這座山脈的地質圖。地質學家諾埃・歐德爾（Noel Odell）在一九二四年和勞倫斯・魏格（Lawrence Wager）在一九三三年分別蒐集過山頂附近的沉積石灰岩。顯然聖母峰的峰頂曾經在海底。在板塊構造學說提出之前，此處的海底如何爬升到地表上方九千公尺是不太清楚的。這三人在觀察聖母峰頂的岩石一致性之後，都認為這些岩石是被往上推的，只是發生的過程仍未獲得證實。

一九三〇年，韋格納身陷格陵蘭的冰帽而遇難，當時他的理論已有支持者，例如英國地質學家亞瑟・霍姆斯（Arthur Holmes）。霍氏的理論指出，地球深處的對流可能促成大陸在地球表面移動。可惜主流意見是反對韋格納的，有時甚至極力反對，遂引發「漂流派」與「固定派」的論戰。但是到了第二次世界大戰後，逐漸出現科學案例，支持韋格納完整大陸發生分裂、彼此碰撞的觀念。科學家發現深海裡有山脈，在這些地方，岩漿會從海床裂縫湧出，之後結晶化。科學家以原本設計來偵測潛水艇的磁力計測量海床；海床的玄武岩會記錄岩層形成時地球的極性。這研究顯示，玄武岩具有和斑馬一樣的黑白條紋，條紋變化是地球極性定期翻轉時所形成，北磁極轉成南磁極，再轉回來。這是海底擴張的明確證據，大陸確實在移動。韋格納觀念的正確性得到證實，即使尚未每一個細節都獲得證明。你可以從地圖上的一系列火山，追溯印度往北飄移的痕跡：火山帶從印度洋馬達加斯加島東邊的留尼旺，經查哥斯與馬爾地夫，延伸到孟買東邊的西高止山脈。位於目前留尼旺所在地的地函極深處有處「熱點」，就是造出這些火山的地方，而每一座在往北漂的時候接連冷卻。

在喜馬拉雅山區，沒有任何海洋生物化石的定年少於五千萬年。這表示，印度板塊就是差不多在這時間與歐亞板塊碰撞，進而造出這些山脈。這也讓喜馬拉雅山和附近山脈相比，顯得相當年輕。比方說，興都庫什山脈的變質岩定年就有三倍之長，意味著造山過程是更早以前發生的。作為世界上最年輕、最高的山脈，喜馬拉雅山顯然是研究大陸板塊如何碰撞的好地方。藉由校準印度洋記錄到的地磁反轉條紋，地質學家重新建構出過去一億兩千萬年，位於南半球龐大的超大陸岡瓦納分裂之後，印度如何從南極古陸分裂，往北漂移。

經過數千萬年，古地中海[3]逐漸狹窄，幾乎完全消失。波斯灣成了這古老海洋殘餘的微小部分，宛如一名老人，與年輕許多、每年擴張一公分的紅海為鄰。隨著印度板塊與歐亞板塊在赤道附近的緯度緊密結合，古地中海海床也被推向天際。這海床的絕大部分早已受到侵蝕；只有碰撞時的碎片仍留在喜馬拉雅山脈。但在阿拉伯東邊的阿曼，仍可見古地中海尚未封閉，這些蛇綠岩岩層構造仍完整保留。席爾勒就是在這裡展開研究生涯，彷彿踏進時光隧道，來到山脈的誕生之初，開啟畢生的研究。

在最初的碰撞之後，印度板塊繼續往北擠壓，讓地表發生褶皺作用，像是地質車禍中遭撞毀的引擎蓋。印度板塊沒入歐亞板塊底下。寒冷的印度板塊滑到底下之後，沿著歐亞板塊前海岸線分布的火山活動逐漸告終。如今這過程依舊持續，每年大約聚合五十五公釐，且以非常輕微地逆時鐘旋轉。印度板塊有八百公里已消失在歐亞板塊底下。在西藏下方的地殼厚度加倍到七、八十公里，而西藏也被往上抬

2　亞歷山大・赫倫（Alexander Heron, 1884-1971），蘇格蘭地質學家，曾任印度地質調查局長。

3　古地中海（the Tethys Sea），又稱特提斯海，其所在位置，大致涵蓋中東以及今印度次大陸。

升，生成平均高度為五千公尺的沙漠高原。印度板塊的岩石圈（亦即地殼與上部地函）延伸到聖母峰以北的青藏高原下方超過三百公里處。

青藏高原本身比山區南面乾燥得多。喜馬拉雅山或許是雪之寓所，但山北部的雪明顯少了許多，無怪乎多數喜馬拉雅山的人口會住在山脈南邊氣候較濕的中海拔山區。西藏西部的阿里地區（Ngari Prefecture）每年降雨不到七公分，而喜馬拉雅山東部南坡的阿魯納查邦（Arunachal Pradesh）則是印度第二潮濕的土邦，每年平均雨量為三公尺。因此西藏的侵蝕率很低，最上層岩石仍保持完整，要研究底下的岩層反而困難。相對地，西北邊的喀喇崑崙山脈侵蝕率高得多，因此在世上最戲劇化的山景中暴露出其結構。青藏高原本身往東延伸，穿進中國東南部，在山岳間創造出裂谷。

地質板塊接觸的地方稱為縫合帶（suture line）。在喀什米爾與西藏之間的區域西部，也就是拉達克千年古寺蘭馬玉如寺（Lamayuru）的周圍，可從地表岩石清楚看出歐亞板塊與印度板塊的縫合帶。對於稍有所知的人來說，像這樣的岩層就是喜馬拉雅山區最奇妙的事。你在喜馬拉雅山脈看見的裸露褶皺程度，見證了行星規模的力量正在運作。從四百公里高空的國際太空站來看，多數山岳都是平的。但喜馬拉雅山不是：群山形成龐然的新月形，也像是巨大香蕉，位於接近海平面的印度平原與廣闊的青藏高原之間，而在無數冰河和河川永不停歇的衝擊、磨蝕以及沖刷之下，產生了波浪狀的高低起伏。

喜馬拉雅山區的縫合帶從印度河在南迦帕爾巴特峰（世界第九高峰，位於伊斯蘭馬巴德東北方四百公里）附近往南大轉彎之處，往東延伸兩千四百公里，到布拉馬普特拉河（西藏稱雅魯藏布江）於南迦巴瓦峰附近往南拐的地方，這裡就在西藏首府拉薩正東方。這些地點形成了有條理的語法，如同括號或引號在語法裡的作用。雖然喜馬拉雅山的生成年代所記錄著的，是印度和歐亞大陸由南往北的迎面碰撞，然在這些角落（即上述這些地點），擠壓的力量卻是來自各個角度，因此南迦帕爾巴特峰的古地塊目前比世上任何地方的上升速度還快，這個地區冒出許多溫泉，顯示底下滾燙的地殼抬起的速度是多麼地快。這裡的岩石是喜馬拉雅山區最年輕的，於地球深處形成，之後以驚人的速度抬升到地面，並抬到最高的高度。研究南迦帕爾巴特峰的地質學家發現混成岩，這是一種部分融化的片麻岩，形成之處是地表下十到二十公里深的地方，時間不過是一百萬年前。如今在海拔高達八千公尺處便可看見這些混成岩，代表其每年掘升約十一到十三公釐，創下地球上最快速度的紀錄。位於喜馬拉雅山東緣的南迦巴瓦峰也有類似的故事，雖然要測繪這裡的地質更為挑戰。這裡的地形很極端，是叢林密布的深深峽谷。雅魯藏布江在傳說中相當知名，卻非常偏遠，一直到二十世紀才有完整的探索；從這裡取得的數據來看，造山的過程只比南迦帕爾巴特峰慢一點點。

我從塔波凡看到的花崗岩，訴說著故事中同樣驚人的另一個部分。印度板塊沒入歐亞板塊底下並融化，有些融化的核心會被往南擠回到兩個板塊間較弱的部分，這就是「中地殼熔岩渠道」（mid-crustal channel），承受著上方重量巨大的地殼，宛如大象坐在一管牙膏上。在許多地方，這種有延展性的花崗岩會膨脹起來，形成巨大岩層，如同我在帕吉勒提峰所看到的。聖母峰的西南面是這種中地殼熔岩渠道的上緣。較低的部分是片麻岩和花崗岩，是一千四百萬年前才融化的，會擠到年紀有二十倍長、如今多已受侵蝕的沉積岩下方。這些有延展性的花崗岩碰到石灰岩時，圍岩就會變質成大理石，這特色在聖母峰稱為黃帶（Yellow Band）。

在聖母峰最高處的沉積岩是一層層的灰泥岩。這座山讓一九二〇和三〇年代的英國遠征隊念念不忘的知名特色，就是在頁岩上方昂然聳立的石灰岩巉崖，尤其是第二台階（Second Step）。一九六四年，瑞士地質學家奧古斯托．甘瑟（Augusto Gansser）出版《喜馬拉雅山地質學》（*Geology of the Himalaya*），書中有張圖是海百合化石的莖，這是一九五六年初次登頂的瑞士登山家蒐集的。（甘瑟在二十年前，曾經和阿諾德．海姆〔Arnold Heim〕率領的瑞士科學遠征隊，一同沿著印度喜馬拉雅山行進；兩人創造出「主中央逆衝斷層」〔Main Central Thrust〕一詞，指的是變質岩核心往南突出，沿著喜馬拉雅山的弧形長延伸。甘瑟也跨越尼泊爾邊境，未經允許進入西藏，並打扮成朝聖者，在岡仁波齊峰轉山，沿途記錄地質。在出發前，有個僧侶給了他一包小藥丸，以備不時之需，治療他可能會碰到的任何病痛。甘瑟總笑稱，就是這些藥丸他才能長命百歲。他在二〇一二年去世，享年一百零一歲。）

甘瑟的海百合化石照片，證明了聖母峰頂是古代洋底的殘跡，人類站立其上的感受因而更顯奇特。一九三三年，魏格也曾勇敢嘗試登頂，蒐集岩石，並在一九五〇年代，成為牛津大學地質系主任。他判斷這些蒐集來的樣本是石炭紀即將結束之際形成的，大約是三億年前。這些岩石的定年如今較確定為奧陶紀，亦即超過四億四千萬年。

「深時」[4]對人類而言並不容易理解，但是在聖母峰上的岩石定年差異甚大，加上那些岩石推到山頂上的過程，都會顛覆我們認為山是永恆不變的直覺。事實上，喜馬拉雅山區不斷被創造並破壞。席爾勒與團隊發現，在喀喇崑崙山脈的馬沙布魯母峰（Masherbrum）是在三萬五千公尺的深度形成，這表示那些岩石上方的一切都已被侵蝕：出現裂痕、裂開、挖鑿、刮擦、撞擊並沖刷到海洋。全球沖刷到海洋的岩石沉積物，有四分之一是來自喜馬拉雅山。每年被沖刷到孟加拉灣的岩石有十億噸，就位於海床上，形成目前所稱的深海扇。孟加拉扇（Bengal Fan）是世界上最大的深海扇，往南延伸三千公里到印度洋，寬度可達一千四百公里。在加爾各答海岸外，其厚度達一萬八千公尺。這樣的壓力會讓底部的岩石變質，因此地球引力與時間轉動了行星的創造之輪。

*

對於前往喜馬拉雅山區的人來說，最大的衝擊是氣候。站在山脈的高山頂峰，若天氣晴朗，往北望向青藏高原，荒涼的棕色土地會映入眼簾。之後，往左右兩邊九十度，會看到無窮無盡的山脊線，每一處山脊都標示著另一條鑿出此處的河流極限。其中一邊是沙漠，另一邊則是世界上數一數二潮濕的地方。這樣的對比著實驚人，解釋起來更是如此。青藏高原往大氣層抬升，此處阻斷太陽熱度的空氣也變少了。因此，相較於和海平面等高的陸地，高原更容易變熱；其中的運作就像一台巨大的電爐，透過對流，把上方的空氣打到更高的對流層。這麼一來，就會把印度洋溫暖潮濕的風拉過來，成為南亞季風。空氣抵達喜馬拉雅山的時候會上升冷卻，濕氣變成降水。所有的水都會以雨和雪的型態落在山的南面，無法跨越山的屏障到北邊，遂創造出極端不同的地景。

有時候季風會衰退：有證據顯示，在十七世紀初期，西藏西部的古格王國遺址札布讓（Tsaparang）堡壘附近人口大減，原因是季風變弱，導致原本豐饒的田野乾枯。這種現象的原因仍不明朗，但是在一九八〇年代季風也曾減弱，科學家這次發現和青藏高原變涼有關。從平原上升的熱氣對噴射氣流及全球氣候的影響，目前尚未完全明朗。這一區的數據呈現真空狀態，直到中國研究人員近年在青藏高原更偏遠的地方也設置感測器，測量從各種地表上升的熱氣。他們希望藉由越多明確的數據，改善季風氣候模型，進而改善預測，更可能挽救生命。

不光是季風會密切影響活在其陰影下的芸芸眾生，西藏高度提高也會衝擊地球的整體氣候。我們不確定季風何時開始出現的，但七百萬年前明顯增強，這又和青藏高原的高度抬升有關聯。古氣候學

4 深時（deep time）為一種地質上的時間概念，由蘇格蘭地質學家詹姆斯．赫頓（James Hutton, 1726-1797）所提出。在《地震：火環帶上的臺灣》一書中提到，「至今這個詞彙已被普遍理解為動輒百萬年起跳的地質時間尺度」。

家莫琳・雷莫（Maureen Raymo）、威廉・魯迪曼（William Ruddiman）及海洋學家菲利浦・弗羅里希（Philip Froelich）認為，雨量增加和化學風化（chemical weathering）有關；化學風化是在溶解於水中的二氧化碳與岩石中的礦物質起反應，並把二氧化碳鎖在大氣層之外。他們的理論指出，這個過程在造山運動時會增加，因為更多礦物質受到侵蝕，流入河中。青藏高原升得越高、降雨越多，就會增加侵蝕率，加速化學風化的過程。由於越多二氧化碳鎖在大氣層下，地球就會冷卻，導致更新世的冰河時期產生，對人類歷史產生顯著的影響。這理論極具爭議，卻有相當吸引人的證據予以支持。氣候科學家運用在海洋石灰岩採集到的兩種氧同位素，觀察兩者的比率，而這個比率可以代表溫度：比率越高，地球就越涼。全球降溫的時間點，與喜馬拉雅山抬升有顯著相關性。青藏高原持續影響全球天氣系統：中國氣象科學研究院的徐祥德曾提出報告，青藏高原不只影響中國的降雨；其降雪增多也和加拿大冬季更溫暖有相關性。

降雨和喜馬拉雅山脈高度抬升的結合，也反映在山區流出的龐大河川系統。喜馬拉雅山區的人類活動並非受到山脈的形塑，而是靠著河川來架構。東亞三大河川是怒江（薩爾溫江）、湄公河，以及最長的長江，三者皆發源於青藏高原東端，彼此距離相近，無怪乎造橋者在當地備受尊敬。有些大河比喜馬拉雅山的抬升作用更早出現，包括印度河與雅魯藏布江（布拉馬普特拉河），其他則和山一起出現，包括恆河以及尼泊爾的大河川。這些河川深深侵蝕了山，有些地方貫穿其軸線。尼泊爾阿龍河（Arun river）的源頭切過世界第五高峰馬卡魯峰（Makalu），距離雅魯藏布江僅有十公里。隨著過程持續，阿龍河會「俘虜」雅魯藏布江，於是這條大河的源頭就會流過尼泊爾。

在高度與氣候的因素結合之下，喜馬拉雅山變得如此難以征服，也多元到令人難以應付。山脈南邊的特萊平原，[5]與青藏高原最窄的距離，大約是一百五十公里。而在這距離中，高度攀升八千公尺。別忘了，海拔每上升一千公尺，溫度會下降超過攝氏六度。海拔高度帶來的影響和緯度差不多，這表示在短短的距離，你就可以穿過範圍廣大的生態系統：從西瓦利克山脈（Siwalik）的亞熱帶闊葉林、中海拔山區的橡樹和杜鵑花屬溫帶混合林，以及海拔高度更高的冷杉及松樹。在超過四千七百公尺的不丹也有刺柏屬，但是在大部分地區的樹木更為矮瘦。在林線以上，放牧草原可延伸到五千公尺以上。再更高處的生態系統，就和極圈類似。

拜海拔高度之賜，喜馬拉雅山區的生物多樣性令人稱奇，尤其是季風強烈的山脈東部：東尼泊爾、錫金邦、不丹與印度阿魯納查邦。錫金只比美國德拉瓦州或英國坎布里亞郡（Cumbria）大一些，卻有六百五十種不同的蘭花。尼泊爾也有差不多數量的蝴蝶種類，整個美國也幾乎是這麼多的種類，即使美國面積是尼泊爾的六十倍以上。在喜馬拉雅山區的高海拔區，有岩羊、麝屬、小貓熊、狼與雪豹。我在中海拔山區見過雪豹、喜瑪拉雅棕熊，以及黑臉周圍有白色毛的葉猴。在南邊的亞熱帶山麓丘陵，則有虎、亞洲犀牛和野生象。河裡有淡水海豚，以及鱷屬的恆河鱷。這裡也有毒蛇，包括蝮蛇與響尾蛇，會對生命帶來嚴重風險，同時會化身為那伽（naga）蛇神，在山的東南西北都具有重要的文化意義。千年來，喜馬拉雅山區的種族群體會狩獵並搜尋糧秣，是其生活的一部分，如今勞特族（Raute）仍過著狩獵採集的生活。森林與山邊不光是食物櫃或尋找建材的地方，也是藥用植物的寶庫。冬蟲夏草（藏語稱**yartsa gunbu**）是喜馬拉雅山區最知名的交易品之一，是一種感染了真菌的昆蟲幼蟲，外型會長得像植物一樣，在中國市場是以銀來衡量其價值。

地勢如此快速攀升，會帶來複雜且難以預料的天然災害，例如洪水、地震與山崩。此外尚有不那

5 特萊平原（terai），意為「濕谷」或「山腳低地」。

麼顯而易見的危機，例如冰川湖潰洪幾乎是瞬間發生，造成災難。最知名的例子就是在安納普納峰地區的魚尾峰（Mount Machhapuchhre，又名馬查普查雷峰）附近一座十平方公里的冰川湖在十六世紀潰決，導致大量的湖水與五立方公里的碎石衝入波卡拉湖。這些事件稱為「冰湖潰洪」，在今天氣候變遷促成冰河後退時，成了更大的隱憂。山崩也會導致洪水，最明顯的例子是在一八四一年初，那時南迦帕爾巴特峰西邊的山嘴崩落至印度河，形成堤壩，於是湖泊快速形成，而吉爾吉特國王卡里姆汗（Karim Khan）在樺樹皮上寫下文字，讓樹皮漂流到下游，警告洪水將至。六月時，冰川湖潰壩，這時洪水湧入印度河，摧毀數以百計的村莊，數以千計人與牲畜因而喪生。在旁遮普北部的阿塔克（Attock），有一支錫克軍隊在河邊紮營，這時遭到洪水包圍，瞬間造成五百人死亡。一名生還的指揮官（zamindar）如此描述當時的情況：「就像女人用濕毛巾掃走一批螞蟻，這條河流就是這樣抹去拉賈的軍隊。」阿塔克的水比一般夏季洪水高出十四公尺，雖然一八一四年的災難規模甚大，卻非獨一無二：約翰．斯特拉奇的兄長亨利（Henry Strachey）聽聞一八三五年也發生過類似事件。綜觀整個山脈，這種狀況引爆的洪水持續奪走生命。

在喜馬拉雅山區的歷史上，地震的破壞力屢見不鮮。《摩訶婆羅多》與後來的佛教文本都提過地震。一二五五年，一場大地震讓尼泊爾的加德滿都谷天搖地動。即使歷史紀錄文獻不少，卻缺乏詳細敘述。我們知道十六世紀有許多地震，包括一五〇五年發生在庫馬盎的地震，但一直要到殖民時代才開始出現有系統的紀錄。其中具有詳細洞見的重要敘述是來自一八九七年，那時印度地質調查局的理查德．迪克森．奧爾德姆（Richard Dixon Oldham）目睹了阿薩姆發生的八．七級大震。西隆（Shillong）高原北邊的斷層帶錯動了多達十六公尺，而高原北部瞬間被抬高十一公尺。傷亡人數比預期低了許多，但是在面積為英國三倍大的區域裡，房屋都遭到毀損。

地質學家稱山區為高能量環境，而喜馬拉雅山巨大的物理及自然多元性，反映在活力旺盛的人口。當我們穿過地域，會發現氣候與環境變化來得非常明顯快速，也會清楚發現因應這些差異的文化習慣出現。季風固然是這個地區主要的天氣系統，但地方性氣候卻有驚人的差異，即使只是谷地的兩邊——面南的山坡可能多出一個月的生長季。喜馬拉雅山區的居民很了解法國「風土條件」（terroir）的概念。這種差異也反映在語言上：光是尼泊爾就有七十種不同的語言和方言。雖然有這些地方性差異，這裡的居民依然在喜馬拉雅山持續移動。商人翻山越嶺，以西藏的鹽換取印度穀類已有千年歷史，直到最近開路之後才中斷。牧民帶領牲畜到高處草原的季節性遷移，也是長久以來的傳統。人口增長與都市化，讓這裡的人面孔改變得比以往都快，當然政治也跟著變動。氣候變遷在這裡的衝擊比其他地方都大。然而，如今我們會看見，人們為了在這極端環境下好好過活，做出的調整不僅影響他們的文化根源，還延伸到基因碼，如此創造出人類史上幾乎前所未見的人類縫合帶。

三 探險先驅

在香港北邊的中國深圳市市郊有一座八層高樓，原本是家鞋工廠，如今在此營運的，則是二十世紀最重要的產業之一：基因。這棟建築物是華大基因（BGI）的所在地，原名為北京華大基因研究中心，後來與上頭的中國科學院不合，二〇〇七年自首都遷移至此。這家機構一腳踩在學術界，另一腳則在商業界，是國有與私人企業的混合體，對保守的首都而言不倫不類。然而，這家公司如今是基因定序的全球龍頭，雇用超過四千名員工，對美國競爭者鯨吞蠶食。這八層樓滿是DNA定序機器，也有不可或缺的數據農場，蒐集機器產生的巨量資訊。華大基因曾完成世界第一份亞洲人的完整基因定序，但除了人類之外，也幫五花八門的動植物定序：稻穗、小黃瓜、鷹嘴豆、貓熊、單峰駱駝、犛牛與四十種蠶——為蠶基因定序是為了保護中國重要的絲綢產業。這機構也對西藏人基因定序。

遺傳學者與演化生物學者對青藏高原的原住民深感興趣，因為這些人能在海拔超過四千公尺、空氣含氧量僅海平面一半的地方長期生活，有獨特的適應方式來面對生理挑戰。世界上有些群體會出現基因變化，以因應這種挑戰：衣索比亞高地有兩個族群便是如此，但沒有群體像藏人或其他有相同遺傳質的種族群體（例如尼泊爾雪巴人）一樣，在這麼高的地方生活。像我們這種出生在一般海拔高度的人，在面對含氧量僅有一半的生存挑戰時，會出現大量的生理反應，首先是呼吸次數增加，心跳速度加快。久而久之，就會因為紅血球的血紅素增加，導致血液濃稠。這是否可稱為「順應」（acclimatisation），或實際上是有問題的副作用，就留待研究人員爭論。血紅素會導致血液黏稠，導致中風；長期升高可能導致慢性病或心臟病。而藏人在高海拔之處身體能運作得很好，血紅素濃度有時甚至比低地族群還低，呼吸和心跳也和平地人差不多。

靠著現代遺傳學及繪製人類基因組圖譜，我們至少得以開始分析藏人身體的複雜互動與順應作用，了解他們為何能在高海拔順利生活——包括肌肉的血管如何運作，及上呼吸道有何變化，讓鼻子能在高海拔的稀薄與乾燥空氣中容易呼吸。澳洲昆士蘭大學和溫州醫科大學的研究人員發現，藏族與低地人有九種不同的基因差異，其中有些基因和血紅素含量與免疫系統有關。

最關鍵的議題是生殖。只有孩子存活下來，基因才能傳遞下去。我曾在四千五百公尺的青藏高原中央，來到一處氂牛毛帳篷，看見一名剛出生的寶寶在母親的懷抱中。那是一次相當震撼的經驗。在方圓八十公里之內沒有任何醫院，也沒有助產士。小男孩的媽媽是靠著她母親來協助生產，而男孩強健的體魄是天擇的產物。藏族女性演化出較大的子宮動脈，能維持氧氣流動符合健康水準，幫助胚胎長大。藏族寶寶出生時的體重和低地寶寶一樣，卻能從空氣中吸入更多氧。低地寶寶如果是在高地出生，海拔每增一千公尺，體重就會減少一百公克。藏族母親也有基因差異，懷孕時能製造更多葉酸——一種必須維生素B。

這些發現也加深了我們對歷史的了解。喜馬拉雅山故事的安排原則，就是一群人有能力比另一群人在高山上欣欣向榮。若從山脈南面的谷地往上攀登到高山區，會明顯看出種族的轉換，從南邊的次大陸低地與東南亞族群，變成青藏高原的族群，而那道看不見的門檻大約是在三千五百公尺處飄浮。在這種基因縫合帶北邊的民族多半為博提亞人，也就是博德（Bod或Bhot）人，即藏文的「西藏」。（「西藏」

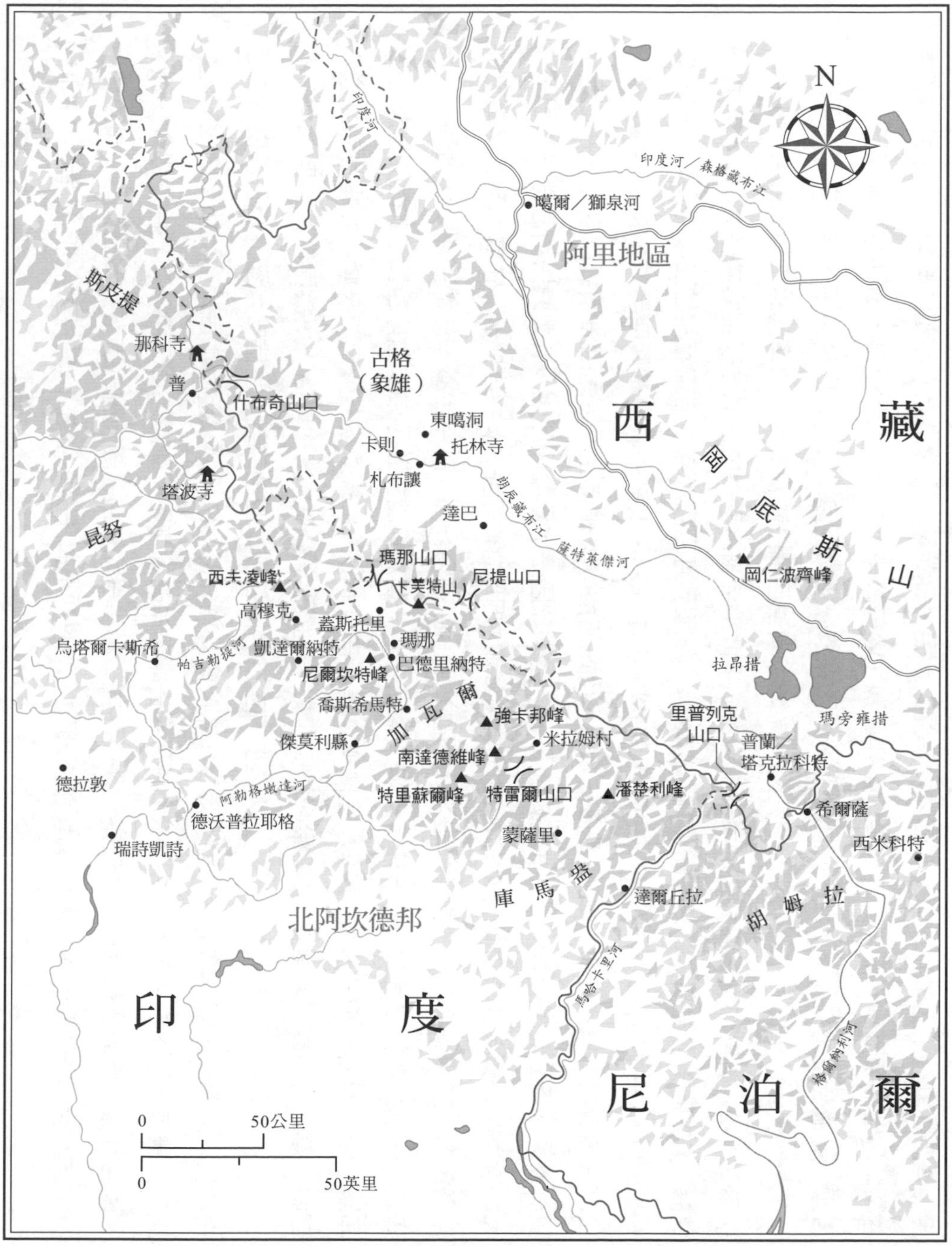
N
印度河
印度河／森格藏布江
噶爾／獅泉河
阿里地區
斯皮提
那科寺
普
什布奇山口
古格
（象雄）
東噶洞
卡則
托林寺
札布讓
西
藏
岡
底
斯
山
塔波寺
朗欽藏布江／薩特萊傑河
達巴
昆努
瑪那山口
西夫凌峰
卡美特山
尼提山口
岡仁波齊峰
高穆克
蓋斯托里
烏塔爾卡斯希
帕吉勒提河
凱達爾納特
瑪那
巴德里納特
尼爾坎特峰
拉昂措
喬斯希馬特
加
瓦
爾
強卡邦峰
里普列克
山口
瑪旁雍措
傑莫利縣
米拉姆村
普蘭／
塔克拉科特
南達德維峰
德拉敦
特里蘇爾峰
特雷爾山口
潘楚利峰
希爾薩
阿勒格嫩達河
德沃普拉耶格
瑞詩凱詩
蒙薩里
西米科特
庫
馬
盎
達爾丘拉
胡
姆
拉
北阿坎德邦
馬哈卡里河
印
度
卡爾納利河
尼
泊
爾
0
50公里
0
50英里

〔Tibet〕的詞源尚不明朗；有一項理論指出是「tu phod」的突厥語訛傳，這是東北西藏對藏北的稱呼。）在這條縫合帶以南及東邊的中國低地，居民就不具有這種能在高海拔自在生活並繁榮發展的遺傳適應。然而，這差距並不符合任何現代國界；國界通常是沿著山脈的新月形分布。族群和國界的不協調，在近幾個世紀已成為政治緊張局勢的來源。第二次世界大戰之後，新成立的中共政權主張，有藏族人口分布的喜馬拉雅山區是屬於他們的，即使那裡是由印度和尼泊爾治理。

在目前的政治脈絡下，西藏是很具爭議性的領土，無怪乎研究藏族的起源就成為危險場域；恐怕沒有其他的研究會有更具爭議性的脈絡。二〇一〇年，聲名卓越的《科學》（*Science*）期刊刊登一篇研究，聲稱找到目前已知人類最快的演化速度案例——在西藏人身上。後來，全球的報紙都報導了這項研究。該研究的主要作者是易鑫和汪建，兩人都在北京華大基因研究中心任職。這份報告聲稱，藏族與漢族的特殊基因差異是三千年前才發生的。先前已知最快的基因變化是七千五百年前北歐人的乳糖容忍度。對於推動國族主義敘述、要西藏歸屬於中國母國的人來說，這項研究的意義似乎很明顯：藏族是漢族的旁支，是在已有歷史記載的時間框架下分裂出去的。但考古學家認為，這項主張毫無道理可言。加州大學美熹德分校的西藏史前專家馬克・艾登德弗（Mark Aldenderfer）告訴《紐約時報》（*New York Times*），該研究提出的時間框架「從我們所知的歷史、考古或語言學紀錄來看，根本站不住腳。」雖然青藏高原的考古學樣貌遠不如喜馬拉雅山區南面完整，但當然還是有足夠證據，直接挑戰人類定居於此的歷史真如北京華大基因研究中心科學家主張的那麼新近。

除了海拔之外，居住在西藏的另一個關鍵要素是氣候。大約在五萬年前，青藏高原乾燥寒冷，植被稀少，山區有大量冰河。後來氣候改善，降雨量增多，氣溫升高。草地茂盛，促成高原原生種的有蹄類動物種類變多，數量也增加：野生犛牛、藏羚羊、西藏野驢以及幾種野生綿羊都是例子。溫暖與潮濕期甚至延伸到青藏高原北部，甚至抵達塔克拉瑪干與戈壁沙漠，因此更可能有人從北邊遷移。這證據包括在大約三千一百公尺的柴達木盆地找到的石器，這遼闊的盆地位於青藏高原東北角，石器歷史已超過三萬年。而更靠近喜馬拉雅山脈，大約在拉薩北邊八十公里處的邱桑村[1]，在一九九五年發現了舊石器時代晚期的遺址。在海拔四千兩百公尺處，有多達十九個人類的手印與腳印保存在石灰華上，這是一種沉積岩，是溫泉附近的礦物沉積而成。這些印子是同時間造成的，當時石灰華仍是柔軟、方解石的泥狀。這些印子或可視為一張家族快照，因為有些印子很小，應該是孩子的。自稱探險家的人到處都是，但這群人當之無愧。他們面對早期歐洲與亞洲探險家會面對的所有問題——寒冷、空氣稀薄、風勢強勁——卻沒有他們的科技或科學知識。

以這些石灰華沉積裡的石英來定年具有一定的精準度，而這些印子據信生成於約兩萬年前。青藏高原的其他遺址也找到石造工具，雖然定年無法確定，但據信比邱桑村的印子更古老。顯然，從考古紀錄來看，關於早期西藏至少可追溯回兩萬年前，有別於遺傳學家所稱，藏族是更近期由中國群體分支而出。他們會不會是不同族群呢？或許早期定居者享有較溫暖潮濕的氣候，但在最後一次「冰河期」——更精準的名稱是「末次冰盛期」（Last Glacial Maximum）——在兩萬年前降臨之後，這裡就變得更寒冷乾燥。或許住在高原的人都已遷移他方或死亡，直到約一萬年前，高原再度回暖，來自中國的其他新移民遷入此地，取代了當初的居民。

在過去幾年，原本如碎片般的畫面大幅得到填補，更嚴謹的基因新研究彌補了許多缺口，還有新的考古發現予以支持，尤其是目前發現的最古老遺址。這處遺址位於西藏東南的薩爾溫江河岸，這裡的石

---

1 邱桑村（Chusang），也有譯為「楚桑」，但從地圖來看應是邱桑村。

器與動物遺骸可追溯回三萬一千年到三萬八千年前。這些新研究不僅支持藏人已在高原居住數萬年的想法，也符合新的基因證據，說明藏人是持續於此高原生存，即使上一次冰河期氣候惡化。這項證據對整體人類物種而言，有著令人意外的意義。

二〇一四年，華大基因發表關於西藏人基因定序的新研究。和先前不同的是，這次把西藏人和更多現代與古代人類相比，並找出相同定序。其結果令人吃驚。科學家先前發現西藏人一組和低地人顯然不同的基因定序，這次則在其他樣本中找到唯一相同者：古人類丹尼索瓦人（Denisovan）。長久以來，考古學家只發現過一個丹尼索瓦人的小指骨骼，地點是西伯利亞阿爾泰山的洞穴，直到最近才另外發現其他骨骼。這枚最早的丹尼索瓦人骨頭屬於一個四萬一千年前的女孩，那時不同的人類亞種肩並肩一起生活。她的基因組定序顯示，丹尼索瓦人和尼安德人會混種雜交。如今看來，現代人似乎也是如此。二〇一九年，德國萊比錫馬克斯．普朗克演化人類學研究所[2]的人類學家尚—雅各．胡布林（Jean-Jacques Hublin）發表一篇報告，內容提到發現了第二個丹尼索瓦人：在甘肅省洞穴找到的下顎骨，這表示青藏高原就有丹尼索瓦人。

二〇一六年九月，上海生命科學研究院的團隊發表研究，對西藏人的ＤＮＡ進行更廣更深的分析。他們是率先為藏人進行全基因體定序的研究者，事實上研究對象有三十八人，其中包括雪巴人。研究團隊把結果和漢人的全基因體定序相比較，也和可找到的其他現代人與古人類基因數據比較。研究結果顯示，西藏人基因庫有百分之六是由古人類定序構成，包括先前發現的丹尼索瓦人ＤＮＡ。這已大幅高於現代歐洲人身上的尼安德人ＤＮＡ占比。他們也發現有個區段會把西藏人與四萬五千年前住在西伯利亞的現代人「烏斯季伊希母人」（Ust'-Ishim man）相連結；烏斯季伊希母人的大腿骨化石有足夠的基因材料供基因組定序。結果顯示，西藏人的遺傳物質和烏斯季伊希母人的相近程度超過所有現代人族群，包括現代西伯利亞人。研究者的結論是，最早居住在西藏的人有三種人族的基因；西藏人是在六萬兩千年到三萬八千年前抵達青藏高原，而他們的基因大多更接近現代，大約是一萬兩千年到一萬年前，和冰河期結束時一樣。

這些發現相當複雜，讓更豐富（但尚不完整）的青藏高原定居故事浮現出來。藏人族群在舊石器時代從亞洲北部遷移到青藏高原居住，在高海拔生存了幾百個世代，到了兩萬年前，面臨氣候變冷的無情未來。過去曾有人認為，青藏高原在末次冰盛期是覆蓋著冰，而如今，這個觀念已不完全可信。雖然高原的平均海拔超過四千五百公尺，但有許多地方的環境或多或少可以得到遮蔽，海拔也低了些，因此族群得以生存；大河川的河谷正是如此。許多族群無疑會遷移或滅絕，但有些族群能在可遮風擋雪的地方存留下來。當氣候再度回暖，不那麼乾燥，動植物物種又會在整個高原上擴散。新石器時代的人類族群說的語言是藏緬語族的原型，他們從現位於四川的長江上游及更北邊的甘肅省來到青藏高原，在這裡遇見了小型的原住民群體，這些原住民有非常奇特的基因遺傳。新來者人數占了上風，並和原本就在這裡生活的族群混血，遂取得能授予最大優勢的基因：在缺氧環境下有生存能力，並成功繁衍後代。

西方作家有時會誤將西藏文化與實體環境之間的關聯過度浪漫化，但如果說西藏的海拔高度不僅深深影響西藏人生理，也深深影響歷史，這說法並沒有錯。直到二十世紀，中國運用現代戰爭、科技與基礎建設，將其勢力範圍持續向喜馬拉雅山區北邊擴張，而西藏人擁有的遺傳適應就成了最有效的防衛。幾個世紀以來，西藏歷經過低地人的入侵，但入侵者若想長治久安，就需要投入更多資源，可謂得不償

2 普朗克演化人類學研究所（Max Planck Institute），全名為Max-Planck-Institut für evolutionäre Anthropologie，而非慕尼黑的馬克斯．普朗克研究所。

失；高海拔的生活太艱苦，不討人喜歡。在西藏歷史中，幾支外來軍隊光是餵飽自己就很困難。

西藏所提供的物品透過交易取得會比較容易，由此帶來商業蓬勃發展，也帶來變化。文化和觀念可能會傳播到高海拔地區，也確實如此，佛教就是一例；若以為西藏神祕孤立，恐怕就是個迷思。歷史學家桑木・馮・謝克（Sam van Schaik）就曾寫道，西藏「在整體歷史中，與其他文化牽連很深。」不過，對於活著的人來說，要深入西藏就比較困難。低地族群要占領西藏（尤其是漢族），除了要鐵了心腸，發揮無情的政治意志之外，還需要現代產科醫學。即使到了今天，漢族嬰兒在此地的死亡率仍是藏族嬰兒的三倍。

藏人基因組滔滔不絕訴說著故事，相較之下，說明西藏如何從萬年前最後一次「冰河期」浮現的人類學紀錄，就顯得十分稀少。已定年的最早遺址大多落在五千年前，位置多半位於高原最東緣，而有些則是位在歷史上所謂西藏身分認同的第一個熔爐——雅魯藏布江河谷，大多位於喜馬拉雅山區。再更之前是可看出些許跡象，例如從一堆石器中便可看出文化差異，尤其是西藏南部和北部乾燥起伏的羌塘（Chang Tang，亦即藏北高原）之間的差異；後者的居民在歷史上較偏向遊牧，當然這種生活型態也是出於必須。青藏高原有不同的文化，是很重要的觀念。在一般人印象裡，西藏總是和佛教畫上等號。流亡在外的達賴喇嘛地位尊貴，是藏人身分認同的中心，因而不免出現這般的假設。但佛教並非源於西藏，而是七、八世紀才傳入，彼時基督教已進入歐洲許久，而距離佛陀的生年更已過千年之久。佛教發展了數個世紀，歷經長久變化，已罩上複雜多變的文化薄紗。隨著佛教而來的就是讀寫能力；在佛教之前，西藏並無文字紀錄流傳下來。這不光是西方對西藏理解的分水嶺時刻，也是西藏自我感受的分界：從無聲的世界創造出敘述，需要相當程度的創意。

在青藏高原，目前已知最早的新石器文化是在卡若遺址[3]，位於高原最東緣，附近就是西藏自治區第三大城——昌都市——距離中國四川省不遠。卡若遺址聚集著許多住家，分別屬於六千到四千年前幾個有人類定居的時期。從卡若區挖掘出來較晚期的結構，極類似如今在西藏鄉野依然普遍的風土語言，至少中國考古學家是如此詮釋。這遺址是在扎曲（瀾滄江）上方的階地，高度大約為三千一百公尺，而瀾滄江再往下游就會成為湄公河。除了野生山羊與鹿的遺骸及採集的證據之外，卡若也有小米栽種的證據，顯示當時的人正嘗試在高海拔的稀薄空氣中得到最好的收成，畢竟在這環境下能種植的穀類選擇並不多。這裡也有馴養豬隻的證據。

更西邊的另一處遺址稱為曲貢，位於拉薩河谷（藏語稱為「吉曲」）北邊，有四千年歷史，也顯示有飼養動物的證據，包括氂牛。氂牛就和藏人一樣經過演化，能在高海拔地區順利繁衍。氂牛是西藏文化的代表性生物，但在挖掘出曲貢遺址之前，這一帶最早的氂牛證據是出自晚得多的年代——西元前八五〇年西周時代的文字紀錄。就像因紐特人善用海豹，藏人也懂得善用氂牛的每一個部位，其骨骼可刻成鈕扣或梳子，而最具特色的腹毛最適合用來製成帳篷繩索。氂牛尾巴很有價值，可賣到喜馬拉雅山區另一邊及更遠之處。在西元一世紀羅馬皇帝圖密善（Emperor Domitian）的時代，羅馬女性會使用氂牛毛來當作拂塵。關於西藏西南邊的情況，《摩訶婆羅多》曾描述過來自西藏的黃金與寶石交易；但難以理解的是，為何喜馬拉雅山區另一邊的鄰近區域無法將商品和技術反向輸入到西藏，例如從金瑙爾縣、加瓦爾及拉達克到青藏高原。西藏這一帶就是這樣取得馴化過的作物，尤其是小麥、青稞以及豆類，但這裡的考古發現甚至比東邊還少。至於西藏西北部，從考古發現可看出，過了許久之後，代表草原文化

3　卡若遺址（Kharub），西藏三大原始文化遺址之一，而藏語中的卡若，即為「城堡」之意；另外兩處遺址是曲貢和藏北細石器文化。

的前斯基泰人部落，已經把影響範圍延伸到這座高原。

卡若遺址有大量且多樣的物品，包括以幾何圖樣裝飾的陶碗和瓶罐、磨亮的石頭，以及精緻骨器，例如錐子與針、編織工具與梳子。此外尚有許多飾品，包括玉簪、貝殼及打洞串成鍊子的石造珠寶。這些與來自曲貢的文物都在拉薩的西藏博物館展出。我在參觀過程深受一件來自卡若遺址的展示品吸引，忍不住停下腳步觀看：這是由九個半寶石串起並飾以孔雀石的墜子。這裡也有拋光的綠松石柱狀珠，以及看似玉的珠子，或許是來自塔里木盆地的古代礦場。在雖然展區沒有任何說明文字，但其所要闡釋的卻很清楚：遙遠的過往和現在之間的文化連續性。比方說，從中國編年史來看，七世紀的藏人官階可從佩章來判斷：肩上垂下的珠飾大小不盡相同。最珍貴的綠松石比金或銀還珍貴，至今依然沒有改變。博物館裡零碎的展覽品，呼應著現代拉薩市珠寶店櫥窗的主題與風格。許多文化會重探史前藝術，追求啟發；但在西藏，史前從未離去。

正如書寫，佛教也象徵著西藏藝術傳統的分水嶺。當我們想到西藏藝術時，可能多半會聯想有繁複之美的壁畫，以及藏傳佛教的優雅雕像，這些可以追溯回八世紀。這項傳統汲取自印度美學，尤其是孟加拉與喀什米爾的波羅王朝[4]佛教中心。藝術傳入西藏，反映出宗教實踐與政治權力的劇烈變化。在此之前，西藏的藝術是截然不同的：人民（而不是宗教專家）的藝術會反映出日常靈性意識，那股意識介於狩獵與遊牧的世界之間。其靈感是地方神祇，以及季節遞嬗的儀式。

西藏的岩石藝術能讓我們立刻洞悉文字出現以前的文化，西藏博物館展出了許多實例。最普遍的圖像主題通常是以紅赭畫成的野生動物，尤其是有蹄類：鹿與腹部有長毛的犛牛是最常見的兩種動物，兩者皆為佛教傳入之前的薩滿神靈世界中經常出現的基石。掠食者也會成為主題，例如老虎和獅子。以自然界為中心主題並不令人意外，畢竟人要生存，就得仰賴大自然。有些象形符號是獵人在馬背上拉弓，馬鞍樣式和青藏高原現今仍使用的很類似，雖然馬鐙要到五世紀突厥部落抵達時才會出現。

宇宙象徵也很常見，如太陽與月亮，但也有順時鐘和逆時鐘型態的卍字符，這個符號在佛陀誕生前的一千五百年即已出現在印度河谷。藏傳佛教納入了不少這些符號，正如泛靈信仰的圖騰也會進入早期的基督教教會。這些符號會出現在有佛教繪圖的唐卡上，與藏傳佛教特有的護法神順瑪（srungma）一起出現。圖像的意義會演變，正如西藏本身會改變一樣，但我們可以很清楚看見，佛教納入了西藏原有信仰的象徵和儀式。不過，有些層面無疑失去了：在佛教傳入之前，偶爾可見野生犛牛的側身插著箭的圖像，但這在佛教圖像中就不會出現，因為佛教是不殺生的。其他層面或許是源自於文字出現前的藝術，例如騎著犛牛的神。最早的唐卡是在絲路上的莫高窟發現，以紅赭繪製而成；從這些唐卡可看出，西藏在文字發明前的宇宙觀，與後來依照佛教哲學發展出的全新宇宙觀具有連續性。舊世界滿是惡魔和想像，而新世界則是一絲不苟，充滿思想。自此之後，兩者之間的張力就在西藏文化與宗教實踐持續存在，且常是一股有創造性的動能。

*

莫高窟千佛洞發現的文獻有如在大霧中浮現的迎賓地標，主導我們對於早期西藏史的理解。千佛洞就在敦煌附近，是離喜馬拉雅山區很遠的北方，位於戈壁沙漠邊緣，隸屬於今天的甘肅省。敦煌是漢代

4 波羅王朝（Pala dynasty），亦稱帕拉王朝，八世紀到十二世紀印度東北部的重要王朝，以孟加拉為中心，進一步擴展至尼泊爾、恆河流域中部。

的要塞，後來成為絲路駱駝商隊的補給點，也是絲路南北路線的交會處、蒙古與印度旅者的交叉路口。到四世紀，敦煌成了佛教城市，有數萬人口，而第一批洞穴就是莫高窟，在富人的贊助下，由匠師畫上精美圖像以做為打坐時的視覺輔助。在唐朝，莫高窟是中國重要的佛教中心，全盛時期在八、九世紀，那時已開鑿出數以百計的洞穴，並加以裝飾；在西元八四〇年左右的毀佛行動時，這裡的佛教僧侶躲過迫害，因為當時敦煌隸屬於吐蕃。隨著伊斯蘭征服泰半的中亞，這些洞穴也遭到棄置。元朝是藏傳佛教的資助者，可惜元朝在十四世紀滅亡之後，敦煌也跟著衰敗。由於海上貿易成長，絲路受到重創，直到二十一世紀中國國家主席習近平才有了復興絲路的想法。

即使敦煌石窟大多已遭棄置，但莫高窟仍有人前來膜拜。十九世紀晚期，一名來自陝西的道士王圓籙來到此處，成為這裡非官方守護者，還發動募款來修護此地。一九〇〇年，他雇用的工人在為一處洞穴入口清理沙子時，發現了一扇隱藏門，可通往另一個洞穴。這洞穴裡有數千卷古代文獻，最晚近的是十一世紀初期。這裡挖出一間影堂，紀念卒於九世紀的僧人洪辯，如今這洞窟有更知名的名號——藏經洞。這間藏滿文物的洞窟為何封起，令許多學者深感好奇。其中一項解釋是為了避免入侵者看到這些書，因為一〇〇六年，喀喇汗國的穆斯林攻陷了附近信奉佛教的于闐國。（「我們像一場洪水般朝他們席捲而來，」一名突厥學者麻赫穆德．喀什噶里（Mahmud al-Kashgari）寫道，「我們進入他們的城市／拆毀佛像寺廟／在佛頭上拉屎！」）于闐是有千年歷史的佛教國度，可以追溯回印度信奉佛教的阿育王（Ashok, c. 304-232 BC）以及中亞希臘人的時代。到十一世紀末，于闐語已幾乎被征服者的突厥語所取代。馬可．波羅在十三世紀晚期造訪時說，于闐居民已皆為穆斯林。

王圓籙反覆嘗試，希望當地的中國官員關注他的發現，但是幾個看過藏經洞文獻的官員，都無法了解其重要性。一九〇七年，匈牙利出生的英國考古學家和探險家馬克．奧萊爾．斯坦因（Marc Aurel

Stein）帶著能幹的口譯兼祕書蔣孝琬，來到敦煌石窟。從斯坦因對於藏經洞的描述，可看出裡頭多麼豐富：他估計有兩百三十捆中國古書卷，以及八十捆藏文古書卷，每一捆大約有十幾卷書卷。他計算出共有十一大冊的西藏貝葉式（pothi）的書籍，其形狀為狹窄的長方形，以傳統木質書封鬆散裝幀。這堆手稿與書卷有十呎高，占地達五百平方呎的空間。這些紙卷沒有編目，通常就胡亂塞在一起。

斯坦因付給王圓籙一筆錢，讓他帶走「超過三十捆紮紮實實的紙卷，」以及其他零星的書卷。而他未帶走的書，推測是一兩種重複的佛經。隔年，法國學者伯希和[5]來到敦煌，蒐羅斯坦因留下的書卷。伯希和能閱讀中國古文，也通曉其他中亞語言，因此能快速且詳細地評估這些殘卷。（他也是梵文學者西爾萬・萊維〔Sylvain Lévi, 1863-1935〕的學生，萊維是研究喜馬拉雅山區古代文物的重要人物。）即使到了這時候，藏經洞的瑰寶依然尚未枯竭。一九一一年，日本旅人買了更多，而一九一四年，斯坦因回來買走王圓籙保證是最後一批的珍寶。斯坦懷疑這個道士說謊；果不其然，幾個月後，俄羅斯考古學家謝爾蓋・奧登堡（Sergei Oldenburg）買下大量的中文及藏文書卷，如今收藏在聖彼得堡。奧登堡與列寧的兄弟有交情，因此在俄國革命時能免於遭殃。他建立了佛教經文的權威索引，至今依然適用。之後仍有大量的文物留下，許多是藏文，其中多數如今都收藏在敦煌博物館，規模不亞於英法的收藏；諸多文物收藏如今透過國際敦煌計畫（International Dunhuang Project）來整合。

其他地方也發現過重要性不亞於敦煌的佛教經文，但是敦煌仍是世界上最重要的古代文書發現地之一。敦煌書卷改變了我們對於亞洲宗教的理解。這五萬卷書卷主要是中文，但也有其他語言，包括藏文、維吾爾文、梵文以及于闐文。在發現藏經洞的書卷之前，沒有多少人知道于闐文的存在。這些資料

5　伯希和（Paul Pelliot, 1878-1945），法國語言學家、漢學家，精通多種語言。

多為佛教經典，包括主要經典之作，例如八六八年的《金剛經》，這是目前最早有紀年的印刷書籍，收藏於大英圖書館。《金剛經》是《般若經》的一部分，「般若」的梵文意義是「大智慧」。梵文的標題是《金剛般若波羅蜜經》，字面意義是「能斷金剛」，而金剛則是指閃電或鑽石。這名稱比喻此經文的價值，在於其如同工具能讓人運用，以理解佛教哲學的核心真理——自我為幻相，從牽絆解脫。然而，敦煌文本不僅限於佛教經典，有些手稿是關於古代圍棋、音符、數學和天文之作、其他宗教的文本，包括基督教（當時稱為景教經典）及摩尼教、醫學與中藥學專書，以及西藏歷史文本。

敦煌的文獻包括西藏在公元一千年之前流行的祕傳密宗資料。與其他藏經洞的珍寶相較之下，密宗資料受到忽略，直到近年才得到重視。密宗（tantric Buddhism，梵文：Vajrayana）在中世紀早期於印度北部出現，是由大成就者（mahasiddha）實行，這群宗教修行者率先探索更快的啟蒙之路，拋下僧院與神聖誓言，居住到洞穴和森林裡，就像印度教的遁世者或棄世者。只是，其行為在他們拋下的哲學菁英眼中應是離經叛道，諸如性愛、飲酒以及吃肉，因為他們認為，唯有體驗平凡生命的真實性，才能適當理解其空虛。西藏佛教學者羅伯特．瑟曼（Robert Thurman）把這些大成就者描述為「心航員」（psychonaut），探索的是心靈最深遠之處，而不是探索世界。

密宗的性愛修行往往令西方人瞠目結舌，但那不過是更廣大的教導系統中的一小塊而已。十一世紀孟加拉大成就者帝洛巴（Tilopa）被逐出寺院，於是榨芝麻油來攢錢——til就是梵文的「油」——也曾擔任娼妓保鑣、皮條客。然而，後來帝洛巴成為流浪者，也是倍受禮讚的大師，其學生包括藏傳佛教噶舉派創辦人之一那洛巴（Naropa）——「藏傳佛教」這個詞涵蓋了密宗教義的龐大範圍。大成就者這個角色非常浪漫，他們會把頭髮留得很長，也不像傳統修行者那樣與人疏遠，過著簡樸的生活。他們在波羅王朝大幅興起，這是最後一個統治印度絕大部分的佛教王朝，但他們也和印度教希瓦（Shaivites，濕婆信徒）有些共同的宗教樣貌與實踐。佛教和印度教湍急支流的匯集，依舊是加德滿都尼瓦爾社群的主要文化特色，也是城市人的本質：情感強烈、神祕，有時陰暗。佛教在印度衰微，然過了幾個世紀，西藏學者仍試著理解密宗的修行究竟是什麼意思。

西藏國度在七世紀開始出現，要將這個過程拼湊起來絕非易事。一九二四年，英國外交官查爾斯．貝爾（Charles Bell）出版了西方人敘述的早期西藏史，成為這個領域的先驅之一。他特別引用一四七六年的《青史》[6]，這本書已距離書中描寫的事件有幾個世紀了。正如貝爾自身所觀察，西藏歷史編纂通常會和宗教與宗教體制的發展較相關，而不是談敵對的政治派系或經濟發展興衰過程。遵循「法」（dharma，佛教的靈性途徑）向來是青藏高原千年來一股強大凝聚力，但這過程並非天命難違，即使西藏史刻意給人這樣的感覺。我們確實知道的是，在七世紀，雅礱河谷出現的王朝將主導這裡的歷史樣貌，而在這個王朝出現之後，佛教大約花了兩個世紀的時間扎根。值得注意的是，這群不識字、有泛靈信仰的宗族在中國編年史僅零星出現，似乎總是在邊疆區域騷動作亂，經過幾個世代卻成為帝國，從帕米爾山區往西延伸到遙遠的西邊，往東延伸到緬甸北部，北至戈壁，南至尼泊爾，還曾占領中國唐朝京城長安一段短暫時間。雅礱王朝的急速竄升讓西藏文化脫胎換骨，為西藏創造出自己的字母；那時，西藏開通了成為未來聖地的道路——即使佛教在印度面對擴張的伊斯蘭與風起雲湧的印度教之時衰微，卻在西藏興盛發展。

敦煌有兩份重要資源，促使我們對西藏躍上世界舞台的關鍵時期更加了解。《吐蕃大事紀年》原本是一卷書卷，如今則分成兩部分，分別收藏在倫敦與巴黎，內容涵蓋吐蕃帝國第一任皇帝松贊干布

---

6 由藏傳佛教僧人管．宣奴貝編寫的史書，不僅有吐蕃帝國史，還有藏傳佛教的發展史。

（「智慧的松贊」）。其內容記載重要事件與系譜，包括宗族關係，而時間應始於七世紀中期，終於七六四年，斯坦因和伯希和帶回歐洲的手寫本正是終止於這一年。第二份文獻是《吐蕃贊普傳記》，這份文獻內容豐富且綜合各種敘事、歌曲及名單，訴說西藏帝王神祕的起源，並歷經松贊干布的統治，記錄到九世紀。這些帝王名單裡的最後一位是烏東贊，也稱為朗達瑪，在藏人的想像裡是一個好壞參半的形象，曾試圖壓抑佛教。《吐蕃贊普傳記》最可能是在西元九世紀寫成，雖然匈牙利學者蓋薩·烏瑞（Géza Uray）認為，這些書寫在裁切過的中文手卷上的手稿，後來可能出於政治理由而重新整理過。發現這些書卷之後，學者得到有力的嶄新觀點，看待躍升為中亞一大勢力的西藏，而不致和日後西藏宗教性的自我感受混淆。比方說，貝爾就依循西藏日後的中世紀歷史，把松贊干布視為是熱忱的佛教支援者。這位年輕的國王因為外籍妻妾而改變信仰，於是下令在全國興建寺院。他也是三任「法王」的第一位，並被視為是西藏保護神、慈悲的觀音菩薩（藏文稱為Chenrezig）分身。但《吐蕃贊普傳記》或《吐蕃大事紀年》皆未提到松贊干布是佛教徒。

松贊干布出生時就是贊普（tsenpo）——國王、統治者——也是天子（lhase）。他是第三十三任贊普，但這帝王譜系的起源已不可考，其神祇也多遭到遺忘。第一位贊普是聶赤贊普（Nyatri Tsenpo），他從雅礱谷的聖山雅拉香波（Yarlha Shampo）降臨到世間。他就在一條從天而降的天繩末端，等時間到了，會被拉回天上。藏曆和藏曆新年據信是從他在位時期展開的。雅礱谷上方的一處懸崖有座古老的堡壘聳立，這座碉堡名為雍布拉康，傳統上認為和聶赤有關。這座碉堡當然古老，是狹窄的白塔，底部沒有窗戶，俯瞰著支撐其居民的原野。《吐蕃贊普傳記》訴說著國王系譜是怎麼因為止貢贊普的愚行而失去神性，他讓宗族首領彼此敵對，後來也敵視止貢。天繩於是永遠斷裂，止貢贊普也被埋在地上。要能統治整個西藏，必須先要安撫宗族的疑慮，連崇高的達賴喇嘛也不例外。

松贊干布於六四九年離世，關於他葬禮的描述則提供了線索，說明雅礱國王起源於遊牧民族，其所受到的影響不是來自印度，也不是來自中國，而是乾草原。希羅多德曾聽說斯基泰人如何割傷身體，當作是哀悼的一部分；西藏貴族也有類似之舉，以赭塗臉，並剪頭髮。松贊干布安葬之處外形像遊牧民族的帳篷，也呼應著乾草原。就像附近的突厥人，藏人相信他們的國王會在墳中生活，周圍有他生前的物品，並坐在銅棺內，過去的僕人近在咫尺扛著石柱，發誓結盟。

若說松贊去世後的儀式是源自歷史淵源，他在世時的生活，卻改變了高原的生活型態。他的父親囊日論贊將宗族勢力延伸，與其他宗族產生連結，將控制權擴張到西藏中心。囊日論贊在位期間，曾派遣出使節前往中國宮廷，與當時周圍的勢力結盟：包括西邊的象雄（Zhang Zhung），以及東北的部落聯盟吐谷渾（Tuyuhun，藏語稱為Azha）。吐谷渾人善於為馬匹育種，居住之處後來成為西藏安多地區（Amdo）的一部分。這一帶令中國朝廷很是擔憂，因為當時唐朝才剛弭平動亂，建立新朝。再往南越過山區，就是肥沃的加德滿都谷，這裡由尼波羅（Licchavi）國王鴦輸伐摩（Amshuverma）掌權，掌控了跨越喜馬拉雅山的重要商路，並以過路費建立華美宮殿。他統治的人民靠著金屬作品而馳名於世。在鴦輸伐摩後方，是年僅十六歲的印度國王曷利沙（Harsha），兄長戰死沙場後，由他繼承王位，並展開復仇，建立帝國。

松贊的情況也差不多。在父親遭到毒殺之後，年僅十三歲的他繼承了贊普的頭銜。附屬宗族失去強大的領導者之後，遂群起造反。松贊即時因應，逮捕並處決殺父仇人，弭平家族叛亂。他的父親對鞏固條約就感到滿足，松贊則想要絕對的控制權。他征服西方，並於六三四年派遣特使到中國朝廷。松贊干布身為驍勇善戰將領，早已聲名遠播，因此中國趕緊互惠，因為他們要全力對付心中認為更大的敵手——突厥人與北邊的吐谷渾。身經百戰的唐太宗認為，拉攏松贊有助於對抗吐谷渾。西藏人更是心滿意足：如此的外交尊重提升了自身的地位。

松贊干布知道，唐太宗曾允諾和親，將中國貴族仕女嫁給突厥與吐谷渾的統治者，於是他派遣另一名使節，要求唐太宗比照辦理。對雙方而言，這作法是治國的精明之舉，一方面代表對於新興吐蕃國王的尊重，另一方面也代表要對中國皇帝負起義務。起初中國答應了，未料吐谷渾的統治者慕容諾曷鉢剛好也在宮廷，在他堅持下，中國竟收回和親提議。松贊干布一怒之下，立刻對吐谷渾發動強烈攻勢，從他剛征服的西方調動人力來強化軍力，把敵人打得落花流水。幾年之內，吐蕃就會把這處龐大區域納入帝國。松贊之後朝著與中國的邊界前進，抵達成都北方三百公里的松州（今稱松潘），向皇帝進貢，說要來迎娶公主。之後他未等候回覆，就攻擊這座城市。

接下來的事件發展，不同史書有出現不同記載。唐代的編年史家聲稱，中國名將擊退松贊，西藏編年史家則指出，贊普在面對強大的武力時雖然撤退，但仍持續騷擾唐太宗的軍隊。後者似乎比較合理。若如唐朝廷所稱，松贊遭到擊敗，他們不可能樂於松贊再度要求和親。六四一年，松贊派出手下最精明的大貢論噶爾．東贊（Gar Tongtsen，漢文多稱為「祿東贊」），到京城長安討論婚嫁之事。長安是當時世上最大的城市，城內有超過百萬人口，城外有兩百萬人。長安有許多佛寺與道觀，但也相當包容，亦有聶斯脫里基督教會與祆教寺廟。長安也有園林，裡頭的湖泊可供乘舟，並有讓人民歡慶的節慶。唐太宗不久前在長安北邊的狩獵場建立宮殿。長安也出現對異國風情的迷戀，當時突厥風格相當常見。世界各地的人都來到長安，有日本朝聖者，也有猶太商人，城市瀰漫著自信氣氛。長安城的知名市場位於絲路終點，商品應有盡有。

即使宮廷展現財富，中國權貴又鄙視「蠻族」，然而，就算噶爾．東贊尚不了解環境，這位松贊的使節仍令唐太宗印象深刻。當時宮廷畫家閻立本把兩人會面的情景畫下來，目前收藏在北京故宮博物院

（即〈步輦圖〉）。在這幅畫中，噶爾身穿紅色與金色的中國絲綢，在太宗面前拱手，而太宗則是坐在開放式的轎子上，身邊有打扮得一模一樣的九名侍女。即使噶爾博得太宗欣賞，閻立本傳達的權力動態卻很明顯：噶爾是勢力較弱的一方派出的懇求者。後來，西藏歷史會闡述噶爾的機智名聲，以及他如何與中國鬥智，不僅幫松贊帶回了新娘，也幫自己帶回了一個。噶爾・東贊的足智多謀吸引西藏人，他們通常得仰賴自己的智慧，克服如此龐大的人數劣勢。（「人數無需爭論，」噶爾・東贊之子曾告訴一名傲氣的中國武將，「一隻老鷹總能吃掉許多小鳥，一隻水獺也能把許多小魚吞進肚裡。」）

噶爾帶回西藏的是年僅十多歲的文成公主，她不是唐太宗的女兒，而是來自地位較低的貴族家庭。年鑑寫道，原本文成公主是要嫁給繼承松贊的兒子，無奈他兒子太早去世，故由松贊本人迎娶。這麼一來，即使松贊在六四九年過世，之後吐蕃與中國仍保持十幾年的和平。文成公主帶來的嫁妝中有佛像，這是西藏最早的佛像紀錄，雖然此時的西藏應該已有佛教徒。在現代的中國學校教育裡，文成公主的故事以一種相當笨拙的方式訴說中國與西藏根深柢固的連結，像是大叔引導小姪子，而吐蕃會向祖國納貢。這和實情截然不同：這兩種文化差異很大，從如何理解世界，到飲食內容、如何喝茶都不同。許多人把西藏人最愛的飲料歸功於松贊引進，但最近的考古發現則指出，茶在松贊干布在位期間的好幾個世紀以前，就已存在於西藏。這或許也能說明，為什麼西藏和中國備茶的方式截然不同：藏人會在茶裡加入鹽、奶油調合，而茶本身也是乾燥的磚狀，對游牧民族的生活方式來說很實用。

即使如此，隨著帝國發展，吐蕃也因為與中國的互動而出現文化改變。松贊新首府的名稱變化，即可明顯看出文化變遷——從惹薩（Rasa，意為有城牆的地方）變成拉薩（Lhasa，意思為神祇之地）。如同整個中亞的菁英家族，吐蕃貴族也會送子弟到長安受教育，觀摩世界其他地方有什麼；他們返鄉之後，會帶回新想法和品味。松贊透過使節噶爾，請求太宗給予絲蠶，授予釀酒方法。最重要的是，他很理解書面文字的力量，因此請工匠教導西藏如何製作紙墨。如此，政府得以有規則可循，也有適當組織。在敦煌石窟發現的史書就說明中國對西藏菁英的影響，他們接收中國自我記錄的習慣，和次大陸形成了有趣對比；在次大陸，文獻多半是形而上的。

對史學家而言，來自敦煌的唐代紀錄與西藏書卷是很有力的文獻資料。然而這些紀錄著重於國家和軍事敵對之類的事務，因此自然而然地低估從喜馬拉雅山區南面傳來的深刻文化影響；對西藏而言，這裡比中國更近，長久以來也有商業及文化上的接觸。整個六三〇年代，加德滿都谷（位於今日尼泊爾）的國王那陵提婆（Narendradeva，尼波羅國王鴦輸伐摩的後代）逃亡到拉薩躲避叛變，並在此度過了幾年，圖謀重返。松贊在位期間的傳說之一，便是他有兩個外來妻子，而非只有一個。第一個是尼波羅鴦輸伐摩的女兒——尺尊公主。相傳她和文成公主一樣，帶了佛像當嫁妝。敦煌手卷沒有提過尺尊公主，因此許多學者懷疑她是否存在；然而，和重要鄰國菁英聯姻則是完全可信。那陵提婆的情況正是如此，帶著佛陀護符的他，靠著西藏部隊支援，回到加德滿都，因此唐代會寫他是臣服於拉薩。這些尼波羅國的貴族對吐蕃宮廷的影響並未像中國一樣留下文字紀錄，重要性卻毋庸置疑。大名鼎鼎的僧侶和旅行者玄奘就指出，鴦輸伐摩學習梵文文法，這勢必很吸引松贊。為了要替自己的語言發明書寫文字，松贊於是留心起梵文，就像中世紀歐洲學者會想使用拉丁文。在一則故事中提到，松贊在進行諸多嘗試之後，委託一名來自吞彌（Tonmi）宗族的年輕人旅行到印度，向知名的婆羅門僧學習書寫。這個學生相當勤勉，讓老師一掃原本的疑慮，甚至賜與這個年輕人別號，叫作「桑布扎」（Sambhota），意為「優秀藏人。」無論是否真有其實，松贊致力於讀寫能力，而讀寫能力對西藏文化的影響廣大且深遠。幾十年後，有個中國官員稱藏人「聰明智慧，好學不倦。」這說法其實是帶有警示意味的。

在松贊去世之後幾年，文成公主從中國帶來的佛像從原本的寺廟遷移到新址。這座是新建寺院就是大昭寺，將成為拉薩甚至於整個西藏的精神中心。大昭寺意為「神像之家」，在西藏更常見的名稱是「祖拉康」（Tsuglakhang）。今天順著八廓環形路在大昭寺四周行走，會聞到空氣中飄著杜松的神聖香氣。許多人撥著念珠，有些人旋轉經輪，口中低吟經文，這令人震懾的畫面訴說著幾個世紀以來眾人共同為了靈性而付出。但是在七世紀晚期，佛教還有一段路要走，才能從外來公主與遊歷甚廣的貴族生活中，變成平民的精神寄託。

松贊去世後，繼位者的是他年紀還很小的孫子，於是由大相噶爾攝政。噶爾和當年輔佐松贊時一樣能幹，利用新發明的書寫系統，對帝國實行更強力的行政管控，並由兒子擔任軍事領導。唐太宗和松贊於同一年駕崩，而唐朝對於絲路小國的掌握也隨之趨緩。然而絲路帶來的營收與機會是難以抗拒的。西藏人從高原下來圍攻于闐，那時于闐是以知性開放、虔信佛教而聞名。不過，對於穿戴皮製盔甲的吐蕃赭面戰士來說，這都不重要；對於受到自四面八方影響的于闐人民而言，這些西藏人唯一的動機就是金錢。他們似乎決心羞辱佛教，而不是採納。于闐的宗教自由在吐蕃軍隊占領時飽受摧殘。

在噶爾攝政期結束、贊普重掌權力之後，佛教的名聲時好時壞。七一〇年，另一名來自中國的金城公主來到拉薩，嫁給年輕的赤德祖贊，當時他仍是個小男孩，因此由母親掌權，代為執政。金城公主是虔誠佛教徒，運用自己的影響力來支持信仰，是知名的廟宇興建者。此時唐朝已重新掌控絲路，而在一波毀佛行動中，許多人逃來拉薩，尋求金城公主保護。她樂於給予庇護，只是隨著人數暴增，遂引起當地居民不滿。後來爆發了一場瘟疫——可能是天花——奪走許多藏人和公主本人的性命，在這種情況下，很容易把災難歸咎於外來信仰。而這回的訊息很明顯：別干預舊有作法。宮廷的態度強硬，於是佛教遭禁。

許多新國家會經歷快速變化，西藏也必須奮力讓許多傳統的認同觀，與現處的更廣世界中所蘊含的觀念達到平衡。派系出現勢所難免。那些曾與中國佛教體制有關聯的貴族，對於贊普及其官員的反動傾向感到憤慨。國家本身也承受著壓力。他們與中亞的阿拉伯軍隊簽訂權宜條約，彌補在絲路上某種程度的損失，但是西藏需要貿易來提供財源，以維持安定。赤德祖贊漸漸長大，他別號「梅阿迥」，意思是「有鬍子的祖父」。然而他在七五五年，遭到職業刺客殺害。那一年末，唐玄宗底下的名將安祿山發動安史之亂，雖以失敗告終，唐朝元氣卻是大傷。接下來幾年，新任贊普赤松德贊冷眼旁觀中國勢力的耗損與消退。曾承諾「廣納四方」的唐朝，如今從剛在西藏東北建立的駐地，撤回最優秀的軍隊。這麼一來，赤松德贊便乘勢派軍隊回到絲路上。

敦煌原本抵抗吐蕃圍攻十多年，就在這座城市淪陷之際，唐朝不得不承認，無法繼續掌控與吐蕃的邊界。七六三年，吐蕃軍隊短暫占領京城長安，雖然很快撤退，但持續在周邊虎視眈眈。中國與北邊的回鶻、西邊的阿拔斯王朝談和，不但紓解邊疆壓力，也讓吐蕃付出一些代價，只是中亞複雜的權力結構永久改變了。在八二〇年代初期，中國與吐蕃簽訂和約，記錄在知名的「唐蕃會盟碑」，如今這座石碑仍屹立在大昭寺門前。雖然現代的中國會使用大內宣的說詞，但在這項和約中，雙方是以平等的地位簽訂此約。中國要能重新掌控中亞，幾乎是千年之後的事。

赤松德贊在位時，西藏的國勢達到鼎盛。《吐蕃贊普傳記》記錄道：「對外四方開疆；對內福祉不竭。」然而，現代藏人對赤松德贊的緬懷，則在於他是宗教領袖。他是第二位「法王」，且無疑是最重要的一位。雖然後來的西藏歷史有時與敦煌手稿相矛盾，以迎合佛教體制，但提及赤松德贊的相關資料卻相當一致。藏傳佛教的成功——以及為何西方人即使從未聽過吐蕃，也對藏傳佛教略知一二——是根源於赤松德贊大力提倡，雖然不得不承認，這是仰賴吐蕃的政治優勢，以及得以接觸國際貿易才達成。他的投入出現了意料之外的收穫。雖然在赤松德贊去世後四十年，吐蕃就衰微了，然即使困難重重，他留下的信仰遺澤則是萬古流芳。

*

藏傳佛教歷史學家的書寫角度是，他們的宗教是無可避免、註定要採信的信仰，但實際上並非如此理所當然。在赤松德贊之前，佛教只是藏人對於未來信仰的其中一個選項。西藏菁英也很清楚伊斯蘭的存在。西藏在八世紀初期曾尋求阿拉伯人支援抗敵，當時就請求派一名伊斯蘭學者，教他們關於這個新宗教的知識。他們曾送一座金身佛像到麥加，不過這座佛像不久就被融化，製成錢幣。西藏人也知道基督教、祆教、摩尼教及其先知摩尼，以及中國的道教與儒家哲學。在敵對的中國人眼中，西藏人就是蠻族，崇拜的是天地之靈與需要安撫的戰神：他們驍勇善戰，令人生畏，但其他方面並無多少可取之處。唐代所記錄的吐蕃是以遊牧民族為主，過著野蠻生活，渾身髒污，從不沐浴或洗頭。

赤松德贊有雄心壯志，又接觸過成熟的中國文化，因此準備讓吐蕃社會有更廣更深的哲學。無論他個人的宗教信仰為何（我們所知不多），佛教終歸是最明顯的選項：在宮廷裡，佛教已存在且受到認可，而從體制模式來看，佛教也是得到最完整理解的宗教。伊斯蘭與基督教太異國，道教太中國，而摩尼教在赤松德贊眼中根本是詐騙。佛教是真正國際性的。北方遊牧民族、山區以南的炎熱平地、及在吐蕃的屬國尼泊爾（藏人稱之為Balpo），都有佛教徒[7]。佛教的知識樞紐喀什米爾、中國國都長安，以及絲路上的城市都有佛教擁護者。吐蕃可以退縮回自己的國度，或者透過佛教走出來與世界接觸。赤松德

7 那陵提婆逃至吐蕃，並藉助吐蕃軍隊回國即位，之後尼泊爾成為吐蕃的藩屬。

贊選擇後者。

在赤松德贊之前，佛教的引介活動是零星鬆散的，通常由外來者推動，例如中國公主。然而一旦贊普投入其中，這一回，佛教傳播就變得有系統、有野心、有遠見。無可避免的是，外國人仍舊扮演核心角色。最優秀的老師是來自印度佛教的最高學府和僧院，以及來自中國的禪學學生。然而，佛教在宮廷裡出現仍有問題，且會引起疑慮。隸屬於巴氏宗族（Ba）的吐蕃貴族賽囊（Selnang）是招募外來學者的重要角色。他的角色在《巴協》中有所描寫，這份文獻描述佛教在西藏的確立以及桑耶寺（Samye）的興建。桑耶寺是西藏第一座大型僧院，將引導西藏接下來千餘年的故事。學者在敦煌石窟發現《巴協》早期版本的殘卷，歷史可追溯回九、十世紀。其中透露出對抗緊張局勢的過程。

賽囊前往尼泊爾帶回一名卓越的學者——那爛陀寺的住持寂護大師（Santarakshita）。那爛陀寺是大寺，位於今天的印度比哈爾邦，比加德滿都再稍微往南一些。在《巴協》後來的版本中，人們會有禮貌地詢問寂護關於佛陀的教導。而在最早的版本中，他被囚禁在大昭寺，直到吐蕃王室確認寂護不會對他們下咒。之後，他們著手計畫仿造那爛陀寺附近的飛行寺（Odantapuri，又稱歐丹特普里寺），興建大型僧院，未料一連串的天災降臨，讓當地人對外來神明更加恐懼。寂護於是被送往他處，直到民心穩定之後才被召回。這一次，他帶了一名密宗大師蓮花生（Padmasambhava）。蓮花生出生於印度河西邊的斯瓦特河谷（Swat valley），位於今天的巴基斯坦，是當時的佛教中心。在興建桑耶寺的傳說中，提到蓮花生如何指認並驅逐會妨礙弘法的妖魔鬼怪。這個故事可解讀成是隱喻，指出妨礙赤松進步理念的到底是哪些妖魔敵人，並拔除他們的力量；這也說明西藏力量強大的乃瓊護法。[8]從何而來，如今達賴喇嘛依然會諮詢乃瓊護法。蓮花生在宮廷是急躁且不受歡迎的存在，施展完法力之後就被匆匆請離，但他之後會非常受歡迎，並成為民俗英雄，稱為古魯仁波切，意思是「尊貴上師」。

桑耶寺是以曼陀羅的形狀來設計，曼陀羅的字面意思是「圓形」，意指一種幾何的形而上圖示，反映出宇宙的四個方位基點，以須彌山為中心。這設計源自於印度吠陀宇宙學的核心。桑耶寺的中心有三層樓，第一層是印度風格，第二層是中國風格，第三層則是仿造于闐寺廟，闡述著西藏人廣納四方的意念。桑耶寺如今依然屹立，保留著原有的格局，雖然在戰爭、地震、祝融之災，以及一九六〇與七〇年代中國文革的摧殘下，建築物遭到破壞。這裡成為藏傳佛教寧瑪派的基石，這是四大派最古老的一支。「寧瑪」的意思是「古老」，古魯仁波切是此傳統的創建者，但是其起源是融合著西藏的原始宗教與佛教哲理。

桑耶寺成為赤松在位時期最大的弘法地點之一，關於佛陀教訓理想的兩大派系將在此交會。就像赤松找來寂護，賽囊也把禪宗僧侶帶進吐蕃。兩大傳統相互碰撞，爭論如何最能超越世俗的苦難輪迴並獲得開悟。印度契經（sutra，意為「論述」）傳統採用漸進式概念，認為通往涅槃的途徑在日常修行。禪宗則是提出較動態、立即的途徑通往「無」，認為講究一步一步來的作法對聰明伶俐的心靈來說是迂腐、不值得。赤松認為，兩派應在桑耶寺進行辯經大會。他找來寂護的徒弟蓮華戒（Kamashila）說明佛經看法。禪宗僧人堪布摩訶衍闡述禪宗觀點，但是蓮花戒辯倒了他，贏得這場法諍，因此藏傳佛教依循的是印度傳統，禪宗逐漸消失。雖然有些學者懷疑如此關鍵的辯論是否發生過，但這個故事反映的是，西藏各個不同的佛教教派為了爭取優勢地位，因而產生廣泛的鬥爭。

但是談到佛教經典時，就不再講究競爭了。在印度喜馬拉雅山區的寺院與大學，都能找到成千上萬的佛經和評註。赤松發揮雄心壯志，展開耗資鉅額的過程，從印度與尼泊爾找來譯者，和學過梵文的西

8 乃瓊護法是西藏的傳統巫師，能傳達神明意旨，居住在乃瓊寺中，為達賴喇嘛的專屬靈媒。

藏學者合作。他們創造出原本不存在於藏文的詞彙；而這語言在吸收整個宗教文化之後，本身也會成長與變形。這項工作最重要的成就是讓佛教根深柢固，即使後來吐蕃帝國崩潰、帶有神性的帝王勢衰，佛教仍存留下來。赤松留下的資產點燃了火焰，讓西藏成為信仰燈塔，而這個過程是透過一個不久之後即將消失的帝國所鼓動並且資助。當吐蕃消失時，佛教的火焰雖然忽明忽暗，但從未熄滅。佛教後來得到養分，重新獲得生命，但地點不是在神的城市拉薩，而是在西藏西部一處如今已不知名的角落，就在喜馬拉雅山區北面的陰影下；那是仰賴早已被遺忘的帝國所留下的最後餘燼，而歐洲人第一眼瞥見西藏世界時，看見的就是這餘燼。

四 消失的王國

距離西藏首府拉薩七百公里，有一座蒼涼的邊境小鎮薩嘎[1]，一旦離開這座小鎮，西藏的樣貌就會像一枚乾燥的果殼。這裡的緯度和阿爾及利亞一樣，在旅途中，你會經過沙丘，望見白色山頂。黎明的燦爛陽光會把較低的山丘染成蜂蜜與焦糖色，很難想像有什麼能在如此嚴苛的環境下生存。之後，你會看見野驢（藏語稱為khyang）在布滿石頭的地面上，啃食著從石縫中奮力冒出的稀少蒼白野草。一萬五千呎的高處空氣稀薄，一切看起來更近了，然而遼闊的地景讓人變得渺小。不難看出，強調個人意識如幻夢的哲理（例如佛教）會在這裡蓬勃發展。

西邊這條路順著雅魯藏布江的廣大河谷延伸，這條河進入印度後會改稱為布拉馬普特拉河，是發源於西藏西部的亞洲四大河之一。北邊是隆格山（Lungkar），和南邊的山形成強烈對比：隆格山是孤立的積雪山峰，俯視著廣大山谷，牧民年復一年看著餵養牧草地的冰河，在面對氣候變遷時萎縮消逝。中國在一九五〇年代沿著這條古代道路，為軍事策略開鑿道路；這條路延伸兩千公里，東起西藏拉孜鎮，往西延伸至遙遠的新疆省，沿途穿過備受爭議的阿克塞欽區域。如今這條路鋪上柏油，稱為二一九國道

1 薩嘎（Saga），藏文的意思是「可愛的地方」。

（G219），是世上最壯觀的道路之一。

在本孫（Punsum），這條路通過由三座渾圓小丘形成的線條，小丘上方掛著的經幡在風中飄揚。古代的商路在此往南拐，穿越高山隘口，進入遙遠的尼泊爾西部。之後，這條路會攀上超過五千兩百公尺高的山隘——馬攸木拉（Mayum La，「拉」表示山隘），這是世上最壯觀的分水嶺之一，往東有雅魯藏布江，另一方向則是其他三條大河：印度河、薩特萊傑河及格爾納利河（Karnali）。

一七一五年年底，兩名耶穌會教士伊波利托．德希德里（Ippolito Desideri，舊譯「郤其台利」）與曼紐爾．弗雷雷（Manuel Freyre）通過這處山隘，可能是最早通過這裡的歐洲人。他們反向前進，從遠在西邊的拉達克往東方走，目標是拉薩，一路上靠著要返回首都的韃靼貴族寡婦保護。德希德里剛逃離他口中的西藏「大沙漠」，總算鬆了口氣。他是個令人欽佩的學者，但所屬教會毫不留情禁止他出版。幾天前，他見到「一座甚高且周圍廣大之山，雲層時時包圍，覆冰蓋雪，此間景色懾人、荒涼陡峭，寒冷難耐。」這就是岡仁波齊峰。他在沒有任何護眼措施下盯著發亮的山頂，遂導致暫時失明。他聽從女主人的建議，以雪揉眼，紓緩疼痛。這群人在山下瑪旁雍措湖畔休息，之後繼續攀登馬攸木拉。這座讓他暫時失明的山周圍有幾條大河源頭，而德希德里運用所學，精準推測起這些大河的身分。可以說，是這兩個歐洲人發現了世界的軸線。

瑪旁雍措是梵文，意為「心之水」，而這裡的心是指梵天的心，即印度教傳統中的創世之神。相傳這座湖是為了濕婆的信徒而位於此地。濕婆是創造性毀滅之神，會在岡仁波齊峰頂冥想，聖水會洗滌信徒的靈魂，若飲聖水，死後就能加入濕婆的行列。這座湖在藏文中有幾個名稱，其中之一是「Mapham-pa」，意思是「無法征服」，其蘊含的故事是佛陀之母曾在此地沐浴，之後夢見祂以白象的型態，從右邊進入她子宮。這座湖泊九十公里的湖岸線是處朝聖地，不僅供印度教徒與佛教徒朝聖，也是耆那教和苯教徒朝聖地——苯教為西藏第二大宗教。更多追求實利的敘述如今也在爭取空間。二一九號國道經過這座湖的最北岸，那裡有新成立的旅客中心，還設立了手機信號台。一張大型廣告上有中國國家主席習近平照片，上面以漢語標語寫著：「靠天靠地，不如靠自己脫貧。」

往西幾公里，有一條岔路通往塔欽（Darchen），這是岡仁波齊峰「轉山」（藏文稱為kora）繞行儀式的起點。五十年前，塔欽只是個小村莊，十九、二十世紀之交，一名來自日本的僧侶說這裡有三十座石造屋。在一九六〇年代中期的文革期間，這座山幾乎遭到遺棄，但是近年來，北京斥資興建基礎建設，想大賺宗教觀光財，而最捧場的包括不必太費力即可適應環境的印度人，他們穿過邊境，造訪世界上最神聖的山與湖。這過程相當匆忙危險，有時甚至會危及生命。忙碌的街道兩邊是灰暗的旅館，還有太陽能街燈、季節性餐廳以及紀念品專賣店。岡仁波齊峰附近的登山道滿是垃圾和人類排泄物，而山峰就這樣拔地而起：比例精緻，是灼人、近乎完美的圓錐形。岡仁波齊這個名稱的意思眾說紛紜，但是在梵文中，「kelasa」的意思是「水晶」，似乎相當貼切。

岡仁波齊峰散發著蒼涼之美，且與耶路撒冷一樣，是相當擁擠的信仰空間。山峰周圍的山路有許多宗教與教派的神廟及寺院。然而，正如上一章談到，十一世紀興起的藏傳佛教噶舉派在那洛巴等大成就者的宣揚下，成為岡底斯山區的主流。究其原因，這裡在十一世紀是噶舉派詩人、瑜伽士密勒日巴（Milarepa）與苯教大法師那若苯瓊（Naro Bonchung）鬥法之處。根據傳說，這次鬥法攸關西藏未來的信仰。

密勒日巴與那若苯瓊鬥法一事，記載於數百年後十五世紀的一本傳記中，撰寫者是噶舉派僧侶倉雍黑魯嘎（Tsangnyon Heruka），他蓄長髮，以骷髏頭（kapala）當酒杯飲酒。他的名字意思是「藏之瘋人」，他雖然出生於西藏中部，但是他的瘋絕不是病態的瘋。這類瘋子（nyon-pa）的行徑或許可稱為

「瘋狂的智慧」，他們會像乞丐一樣漫遊，而打坐時則遠離僧院所掌控的環境。他們會打破獨身之誓，把頭髮留很長並喝酒，這些靈性的流浪漢會公開展現狂野、脫軌的行為，似乎不受控制，卻符合噶舉派體系下講究紀律的信仰行為特色。這是重述最早啟發噶舉派的概念。密勒日巴會吸引到倉雍黑魯嘎，固然是因為他的生活方式及作為，但也因為他來自有深厚密宗色彩的噶舉派創立世系，是印度密宗成就者帝洛巴的直系弟子。

倉雍黑魯嘎寫的密勒日巴傳記，是西藏最早運用雕版印刷的書籍之一，並立刻掀起炫風。每一回鬥法，那若苯瓊都敗給密勒日巴。那若苯瓊會用魔法擊碎岩石，密勒日巴則以瑜伽士的瞪視，將岩石一分為二。看見自己的努力總三兩下就被超越，這位苯教大法師承認密勒日巴確實厲害，但最後仍決定孤注一擲，要以誰先登上山頂來決勝負。密勒日巴的信徒早早起床，目睹那若苯瓊跨坐在飛天鼓上，吹奏人類大腿骨作成的喇叭，穿著深綠色袍子。密勒日巴在打瞌睡，不在乎身邊的人飽受驚嚇。他只朝著對手比了個手勢，就把對手固定在山邊繞。之後，日出的第一道陽光照耀到山頂，他輕彈手指，瞬間來到山頂。這次轟動一時的交鋒所留下的遺跡，仍可從虔誠信徒的轉山儀式中看出。拜密勒日巴勝利之賜，噶舉派掌控了充滿宗教神聖色彩的岡仁波齊峰一帶。密勒日巴的人生故事依然倍受歡迎，還翻譯成漫畫和電影以符合現代人；他通常被畫成綠皮膚，因為喝太多蕁麻湯。不過這奇幻的傳說也有歷史背景，讓人思考一些基本問題：在佛教傳入之前，西藏的文化與信仰領域是什麼模樣；這個尚無文字的世界，如何成為新西藏的一部分；地區政治如何影響新的國家宗教。

*

岡仁波齊峰最古老的名稱是「提塞」（Tisé），其字意並不清楚，但詞源是來自另一種語言——象雄文化的語言。在過去，人們稱這種語言是印歐語系，而非藏緬語族，但即使列入這麼廣泛的範疇裡，之後仍受到質疑，因為缺乏足夠的書面範例可供確認。敦煌附近的藏經洞裡，曾發現五份可能是象雄文的文本，只是還有待證明；然而，我們無法光靠著這些殘篇來重建其起源。有些學者主張，象雄文和印度喜馬拉雅山區的古代語言有關，例如在喜馬拉雅山另一邊的拉豪爾和斯皮提區（Lahaul and Spiti）。其他學者則主張，象雄語是源自於更東北邊的中國與西藏邊境，發源於新石器時代，還要再經過好幾千年，才會成為後來在西元一千年前興建巍峨城堡、寺廟以及陵墓的文化[2]。據說這群人往西遷移，以因應降雨減少、日漸沙漠化的惡化氣候，這樣的氣候也迫使人們以遊牧維生。直到近年的考古工作才解答了消失的象雄國之謎，讓我們更深度理解藏人與地景之間格外深刻的連結。

一九六二年，歷史學家石泰安（Rolf Alfred Stein）在其重要著作《西藏的文明》（*Tibetan Civilisation*）一書中，重述松贊干布的帝國崛起，在七世紀往西擴張到雅魯藏布江河谷的更上游，「遇見了奇特的陌異國度——象雄，其首都為穹隆銀城（Khyunglung）」。他稱象雄為苯教的發源地，「西藏人在接納佛教之前，主要就是信仰苯教。」石泰安也有幾個無法回答的問題。象雄到底多「陌異」？其起源和是否和西藏相同？石泰安也發現，很難把象雄描述為有組織的國度。然而，松贊干布這位強大君王在迎娶中國文成公主與諸多妻妾之前不久，已有第一任妻子——象雄國王的女兒。為了回報，松贊干布把自己的妹妹交給象雄，因此兩位統治者形成了雙重的和親聯盟。從松贊干布在其他地方的交易多

2　象雄古國建立於西元前一五〇〇年到西元元年之間的鐵器時代，於六四四年亡於吐蕃王朝；而本章也會提到的古格王朝則始於十世紀末，一六三五年滅亡。

麼精明來看（尤其與唐朝），他不太可能會把妹妹的婚姻浪費在不重要的遊牧民族身上，而不取得任何政治優勢。

然而，我們也知道這場婚姻並不成功。在九世紀中葉的敦煌文本中，可看出松贊干布的妹妹名字為賽瑪噶（Sadmarkar）。在目前可得最早的西藏歌謠中，有以她的觀點來書寫的文字，我們可從中看出她對自身遭遇感到悲哀：

我命中注定要住在
穹隆銀城。
其他人說：
「從外頭看，這裡是懸崖與壑谷
但從裡面看，則是黃金與珠寶。」
但我在前面時，
它是高聳灰暗。

她為兄長擔任了幾年的密探，過著孤單悲涼的生活，直到松贊派軍伏擊，殺了象雄國王；與此同時，松贊正和自己的人馬往東北的安多前進；他的王朝之後併吞了整個西藏西部的廣大領土。透過這種方式，松贊已從國王變成皇帝。

歷史學家在書寫到西藏的出現時，通常會把焦點放在主導日後關係的主要勢力出現：來自中國、次大陸，以及來自中亞草原的遊牧民族。象雄只是個註腳，是諸多喜馬拉雅山區消失的王國之一，默默無聞，只有內行人才有興趣。它也和香巴拉（Shambhala）有關，這個消失的神祕國度會出現在印度教，而在藏傳佛教最知名、最複雜的密宗教法《時輪金剛》（*Kalachakra*）也提過香巴拉。然而現代學者指出，象雄在早期的中亞史上扮演重要角色，可能是新興雅礱谷王國的潛在對手，而文化的起源可能往前追溯千年以上，直到西藏「法王」於七、八世紀終止其權力。

在現代，沿著二一九號國道從岡仁波齊峰往西駛去，會望見以印度教和穆斯林為主的世界——印度北部的北阿坎德邦、喜馬偕爾邦（Himachal Pradesh）與查謨（Jammu），還有喀什米爾，再過去是巴基斯坦北部、阿富汗和伊朗——而觀看者則是位於佛教領土。一般推定，象雄王國有千年歷史，在這段期間，這個領域廣泛而言是信仰佛教的，包括遼闊的鐵器時代孔雀王朝[3]，其最知名的統治者正是改信佛教的阿育王；巴基斯坦北部則是犍陀羅國的希臘式佛教鼎盛期[4]；西元一世紀還有貴霜帝國，如大浪襲捲喜馬拉雅山的舷牆，和之後的伊斯蘭與英國人一樣。在象雄崩潰之後，喀什米爾仍是佛教文化的主要中心。由於北邊的唐朝與東南邊的加德滿都尼瓦爾人（Newars，勿與今天的尼泊爾人混淆）都是佛教徒，因此西藏西部可說是由亞洲菁英信仰的國際宗教包圍，也因此像西藏這麼有野心的亞洲新政體，也會想要採納佛教。

在征服象雄並掌控絲路之後，藏人接通了七世紀的資訊公路，於中國、波斯以及東地中海岸的基督教王國之間傳遞貨物和觀念。（值得注意的是，在這條路上最常見的人是難民。）吐蕃人已熟悉占有優勢的佛教敘事，但除此之外，他們也接觸到新信仰，例如基督教。絲路上的東方教會「聶斯脫里派」

3　約前三二二年至約前一八四年。
4　這是指公元前四世紀至公元二世紀，受希臘化文明影響的佛教，分布於印度次大陸北部地區。

（雖然這稱呼有輕蔑的意味），會在千年之後把西藏帶進歐洲人的想像中。然而，即使宮廷權貴信仰佛教，但在宮廷之外，佛教尚未根深柢固。西藏的原生神祉仍舊具有支配力。

在象雄這個失落世界，很適合尋找關於原生神祇的線索，而現代考古學也從中得到許多發現。石泰安指出，象雄只是高聳的沙漠之橋，橫跨吐蕃帝國的東部與西部，然而新證據顯示，在吐蕃掌控之前，象雄就是位於長途商路交會點的重要王國，也是來自青藏高原以外的觀念與文化流通管道。象雄也有許多東西可提供：黃金、鹽和麝香，以及藥用植物。在西藏西部古格（Guge）的象雄墓園找到的文物，多來自印度北部等地，顯示商業穿過喜馬拉雅山的主要山脈，並往東西延伸。二〇〇六年偶然發現的墳墓裡，有來自漢代的絲綢，顯示這條商路也往北延伸。二〇一六年，中國考古學家宣布，他們在西藏西部另一座墳墓發現茶的化學痕跡，時間可回溯至西元兩百年，那時顯然是象雄時期，於是把茶傳入西藏的時間予以修正，大約提前了五百年之久。考古學家推測，絲路有一條支線是穿越西藏中部，這個想法呼應了現代中國的一帶一路。茶似乎很可能是從史前的南北向商路進入西藏。

象雄的相關知識既誘人，也令人洩氣。一九三三年，知名義大利藏學家朱塞佩．圖齊[5]所率領的學者團體造訪位於薩特萊傑河谷起點的穹隆村，記錄下不少的神聖建築與住宅區。他們判斷這些遺跡就是穹隆銀城（Khyunglung Ngulkhar）的位置，意為「大鵬鳥山谷銀堡」，在苯教的經文與敦煌手卷中曾提過這個地方。「穹」是指大鵬鳥，為象雄文化的中心主題，後來會和眾人較為熟知、會吃蛇的印度教神祇迦樓羅（Garuda）混合。在不久以前，我們對於象雄文化核心的理解僅止於這些遺跡，但現在完整圖像逐漸浮現。分別來自美國與中國的考古學家馬克．艾登德弗（Mark Aldenderfer）和霍巍開挖了丁東的幾棟建築物，這個村落遺址的年代介於西元前四百年到前一百年，除了半地下住宅，還有兩座墓園。由仝濤博士率領的中國考古學家辨識出卡爾東（Khardong）重要遺址，這是在穹隆村往上游十五公里處，接近曾發現漢代絲綢的故如甲木墓地。仝濤博士認為，這個半地下的聚落，更可能是象雄國的首都。卡爾東也接近曲踏（Chunak）的大型象雄墓園，這裡挖出的文物來自整個亞洲，例如銅鏡就和歐亞乾草原發現的很類似，還有一面金色面具則與北印度和尼泊爾的類似物件有關。

雖然有這些新資料，但許多層面仍待探究。比方說，沒有人確定象雄一詞不過是個稱號，用以指稱更為複雜多變的政治實體，或可能是該實體衍生來的文化。最早的藏文文本（大約是九世紀初）會更常以其他名字來指稱這個區域，例如Mrayul Thangyye或Tod。象雄東臨蘇毗王國，這兩國有些許相同的文化特色，但缺乏其他共同點。蘇毗也可能是在象雄的陰影下生存，甚至受到象雄掌控，這意味著象雄影響範圍甚廣。但是在岡仁波齊峰與穹隆北邊和西北邊的荒野範圍遼闊，仍尚待探索與研究。

獨立考古學家約翰・樊尚・貝爾查（John Vincent Bellezza）曾率先在這一帶區域遊走，其範圍之廣，可說開啟學術界的先河；他記錄下數以百計的遺址，包括在高地的堡壘，以及寺廟和墳墓；他也記錄下以無窗房間組成的大雜院，這和史前西藏東部的建築呈現明顯對比。這些都算是人類史上最高的住宅。貝爾查特別注意到墳墓會樹立石頭，在高原中央或其他地方的墓葬建築中排列成好幾排。最戲劇化的地點是在玉耳康布（Yul Khambu），貝爾查看見成千上萬這種樹立的石頭，其高度從三吋到八呎皆有。西藏的其他地方並沒有此番景象，就連鄰國蘇毗也沒有，因此這裡可能代表某種文化上的分水嶺。或許要把這些生活樣貌納入象雄文化還言之過早，但顯然高原西部的高處已發展出非常特別的文化。這些在亞洲北部較為常見，例如西伯利亞南部、帕米爾高原與蒙古；在西藏中部或更東部的地方反而少見。

5 朱塞佩・圖齊（Giuseppe Tucci, 1894-1984），重要的佛教研究者。

這種模式也出現在絕美的石造藝術。在整個藏北的北部都找得到這樣的石造藝術，許多和狩獵有關，位於古老野營的岩石庇護所。這裡也有和象雄關係密切的大鵬鳥圖像。在較為象徵性的圖像中，卍字是很受歡迎的符號，有避邪並確保長壽的功用；卍字符號在藏語稱為「雍仲」（yungdrung），意思是「無生」與「無滅」。這個符號可能是透過印度河谷，或中亞甚至蒙古的半遊牧民族傳入。順時鐘或逆時鐘的版本都有，依照不同的宗派而區分是後來才發生的，順時鐘版本和佛教有關，逆時鐘則與苯教有關。

在佛教傳入之前，西藏的宗教傳統究竟是什麼？在西藏宗教的脈絡下，「苯」的意義相當複雜，甚至有爭議性。苯教原本泛指長期以來不屬於佛教的西藏宗教實踐，無論是西藏改信佛教之前或之後。舉個例子，密勒日巴的傳奇就是苯教的神聖地景被挪用來弘揚佛法，而「法」就是佛教追求的靈性路徑。在佛教之前，神靈與惡魔的超自然世界是由苯波（bonpo）來協調——苯波是當地的薩滿巫師，會負責安撫及療癒的儀式。這樣的儀式是根源於嚴苛的自然界，而大自然會滋養並威脅仰賴它的人。這些儀式在整個高原差異很大，但佛教傳入之後，在大眾想像之中都融合了起來。苯教作為西藏原生宗教，其回應就是自我調整，於是採納許多佛教的主要特色，例如喇嘛的角色（喇嘛是藏文的「大師」），也採用悟的觀念。此外，苯教也發展出神聖文獻，將起源回溯到釋迦牟尼之前。如今苯教實行的是調整過的神聖敘事，不過，其儀式與信仰和象雄與西藏其他地方的古老作法有深刻差異。

即使苯教及佛教表面上都經過調整，但稍加探討之後，就能追溯到西藏原生宗教的樣貌。苯教納入了上層社會的新宗教觀，同時保有本土根源。在此同時，佛教就和歐洲的基督教一樣也會調整，以適應有千年歷史的泛靈信仰。因此，在當代的西藏文化中，仍有許多佛教傳入之前即已存在的強力精神與文化表現。天珠就是一個例子，這是一種瑪瑙，上面有線條與點形成吉祥的幾何圖案。天珠在亞洲許多地方都找得到，例如波斯和印度，但更是格外受到喜馬拉雅山區西藏人的青睞，使得天珠有很高的價值。

最令人覬覦的天珠有九個點或「眼」（藏文稱為mi），九在苯教中是神聖的數字。即使在圖齊的年代，品質最好的九眼天珠也貴得讓他買不起。這種價值連城的古物起源在何處及如何製造已是謎團，但現在廣為接受的是，最珍貴的天珠不是進口的，而是來自西藏本身。仝濤博士與他的中國考古團隊會在曲踏墓地中發現天珠並不令人訝異；甚至有人認為，最貴的天珠就是來自象雄國，只是這個論點並未獲得定論。

另一種近幾十年來價值飆升的護符是一種銅合金的護符，稱為天鐵（thokchak，也音譯為「托甲」或「多恰」），意思是「第一個金屬。」唐代編年史家承認，西藏金屬工匠相當卓越，製作的鎖子甲品質最佳；這些優美的天鐵也證明了這一點。有些是有功能的，例如可當成扣子或鉤環，有些則顯然是象徵物。圖齊在他影響力深遠的著作《外喜馬拉雅》（*Transhimalay*）曾提到，最精緻的幾件都是來自西藏西部，絕美呈現出與象雄關係密切的大鵬鳥主題；在某些例子中，看起來像是犛牛頭搭配禽鳥身。而和西藏西北部樹立的石頭一樣，許多天鐵也訴說著歐亞草原遊牧民族的影響，呼應著斯基泰人卓越的鍛造技術。印度與中國對喜馬拉雅山區的影響已有明確的紀錄；不過，對於北部的分支，我們尚未徹底了解。

原生的地方神靈混合體，蘊含著與當地地景融合的豐富神話；另一方面，佛教講究道德苦行，又有政治力量，因此兩者產生衝突，例如對殺生食肉或飲酒的看法不同。但是雙方的互動也可能形成世上獨一無二的文化，且複雜動人並帶來好處。這一點沒有任何地方比西藏西部更加明顯。佛教耗時數個世紀，才在西藏落地生根，這段時間稱為「後弘期」（藏文為chidar），意為第二次傳播，而西藏西部在後弘期扮演關鍵角色[6]。

6 藏傳佛教大約是在七世紀中葉、松贊干布在位時期展開，這時稱為前弘期。但佛教也與本土的苯教發生衝突，九世紀中葉發生朗達瑪滅佛，於是沉寂許久。一百多年後，佛教才從多康地區再次傳入西藏，展開後弘期。

這次復興的核心是另一個消失的國度，那國度從十世紀在薩特萊河谷崩潰的吐蕃國灰燼中躍升，距離象雄遺棄的首都下游約幾公里。這國度就是古格王國，其對新生的藏傳佛教影響甚鉅。

＊

在印度境內與西藏西部比鄰處，洶湧的薩特萊傑河和斯皮提河交會點南邊的深山裡，隱藏著一座稱為「普」（Pooh）的村子。這裡有根大約是十世紀晚期的石柱，上頭刻有一名國王出生時的本名，他將點燃藏傳佛教的復興：他叫做柯日（Khorre），更知名的是他的法號拉喇嘛．益西沃（La Lama Yeshe O）。石柱標示的是益西沃的王國邊界，其勢力範圍往西遠及巴基斯坦喀喇崑崙山的巴提斯坦（Baltistan），以及位於現代印度境內的「小西藏」拉達克，東邊則是現今尼泊爾西北部的一部分，北邊則是位於印度喜馬拉雅山區的北緣。這裡稱為阿里古兒孫（Ngari Khorsum），意思是阿里的三條環路。阿里可能是指涉岡仁波齊峰，也可能指西藏西部。這個已遭遺忘的帝國將代表雅礱王朝的復興，益西沃會在此發跡，恢復松贊干布與赤松德贊等大法王的鼎盛時期。

九世紀中期，吐蕃王國在混亂及宗族敵對的情況中滅亡。西元八四八年，絲路上的敦煌又回到中國手上。西藏中部的苦修主義失敗了，雅礱王朝的墳墓遭到盜墓並褻瀆。因此有支仍虔信佛教的宗族前往西邊，建立新國度，建都於普蘭（Purang），即現今位於與尼泊爾西北接壤的城鎮塔克拉科特（Taklakot）。這個家族掌控了喜馬拉雅山西邊的大片領域：拉達克、藏斯卡、斯皮提以及上薩特萊傑谷。益西沃於九四七出生，一〇二四年逝世，繼承薩特萊傑谷的政治勢力——古格國。他身為掌握宗教事務的僧侶，與兄弟一起統治國家。他們的目標是能在政治上生存，讓宗教呈現新樣貌，共同努力重建兩個世紀前優秀先輩赤松德贊的理想世界。他們把佛教變成國教，有學者主張，這麼一來就提供政教合一的模式，把權力交給達賴喇嘛。

這裡的宗教體制是靠著廣大百姓的農產和土地支持；為了回饋，若百姓的孩子加入神職則可獲報償，得到教育與軍事訓練；在面對伊斯蘭在中亞快速擴張之際，軍事訓練尤為急迫需求。益西沃對佛教傳入前已存在的儀式軟硬兼施，而這些宗教儀式對象雄人而言應是相當熟悉。佩卡爾村（Pekar）位在薩特萊傑谷的普鎮附近，只是在喜馬拉雅山的北邊。益西沃吸納當地神祇——神祕戰士貝哈（Pehar），這位戰士可能來自中亞，存在於強大的地方宗族故事中。貝哈的新角色是控制惡魔的反對勢力，成為佛教新「信仰」的護法神。這個角色會在令人大開眼界、近乎同期的寺院繪圖中出現，而這些寺院位於當時所稱的福穴，在益西沃的新首都托林（Tholing）以北三十公里。貝哈誓言保護法王的描述，實際上是代表古老神祇對新國王的類似宣示。

益西沃內心念茲在茲的，是真正的佛教法門。正如先前所見，西藏已成為不受控制的信仰邊境，印度的密宗十分受歡迎，在西藏則稱為金剛乘，有其祕傳教義，觀念頗具挑戰性。有些信徒把密宗關於殺生甚至殺人，或打破禁忌的性愛行為予以視覺化，且以字面來認知。這不是益西沃心中要為古格王國帶來的宗教。他希望回歸到赤松德贊的純正，而不是當代的異端邪說。為了重新取回精髓，他重建赤松德贊遺留的另一個珍貴層面：翻譯。於是他派出二十一名聰明的年輕人到當時仍為印度佛學中心的喀什米爾，並帶回佛經，從梵文翻譯成藏文，帶動了宗教的復興時代（後弘期）。

這些譯師（藏文稱為羅札瓦〔lotsawa〕）在佛教深受敬重，因為翻譯需要對經文有深刻的理解。在益西沃宮廷裡，最了不起的譯師是仁欽桑布（Rinchen Zangpo）。西元九五八年，他出生於阿里地區，地點可能是同樣位於薩特萊傑河谷（藏文稱為「朗程藏布」〔Langchen Tsangpo〕）的雷尼村（Reni）。

他兩歲時，就有人看見他在沙子上描繪梵文字母。雖然他的父母並非佛教徒，但是他年僅十三歲時即出家為僧。他花了許多年在印度，學習梵文的密宗與非密宗佛教經文。待仁欽桑布終於返鄉，便引起益西沃注意；根據傳說，這是因為他和一個很有魅力的騙子鬥法，而且很快揭露對方的騙局。關於他的故事真實性並不那麼重要，因為那些故事都只是說明仁欽桑布有超自然天分，專注於真正的弘法之道，讓每個人及其氂牛都認為自己是靈性主人。益西沃任命仁欽桑布為宮廷法師，並指派他翻譯梵文的經文，之後又派他回喀什米爾，這一次的目的可能是蒐集更多經文。古格王國在印度河谷取得的黃金，以及與阿拉伯世界買賣麝香所取得的資金，資助了新學問的輸入，深深影響西藏對於佛教的理解與發展。

仁欽桑布也要招募藝術家，大力協助益西沃新推動的建築計畫。九九六年，他為四大寺廟建立基礎：托林寺位於中央、西邊是位於斯皮提河的塔波寺（Tabo）、北邊是拉達克的聶瑪寺（Nyarma），以及位於東邊、距離前首都普蘭不遠的科迦寺（Khorchag）。托林寺是母寺（藏文稱為 Tsuglakhang），是西藏藝術文化登峰造極之作。圖齊在一九三三年造訪之後寫道，他在托林寺見到「一群至今幾乎無人知曉的思想家與苦行僧，為整個西藏撒下靈性之光，至今依然未熄滅。」英國的商業代表傑拉德・麥克沃思—楊格（Gerard Mackworth-Young）在大戰之前造訪過此處，於是描寫了托林寺的地點多麼有戲劇性：

> 此間河床為焦黃的廢棄岩石與灰塵，約有一哩寬……托林寺屹立於對面，在能俯瞰薩特萊傑河的懸崖突岩上。朱紅的長牆由幾棵枝葉茂密的白楊襯托，純白佛塔成排排列，佛教知名的半球形結構高聳，金色屋頂在霧中閃閃發光，不真實的美麗樂音傳來，和整體場景需求極為契合。

麥克沃思—楊格描述的畫面已不復存在。古格王國早年的藝術光芒即使躲過時間摧殘，也在文革期間遭毀，世上少了一處在偏遠處復興的佛教卓越成就。僅有少數能存留下來，包括卡孜河谷（Khartse valley）的寺廟洞穴，德高望重的仁欽桑布就是以九十多歲的高壽於此圓寂。這裡描繪譯師與國王益西沃的細緻繪圖，都是在十四世紀以精湛的技巧繪製而成：兩人的合作改變了西藏西部。西藏成為透過靈性信仰的稜鏡來治理的國度，而兩人的資產就在如此獨特的國家發展中留存下來。

在十一世紀的多數時間，益西沃的繼承者維持著古格的宗教理想，政治掌控不斷延伸，從首都托林把家族王國各個部分統整起來。益西沃退位後，王位交由姪子強久奧（Changchub O）繼承。新國王的首要之務，是說服赫赫有名的佛教學者阿底峽（Atisa Dipamkara）造訪古格；這對藏傳佛教的未來重要性不言而喻。這時，喀喇汗國的突厥人已沿著絲路往東擴張，把佛教中心變成伊斯蘭的地盤，據說還挾持了益西沃。但是強久奧並未用黃金向突厥人贖回益西沃，反而依照伯父的要求，從僧人最高學府重金禮聘阿底峽。這學術中心就是超戒寺（Vikramasila），位於現今的印度比哈爾邦，但在當時是屬於波羅王朝——在喜馬拉雅山區南緣延伸的國度，也是次大陸最後一個主要的佛教政權。

阿底峽的到來對於西藏僧人傳統的興起非常重要。這個時期在西藏有許多印度學者，阿底峽是其中之一。他和古魯仁波切都建立國家的宗教認同，因而備受尊敬；從他的藏文名稱「尊者」（Jowo Je）即可看出這一點。阿底峽在九八二年出生於貴族世家，地點可能是今天孟加拉的比克拉姆布爾（Bikrampur）。在抵達古格王國之前，他的名字是月藏（Candragarbha），後來強久奧尊稱他為阿底峽，意為「主人」。那時是一〇四二年，阿底峽已是眾所皆知的世界頂尖佛教學者，花了十多年的時間在蘇門答臘弘法，之後在超戒寺擦亮他的名聲。他對於在超戒寺遇見的西藏學生印象深刻，這些人是由古格王國派去印度，深化學習。超戒寺的領導者不願失去最好的老師，讓給西藏「氂牛欄」，因此要他保證三年就回歸。不過，阿底峽在古格度過人生最後的十三年。

阿底峽住在托林寺時，寫下最重要的著作《菩提道燈論》，並獻給強久奧。這著作回應了古格王國對於密宗修行的不確定性。密宗的複雜性該如何和解？和現有方法有何關聯？如何詮釋其中令人不敢恭維的意象？西藏的宗教史提到，阿底峽的卓越天分在於他深度理解，講解時又相當謙和。他在托林寺遇見已經八十五、六歲的大譯師仁欽桑布，亦即當年建議把阿底峽找來西藏的人。雖然仁欽桑布年紀較大，卻是在此次會面中學習較多的人。阿底峽讓他看到如何打破密宗令人眼花撩亂的表面，深入單一的統合根源。

在托林寺過了三年之後，阿底峽和西藏中部及尼泊爾邊界的一群學生，準備依承諾回鄉。他們在途中延遲之際，其追隨者之間出現爭議，對阿底峽該往哪個方向有意見。納措（Nagtso）是代替強久奧說服他前來西藏的翻譯，認為阿底峽應該信守承諾，回歸家鄉。另一名來古格國聽他教學的學生仲敦巴（Dromton），則說服阿底峽一同和他回到西藏中部的家鄉；來自東北區域安多的僧侶已在西藏的黑暗時期之後，於西藏中部重建僧院。阿底峽發現位於桑耶寺的藏書，很清楚有龐大的梵文經文資源，遂明白佛教滲透到西藏的深度：這是個不容錯過的大好機會。他一生撰寫並翻譯超過兩百本書。

阿底峽在一〇五四年於拉薩圓寂時，弟子仲敦巴在新建的熱振寺繼續講道，成為噶當派，其中「噶」代表「佛語」，「當」代表「教授」。噶當派以禁欲主義和嚴謹智識聞名，其遺澤不僅在熱振寺可以看見，在古格國的洞穴溼壁畫也找得到。之後，噶當派會演變成藏傳佛教的新派系「格魯派」（Geluk），也就是達賴喇嘛所屬派系。透過十一世紀的阿底峽和仲敦巴，觀世音菩薩成為西藏的保護神（在西藏稱為Chenrezig，菩薩意指「覺有情」）[7]，達賴喇嘛被視為是觀世音菩薩的化身，成為西藏身分認同不可分割的一部分。

*

雖然長期投身於弘法，但僧侶傳統沒能在古格國長久延續。一九三三年圖齊抵達時，古格一片蒼涼，居民不多，且鮮少察覺到曾存在此間的偉大榮耀。十二世紀期間，突厥侵入者橫行古格國，國家再度分裂成各個地區。只有舊首都普蘭看似逃過這場混亂，擴張到尼泊爾西北地區。最後，西藏中部的僧侶派系噶舉派在西部立足；密勒日巴在岡仁波齊峰大勝的傳說，將提到這件事。在十三世紀，托林最神聖的寺院江孜蘇格拉康（Tsuglakhang）獻給了噶舉派，他們以西藏中部的風格來翻新這間寺院，同時保留部分喀什米爾的美學，那是古格全盛時期的特色。

蒙古人十三世紀來到此地時，另一支佛教譜系更加重要：薩迦派，這是唯一有家族世襲的佛教主要派別。由於蒙古對於西藏的影響在十四世紀消退，古格再次享有繁盛的復興。在這段期間，新格魯派改革者受邀到古格，這似乎是理所當然的，因為新格魯派是源自於阿底峽的教導。托林依然是重要的信仰中心，但古格已遷都他方，到一處令人讚歎宮殿堡壘——札布讓[8]。古格王國第一次鼎盛期時對新觀念相當開放，這個特色在第二次鼎盛期會再度出現。正因為願意和外來影響接觸，或多或少能解釋西藏西部如何歷經一段共同努力的時期，改信外來的陌生宗教：基督教。

西藏權貴必定在佛教成為體制內的宗教之前，就知道基督。異教徒君士坦丁堡主教聶斯脫里在四二〇年代與羅馬決裂，到了八世紀，信徒已在波斯基督教確立地位，也沿著絲路拓展，當時的世界語言是

7 這裡的「覺有情」在原書是「尋求悟道者」（enlightmnet seeker），因此譯成一般中文的定義「覺有情」。

8 札布讓（Tsaparang），即古格王國遺址所在。

古敘利亞語，而這個教派也進入了中國。他們在唐朝蓬勃發展，七八一年甚至在長安（今西安）樹立知名的聶斯脫里石碑[9]，引用了六三五年（唐太宗時期）准其傳教的皇帝降旨：「道無常名，聖無常體。」碑文中也提到獲准傳福音的傳教士姓名——阿羅本（Alopen）。在中國宗教合一的奇特現象中，出現了所謂的景教經典「耶穌契經」（Jesus Sutras），這是在敦煌石窟發現的，融合佛教、基督教以及道教哲學，把佛教「空」的概念和基督教的否定神學（即上帝神祕的「不可知」）連結起來。七八一年，擔任聶斯脫里派教長的是提摩太一世（Timothy I），他出生於現今伊拉克境內，並在巴格達獲選為教長；他非常支持傳教活動，曾寫過西藏有景教徒，並準備在當地指派主教。的確，這個時期西藏有基督教禮拜的跡象，但即使實行禮拜，仍未穩定立足。長安的石碑後來被埋了起來，因為中國嚴禁景教：佛教是唯一獲得許可的「外國」宗教。

許多基督教徒來到相對遙遠的亞洲，在穆斯林的簾幕後顯得孤立無援，這是歐洲眾所皆知的事，只是了解得不多。現存一封信有多種版本的信件，內容應是基督教的祭司王約翰寫給拜占庭皇帝曼努埃爾一世（Manuel I），祭司王約翰是「三個印度群島的無上統治者」，而這封信就在十二世紀的後半葉在歐洲宮廷流傳。信中應是描述祭司王約翰的家鄉，該地滿是金銀財寶，沒有疾病，融合著眾人熟悉的伊甸園意象，還有希羅多德[10]作品中的奇幻生物與人。最引人興趣的，是第二次十字軍東征失敗後，據說祭司王約翰提議要用自己的軍隊解放耶路撒冷。雖然是偽造信件，但這封信是立足於現實的地理背景。學者把這神話和一一四一年塞爾柱土耳其帝國遭中亞的西遼部落征服連接起來。雖然西遼大多是佛教徒，但也有許多基督教徒。

這樣的傳說剛好吻合了眾人越來越熱愛旅行書寫的情況。在十三世紀晚期，馬可波羅滿足了絲路兩端的市場，以歐洲異國奇譚來娛樂忽必烈，之後回到義大利，又以蒙古皇帝為題來吸引歐洲讀者。在馬可波羅之前，另一個旅行家魯不魯乞（William of Rubruck, c. 1220- c. 1293）出版《魯不魯乞東遊記》（*Itinerarium*），魯氏隸屬方濟各會，這本遊記是一二五四年為法國國王路易九世出使任務，在不情願的情況下，送信到喀喇崑崙山首都，給忽必烈的前任統治者蒙哥汗。他對於蒙哥汗的宮廷娛樂倍感驚訝：穆斯林、佛教徒和聶斯脫里基督教徒進行三方宗教辯論。魯不魯乞難以接受宗教包容概念，不過，他是首名提到梵文「唵嘛呢叭咪吽」的歐洲人，這六字最常見的翻譯為「讚頌蓮花裡的珍寶」，但真正意義相當複雜，眾說紛紜。

從一開始，歐洲人在探索西藏時其實充滿傳教意圖。關於這個國家的敘述，最早是由方濟各會的修士帶回歐洲。一二四五年，身為聖方濟亞西西（St Francis of Assisi, 1182-1226）同事的若望．柏郎嘉賓（Giovanni da Pian del Carpine, 1180-1252）出版《蒙古史》（*Ystoria Mongalorum*，又譯《柏郎嘉賓蒙古行紀》），成為第一個回報蒙古宮廷情景的歐洲人。他是在蒙古入侵歐洲之後，由教宗派到東方。他和馬可波羅一樣留意到西藏人、權貴宗教生活的本質元素，並描寫他們的生活，包括天葬（jhator）這項習俗——其儀式是讓食腐肉動物來肢解亡者，然這個名詞其實並非源自西藏。（天葬的起源並不清楚，但有人認為和波斯祆教有關，在中亞的路途中頗為常見。西藏國王多墓葬，喇嘛則是火化，骨灰則混入神聖的建築物中。）另一名方濟各會修士鄂多立克．馬提烏西（Odorico Mattiussi，更常見的稱呼是波代諾內的鄂多立克〔Odoric of Pordenone〕）曾在一三二〇年代造訪中國，並寫下手稿，其中有一整章節是在談西藏：〈西藏——崇拜偶像者領袖的居住地〉。鄂多立克聲稱曾造訪過西藏或許是真的，但他的資訊

---

9 即「大秦景教流行中國碑」。

10 希羅多德（Herodotus, c. 484-c. 425 BC），古希臘作家、地理學家與歷史學家。

顯然是來自在西藏以外的地方所遇見的西藏人，而他造訪拉薩的說法多半不被採信。

然而，耶穌會士及其務實的熱忱，讓他們堅持到十六世紀末。在蒙兀兒阿克巴大帝宮廷裡的耶穌會士，也清楚察覺到西藏的存在。魯道夫・阿夸維瓦（Rodolfo Acquaviva）在果亞的昆柯林動亂[11]中遇害並遭分屍前不久，曾在一五八二年寫下在喜馬拉雅山區後方有個「博坦」（Bottan），也就是西藏。在一五九一年的《蒙古使館日記》[12]中，魯道夫的同伴安東奧・蒙瑟拉特（Antonio Monserrate）曾寫道，在喜馬拉雅山遙遠山谷裡藏有基督教的遺跡，這裡的神父會讀聖經，並分送麵包與酒，但他認為這些人並不是西藏人，因為他說西藏人是由魔法師統治。耶穌會士發現了瑪旁雍措及其鄰近城市的存在：蒙瑟拉特的書也有一張粗糙的地圖，顯示這座湖與傳說：「據說這裡曾有基督教徒生活。」（*Hic dicuntur Christiani habitare*）。

耶穌會對祭司王約翰失落世界的興趣，往往被誇大。他們主要關心的是中國、日本與印度，西藏不過是次要。一五九六年，耶穌會的來華教士利瑪竇確實提出呼籲，要探索蒙兀兒與滿清帝國之間的土地。而蒙瑟拉特提到曾住在喜馬拉雅山區卻已消失的基督教徒群，當然也啟發了葡萄牙的安東尼奧・德・安德拉德（António de Andrade）——印度阿格拉耶穌會的領導者。安德拉德參加印度朝聖者集團，前往巴德里納特（位於今天印度的北阿坎德邦），與同行耶穌會士馬努埃爾・馬克斯（Manuel Marques）前往阿拉克南達河（Alaknanda river），朝西藏邊境前進。但後來安德拉德留下馬克斯，獨自沿著河谷前進，在卡美特山（Kamet）的陰影下旅行，距離巴德里納特北邊僅有二十五公里，來到五千六百公尺的瑪那山口（Mana Pass）。安德拉德認為，雪盲與「瘴癘之氣」造成他的高山症，他就在這情況下看見眼前高聳貧瘠的青藏高原：這是歐洲人首度描述喜馬拉雅山旅程的實際經歷有多令人疲憊。他必定認為自己身在某種煉獄。

安德拉德回到巴德里納特，之後沿著先前的腳步，這次與馬克斯一同來到西藏，一睹古格王國的餘燼。如今王國的權力已往東漂流至拉薩，也往西到重現光彩的拉達克。無論如何，古格王國仍對基督教的觀念持開放態度。安德拉德說，菩薩可能在西方興起。既然真理不會相殘，他何不在古格傳福音，挑戰佛陀的教導呢？安德拉德回到家鄉，並在一六二五年獲得果亞上司的許可及資助，於札布讓的宮殿堡壘之間興建禮拜堂——札布讓位於薩特萊傑河谷，堡壘和寺院複合建築震懾人心。一小群神父努力維持傳教任務，直到一六二〇年代晚期，而他們的敘述則提供了珍貴洞見，讓我們一探古格的宗教與經濟生活。安德拉德深感興趣的是，西藏僧侶的制度和基督教多麼接近。然而，他們的努力白費了。一六三〇年，札布讓落入拉達克國王僧格南嘉（Sengge Namgyal）之手。他奴役數百人，而這些人包括耶穌會教士說服的改信者及兩名教士：後來是耗費外交上的九牛二虎之力，才把他們從列城（Leh）的宮殿救出。古格王國逐漸轉變，最後衰微成一九三三年圖齊目睹到的模糊模樣。氣候學家最近發現，十七世紀初期季風明顯變弱，導致西藏西部進入沙漠化時期，意味著古格王國的衰敗除了入侵之外，氣候變化的惡果也是主因。最後一任古格國王在一六七六年逝世。東印度公司後來知道了西藏西部的存在，以及這裡和喀什米爾的羊毛交易利潤豐厚，然此時，這項交易是由拉達克的列城控制。古老的古格王國於是消失在近乎為人所遺忘的深淵。

11 昆柯林動亂（Cuncolim Revolt），一五八三年七月發生在果亞昆柯林村的屠殺，主要是印度教徒殺害並肢解了五名耶穌會教士和葡萄牙公務員。

12 《蒙古使館日記》（*Mongolicae legationis commentaries*），記錄耶穌會教士初次前往阿克巴宮廷的事件。

*

耶穌會試圖讓藏人改變信仰，最後似乎徒勞無功，卻留下令人玩味的遺產。一六二七年二月，埃斯特旺．卡塞拉（Estêvão Cacella）與若奧．卡布拉爾（João Cabral）這兩名教士成為最早進入不丹的歐洲人，他們立刻遭到搶劫，還被關到監獄。然而，他們確實見到了不丹的第一任國王、噶舉派的僧侶阿旺朗傑（Ngawang Namgyal），並依循蒙瑟拉特的線索，在鄰近區域詢問，盼能找到任何消失的基督教社群位置。他們聽說了香巴拉，誤以為這就是華夏之所在，因為整個亞洲的耶穌會教士都對華夏的地理位置有極高的興趣。（華夏和中國一樣嗎？或是其他地方？）因此他們對於這趟旅程的描述，其中也包括了歐洲人首度提及的神祕天堂香巴拉，其起源是西藏西部信仰薩滿的過往，而這段往事幾乎已遭遺忘。

這個已失落的完美世界堪稱與伊甸園並駕齊驅，為基督教和佛教屈指可數的聯繫，對於十九世紀晚期有冒險精神的性靈追求者而言，是很吸引人的主題。由於學術界與哲學界對佛教的興趣提升，因而更注重西藏——海格爾就很迷戀「空」的概念——新世紀的神祕主義者搭上這股熱潮，例如神智學家海倫娜．布拉瓦茨基（Helena Blavatsky, 1831-1891）即編造出一群悟道者與古老智慧大師的存在，還聲稱自己在西藏遇見他們。這些不同路線在詹姆士．希爾頓（James Hilton）一九三三年的著作《失落的地平線》（*Lost Horizon*）集大成，書中的異國背景是個隱藏的世界，稱為香格里拉，那裡有完美的道德與靈性：對部分西方人來說，這個想法幾乎界定了喜馬拉雅山區。

希爾頓小說中的英雄康威（Conway）與三名同伴在飛機上遭到綁架，飛機在遙遠的香格里拉僧院附近墜落。這裡神祕的主持人「喇嘛」實際上是基督教傳教士，在十八世紀初期來到這裡，且長壽無疆。這個道德純淨的失落世界，大致上是象徵性的背景。希爾頓的小說和西藏的現實環境沒有多少關聯，較重要的關聯在於這一帶以尚未有人探索而知名。小說中的主角都不是藏人：藏人幾乎都是遭到排擠的角色（例如僕人），具備高尚野蠻人的特色。在書頁中，幾乎不見西藏文化。在僧院的藏書中，康威發現了一些書籍，那是希爾頓在大英圖書館做研究時引用的，包括安德拉德描述的札布讓與消失的古格王國。希爾頓筆下，靠近香格里拉的聖山和岡仁波齊峰很類似，只是住在僧院的神祕組織卻呼應了神智學家的幻想。《失落的地平線》根本與西藏無關；其主題是在經歷一次世界大戰之後的道德疲憊，以及對下一次大戰的焦慮，並對消費主義進行批判。然而，隱密聖所的觀念能帶來心靈上的更新及療癒，這又和西藏文化相呼應，貝尤爾（beyul）這個神聖谷地的概念就呈現出這一點：其神祕的位置隱藏在文字中，有待靈性大師來解讀。我們每一個人都需要伊甸園，或是香巴拉。

在小說中，香格里拉的地位是逃避現代消費主義價值觀的避難所，但這阻止不了中國政府將札布讓東邊兩千公里、位於雲南省的小鎮中甸，重新命名為香格里拉市。中國花了兩億元在這精神性的迪士尼樂園，並中國西南林木茂密的山中，建造機場和其他基礎建設。另一方面，札布讓的宮殿堡壘仍冷冷地屹立在乾燥遙遠的山谷中，是西藏真實故事的戲劇化證明。附近托林寺的神聖遺址緩慢恢復中，雖然恢復標準何在很難明說。這些寺廟複合體仍然像是失落時代的破碎化石，村子本身成了人民解放軍的駐地小鎮，是最新王朝的前進管制站，控制著整個喜馬拉雅山區的古代商路網。

五　世外桃源的建築師

那一天，加德滿都是陽光燦爛的秋日，平日繚繞的雲霧散去，露出城市背景中如金剛石般明晰的山巒：西北是甘內許峰[1]、北邊的藍塘里壤峰（Langtang Lirung）猶如雪堆成的金字塔，東北邊的多吉拉巴山（Dorje Lhakpa）則是雪白的鑽石，全數是海拔七千公尺以上的高峰，感覺近得似乎觸手可及。我在加德滿都中央經常霧濛濛的拉特娜公園（Ratna Park）[2]，甚至能瞥見遠方如鯊魚鰭般的世界最高峰：珠穆朗瑪峰（Chomolungma）。

老一輩的居民肯定會想起年輕的時光，那時的城市比較常像今天的模樣，只是後來一切都變了。自一九八〇年代起，在一個世代的時間，來自整個尼泊爾的數十萬人移居到加德滿都，主要是出於經濟需求，或躲避讓國家陷入內戰的尼共毛派才逃過來。小小的加德滿都成為南亞成長最快的城市之一，陰鬱的混凝土建築構成的新社區紛紛出現，蒼翠的山谷自此陷入灰撲撲一片。在歷史上，這座城市絕大部分的污染和儀式有關，但此時卻受大量的現實事物戕害：塑膠、有害氣體以及骯髒的河流。

1　甘內許峰（Ganesh），意為印度教的象頭神之意。
2　拉特娜是前尼泊爾王后。

如今，觀光客通常急著逃離加德滿都。在大眾想像中，喜馬拉雅山區是讓人冒險的地方，有荒野的新地平線，而不是雜亂無章地拓展的都會區。然而，即使到了現在，這座山谷的古老城市仍是人類史上最優美、繁複的成就，不光是建築物與裝飾藝術的特質令人屏息，更因為此間生活方式會隨著人造環境而演變。雖然大量生產及全球通訊帶來衝擊，這些優美的都市中心依然散發著細膩的文化魅力，使得城市本身令人深深陶醉。你會在這裡陶然忘我，順著好幾週的節慶弧線前進，在每回漫步於狹窄街道時找出美麗的新事物，欣賞玩味。這個地方正如學者圖齊所稱：「印度所有的恐怖、痛苦與希望，都以近乎狂喜的坦白表現出來。」

暮色降臨，遠方雪地的光芒逐漸黯淡，從粉紅色變成青靛色。在巴格馬提河南邊的帕坦（Patan）宮殿，大批人群聚集在高起平台（dabali）周圍，一名戴著白獅面具的舞者威嚇另一名壯碩的舞者，後者戴著銀冠，配備看起來像紙漿製成的釘頭槌。獅子手腕和手肘上上綁著紅色布條，當他繞著舞臺轉圈，布條就會從手臂飄揚，讓他像是一團華麗布料，而長長的鬃毛垂在後腰，映著舞臺四個角落的火盆散發的光芒。獅子三不五時就會往空中精采一躍，把腳收在身下，時而靈巧旋轉，時而以假想的爪子抓空氣。每回他這麼做，在旁觀看的孩子就會興奮尖叫，和銅鈸、嗩吶的喧鬧聲不相上下。當獅子一跳，小心翼翼前行時，國王揮舞棍子往後退，雙腿大開、外八站立，在沉重的金盞花圈下任由命運左右。

這便是迦諦舞（Kartik Naach），是印度教「迦諦月」所舉辦的活動[3]。這故事來自《往世書》，訴說毗濕奴的人獅化身那羅僧訶如何克服曾殺害其信徒的惡魔阿修羅——金床（Hiranyakashipu）。金床很生氣，因為毗濕奴的化身殺害了他的兄弟。他要復仇。金床修煉苦行，遂得到梵天的法力保護，任何

3 在印度教曆法中，迦諦月通常會和十月、十一月重疊。在尼泊爾的曆法中，則是每年的第七個月。

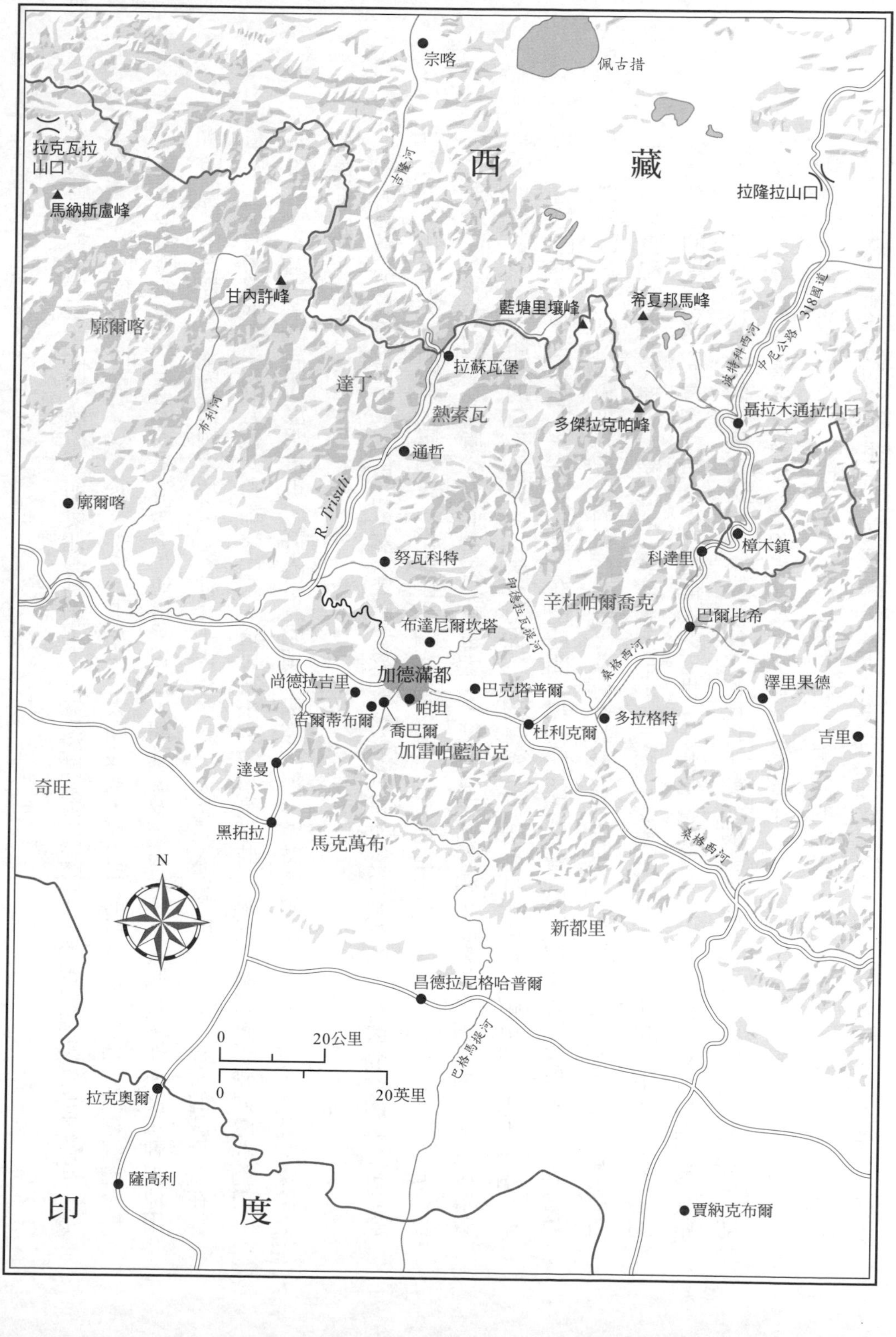
宗喀
佩古措
拉克瓦拉
山口
西
藏
吉隆河
拉隆拉山口
馬納斯盧峰
甘內許峰
藍塘里壤峰
希夏邦馬峰
廓爾喀
拉蘇瓦堡
達丁
熱索瓦
波特科西河
中尼公路／318國道
聶拉木通拉山口
多傑拉克帕峰
布利河
通哲
廓爾喀
R. Trisuli
樟木鎮
科達里
努瓦科特
印德拉瓦提河
辛杜帕爾喬克
巴爾比希
布達尼爾坎塔
桑格西河
加德滿都
尚德拉吉里
巴克塔普爾
澤里果德
帕坦
吉爾蒂布爾
喬巴爾
杜利克爾
多拉格特
吉里
加雷帕藍恰克
達曼
奇旺
黑拓拉
馬克萬布
桑格西河
N
新都里
昌德拉尼格哈普爾
0
20公里
0
20英里
巴格馬提河
拉克奧爾
薩高利
印
度
賈納克布爾

人或動物都傷害不了他。然而，即使他發動戰爭，仍無法撼動自己的兒子缽羅訶羅陀（Prahlada），這位如聖人般的孩子虔信毗濕奴。於是，金床下定決心大開殺戒，連自己的兒子也不放過。缽羅訶羅陀的良善美德總讓他獲救，金床遂奚落兒子；他指著石柱，問毗濕奴是不是住在這塊石頭裡。沒想到當他用釘頭槌敲擊石柱時，那羅僧訶竟現身了。他是半人半獸，不完全是人或野獸，形成了致命的威脅。在故事中，那羅僧訶把金床的五臟六腑都挖出來。這段舞來到故事高潮時，那羅僧訶只碰了碰惡魔的胸口，惡魔就昏死過去，像個搖滾明星被一群人舉過頭頂、橫穿人群，這時觀眾紛紛拿起手機，在社交媒體上分享邪不勝正的照片。

加德滿都谷還有更古老、更知名的節慶。每年春天的戰車遊行會載著賜予甘露的紅觀音（Bunga Dyah），在帕坦的人間女神庫瑪麗（Kumari）的祝福凝視下，於街道上繞行。這項習俗已有千餘年的歷史，對於住在城市的尼瓦爾原住民而言意義更重大。（紅觀音在佛教和印度教都是神聖的，有人認為就是觀世音菩薩，即西藏的Chenrezig）。另一方面，迦諦舞肇始於十七世紀中期、帕坦國的悉地‧納拉辛哈‧馬拉國王（Siddhi Narasimha Malla）在位期間，那是在歐洲人首度來到這座城市前幾年[4]。在邊界另一邊的西藏，古格王國來到最後的死亡迴圈；藏傳佛教歷經數十年的宗派與區域衝突之後，拉薩的五世達賴喇嘛和掌權的代理人索南群培（Sonam Rabten，又稱「索南饒丹」）掌控了格魯派。這對統治加德滿都谷的馬拉國王而言是好消息：在「偉大的五世」達賴喇嘛領導之下，加德滿都獲得鑄造西藏貨幣的工作，這是有利可圖的產業，這麼一來，加德滿都馬拉王朝的國王就有了資金，進行最念茲在茲、卻耗資甚鉅的事業：以華美建築、裝飾和表演藝術，彼此互較高下。

雖然紅觀音節在百姓的生活中早已根深柢固，和宮廷表演的迦諦舞起源有千年的差距，但兩者都是建立在加德滿都特有的優勢組合，包括位於一千四百公尺山區的福地，以及舒適的氣候。迦諦月從十月底一路進行到十一月底。這時的天氣不錯，還不會太冷。這是個吉祥的月份，也是婚禮季節的開始，緊跟著極受歡迎的德賽節（Dasain，亦稱達善節或十勝節）。在神話中，當迦諦月來到第十一天，毗濕奴會從四個月的瑜伽修行夢中醒來，與吉祥天女（Laksmi，音為拉克什米或樂濕彌）結婚。要想結為連理，沒有更適合的時節了。

隨著迦諦月一天天過去，溫度會下降，此時，夜裡若能待在火堆旁，會讓人備感慶幸。在印度北部的叢林被清除之前，冷空氣使得致命的瘧疾好發季節畫下句點。瘧疾在尼泊爾稱為「aul」，波及範圍不光是平原而已。英國常駐官員布萊恩．霍奇森（Brian Hodgson）在十九世紀中期寫道：「若海拔不到三、四千公尺，是不足以擺脫喜馬拉雅山區低地的瘧疾。」村民們會把農舍蓋在這高度以上，以避開蚊蟲，並在早晨走到地勢較低的田地。氣候變遷似乎導致蚊蟲孳生的高度提高，對偏遠村落帶來新問題。甚至有人說，蚊蟲對尼泊爾歷史的影響，不亞於任何一個偉大國王。

山谷的原住民是在西元前一千年抵達，這鮮為人知的族群稱為克拉塔人（Kirata），其使用的語言屬於藏緬語系，為尼瓦爾語的先驅。他們一定慶幸自己這麼好運，能生活在大致平坦的山谷，土壤堪稱此區最肥沃，而且在瘧疾的界線上方。這座山谷的位置還有另一項優勢：剛好與高山距離近，能發展出通往西藏的商路。商人與朝聖者會等到天氣變冷的季節，穿越瘧疾肆虐的叢林。然此時的高山會進入冬天，降雪與低溫又帶來不同的致命危機。因此，他們會在加德滿都谷待到春天，這裡有足夠的食物，任由他們等待山隘可通過的時間到來，如此，來自高原的西藏商人便能下山來到這裡，或者繼續他們的旅程。七世紀時，佛教旅僧玄奘曾前往印度佛教聖地取經，很早就記錄了貿易如何資助加德滿都谷繁複的

4　馬拉王朝於一二〇一到一七九九年統治加德滿都谷。

宗教生活，而佛教與印度教的制度是並肩共存的。

第一個留下文字紀錄的加德滿都王朝在五世紀建立，那時貿易已經相當興盛。尼波羅國是發跡於古城毘舍離（Vaishali）的悠久政治勢力分支，毘舍離與印度東北的帕特納隔著恆河相望，是松贊干布新興吐蕃帝國的附屬國。尼波羅國時期和印度笈多王朝差不多同時期，數個世紀以來擁有卓越的藝術成就，而在五世紀晚期到七世紀初期於加德滿都達到巔峰：這時期的石造雕像依然無可匹敵。尼波羅國在加德滿都的聖地建立許多令人敬畏的神聖寺廟，包括大佛塔斯瓦揚布寺（Swayambhu）、巴格馬提河畔供奉濕婆的帕舒帕蒂納特廟（Pashupatinath），以及祭祀毗濕奴的昌古・那羅延寺[5]，這裡有山谷中最古老的石刻，歷史可追溯至五世紀。在加德滿都谷北緣的布達尼爾坎塔（Budhanilakantha）有一座七世紀的巨像，是毗濕奴化身為那羅延（Narayan），在一座下凹的池塘裡沉睡，而蛇神把身子繞了好幾圈，撐起那羅延。蛇神的形狀是響尾蛇，祂抬起頭，替睡眠中的那羅延遮蔭。這池塘象徵太初宇宙之洋，毗濕奴沉睡時，肚臍會長出一朵蓮花，梵天就會從這朵蓮花誕生。毗濕奴醒來之後，會在梵天所創造的宇宙天堂中占有一席之地。在喜馬拉雅山區，濕婆神是占有優勢的印度教敘述派別，祂的化身會主宰加德滿都谷。不過，毗濕奴在皇家的影響力也可追溯回這座城市遙遠的過往；正如迦諦舞的故事所顯示，毗濕奴對馬拉王朝的國王很重要。取代馬拉王朝的，是如今已滅亡的尼泊爾末代王朝——自認是毗濕奴化身的沙阿王朝（Shah）。

八世紀晚期，信奉佛教的波羅王朝（Pala）興起時[6]，尼波羅國仍掌控谷地，只是已逐漸衰微。接下來的統治者，和波羅帝國與佛教大學——位於今天印度比哈爾邦的那爛陀寺、超戒寺與飛行寺——有所連結。（「比哈爾」這名稱源自於梵文和巴利語的「vihara」，字面上是「住所」之意，實際上是指「寺院」。）尼瓦爾文化中最具代表性及影響力的密宗，就是在這個地方出現；上一章提到，大師阿底峽把晚近的印度佛教復興傳入西藏，而他就是在那爛陀寺獲得任命，並在超戒寺接受最重要的指導。在波羅王朝下，新的藝術傳統開始發展。加德滿都文化鼎盛，有大量令人讚歎的銅和黃金圖像，也有密宗大師，於是吸引來自西藏的學生。工匠本身就是僧侶，而從十世紀，西藏開始風行密宗，他們的作品也有很高的需求。大約在諾曼人征服英格蘭時，在喜馬拉雅山脈核心也有了獨特的事情發生：大膽、危險的哲學與細緻的藝術相互結合。正如作家和長期駐紮加德滿都的官員托馬斯·貝爾（Thomas Bell）指出：「中世紀在加德滿都興起的密宗，把這座城市變成魔法花園。」在印度花園誕生的觀念與心理洞見，不久之後便移植到喜馬拉雅山區另一邊的青藏高原。

這是印度佛教最後一次興盛。位於孟加拉的波羅王朝到九世紀中葉在印度西部衰微，感覺到越來越多壓力從東山再起的印度教及支持印度教的王國席捲而來。到十一世紀初，伊斯蘭已在阿富汗和巴基斯坦取代佛教，不過，佛教在喀什米爾仍停留至十四世紀。其龐大的僧侶體制和一般人越離越遠，弱化了與平民的連結。在一般人眼中，密宗看起來和印度教相去無幾。之後，大約在一一九三年，波斯軍閥伊克地耶烏丁·穆罕默德·本·巴克地耶爾·卡爾吉（Ikhtiyar al-Din Muhammad Khalji）橫掃比哈爾邦，於是逐漸衰微的王朝終於滅亡。比丘與比丘尼在戰爭中遇害，黃金佛像被洗劫，宗教書籍遭焚毀。印度北部的佛教幾乎完全遭到抹除，信徒潰散，許多人到加德滿都避難。（伊克地耶烏丁不久之後野心勃勃，設法入侵西藏，卻兵敗如山倒，沒多久遭到刺殺。）

5 昌古·那羅延寺（Changu Narayan），多譯為「納拉揚廟」，但為了不與後來的國王納拉揚混淆，在此譯成「那羅延」，也恰好符合供奉的毗濕奴化身名稱。

6 波羅王朝又稱帕拉王朝，八世紀興起，十二世紀滅亡，國王之名會以「帕拉」為後綴，主要領土位於孟加拉和今天的印度比哈爾邦。

佛教文化從佛陀講道之處被歷史洪流沖散，如今在山區找到避難點，不僅生存了下來，還享有藝術與建築鼎盛期。加德滿都谷位於山區，是戰略重地，得以順應地理優勢而富有，但也夠隱蔽，足以躲過橫掃印度平原的一波波入侵者致命掠奪。因此，尼泊爾（加德滿都谷）在亞洲歷史上占有格外重要的地位，成為南亞、中亞以及東亞宗教與藝術的匯集點，能融合各地影響力而存留下來，生氣盎然地提醒人們一個半遭遺忘的世界；這裡也是一把神祕歷史的鑰匙，即使歐洲人發現了這座城市，仍沒看出這段歷史。

中世紀加德滿都耀眼的文化並不遜於亞洲其他的部分。在其興起後不久，就會在新勢力成立的朝廷中再次展現出來。這股勢力橫掃整個亞洲，並直搗歐洲：此即蒙古人。

*

佛教在印度衰微，卻在加德滿都蓬勃發展，在西藏也一樣得到新的動力。正如我們所見，在西方，古格王國資助佛教文化復興，吸取喀什米爾的影響，也請來阿底峽等大師。同時，西藏中部成為密宗的宗教實驗室。密宗是從印度北部與波羅王朝，經由行經加德滿都谷的商路而來。密宗有個知名的「狂野者」，還促成了整個宗派形成——瑪爾巴譯師（Marpa Lotsawa）。他出生於西藏地主家庭，卻無法安於務農生活。於是，他前往印度那爛陀寺，向大師那洛巴學習（那洛巴也曾向帝洛巴學習），並把新的密宗經文帶回家鄉，他會幫一般信徒灌頂，以換取黃金，資助他返回印度深造的旅程。十一世紀的西藏可見密集的黃金開採活動，而黃金推動了佛教傳播，往南經由加德滿都流回印度，成為反向流動的宗教力量。瑪爾巴的學生就是魅力十足的密勒日巴，而他們的世系就成為藏傳佛教噶舉派，噶舉的意思是「悄聲口傳」。

有些人擔心，密宗教義廣為流傳，詮釋也比較肆無忌憚，可能會威脅並破壞意義，使之成為僅符合個人利益的魔咒。貢卻傑波（Konchok Gyalpo）就是這樣的人，他出生於貴族昆氏（Khon）家族。他和密勒日巴屬於同時代，在西藏南部日喀則西南邊十三公里的薩迦寺成立新的佛教中心，成為藏傳佛教延續至今的另一個教派，也是藏傳佛教四大派的第三支，是唯一精神領袖來自同一個家族的宗派。在西元一千年後的初期，薩迦派會在四分五裂的西藏興盛發展，但多半是透過外來勢力的介入。

不過，來自党項人的另一支藏傳佛教，將漸次影響蒙古人。西藏人稱党項為彌藥（党項人亦如此自稱），曾在吐蕃時期被趕出西藏東北部起伏的草原，被逼到接近黃河的鄂爾多斯區域。到了十一世紀，他們建立了自身的權力中心，遷回西藏，占領青藏高原的西寧。[7]正如吐蕃皇帝的作為，他們也把佛經翻譯成自己的語言。這麼一來，他們與西藏的導師發展出新關係，尤其和噶舉派關係密切，噶舉派人士甚至進入強而有力的西夏宮廷。一二二七年，蒙古人所向披靡，勢力往南橫掃，完全摧毀西夏的首都興慶。雖然如此，蒙古人仍看出延續政教關係的價值，党項人就率先與西藏僧侶建立這樣的關係，如此能提供有效的方式，在一定的距離之外控制地勢高、無遮蔽的青藏高原，而不必投入可運用在其他方面的資源。

十三世紀中期，西藏大部分已納入蒙古帝國第四任可汗的蒙哥汗掌控，蒙古展開對西藏的影響，直到十八世紀。蒙哥汗支持噶舉派，雖然蒙古帝國的佛教徒領導者是來自喀什米爾。但是薩迦派世系也影響了少數蒙古上層階級，一二五八年，忽必烈在妻子察必皇后的影響下，肯定薩迦派領導者八思巴

7　此即由党項建立的朝代——西夏，成立於一〇三八年，一二二七年亡於蒙古。

（Drogon Chogyal Phagpa）的地位，請他擔任密宗大師，基本上代表他改信藏傳佛教。蒙哥於一二五九年去世，而忽必烈在和弟弟阿里不哥內戰之後，於一二六〇年成為第五任蒙古帝國可汗。那一年底，八思巴成了忽必烈的國師，亦即國家的宗教指導者，如此更加鞏固蒙古與西藏之間的政教關係，忽必烈刻意想藉此擺脫蒙古人是遊牧掠奪者的名聲。這時藏人會領導帝國的佛教徒，或至少是一二七一年忽必烈剛建立的元朝中的佛教徒。在接下來一個世紀，元朝將統治中國及更廣的地區。八思巴與薩迦派也會掌控西藏。這對噶舉派而言極為不利，即使噶舉派持續獲得蒙古西邊伊兒汗國的支持——伊兒汗國是由忽必烈的另一個弟弟旭烈兀統治。

為了鞏固新整合的政教力量，忽必烈委託興建佛塔，獻給八思巴的前輩與伯父——佛教的大學者薩迦．班智達（Sakya Pandita）。前一任蒙古領主闊端曾設法請薩迦．班智達當作代理，掌控整個吐蕃，但這份努力大多被忽視。現在多虧忽必烈，薩迦派確實得到掌控權。為了建立佛寺，八思巴需要工匠，這些工匠必須要有能力打造出卓越之作，象徵與蒙古的新關係。西藏缺乏這樣的能力，於是八思巴往喜馬拉雅山的另一邊探查。近五百年前，西藏君王提倡的佛教正是源於印度，只是伊斯蘭興起之後，幾乎消滅了這個泉源。那爛陀寺大學是瑪爾巴研究密宗之處，這時已被夷平。因此八思巴指望加德滿都谷，這裡的佛教及其藝術依然興盛，而知名的尼瓦爾工匠曾對贊普時代有深遠的文化影響——加德滿都谷的工匠曾協助裝飾拉薩的大昭寺。

有一則知名的傳說提到，八思巴如何請求賈亞比瑪．戴瓦．馬拉（Jayabhima Deva Malla）派出工匠，賈亞比瑪．戴瓦即十三世紀初曾統治谷地的早期馬拉王朝君主。（「馬拉」的意思是摔角者。《摩訶婆羅多》提過印度東北同名的馬拉王朝。加德滿都谷的馬拉王朝並非挪用這神話中的知名王朝，但是容易讓人混淆。）八思巴想找百名工匠為可汗打造佛塔，不過，若只建造一座佛塔顯然不需要這麼多人；這是大規模運用喜馬拉雅山脈的工藝傳統，賦予藏傳佛教獨特視覺意象。中國藝術家欠缺知識來製作八思巴要的藏傳佛教肖像，包括各樣密宗神祇及其所有表現方式。八思巴雇用加德滿都的工匠，為薩加宗派與忽必烈之間的新關係帶來新的圖像正統性。

加德滿都的國王這回只召集到八十名工匠。一二五五年的大地震估計造成三萬人喪生，占谷地人口的三分之一，對城市必然造成重創，也讓賈亞比瑪．戴瓦能找到的工匠人數受限，即使是為了蒙古帝王。國王在工匠出發前往西藏之前，曾親自與他們見面，並要求他們選出一人來擔任領導者。而唯一準備好承擔責任的，是個年僅十五、六歲的年輕人——天才工匠阿尼哥。他承認自己年輕，但自稱「年幼心不幼也」。於是，他展開一趟旅程，之後將成為忽必烈宮廷裡的最高層，賺進大筆財富。元朝朝廷能得到宗教的權威性，正是因為阿尼哥負責宗教的圖像。

一般認為，阿尼哥出生於帕坦，這想法或許是出於帕坦享有極高的藝術盛名。但我們對阿尼哥那微薄的認知，都來自元朝的編年史，亦即他的成名地，而非出生地。即使他的名字也有爭議：在中國，他的名字是阿尼哥，其他地方稱他為阿爾尼格。關於他的資訊，最完整的來源是列傳，作者是元朝名臣程鉅夫。元朝編年史家聲稱，阿尼哥來自皇族，但他和蒙古公主的婚姻，反而較像改變社會地位的迅速方式。就像佛教聖人的言行錄，關於阿尼哥的故事無不說他是個早慧且認真的天才兒童。列傳中提到，阿尼哥年僅三歲時，就會在宗教儀式舉行之際環顧寺廟，並對建築物做出判斷。他在學校時，一次就學會背誦關於藝術的複雜佛經，就像莫札特對於沒聽過的音樂也能吸收得面面俱到。阿尼哥即將前往西藏前，已是繪畫、雕刻與鑄造專家。一二六一年，他率領一群尼瓦爾工匠，建造西藏中部由忽必烈委託的薩迦寺院黃金塔。隨著薩迦派的勢力在西藏增強，這座寺院也快速演變。這座佛塔位於寺院的主堂，雖然如今已不存在，但阿尼哥的尼瓦爾工匠留下的資產仍可在日喀則夏魯寺絕美的壁畫中看到，那些慵懶隱晦的身形呼應著世界屋脊上最後的波羅王朝。

阿尼哥的工作成果豐碩，因此八思巴在一二六二年底，堅持要他前往大都（今北京）參見忽必烈。史書記錄了他初次與忽必烈見面的情況。可汗看了他一會兒，問道：「汝來大國，得無懼乎？」以一個青少年來說，阿尼哥的回答在政治上相當精明。

對曰：「聖人子育萬方，子至父前，何懼之有。」

又問：「汝來何為？」

對曰：「臣家西域，奉命造塔吐蕃，二載而成。見彼土兵難，民不堪命，願陛下安輯之，不遠萬里，為生靈而來耳。」

皇帝提出一項挑戰，考考這個尼瓦爾年輕人：修復一座損壞的青銅像，因為宮廷藝術家認為這座銅像已難以修補。阿尼哥耗時三年修復完成，令忽必烈龍心大悅。接下來十年，阿尼哥步步高升，成為各級工匠的監督，下轄數千人，負責一項由國家資助的龐大擴建案。只是這建案耗資甚鉅，忽必烈終舊收手。阿尼哥負責宗教圖像、皇室肖像及其他宮廷案件，包括用印和徽章，這些都是界定政體特色的烙印，讓薩迦派導師和可汗主權之間建立起強烈關聯。蒙古統治者喜歡佛陀的金色圖像，但複雜的佛理就留給西藏法師。忽必烈上戰場時，八思巴為他加持，阿尼哥同時繪製壁畫，上頭可見兇猛的密宗守護神大黑天（Mahakala），保佑忽必烈國運昌隆。

阿尼哥最知名的成就是北京的白塔，如今依然屹立，中共第一任總理周恩來在文革前幾年將它列為保護文物。或許是因為建築師四海為家，因此白塔呈現出波羅王朝、尼瓦爾以及中國風格的奇特結合。他在白塔周圍設計了一座大寺，需要五萬八千株樹的木材方能完成，是忽必烈在位時最昂貴的建造計畫，卻在一三六八年毀於大火。阿尼哥也和塔願寺有關，這是位於山西省佛教重鎮五台山的另一座白塔，高達五十二公尺，供奉文殊菩薩。這間寺院在忽必烈去世後幾年，於一三〇一年完成。那時，阿尼哥已為忽必烈的繼位者鐵穆耳在武台山興建另一座寺廟：萬聖佑國寺，是元朝最昂貴複雜的建築物之一，可惜已不復存在。這項計畫雖然在朝廷引起爭議，但仍為這名尼瓦爾建築師帶來巨大財富。忽必烈贈與他金玉帶，還有昂貴的華服長袍、毛皮大衣和帽子、戰車和馬；對於最新一次成就，鐵穆耳的母親賜予他幾乎半噸的銀。忽必烈確保阿尼哥能夠從加德滿都帶來尼瓦爾妻子，而阿尼哥後來妻妾成群，包括蒙古公主。他有個中文名號「西軒」，意為「西方畫室」，指的是他位於大都西邊的房子，以及他遙遠的起源與藝術學派。他在一三〇六年去世時是家財萬貫，有大筆土地、數以千計的農奴；他不是第一個盼能在國外發揮才華的尼泊爾移民，當然也不是最後一個。

忽必烈駕崩之後，阿尼哥為他過往的贊助人、皇帝愛妻察必皇后繪製肖像。她在幾年前已經離世，在世期間，曾大力支持西藏對蒙古宮廷的影響力，但有些人認為，她後來和皇太后一樣改信基督教。察必皇后擁有多國背景，會克制自己，不影響忽必烈，也謹慎與可汗底下以中國人為多數的子民彼此尊重。藝術史學家景安寧指出，從如今收藏在台北故宮博物院的肖像中，可看出忽必烈中年較為肥胖，察必皇后則有高高的蒙古頭飾「姑姑冠」。從畫中展現的技巧可看出藝術家是在喜馬拉雅山脈受訓練，而不是中國。

＊

阿尼哥創造的世界在歐洲得到迴響，最知名的是在《馬可・波羅遊記》，書中描述過忽必烈的夏宮上都；阿尼哥雖不是主建築師，但也有貢獻。「此地有甚精美的大理石宮殿，房間皆漆上金色，畫上人物、野獸與鳥禽，還有各式各樣的花草樹木，其精緻手法令人賞心悅目，讚歎不已。」有好幾個世紀的時間，馬可波羅的書是少數關於中亞的可用資源。女王伊麗莎白一世時代的旅遊作家賽謬爾・普查斯（Samuel Purchas, 1577-1626）也在《普查斯朝聖之旅》（*Purchas, his Pilgrimage*）引用馬可波羅之言，催生這部地理宗教百科全書編纂，並於一六一三年出版。普查斯未曾離開過出生地艾塞克斯（Essex）超過三百公里的地方，而他的靈感是來自於在此遇見的航海人員。他也繼承了理察・哈克盧伊特（Richard Hakluyt）的報告——哈氏是英國伊麗莎白女王一世與詹姆士一世的國務大臣勞勃・塞西爾（Robert Cecil）的牧師。哈克盧伊特寫下廣泛的探索和發現航程，而東印度公司在一六〇〇年成立時，他也擔任顧問。

有一回，山謬・泰勒・柯立芝[8]在薩莫塞特（Somerset）的下斯托威村（Nether Stowey）租賃的小屋裡，服用些許鴉片粒以舒解痢疾發作後，他展讀普查斯的書，接著便陷入充滿幻想的睡眠。柯立芝很了解鴉片會深深影響他的想像力。「我很希望，」他曾在這段時期寫信給浪漫詩人羅伯特・沙賽（Robert Southey），「像印度的毗濕奴，躺在蓮花懷裡，於無際海洋漂浮，百萬年只醒來幾分鐘——只知道自己又將沉睡百萬年。」

普查斯版本的馬可波羅故事，開頭是這麼寫的：「在上都，忽必烈建造宏偉宮殿，城牆包圍十六平方哩的廣大土地，有肥沃草原，美麗泉水……」普查斯寫道，夏季時，可汗在「奢華的享樂之宅」度過，這座宅邸是可拆除移動的：可謂豪華的遊牧生活。柯立芝借用了第一句話，為上都（Xamdu）多加個音節，變成「仙納度」（Xanadu），並把「享樂之宅」變成「豪華的享樂半圓穹」，把平凡的「建造」

一詞改成「下令建造」，更有蒙古可汗的風格。柯立芝的詩作〈忽必烈汗〉（Kubla Khan）與蒙古人關聯不大，談的其實是人類在創造行為中的想像力——柯立芝雕塑出一場夢，而後送給讀者。他確實知道真實的忽必烈，並在一封書信中將他描寫成「世上有史以來最了不起的民族、城市與國家之王公」。但是對柯立芝來說，忽必烈只是他能想到最有權勢的異國領導者，是個東方野蠻人，比聖經裡被逐出到最遙遠的人還遠。歐洲浪漫主義滋養了這些異國想像和失落烏托邦的故事，而殖民征服讓「東方」成為材料的豐富泉源。這樣的想像對歐洲的東方觀點有無孔不入的影響。柯立芝至少確實讓忽必烈有感性的創造力，和他野蠻的名聲形成對比，反映出蒙古人對於藝術的支持，以及他的智性好奇心。而在那種世界觀的某處，一個普查斯或柯立芝都不知道的地方，有來自加德滿都、穿過喜馬拉雅山而來的文化氣息。

最先造訪這座城市的歐洲人是十七世紀的耶穌會教士，其中包括一六二三年出生於奧地利林茨（Linz）的白乃心（Johann Grueber, 1623-1680）。他曾在清廷擔任幾年的數學助理，一六六一年被羅馬召回。荷蘭兇惡的海軍導致海路封閉，而他和比利時同伴吳爾鐸（Albert d'Orville, 1621-1662）大膽地從北京往印度西南部的果亞前進，途經西藏與尼泊爾。他們出發之後，先往西到西寧，加入商隊前往拉薩，沿著廣闊的青海湖北岸前進，之後才往西南轉進。這一路上，白乃心陶醉於對繪畫的熱忱。白乃心是第一個抵達拉薩的歐洲人，在這裡待了一個月左右，等待和另一支商隊一起穿越喜馬拉雅山區。他在等待期間曾素描當地人，也設法和第五世達賴喇嘛阿旺羅桑嘉措（Ngawang Lobsang Gyatso）見面，即人們口中「偉大的五世」。但他身為耶穌會教士，不能在偶像崇拜者面前下跪，因此會面遭拒。無論如何，白乃心仍依照達賴喇嘛新宮殿門口的肖像繪製了素描。白乃心稱此宮殿為「Burg Beitala」，即我們

8 山謬・泰勒・柯立芝（Samuel Taylor Coleridge, 1772-1834），詩人，英國浪漫主義奠基者。

所知的布達拉宮。

白乃心繼續往南前往加德滿都的途中，曾朝著日喀則與扎什倫布寺（Tashilhunpo）前進，這裡是另一支佛教宗派的駐錫——班禪喇嘛。他不是首位造訪此地的耶穌會教士。葡萄牙的卡布拉爾曾與卡塞拉離開孟加拉，進入西藏，以躲避不丹的監禁，並於一六二八年逃到日喀則。卡布拉爾曾尋求山脈南邊「小國王」允許，進入尼泊爾。卡布拉爾曾寫信給羅馬上司，信中曾經提及加德滿都的經歷，可惜的是，信件遺失了，以致白乃心的描述成了第一個對這座城市的歐洲觀點。之後，耶穌會的博學之士、當代最知名的歐洲知識分子之一阿塔納奇歐斯．基爾學（Athanasius Kircher）將使出全力，拼湊出關於中國及其環境的知識，其過程便是採用他們的經驗。因此，歐洲對於喜馬拉雅山區最大城市最早的看法，會因為耶穌會教士的觀點而更加生色。

白乃心和吳爾鐸在一六六二年初抵達加德滿都谷。他們眼前的領土有半個紐約市那麼大，包含三個不相上下的王國：在巴格馬提河（Bagmati）北岸就是加德滿都，又稱 Kantipur（kanti 代表「有光澤」）；帕坦（別稱 Lalitpur）是「美麗城市」；山谷的東側則是巴克塔浦（Bhaktapur），意思是「虔誠者的城市」，又稱 Bhadgaon。這三座城市曾有尼瓦爾語的名稱，至今依然如此。尼瓦爾語隸屬於藏緬語系，是山谷最初城市居民的語言：加德滿都稱為 Yambu、帕坦稱為 Yala，巴克塔浦則是 Khwopa。雖然近幾十年出現大量移民，尼瓦爾人仍占現代加德滿都龐大都市人口中的三分之一。

二十年前制定迦諦舞的帕坦國王悉地．納拉辛哈．馬拉才剛過世，白乃心就發現這座尼克巴爾（Nekbal，尼泊爾的別稱）谷正處於戰爭狀態，並在給奧地利上司的信件中提及此事。加德滿都國王普拉塔普．馬拉（Pratap Malla），正在考驗帕坦新國王、悉地．納拉辛哈之子斯里尼瓦沙（Srinivasa）的決心。最後一個同時統治加德滿都與帕坦的國王，正是這兩人的祖父。為這些無謂的瑣事爭吵，勢必讓在清廷打滾的老將感到困惑。他有興趣的是基督教靈魂，而不是名不見經傳的喜馬拉雅山國王家族鬥爭。為達到這個目的，白乃心遂贈送禮物來討好普拉塔普：小型望遠鏡，這是歐洲新興科技革命的小小成果，日後這項科技革命將驅動啟蒙運動。普拉塔普把望遠鏡放到眼前，竟看到斯里尼瓦沙的部隊映入眼簾，彷彿觸手可及。「我們快出兵對抗！」普拉塔普直嚷道。他太喜歡這望遠鏡，以及其他白乃心留下來的「數學儀器」，因此答應要幫這個奧地利人蓋棟房子。若他願意回來，即可在此傳福音。

普拉塔普將望遠鏡放到眼前，觀點因而改變，這或多或少象徵著馬拉王朝由一千四百公尺的肥沃谷地雙手捧著，因而眼裡只有自己。神奇的望遠鏡讓他迷戀忘我的事物更近了，他很是得意。馬拉王朝位於四面環山之處，山以外的事都不重要：這觀點在馬拉王朝的國王失勢之後仍長久存在，即使更替的新王朝力量充沛，也會臣服在山谷的魔咒之下。此間是多麼美妙的世界啊，何必到其他地方去呢？白乃心後來離開加德滿都，跋涉六十公里，前往赫陶達（Hetauda），抵達山丘小國馬克萬布（Makwanpur）的邊緣。在馬克萬布，他看見一處海關，那是南方強國蒙兀兒帝國的證據，每年加德滿都谷的國王都要進貢珍寶與大象。這麼一來，馬拉王朝的國王就能和世界保持一定的距離，除非和外界統治者結盟，能讓某國在與鄰國小衝突沒完沒了的情況下帶來好處。這個習性至少是他們失敗的部分原因。世事向來不如人意，這些小國無法永遠把世界抵擋在外。

過了大約六十年，一七二一年，耶穌會教士德希德里受命返回印度，這時對手方濟嘉布遣會（Capuchins）掌握了拉薩的天主教會。他在往南前往果亞的途中，於加德滿都停留，目睹和白乃心所見的類似衝突：

> 無論是因為憐憫眾生，或缺乏勇氣，〔尼瓦爾人〕在戰爭中的行為最荒謬，也最精采。每當兩

軍相遇，他們就彼此辱罵，若發射那麼幾次砲火，且沒有人受傷，那麼遭到攻擊的軍隊會退到堡壘。這些堡壘很多，類似我們鄉下的鴿舍。

這不盡然是嘲笑：我們可以合理推測，他心中想的很可能是義大利建築師安卓．帕拉底歐[9]的鴿舍，那是相當精緻的。

但若有人遭到殺害或受傷，承受苦難的軍隊就會求和，並派出一個不修邊幅、衣衫不整的女性，她會哭泣，拍著胸部懇求憐憫，請對方停止這樣導致人血四濺的大屠殺。勝利的軍隊就會發出條件給戰敗者，於是戰爭結束。

這種姿態好像是編排好的表演，恰好說明馬拉王朝的主要思維：以各種形式來表現藝術。無論是類似迦諦舞的儀式舞蹈琵雅喀（pyakha）、漫長且戲劇化的節慶、宮殿與寺廟建築，或是山谷工坊製作的細緻尼瓦爾繪圖、金工與木雕，馬拉王國都清楚說明了人類學家克里弗德．紀爾茲（Clifford Geertz）所稱的劇場國家（theatre state）：透過藝術和奇觀來表達權力，不只是一種為了達到目的所使用的方法和宣傳，更是權力本身的目的，也是讓權力更新的來源。這種劇場性的治國之道在十七世紀中期達到巔峰，而普拉塔普．馬拉是箇中翹楚，他對此也不避諱。他把加德滿都王宮廣場（Durbar Square）和哈奴曼．多卡皇宮建築群（Hanuman Dhoka）加以改造。在主要入口外的哈奴曼猴面神像下，他下令要刻上新文字，稱自己是「王中之王、尼泊爾首領、極度聰明、萬王之首、雙倍英明的偉大國王、桂冠詩人、地位最高的首領賈亞．普拉塔普．馬拉。」在皇宮裡，有精采絕倫的那羅僧訶石雕，以銀製成的眼睛和牙齒，正把惡魔金床的內臟挖出。

在嘲諷尼瓦爾人軍隊徒勞無功的戲劇特性之後，德希德里也譴責他們偏好狡詐的謀殺。「幾乎人人臉上都寫著欺騙。」他認為，他們「不牢靠、狂暴又背信。」他出生在中世紀興起的托斯卡尼大區城市皮斯托雅（Pistoia），這樣的評語是很嚴厲的；畢竟皮斯托雅距離佛羅倫斯只有幾公里，而佛羅倫斯就是靠貿易、金融、宗教、藝術以及野蠻的政治宿怨而建立的城邦。或許就是對這座谷地的反思，讓德希德里對這裡印象不佳。他曾在前往西藏的途中，造訪過蒙兀兒前首都阿格拉（Agra），見過蒙兀兒帝國的建築榮耀。或許他缺乏藝術想像力，無法理解加德滿都谷獨特的文化成就。他承認，尼瓦爾人「聰明，非常勤勉，善於雕刻和熔化金屬，」但他看過數百座寺廟之後的評語就只是，「通常很小」。

那些寺廟蘊含著豐富的故事，訴說西藏中部與加德滿都之間深刻的文化連結，兩座城市的故事穿越高山隘口，蜿蜒來回。德希德里錯過了，但他的前輩卡布拉爾在一個世紀前寫作時即更為仔細地解讀建築。他曾寫信給人在印度馬拉巴爾海岸的上司亞伯托·拉特提烏斯（Alberto Latertius），描述在日喀則看見的西藏人，他們的財富以及「遼闊的小麥田，我從沒看過有哪塊土地這麼像葡萄牙的阿連特茹大區（Alemtejo）。」他進一步解釋，西藏人「和尼泊爾王國與孟加拉部分地區一樣，有相同的塔。他們的不同之處，在於並未迷信種姓階級，飲食習慣也不同。」卡布拉爾如此訴說著密宗文化經過幾個世紀，從孟加拉帕拉王朝，透過加德滿都傳入西藏。

相對地，德希德里對於實體事物沒什麼興趣，他的焦點在藏傳佛教。他很不滿基爾學依然把藏傳佛教和基督教的連結這種無關緊要的觀念，放到《中國圖說》（*China Illustrata*）這本巨著。德希德里確實

9　安卓·帕拉底歐（Andrea Palladio, 1508-1580），文藝復興時期的建築大師，是西方建築史上影響最深的人之一。

來到這裡研究此問題：他知道基爾學錯了。德希德里對於轉世的觀念深感興趣，他說那是「古希臘的輪迴（metempsychosis）」，這個名詞是由畢達哥拉斯推廣，他還注意到尼瓦爾人相信轉世，「比西藏人更信。」然而，義大利神父也可能是科學家，德希德里在加德滿都遇見的大師似乎只是不理性。「他們對一切迷信，是徒勞的觀察者、徹底的異教徒。」

*

基爾學曾寫道，「耶穌會的行動無日落，」這表示耶穌會行動的地理範圍非常廣。我們也聽過對大英帝國的類似形容。十八世紀的下半葉，大英帝國也來到喜馬拉雅山區邊緣。首位造訪加德滿都的英國人是上尉威廉．柯克派翠克（William Kirkpatrick, 1754-1812），他不是神職人員，而是東印度公司的特使，在一七九三年年初便來到加德滿都，然而任務尚未開始即已失敗：一七八八年，柯氏前來協調尼泊爾新成立的廓爾喀王朝與西藏之間的貿易戰。廓爾喀人的部隊穿過高山，搶劫西藏寺院（包括扎什倫布寺）時，達賴喇嘛尋求清廷協助，乾隆皇帝遂派遣大批中國軍隊驅趕。在距離加德滿都大約三十公里處，中國軍隊已過於勞頓，承受重大傷亡，因此決定撤退，並與廓爾喀攝政者簽訂和約，平定這次事件（參見第八章）。如此，就不需要柯克派翠克了。原本冀望東印度公司給予軍事協助的廓爾喀人，對於英國人袖手旁觀一事極為憤恨，因此根本無心歡迎柯克派翠克。他無事可做，只好當一個星期的觀光客，之後就回到加爾各答。

柯克派翠克也盡量善用這次造訪的機會。他來到周圍山區西緣的昌德拉吉里時，形容加德滿都谷「有密密麻麻村莊的美麗山谷，一望無際的棋盤型肥沃農田」，像極了英國鄉村紳士俯視著希冀取得的莊園。柯氏確實是個紳士，但他是卡羅萊納州某個家族的私生子，這個家族擁有種植園，在美國革命戰爭之後打算尋找全新的殖民起點。要提升社會地位，還有哪裡比印度更好？（他的第三個女兒茱莉亞〔Julia〕之後會嫁給影響力很大的斯特拉奇家族，讓他成為利頓．斯特拉奇[10]的曾外祖父。而他的外孫便是探索岡仁波齊峰的斯特拉奇兄弟。）柯克派翠克接到加爾各答的上司指令，要繪製地圖、觀察軍隊能力並記錄商機：帕什米納羊毛、鹽以及氂牛尾，其中氂牛尾在大英帝國是很受歡迎的拂塵材料，和羅馬時期一樣。（中國京劇也會用氂牛尾當作鬍子。）

柯克派翠克波斯語說得相當流利，不僅有知識好奇心，最重要的是相當實際。若說耶穌會士德希德里深受形而上學的概念吸引，那麼柯克派翠克則欣賞有用的事物。歐洲人對尼泊爾的知識就是靠著每個旅者的特殊觀點而更上層樓，並持續增長。柯氏在關於這趟旅程的書中，首度刊登了尼泊爾短刀的圖片，稱為廓爾克彎刀（khukuri）。

> 這種刀用來砍小樹或灌木，或砍下其他樹木的樹枝。每個尼泊爾人都會帶這種稱為「廓爾克彎刀」的匕首或刀子，主要目的就是如此；這很好用，我使用過多次，可砍除擋路的低矮枝幹和其他類似障礙物，並清出一條路。

刀子對軍隊出身的人當然有吸引力，不過，他也仔細留意建材，注意尼泊爾磚的優雅繁複：

10　利頓．斯特拉奇（Lytton Strachey, 1880-1932），英國作家、評論家，是布魯姆斯伯里集團（Bloomsbury Group）的創始成員。

> 整體而言，尼泊爾的磚瓦品質極佳，而其中巴特加奧恩（Bhatgong，或巴克塔普爾〔Bhaktapur〕）的磚瓦尤其出類拔萃。這些磚瓦確實超越我在印度見過的所有磚瓦，但無法如此確定其優越性是從何而來。我曾就此問題詢問他人，有人說是泥土材料的性質，有人說是用來調製的水；還有人斬釘截鐵地說，是因為燒製時採用的特殊方法。

在研究磚瓦時，柯克派翠克鎖定了尼瓦爾建築的主要建築主題，這將直指歐洲人不那麼容易理解的文化核心。他來到這裡時，尼瓦爾工匠在藝術和建築的黃金時期已漸次衰微，馬拉王朝的國王也已失勢。他提出「優越性是從何而來」的問題是很深奧的，即使未察覺到這問題的深奧程度。最顯而易見的答案，就是他提出的所有要素：要知道去哪裡找最好、不同種類的豐富沖積黏土，以及均勻燒製的技巧。《斯瓦揚布往世書》（*Swayambhu Purana*）就描述過加德滿都的建城傳說，從中可看出黏土起源的線索。書中提到，這座山谷本來是一座湖，到處都是蛇，而這仍是加德滿都谷無所不在的主題。文殊菩薩從山上來到南邊，把山谷的南緣劈開，讓水流出，留下肥沃土壤，為這座山谷的磚賦予溫暖光澤：如擁抱著建築般。田野黏土與尼瓦爾古老屋牆之間的流動渾然天成，與精心雕琢的木窗與窗花（tiki jhya）、橫撐、柱子和門呵成一氣，構成尼瓦爾房屋與寺院。尼瓦爾建築物有一項細節上的特色：這裡用的磚是釉面磚（dachi-apa），兩邊角度略往室內面斜，這麼一來，在燒製前沾過紅色黏土的外層磚面就會和旁邊的磚塊更加齊平。這樣的效果很美，能讓建築物的立面密封，不受季風豪雨影響，也能保護底下柔軟的灰泥。要建立這樣的房舍是沒有學派或手冊可依循的，只能仰賴歷經時間考驗、經過幾個世紀演進的技術。如今灰漿是用黏稠的黃色黏土，但在歷史上稱為希雷土（silay），裡頭包含各種黏稠物：鍛燒黏土粉（surkhi）、石灰與酥油，甚至糖蜜。

通常，這種優雅的立面會和較傳統的磚造內牆搭配；兩者之間的溝隙會填滿碎石及黏土，而結構強度則靠著木造架構來提升。柔軟灰泥與木造架構支撐的整體效果，可在地球上的地層褶皺區對抗經常發生的地震。然而，如果地震規模太大，這種建築就會倒塌。今天舉行迦諦舞的舞台就在十六世紀帕坦的恰爾．那羅延寺（Char Narayan）前面，或曾是如此。二〇一五年，加德滿都發生大震，這座兩層樓的佛塔式建築夷為平地。更近期，迦諦舞舉辦處的背景是空蕩蕩的空間，周圍有高高的金屬圍籬。所幸寺廟的材料（包括神像及雕刻而成的屋頂橫柱）都獲得修復，且安全保存，沒有遭到掠奪。這座廟宇很快就會重建，但其他在同一場悲劇事件中坍塌的諸多尼瓦爾民宅就沒那麼幸運。

傳統尼瓦爾住宅大量消失，拆除後以遍及整個亞洲的新式樣取代：鋼筋混凝土的梁柱，砌上現代磚塊，和傳統建築法形成極強烈的對比。幾個世紀以來，這裡是由稱為「顧體」（Guthi）的古老社交網路所構成的社區，如今徒留前身的殘影。然而現代建築物依然占據了過去幾個世紀以來的建築物用地，有相同的樓層安排，廚房與祈禱是在最頂樓。當尼泊爾人說到房子，通常指的是其所在的位置，而不是建築物本身。家族會圍繞著庭院（chok）的四邊建立，這庭院便是日常生活和節慶的焦點所在。四合院內的院子可曬穀、晾衣，讓孩子們遊戲，大人也可就近看顧彼此的孩子。每座庭院都有神龕（chaitya），是尼泊爾優雅佛塔的縮小版，靈性的力量和水電一起存在。黎明前的鐘聲會為每一天揭開序幕，而香的氣味會隨著城市甦醒而飄出，於是居民供奉米飯，在神像上抹硃砂。門和門檻更是重點：比方說，居民在季風季的蛇節（Nag Panchami）會在門口貼蛇的圖片，一旁會貼上經文符咒來擋住牠們。這些都是私密空間；人們住得很近，每次爭吵、每個笑話大家都聽得到。這是最能讓八卦謠言滿天飛的肥沃環境。為了尋求隱私及更可靠的水供應，較富有的家庭會搬到郊區。今天在神龕旁通常有幾台摩托車停放。但從更廣的角度來看，這生活模式就和柯克派翠克當年旅行時差不多，而骯髒與疾病的情況則比當年改善許多。「山區道路上的這些小村子與村莊，遠遠來看是會展現非常浪漫的外觀，」他寫道，碰觸到當代喜愛崇高之景的時代精神，不過「更靠近觀看時就會幻滅，留下的最明顯畫面是展現著貧困骯髒，以及絕望悲慘。」

耶穌會教士的宗教抱負與浪漫主義的東方觀點，後來由真正的加德滿都學術研究取代。這裡文化才氣與喜馬拉雅山區政治的互動雖相當複雜，卻得到了美學上的收穫，成為學術研究的對象，即便如此，這時歐洲的偏見仍形成妨礙。出生於一八四一年的古斯塔夫．勒龐（Gustave Le Bon）是個讀過達爾文之作的早期人類學家，於是判斷顱腔大小和智慧之間有相關性，並從演化的角度來解釋歐洲人的「優越性」。這項理論為他贏得法國科學院（French Academy of Sciences）的獎項。他開發出攜帶式頭顱測量計，測量他在田野調查中看到不同種族的顱骨，而在他漫長且不拘一格的職業生涯中，他始終認為，文化或多或少是由種族造成。

一八八〇年代，法國政府委任勒龐前往次大陸，並回報在當地發現的文化，因此他成為最早造訪加德滿都的法國人之一。在加德滿都，除了少數幾個派駐在當地的英屬印度英國公務員之外，幾乎是對外國人封閉的。他在一八八五年抵達，先造訪了加德滿都，之後又到古老的斯瓦揚布納特寺，對信奉佛教的尼瓦爾人來說，這是整個谷地最神聖之處。他在帕坦的寺廟與宮殿漫步時，並未預料到即將經歷的事，唯一的準備可能只有柯立芝的詩：

> 我懷疑吃鴉片的人是否在最狂野的夢境中，夢過比這怪異城市裡更奇異的建築。雖然我曾造訪過從倫敦到莫斯科的歐洲，以及從摩洛哥到埃及與巴勒斯坦的整個古典東方，但從未見過比帕坦大街更驚人的景象。

勒龐固然善於提出理論與意見，可惜往往太急切，無法完成細膩的工作，以支持嚴謹的學術研究。在加德滿都期間，他拍攝許多照片，匆促寫下遊記，訴說尼泊爾古老的過往。之後，他又繼續前往嶄新的智性草原：群眾心理學。他在年輕時曾見識過巴黎公社，因而憎惡起社會主義，也對大型團體的人類行為很有興趣。他以此為主題，寫下突破性的著作《烏合之眾》（*Psychologie des Foules*），立刻成為暢銷書，從公共關係大師愛德華．伯內斯[11]到貝尼托．墨索里尼（Benito Mussolini）的每一個人都受其影響。

後來證明，西爾萬．萊維是可靠得多的學者。萊維一八六三年出生於巴黎，是製帽匠之子，二十歲時在索邦大學優秀印度學家艾貝爾．貝庚尼（Abel Bergaigne）門下學習梵文，並擔任法國首席拉比薩鐸克．康（Zadoc Kahn）的孩子家教。五年後，貝庚尼在法國阿爾卑斯山的登山意外中身故，萊維遂繼承衣缽，取代他的地位。身為學者的他，最主要的思考在於印度佛教如何形塑亞洲文化。萊維相信，他會在加德滿都找到在次大陸其他地區已消失的印度藝術範例：「是發展中的印度，」他如此稱呼；他可以從這枚活化石中，推斷出在他處已消失滅絕的完整世界。一八九八年，萊維來到加德滿都，憤怒指出當地居民是「絕對、完全、極度無知」，並且在加德滿都的佛寺，以完美的梵文對當地人演講。昌古．那羅延廟住持不讓他進入，但他有王公借調給他的四名軍人，去拓印五世紀重要的刻文，以詳細了解尼波羅國興起的細節。萊維集結他所學習到的知識，寫出三冊的尼泊爾歷史，其敘述影響相當廣泛，為之後尼泊爾史料編纂奠下基礎。

萊維回到法國之後，收到一封來自勒龐的信。勒龐依然對尼泊爾很有興趣，因此要求會面。然而，

11　愛德華．伯內斯（Edward Bernays, 1891-1995），除了勒龐的學說之外，也受到舅舅佛洛依德精神分析理論的影響，認為應該要操控社會，以免群體心理發生不理性危害。為「公共關係之父」。

萊維對勒龐印象不佳，倒是不怎麼熱忱。勒龐曾請他協助，以獲得政府經費，資助他在加德滿都的攝影書。在中飽私囊之後，勒龐竟公開輕視萊維關於古希臘文化對印度影響的論述，雖然他對這論述一無所知。萊維回信給愛攝影的勒龐，說他會覺得自己的手稿與拓印太無趣。之後，萊維提及思維審慎和心胸開放的梵文教師貝庚尼，並告訴勒龐，他和貝庚尼一樣對印度有「美好的一知半解」，這是狡詐地挖苦勒龐的浮誇自滿。

這不光是學術研究者之間的爭吵。古印度文化帶有當代的政治優勢，那個年代主要的知識分子會擁護虛假的種族主義理論。十八世紀發現的印歐語系原型語言，和拉丁文與梵文等古老語言一樣，不僅激發了學術界興趣，也啟發了危險的觀念。種族主義理論者提出人類有十分優越的共同祖先，其文化擴散到整個亞洲和歐洲：雅利安優等種族。歐仁．比爾努夫（Eugène Burnouf）出版了《印度佛教史導論》（*Introduction to the History of Indian Buddhism*），是十九世紀談論佛教的著作中最深遠的一部，也同樣重視邊緣觀念，例如布拉瓦茨基等神智學家的觀念，讓已消失的非基督教古老哲學智慧變得重要。比爾努夫自己的堂弟艾彌爾（Émile）也是梵文學者（應指Émile-Louis Burnouf），他主張優等種族雅利安人的存在，不僅認為耶穌是雅利安人，且卍字符也是這種古代種族火祭壇的象徵，而這個觀念則吸引了納粹。

勒龐沒有那麼極端，但他也是同一個模子裡刻出來的，萊維心知肚明。身為猶太人，他看得出來此言論會往哪個方向前進。一九二五年，希特勒（Adolf Hitler）掌權前的八年、萊維本人去世前的十年，他告訴訪談者自己對於年長老師貝庚尼的長久虧欠：

> 如果你寫了四行關於我著作的事情，我希望其中三行是關於貝庚尼。在比爾努夫之後，就是貝庚尼讓吠陀研究上了軌道，之後這些研究也都遵守規則。德國人確信自身種族的古老與純淨，聲稱

自己是印度古文明的直系後裔……貝庚尼是第一個導致這種想像崩解的人。

萊維的餘生都致力於捍衛猶太人權利，曾在一九三三年希特勒掌權之後，於巴黎特羅卡德羅宮（Trocadéro Palace）的演講中譴責反猶太主義。

在第二次世界大戰之後，尼泊爾人打開大門，開始發展現代經濟，人們對於加德滿都建築遺產的興趣與知識不但加深也有所拓廣，但基本上是依照萊維的敘述來發展。一個知名的例子就是瑪麗·斯盧瑟（Mary Slusser）的作品，她隨著身為美國救援工作者的夫婿前來加德滿都，之後花了幾十年的時間，有系統地研究這座谷地的文化遺產，集結成開創性的書籍《尼泊爾曼陀羅》（*Nepal Mandala*）與《古老尼泊爾木雕刻》（*The Antiquity of Nepalese Wood Carving*）。在此同時，加德滿都谷的快速發展也引人憂心，唯恐古老的建築遺產會被掃除。巴克塔浦的主要寺廟與宮殿群，得到有遠見且領導完善的保存運動青睞，如今深受探索山谷的觀光客喜愛，有時彷彿可勉為其難的說是珍貴遺產。高茲·哈格穆勒（Götz Hagmüller）與尼爾斯·古特舒（Niels Gutschow）皆是長期住在這座城市的居民，和來自奧地利及德國等其他有影響力的建築師一樣，致力於保存這座城市的建築物。哈格穆勒後來主導了科雪弗納拉揚宮院（Keshav Narayan Chowk）的修復，這是位於帕坦王宮廣場的十八世紀宮殿，現為帕坦博物館（Patan Museum），名列南亞最佳博物館，收藏了尼瓦爾藝術中，最優秀的品項。另一名著手這項計畫的奧地利建築師湯瑪斯·施羅姆（Thomas Schrom）則說服帕坦主管機構，把廣場和宮殿寺院封閉起來，不讓車輛通行，由此，世界建築的珍寶成了不受到城市混亂交通打擾的避難所，也成為一扇窗，讓人一探如迷宮般的複雜宗教文化，也就是造就這座城市的力量。

六 廓爾喀的興起

若想了解某個國家的氣氛，不妨看看這個國家的雕像。舉例而言，在二〇一五年三月，南非開普敦大學（University of Cape Town）的學生發起運動，要移除校內在一九三四年樹立的帝國主義擁護者塞西爾・羅茲[1]雕像。這項運動不但成功，甚至擴及到世界各地的大學，包括羅茲的母校牛津。二〇一七年夏天，白人至上主義者在維吉尼亞州的沙洛斯維市（Charlottesville）聚集起來遊行，抗議南方邦聯李將軍（Robert E Lee）的雕像被移除，其中一人還開著車，高速朝反示威的人群衝去，撞死三十二歲的反種族主義者海瑟・黑爾（Heather Heyer）。在印度，二〇一八年初，總理納倫德拉・莫迪（Narendra Modi）在搗毀雕像的騷動發生後，呼籲民眾冷靜。這波騷動的起因，是備受印度共產黨尊敬的弗拉迪米爾・列寧（Vladimir Lenin）雕像，在印度東北的特里普拉邦遭到破壞。為了報復，民族主義色彩濃厚的希亞姆・普拉薩德・慕克吉（Syama Prasad Mukherjee）半身塑像，也在共產黨大本營加爾各答遭搗毀。

1 塞西爾・羅茲（Cecil Rhodes, 1853-1902），礦業大亨、政治家，一八九〇至九六年間，為英國開普殖民地的總理，對於英國在南非的殖民勢力有深遠的影響。

二〇一七年九月，剛成為共和國的尼泊爾也發生過「雕像時刻」，雖然這時引起爭議的是樹立銅像，而非推倒之舉。現代尼泊爾的第二任總統和第一位女總統碧雅·戴維·班達里（Bidya Devi Bhandari）在熱鬧的號角聲中，為創立現代尼泊爾這個國度的普利特維·納拉揚·沙阿（Prithvi Narayan Shah）黃金雕像揭幕。不到十年前，新成立的尼泊爾共和國才剛擺脫最後一位沙阿國王賈南德拉（Gyanendra），為兩百五十年的王朝畫下句點。而十年前，人民可是拚了命，在賈南德拉強大的獨裁威力下把民主挽救出來，當時共青團的尼共毛派幹部與其他左翼團體紛紛動身，有系統地毀壞國王雕像。其中一名運動人士聲稱，「隨著國家邁向共和，沙阿國王的殘餘也正在移除。」那時，新的尼泊爾似乎無論如何，都不會讓王朝有任何立足之地。

那些想抹除過去的人可是一視同仁，因此沙阿王朝近年的成員無論名聲如何，全都遭殃。一九五五年登基的馬亨德拉（Mahendra）是個獨裁者，比父親特里布萬（Tribhuvan）更是不受歡迎——特里布萬改變了沙阿國王一個世紀以來虛位領導的情況，於一九五一年讓家族重新掌權。他帶領尼泊爾遠離壓迫，迎向光明，因此這個國家首屈一指的大學與國際機場，仍以特里布萬命名。但這對父子的雕像下場沒有什麼不同：兩者皆遭到搗毀。馬亨德拉眼神總是怒氣沖沖，戴著招牌的深色墨鏡，一副神祕莫測的樣子。一九六〇年，在英國政府立挺他擔任英國陸軍元帥之後不久，他就把尼泊爾第一任民選總理送進大牢。馬亨德拉的兒子畢蘭德（Birendra）在一九七二年繼位，看似較為溫和，但還需要再二十年，尼泊爾才會恢復民主。二〇〇一年的尼共毛派內戰期間，王儲狄潘德拉（Dipendra）在酩酊大醉的情況下心生憤怒，殺了自己的父母及其他七名皇室成員，最後飲彈自盡，王位由畢蘭德拉很不喜歡的弟弟賈南德拉繼承。五年後，王朝畫下句點[2]。

毛派幹部並未停止破壞晚近幾年的國王雕像，而尼泊爾「國父」普利特維·納拉揚·沙阿也是他們的目標。普利特維在一七六九年征服整個加德滿都谷，終結了馬拉王朝，及其舞蹈、寺院建築等。二〇〇三年，毛派炸毀努瓦科特（Nuwakot）的普利特維像：這座城市在他的故事中有重要的象徵意義，也是他一七七五年謝世之處。二〇〇六年，抗議者攻擊國內最知名的普利特維雕像——位於加德滿都中心政府機要事務辦公室外，一座高聳柱基的上方。雖然他們沒能推倒雕像，仍如願加以毀損，拔掉他的王冠與劍。後來，這座雕像就包覆起來，不讓人看，如同沙洛斯維的李將軍雕像在黑爾去世之後一樣。新總理宣布，原本和普利特維．納拉揚．沙阿誕辰同一天，亦即一月十一日的國家統一日取消。隔年，末代沙阿國王被推翻後，另一座普利特維的雕像也在當地毛派領導者的要求下拆除，這一次是在普利特維的故鄉——廓爾喀地區，也就是他征服各地的豐功偉業起點。

部分資深的尼共毛派把毀壞皇家象徵的行為，比作一七八九年法國大革命之後的情況，意即全面掃除壓迫性政權的肖像。然而，這次的敵意狀態同時帶有種族面向，毛派在戰爭期間便巧妙地善用這種張力。尼泊爾有藏緬語系的人口，例如加德滿都谷的尼瓦爾人，以及其他分布於尼泊爾中部與東部的古隆族（Gurung）、馬嘉族（Magar）、塔芒族（Tamang）和拉伊族（Rai），他們無不把王朝滅亡視為契機，可望推翻幾個世紀以來，由千年前於尼泊爾西部興起的印歐語系印度教權貴主宰的情況。起初這些權貴被稱為說卡斯語的人（Khas kura），kura的字面意義是「文字」或「說」，而卡斯（Khas）就是說這種語言的印度—雅利安族群。沙阿一掌權，該語言就成為廓爾喀語（Gorkhali）；此即現代尼泊爾語

2　尼泊爾共產黨在二十世紀中期，發生了多次分裂，各派互不隸屬。本文會提到的派系包括尼泊爾共產黨（聯合馬列）與尼泊爾共產黨（毛主義）；其中尼共（毛）在一九九六年曾經發動「人民戰爭」，與政府軍對戰。本譯文中，會稱之為「尼共毛派」或「毛派」。

言，為此區域的通用語，也是這個國家唯一一項統整的文化特色。尼泊爾語和印地語類似，就像義大利文和西班牙文很相似。普利特維・納拉揚・沙阿比其他國王王更能代表這個信仰印度教的卡斯族群；因此說其他語言的種族群體樂見他的王朝滅亡，而其所代表的種姓系統原本限制重重，這下子也可逆轉。拋棄何謂尼泊爾語的狹隘詮釋，對長久以來遭到邊緣化的族群而言是種寬慰。

之後，就在尼泊爾人在沒有國王的時刻安頓下來後，普利特維・納拉揚・沙阿又回歸了。卡德加・普拉薩德・奧利（Khadga Prasad 'K P' Oli）是極有權勢的國族主義者，雖是來自尼共的主要派系[3]，卻建議在加德滿都谷邊緣昌德拉吉里（Chandragiri）剛啟用的山頂纜車站，樹立新的國父雕像，以推動觀光；這個地點是普利特維・納拉揚・沙阿征戰歷程的重要地點。一年後，在二〇一七年九月，這座雕像預計由奧利長期的政治盟友與尼泊爾新總統碧雅・戴維・班達里揭幕。二〇一八年一月十一日，在國王賈南德拉遭到投票罷黜之後，國家統一日又獲得跨黨派的支持而重生。一名執政的尼泊爾大會黨（Nepali Congress）成員是這麼在報紙上說：「普利特維・納拉揚・沙阿不應因為後代子孫的所作所為而受懲罰。他應該受到敬重，因為他給了我們一個有主權的尼泊爾，一個統一的尼泊爾。」

總統與尼泊爾大會黨首相謝爾・巴哈杜爾・德烏帕（Sher Bahadur Deuba）雙雙獻花給十年前遭到毀容的雕像。歐姆・古龍（Om Gurung）是提倡多元性的重要人物，他提出警告說：「政治人物恢復普利特維・納拉揚・沙阿所留下來的影響，證明了他們熱愛現狀。」而「現狀」是指沙阿象徵的社會與宗教階級。然而，帶有民族色彩的共產黨員奧利在不久之後便取代了德烏帕，成為國家總理，而毛派也與他所屬的黨協商，原本勢不兩立的政黨著手談起合併：這明顯指出，老是把包容掛在嘴邊的毛派多麼容易妥協。普利特維・納拉揚・沙阿顯然對於尼泊爾人的影響，比毛主席要長遠。

政治人物從尼泊爾國父的生活與時代蒐集到什麼訊息？而普利特維遺留的影響固然有爭議，但其中透露出關於這個國家的何種資訊？——這個國度的高山峻嶺與深谷，創造出極高的文化複雜度。為這些問題梳理答案，會看出喜馬拉雅山區身分認同和政治的獨特挑戰，而這山脈正聳立在世上兩個人口最多的國家之間：印度與中國。那些挑戰是普利特維．納拉揚．沙阿念念不忘的。他認為，唯有彼此團結，喜馬拉雅山區的多元民族才能找到空間，讓不同的文化生存，即使他的作為是偏好其中某些文化，而不是其他文化。（尼泊爾作家卡馬爾．普拉卡什．馬拉〔Kamal P Malla〕觀察道：「要稱之為統一尼泊爾的『遠見』，或是禿鷹見獵心喜，端視於如何詮釋。」）在中國占領青藏高原、印度大軍出現在喜馬拉雅山區的現今世界，這個訊息比以往蘊含著更多政治力量，現代的國王與政治人物都想善加利用。

＊

尼泊爾人最熟悉的普利特維．納拉揚．沙阿形象，是衣著華麗，胸前掛著一把裝飾華美的傳統彎刀（khukuri），頭上戴著有珠寶墜飾的皇冠，冠頂有天堂鳥的翎羽。現代尼泊爾國王都會戴這漂亮的頭飾；藝術家與博學者德斯蒙德．多伊格（Desmond Doig）曾描繪畢蘭德拉在一九七五年加冕的景像，頭上便戴著這頂頭飾：「沒有其他皇冠有如此精采的構思，如此高貴無價。緊密排列的鑽石與珍珠閃閃發光，上面還有李子大小、水滴型的紅寶石和翡翠墜子；再更上去，則是是更多鑽石，緊緊扣住一叢天堂鳥羽毛。」（一九五六年，馬亨德拉加冕之後，這頂皇冠由於欠缺保養，導致鳥羽下垂。由於天堂鳥的羽毛已禁止交易，因此美國政府伸出援手，送來一些從走私者手中沒收的嶄新羽毛。）

3　即尼泊爾共產黨（聯合馬列）。

雖然普利特維・納拉揚・沙阿在畫中戴著這頂頭飾，但這從來不是他的皇冠。事實上，他在世時，幾乎沒有畫像；他揚名立萬的城市努瓦科特確實有座銅像，但那可能是普利特維，也可能不是，而銅像呈現虔誠跪姿，雙手合十祈禱。尼泊爾人對他的印象，是來自二十世紀藝術家阿瑪爾・奇特拉卡（Amar Chitrakar）的畫作。奇特拉卡是從繪製寶萊塢電影海報起家，後來國家級的識別符號也交給他，包括郵票、肖像以及雕像。在加德滿都國家歷史博物館（National History Museum）裡，普利特維・納拉揚・沙阿的畫像正是奇特拉卡的作品；尼泊爾人想到國父時，腦海浮現的就是這張畫。獅子宮（Singha Darba）是尼泊爾政府機要事務辦公室，其前方有座雕像是一九六五年國家統一日樹立的，這座雕像採用的也是同樣的形象。當初樹立這座雕像，是獨裁國王馬亨德拉大內宣的一部分，讓他的反動政變得以合理化，也終結了尼泊爾第一次的民主嘗試。同樣的形象也應用到另一座金色塑像，這座塑像從昌德拉吉里的纜車站，俯視著加德滿都谷。普利特維顯然是個戰士，但他的劍是斜放的，且拿在左手。這畫面不光是展現好戰英勇。他的右手通常持劍，這時則是高舉過頭，伸出食指，彷彿在測試政治風向。不過，這訊息顯而易見：一個國家，相當於尼泊爾版本的「合眾為一」[4]。其意涵也相當清楚：我們很複雜，但必須克服這情況。無怪乎普利特維・納拉揚・沙阿已去世兩個世紀，卻依然是舉足輕重。

普利特維在一七二三年出生於廓爾喀的山頂村莊，大約在加德滿都西北部一百公里處。他家是位於山脊上的安靜、豪華的尼瓦爾式住宅，其後方北邊五十五公里處，就是世界第八高峰馬納斯盧峰（Manaslu）。對於創立一個國家的人而言，這地方顯得相當遙遠。他是廓爾喀國的第十代統治者，這小小的山國是一群小山國的一員，這些小國稱為「喬比西拉吉亞」（Chaubisi rajya），意為「二十四王國」，是個鬆散的聯盟，經常彼此起衝突。再更往西邊，朝現代尼泊爾的西部邊界前進，有另一群小小的政治組織「百西」（Baisi），意思是「二十二」。關於這二十二國，我們仍所知不多，但在十一世紀、普利特維・納拉揚・沙阿出生前好幾百年，這裡就是現代尼泊爾國家的故事起點，那時有個近乎遭到遺忘的帝國興起。

在二十世紀之前，卡薩王國幾乎不為人知。人們知道的是，後來成為尼泊爾語的廓爾喀語（Gorkhali）或卡斯語（Khas kura）是來自西方，隨著說這種語言的印度—雅利安人遷移。十三世紀，加德滿都的編年史家也記錄道，說卡斯語的侵略者如何從相同方向突然出現。時至今日，他們的起源仍不得而知，但卡斯和加瓦爾與庫馬盎有關，這兩個印度專區就在尼泊爾西部邊境的西邊。他們以幾個世紀的時間往東移，穿過喜馬拉雅山區的山腰，遂獲得「帕芭堤雅」（parbatiya）的名號，意思是「山居者」。到了十世紀末，他們已來到格爾納利分水嶺（在今天尼泊爾境內），並建立起王國。義大利人類學家圖齊曾在村子北邊的西藏，記錄到古格王國的遺跡，而在一九五六年，他又在這一帶的杜魯村（Dullu）找到這些山居者留下的古老碑文，且半埋在土地裡。當地人不知道這些碑文從何處來，或代表什麼意思。圖齊拂去碑文上的塵土，才能讀到上頭的文字。「原本無人知曉的國王，」他寫道，「自石頭上以梵語對我們歌唱，訴說祖先的榮耀與自身的事蹟。」

圖齊找到的遺跡，是來自久缺權力集中化的政治體，通常稱為「卡薩帝國」（Khasa Empire），西藏人則稱為「Yatse」。（亦稱為馬拉王國，但為了避免與沒有關聯的加德滿都馬拉王朝混淆，在此不稱馬拉。）平時這裡由地方的族長掌管，但會向納嘉迪瓦（Nagadeva）國王建立的王朝進貢。這家族在權力鼎盛期掌握龐大疆土，包括加瓦爾與庫馬盎，甚至往東控制廓爾喀。而廓爾喀在族長吉塔馬拉（Jitarimalla）的領導下，進攻加德滿都。這些國王起初是佛教徒，但圖齊在記錄他們的宗教建築時了解

4 合眾為一（*e pluribus unum*），美國國徽上的格言。

到，這文化並不屬於藏族，而是在遠方早已消失的孔雀王朝所留下的殘餘勢力。雖然統治者是佛教徒，一般卡斯百姓的信仰則是傾向更平等、更萬物有靈的宗教架構。今天在尼泊爾西部，依然可見和卡斯神祇馬斯托（Masto）有關的古老薩滿儀式。

在其早期的歷史中，卡薩國王受到金礦、羊毛和鹽貿易的吸引，遂往高處遷移，進入西藏西部的格爾納利谷。古格王國在十二世紀衰微、遭中亞突厥部落的侵襲時，也受到卡斯人的控制。為鼓勵貿易，卡斯統治者興建灌溉系統，增加米的產量，也興建可供駝獸行走的道路，促進北帕塔（uttar pata）沿途的跨喜馬拉雅山區貿易，這條位於北邊的道路可將尼泊爾及西藏西部連接到絲路。曾有一段時間，他們把首都設在高原的普蘭（Purang，尼泊爾文稱為Taklakot），但這裡海拔高度已超過四千公尺，對南方人而言太高，塵土太多，於是主要首都又遷移到久姆拉（Jumla）西北邊的辛加山谷（Sinja，早期尼泊爾語有時也稱為Sinjali）。卡斯王朝的建築重心，主要就是在此區域。近年開挖活動發現了宮殿和寺廟的遺跡，以及首都的古老聚落。考古學家也發現地下管路，證明這王國的灌溉技術能力。種植稻米為他們帶來繁榮，對身分認同也很重要。這裡的原住民族群通常是藏緬起源，會如何看待卡斯移民湧入，如今多只能靠推測，但衝突勢必難免。原有族群通常仰賴游耕與放牧維生，而卡斯人很可能是利用新的生態區位，而非取代原有的人口。於是，起源相當不同的族群就牽扯在一起。

到十四世紀末，卡斯人已在尼泊爾立足許久，可惜帝國快速衰微。納嘉迪瓦的王朝結束，由主要官員的家族取代，這時已失去西藏領土，剩下的部分發生分裂，新王國在加瓦爾與庫馬盎出現。這地區的進步跡象快速消失，卡薩國王建立的石柱和紀念碑，被半遺忘在孤立貧困的諸多小國之間：這些小國包括「百西」（「二十二國」），以及沙阿王朝的崛起地「喬比西拉吉亞」（「二十四王國」）。

*

從十三世紀德里蘇丹國的穆斯林征服印度開始，到十六世紀蒙兀兒到來，信仰印度教的戰士宗族拉傑普特人（Rajput）四處遷移，尋找新契機，也會受雇打仗。喜馬拉雅山區就吸引了他們移民至此。有時這些新來的人是為了逃離穆斯林掌控，但通常是在山區尋找尚待開發的新疆土，以逃離較為擁擠的平原。拉傑普特人是來自印度刹帝利（kshatriya，武士種姓階級），他們來自平原，自認是自然統治者，鄙視山居的卡斯人（帕芭堤雅）。他們的宗教是較有階級色彩的婆羅門印度教，然而，卡斯人與原住民（例如普利特維故鄉廓爾喀的馬嘉族和古隆族）信仰則較為鬆散、偏向薩滿色彩，因此格格不入。

只要日常作息未有牴觸，一般人倒也相安無事。另一方面，當地的卡斯族長與地主也樂於採信這種更嚴格的印度教版本：由此，他們才有更好的結構基礎，來鞏固個人權力。卡斯權貴獲得刹帝利的階級（尼泊爾文稱為「切特里」〔Chhetri〕），自認是「重生」、上層種姓階級的印度教徒，這個過程由婆羅僧來正當化，而婆羅僧也因此成為社會規範者。身為統治者，你的祭司學問素養會反映出王國的地位；卡斯祭司被廣泛認為是無知、缺乏學識；只有印度大師才有資格。

一八〇二年，蘇格蘭軍醫弗朗西斯・布坎南─漢密爾頓（Francis Buchanan-Hamilton）前往加德滿都，執行外交任務。他厭惡這次派駐，認為尼泊爾人是「可恨的騙子」。雖然有偏見，但是談到現代尼泊爾國的興起時，他的敘述仍是最受仰賴的引言來源之一。他清楚看出這裡的統治者如何強化種姓宗教的角色：

> 帕芭堤雅婆羅門相當無知，忽視神聖階級的規矩，會吃不潔的食物，似乎早早讓廓爾喀拉賈作

噁。他們長久以來，利用兩個家族卡瑙傑（Canogia，位於北方邦，現稱Kannauj，古稱曲女城）的婆羅僧，扮演世襲大師……當普利特維．納拉揚的勢力延伸到尼泊爾（意指加德滿都谷），他從蒂魯德（Tirhut，加德滿都南部）邀集上百個純婆羅僧家族，並讓他們在有相當價值的土地上定居。

尼泊爾強大的社會宗教階層，就是如此形成。有一段時間，切特里和原住民族群之間仍有流動，但是到十九世紀，在普利特維．納拉揚．沙阿在位期間過了很久之後，這個過程變得堅如法典，還會深深壓迫人，導致絕大部分的尼泊爾人口遭殃，承受逃不掉的貧窮，而這也醞釀著源源不絕的不滿，終於在二十世紀末爆發。

我們在看待文化時，往往認為文化像沉積岩一樣累積共生，但實際上，文化遇到壓力時會順應周遭世界的要求而變形。沙阿家族正是如此，這家族此時興起，而普利特維也會從這個家族出現。沙阿王朝的起源相當模糊，是從種族與宗教相當複雜、等待有人掌控的世界興起：關於此王朝如何建立的傳說，是經過精心調配，使得這家族更令人接受，在普利特維的系譜撒上拉傑普特人的香料，並加上貴族階級的調味料。布坎南—漢米爾頓鄙視他們，說他們是馬嘉族，這群山居原住民說的不是卡斯語，而是自己的藏緬語言，彷彿這樣的確不大對。

除了重新撰寫其起源的議題，沙阿的故事也是關於年輕子孫的故事：雖然其頭銜不搶眼，野心卻更大。沙阿王朝的編年史家記錄過兩名沙阿兄弟，他們有神聖婆羅門的淵源（bartabhanda），其中弟弟成為特耳蘇里河畔努瓦科特聚落的統治者。這座具有戰略地位的城鎮，位於加德滿都周圍山脈的另一邊。經過幾個世代之後，一名來自這個沙阿宗派的年輕孩子在拉姆瓊（Lamjung）居民的邀請之下回到西邊，並擔任國王。這個新宗族的年輕人杜魯比亞．沙阿（Drubya Shah）利用兄長的人馬，掌控了附近的廓爾喀村。他的兄長是拉姆瓊的族長，希望他把這村子當成贈禮送來，他卻沒有這麼做，於是兩個王國結下世仇，幾個世代之後的普利特維・納拉揚仍必須對抗這忿忿不平之情。

廓爾喀王國在新任沙阿統治者之下，疆域不斷擴張。其領土原本只在馬沙陽蒂河（Marsyangdi）與特耳蘇里河之間，比美國羅德島州[5]或英國肯特郡（Kent）還小。疆域擴張多半得歸功於十七世紀初的國王拉姆・沙阿（Ram Shah）。他是個有雄心壯志的領導者，不僅取得新領土，還率領軍隊突擊西藏。但現在人們最記得的，是他採取一連串行政改革，這些改革相當實用，連鄰國也速速採行。有些看起來很平常，但是影響深遠：例如度量衡標準化不僅對商業有利，也幫助了最容易被偷斤減兩的人。他提高了與鄰國的貿易，也把利率固定下來，以壓制在金錢與商品借貸者禿鷹般的行為。他重視環境管理，下令種植樹木，確保水能全年供應，防止山崩，並讓窮人在路上行走時能有遮蔭。他加速發展司法，規定只有犯罪者該被懲罰，不得全家連坐。這些司法改革尤其讓他名留青史：尼泊爾語有句諺語就是源自於拉姆・沙阿的統治：「想要正義，去廓爾喀。」（*nyaya napaya Gorkha janu*）。為了回報公平競爭的環境，支持他的權貴家族將能更鞏固其優勢地位。

治國之道也是普利特維在位時的特色，這些都反映在他的回憶錄《神聖教導》（*Divya Upadesh*）——尼泊爾現代史上最重要的政治宣言。但另一人完全稱不上治國有方：他父親納拉・布帕爾（Nara Bhupal）野心勃勃，想奪取加德滿都市剛拿下的小鎮努瓦科特（Nuwakot），卻以失敗告終。努瓦科特位於加德滿都谷與西藏之間兩條商路中的其中一條，具有戰略地位，若能拿下，入侵者就能開通征服谷地的路。納拉・布帕爾低估了這項任務。努瓦科特位於特耳蘇里河遙遠的岸邊，有要塞保護，其中「科

5 羅德島州（Rhode Island），美國面積最小的州，僅三一四四平方公里。

特」（kot）在尼泊爾文中是指有防禦工事之處。當他的愛將判斷廓爾喀軍力有限，因此挑戰太過艱鉅時，納拉．布帕爾就撤換他，以婆羅門馬赫什瓦．潘特（Maheshwar Pant）及他的馬嘉族副手賈揚．拉納（Jayant Rana）來替代。一七三七年，普利特維十四歲時，這兩人率兵攻擊努瓦科特，卻鎩羽而歸。納拉．布帕爾失敗之後一蹶不振，自此不問國事。

他的妻子昌德拉普拉（Chandraprabha）就堅強得多。昌德拉普拉雖不是普利特維的母親，仍開始教導這男孩該負起的責任，以利日後統治國家。普利特維迎娶的第一任妻子是來自附近馬克萬普爾（Makwanpur），是強大的森王朝（Sen）公主。馬克萬普爾曾是納拉．布帕爾的策略盟友，但是在努瓦科特潰敗之後，就對他不再有興趣。這個婚禮的故事有明文記載，訴說著普利特維如何提出要求，說他應可直接把新娘赫姆卡納（Hemkarna）帶回廓爾喀，因為這是廓爾喀的習俗。新娘的家族則要求留下她，因為這是他們的習俗。在激烈的爭辯之後，普利特維還威脅要用彎刀殺出一條血路，但最後，這名年輕王子被迫離開，留下新娘。這個男子極為易怒：顧問對他說，他有「足以震懾大象的聲音」。在返鄉途中，他在如今樹立他的黃金雕像的昌德拉吉里，第一次看到加德滿都谷。他的隨從指出山谷裡的三座城市：巴克塔浦、帕坦與加德滿都。

> 我心中萌生一念：若能成為此三城之王，何不為之！同時兩名星相師告知：「國王，你的心充滿欲望。」我驚訝得難以言語。他們何以得知我內心思緒，對我說這些話？「你凝視尼泊爾的那一刻也撫摸著鬍子，似乎在說，你內心渴望成為尼泊爾國王。」

他初次感受到這三座城市是多麼的美，相較之下，故鄉廓爾喀就顯得簡陋寒酸，加上父親受辱，令他憤恨，因此十九歲的普利特維在一七四二年登基時，第一個念頭就是攻打努瓦科特。在那時候，他尚未興起建國的想法：他要的是雪恥報復，以及奪取谷地的財富。但是比較謹慎的馬嘉族中尉喊停時，他轉而尋求父親的將軍潘特替代，於是潘特度過特耳蘇里河，朝山坡上堡壘發動攻擊。山谷的馬拉國王們立刻團結起來，並做好準備：廓爾喀軍隊三兩下就被擊退，在特耳蘇里河渡河撤退後，還得把橋燒掉，以免遭到追擊。這讓馬嘉族臣民相當憤怒，因為替代他們出征的人做到的，只有讓「金色河流乾涸」，意指燒毀特爾蘇里橋。「自此之後，」尼泊爾歷史學家馬赫什．錢德拉．雷格米（Mahesh Chandra Regmi）說：「普利特維．納拉揚．沙阿開始謹慎行動。」布坎南—漢米爾頓雖然對尼泊爾卡斯山居者帕芭堤雅反感，卻也不得不尊敬普利特維：「他有完整的判斷力，也有高昂的企圖心，」深諳如何在加德滿都谷挑撥離間，以嘉惠自己。「有時是透過武力，但更常透過詐欺與背叛，讓國度的多數人口臣服於權威；他是用殘酷的恐怖手段來維持這項權威。」

並不是人人都認為，普利特維是個殘酷的人。布坎南—漢米爾頓有理由敗壞他的名聲，原因不只是那時代的種族偏見；普利特維中斷了他雇主的事業，也就是為了追求獲利而往往不顧人性的東印度公司。尼泊爾歷史學家會為普利特維過度之舉辯護，尤其是現代尼泊爾史之父巴布拉姆．阿查里亞（Baburam Acharya），認為那是面對外來威脅時維持國家統一的不得不然，尤其是來自英國的威脅最大，雖然普利特維掌權時，英國幾乎尚未在喜馬拉雅山區帶來影響。關於「殘酷的恐怖手段」，有個早期的例子頗為人知：前廓爾喀將軍賈揚．拉納在第一次試圖拿下努瓦科特之後，便逃到加德滿都。在再度攻擊這座城鎮之前，普利特維試著引誘父親的將軍回到廓爾喀這一邊：賈揚對普利特維的敵人——加德滿都的馬拉國王——而言，是很有價值的資產，因為他知道廓爾喀的軍事習性。賈揚告訴普利特維，他會對「雇主衷心」，意思是會忠於加德滿都的雇主，且會「一心忠誠，死而後矣」。普利維特接下了這戰書。後來在一七四四年，普利特維攻陷了努瓦科特，將賈揚活逮剝皮。不過，在他的時代脈絡下，普利特維的暴力之舉相當典型，包括這次這麼罕見且知名的例子。

普利特維生氣時可能魯莽，公開羞辱敵人，但通常是精明有耐心的。布坎南—漢米爾頓所理解到的「不誠實」，就只是他在發揮策略意識：普利特維知道自己的弱點所在，以及如何利用國家的優勢。努瓦科特的失敗讓他知道火器的重要，因此他到平原，取得火器。他讓自己的人馬受訓，知道如何使用並保養火器，雖然當時要取得槍砲彈藥並不容易，雙方都鮮少使用。多數戰鬥都是肉搏戰，用的是廓爾喀彎刀、劍與矛。普利特維在位期間會強調自立自強的美德，亦即國家要仰賴自身的資源，在《神聖教導》中尤其耳提面命這一點。他指派重要顧問時，也能善用身邊權貴家族的政治複雜度。他讓非常能幹的卡魯．潘德（Kalu Pande）擔任首席官員，之後讓潘德的女兒嫁到敵手貝森葉特（Basnyet）的宗族。「我以潘德為盾牌，」他在回憶錄中誇耀道，指出如何運用這名掌管外交的官員，「讓貝森葉特當劍。」

在重整軍隊並擁有更優秀的顧問之後，普利特維接下來就是鞏固後方。他和拉姆瓊簽訂條款，終止長久以來的世仇，並把部隊留給親信軍官掌握，保護廓爾喀，以免他在別處忙碌時，二十四王國乘機反叛，造成威脅。他對巴克塔浦國王展開外交，讓三個曾團結起來阻礙他的城市出現裂痕。之後，他又展開沙阿家族的第三次嘗試，企圖在七年後拿下努瓦科特。廓爾喀的策略目前看來無效，因此普利特維也改變策略。在這個國度，正面攻擊是虛張聲勢的愚行，暴動與計謀反而管用得多。普利特維可說是假訊息的高手，懂得擾亂敵方的心。一七四四年九月，他繼續前往努瓦科特，他的人手假扮成農夫，心懷不軌，在特耳蘇里河靠廓爾喀的這一側使用挖掘灌溉渠道當成詭計。努瓦科特的守衛者沒料到在季風季節尾聲會發生攻擊。

在人手就定位之後，普利特維招降當初違抗他的賈揚．拉納，而拉納已匆匆前往加德滿都尋求更多援軍，這裡則由兒子尚卡·曼尼（Shankha Mani）留下來掌控。偏偏這時加德滿都谷地正在慶祝重要的慶典——因陀羅節（Indra Jatra）——因此反應不但慢，援軍也不足。普利特維分派武力，讓潘德往北穿過努瓦科特的特耳蘇里上游，在守衛者看不到的情況下，從位於高處的東北部進攻。尼瓦爾部隊以為攻勢會從南方發動，這時亂了方向，便快速繞道。尚卡·曼尼敦促人民反抗，並開始挑戰普利特維的弟弟達爾·馬丹·沙阿（Dal Mardan Shah），卻遭到達爾·馬丹·沙阿殺害。賈揚·拉納在貝爾科特（Belkot），正在返回努瓦科特的途中，這時消息傳到他耳裡，於是，他準備反擊。普利特維知道，等到賈揚率領大軍，部署在特耳蘇里河上方時，努瓦科特就不再安全，於是他立刻發動攻擊，造成雙方重大傷亡，卻也拿下了貝爾科特和努瓦科特，並完成他要懲罰賈揚·拉納的誓言。

對普利特維而言，占領努瓦科特將會是重要的一刻。這座城鎮向來接近他的心。的確，普利特維·納拉揚·沙阿的部隊絕非像外國的劫掠陣營，不知道從哪裡冒出，就抵達加德滿都谷的邊緣。這幾個交戰國的文化與政治連結既深又廣。幾個世紀以來，馬拉王朝通常會找不同族群，在危機時鞏固自己的地位。舉例來說，曾經在廓爾喀進行改革的拉姆·沙阿，就和悉地·納拉辛哈·馬拉有過協議，後者就是制定迦諦舞的帕坦國王。雙方談好，如果去世時無後嗣，會彼此提供繼承者。到了普利特維的時代，卡斯人已住在加德滿都谷好幾個世紀；日後卡斯語言會和尼瓦爾語在法庭公文中並列。兩國人口也會彼此遷移流通，拉姆·沙阿曾邀請尼瓦爾商人到他的王國設立商店，從事進一步貿易。當普利特維在努瓦科特委託宮殿興建時，也是尼瓦爾工匠以馬拉式樣來興建。因此，雖然各國忙著競爭，有時候也往來密切，並承受內戰的苦痛。

在努瓦科特陷落後，普利特維又花了二十五年，實現年少時的野心，奪下加德滿都谷。很難不多加追問，為何耗時如此久。但若想想他所面對的障礙，更凸顯出的問題是：他如何做到的。在他之前也曾有人試圖攻下加德滿都谷，甚至贏得暫時的勝利，例如尼泊爾西部的卡薩王國，之後又有孟加拉的第一任蘇丹，也就是優秀的穆斯林將軍伊利亞斯·沙（Ilyas Shah），兩者都在十四世紀占領加德滿都。但是當普利特維占領這些城市時，之前已花了數十年的時間，為更長遠的事業奠下基礎。他在這過程中所面對的挑戰，如同周遭山勢一樣嚴峻，雖然他比任何人都清楚該如何利用地形優勢，畢竟他是在這樣的環境中成長的。最重要的是，他的資源有限。喜馬拉雅山帶狀地區的小國不光是受到地理限制，語言和文化有非常濃厚的地方色彩，而且經濟上的限制也很大。的確，小國會這麼多，不盡然只是因為政治上的缺點，也是因為經濟有限。任何國家幾乎不可能主導其他國家，卻又不受到傷害：這裡找得到的資源根本不夠多。

為了避開這些限制，普利特維開創一種政體，或許可大略稱為農業軍事複合體。通常來說，國王會用從人民手中取得的租金來付給將領，租金可能是穀類與農產品，之後再分給部隊士兵。普利特維·納拉揚則是直接把土地分配給軍人，讓他們盡力投入，確保任務成功。（普利特維認為，「軍人是國王的骨髓所在。」）因此，這項計畫就像鯊魚一樣，需要持續往前，或至少往前是前景可期的。這需要越來越多土地，最好的土地則是位於山下的特萊平原。在吸收了可通往平原的山中之國，他就能創造出足夠的財富來獎賞部隊，而這項策略最後會導致與英國的衝突。整體而言，普利特維擴張王國時，他留下原住民領導者，並依照他們的表現來評估，讓他們和拉傑普特權貴合作，或是取代。這是既精簡又令人渴求的政治體系，仰賴的是有決心又能幹的核心領導者。正如印度公務員與歷史學家亨利·托比·普林塞普（Henry Thoby Prinsep）所稱，英國也運用類似的獎勵之道，即使接觸面沒那麼深，仍「讓我們得到印度斯坦帝國。」

占領努瓦科特讓普利特維得到喜馬拉雅山貿易源源不絕的財富，但並未如他所願，獲得足夠金錢，購買橫掃加德滿都谷的武器。西藏人習於和加德滿都的馬拉國王往來，而不是有侵略性、來自鄉村，不了解事情如何完成的新手。不僅如此，普利特維現在統治小王國聯邦，但這些小王國多是在違背其意願下取得，因此要費點力氣，小國才會保持同一陣線。相對於廓爾喀，馬拉王朝的國王有很多資金，也有較多機會與世界各地接觸，能連結到平原的軍事支援和盟軍網絡，包括蒙兀兒人。閉關自守不是他們的本性。即使和西藏的貿易中斷，他們仍有許多資產。到了後來，當廓喀爾造成的威脅近在眼前之時，賈亞．普拉卡什．馬拉（Jaya Prakash Malla）這名唯一了解加德滿都面臨危機的國王，就利用他城市的珍寶來支付傭兵，以護衛王國。

普利特維採用的策略是耐心和謹慎，先把重心放在包圍加德滿都谷，之後掐住加德滿都谷地賴以為生的商業，而這裡的統治者就像溫水煮的青蛙，依然沒有察覺大難將至。馬拉國王以為他們了解廓爾喀人，認為那是馬拉城市在幾個世代的彼此鬥爭之中，另一個可以利用的族群。他們沒能理解普利特維的野心有多大。於是幾年下來，谷地一個個策略點都落入普利特維的掌控。這和二十世紀晚期毛派的暴動策略有驚人的類似，多半是燜燒衝突，而不是真正戰鬥。戰爭燃燒了有限的資源：男人與財寶，廓爾喀兩項都不夠。

在控制西藏商路之後，普利特維為使自己的國度更富有，於是奪取、占領加德滿都的財富來源：為西藏鑄幣。藏人不接受，只肯從認識的來源取得錢幣：馬拉國庫。因此普利特維專注於改造對手心態，讓他們意見不合，並其軟化決心，之後使出致命一擊。他的將領個個值得信賴，又經驗老道，士兵也在戰爭中鍛鍊出堅強剛毅。對普利特維來說，加德滿都谷的馬拉國王看似頹靡軟弱，對劇場的興趣比戰爭還高。在《神聖教導》中，他寫下城市生活可能如此影響人：「有三座城市的尼泊爾是冰冷的石頭，只有在密謀時才顯得了不起。從蓄水池喝水的人沒有智慧，也沒有勇氣。」他只要等待，讓他們自相殘殺即可。

即使如此，普利特維仍太過輕率大意。他朝加德滿都谷進軍時，已拿下努瓦科特十三年，卻發現自己終究嚴重低估了平民要廓爾喀人遠離加德滿都谷的決心。他的目標是吉爾蒂布爾，這整座小鎮位於谷內唯一山勢明顯的山丘，可俯瞰通往大城的西部通道。占領山丘會是控制谷地的一大步。一七五七年五月，他抵達昌德拉吉里下方的達哈切克村（Dahachok）。他之後會建議於此立都，因為這裡地勢高，遠離充滿陰謀與道德缺失的谷地。馬拉國王和將軍很清楚接下來的局勢。普利特維信賴的顧問兼將軍潘德，是幾個顧問中最資深的一人，他勸誡務必小心：馬拉王國似乎異常團結，谷地的年輕人已做好準備與廓爾喀對戰。普利特維卻不認同，聲稱馬拉軍隊只會越來越強，因此應該現在就出擊。他煽動潘德，催他開戰。潘德率領一千兩百名廓爾喀士兵，朝著吉爾蒂布爾前進，這時城門關閉以防入侵者。三座城市的軍隊共有三千人，之後從三面夾擊廓爾喀部隊，由來自帕坦城的軍人打頭陣。潘德中箭跌落，敵人立刻湧上前，砍下他的頭顱。周圍的廓爾喀人一見將領遭到殺害，莫不驚惶。普利特維也只能在驚險中逃離戰場，讓人扛著轎子，逃往努瓦科特。雖然馬拉國王手下的傷亡人數多出許多，國王們仍興高采烈：他們相信已永遠消滅來自普利特維・納拉揚・沙阿的威脅。

然而，廓爾喀雖然挫敗，普利特維得承受痛失愛將的不幸，他們仍重建軍力，回歸更早期孤立加德滿都谷地的策略，同時讓廓爾喀周圍的不同王國都在掌控之中。一七五九年，加德滿都谷北緣的濕婆城高地（Shivapuri）落入廓爾喀手中。一七六二年，在吉爾蒂布爾吃下敗仗後的五年，普利特維的部隊輕鬆掌控馬克萬布的主要堡壘，其所在位置在加德滿都與印度商路之間，並由妻子的森家族統治；過了不久，他又拿下東邊的要塞信杜利（Sindhuli）。於是，他們得到更多特萊平原的土地，得以獎賞士兵。

馬克萬布與米爾・卡西姆汗（Mir Qasim Khan）交情匪淺，後者是孟加拉的納瓦卜（nawab），即蒙兀兒皇帝的總督。卡西姆曾和東印度公司的關係不錯，因而得以掌權，可惜此時關係卻已破裂；因此他在比哈爾邦的新都重新改革部隊。卡西姆汗認為，馬克萬布遭到廓爾喀占領是個機會，一方面可以協助盟友，另一方面，也能以他認為容易打敗的獵物，當作練兵對象。沒想到，這是個致命的錯誤。廓爾喀軍隊在歷經數十年的征戰鍛鍊，擊潰卡西姆的軍隊，奪走他們的設備：這對普利特維的鄰國來說是個清楚信號，代表普利特維是應該尊敬的力量。

的確，在普利特維統治期間，喜馬拉雅山區的周遭世界風雲變色。一七三九年，波斯軍事奇才納迪爾沙阿（Nader Shah）依循中亞移民與入侵者的熟悉路線，穿過興都庫什山脈，擊潰人數大占優勢的蒙兀兒軍隊，粉碎此時行將就木的帝國。在次大陸的另一邊，原本在蒙兀兒陰影下的小王國出現了，新領導者受惠於政治態勢改變，有助於重新建立有組織的印度教徒身分，其中明顯的例子，就是馬拉塔聯邦（Maratha）的興起。孟加拉有成群的遁世者到處漫遊，他們在這個時期較像是傭兵，而非神聖的苦行僧，必要時還會結黨搶劫。在歐洲，法國和英國為了控制對方的商業利益而交戰。與普利特維差不多同時代的羅伯特．克萊夫（Robert Clive），領導東印度公司的部隊，在一七五七年於普拉西戰役（Plassey）打敗孟加拉納瓦卜。普利特維展開征服加德滿都的行動時，東印度公司只不過是在遙遠之處流傳的謠言。同時在喜馬拉雅山區北部，大清帝國也已在西藏與新疆建立起影響力。普利特維在晚年時警告，「我國就像是兩塊岩石中的瓠瓜。和中國皇帝簽訂條款，維持友誼。也和南海〔指東印度公司〕皇帝簽訂友誼條款，而他已掌握平原。」

普利特維靠著從米爾．卡西姆取得的武器，步步逼近加德滿都谷。等到吉爾蒂布爾終於陷落，嘉布遭兄弟會目睹廓爾喀是如何懲罰少數違抗的居民——切除他們的鼻與唇。不過，有些尼泊爾歷史學家對此有爭議，只是柯克派翠克上尉在三十年後造訪這座谷地時，確實遇見了幾個受害者。當大敵來到城門外時，加德滿都拉賈賈亞・普拉卡什・馬拉急於請貝特蒂亞（Bettiah）的政務官予以協助，因為貝特蒂亞是距離此地最近的東印度公司機構所在地。英國已密切注意加德滿都谷的黃金：事實上，這些黃金是西藏的，隸屬於與馬拉王朝的鑄幣合約，而英國並不知情。他們也注意到在北方的邊境有茂密林地，認為尼泊爾的涼爽山區可能成為英國羊毛的出口地，畢竟羊毛在印度的炎熱平原沒什麼市場。東印度公司也判斷廓爾喀是商路上的絆腳石，於是同情起賈亞的窘境。因此，名叫喬治・金洛赫（George Kinloch）的年輕上尉便命令，派遣大量軍隊，挽救加德滿都。

金洛赫的遠征日誌乏人問津，幾乎幾乎被遺忘在克萊夫的祕書亨利・斯特拉奇（Henry Strachey）的文件中，亨利的孫子就是探索岡仁波齊峰的斯特拉奇兄弟。後來，尼泊爾史家尤格西・拉吉（Yogesh Raj）才重新發現他的遠征日誌，其中包含的故事頗類似約瑟夫・康拉德（Joseph Conrad）小說中的黑暗之地。賈亞・普拉卡什派出的公使警告，已經沒有時間可拖延，因此金洛赫在一七六七年八月出發，那時正值季風季。在當時，平原上居住的人不多，尼泊爾叢林裡更是渺無人煙。那裡「罕見生物蹤跡，除了數量繁多的野生象、老虎與熊。」金洛赫沒有地圖，往往不知自己身在何處。他沒看過這樣的山，「雖然我曾穿越蘇格蘭高地最高、最荒涼的地方。」軍隊的砲兵在這崎嶇難行的地形中移動太慢，因此金洛赫和先遣部隊，成功占領新都里（Sindhuli）的一座堡壘，儘管那裡有不超過八十人的廓爾喀人死守。率領這次任務的是遠征軍醫洛根先生（Mr Logan），在過程中，他失去一根手指；金洛赫寫道，廓爾喀人的「行為勇敢有決心。」

他面臨著重重難關。原本簽了約，要供應軍隊的穀商消聲匿跡一週，而軍隊受困於大雨中，飢餓又絕望，只得在叢林裡挖掘植物的根部。到了十月中，金洛赫發生譫妄，很可能是因為瘧疾。「此時疾病肆虐，多人喪命，而周圍許多可憐人的哀號聲，加重了我自己的病情。」歷經飢腸轆轆的兩週之後，他在凌晨兩點醒來，因為有「非常奇怪的噪音突然傳來。」原來是他的印度兵（sepoy）發出的。這個字原本是波斯文，當時則指在東印度公司軍隊服役的印度步兵，他們全體拿起武器，消失在黑暗中。「三更半夜，就這樣悄悄進行到這一步，我有理由擔憂最糟的後果，從未懷疑這是普遍……」他的日誌就停在這沒寫完的句子。金洛赫認為，自己距離加德滿都只剩兩天的路程，卻無法確定。他總算回到帕特納，雖然他到底是怎麼辦到的，我們仍不得而知。隔年，他因為在叢林染上的疾病而死亡，那時，他依然主張東印度公司應該再試一次。

這次屈辱雖被遺忘，影響卻很大。要是金洛赫成功把軍火送到谷地，很可能阻止普利特維的最終勝利。對東印度公司而言，比起粗暴的廓爾喀敵手，馬拉王朝好相處得多，畢竟廓爾喀人這下子自認知道如何打敗英國人。加德滿都淪陷後，賈亞．普拉卡什躲到巴克塔浦的宮殿尋求庇護，卻遭到防衛宮殿的步槍子彈射中而身故。帕坦本身也陷落了。巴克塔浦的末代國王蘭吉特．馬拉（Ranjit Malla）流亡到貝納拉斯（Benares，或稱瓦拉納西〔Varanasi〕），他最後一次告別山谷時應該編了一段拉加旋律（raga）。他問，「為何我無法理解讓我落得如此淒涼的邪惡陰謀？」沙阿王朝占領了馬拉國王的宮殿，但尼瓦爾的工作室和藝術家發現，他們的廓爾喀新雇主對於劇場政治不那麼有興趣。普利特維向來是個精打細算的會計，他鄙視表演藝術，視之為浪費，並警告印度來的音樂家會帶來墮落的影響。「在排列著繪畫的房間裡，他們忘情於鼓與西塔琴交織的音樂。這些音樂裡固然悅耳動聽，卻會榨乾財富。」

在占領的加德滿都之後，普利特維樂於讓其他將領繼續率領廓爾喀軍隊，征服東邊的王國。他的公使（vakil）透過協商，討回金洛赫已在特萊平原持有的土地。英國被咬過一次之後，就不會再重蹈覆徹。一七六九年，季風並未如期降臨，之後印度東北陷入饑荒，而部分原因也得歸咎於東印度公司懲罰性的賦稅和穀物壟斷。孟加拉新總督沃倫．黑斯廷斯（Warren Hastings）在一七七二年的報告中提出結論，有三分之一的人口死亡：一千萬人。普利特維在他涼爽、翠綠的高山谷地望著這一切，心想「南方帝王」的下一招會是什麼。「他會明白，如果印度斯坦統一，將變得很難對付，因此他會找地方權充要塞，準備防禦工事，不讓民眾的負擔增加。在道路上設陷阱。總有一天，武力就會到來。」而那天會很快降臨。

七 通往西藏的要道

在英國皇家收藏品（Royal Collection）中，有一幅是十八世紀晚期在加爾各答繪製的畫作，這作品相當特別，出自提利．凱特爾（Tilly Kettle, 1735-1786）之手，他是第一位前往印度的知名英國肖像畫家。畫中出現了西藏的班禪喇嘛，即藏傳佛教格魯派中地位僅次於達賴喇嘛的領袖。他盤腿坐在講台上，而在畫面左邊，有個蘇格蘭青年穿著不丹服裝，站在窗邊觀看。窗外有座理想化的喜馬拉雅山：我們得知，這名年輕人剛從高山的另一邊來到此處。班禪喇嘛左右兩邊各站著一名隨從，其中一人身穿僧侶服。另一人則是微微欠身，把一塊象徵著純潔與慈悲的白色儀式性圍巾「哈達」（kada）交給班禪喇嘛。窗下還有另外兩個當地人席地而坐，看起來輕鬆不拘，抽著長長的煙斗，不太像西藏寺院裡會出現的模樣。雖然這張圖畫裡大多是想像的或風格化的，其意義卻無庸置疑：歐洲政治代表（以東印度公司的代表為化身）和當時西藏最高精神領袖之一初次會面。這次見面散發出真誠溫暖與私人友誼，這一刻也是喜馬拉雅山歷史的關鍵時刻，代表難以阻擋（甚至無法避免）的改變，最終也會走向一九五〇年代，中國武力入侵並占領西藏的情況。

這幅畫後來獻給英王喬治三世，雖然究竟是誰獻給國王的仍不清楚，可能不是畫中的蘇格蘭人喬治．博格爾（George Bogle, 1746-1781）。這幅畫作最可能是在一七七五年繪製，那時博格爾面臨財務困境，只要有錢就會盡量匯回家中，以解決家庭債務。比較可能取得這幅畫的，是博格爾的贊助者黑斯廷斯，也就是陷入四面楚歌的第一任印度總督。黑斯廷斯想奪回東印度公司在加爾各答最高行政委員會的掌控權，因此這幅圖頗具宣傳功用；他之所以失去這項權力，是因為一七七三年通過的東印度公司《規範法案》（*Regulating Act*）：英國政府想掌控東印度公司的管理，處理該公司持續攀升的債務。

許多人都聽過波士頓茶黨與美國獨立戰爭，但沒有多少人了解這些知名的事件和東印度公司的財務危機有何關聯。一七七二年，一名倫敦銀行家逃到法國，因為他放空東印度公司股票，導致三十萬英鎊的損失，由此暴露出公司的財務困境。這使得公司信用緊縮，無法將債務再融資，於是導致股價崩盤。為了生存，公司需要盡快出售倫敦持有的龐大茶葉量。公司原本不得將茶直接售予美洲殖民地，必須先在倫敦支付關稅，再賣給仲介者。這中間過程導致價格抬升，對公司造成不利；美洲殖民地的消費者寧可喝荷蘭批發商出售的便宜走私茶，這些批發商是透過在巴達維亞（Batavia，即今天的印尼首都雅加達）的殖民地，與中國人進行買賣。為了保護國家的東印度公司股份，確保公司有償債能力，一七七三年，英國國會通過《茶葉法案》（*Tea Act*），讓東印度公司得以直接把茶運送到北美殖民地，而不必先運往倫敦支付關稅。這讓波士頓和其他北美殖民地城市的茶商——即所謂的茶黨——大為震怒，促成他們直接採取行動，不讓茶從船上卸載。

就像當今全球性的大銀行，東印度公司也是大到不能倒，但不得不付出代價，才能得到政府的持續支援：一個月後，《規範法案》通過。這法案是衝著東印度公司而來，設法減少貪污，限制股利，並重新整頓其劣質管理。這麼一來，公司就可以重新融資，處理債務。政府指派黑斯廷斯為印度總督，不僅下轄加爾各答，且是三個區域都在他的管轄範圍[1]，為日後英國統治次大陸奠下基礎。轉眼間，印度的財富和東印度公司的全球化試驗息息相關。雖然經過改革，東印度公司仍有深層的結構問題。該公司壟斷了英國與中國的貿易，但也只能在廣東港口（今天的廣州）通商，實際上根本無法進入中國市場及國內。中國以茶葉和絲換取銀，這對英國造成嚴重的貿易失衡。任何能更自由地與中國貿易的路徑都值得考量，即使像西藏如此偏遠。

博格爾在一七七〇年以書記員（或職員）的身分來到加爾各答，這時孟加拉正陷入嚴重饑荒。他曾寫信給兄長，談到這夢魘般的衝擊：

> 當局雇了人手，收拾街道上的遺體，直接扔到河裡，而上個月的一日到九日，找到的遺體不少於一千兩百具——就在加爾各答街道上——這些人並非死於瘟疫或疾病，而是飢餓。

莫夕達巴（Murshidabad）的情況尤其嚴重，這曾是蒙兀兒帝國風風光光的孟加拉首府，但此時一天有多達五百人死亡。這裡的常駐官報告，居民發生了吃人的情況，博格爾也在信中提及此事。此時又爆發天花疫情，加重了悲劇。好些村莊就這樣整座消失。東印度公司的回應就是加稅，以彌補收入驟減，財富就這樣流到國外，優先支付股東，而不是預防未來災難。甚至有人指控，東印度公司的英國雇員趁饑荒發災難財，中飽私囊。

直到近年，凱特爾畫中這條獻給班禪喇嘛的儀式性白色圍巾哈達，才由皇家收藏寫下圖說，指出這是一匹布，為商品樣品，盼由此打開孟加拉與西藏之間的貿易水門，之後再以中國為目標。會發生這樣的誤會是可以理解的。博格爾確實帶著樣品前往西藏——歐洲餐具、孟加拉布、鏡子、時鐘、玻璃

1 除了加爾各答，還包括馬德拉斯（如今的清奈）以及孟買。

製品、一串珍珠（一名地位高的西藏喇嘛尤其有興趣）、溫度計、望遠鏡，還有會發出微弱電擊的玩具——這些努力都是為了開創新市場，推升獲利；推銷員就這樣登上世界屋脊，上門拜訪。黑斯廷斯也給他一張購物清單，尤其著重容易在山間運送的貨物：黃金、寶石、麝香，以及用途不那麼具體的物品，例如用來為布料染色的植物。黑斯廷斯還在購物清單上增添了第二項私人請求：帶回喀什米爾山羊及一對氂牛，「這些牛群有粗毛尾，」意思是氂牛尾巴，還有新鮮的成熟榛果及其他看似有用的種子，「尤其是人蔘。」事實上，博格爾應該帶回任何可能說服「有品味的英國人」掏出錢來的東西，以及任何他認為有無比好奇心的黑斯廷斯會有興趣的物品。

這位班禪喇嘛羅桑班丹益西（Lobsang Palden Yeshe, 1738-1780）是優秀的宗教領袖，也是精明的政治家：他很清楚博格爾的任務目的，以及他的雇員天性貪婪。博格爾在快遞信件中提到，喇嘛受到警告，要他別允許博格爾造訪，因為東印度公司「就像個大王，喜歡戰爭與征服，而我和人民的工作就是向神祈禱；允許任何歐洲人（Fringies，源自於波斯語的 farangi，意思是歐洲人）進入這個國家，這令我相當擔心。」喇嘛表現得如同單純的聖人，沒有經歷過太多世事，是未曾見過任何歐洲人的天真者。然而他不過是笑面虎。在博格爾造訪時，拉薩的八世達賴喇嘛還是個青少年，這時班禪喇嘛是西藏最有權力的人。

*

在凱特爾的畫作中，班禪喇嘛身穿黃色絲袍，這顏色與質料不僅是中國宮廷的象徵，也代表喇嘛是格魯派——嚴守佛教戒律的善規派——通常歐洲人稱他們為「黃帽」；博格爾描述班禪喇嘛戴著「主教帽形狀的黃色平紋布帽，兩邊有長條，以紅色絲綢裝飾。」黃帽的觀念是借自另一個已失傳的藏傳佛教宗派，讓格魯派在多方爭鳴的宗教領域建立起自己的身分。這些象徵背後有深厚的歷史淵源，加上其所暗指的政治複雜度，對英國人來說幾乎是陌生新奇的，其中蘊含的議題包括班禪喇嘛如何掌握了今天的權力；他與拉薩中心的關係性質；會威脅他的敵對派系；以及「轉世」這陌生的觀念。想為這些問題找到解答，需要精力充沛的心靈；對東印度公司而言，能有博格爾實屬幸運。

到了這時候，歐洲——其傳教士、商人與探險家——是在十七、十八世紀首度和西藏相遇，這時主導西藏政治場域的便是格魯派。外國人是透過格魯派來和西藏交涉。這教派龐大的僧侶體制不光發揮政治控制力，也主宰經濟。寺院本身就是重要事業，在貴族的贊助之下，為其藝術及財富增色。這就是博格爾目睹的事。然而，班禪喇嘛位於日喀則扎什倫布寺豪華鋪張的駐錫地，和格魯派的起源可說是大相逕庭。

在十三、十四世紀元朝的宗教贊助之下，藏傳佛教薩迦派主導西藏，侵蝕了寧瑪派和噶舉派等主要宗派。忽必烈鍾愛薩迦派，促成薩迦派領袖八思巴招募來自加德滿都的尼瓦爾工匠，包括知名的阿尼哥。而後在十四世紀中期，蒙古勢力分裂，而西藏中部的衛（包含拉薩市）與藏成為必爭之地。元朝及薩迦派衰落之後，知名的噶舉派年輕有為的領袖絳曲堅贊（Changchub Gyaltsen）崛起，他來自帕木竹巴（Phagmodru，意為豬渡河）寺院，以拉薩東南部幾百公里的乃東（Nedong）為首都，掌管西藏大片地區，影響力延伸到西藏東部的康區（Kham），以及東北的安多。

隨著外國領主地位的重要性消失，許多藏人驕傲地回顧起神聖贊普、吐蕃帝國及改信佛教的時代。為恢復松贊干布的精神，絳曲堅贊及其後繼者建立了新堡壘（或稱「宗」〔dzong〕），促成佛教哲學與翻譯的復興，不同佛教宗派之間也彼此包容。在這個信仰自由與復興期間崛起的人當中，有一個可能是佛教史上最具影響力的西藏學生：宗喀巴（Tsongkhapa, 1357-1419），「來自蔥谷的人」。格魯派就是在他的影響之下建立，日後成為重要宗派，改變西藏的歷史進程。

宗喀巴的父親魯本格（Lubum Ge）是蒙古人。宗喀巴是一三五七年出生於安多地區的宗喀，出生時就有許多奇兆，例如臍帶上有滴血滴到土上，於是出現一株檀香樹。他的母親星薩阿切（Shingza Acho）後來在此建立佛塔，之後成為塔爾寺，為格魯派傳統最重要的寺院之一。宗喀巴八歲時成為沙彌，拜頓珠仁欽（Dondrub Rinchen）為師，得到羅桑札巴（Lobsang Drakpa）的法號。頓珠仁欽是重要的密宗法師，向阿底峽（益西沃在後弘期帶來的譯者）所建立的噶當派學佛，這個教派也會成為後來格魯派的基礎。十六歲時，宗喀巴離開西藏中部，但他無法在一間佛寺安定下來；他的智慧讓他無法停下腳步，遂遊走各地，大範圍探索藏傳佛教的不同派系。他遇見了薩迦派的仁達瓦（Rendawa），仁達瓦也是個喜歡提問的人，會透過考試來教導宗喀巴，並給予他信心，繼續這條路。宗喀巴曾創作一首短詩來讚美他，感謝師恩。後來仁達瓦回覆時，把自己的名字劃掉，補上這位過去學生的名字。這首詩成為《緣悲頌》：

無所緣悲大藏觀自在，
無垢染智尊主微妙音，
無餘摧滅魔軍祕密主，
雪域智者頂嚴宗喀巴，
善慧名稱足前呈祈請。

最重要的是，宗喀巴在洛札縣附近一座小小隱士廬卓瓦寺（Drowa Gon）修行，這是未被薩迦派合併的少數噶當派寺院之一；他在此向住持洛扎朗卡堅參（Drubchen Namkha Gyeltsen）學習阿底峽的教導。後來，他和仁達瓦一起在熱振寺（Reting）教學了三個月，熱振寺是阿底峽的弟子在他圓寂後不久興建的噶當派僧院。隨著自己的學習深化，能幫助他定義格魯派哲學的主題浮現了：遵循邏輯，有耐性累積知識，成為強力、直覺頓悟的基礎。他的有些觀點至今仍受熱議，尤其是對「中觀」（madhyamaka）的詮釋，對藏傳佛教的哲學很重要。他最知名的作品是四十四歲時在熱振寺寫的《菩提道次第廣論》。

宗喀巴年輕時就有背痛的問題，旅行對他來說越來越困難，於是待在拉薩的時間也變長了。那時，當年的老師成了他的門下，數以百計的人蜂擁而至，只為聽他說法。一四〇九年，他建立了默朗木祈願大法會（Monlam Chenmo），如今依然在藏曆新年（Losar）期間舉行。同一年，諸多信徒勸他建立永久的駐地，於是他在拉薩附近建立甘丹寺，甘丹意為「歡喜」。後來在一四一六年，哲蚌寺成立，而一四一九年，也就是他圓寂的那一年，色拉寺成立：這成為格魯派的三大寺，以松贊干布建立的古都為中心。在此之前，西藏的僧侶主力是在其他地方，現在則以拉薩為中心。

起初，宗喀巴的弟子被稱為甘丹派，亦即來自甘丹寺的人，但是在他圓寂之後，「格魯派」一詞更加常見，意為「善規者」。僧伽（sangha，出家眾）的行為，也就是團體、寺院社群的行為，是宗喀巴相當重視的。曾有人把他與馬丁・路德（Martin Luther）相比，因為宗喀巴也有改革的熱忱；宗喀巴當然遵循獨身和禁欲的誓言，不碰酒肉，但是他比路德更為普世一些。最重要的是，和早期知名的藏傳佛教宗派不同，格魯派源自西藏，不是直接由來自印度聖地的學者啟發或培育。在宗喀巴的時代，印度佛教界業已不存在。

在宗喀巴的一生中，以他之名建立的寺院住著幾百個僧侶，但過了不到一個世紀，光是哲蚌寺就有一萬名僧侶，色拉寺也不相上下。鑑於西藏人口不多，有歷史學家認為如此龐大的體制規模會阻礙西藏的經濟發展。眾多的僧侶當然抑制了人口成長，但由於西藏農業的實體限制本來就多，這樣未必是壞事。格魯派寺院也主導了西藏政治，在宗喀巴去世之後幾年，帕木竹巴政權也逐漸瓦解，進入內鬥時期。衛藏之間的宗族競爭，蔓延到宗教教派之爭。宗喀巴的年輕弟子根敦朱巴（Gedun Drub）帶領新格魯派到藏區，在日喀則建立格魯派寺院：扎什倫布寺。這麼一來，他就把格魯派的影響拓展到與薩迦派及較古老的噶舉派有強烈歷史連結的地方：在拉薩建立起的新佛教界，於是有了前哨基地。根敦朱巴會停留在此，選擇在死後轉世到年輕僧侶的身上。

「轉世」的角色在藏傳佛教的宗教譜系中，可能帶有晦澀的祕傳色彩，不過，博格爾是以平常心看待。轉世本身當然是屬於佛教的一部分：蒼生皆會經過生死與重生的輪迴旅程，並因為負面的情緒與行為（或稱「業」），無法自主地回到世上。從大約十二世紀，有些佛教導師便開始選擇回歸於世，而不是前往涅槃或寂滅的極樂境界。他們說，這是為了造福蒼生。這些轉世喇嘛（或稱「祖古」）會預測其轉世地點，甚至他們的父母。十三世紀，噶舉派最大的宗派噶瑪噶舉派領袖讓炯多傑（Rangjung Dorje, 1284-1339）將這過程形式化，把自己的轉世選擇及其所領導的世系結合。這項創新對西藏社會有深遠的影響，促使佛教的宗派理論上、甚至實行上都超出世俗權力的範圍之外。宗教當權者必須負責選擇並教育下一個領導者。這麼一來，他們就會把特殊的哲學派系傳給下一代領導者，讓他成為長遠理想的暫時主持者或平台。

悠久的貴族世系與國家的龐大宗教體制，已成為西藏兩股最強大的力量，但是要找到符合雙方利益的政治結構，顯然困難重重。後來，外來勢力也加入其中。一五七八年，根敦朱巴的第三世轉世化身索南嘉措（Sonam Gyatso）接受蒙古領導者俺答汗邀請，重新展開政教贊助關係，當年俺答汗的祖先忽必烈便和薩迦派享有這樣的關係。俺答汗賜予索南嘉措蒙古名「達賴喇嘛」，其中「達賴」正是他聖名「嘉措」的翻譯，意為「大海」。索南嘉措恭敬地把這新稱號追溯回先前兩世，如此一來，根敦朱巴就是第一世達賴喇嘛。第四世達賴喇嘛也順勢重新出現在俺答汗後代的身上，也就是雲丹嘉措（Yonten Gyatso），只是到了那時候，蒙古人的勢力已搖搖欲墜，格魯派也受到壓力。這位出生在國外的達賴喇嘛需要核准，因此說服扎什倫布寺住持卻吉堅贊（Choekyi Gyaltsen）到拉薩哲蚌寺，當時達賴喇嘛都駐錫於此。卻吉堅贊很快深度涉入整個區域更加動盪的政治局勢。隸屬於衛區的拉薩此時受到來自藏區的國王彭措南傑（Karma Phuntsog Namgyal）控制，其宗教盟友是格魯派的對手——噶舉派世系的噶瑪巴；這時達賴喇嘛根本尚未獲得後來掌握的權力。

一六一七年，第四世達賴喇嘛圓寂，有一段時間，卻吉堅贊阻止尋找其轉世者。兩年後，藏區人馬圍堵衛區的首都乃東，帕木竹巴政權在衛區最後的殘餘勢力潰敗。帕木竹巴失去了支援及保護，格魯派僧侶和蒙古贊助者於是躁動了起來。為避免暴力，卻吉堅贊允許尋找五世達賴喇嘛的過程繼續進行。其實他們已經暗地裡指認一名人選，這男孩格外有希望，也已吸引幾個競爭佛教教派的興趣。想不到，男孩竟在代表轉世喇嘛的一項關鍵任務中失敗，令人大失所望：這任務是指出前世的個人財產，而男孩日後也會以此自嘲。不過，這男孩仍受戒，法名阿旺羅桑嘉措（Ngawang Lobsang Gyatso），他繼承了這個世系，成為五世達賴喇嘛。「偉大的五世」將會在松贊干布宮殿的原址，建立知名的布達拉宮，如今布達拉宮依然主宰著現代的拉薩市。他也認定卻吉堅贊是班禪喇嘛，「班禪」是個來自「班智達」（pandit）與「千波」（chenpo）的複合字，意思是「大學者」。這個新的系譜可以追溯回宗喀巴的另一個學生——克主杰（Khedrup Je）。如此推估起來，羅桑卻吉堅贊就會是第四世班禪喇嘛。

由於達賴喇嘛仍是個男孩，權力其實掌握在攝政的索南群培（Sonam Choephel）手中，一名來自甘丹寺的高僧；索南群培是格魯派崛起掌權的發起者，而鞏固這權力的是固始汗（Gushi Khan），一名蒙古和碩特（Khoshut Mongol）的首領。他的部落曾經取代俺答汗後嗣，打敗對手噶瑪噶舉派的蒙古支持者。一六四二年，內鬥平定，或至少是暫停了，因為這時固始汗把扎什倫布寺掌握的世俗和宗教力量交給五世達賴喇嘛，由他掌控西藏；噶瑪噶舉派的領袖噶瑪巴已流亡到不丹。新政府甘丹頗章[2]將會統治西藏，直到一九五〇年代被中國占領。許多西方人對西藏這個國度的印象就是對甘丹頗章的印象，這印象是在第五世達賴喇嘛統治下開始出現的：第一個來到西藏的耶穌會教士，就是五世達賴喇嘛在世的時候。「偉大的五世」對西藏穩定至為重要，因此他在一六八二年圓寂時，執政者第悉桑傑嘉措（Sangye Gyatso）保密了十五年，直到找到下一任。

桑傑嘉措是能幹的年輕人，從位於拉達克的統治者手中取得西藏西部的阿里地區，也就是過去的古格王國，但帶領西藏航向未來的嘗試卻以失敗告終。固始汗的孫子拉藏汗（Lajang）企圖重新伸張蒙古對西藏的控制權，遂俘虜第六世達賴喇嘛，過程中還使用軍火來對抗哲蚌寺。（桑傑嘉措遭到斬首，但下手的並非拉藏汗，而是拉藏汗身邊一名藏族貴族的妻子。傳言說，桑傑嘉措是她棋賽的賭注，結果輸了。）一七〇六年，第六世達賴喇嘛在流亡途中去世，拉藏汗欲以一個年紀相近的僧侶取代，許多人認為就是他自己的兒子。他也對剛抵達拉薩的基督教傳教士很友善，包括耶穌會的德希德里，他認為拉藏汗可能改變信仰。這些傳教士將親眼看到接下來的災難。

拉薩的格魯派寺院群起對抗拉藏汗。對達賴喇嘛世系如此怠慢，又與外國宗教相好的人，是不可能掌權的。於是他們歡迎另一群敵對的蒙古人——準噶爾人（至少一開始是歡迎的）。準噶爾人也是格魯派，他們殘暴地襲擊西藏，再次點燃了宗派暴力爭鬥，讓國家陷入混亂。拉藏汗在設法逃離時遭到殺害，許多寧瑪派寺院也被摧毀。一直到剛成立的強大政權滿清介入，並對抗準噶爾人，拉薩才恢復秩序。

「偉大的五世」於拉薩統治期間，清朝已在中國興起，並在康熙皇帝漫長的在位期間完成統一；而清朝的每個皇帝都有自己的年號。滿清並非漢族，而是位於中國北方滿州的部落聯盟，為女真後代，和其他亞洲北方人關係密切，包括蒙古人。拉藏汗原本是康熙皇帝的代理人，而康熙曾驚慌看著拉藏汗未能控管局勢，導致後來敵對的蒙古準噶爾人在西藏開火。康熙於是下令清兵恢復秩序，驅趕蒙古人。清帝國之後重新整頓政府，過程中把部分歷史上屬於西藏的地區納入大清帝國。（包括部分安多地區：清政府對以今天甘肅省為中心的大黃貿易尤感興趣。）

西藏新政府時運不濟，一七二二年，康熙駕崩，西藏再度陷入派系戰爭。敵對的派系會和相互競爭的蒙古派系結盟，而大清帝國就能漁翁得利。大清認為班禪喇嘛足以抗衡達賴喇嘛的龐大勢力，遂設法讓他成為半獨立的政體；中國對扎什倫布寺格外關注，起因正是如此。一七五一年，即東印度公司派博格爾前往西藏的二十多年前，終於大勢底定。大清帝國成立新政府，這個新政府有稱為「噶廈」（kashag）的內閣，由四名長官率領[3]，而掌政的領導者是達賴喇嘛。兩名清朝駐藏大臣[4]會負責維持大清帝國的利益。

這就是第六世班禪喇嘛羅桑班丹益西（Lobsang Palden Yeshe, 1738-1780）所處的世界，原本的深層

2 甘丹頗章（Ganden Phodrang），甘丹頗章原為五世達賴喇嘛在哲蚌寺的寢宮，並在此開始執掌西藏的政教大權，於是甘丹頗章成為西藏政府的同義語。

3 亦即「噶倫」。

4 滿語稱為「昂邦」（amban），如果不是專指西藏地區，則稱為駐劄大臣。

分裂最近才剛剛癒合，外國又出現新霸主，必須好好留意。清政府對於來自歐洲的崛起勢力深感疑慮，格魯派也記得拉藏汗統治時，傳教士帶來的威脅。西藏清楚意識到，若再進一步助長外國的介入，會帶來何種危險。博格爾將目睹中國如何在不遠處掌控西部邊疆。班禪喇嘛本人也理解情報的重要性，留意任何會威脅西藏脆弱和平的因子。他掌握由商人與祕密消息提供者的複雜網路，不僅能告訴他清政府的政局，也能讓他得知山區另一邊的態勢，例如在印度聖地有一股新的外國重商勢力興起。這網路中的其中一人就是浦南吉爾（Purangir），他帶領博格爾來到西藏班禪喇嘛面前，很可能也是凱特爾畫作中把圍巾交給喇嘛的人。

在歐洲，最先通過喜馬拉雅山區的人，會引人敬佩其對冒險和勇氣的見識。但通常來說，他們得仰賴他人的知識與協商能力，亦即那些能說數種語言的旅者。不過，這些旅人的真正目的，往往是眼前的雇主無法了解的。浦南吉爾就是這種旅人。他熟悉多種語言，精通蒙古語與藏語，走遍亞洲的四面八方，為不同信仰的雇主工作，有幾次甚至接受印度公司委託。他遊走於各種相互競爭的利益中，把一切都看在眼裡，卻不太透露消息：他是僧侶、是間諜，也是商人。

時年約二十五歲的浦南吉爾是印度教托缽僧，隸屬於十方傳承（Dasnami）的遁世者或出家眾，此教派和商羯羅有關——商羯羅是幾個世紀前把加瓦爾專區回歸印度教的喀拉拉人。「十方」的意思是「十名」或「十派」，浦南吉爾是個「giri」，意思是山派成員，出家地點是在商羯羅成立的四個聖地中，最北邊的巴德里納特附近的喬斯希馬特（Joshimath）。在十六世紀，遁世者會成群出征，為了維護印度教而對抗蒙兀兒，但這群人在博格爾的時代已墮落為土匪幫派，任人雇用：例如賈亞．普拉卡什．馬拉就曾雇用六百人，阻擋逼近加德滿都的廓爾喀人。

這些幫派到處作亂，從普利特維．納拉揚．沙阿到東印度公司都無一倖免。他們會躲在特萊平原的叢林中，之後再發動襲擊。我們之後會看到，遁世者在一七六六年，將在不丹喜馬拉雅山區差點殺了孟加拉測繪員詹姆斯・倫內爾（James Rennell）。饑荒會讓這些幫派匪徒發動新的突擊，由於情況嚴重，因此黑斯廷斯禁止他們在公司的領域活動。遁世者可以是正直、善於學習的人，例如浦南吉爾，但是他所具有的托缽僧地位——以及跟隨而來的兇惡名聲——也可能在博格爾的旅程中保護他，即使倫內爾曾於這國度遭受攻擊，但博格爾卻能安然穿越。

理論上，托缽僧必須住在寺院，或於朝聖途中沿路化緣。托缽僧享有行動自由，毫無拘束地在不同文化間遊走，因此大有機會進行貿易，並取得珍貴機密。到了十八世紀，他們已主導整個印度北部的貴重商品貿易，包括絲綢與寶石，而寺院是進行買賣的地點，還會多角化經營，放款借貸，且持有土地。他們在恆河的瓦拉納西尤其強悍。為取得西藏的黃金與麝香，及前往岡仁波齊峰等朝聖地，托缽僧會穿越喜馬拉雅山區，以珊瑚和珍珠交易。浦南吉爾的籌碼則是在山區旅途中搜集資訊：他是行走的百科全書，也是具有判斷能力的靈魂。他和班禪喇嘛的關係尤其緊密。藏傳佛教與浦南吉爾等印度教僧侶，在宗教上能發揮一加一大於二的效果，兩者同樣了解密宗，而班禪喇嘛還在扎什倫布寺為他們建立庇護所。喇嘛認為，印度是個聖地，但就和許多藏人一樣，他擔心炎熱與疾病的問題，尤其是亞洲北部人容易感染的天花。浦南吉爾帶來的知識是值得花錢買下的。

一七七四年春天，浦南吉爾在班禪喇嘛的僕人佩瑪（Pema）陪伴下，把一封班禪喇嘛的信件送到加爾各答的黑斯廷斯手上。信件是以印度北部的外交語言波斯文寫成，隨信還附贈禮物：西藏羊毛布料、黃金（有金沙與金鑄錠）及麝香。這封信件的主題談到英國採取軍事行動，以驅趕不丹戰鬥者，把他們從喜馬拉雅山山麓的印度小邦科奇比哈爾（Cooch Behar）趕走。事情的起因，是不丹人認為他們有權指定科奇比哈爾的統治者，但被驅逐的未成年拉賈達蘭德拉・納拉揚（Dharendra Narayan）卻有不同想法，想尋求東印度公司協助，讓他重登王位。黑斯廷斯感覺到機會來臨，願意協助擺脫不丹，只要拉賈能付出成本。他也要求國王交出一半稅收，以獲得公司持續的保護。拉賈別無選擇，只能同意；科奇比哈爾邦基本上放棄主權。為了阻止英國人，不丹政治領袖日達爾（Zhidar）尋求加得滿都的普利特維・納拉揚・沙阿以及東邊的阿薩姆協助。在援軍抵達之前，英國已先調度一支小型部隊出發，雖然這支英國軍隊的指揮官和許多士兵在特萊平原的叢林因瘧疾病倒，仍擊退了不丹。在這次失敗之後，日達爾遭到放逐。（他運用強制勞動，又對清朝皇帝採行友善的外交，讓一般不丹人感到不滿。）他流亡到班禪喇嘛駐錫扎什倫布寺，這時班禪喇嘛願意介入調停，政策一提出，便斷言在考量諸多事實之後，要代表這位不丹人，主張不丹為西藏臣民。這麼一來，東印度公司就與西藏的利益起了衝突，就像幾年前金洛赫遠征尼泊爾失敗一樣。

這封信雖是出乎意料，但對黑斯廷斯而言卻是好機會。黑斯廷斯早年為克萊夫的徒弟，而克萊夫在普拉西之戰勝利，鞏固了公司在印度的未來。一如博格爾，黑斯廷斯也是一七五〇年從職員做起，他很勤奮，還趁閒暇時間精通烏爾都語和波斯語。他對印度政治文化的欣賞與了解，有助於拓展公司的影響力。（他在職業生涯初期，就因為目睹同事貪腐而感到震驚。然而在博格爾從西藏回來十三年之後，黑斯廷斯會經歷英國史上最不尋常的審判。提出控訴的是哲學家埃德蒙・伯克〔Edmund Burke〕和劇作家理查德・謝立丹〔Richard Sheridan〕，他們認為黑斯廷斯也有同樣的不當行為，讓英國在印度行為受到公開批評。）一七七〇年中期，四十多歲的黑斯廷斯，在凱特爾畫中顯得並不魁梧，甚至有苦行者的感覺，頭圓而禿，帶有威嚴的力量，但也相當有活力，總想一窺自己的影響範圍到底有多大。一七七四年三月底，浦南吉爾帶著班禪喇嘛的信，來到他的辦公室那天，黑斯廷斯已經得到委員會同意，展開西藏任務。由於英國對喜馬拉雅山區不甚了解（不丹是西藏的另一個名字嗎？），因此他們需要一個可靠、開放但心思敏捷的年輕人來率領這趟任務，這個人要和黑斯廷斯一樣知性靈活，但也必須是個探險家，在途中必須能化險為夷：博格爾就是這樣的人。

黑斯廷斯特別喜歡年輕的蘇格蘭人，而博格爾還有其他許多令人討喜的理由。歷史學家凱特・特爾徹（Kate Teltscher）形容他「有趣、聰明、自謙與精明」，這些特質在他描述自己的西藏探險時更是表露無疑。這些記述都沒有公開，直到旅程結束後的一個世紀，他的後裔才把滿滿一箱文件，交給皇家地理學會（Royal Geographical Society）的榮譽祕書克萊門茨・馬卡姆（Clements Markham）。黑斯廷斯曾寄送一份博格爾的手稿給山繆・約翰遜（Samuel Johnson），因為之前約翰遜送了黑斯廷斯一本《蘇格蘭西部島嶼之旅》（*A Journey to the Western Islands of Scotland*），但這份手稿只被當成引人好奇的小書，以便宜售價賣出。博格爾豐富的故事被放在約翰森的一堆文件中，顯然遭到忽視。這兩本書都提到高地人的精神，雖然博格爾比約翰遜對山區文化更加好奇且包容。

博格爾的父親是格拉斯哥的富商——多德依的喬治伯格（George Bogle of Daldowie）——他是在這座城市全盛時期發財的菸草大亨，當時格拉斯哥是首屈一指的商業中心，與美國殖民地有相對快速的連結。博格爾在愛丁堡大學研讀了六個月的邏輯，那時他才十四歲，之後又在家族企業擔任長期學徒，而如今，家族企業由哥哥羅伯經營。這個家族有強大的人脈，例如和托利黨政治人物的亨利・鄧達斯（Henry Dundas）有交情，他是蘇格蘭啟蒙運動的支柱，也支持英國對印度發揮影響力。任職於東印度公司是有風險的，加爾各答的墓園一下子就滿了：到孟加拉的人約有一半會死在當地。然而，對想快速致富的年輕人來說，東印度公司是個淘金的機會。這個可能性很快會成為博格爾家族的問題。喬治抵達加爾各答兩年之後，碰上了差點讓東印度公司毀於一旦的信用緊縮危機，也毀了博格爾家族的事業。博格爾的兄長羅伯陷入絕望，企圖自殺。（他要從樓上的窗戶一躍而下時，一名僕人拉住了他的衣角。）

在恢復神智之後，他採取行動，設法保住老父在多德依的豪華宅邸，並向弟弟求助，因為他是最有希望清除家族債務的人。喬治的事業成就，對家族的財富相當至關緊要。

博格爾獲得晉升，也引起黑斯廷斯的注意，並提拔他為私人祕書。他也和當時在印度任職、但名聲相對不好的人物有所牽連。他與勞克林・麥克利恩（Lauchlin Macleane）共同生活一段時間，後者是軍隊准將，一個不誠實的投機者，靠著人脈在印度取得職位，清除堆積如山的債務。麥克利恩會以自己的魅力吸引到與他見面的人，包括黑斯廷斯，而黑斯廷斯向來只顧著自己，因此容易受騙。一七七三年規範法案通過之後，麥克利恩在他的計謀被拆穿之前就逃離印度。博格爾靠著個性友善、聰明伶俐，在這環境出淤泥而不染。他寫信給兄長羅伯時，信中提到，在印度，無恥的人有辦法蓬勃發展，但那些人在歐洲卻不敢這麼囂張：「有些人拿公司的好處，過度受人尊重，他們是大惡棍，不光有嫌疑而已，而是大言不慚。」麥克利恩想要喬治當副手，但黑斯廷斯不願年輕徒弟離開。這個決定讓博格爾遠離了公司貪污的黑暗角落，踏上前往不丹的高山道路。

一七七四年，他往山區出發時是季風前的酷熱時期，正逢一年最糟糕的時節，然博格爾是個剛強機警的旅人。他和超過六十名隨從前往，還有一名蘇格蘭同伴亞歷山大・漢彌爾敦（Alexander Hamilton）——一名高大強健的醫生，他的出現使得活力十足的博格爾相形失色。喬治記下大量的筆記，部分原因是黑斯廷斯的堅持，兩人心中可能都想著一本書。約翰・霍克斯沃斯（John Hawkesworth）編輯的庫克船長（Captain James Cook）日誌就記錄著奮進號（Endeavour）的航程，內容相當生動且具爭議性，因而引起轟動。啟蒙時期的哲學家會以這些探險故事為例，說明他們對人類天性提出的理論。博格爾的旅程足填滿地圖上類似的空白之處，或許也能得到類似的報酬。「公司沒有任何文官，甚至沒有半個歐洲人曾造訪過我即將進入的國度，」他寫信告訴父親，「我在這條路上，處於這樣的氣候，與這些民族相處，和身處在黑暗中一樣。」然而，西藏不是澳洲，而博格爾最終抵達青藏高原時，會發現原來這裡的人對他帶來的歐洲奇物並非口此陌生。耶穌會已讓西藏人更適應西方哲學。

在穿過平原、往北前行之後，博格爾來到群山綿延的不丹邊境。在加爾各答構思的計畫，並未讓他準備好面對喜馬拉雅山區的壯闊，或這山區讓他感到的唐突。「無法想像會有哪一個國家裡有如此突兀或強烈的對比。」他把所見的一切都寫了下來：包括不丹富饒氣候下種植的作物、瀑布的高度、風土建築。「大地在一片祥和之下長出水果，彷彿那是自發長出，而每座池塘滿滿是魚。」他自己也有貢獻，他種植馬鈴薯，好讓他在回程評估其生存能力。他的眼睛未被其他旅者蒙蔽，他所呈現的畫面是嶄新、近乎天真：「在山嶺的道路上，樹立白布做成的旗子，上面還寫了句子。那是宗教訊息，在山頂很常見。」博格爾看見的是祈禱用的「風馬旗」，上面印著六字真言「唵嘛呢叭咪吽」。

博格爾小心記下所有可能具備軍事優勢的基礎建設，但他不必是個軍人，就了解在這山區作戰多麼困難。「對士兵來說，這條路可不容易，」他在日記中如此寫道。他詳細記錄下位於不丹西南部楚卡（Chukha）令人讚歎的鐵吊橋，似乎不知十五世紀西藏的湯東傑布（Tangtong Gyalpo, 1385-1464）曾建造過許多類似的結構，而這正是其中之一。常有人稱湯東傑布為「鐵索人」（Chakzampa），他是開創性的土木工程師兼鐵匠，在喜馬拉雅山區建造過十幾座吊橋。湯東不僅土木工程成就非凡，在信仰上也是個了不起的能手。他也是狂人仰巴（Nyonpa），自稱龍頓仰巴（Lungton Nyonpa），亦即「空谷野人」，他會在作品中簽下這個名字，於是發展出像詩人密勒日巴的神祕地位。他也和密勒日巴一樣，蘊含著藏傳佛教精神較為弔詭的一面：個人意識的幻覺可能很有說服力，像真的一樣。他建造的橋梁不僅實用，也能闡述他的精神修為：渡船與橋是藏傳佛教授法時很常出現的比喻。

班禪喇嘛的信並非邀請對方造訪西藏，只是黑斯廷斯是這麼解讀的。因此在抵達不丹行政領袖竹第悉的所在地、位於現代首都廷布附近的札西秋宗（Tashicho Dzong）前幾天，博格爾發現自己陷入外交僵局。來自班禪喇嘛的另一封信攔阻了他，信上說，英國人不能造訪西藏：這國度臣服於中國，他需要徵得皇帝同意，才能讓外邦人進入。而這得花上一年的時間。第二封信則是交到浦南吉爾手上，警告天花正在流行，而班禪喇嘛已從扎什倫布寺退避到較偏遠的佛寺，不便見人。博格爾把這些理由視為託辭，拒絕接受信件及伴隨的禮物。如果聽話照辦，等於吃下閉門羹，得速速返回加爾各答：這對於殷切期盼大好前程的人來說，不是該有的結果。他自覺必須努力打開西藏的外交大門，於是派遣對這任務熱心支持的浦南吉爾拜訪班禪喇嘛，開出一條路。

博格爾在等待回應時，有時間多學習一點關於不丹生活的事：

> 越看不丹人，就越喜歡和他們相處。一般人很和善、很坦率〔意為直接〕，我認為完全可以信賴。政治人物會有些那一行必然要會的藝術。他們是我見過體質最好的民族，許多人都長得很英俊，膚質和法國人一樣好。

和造訪過不丹與西藏的耶穌會及嘉布遣兄弟會教士不同，十八世紀晚期、十九世紀去過這個地區的英國外交官對佛教沒有多大的興趣。博格爾則和傳教士一樣，體認到西藏僧侶與羅馬天主教修士有相似點，其所服務的機構也類似。但身為長老教會信徒，博格爾對這樣的宗教虔誠毫不動心：要參加這麼漫長的儀式，實在令他感到厭倦。然而，宗教和各個宗教派系，是西藏與不丹關係之間的核心所在。

博格爾此時遇見的不丹權貴，家世可追溯到兩百年前的西藏貴族家庭，以及遭到放逐並建立此地信仰宗派的政治領袖夏仲·阿旺朗傑（Ngawang Namgyal，或譯阿旺南傑）。他在熱隆寺（Ralung monastery）被認定是第十八世的竹（Druk）譜系領導者，這間佛寺位於不丹邊境北邊的西藏，而竹巴噶舉派是個分支，隸屬於十一世紀由瑪爾巴譯師建立的噶舉派。藏區統治者是當時西藏最有力的政治人物，偏好的是另一個人選。因為害怕遭逮捕，阿旺朗傑逃到南邊遙遠且容易防禦的山區，並建立新王國，其領土就包括現代的不丹朗傑這時約二十五歲，持續受到藏區王公的存在威脅。後來，他有了「夏仲」（Shabdrung，意思是「在腳下」）的稱號，開始打造新的半神權政體國度。一六二一年，他在廷布山谷的高處興建雪日寺（Chagri monastery），認為此處夠安全，遂展開三年的隱居。他在一六二七年，允許目前所知第一批造訪不丹的歐洲人——耶穌會教士卡塞拉與卡布拉爾——來到這座寺院。卡塞拉寫信向上司報告時這麼說：

> 有兩個月的時間，我們伴隨著國王在此地與其他地方的山區行走，終於來到他位於山上的隱居住處；除了喇嘛，他誰也不帶，因為這個地方容納不了更多人；為了蓋一棟房子，需鑿開許多岩石，費盡千辛萬苦，才讓這峻嶺中的些許空間平坦；他選擇這個地方，是為了避開八天路程外的一個國王——噶瑪丹迥旺波〔Karma Tenkyong〕，也就是博坦塔〔西藏〕最重要的國王。

事實上，這位重要的國王噶瑪丹迥旺波最擔心的事，則發生在其他地方：藏區信徒和格魯派及其蒙古信徒的爭鬥，不丹反而是次要的問題。不過，這位藏巴汗仍反覆努力，想要鎮壓朗傑的新國度。為了自保，朗傑的信徒建立了壯觀的佛教堡壘——稱為「宗」（dzong）——以保護他們的新國度，不受敵人攻擊。最壯觀的是在一六二九年完成的西姆托卡宗（Simtokha），主導了戰略交叉點及進入首都的入口。此即一六三四年五喇嘛之戰的戰場，當地心生不滿的宗教領導者與藏軍結合，攻打這座堡壘。

據說堡壘儲存的火藥意外爆炸，摧毀了入侵的軍力。後來，朗傑得以建立新法規《嘉意法典》（*Tsa Yig Chenmo*），這是僧侶式憲法，把重要地主連結到新的竹國（亦即不丹）。不丹緊密的文化同質性就是從這時期出現：不丹的自稱是「竹域」，[5]或竹國，而這國度也金援竹巴派。部分對手宗派遭禁，包括造橋者湯東在此建立的世系也不例外。從十七世紀中起，新崛起的格魯派勢力強化對西藏的掌握，因此格魯派也遭禁。一六五一年，夏仲阿旺朗傑去世，消息卻被隱瞞了五十四年：這個國度太脆弱，無法承認已失去啟迪人心的領導者。要把權力交給同樣有能力的領導者，顯然是不可能的。然而，把他的不同角色拆分，卻帶來了兩百年的派系之爭與內鬥。

博格爾就曾目睹過這情況的爆發，也就是不丹遭到驅逐的政治領袖日達爾和新的政治領袖貢噶仁欽（Kunga Rinchen）第悉在他面前鬥爭。日達爾復辟的陰謀被發現之後，支持者逃到西姆托卡宗躲避。博格爾駐紮在南邊幾公里處，從窗戶便看見這場鬥爭的起落及勢力消長。許多士兵是當地村民，即使武器過時——甘蔗做成的頭盔與盾牌——卻能發揮功效。他們的武器古老，但不丹人同樣使用六呎長的弓，箭尖為鐵製，有時還沾了毒藥。漢彌爾敦忙著為傷者包紮。最後，貢噶仁欽掌控大局，燒毀反叛者的村莊，也切斷西姆托卡宗的補給。反叛者於是逃到山的另一邊，前往西藏。

一天之後，博格爾和漢彌爾敦出發，跟隨著他們去覲見班禪喇嘛，這位喇嘛無視於拉薩的警告，而是較同理浦南吉爾的主張。或許嚴格來說，掌控權是在達賴喇嘛的年輕攝政者手中，而班禪喇嘛是西藏最資深的高僧，和乾隆皇帝也有個人交情。他會傾聽英國人說話。此際是十月中，冬季初雪覆蓋著山麓之頂，但不到一個月，這兩名蘇格蘭人即和班禪喇嘛面對面。在凱特爾的畫作中，喇嘛的形象是小個頭，整潔又鎮定，實際上是更為福態且友好的。「他的氣色，」博格爾寫道：

比多數西藏人要好，手臂和歐洲人一樣白；他頭髮烏黑，剪得很短；鬍鬚的長度從不留超過一個月，雙眼又小又黑。他面帶微笑，表情和氣。他的父親是藏人，母親則和拉達克拉賈有密切關係。他跟母親學習印度斯坦語，因此對這語言有不少認知，也喜歡說印度斯坦語。他性情開朗、率直、慷慨。交談時顯得時非常開心愉快，並說了一則好聽的故事，充滿幽默且生動。我試著在他的性格中找出人性無法避免的瑕疵，但他就是這麼普遍受到喜愛，我找不到缺點，沒有人會打從心裡說他的不是。

博格爾發現自己也同樣引人注意，群眾會前來探看，「像觀賞高塔裡的獅子。」班禪喇嘛提議驅走這些人，但博格爾不贊成，因為他同樣對群眾有興趣。他會密切觀察人類行為，觀看喇嘛如何為聚集在寶座周圍的人加持。班禪喇嘛會徒手在貴族與高僧頭上灌頂，至於阿尼和居士則會用一條布，放在頭上與班禪喇嘛的手之間。他經過底層善男信女面前時，則會以手持的流蘇觸碰他們。博格爾也注意到班禪喇嘛的慷慨。約有一百五十名托缽僧跟著他，有些是來經商，有些則是「朝聖」，雖然博格爾注意到這些印度教朝聖者最關心的，似乎是每個月茶、油、麵粉及現金的配給量。這些「印度教苦行僧，」博格爾估計，「是一群沒有價值、沒有原則的人。」他思索班禪喇嘛為何如此包容。「我想，對朝聖者的慈善之舉，」博格爾寫道，「部分是源自喇嘛的慷慨性情，部分是來自取得資訊的渴望，以及滿足他對印度斯坦的西藏宗教流派好奇心。」

博格爾予人務實、友好且實際的印象；他對文化相當開放，雖然穿著歐洲人的服裝與班禪喇嘛見

5　竹域（Drukyul），「竹」是龍的意思。

面，卻很快換成藏人服裝，沿用他們的習慣。然而，他不接受班禪喇嘛形而上的複雜哲學。「喇嘛的宗教多少與印度教有關聯，但我不會假裝能說出個所以然。」雖然他能精準觀察到宗教儀式和社會結構，班禪喇嘛的宗教流派卻不如眼前事務的關係重大：貿易。近期的西藏政治史對他的任務而言有關鍵重要性，而博格爾之後會對他在加爾各答的上司解釋，中國為何派駐兩名政治代理人（亦即駐藏大臣）到拉薩：「大約七十年前，中國皇帝取得西藏主權，方法就和一般取得主權的方式一樣：介入兩個敵對陣營的紛爭。」博格爾知道，英國在印度可說是深諳此道。

就像拉薩當局讓中國駐藏大臣有所顧慮，西藏對南方的新興勢力也同樣不信任。「在以前，」博格爾報告：

> 歐洲人只以商人的身分進駐印度斯坦時，要建立工廠與自由貿易並不困難；然而，隨著英國人權力擴張，在高山拓展勢力範圍，就會成為周遭鄰國的嫉妒目標。我在前進西藏時遇到的反對勢力，以及在執行任務時遇見的諸多困難，皆源自於此。拉薩政府認為，我是被派來探索這個國家，野心勃勃的英國人未來可能入侵，而優越的武器可能讓他們如願以償。

另一方面，如果不和印度聖地的新興勢力往來，會是愚蠢之舉。不僅如此，加德滿都的新廓爾喀政權已顛覆幾個世紀以來的貿易，及對雙方有益的關係。長久以來，喜馬拉雅山區的佛教界就仰賴著尼瓦爾藝術與建築裝飾。這個新鄰居雖不討喜，卻是厲害的對手，最好保持良好的關係。班禪喇嘛也很想在孟加拉建立朝聖中心，這麼一來，可以在孟加拉的波羅王朝滅亡了幾個世紀之後，讓西藏與靈性根源重新建立關係。

若從貿易與外交的廣大敘事來看，很容易忽略博格爾西藏旅程中的另一個層面。他喜歡西藏，也喜歡藏人。「就私底下的人格來說，他們是正正當當，堪為模範，若能以讓我住在同一個屋簷下的人來評斷的話，那麼他們是有人性、慈悲且有智慧。」在任務過程中，博格爾曾急著想返回加爾各答，只是一回到加爾各答，他又想念起班禪喇嘛。博格爾從千里之外對他展現友好行為，幫他校正手表，也寄幾套棋給他。博格爾寫書，漂流了一段時間，之後在一個無趣的稅收職位安頓下來。和西藏的外交此時由能幹的浦南吉爾扛起，他在一七七六年到加爾各答附近的豪拉（Howrah），監督為班禪喇嘛興建的朝聖與貿易建設。這棟建築物位於胡格利河河畔，稱為「西藏公館」（Bhot Bhawan），讓西藏朝聖者來造訪佛陀在世的聖址時，能有安全的棲身之處。黑斯廷斯或許沒能打開與西藏的通商之路，但是班禪喇嘛已經在印度得到他的監聽站。

外交也為班禪喇嘛埋下禍根。在博格爾造訪前十年，乾隆皇帝已下令在北京東北邊河北省的承德避暑山莊興建佛寺，以慶祝一七七一年時的六十大壽。這座佛寺稱為普陀宗乘之廟，是仿造達賴喇嘛在拉薩的布達拉宮，也是在建築上傳達與少數民族的團結（並呈現一己優越性）。十年後，班禪喇嘛接到聖旨，要到承德慶祝乾隆皇帝的七十大壽，這時班禪喇嘛面臨困境：該冒險踏上危險旅程和染上天花的風險，或者該放棄外交的黃金機會。在這次盛會中，勢力強大的蒙古人也會出現，機會難得，實在不該錯過。浦南吉爾會與他同行，兩人在格魯派的塔爾寺會合。後來，浦南吉爾告訴英國人，班禪喇嘛確實向皇帝提到東印度公司與中國的貿易，不過東印度公司只相信他。後來，班禪喇嘛一語成讖，他染上了天花。他以藏傳佛教的方式面對死亡，盤腿靠牆而坐，冥想前往「虛空之光。」浦南吉爾是少數隨侍在側的親信。

四個月後，在一七八一年初，博格爾在渾然不知其西藏友人已圓寂的情況下，於加爾各答的水槽中進行日常沐浴，卻以三十四歲的年齡溺斃。「沉入水中的，」特爾徹寫道，「是博格爾的魅力和洞察力、好奇心與雄心，以及友誼與外交的天賦才能。」他葬在加爾各答南園街公墓（South Park Street Cemetery）的巨大石棺下，幾乎遭到後世遺忘，直到在印度事務部地理部門的主管馬克姆，於擔任黑斯廷斯祕書的祖父所留下的文件中發現博格爾的書。這本在一八七六年出版的書，給予博格爾這名蘇格蘭人些許的名氣，只是他已離開，就像早他四年離世的漢彌爾敦一樣——漢彌爾敦在科奇比哈爾瘧疾肆虐的山麓發燒病故。

*

黑斯廷斯期盼博格爾從西藏帶回的氂牛，確實抵達了加爾各答，只不過是在幾年後的一七八三年，才由薩謬爾·特納（Samuel Turner）率領的第二次外交任務完成。只有公氂牛在返回英國的漫長路途中活了下來，喬治·史塔布斯（George Stubbs）在其畫作〈韃靼氂牛〉（The Yak of Tartary）就畫了這頭氂牛。這頭氂牛死後被製成標本，於水晶宮展覽。特納在返回英國之後，於一七九八年發表這趟旅程的見聞，掀起小小的文學旋風。西藏成了今天所謂的迷因：特納觀見年輕的班禪喇嘛是博格爾認識的喇嘛轉世，這件事情尤其打動英國觀眾的心。愛爾蘭抒情詩人湯瑪斯·摩爾（Thomas Moore, 1779-1852）——這位詩人是拜倫的朋友，有「旋律」摩爾（'Melody' Moore）的別稱——寫下關於這男孩的小作品〈偉大的小喇嘛〉：

據說，西藏曾有

一歲大的小喇嘛在位——
長大會坐上寶座，護佑這土地，
時間是在這小聖人
掉牙之後——盡量接近這個時間——有人說第一顆牙，
有人說是第二顆。

於是世上最神祕、複雜、富有文化內涵的精神與哲學傳統，就這樣經過刪改，取悅英國大眾。這過分做作的天真，多少出現在吉卜林的小說《基姆》（*Kim*）中提到的西藏角色：德秀喇嘛（Teshoo Lama），這個名字便是挪用自特納描述這段旅程時所使用的標題中[6]。

博格爾的西藏之旅有個終曲。一九四八年，名為諾拉・海斯科特（Nora Heathcote）的女子對於《週日泰晤士報》（*Sunday Times*）把博格爾描述成英格蘭男子很是反感，她寫信要求報紙勘誤，還說一名曾為他生下後嗣的西藏女子是班禪喇嘛的姊妹，這名女子在家族文件中稱為提珍（Tichan），可能是西藏名德欽（Dechen）的訛誤。馬克姆一八七六年編輯的博格爾著作中，提到了他有兩個女兒瑪莎與瑪麗，兩人都在博格爾去世後搭船回英國，由博格爾的家族養育。這兩個女孩的母親是西藏公主，或是博格爾在孟加拉時同居的女子，依然沒有確切答案。博格爾在西藏確實風流，他的旅伴漢彌爾頓醫生在他回程中，還開給他通常用來治療花柳病的汞軟膏。英國外交官與藏學者黎吉生（Hugh Richardson, 1905-

6 特納的這本書所稱的「An Account of an Embassy to the Court of the Teshoo Lama in Tibet」，其中Teshoo Lama實為班禪喇嘛的另一種寫法，而博格爾也曾如此稱呼班禪喇嘛。吉卜林小說中的角色德秀喇嘛確實從這裡得到靈感，但不是指班禪喇嘛。

2000）曾和一八七六年出生的海斯科特通信，想釐清博格爾複雜的家族史。他發現博格爾除了女兒之外，也可能有兒子，而他雖然不全然相信「提珍」是班禪喇嘛的姊妹，卻也認為博格爾可能和西藏女子有孩子，蘇格蘭人的血脈中仍有喜馬拉雅山區的血液在流動。

雖然博格爾和許多同事及朋友一樣英年早逝，原本該屬於他的名氣都到了特納身上，不過博格爾透過外交，與西藏建立貿易連結，仍是努力有成，只是稍嫌短暫。在整個一七八〇年代，孟加拉與西藏的關係良好，貿易逐漸熱絡。浦南吉爾跟著特納出任務，回到西藏，一七八五年在沒有英國的監督下又再度前去西藏。他描述扎什倫布寺的商業蓬勃發展，印度商人靠著西藏的有利匯率而賺進大筆利潤。若不是尼泊爾和西藏之間即將爆發激烈的貿易戰，這美好局面或許可延續下去。浦南吉爾花越來越多時間在豪拉的寺院西藏公館度過，一七九五年命喪闖入寺廟的盜匪手中，於是這名托缽僧便埋在花園中。

特納是第二次西藏任務的領導者，和博格爾一樣熱愛喜馬拉雅山區。他帶了一名測量員與藝術家塞繆爾．戴維斯（Samuel Davis），他的不丹水彩畫相當優雅，讓人一探在十七世紀初卡布拉爾造訪之後就鮮少改變的世界，之後也沒什麼變化，直到一九七〇年代旅遊業發展之後才出現不同面貌。他對不丹人也有相當正面的描述：「對勒贖、殘酷以及流血感到陌生」。之後，情況改變了；英國人下定決心，對付周圍的文化。植物學家威廉．格里菲斯（William Griffith）在一八三七年的不丹貿易任務中擔任醫官，對不丹人提出截然不同的看法：「他們展現出的是無知、貪婪的野蠻，例如應該要先懲罰，之後才會乖乖聽從指揮。」一八六四年英國入侵不丹前不久，在前一年曾以特使身分前往不丹的亞斯利．艾登（Ashley Eden）就說這裡的人是「懶散種族，不在乎一切，只管打鬥並殘殺彼此。」博格爾曾說，他在西藏體驗到的魅力宛如「美妙夢境」，這時已淪為無稽，被冰冷僵硬的商業算計取代。

八　貿易戰爭

拉蘇瓦嘉迪（Rasuwagadhi）是位於尼泊爾與西藏邊界的偏遠聚落，海拔一千八百公尺。下方就是特耳蘇里河，西藏稱「吉隆藏布」（Kyirong），其東為喜馬拉雅山脈雄赫的藍塘里壤峰（Langtang Lirung），在清朗的秋日早晨，這座位於六十公里外的山峰將成為加德滿都谷北邊天際線的搶眼主角。不遠處是西藏的希夏邦馬峰（Shisha Pangma），為世界第十四高峰。在如此遙遠的高山，若有一條鐵路與高度接近海平面的印度平原鐵路網路相連——聽起來或許是幻想，但目前確實有人提議：中國國家主席習近平提出一帶一路的全球性計畫中，就有這麼一條支線。「我們希望，」中國外交部部長王毅在二〇一八年說道，「三國的共同目標是攜手合作，實現共同發展和共同繁榮。」尼泊爾外長則說，他個人的夢想是能從尼泊爾搭乘現代列車，穿越喜馬拉雅山，進入中國，沿途享受絕美風景。交通流量大增將永遠改變喜馬拉雅山區，或許是浪漫派人士並不樂見的情況，當然也會造成環境成本。但是在貧窮區域發展經濟的可能性，將促使這樣的計畫幾乎無可避免。

中國已在距離拉蘇瓦嘉迪約三百公里的班禪喇嘛駐錫地日喀則建立高速鐵路，迅速把中國遊客送到扎什倫布寺，如今這裡猶如軸心，讓中國對藏傳佛教發揮影響力。位於邊境的吉隆谷地雖然狹窄，但已建造好新道路和無水港。二〇一五年尼泊爾大震時，這些設施出現毀損，兩年後便已修復，並重新開放。更近期，中尼同意通往日喀則的鐵路將會經由西藏最美、最神聖的山谷吉隆，延伸到加德滿都。

尼泊爾利用與中國的密切往來，引發德里緊張，進而和印度簽署協定，連接起加德滿都和次大陸遼闊的鐵路網。其實，尼泊爾早已和印度鐵路相連，從薩高利交會點車站（Sagauli Junction）出發，不到三十公里便會抵達印度拉克奧爾（Raxaul）與尼泊爾比爾甘傑（Birgunj）——尼泊爾特萊平原的第二大城——之間的過境站。二十世紀初，比爾甘傑只有幾座村子，然其就坐落在加德滿都和英屬印度之間，成為建立海關駐點的不二之選。一九二七年，英國完成窄軌鐵路興建，進入尼泊爾，於是這座小鎮的重要性隨之提升。在第一次世界大戰時，尼泊爾是英國盟友，並犧牲子民，因此這條鐵路是為了改善盟友的交通，並促進其邊境以南的市場。雖然這條鐵路如今已泰半停用，但邊境的部分最近升級成現代印度路網使用的寬軌，連接起印度拉克奧爾與尼泊爾比爾甘傑的新貨櫃儲存設施。這兩項計畫遭遇許多障礙，即使最終無法開花結果，也有強大的經濟及政治論述，為過去連接印度與青藏高原的古老商路賦予新活力。中國是否會允許這條古代道路扮演起不同的文化動脈角色，讓印度創意的生命之血流到青藏高原，則另當別論。

在歷史記載出現以前，朝聖者、工匠及最重要的商人就在帶狀的喜馬拉雅山區旅行，從高山往北前往中亞絲路，或往南前往印度。他們運用馱獸，在喜馬拉雅山區谷地與峽谷運送貨物，而在高山，個人物品與貨物則仰賴氂牛運送，也會靠騾子或人類腳夫揹負。喜馬拉雅山的諸多衝突和政治緊張局勢，都是發生在這些有利可圖的節點上，亦即在這荒涼偏遠鄉間的狹窄「錢河」匯聚地。英國歷史學家約翰·潘博爾（John Pemble）在提到喜馬拉雅山東部的貿易時，稱之為「涓涓細流」，說這裡有「兜售奢侈品的生意，主要依照有錢人與好奇者的吩咐來運送。」在十九世紀全球貿易的背景下，這種說法大可說是千真萬確：東印度公司起初會好奇能否在這貿易上分一杯羹，但後來認為不值得大費周章，寧願把這山

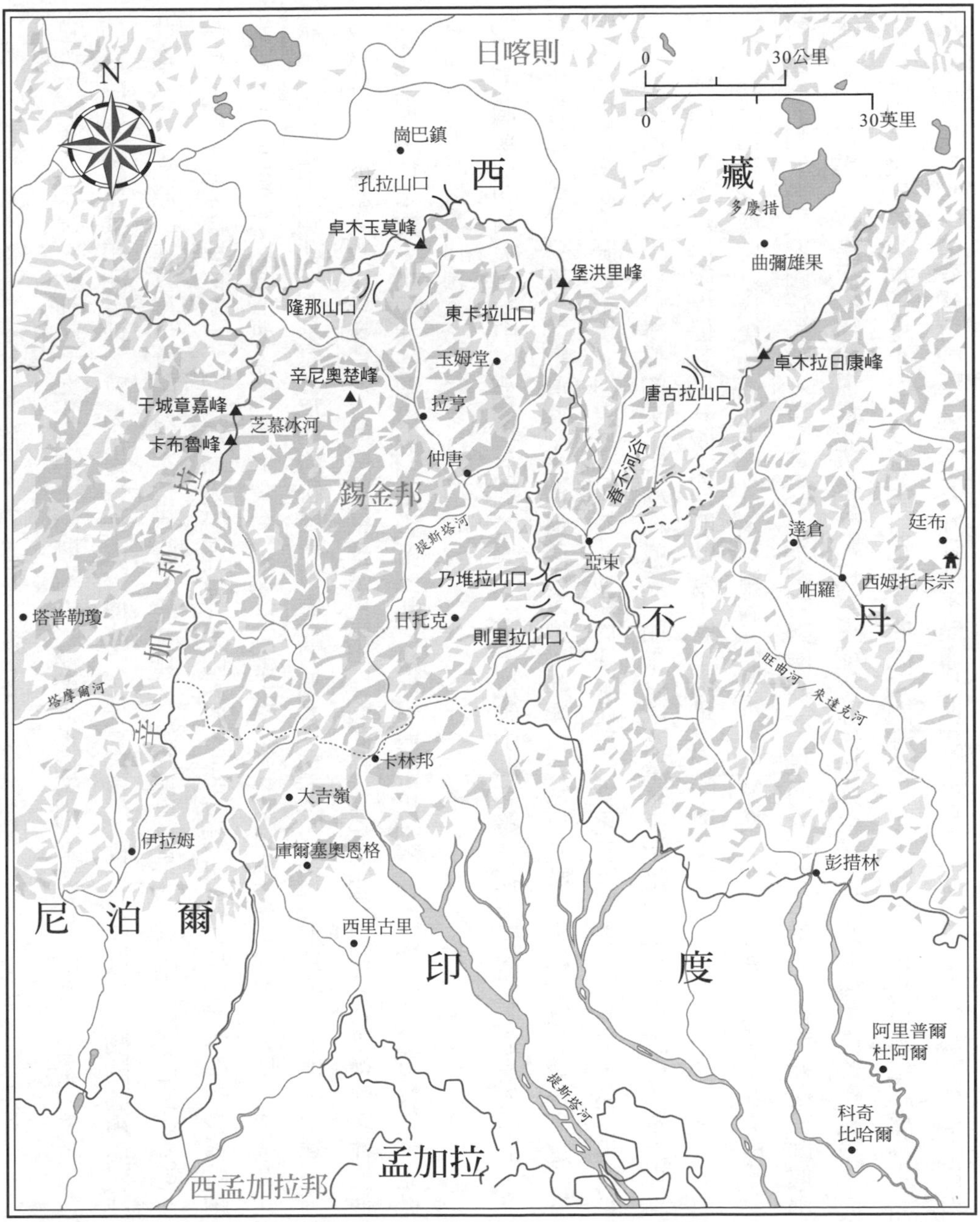

日喀則
N
0
30公里
0
30英里
崗巴鎮
西
藏
孔拉山口
多慶措
卓木玉莫峰
曲彌雄果
堡洪里峰
隆那山口
東卡拉山口
卓木拉日康峰
玉姆堂
辛尼奧楚峰
唐古拉山口
干城章嘉峰
拉亨
芝慕冰河
卡布魯峰
春丕河谷
仲唐
錫金邦
提斯塔河
達倉
廷布
亞東
乃堆拉山口
帕羅
西姆托卡宗
塔普勒瓊
甘托克
則里拉山口
不
丹
加
利
拉
旺曲河／朱達克河
塔摩爾河
卡林邦
大吉嶺
伊拉姆
庫爾塞奧恩格
彭措林
尼
泊
爾
西里古里
印
度
阿里普爾
杜阿爾
提斯塔河
科奇
比哈爾
孟加拉
西孟加拉邦

區作為防衛性屏障。然而，「兜售」帶來的財富，支撐著喜馬拉雅山區擁有壯觀文物遺產的重鎮，包括加德滿都及雅魯藏布江谷地。貿易也提供金流，促成文化大量轉移，佛教、印度和中國的藝術與科技因此進入青藏高原。在喜馬拉雅山西部亦可見龐大的貿易，當時稱這貿易商品為山羊絨（shawl wool）或喀什米爾羊毛（cashmere），因為歐洲人是在喀什米爾（Kashmir）初次見到這商品，如今多稱為帕什米納（pashmina），即波斯文的「羊毛製」。最好的山羊絨來源是阿里地區古兒孫的羌塘（或稱藏北高原），即古格王國北邊的高原，那裡的牧民利用兇猛的獒犬，驅趕山羊和綿羊到羊毛市場，尤其是岡仁波齊峰西邊的噶大克（Gartok），此處距離喜馬拉雅山區的商路不遠。印度河與薩特萊傑河可往西通往拉達克與喀什米爾，也能通往南邊的印度山區土邦，這裡主要由拉豪爾（Lahaul）人主導貿易，並從高原龐大的羊群賺取利潤。

這個區域的國際貿易中，蘊藏著低調的故事：喜馬拉雅山區商路及在這些商路上運送的產品，多半是地方性的，對於更廣大的經濟體來說價值微不足道：穀類、食物以及鹽，育種動物和藥草。這對於更廣大的世界來說或許並不貴，但是這些貿易活動為更活潑複雜的文化交流提供牢固基礎，為喜馬拉雅山區所賦予的特色，不亞於雄偉的廟宇或精緻雕像。如果以成交量來衡量是否成功，或許會認為這喜馬拉雅山區的貿易不足掛齒，但若以其所支撐的社會來看，則是至關緊要。

在這由種族與貿易構成的網路上，先天已適應高原生活的藏族，和南方種族之間存在著斷層；若轉述義大利人類學家圖齊的話，這就是「米—喇嘛斷層線」，是南方種植稻米者及來自北邊的藏傳佛教徒之間的差異。在高海拔種植糧食並不容易，只有幾種特殊作物能生長，因此值得承擔貿易風險。從喜馬拉雅山區歷史的絕大部分來看，交易者可在幾次收成之間賺得一小筆財富。貿易也強化四海為家的觀點；在喜馬拉雅山這麼嚴苛的環境下，友好款待不僅僅是理想，更是必要之舉。人類學家克里斯托夫·

馮・菲雷爾—海門多夫（Christoph von Fürer-Haimendorf）稱之為「款待體系能很理想地符合長程交易者的需求，這不光是因為他們在惡劣氣候下需要有地方遮蔽，且生意也仰賴個人的信賴關係，這層關係是靠著歡宴交際場合來建立並強化。」雪巴人好客的名聲，就是誕生於喜馬拉雅山東部的商路上。

到了現代，中國在一九五〇年代占領西藏，隨手抹除了高處多塵角落的細緻網路，而世上鮮少有人注意到這失落。在民族國家出現之前即存在已久的諸多地方交易商路，這時也突然關閉。喜馬拉雅山的邊緣地帶從一個空間，變成了一條線：那些流動的、神祕迷人的，都變成了石頭。不僅如此，已適應高海拔環境的人和未適應者之間的「米—喇嘛」人類「界線」被抹除，改以沿著山頂分布的政治疆界取代。因此，龐大的藏族人口就因為這條看似隨意訂定的新界線，被困在錯誤的另一邊，或多或少與自己的根源切斷；雪巴這支從已不可考的時代即仰賴行動自由的民族，就是一個例子。可想而知，這後果令人苦惱，影響的也不僅限於物質面：藏族是有強烈的遊牧傳統、喜愛移動的民族，因此受到的影響相當深。過去即使在遙遠的西藏村莊，也很容易發現有人已穿越狹長的喜馬拉雅山區。而如今，他們會到印度學習或謁見達賴喇嘛，可惜會遭到騷擾，甚至是來自中國公安部隊的折騰，於是得付出高昂的個人代價。

在尼泊爾境內，這樣的結果同樣戲劇化，但也引人矚目，有時候會導致身分認同重組，以符合當前普遍的新環境。一九七〇年代初期，亦即達賴喇嘛從西藏逃離、導致邊境控管更加嚴格後的十幾年，菲雷爾—海門多夫在尼泊爾古老的邊境村莊穆古村（Mugu）遇見藏族，這裡是在加德滿都以西的遙遠之處，原屬於中世紀以辛加谷為主的卡薩王國。該族群有好幾個世紀的時間，曾從此地展開貿易，跨越邊境，進入「官方」的西藏；他們的遠祖在西邊的利米谷（Limi valley）協助建造佛寺。如今他們自認是「切特里」——印度教的種姓階級——把自己的西藏臉孔從高原轉向更有印度教色彩的山腰，而他們目前也被限制在此。（另一方面，這些因為中國占領而離散的藏人在找到庇護所之後，便推動喜馬拉雅山區南邊的佛教復興。而這次復興將激發外國觀光客的興趣，讓復興運動擴張到更遠之處。）

雖然幾個世紀以來，喜馬拉雅山的貿易多半是地方性的且規模小，但有些價值巨大，且地處非常遙遠。貿易支撐加德滿都藝術的高度成就，也吸引東印度公司。前文提過，黃金如何金援吐蕃的擴張，並取得佛學經文，進一步翻譯。（「就像珍貴的黃金之泉從地面湧出，」十一世紀的怛特羅大師尼魯帕（Nirupa）說：「有學問的印度人全來到了西藏。」）大黃是很珍貴的中藥材，其交易在十世紀之前盛行於絲路；馬可．波羅看過大黃在原產地生長——青藏高原東北緣。還有更多稀有物件在古羅馬也可見紀錄，例如印度佛寺用來當拂塵的氂牛尾。而最重要的奢侈品則是麝香：這是鹿的腺體分泌物，用在香水及傳統藥物的製造。如今，麝香依然是世上極為昂貴的動物產品，恐危及現代麝香鹿的數量。在古代，麝香就是天價。

*

麥加的露天市集即銷售西藏麝香，早在九世紀，阿拉伯醫師就寫過讚美西藏麝香的文章。麝香氣味強烈，船隻一抵達古老的巴斯拉港（位於今天的伊拉克），海關官員就會知道船上是否有麝香。最晚在三世紀，麝香便已出口到中東，遠早於伊斯蘭興起，但麝香在伊斯蘭文化的角色無疑推升了交易。阿拉伯與波斯詩人想要喚起愛人的香氣記憶時，他們就會用麝香。在十世紀的設拉子（Shiraz，位於伊朗），波斯作家塔阿里比（al-Tha'alibi）曾描述過一場宮廷爭辯，其中有個參與者是走遍全球的阿布杜拉夫（Abu Dulaf），他說透過阿拉的慷慨，人們得以得到他精選的優質產品與服務：包括中國的絲綢、吉爾吉斯的松鼠皮毛、希臘閹人、布哈拉（Bukhara）的女童奴隸；撒馬爾罕的妾：「願祂讓我吃敘利亞的蘋果、伊拉克的新鮮棗子、葉門的香蕉、印度的堅果……願祂讓我聞到西藏的麝香。」

西藏的麝香和喀什米爾的一樣，品質優於中國的麝香，部分原因得歸功於在喜馬拉雅山區生長的芳香草，包括麝香鹿啃食的穗甘松。西藏也比較靠近中東，西藏商人習慣上不讓麝香囊摻雜其他物質。中國生產者則會打開麝香囊，再加入其他物質，而商人並不排斥把次級的中國貨當成西藏貨含混過去，這個過程因為西藏商人不會遠離青藏高原，因而相形常見：麝香會賣給在喜馬拉雅山區邊緣活動的商人。粟特人是絲路上龐大的商業族群，而在敦煌洞窟中發現他們在四世紀時以粟特語寫的信件，其中提到從今天甘肅的西藏邊緣地帶取得的麝香。有文件記載麝香經過中亞，送往阿拉伯港口提颶（Daybul，位於今天巴基斯坦的印度河三角洲）的旅程，而麝香會在此配送到整個阿拉伯世界。

猶太商人也在麝香貿易中扮演重要角色。塞法迪猶太旅行家圖德拉的班傑明（Benjamin of Tudela）曾在十二世紀後半葉遊歷整個中東，並寫書訴說這次經驗，比馬可．波羅早了一個世紀。他也寫到西藏麝香，是歐洲最早提及西藏麝香的紀錄。後來為了歐洲市場，這本書從希伯來文翻譯成拉丁文。簡明扼要、資訊豐富的旅行書籍宛如一條河，流遍西方的學問研究，而《圖德拉的班傑明之旅》（*Travels of Benjamin*）正是其中一條支流。

麝香貿易旅程的起點是喜馬拉雅山區，但相關的文字線索較少，不過，麝香鹿曾以宗教象徵的形象出現。在西藏聖人傳記中，有一則故事是關於大成就者帕當巴．桑傑（Padampa Sangye）。他是十一世紀和密勒日巴同時代的人，出生於印度南部，卻與聖母峰附近的西藏定日區域關係密切。故事中提到他如何在一塊石頭附近建立寺院，這塊石頭是佛陀扔下的，指示他該前往山北邊的某處，讓佛法蓬勃發展。帕當巴．桑傑在定日找到這塊石頭，麝香鹿就在這石頭附近打轉，之後沒入石中。麝香的強力藥效和帕當巴的教導產生了關聯。

另一項提到麝香之處是十五世紀的《青史》，其中所描述的例子相當富有啟發性，說明貿易與密宗教法如何融合起來，並在十一世紀改變了西藏。前文提到的尼魯帕出生於一〇六二年，這是不祥的年份，而他是排行第五的兒子，又是個不祥的排行，於是被送到拉薩當僧侶。（他姊姊在他離去時，在他背後灑下一把沙，代表放逐。）印度偉大學者阿底峽已在幾年前圓寂，但尼魯帕在拉薩遇見阿底峽的兩個弟子。其中一名尼瓦爾人安奴塔帕古塔（Anutapagupta）教他梵文達一年，之後派他向一名譯師的寡婦領取一本書。年僅九歲的尼魯帕後來在一處金礦工作，個人財務都遭竊。於是他念咒，這是在佛教傳入西藏前常出現的舉動，遂找到足夠的黃金，完成他對尼瓦爾人的義務。不久之後，他父親去世，他就回家奔喪，竟挖出姊姊之前藏的一塊綠松石。他賣掉綠松石，取得一定重量的黃金，「一匹繡著黃金的絲綢，以及價值一個黃金『周』（zho）的麝香，」「周」大約是五公克。有了這筆錢之後，他和兩名朋友出發前往加德滿都，初步學習關於密宗的奧義。

從來自阿拉伯的資料可看出關於這種鹿的相關線索——他們說，這種備受鍾愛的鹿個子小，在海拔較低的森林中生長——以及如何收集麝香。九世紀的地理學家葉耳孤比（Ahmad al-Ya'qubi）在吐蕃贊普時期寫過《列國志》（*Kitab al-Buldan*），比圖德拉的班傑明早了好幾個世紀。書中寫道：

> 眾所皆知，麝香起源於西藏等地方。當地商人堆出類似小塔的東西，高度約與前臂差不多。這些動物的肚臍會產生麝香，並前來用小塔摩擦肚臍，這樣肚臍就會掉落〔意指麝香腺〕。商人在一年中的某個時間點前往該處，他們知道時間點，並大量收集肚臍。等他們把肚臍帶回西藏，就必須繳稅。

*

我們會知道這些麝香稅的重要性，是因為亞美尼亞商人霍凡尼斯・喬加葉斯提（Hovhannes Joughayetsi）留下詳實的紀錄，他從一六八六年起，在拉薩住了五年。一般認為，最早抵達西藏首都的歐洲人是耶穌會士白乃心與吳爾鐸，過了二十五年，喬加葉斯提也抵達了。耶穌會教士關注的是神學，任務是拯救靈魂，喬加葉斯提則是來賺錢的。兩者都寫到他們的經驗，只是霍凡尼斯的敘述很單純：他的帳目。沿途中形形色色或充滿戲劇性的場面，他提到的少之又少，也沒有熊熊燃燒的熱忱去拯救靈魂。霍凡尼斯說到上帝時，無非是請求上帝保護，讓他不受盜匪侵擾，而不是思索密宗的形而上學。等他來到拉薩，就得依照規定，為進口貨物支付稅金，總共花了十一・五公斤的銀繳稅，可說政府輕鬆取得收入。在當時，一盧比的價值大約是十一公克的銀；霍凡尼斯一年支付給僕人四十盧比，相當於不到半公斤的銀。而他買進每公升麝香，就必須付給西藏國庫三十八克的銀。

一六八〇年代，一個亞美尼亞人會在拉薩做什麼，又是另一回事。在十七世紀初，現代的亞美尼亞區域分裂成兩部分，一部分隸屬波斯，另一部分則是敵對的鄂圖曼帝國。一六〇四年，波斯薩非王朝的領導者阿拔斯一世（Shah Abbas）入侵亞美尼亞西部，後來撤退時，沿途在城鎮村莊放火，並帶回大量的亞美尼亞人回到家鄉。這些農人得負責絲的生產；而以商業敏銳度聞名的商人階級，則被安置在新朱法區（Nor Jougha）——位於阿拔斯一世在波斯中部設立的新首都伊斯法罕的市郊，其任務是要建立跨越亞洲與中東的貿易網路。亞美尼亞商人被稱為「先生」（khoja），在伊斯蘭觀念中是受到尊敬的基督教階級——阿拔斯一世鼓勵世界應該要宗教包容。一六八三年，兩名這樣的商人雇用了霍凡尼斯，幫他們在印度做生意。他們會得到四分之三的獲利，其他則歸屬霍凡尼斯。他們的營業範圍之大，令人稱奇，從西歐延伸到黎凡特，還進入東亞。霍凡尼斯離開新朱法區前往印度時，帶了幾百碼的紅色與綠色英國細平棉布販賣。

不知為何，霍凡尼斯住在拉薩時所記錄的分類帳目，會在里斯本出現。他返回歐洲之後，可能在里斯本去世。帳目詳細列出亞美尼亞的損益，這是必要之舉，因為他是否安好都得仰賴帳目的精準。霍凡尼斯研究了伊斯法罕貿易的所有層面，從國外的重量及度量衡，到稅法、會計學都包括在內，因此他知道，一旦他回到家鄉，若無法提供確切的計算，說明如何花費上司的錢，那麼他可能被打入大牢，一整年天天遭鞭笞。無怪乎他會這麼注重細節，也提供了無趣卻龐大的資料，向我們揭露喜馬拉雅山區貿易的複雜世界，我們得以一探其所仰賴的複雜財務工具、對當地經濟的重要性，以及喜馬拉雅山在其歷史的絕大部分是多麼國際化。

在十七世紀末，次大陸的貿易多半仍受到蒙兀兒帝國的規範，雖然阿格拉已不再是首都，依舊是關鍵核心，亞美尼亞人口不停成長，他們會在東正教的教會做禮拜。霍凡尼斯就在這裡待了超過兩年，在印度各地旅行，購買貨物並出售。舉例來說，他在一六八四年就在庫爾加買了兩噸的靛藍，有趣的是，靛藍是以「查姆」（charm）來當作重量單位[1]，並在印度西部古吉拉特的蘇拉特港（Surat）把一部分送回伊斯法罕，以及現代伊拉克的巴斯拉（Basra）。一如所有的商人，他仰賴成熟的蒙兀兒銀行體系，讓大筆錢能在他與同事所居住的整個貿易網絡匯款，這套體系令早期歐洲金融家大為驚艷，並有所啟發。

一六八六年初，霍凡尼斯已經累積自己的資本，並簽訂合約，和來自設拉子的伙伴成立新公司，展開更冒險的任務，前往他稱為「布坦」（Butand）的國家，也就是「博」（Bhot）或西藏。他依然為伊斯法罕的上司工作，而如今在這場賽局中，他有了自己的股本。若說耶穌會教士把上帝的話帶到佛教聖地，霍凡尼斯則是運用新公司的資本，買貨品來進行貿易：琥珀與珍珠、一匹匹的織品與更多物品，這些貨物價值超過八千盧比，相當於九十四公斤的銀。他也在旅程中雇用僕人，並買了槍砲彈藥在途中自保。他在一六八六年二月十二日離開阿格拉，前往位於今天北方邦的夕科哈巴德（Shikohabad），這個地名是以蒙兀兒皇帝奧朗則布（Aurangzeb）的兄弟來命名，並在那邊加入往東前往帕特納的商隊。帕特納位於恆河南岸的比哈爾邦，這裡有很多亞美尼亞人口，於是他買了更多的布來交易。

他選擇的路線相當耐人尋味。雖然他在帕特納有人脈，霍凡尼斯也知道，一六八〇年代初期的戰爭重創喜馬拉雅山西部的貿易。第五世達賴喇嘛的拉薩政府於一六七九年派軍出征拉達克王國，一方面是拉達克的竹巴噶舉派佛教徒支持不丹的同宗派教徒，此外，也要挑戰竹巴對格魯派僧侶的不寬容。為了因應戰事，拉達克王國請求位於喀什米爾的新強鄰幫忙——蒙兀兒。在將軍費達．汗（Fidai Khan）的率領之下，蒙兀兒派出銳不可當的軍隊相助。在青藏高原最西點以及與穆斯林國家接壤之處，喜馬拉雅山區高處的拉達克佛教徒面臨來自伊斯蘭的嚴峻挑戰：他們的卻嘉（chogyal，意為國王）剛承諾要在拉達克首府列城建立第一座清真寺，以安撫蒙兀兒皇帝奧朗則布。為了回應，藏人與準噶爾蒙古人聯手，把共同的敵人趕回去。一六八四年雙方簽訂合約，但是拉達克付出沉重代價。這王國割讓廣大領土給喀什米爾的穆斯林，而約占拉達克經濟規模一半的羊毛與山羊毛交易，也成為對手的壟斷事業。為數可觀的穆斯林穿越連接喀什米爾與拉達克之間的索吉隘口（Zoji La），前往列城及其他主要的拉達克城鎮定居，與當地女性結婚，於是永遠改變拉達克的人口結構。他們後來主導所有從西邊通往拉薩的貿易路線這裡也有為數眾多的喀什米爾人口定居。耶穌會教士德希德里在一七一五年前往拉薩時，曾在列城遇見喀什米爾商人。（他們聲稱，德希德里根本不是神父，而是有錢的外國商人，帶著珍珠、寶石及其

1　一「查姆」大約是四升，有學者研究，稱每升靛藍大約是六公斤。

他貴重商品。）至十九世紀末，拉達克被併入查謨與喀什米爾之後，列城的大市集就有上百家喀什米爾商店，而來自整個中亞和喜馬拉雅山區的商隊會匯聚於此。

一六八六年四月，霍凡尼斯從北邊的帕特納出發，來到加德滿都谷，在邊境支付了進口貨物稅。他在巴克塔浦停留三個月，國王吉塔米特拉．馬拉（Jitamitra Malla）為這座城市增添了建築光彩，擴大並美化城市的宮殿與寺廟——費用都來自與西藏的貨幣交易，以及向霍凡尼斯等商人徵收關稅，而他往往也會賄賂，還被要求交出隨身攜帶的英式望遠鏡。這個亞美尼亞人花了兩個多月的時間抵達拉薩，途中沿著湍急的波特科西河（Bhote Kosi，意為「西藏河」）而上，穿越山區到了庫提（Kuti，今天的聶拉木）。他等到不耐煩了，直到當地首領回來，封裝好貨物，才能繼續往前。他也造訪第五世班禪喇嘛駐錫地日喀則，這時五世班禪喇嘛羅桑益西（Lobsang Yeshe, 1663-1737）捲入十八世紀初期席捲西藏的地區之戰。霍凡尼斯九月來到首都時，在此迎接他的，是歷史已泰半被忽略的亞美尼亞商人小社群。人們記得的，是耶穌會教士白乃心與吳爾鐸，及後來德希德里等傳教士：上帝僕人冒險犯難，鑽進隱藏在山脈面紗後方的世界。霍凡尼斯比較入世。他少給僕人金錢，但不會嚴重短少，也不反對無傷大雅的走私，為他所攜帶的寶石避點關稅。身為蒙兀兒帝國的非穆斯林人民，他得支付人頭稅「吉茲亞」（jizya），對此，他以偽造的身分證來躲避。

霍凡尼斯在拉薩看見的西藏世界，必與後來基督教傳教士所見大相逕庭。他來到西藏時，第五世達賴喇嘛已圓寂四年，但這件事並未公開，也沒有通知清朝康熙皇帝。霍凡尼斯在這裡度過將近五年，他學習藏文，也得處理在外國經商時必須面對的所有複雜事務：適應當地風俗，呼吸稀薄空氣，應付刁鑽官員，支付稅金，並在商業爭議中捍衛自己。雖然他留在這座城市，但他利用其他亞美尼亞和西藏商人替他前往東北一千八百公里處，位於青藏高原邊緣的西寧交易，而西寧是如今最大的古西藏城市。他和住在拉薩的尼瓦爾人交易，並接觸來自其他種族族群的商人：多為在拉薩稱為「卡契伊」（Kachee）的喀什米爾人，他們很快在這座城市建立起第一座清真寺，也有越來越多博格爾熟悉的印度托缽僧。霍凡尼斯出售印度帶來的貨物，賺得的錢多半用來購買麝香、黃金與茶。這些貨物幾個世紀以來，是在連接西藏以東的四川和青藏高原的茶馬古道運送，而西藏的矮種馬也會運往中國。他最在意的獲利來源是麝香。霍凡尼斯一六九二年離開拉薩時，已經買過將近半公噸的麝香，在中東露天市場價值連城。他要交給西藏國庫的關稅，總額必定有好幾萬盧比。

*

要能這麼飛黃騰達，必須專心致志。想在拉薩經商並不容易。不僅合夥人與競爭者會想要騙他，政府也盡力榨取他的獲利，運用度量衡來欺騙商人。另一種讓霍凡尼斯淪為獵物的騙局，終將引爆尼泊爾與西藏之間的戰爭。霍凡尼斯抵達拉薩後三天，就必須為他從帕特納帶來的貨物繳交進口關稅，和在尼泊爾一樣。他必須以特定價值的銀來繳交，而這個亞美尼亞人會拿到一張本票，確保他會以銀幣來償還這沉重稅金的一部分。等到銀幣送來，卻發現銀幣是不純的：西藏官方使用的銀是成色不足的鑄幣，但是霍凡尼斯為麝香支付的購買稅，必須以純銀支付。喜馬拉雅山區的經濟，清楚說明了葛萊興法則（Gresham's law）：劣幣驅逐良幣。

這套體系保證會惹惱你的貿易伙伴，只不過西藏是同一場騙局的接受方：鑄造西藏硬幣的尼瓦爾國王也是。早在十七世紀第五世達賴喇嘛在位時，他們便開始鑄幣給西藏。西藏會送出純銀來鑄造，尼瓦爾人送回的錢幣雖重量相等，卻摻入了些許銅的合金；剩下的銀就是他們的利潤。這些銀幣有多貼近當初談好的數量，會受到仔細審查。在一六六〇到一六八〇年代之間，就在霍凡尼斯來到西藏之前，藏人曾嘗試自行鑄幣。不過，在接下來一百年，西藏依然仰賴加德滿都谷鑄幣。然而，霍凡尼斯從西藏返回加德滿都谷之後，過了八十年，廓爾喀拉賈普利特維．納拉揚．沙阿在一七六七年征服加德滿都谷，這位尼泊爾的新統治者希望西藏人逐步淘汰當初妥協的貨幣。「要以純銀來鑄幣，」他在政治宣言《神聖教導》裡這麼告訴人民。他要求藏人以他王朝更純的新鑄幣，取代妥協的版本，但藏人不願意聽從普利特維提議的條款。由於藏人這時有大清帝國撐腰，因此普利特維無法靠軍事來執行他的目標。結果，和西藏的貿易瓦解了。

之後，在一七七五年，博格爾住在班禪喇嘛駐錫地扎什倫布寺期間，「殘暴無信仰」的廓爾喀國王普利特維．納拉揚．沙阿去世的消息傳來。班禪喇嘛立刻寫信給普利特維的繼承人，力圖恢復與加德滿都的貿易關係。

> 聽聞令尊普利特維．納拉揚去世的消息。此乃天意，切莫沉淪悲傷。今您繼承王位，留意人民幸福乃適當之舉，也應讓所有商人、印度教徒、穆斯林以及四個種姓階級一樣自由來回，進行貿易，如此能符合您的利益，帶來好名聲。目前，他們對您恐懼，無人願意進入貴國。無論古老習俗為何，你我之間應遵守之。

可惜，古老習俗並未得到遵循。相反地，貿易依然是摩擦的來源。如今掌握喜馬拉雅山區南面許多部分的廓爾喀政權，需要透過恢復貿易或征服新的地方，為軍隊提供資金。在一七八〇年代末期，這類摩擦將引爆尼泊爾與西藏之間的戰爭，中國和東印度公司也捲入其中，迫使大清帝國派出大軍，來到加德滿都谷邊緣。

*

一九四九年，中國入侵西藏的前一年，登山探險家哈羅德・威廉・提爾曼（H W Tilman）造訪拉蘇瓦嘉迪，只見一處荒涼之地：在尼泊爾這一側，是座老舊堡壘與幾名軍人，而在西藏這一側，只有一塊刻著幾個中文字的石碑。幾年之後，在第二個旅行家鄧肯・福布斯（Duncan Forbes）翻譯之下，揭露這塊石碑的作用。這塊石碑是在一七九二年十一月二十六日樹立的標誌，目的是界定國界，因為「平定西部的福康安大將軍戰勝廓爾喀。」這是紀念貿易戰爭爆發之後，大清代替西藏征服尼泊爾，也紀念清帝國大軍在攀登高山時，成功克服極大的體能挑戰，彷彿「他們是在平原上移動。」這塊石碑並未說謊：大清的勝利是中國得意洋洋展現國力的結果。但這也得付出國庫大幅消耗的高昂代價，導致大清斷定，未來應透過外交，而不是戰爭來取得這樣的結果。問題是：為何大清一開始就派軍？

十八世紀末，喜馬拉雅山區的地理環境限制了經濟機會，也阻礙了此區政治結構的規模與影響。貿易連接起喜馬拉雅山區獨特的文化影響圈和外在世界。否則，喜馬拉雅山就是舷牆，歷史潮流就從旁流過；由於這裡的山區環境險惡，例如青藏高原空氣稀薄，因此對外來者來說是得不償失，無法說服他們長期停留。到十八世紀末，情況改變了。外來殖民勢力的影響力深入山區。

黑斯廷斯判斷，東印度公司可運用喜馬拉雅山區東部的商路進入中國，於是派博格爾探究這個想法。久了之後便能看出，黑斯廷斯只是一廂情願：東印度公司會以其他方式，解決與中國的貿易失衡。新的全球貿易模式嶄露頭角，於是霍凡尼斯所知道的古老商隊，似乎成了迷人卻不合時宜的方式；這座山就只是東印度公司北邊與大清帝國相隔的高牆。喜馬拉雅山是有自己身分認同的地區，有來自四面八方的影響，創造出獨特的特殊文化，而對全球的新興勢力而言，這裡就成了緩衝區，是位於邊緣地帶，也是個有用的空間，可以吸收數百甚至數千公里之外的地緣政治所產生的震撼與緊張。正如普利特維・納拉揚・沙阿所預言的，喜馬拉雅山多樣的種族會發現自己夾在兩大巨頭競爭利益的中間。喜馬拉雅山的貿易可能對加德滿都的國王或西藏寺院的住持來說都至關緊要，但是對加爾各答與北京的區域新霸主來說，這裡的利益不足掛心。

普利特維・納拉揚・沙阿已看到了這樣的未來，並設法在強烈的自立自強和貿易需求中找到平衡。他在位的最後幾年，雖然軍隊規模以印度或歐洲標準來說實在是九牛一毛，但已擴增至三倍，也配有火器與砲兵。然而，軍隊規模擴張的成本，無法光靠有生產力的農地來彌補；唯有恢復貿易，才能舒緩尼泊爾國庫的沉重壓力。普利特維夠實際，才會體認到這一點。「無論他身為征服者的行為如何，或無論本性如何嚴厲，他都不會忽略要與他所仰賴的人妥協。」一七九三年來到加德滿都的東印度公司職員柯克派翠克寫道，他總是仔細向公司報告這奠基的過程。雖然金洛赫一七六七年的遠征——當時英國設法介入廓喀爾，最後卻在金洛赫罹患瘧疾與公司遭到羞辱之下收場——導致普利特維與英國的關係惡化，於是普利特維驅逐加德滿都的嘉布遣兄弟會傳教士，但他也準備修補和黑斯廷斯的關係，而黑斯廷斯也暗中同意讓普利特維能自由往東擴張領土——只要此舉能帶來穩定。黑斯廷斯希望，廓爾喀能協助終止當時在孟加

同樣地，這位和班禪喇嘛天差地遠的國王，在最後一封給班禪喇嘛的信中，提出要透過波特科西河與吉隆谷地來恢復貿易。正如博格爾觀察到，「尼泊爾的財富」，意指過去與西藏的貿易，「讓廓爾喀的拉賈得以崛起。」然而，普利特維「忘了飲水思源。」普利特維在政治回憶錄《神聖教導》中，宣揚

的是自立自強與自給自足的價值。喀什米爾商人與印度托缽僧被迫離開加德滿都，有的是被直接驅離，有的則是受不了關稅遽增，以彌補廓喀爾政權日益提高的開支。普利特維如今設法恢復自己的地位。他往東前進到位於尼泊爾和不丹之間的錫金，由此，廓爾喀就能對西藏另一條主要商路施壓，這條商路是從提斯塔河谷（Tista valley）到則里拉山口（Jelep La），對於英國來說同時具有戰略意義。普利特維認為，控制錫金，就能強迫藏人協商。

一七七五年，普利特維・納拉揚去世之後，沙阿王朝的繼承者更加有侵略心，意欲把國家發展成喜馬拉雅山區南側的主要軍事力量。廓爾喀橫掃現代尼泊爾西部與最西邊原本抵抗普利特維的小國：甘達基河（Gandaki）盆地，以及格爾納利河谷古老的卡薩王國。他的長子兼繼承人普拉塔普・辛格（Pratap Singh, 1751-1777）會依照第六世班禪喇嘛在信中所寫的，雙方設法重建「古老習俗」，過去這古老習俗讓加德滿都與西藏中部更加富有。如此確認了尼瓦爾商人在拉薩的優勢地位，而西藏也同意只透過加德滿都來和孟加拉作生意。博格爾的期盼也是如此，於是他告訴加爾各答的上司：

> 透過尼泊爾開通商路，並免除該國近期對貿易加諸的關稅與苛捐，顯然成為重要目標，如此才能建立孟加拉與西藏之間自由的溝通管道。上一任尼泊爾拉賈普利特維・納拉揚去世，似乎成為促成的良機。

普拉塔普・辛格、班禪喇嘛與博格爾三人在幾年間相繼離世，意味著事情不會照這劇本發展。在征服加德滿都之後，廓喀爾紀律逐漸渙散分裂。在普利特維去世後，陰謀及夙怨漸漸吞噬了廓爾喀政權的凝聚力。普拉塔普・辛格二十六歲離世，距離父親去世僅僅兩年，於是他的寡婦替代兒子[2]攝政，卻和普拉塔普的弟弟巴哈都爾・沙阿[3]發生權力鬥爭，尤其是在疆域擴張這方面。班禪喇嘛在承德因天花圓寂時，他的轉世仍是個孩子，這時西藏的政治引力中心穩穩朝向達賴喇嘛及乾隆皇帝的政府體系移動，拉薩擬定的任何政策皆需經過兩名大清帝國的駐藏大臣許可。中國對於涉入其勢力範圍的外邦皆抱持多疑態度，而無論英國多想改善與西藏的貿易，也不願得罪最重要的貿易伙伴。西藏繼續支援小鄰國錫金，這個信奉佛教的王國有通往孟加拉的重要商路，此舉令尼泊爾極其不悅，因為尼泊爾不占領錫金的條件，就是要換得貿易壟斷權。

這令人擔心的狀況將一觸即發，根本不需要會起摩擦的廓喀爾攝政者巴哈都爾・沙阿介入——他的直覺是要行動，目標是盡快擴張他正在建立的帝國雛形。除了成色不足鑄幣的議題之外，廓喀爾也不滿西藏人的剝削，在其出口的鹽裡混入沙塵，並對尼泊爾出口的麵粉課以沉重的進口稅。一七八八年年初，巴哈都爾激怒了拉薩，因為他指定夏瑪巴（Shamarpa，舊稱「沙瑪爾巴」）擔任加德滿都的西藏事務主管。夏瑪巴是噶瑪噶舉派的轉世喇嘛（祖古），也是異議分子，不久前才因為和他同父異母的兄弟，亦即前一任班禪喇嘛有財產爭議，因而逃離西藏。這名不像普利特維・納拉揚那麼狡詐的攝政者，威脅要占領庫提和吉隆，也就是從加德滿都進入西藏的兩條古代商路，直到他的不滿獲得解決。藏人的回應是關閉邊界，聲稱「若廓喀爾要戰爭，那就來吧。」廓喀爾要訴諸於皇帝，然而拉薩的駐藏大臣選擇隱瞞目前狀況，未傳達至北京。不多久，數以千計的廓喀爾士兵經由吉隆與庫提進入了西藏，目標是攻陷班禪喇嘛駐錫的扎什倫布寺，並奪取財富。

第七世班禪喇嘛仍只是個孩子，但是他的攝政者向大清皇帝求助，也向東印度公司總督求援。他向東印度公司求援時，還請對方保密：北京可不願西藏向本區域的另一個強權求助。這名總督是康沃利斯勳爵（Lord Cornwallis），十年前曾經是約克鎮圍城戰役——美國獨立戰爭中的一場戰役，發生於一七八一年九月——指揮官，英國在那次戰役中投降，為日後失去北美殖民地確立背景。在這次危機中，他最重視的是不與中國為敵，以免重蹈覆徹。在家鄉，他的前任者黑斯廷斯正遭到彈劾，康沃利斯不想淪入此等命運。他的結論是，北京會對英國的介入很惱火，於是他告訴班禪喇嘛，不會提供任何協助，也不會對此通信保密。東印度公司希望大清皇帝能好好傾聽危險的貿易失衡，沒有任何事情能干擾商業。

中國則派官員調查。藏人樂於戰鬥，但中國並不認為勝券在握，遂強迫藏人去談判，然而占領的軍隊帶來了毀滅性的威脅，因此談判成了艱困任務。在東邊，廓爾喀部隊也占領錫金，掌控關鍵的則里拉山口和後方的春丕河谷（Chumbi valley），截斷了一條商路，他們認為藏人開闢這條商路時違反雙方早期協議的精神，打破了尼泊爾的壟斷。廓爾喀認為，在大清的調停之下，能從西藏得到更好的條件，於是簽訂後來所稱的《吉隆條約》（*Kyirong Treaty*），這條約不僅割讓領土（包括邊疆的庫提鎮）及商業減讓，還直接處理西藏鑄幣成色不足的複雜議題。雙方達成交換協議，一良幣換二劣幣，每年進貢五萬盧比，是相當驚人的總額。廓爾喀若以為自己獲勝，是情有可原的。

要是談判者向皇帝坦誠簽下了何種條約，那麼如此慷慨的條款可說是羞辱皇上。他們決定少談細節，只告訴北京，尼泊爾（而不是西藏）會以某種方式進貢，部隊也已返鄉，沒有損失任何一個中國士兵。但這兩個說法皆非完整事實。一七八九年秋天，廓爾喀大使造訪北京，尼泊爾的年輕國王得到乾隆

2　指拉納・巴哈都爾・沙阿（Rana Bahadur Shah, 1775-1806），中國史料稱其為「喇納巴都爾」。

3　巴哈都爾・沙阿（Bahadur Shah, 1757-1797），中國史料稱其為「巴都爾薩野」。

皇帝賜予封號[4]，而好戰的攝政者巴哈都爾．沙阿就成為「公」，亦即公爵。

之後，拉薩開始想逃避代價昂貴的責任，在遙遠的尼泊爾西部製造麻煩，提供避難處給遭黜的久姆拉統治者。久姆拉是尼泊爾西部邊境的小王國之一，曾拒絕廓爾喀入侵。達賴喇嘛之後告訴加德滿都，要中止繼續進貢。雙方在庫提的協商場面火爆，沒有成果，而領導著廓爾喀的，就是異議分子夏瑪巴這個導致分裂的角色；不久之後，在兩名尼泊爾將領的率領下，數以千計的廓爾喀士兵再次入侵西藏，這兩名將領之一是達摩達爾．潘德（Damodar Pande）；他的父親就是卡魯．潘德，亦即普利特維．納拉揚於吉爾蒂布爾圍城時陣亡的愛將。班禪喇嘛在攝政者的保護之下匆匆逃往拉薩，藏人再度向北京求援。廓爾喀軍隊抵達日喀則時，領導者要求黃金與十萬盧比，但遭到拒絕，遂掠奪扎什倫布寺。

最新一次羞辱的消息，讓大清皇帝看清西部邊境真正的局勢。曾向乾隆皇帝聲稱已平亂的官員尚未被朝廷召回，便已下定決心自盡。大清派出福康安來平亂。福康安是皇后的姪子，當時年近不惑，有豐富的平亂經驗，曾經平定四川和台灣之亂。福康安率領大軍（包括來自八旗權貴的萬名士兵），在隆冬天從青海穿越青藏高原。乾隆皇帝也派公使前往加德滿都，要求歸還扎什倫布寺的珍寶，並交出夏瑪巴到西藏囚禁。在拉薩，尼瓦爾商人自從加德滿都的廓爾喀人掌權之後，生意就受影響，如今在大清敦促下回到尼泊爾家鄉，並在那裡煽風點火。其中一人在尼泊爾邊境遭到拘留，由攝政王巴哈都爾．沙阿親自質問，遂得知福康安劍指尼泊爾。

尼泊爾的統治者試圖讓南北兩邊的強大鄰國相互對抗，這不是最後一次。巴哈都爾曾寫信到中國，說明他的苦惱，同時警告英國在西藏的利益。他也和英國簽訂商業條款，盼能獲得英國政治甚至軍事支援，而加爾各答並未急著否定這個想法。然而福康安也寫信給英國人，通知他們清軍計畫攻打尼泊爾；巴哈都爾則認為地勢險惡，不可能成真。局勢的發展令人警醒。話雖如此，若中國占領加德滿都，清軍會與東印度公司最富有的財產相鄰，這或許能說服英國站在巴哈都爾這一邊。但萬一巴哈都爾．沙阿真心以為英國會在他需要時刻伸出援手，那可要失望了。英國正在規畫龐大且耗資甚鉅的外交任務，由馬戛爾尼伯爵（Lord Macartney）率領使節團，前往大清朝廷，解決英國的貿易困境。沒有任何事可破壞這項計畫。

在青藏高原面對福安康率領的大軍，可說是自尋死路，所以廓爾喀軍隊撤退到邊境，穿過山區的狹窄河谷，如此更容易防衛加德滿都的入口。但拉蘇瓦嘉迪的廓爾喀軍隊卻因為山區一場傑出的戰爭而遭側翼包圍。福安康親自率領三個軍團度過倫德河（Lende River），這條河在熱索瓦縣與吉隆交會，並形成現代西藏與尼泊爾的疆界。廓爾喀的軍隊在抵抗清軍此舉時，第二支清軍跨越河流上游，從後方包圍敵軍陣地，自上方攻擊。廓爾喀遭到擊潰，只能在距離加德滿都三十五公里處、努瓦科特北邊的貝特拉瓦蒂河（Betrawati river）抵擋住清軍的前進攻勢。這時，巴哈都爾．沙阿直接請英國提供軍事支援，尤其是砲兵，不過東印度公司收到達賴喇嘛的信件，要求該公司維持中立。康沃利斯勳爵掛念商業，願意出面調停，並派年輕的蘇格蘭公使上尉柯克派翠克前往加德滿都（我們在第五章提過）：這種外交手段是袖手旁觀，只盼尼泊爾沒有遭到摧毀。

廓爾喀王朝能生存下來或許出人意料。清帝國的野心是分裂尼泊爾，讓中國軍隊繼續前進，打破廓爾喀的陣線，直抵努瓦科特。只是戰鬥季節已經快要結束，物資與人力耗損相當嚴重。福安康的聯絡路線相當吃緊。他該如何在凜冬月份，在世界最高的山間重新獲得補給？征服尼泊爾究竟值多少？還不如同意條款，趁著溫度陡然下降之前回歸家鄉。無論是英國或廓爾喀，都無法立刻看出中國在尼泊爾投

4　乾隆封他為「廓爾喀王」。

入的探險規模，不過這份付出非常龐大，不可能再來一次。昂貴的戰事和朝廷官員貪污會榨乾國庫，而清政府會很快面對距離家園更近的反叛，其代價高昂。乾隆皇帝的軍隊曾鎮壓過整個帝國範圍周遭的敵人，在一七九六年退位；他曾警告繼位的嘉慶帝，要小心介入廓爾喀的事件。新皇帝將聽從這個建議。

中國與巴哈都爾．沙阿簽訂的和約似乎提出足夠的懲罰：歸還從扎什倫布寺奪取的財物，並且進貢；尼泊爾同意放棄對喜馬拉雅山區北邊的野心，且每五年派出使節，這項外交必須展現尼泊爾為屬國的地位[5]。尼泊爾若遭入侵，中國會提供協助，否則就維持現狀。尼泊爾可自由恢復征服西邊的行動，並自行和南方鄰國商談。巴哈都爾．沙阿認為，加爾各答遲遲不給予尼泊爾援助是種背叛，因此柯克派翠克在一七九三年抵達加德滿都遭受冷淡相迎。中國也對東印度公司憤恨不平。福康安誤以為東印度公司的印度兵曾幫助廓爾喀。馬戛爾尼伯爵的清廷外交任務後來失敗了，他認為就是因為這種猜測，導致乾隆皇帝輕視他的使節團。

長期來看，最大的輸家應為藏人。雖然他們風光討回扎什倫布寺，但政治代價太高。大清皇帝在十八世紀被迫做出幾次關鍵的軍事介入，以支持通常是難以控制且有派系之爭的西藏政府，還得避免異議分子與仍對中國造成威脅的蒙古群體共謀。西藏不是受到保護，而是遭到併吞。十九世紀的達賴喇嘛不僅壽命不長，且深受掌控：西藏的邊境究竟如何劃分，得看大清的意思。直到二十世紀大清衰微，達賴喇嘛才再度以重要領導者的身分出現。

*

拉蘇瓦嘉迪的災難，以及廓爾喀和中國之間的條約條款，幾乎必導致廓爾喀與東印度公司的衝突。

在大清撐腰之下，西藏無情劃下界線，因此尼泊爾擴張者的野心被限制在喜馬拉雅山南方區域。廓爾喀攝政王巴哈都爾．沙阿立刻淪為輸家。在他的統治之下，尼泊爾快速擴張；一七八八年與一七九一年入侵西藏之間，廓爾喀軍隊曾來到馬哈卡里河（Mahakali river）西邊的庫馬盎。貪心過度的他眼下失敗了。國王的朝臣「巴拉達」（bharadar，指貴族）責怪他的魯莽之舉會危及政權。國王拉納．巴哈都爾（Rana Bahadur）在中國入侵後不久就成年了，於是設法行使自己的權威。一七九七年，巴哈都爾．沙阿遭到謀殺。即使如此，派系爭鬥依然持續，還會把尼泊爾的鄰國牽扯進來，在彼此競爭的勢力中各懷鬼胎，角逐利益。拉納．巴哈都爾是個變化無常、行為放蕩的人，向朝臣借了巨額款項，先是讓位給尚在襁褓中的兒子，之後在一八〇〇年退位到貝那拉斯，受東印度公司掌控。英國旋即利用尼泊爾日益惡化的政治局勢，一八〇一年在帕特納附近的達納浦，與廓爾喀簽訂條約，承諾和平相待，以換取貿易關係，並在加德滿都設立英國常駐官。

廓爾喀宮廷裡有很大的派系激烈反對英國常駐官出現，於是再次找上大清，警告他們英國正利用退位在國外的拉納．巴哈都爾來延伸對尼泊爾的影響，威脅政權。但是中國並未干預，而是建議廓爾喀讓他們之前的國王回來。同時，總督理察．韋爾斯利（Richard Wellesley）告訴新指派到加德滿都的英國常駐官威廉．諾克斯（William Knox）上尉，「把注意力放在設法找出能帶來利益的貿易之道，包括與不丹和西藏；可直接和公司的各區貿易，也可透過尼泊爾商人當作媒介。」諾克斯於一八〇二年春天抵達，隨即展開任務，有段時間，當地人容忍他的存在，然而就在這年年底，權力又發生移轉。十年前率

5　清史稿記載：「廓爾喀永為天朝屬下，每屆五年朝貢之期，即差辦事噶箕一名，仰覲天顏，子子孫孫，恪遵約束。」

兵對抗清軍的達摩達爾．潘德[6]這時成為首相，和諾克斯的關係日益惡化，韋爾斯利遂將他召回。公司這時顧著在印度與馬拉塔帝國第二次交戰，並不希望在西進過程中再和中國為敵，畢竟與清帝國的貿易太重要了。諾克斯撤退，而與尼泊爾的貿易協議馬上遭到撕毀。流亡的廓爾喀人拉納．巴哈都爾被告知要返鄉。

和他一起回去的，是個有野心又有才幹的大臣比姆森．塔帕（Bhimsen Thapa, 1775-1839）。許多人認為，拉納．巴哈都爾的行為背後都是比姆森在操控。布坎南—漢密爾頓曾參與諾克斯的任務，他如此描述比姆森：

> 非常有活力的魯莽年輕人，看待英國政府的態度略顯輕蔑，原因可能是認為公司出於恐懼，調整了與拉納．巴哈都爾的協商，也可能是想得到中國保護。

比姆森很快將潘德斬首，並控制國王。幾十年前，普利特維．納拉揚精明建立的王朝，在接下來一百五十年將成為眾家相爭的籌碼。

接下來四十年，比姆森會掌控尼泊爾的政治場域。他是個高明的謀略家，能從錯誤中學習，其最嚴重的錯誤在於對英國的判斷。一八〇四年諾克斯任務失敗，或可說只是日後東印度公司與尼泊爾的戰爭序曲，而比姆森調整了尼泊爾西向擴張的策略，派父親占領原本獨立的帕爾帕王國（Palpa），接管重要貿易城鎮雷利賈特（Rerighat），亦即今天的雷迪巴薩（Ridi Bazar）。那一年，廓爾喀軍隊也入侵加瓦爾，也就是庫馬盎西邊的王國。在廓爾喀緊握喜馬拉雅山區的貿易時，貿易正常化的希望不高。

一八〇六年，拉納．巴哈都爾遭到同母異父的兄弟謀殺，於是加德滿都短暫陷入血流成河的時期

——這事件稱為「班德克爾大屠殺」（**Bhandarkhal massacre**）。共有九十三人死亡，其中十七人為女性，他們全都在某方面阻礙了比姆森・塔帕的利益，而塔帕也無損無傷地掌權。尼泊爾繼續征服之戰，吸收亞穆納河（**Yamuna river**）與薩特萊傑河之間的領土。

為了在新的侵略行動中支付廓爾喀士兵薪餉，比姆森將原本送給宗教機構的土地國有化，這在越漸保守的印度教政體中是有風險的舉動。結果，廓爾喀政府犧牲鄰國，對區域採取更強硬的掌握。東印度公司也更憂心看待局勢。原本與諾克斯在一起的布坎南——漢密爾頓觀察到廓爾喀的征服行動對貿易帶來陰影：

> 他們渴望擁有幾條通道，這除了是出於軍事觀點，也是經濟考量，因為可以在此收取關稅。因此，他們會就目前能力所及，在每個隘口都設停留點，只有布特瓦爾例外。布德瓦爾即使地處不便，仍可成為可觀的市場。

既然鄰國這麼貪得無厭、積極對抗外界影響，要享受共同利益似乎無望。必須做點改變。

6　達摩達爾・潘德（Damodar Pande，1752-1804），在一七九九年至一八〇四年擔任尼泊爾首相，中國史料稱其為「旦姆達爾邦里」。

九　通往薩高利的艱難之路

一八一九年的季風季過後，孟加拉文官機構外交政治部剛召募的人員抵達德里，將前往喜馬拉雅山區。布萊恩・霍頓・霍奇森[1]的首名傳記作者寫道，他是個「俊美男孩」，臉頰細嫩粉紅，看起來比十八歲還年輕。只是加爾各答氣候溽熱，他又體格脆弱，以致職業生涯尚未開始，就差點畫下句點。幸而拜有影響力的人脈之賜，他得以前往庫馬盎較為涼爽的山區，一處不久前才由英國掌握的地區。

霍奇森盡責地向駐德里的將軍大衛・奧克特洛尼（David Ochterlony, 1758-1825）爵士自我介紹。大衛時人手六十一歲，一臉紅潤，滿頭白髮，於是東印度公司最老與最年輕的「政務官」就這麼相見了。奧克特洛尼私底下過著宛如納瓦卜的生活，簡直像個「蒙兀兒白人」，每天下午在亞穆納河岸和「比比」（bibi）散步——比比是他有實無名的當地妻妾們——人人都騎著自己的大象。霍奇森不太欣賞，甚至說「昂貴鋪張的風格，和我們當時的印度使館如出一轍。」霍奇森來自海利伯里（Haileybury），這所學校訓練出來的帝國文官不會耽溺於那樣的事。對霍奇森來說，奧克特洛尼似乎活生生代表著「變成本地人」的危機。諷刺的是，霍奇森默默地以自己的方式，讓過氣的東方主義在他生命中開出遲來的花

1　布萊恩・霍頓・霍奇森（Brian Houghton Hodgson, 1800-1894），英國官員、民族學家及博物學家。

朵：他和自己的穆斯林比比「結婚」，也在自己居住的世界中成為有學問的當權者，而這個世界便是奧克特洛尼親自征服的尼泊爾王國。

十九世紀初，東印度公司的放肆及貪腐，已成為批評者和政治思想家的新論述。他們說，東印度公司的人投入、甚至認同印度文化，導致歐洲基督教價值觀遭到顛覆，日漸墮落。而歷史學家與思想家的想法，可從詹姆斯．米爾（James Mill）看出端倪。他在《愛丁堡評論》（*Edinburgh Review*）上寫道，讓印度文明化是東印度公司的道德責任，應該打破根深柢固的迷信，而不是像威廉．瓊斯（William Jones）在威廉堡學院（Fort William College）那樣，「照半野蠻民族的標準來行事。」這無疑要在印度人民的民主共識之下完成，可惜他們的「道德與政治處境」導致這理想無法實行。「運用歐洲榮耀與歐洲人智慧來調整的專斷政府，是現今符合印度斯坦的唯一型態。」

奧克特洛尼——父親是蘇格蘭人——出生於麻州，四十多年前來到印度，當時的總督是黑斯廷斯，英國正在鞏固好不容易在次大陸獲得的地位。他被派到孟加拉土著步兵團（Bengal Native Infantry），並於第二次英邁戰爭[2]（Second Anglo-Mysore War）中以中尉身分參戰，戰爭時受傷，失去一眼，之後遭到禁錮，直到戰爭結束才獲釋。一八〇三年，當時身為少校的他在第二次馬拉塔戰爭[3]（Second Anglo-Maratha War）中擔任營指揮官。在奪得德里之後，英國派他前往蒙兀兒宮廷，而亞實萬特．拉．霍爾卡（Yashwant Rao Holkar）圍攻德里紅堡（Red Fort）以解放蒙兀兒皇帝時，奧克特洛尼就在城垛上指揮，也防衛成功。後來他遭解職，原職交給另一名蘇格蘭人阿奇博．塞頓（Archibald Seton），為他反覆無常的性情平添了一絲苦澀。在多次行動中，奧克特洛尼相當積極且善於應變；一旦遭到挫敗，他可能會變得相當乖張。

一八〇八年，奧克特洛尼的職業生涯又再度意氣風發了起來。他被指派為政務官，負責與錫克帝國的幾個邦保持關係。當時錫克帝國的君主是精明的蘭季德・辛格（Ranjit Singh），他的勢力範圍沿著薩特萊傑河而和英國有所接觸。這兩人有著一樣的病痛：蘭季德・辛格在小時候曾罹患天花，導致一眼失明。「當地人相信，只有一隻眼睛的人，會比有雙眼之福者看得更遠，也更能進行難度較高的談判，」一八三五年，《亞洲雜誌》（*Asiatic Journal*）記者如此寫道，那時奧克特洛尼已經去世十年：

> 咸認為，會選上他，是因為必須派個身心條件類似的人，以處理這麼難以捉摸的敵手。

這麼一來，他無疑擦亮了自身機警敏銳政治人物的名聲，在當地的本土敵手心中占有一席之地。

奧克特洛尼被指派期間，也接觸到日益擴張的廓爾喀政權。一七九二年大清國在拉蘇瓦嘉迪獲勝，諾克斯又被逐出加德滿都，而在這些事件的餘波中，比姆森・塔帕再度讓廓爾喀往西擴張，由一名遠親指揮，把國王的軍隊派到加瓦爾——這名遠親即沙場老將阿瑪爾・辛格・塔帕（Amar Singh Thapa, 1751-1816）。為了表彰勝利，阿瑪爾・辛格為朝聖者在聖山的根戈德里村建了座寺廟。然而，廓爾喀占領時的過分之舉卻惡名昭彰。廓爾喀西部省份的沉重稅賦、強迫勞動、暴力施虐（包含強姦）導致山腰人口大規模消失，即使加德滿都呼籲要有節制，也無濟於事。庫馬盎比加瓦爾還要早許多年被征服，

2　邁索爾王國為印度西南部的王國，存在於一三九九至一九四七年期間。由於其領土不斷擴張，不但威脅到鄰近國家，也多少阻礙東印度公司的發展，雙方自一七六七年起，至一七九九年，共計爆發四次衝突戰爭。文中所提第二次盎格魯—邁索爾戰爭（Second Anglo-Mysore War）發生在一七八〇至八四年間。

3　馬拉塔為一印度王國，存在於一六七四至一八一八年期間，國勢最鼎盛的時期，疆域甚至達整個印度北部。一七七五至一八一八年期間，和東印度公司共爆發三次衝突。第二次盎格魯—馬拉塔戰爭，發生在一八〇三至〇五年間。

承受的苦難也更久；英國會利用這些行為來煽風點火，之後再與尼泊爾開戰。

四年後，阿瑪爾・辛格的部隊持續往西移動到亞穆納河，朝著薩特萊傑河與蘭季德・辛格的錫克帝國邊境前進，漸次消滅了三十個左右的小王國和公國，這些小國都擠在不比英國湖區大多少的可居住地區。在崇山峻嶺間，幾乎每座山谷都有自己的拉傑普特人世系，他們是在幾個世紀前，在穆斯林擴張的狂潮中被沖上山區的皇家碎片。理論上，他們的王公會向蒙兀兒宮廷進貢；事實上，這些山區采邑根本不值一顧。對蒙兀兒帝王來說，這些山區的用處就是可以採冰，炎炎夏季的那幾個月，冰會先透過河流運送下來，之後由腳夫肩負搬運。然而，阿瑪爾・辛格・塔帕的宗教導師兼占星術家西瓦・達特・拉伊（Shiva Dat Rai）正好來自其中一個小國度——比拉斯浦（Bilaspur）。（十八世紀晚期的旅人喬治・福斯特〔George Forster〕是第一個穿越中亞的英國人，曾將比拉斯浦描述成存在於「深度疑惑與污穢的邦」。）西瓦・達特・拉伊此時說服阿瑪爾・辛格・塔帕攻擊比拉斯浦可惡的敵人，而所謂敵人，指的是南邊的納拉加爾（Hindur，現稱Nalagarh）。擊退敵人之後，西瓦・達特・拉伊又催促將軍收復比拉斯浦在薩特萊傑河西岸失去的領土，並打敗當初野心勃勃奪取這些領土的拉賈桑沙・昌德（Sansar Chand）。而這項舉動讓廓爾喀將軍阿瑪爾・辛格・塔帕來到喜馬拉雅山區最知名的要塞山腳下：坎格拉。

堡壘在喜馬拉雅山區具有重要的掌控功能，從東邊的不丹到西邊拉達克，都是當地王國與封邑的中心，其中最重要的就是坎格拉。蒙兀兒在喜馬拉雅山區其他地方的勢力消退之後許久，仍在這裡駐軍。現在，他們終於消失了。如果比拉斯浦是個已遭遺忘的榮耀所留下的化石，那麼坎格拉則不同：是更大、重新振作起來的小國聯盟，占據著現代印度喜馬偕爾邦的許多部分。等到和阿瑪爾・辛格・塔帕發生衝突時，坎格拉已在拉賈桑薩・昌德的領導下，成為有活力且有文化的王國。而桑薩・昌德則是在

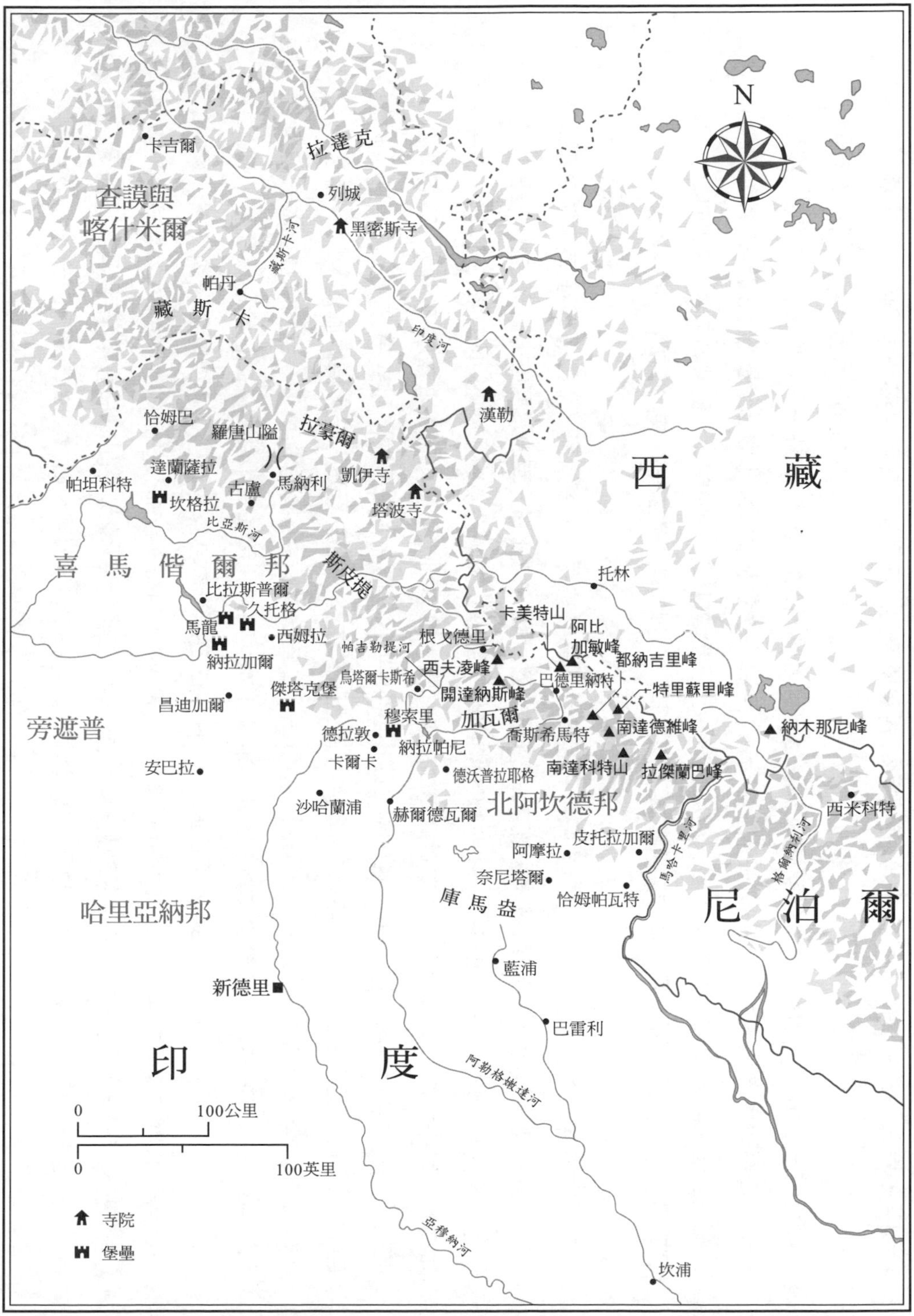
N
卡吉爾
拉達克
查謨與
喀什米爾
列城
黑密斯寺
藏斯卡河
帕丹
藏 斯 卡
印度河
漢勒
恰姆巴
羅唐山隘
拉豪爾
凱伊寺
西
藏
達蘭薩拉
帕坦科特
馬納利
古盧
坎格拉
塔波寺
比亞斯河
喜 馬 偕 爾 邦
斯皮提
托林
比拉斯普爾
久托格
卡美特山
馬龍
阿比
加敏峰
西姆拉
根戈德里
納拉加爾
帕吉勒提河
西夫凌峰
都納吉里峰
烏塔爾卡斯希
巴德里納特
開達納斯峰
特里蘇里峰
昌迪加爾
傑塔克堡
加瓦爾
穆索里
納木那尼峰
旁遮普
德拉敦
喬斯希馬特
南達德維峰
納拉帕尼
卡爾卡
南達科特山
拉傑蘭巴峰
安巴拉
德沃普拉耶格
沙哈蘭浦
赫爾德瓦爾
北阿坎德邦
西米科特
皮托拉加爾
阿摩拉
馬哈卡里河
格爾納利河
奈尼塔爾
恰姆帕瓦特
庫馬盎
尼 泊 爾
哈里亞納邦
藍浦
新德里
巴雷利
印
度
阿勒格嫩達河
0
100公里
0
100英里
寺院
堡壘
亞穆納河
坎浦

蒙兀兒勢力消退之後繼承坎格拉，而隨著坎格拉回歸家族掌控，桑薩・昌德也準備收復王朝的財富。完成之後，他就能好好滿足自己對於藝術的熱情，在王國成立工藝作坊，委託他們在蘇占浦（Sujanpur）興建新宮殿。坎格拉是後來帕哈里派（Pahari school）的重鎮，為喜馬拉雅山區百花齊放的藝術流派之一。然而桑薩・昌德在一八〇五年從比拉斯浦取得領土，也為自己的毀滅埋下種子。

一開始，桑薩・昌德算是一帆風順。他派兵跨過薩特萊傑河，騷擾阿瑪爾・辛格・塔帕，並在這名廓爾喀將領剛征服的小國製造動亂。正當雙方僵持不下之際，阿瑪爾・辛格對坎格拉的攻勢嘎然而止。在加德滿都，謠言甚囂塵上，說阿瑪爾・辛格拖延圍城；他是不是從桑薩・昌德收到賄賂，讓補給通過？比姆森・塔帕派他的兄弟奈恩・辛格（Nain Singh, 1777-1806或1807）出馬完成工作，卻在出擊過程中陣亡。之後比姆森決定進行協商，而既然桑薩・昌德是拉傑普特人，因此派兩名貴族去談：魯德拉維爾・沙阿（Rudravir Shah）與達爾漢詹・潘德（Dalbhanjan Pande），後者的堂兄弟就是剛遭處決的達摩達爾。阿瑪爾・辛格屬於卡斯山居民族，認為前來的貴族魯德拉維爾與潘德相當怠慢，於是他們答應離開坎格拉以換得賠款時，阿瑪爾・辛格指控這兩人收賄，毒害他們在宮廷的名聲。結果坎格拉又再度發生圍城。

雙方都企圖影響蘭季德・辛格與錫金帝國，也就是奧克特洛尼代替英國建立關係的地方。諸如恰姆巴（Chamba）和塔拉格爾（Turagarh）等當地的山間小邦，受夠了廓爾喀軍隊的掠奪天性，開始扣留阿瑪爾・辛格的部隊補給，導致士兵因為疾病和飢餓而衰弱。蘭季德・辛格終於介入，把廓爾喀軍隊趕回薩特萊傑河，但自己卻拿下坎格拉。而桑薩・昌德則領取錫克帝國撫卹金，度過餘生，王國則被剝奪；薩特萊傑河仍會是廓爾喀國的最西邊。

薩特萊傑河的戰事停止之後，東印度公司與廓爾喀之間的衝突又再度升溫，只是這次觸動東印度公司神經，讓它準備攻擊尼泊爾的原因，並不是貿易。一七九三年柯克派翠克和一八〇四年諾克斯前往加德滿都，任務雙雙失敗之後，英國就對喜馬拉雅山的貿易失去興趣，此貿易在東部已枯竭，而在西部則有令人嫉妒的蘭季德・辛格守護，如今，他掌控了喀什米爾的羊毛貿易。更確切來說，觸動戰爭的問題和稅收有關：尤其是來自布德沃爾的二十二個村莊，這個區域就在屬於印度北方邦、接近現代尼泊爾南境的城市哥拉克浦（Gorakhpur）之北。廓爾喀認為，布德沃爾屬於此時由比姆森・塔帕的父親統治的帕爾帕，東印度公司則認為，這些地方屬於阿瓦德（Awadh，當時稱為奧德〔Oudh〕），是在英國的掌控範圍。

和廓爾喀在關於這些村莊有所爭議之際，英國亦身陷在兩種自我看待的方式：若是商業公司，必須竭盡一切所能確保資產負債平衡，在此情況下牽涉到的數字可無法將昂貴的衝突正當化；或者東印度公司為一政府，有義務保護土邦的完整，在此情況下應該要保護稅收，因為這牽涉到原則。但在加爾各答的公司主管可能會苦於倫敦董事會的商業意見及衝突是否確實值得時，加德滿都的比姆森・塔帕則認為，英國只是貪得無厭的帝國締造者，跟他不像：英國只有在可獲得龐大禮物時才會退讓。他的將領阿瑪爾・辛格・塔帕仍對敗給蘭季德・辛格耿耿於懷，因此不把東印度公司視為敵人，而是潛在盟友是很合理的，並盼能共同合作，把錫克趕出坎格拉堡壘外。廓爾喀政權清楚且有先見之明地認為，既然英國無論如何都會與錫克對戰，他們乾脆也一起加入。阿瑪爾・辛格想拉攏英國，遂交出不久前從英國搶來的納拉加爾南方平原村莊。一八〇八年，奧克特洛尼成為英國新指派的政務官，要與蘭季德・辛格維持關係，他覺得這一切很難以理解：一方面與廓爾喀衝突，另一方面又被他們追求。他抱怨道，「很難為這些難以培養理性能力的人，找出行為動機。」

如果東印度公司陷入自我觀感的兩難，該公司看待其所管理的世界也是兩種世界觀，一種屬於印度，另一種則是歐洲，這二分法可以簡化為一個詞：地圖。在十九世紀初，喜馬拉雅山區南緣實在令人摸不著頭緒。空間所有權的觀念指的是精準界定出地圖上的土地區塊，這在英國仍是新近觀念，而對印度來說幾乎是全然陌生。叢林與特萊平原的空地中，土地所有權尤其模糊，因為這處或許不到三十公里寬的帶狀領土，通常扮演來自平原與來自山區統治者之間的緩衝區。尼泊爾人認為，邊界是指山脊及河道，而非紙上線條。多虧了蒙兀兒的官僚體系，殖民時代之前，關於邊界的紀錄算是相當大規模了，但這些紀錄並未定義出特定的區域；領土是以村莊列表來記錄，就像DNA那樣的資訊條串有分支與次分支，而隨著時間演變，也會像DNA一樣，在當地政治及貪官腐吏的壓力下突變。這結果就變成一塊塊的土地可能屬於一個母稅務主管機關，該機關與土地並不相鄰，位於好幾公里外。殖民官員通常被這些稅收紀錄搞得摸不著頭緒，因為這些紀錄並沒有相關的地圖，充滿不一致性和偽造。

蒙兀兒有自己的行事作風，有一段時間，東印度公司也採行蒙兀兒的作法，在蒙兀兒堆積如山的收稅紀錄上增加更多紀錄。然而在歐洲，精準的地圖改變了土地所有權的概念，不久之後，也會在印度施行。從英國觀點來看，來自這些村莊的稅收沒有多大的意義；漸漸地，問題變成需要有明確的疆界。東印度公司認為，最合理的疆界是標示出喜馬拉雅山起點的山區線條。比姆森．塔帕了解，萬一廓爾喀在布德沃爾二十二個村莊的爭議中屈服英國，到時候廓爾喀就會失去特萊平原的許多領土，這裡有最具生產力的土地，可以供給軍隊並維持政權。這就是生存威脅的定義。

一八一三年十月，當時的莫伊拉伯爵（Earl of Moira）弗朗西斯羅頓—黑斯廷斯（Francis Rawdon-Hastings）擔任新總督，決心要設法解決與尼泊爾的疆域爭議。協商宣告失敗之後，他著手準備攻擊計畫，讓年近六旬的奧克特洛尼回到戰場上。這場戰爭必定所費不貲，但莫伊拉認為，由於牽涉其中的村莊是屬於奧德（現為阿瓦德）的一部分，因此他毫不懊悔，他要讓奧德名義上的統治者付出代價。倫敦董事會在一八四八年二月簽訂同意書，他還有很多時間可以準備秋天開戰季。五月底，廓爾喀部隊攻擊布德沃爾的警察部門，殺害十八名東印度公司的人員，主管被綁在樹上，身上射滿了箭。莫伊拉伯爵這下子得以名正言順出兵打仗。

*

英國展開攻擊之時，比姆森．塔帕已擔任尼泊爾的政治領袖將近十年。比姆森個子高瘦，五官輪廓優雅，暗示著拉傑普特人的血統，但是他家族出身山區鄉巴佬，這麼一來，對血統相對自負的人會輕蔑他的地位。或許正因如此，比姆森成了更無情的政治操作者。一八〇六年，阿瑪爾．辛格第一次攻擊坎格拉，比姆森索性說服國王拉納．巴哈都爾與比姆森的姪女提普拉．桑達利．德維（Tripura Sundari Devi）結婚，而德維正是其胞弟奈恩．辛格的女兒。如此公然的操作手腕激怒了拉納．巴哈都爾同父異母的兄弟謝爾．巴哈都爾（Sher Bahadur）。在宮廷的一次爭吵中，他拔劍砍下國王的頭。拉納．巴哈都爾的隨扈巴爾．辛格．昆瓦（Bal Singh Kunwar）也是奈恩．辛格的女婿，他立刻拔劍，對謝爾．巴哈都爾復仇，導致血流成河的班德克爾大屠殺事件。正如以往，比姆森趁這次屠殺剷除宮廷的敵人，讓他們因為參與這次「陰謀」而遭到處決，住所也由後嗣接收。拉納．巴哈都爾的年長皇后和諸多妃子被迫進行「娑提」（sati），亦即在火葬用的柴堆裡自焚陪葬，而戰鼓聲淹沒了她們的哭喊。

新婚不久便守寡的提普拉．桑達利（Tripura Sundari），成為剛登基的繼子吉爾萬．尤達．比克拉姆（Girvan Yuddha Bikram）背後的攝政者，鞏固塔帕宗派在王朝的全面掌控。提普拉年僅十二歲，往後將憑藉一己之力，成為極具影響力的女子。目前沒有書籍探討女性在尼泊爾政治扮演的角色，然提普拉的故事應得到重新看待：尼泊爾文學在近幾十年來蓬勃發展，顯得與眾不同，多半歸功於巴努巴塔·阿查里亞（Bhanubhakta Acharya）這名十九世紀晚期的詩人，他曾翻譯《羅摩衍那》。不過，提普拉·桑達利也有功勞。她個人的藝術成就是把《摩訶婆羅多》的一個部分翻譯成尼泊爾文，或當時所稱的廓爾喀文，讓「王法」（Raja Dharma，君王之途）對已獲得權力、卻對自身社會地位無安全感的戰士階級統治者，說明應負擔何種義務與行為。她的繼子吉爾萬在成年後不久便意外身故，因此她之後又有另一段的攝政期，直到一八三二年死於霍亂，年僅三十八歲。她在世期間，宮廷政治的性質讓提普拉成為比姆森的重要盟友：無怪乎她年紀輕輕香消玉殞之後，比姆森的勢力便逐漸衰微。

*

比姆森是這個時期無情、精明的主要舵手，有時候歷史學家會認為，比姆森蠻橫跋扈，其他貴族「巴拉達」（bharadar）在他面前也只能當縮頭烏龜。比姆森固然說得上殘暴，卻是因為所處情境的不得不然。但他真正的高超能力在於解讀他人。他得仰賴某些人來鞏固自己的地位，而他了解這些人，也就是沙阿王朝各個脆弱派系的希望及恐懼；有些人處於盛怒邊緣而舉棋不定；其他貴族則急著要剷除他，而軍隊是廓爾喀計畫的主力，必須要能時時站在自己這邊。比姆森·塔帕對尼泊爾沒有偉大的前景，只顧著自己宗派的政治生存，但要維持軍隊專注和滿足，意味著無止境的擴張計畫：軍人越多，就需要越多土地付給軍人，如果將因此而惹惱英國，那就惹惱他們吧。一八一四年春天，與英國的緊張關係升高，為了讓少年國王吉爾萬安心，他就讓吉爾萬的注意力轉移到一八〇五年，馬拉塔人成功對抗東印度公司的知名案例：

巴拉特浦的小小堡壘是人建立的，但英國人在這堡壘前遭到擊敗，不再企圖征服巴拉特普；我們的山丘與要塞是出自神之手，是堅不可摧的。因此我建議實行敵對狀態，之後便能依照較適合我們利益的條款來談和。

比姆森呼籲對抗英國時，還提到廓爾喀對抗中國時所獲得的「勝利」，卻忘了尼泊爾原本大難臨頭，後來是因為中國人離鄉太遠才倖免於難。然而，英國人就在隔壁，能更輕易取得補給並強化軍力。對於一個以政治判斷力聞名的人來說，這態度傲慢得不可思議。究竟比姆森為何會如此嚴重誤判？第一任英國常駐加德滿都官諾克斯認為，比姆森．塔帕把英國對他的上司拉納．巴哈都爾所採取的柔軟手段「歸因於恐懼」。英國的作為對比姆森而言很陌生；十九世紀初期的英國外交官很不滿廓爾喀外交人員的行為，因為廓爾喀外交人員對清朝官員的態度尊敬有加，和對英國的態度有如天壤，清朝要和尼泊爾合作是不會有任何阻礙的。尼泊爾定期向中國朝貢，而其公使更清楚了解中國想從中獲取什麼：在中國外交禮儀中，有清楚的階級信號。但他們覺得英國的態度比較模糊，難以詮釋。

比姆森在拉納．巴哈都爾於貝那拉斯流亡期間擔任護衛，曾親眼見識過英國人，他認為英國人會搞雙面手段。東印度公司以撫卹金及承諾支持來引誘國王，令比姆森很厭惡，認為那只不過是有用的籌碼，用來增加英國的影響力，讓諾克斯能進入加德滿都，進行貿易任務。一旦成為駐地代表，並在一八〇一年於達納浦簽訂協議，諾克斯便要求拉納．巴哈都爾償還出走期間累積的龐大債務。比姆森注意到公司本身的差異，其自我形象是歐洲進步模範與有道德的基督教權威，暗地裡卻又表現得一副玩世不恭的樣子：資助流亡在外的國王，任他顛覆家族，目的完成之後，立刻要他還錢。比姆森深知自己的國家遭到玩弄，因而憎恨起英國，這股恨意將深深延燒數十年。

比姆森也仔細留意東印度公司的軍事能力，因此他在一八〇六年掌權，成為尼泊爾第一任首相（mukhtiyar）之際，為廓爾喀軍事系統制定一系列的改革，引進一些他所欣賞的孟加拉軍隊組織特色。即使在此之前，尼泊爾精銳部隊也曾模仿東印度公司穿起制服：紅色外套與白十字腰帶。他們鍛鍊的方式和孟加拉軍隊一樣，用的是英文口令。（正因如此，清帝國曾懷疑英國和廓爾喀入侵西藏有關。）更早以前，廓爾喀曾雇用法籍傭兵，建立砲兵，鑄造槍枝並生產彈藥。比姆森・塔帕繼續沿用外國軍事顧問；他雇用英國逃兵，協助訓練自己的士兵並生產步槍。其中一人叫拜恩斯（Byrnes），他在一八一四年脫離東印度公司時仍是砲兵上校。這些英籍顧問甚至教導廓爾喀學生唱一些英語進行曲，他們會在上戰場時吹奏軍用橫笛，令英國對手相當吃驚。他們也向中國學習。中國在一七九二年使用輕量的一磅彈砲設備——皮革製的裝備可讓一個人單肩扛起，在山區很實用，即使在幾輪發射之後會自行爆炸。

廓爾喀部隊的身分認同也很重要，對日後印度與其他地方的英國人有很深的意義。軍官是卡斯族切特里人，但一般士兵則多半是馬嘉族和一些古隆族，亦即出自藏緬種族背景。他們是優秀的士兵：強健、友善，不必像更正統的印度教單位奉行宗教因而變得複雜。相對地，他們的對手是東印度公司孟加拉軍隊，多半是來自阿瓦德種姓階級高的人。廓爾喀部隊是在山區長大的，有典型山居者的強壯堅毅、自立自強又樂觀，不畏飢餓疲憊的艱困情境。這些人被英國人歸類為「古爾卡人」（Gurkhas），無疑是誤把政治分類視為種族分類。雙方戰爭結束之後，奧克特洛尼會提供誘因，獎賞投誠的軍人，而他在一八一五年接受阿瑪爾・辛格投降，並簽訂協議時，任何服役於尼泊爾的士兵若想加入英國軍隊，都可自由前往。於是知名的廓爾喀軍團形成，日後將協助打造大英帝國。英國招募到的，有些確實是從正規尼泊爾軍團來的廓爾喀、馬嘉族以及古隆族，但多數是非正規的輔助人員，是廓爾喀軍隊在加瓦爾與庫馬盎招募而來，以增加軍隊人數。

比姆森或許被對英國的憤恨蒙蔽了雙眼，無法看見他在國界之外可能真正得到的協助，幫尼泊爾對抗東印度公司。廓爾喀政體無論是在與英國發生戰爭之前或之後，都在東印度公司的敵人身上尋求共同目標，尤其是馬拉塔同盟以及錫克帝國的統治者蘭季德．辛格，他的軍隊能力和廓爾喀軍隊不相上下。雖然錫克帝國在坎格拉打敗了廓爾喀，但雙方都知道聯合對抗英國的好處。只是隨著局勢演變，蘭季德已興致缺缺，在他採取行動之前，戰爭就已經輸了。更重要的是大清國的態度，其原本所向披靡的氣勢在白蓮教之亂後——對抗腐敗稅制的游擊動亂——即大傷元氣，甚至導致曾率軍入侵尼泊爾的滿清將領福康安病逝於軍中。雖然大清後來弭平白蓮教之亂，不過貪腐日益嚴重及連年饑荒，已使政權動搖。雖然如此，中國仍堅持尼泊爾每五年要到北京進貢，廓爾喀公使也乘機施壓中國，要求援助，豈料得到的建議竟是以和為貴。即使如此，如果廓爾喀慘敗，大清國介入的可能性，或許是讓莫伊拉伯爵遏止野心的主要原因。

沙場老將奧克特洛尼深信，英國在印度最立即的危險是來自廓爾喀軍隊，尤其是敵手阿瑪爾．辛格．塔帕。一八一三年，阿瑪爾．辛格的軍隊占領納拉加爾的四個村莊，此地是一八〇五年阿瑪爾．辛格在西進過程中占領的小王國。英國人認為，依據一八〇九年的宣告條款，這些村子是在他們的保護之下。於是，總督寫信給廓爾喀國王吉爾萬．尤達，要求他撤軍。廓爾喀的回應主要來自比姆森．塔帕，其內容可說是在上歷史課：「一如可敬的公司靠上帝恩典，並運用武力建立印度斯坦的領土，我也以相同的方法取得山區所有權，還有以前屬於拉賈領土的低地。」即使如此，「為考量友誼」，他發命令，讓阿瑪爾．辛格撤退。

奧克特洛尼已在西部開始為可能的攻勢蒐集情報，因此當阿瑪爾．辛格從平原撤軍，並想和他見面之時，他就乘勢「沿著山丘，或盡量沿著還有路可走的地方，」從薩特萊傑河往東行進。他們在卡爾卡

（Kalka）的會面氣氛友好，不過阿瑪爾・辛格依舊念念不忘坎格拉堡壘，認為既然英國要與錫克對戰，他們就應和廓爾喀聯合。奧克特洛尼則告訴他，東印度公司不在乎坎格拉。他詳記廓爾喀的防禦工事，並讚賞其實力及謀略，也謹慎提到自己的路線圖。他也引用其他官員的報告，精明地提出廓爾喀在西部省分的概觀，尤其是他們的設備和種族背景，他向總督辦公室報告這些觀察。而這些情報將對他大有用處。

然而，戰爭挑釁不是來自西部，畢竟奧克特洛尼會在這裡指揮一支縱隊；問題是在東部，因為雙方對布德沃爾地位的協商破裂。這片土地是比姆森・塔帕的父親取得帕爾帕時得到的地方，因此廓爾喀已在此收租五年，但這時公司政務官聲稱，這塊土地屬於奧德的納瓦卜，因此屬於他的，也企圖奪取村莊，並殺害一名廓爾喀官員。雖然成立了委員會來研究整個邊界問題，但在集會之前，廓爾喀竟奪取了更多村莊，把二十二座村子全部攻下。英國專員帕利・布萊德修（Paris Bradshaw）上尉發出最後通牒，要求廓爾喀撤軍。

吉爾萬・尤達尋求行政高官及將軍的建議，思索正確的行動路線。有鑑於總督的提議——在特萊平原建立東印度公司——國王提出一個簡單的問題來反問：「那麼我的王國要怎麼繼續下去？」這個問題蘊藏著最有說服力的解釋，說明為何廓爾喀如此反抗。尼泊爾的經濟情況並未改變，仍是以土地來支付士兵，具體而言，是透過租金（jagir）。那些長久服侍君王的人，可能會得到一塊永久土地當作獎賞，這種撫卹金稱為伯塔（birta）。政權必須不斷擴張，以實現這些承諾。要是從獲利最多、農作物最多的特萊平原被驅離，尼泊爾可承擔不起，而這裡又有可觀的原始叢林，可供有資金的人開墾。若是離開，會重創這個新國度的經濟模式。廓爾喀的領導者只能指望肆虐特萊平原、讓金洛赫遠征人員死傷一半的瘧疾重症擋下英國人。他們全然無視布萊德修的最後通牒。

對國王的官員來說，與英對戰的後果很清楚。在喜馬拉雅山南邊的諸多王國都曾被廓爾喀納入其帝國，但可能再度分裂。這些小國任憑南方的強權擺布，而這正是普利特維．納拉揚．沙阿擔心的結果。英國也有相同的想法，於是不斷討好整個喜馬拉雅山區被廓爾喀攆出的地方首領。奧克特洛尼相信，這些流離失所、內心不滿的統治者（他稱為「忘恩負義者」）不值得在乎；有些地方的人民也不樂見原有的拉賈回來，覺得不比廓爾喀的到來好。在東邊，錫金卻嘉（國王）支援英國對抗廓爾喀，但一名英國官員說，「這麼一來，就做出最懇切動人的懇求，要我們不可欺騙他們，否則會導致無可避免的毀滅」，而這些叛變者的鼓動，讓廓爾喀指揮官更加焦慮。阿瑪爾．辛格．塔帕與庫馬盎的廓爾喀首長布拉馬．沙阿（Brahma Shah）彼此雖不是朋友，但他們在一封信中一同署名，警告大難將至。兩人都耗費多年時間，在西部省分鞏固廓爾喀的控制權，很清楚情況多脆弱。

> 英國人乘機擺出憤怒態度，萬一真發動戰爭，衝突必定很激烈。他們若沒有建立自己的權力與威信，不會善罷甘休，還會與我們攆走的山區拉賈聯合。我們到目前為止只有獵鹿。如果我們介入這場戰爭，則必須準備好打虎。

一八一四年夏天，阿瑪爾．辛格在寫給奧克特洛尼的信中，並未洩漏這一點憂心，他警告英國：

> 廓喀爾部隊猶如一波波海浪，主要手段就是戰爭和敵對，他們將會作出萬全準備，防止任何地方遭到侵吞。

最後，雙方都誤讀了對方的「紅線」。英國沒能理解邊境爭議為何會在加德滿都被視為攸關生存的威脅，接下來的戰爭必然全力以赴。他們也誤判了廓爾喀軍隊的復原能力及勇氣。印度的大眾意見認為，這場戰爭將為期短暫，尼泊爾拉賈會很快屈服。莫伊拉伯爵希望，在開戰之前尼泊爾就會屈服。同時，比姆森·塔帕並不認為東印度公司會當真攻擊尼泊爾。他的錯誤是沒能體會外交的曲折，而尼泊爾政府在邊界爭議中擺出的好戰姿態，激起莫伊拉伯爵的恐懼，擔憂起自己於印度的存在危機：無論是否有商業智慧，總督就是不能被認為猶豫不定。

英國軍官的信心，和廓爾喀軍隊的交手經驗成反比。總督是個老謀深算的老將，可惜不了解山區，於是漫不經心地下結論：「山戰對防禦方來說難度較高。」他預期「這場戰爭會結束得很明快，」只承認需要「速戰速決」，因為失敗會鼓勵錫克與馬拉塔人利用英國人的弱點。奧克特洛尼曾與廓爾喀軍隊交手，一八一三年也親自和阿瑪爾·辛格·塔帕見面過。他對於這支軍隊的第一印象也相當不屑，「裝備不佳，缺乏紀律的野蠻人，無恥地模仿英國本地軍營的服裝、裝備與組成。」然而，戰爭越是逼近，他就越調整自己的判斷。奧克特洛尼和他即將對抗的將領一樣，對前景越來越懷疑。的確，「必須完全推翻廓爾喀的力量，才能避免永無止境的麻煩及支出。」他有個朋友是常駐德里、年輕有為的殖民地官員查爾斯·梅特卡夫（Charles Metcalfe）。奧克特洛尼在一封給梅特卡夫的信提到：

> 為了這麼無利可圖的目的，想要推翻建立已久的政府，在我看來，是我方試過最異想天開、最不可取的作法——這都還沒提到所有的實際困難。

這作法「異想天開」，且有時候很尷尬：雖然阿瑪爾·辛格尊重「可敬的公司」軍隊，但不久之後，腥風血雨卻無能為力的時刻即將降臨。

*

東印度公司的軍隊是英國目前派至印度戰場上最大的，整體而言是由英國正規的陸軍軍官來指揮，而非由孟加拉的步兵軍官指揮。這會在東印度公司的軍官之間造成緊張，畢竟他們多年來受到忽視，士氣低落。在十八世紀，東印度公司的軍隊曾是殖民世界的奇蹟，但這時急需改革。此外，軍官本人也有問題。羅伯特・羅洛・吉萊斯皮（Robert Rollo Gillespie）就像近期晉升為少將的奧克特洛尼，是帝國時代探險家的縮影。他嗜酒、好賭、耽溺女色，年少時老愛逞凶鬥狠，常和當局不合，而總是帶頭出擊。他之所以成名，是一八〇六年在維洛爾（Vellore）的印度兵叛變時——本地軍隊首度明顯反抗英國指揮——當機立斷。吉萊斯皮以明快猛烈的攻勢援助同胞，讓他成為全國英雄。

然而，吉萊斯皮的輝煌已經成了過去式。一八一四年季風季節過後、天氣較為涼爽的備戰期間，吉萊斯皮面臨另一項個人危機：新加坡創建者斯坦福・萊佛士（Stamford Raffles）指控，吉萊斯皮之前派駐爪哇時貪污。雪上加霜的是，三年前他在爪哇島柯尼利斯堡（Fort Cornelis）對抗荷蘭人與法國人時頭部受傷；歷史學家約翰・潘博爾（John Pemble）認為，他指揮對抗廓爾喀時，是處於神智不清的狀態。吉萊斯皮在抵達印度後、尼泊爾戰爭前經常與日記作家紐根特女士（Lady Nugent）對話。紐根特女士認為他「天性衝動，對於名氣異常貪婪且熱中，導致他有錯誤的觀念，犯下會讓往後的人生感到痛苦的錯誤。」他往後的人生並不長。在圍攻卡朗加（Khalanga）納拉帕尼戰略堡壘（Nalapani）的廓爾喀軍隊時，吉萊斯皮的憤怒與缺乏耐性，促成了他最知名的衝鋒行動，而在十月三十一日，一名狙擊兵朝他開槍，子彈貫穿他的心臟。一名目擊者寫道：「吉萊斯皮將軍在對人高聲呼喊時遭到擊斃，他左手揮舞帽子，右手揮舞劍；然而沒有人要跟著他前進。」這是戰爭的第一個明顯信號，而戰役的指揮官已經陣亡。他手下的許多軍官因此鬆了口氣。廓爾喀確實是勇敢堅毅的敵人。吉萊斯皮的遺體以烈酒保存，送到加爾各答安葬。當時有個笑話，說他「活著的時候是醃黃瓜[4]（pickle），死的時候是醃漬物（preserve）。」想當然耳，他在英國成了被歌頌的英雄。

納拉帕尼堡壘又撐了一個月，幾百個廓爾喀士兵，面對的是數以千計裝備精良的士兵。廓爾喀士兵靠著比姆森・塔帕的姪子巴爾巴德拉・昆瓦（Balbhadra Kunwar）有決心的領導來對抗，因此至少對部分尼泊爾人來說，他依然是民族英雄。勇氣與策略理性是廓爾喀的優勢；不和諧與領導者差勁是英國的弱點。雙方在過去半個世紀都積極擴張；雙方都防衛著得來不易的殖民利益。巴爾巴德拉的父親就和廣大的塔帕宗族中許多人一樣，在尼泊爾西部與最西的省分擔任殖民地管轄者。

結果也和以前一樣，造成令人惋惜的人命損失。雖然廓爾喀部隊堅守納拉帕尼，但這個地方不過是個小而平庸的建築，裡頭的居民只能餐風露宿，境遇悲慘。當英國上尉亨利・舍伍德（Henry Sherwood）踏進此處的廢墟時，親眼目睹了慘狀：「那些還能動的設法離開；但其他人則要水，而我們的軍官盡量協助，把水往他們身上倒。」堡壘的供水被截斷，導致這裡遭遺棄；巴爾巴德拉和許多還能走的人一起逃走。「有些可憐人在這裡躺了三天，手腳都斷了，」舍伍德繼續說。「我永遠忘不了一名年輕女子斷了腿，躺在死人之間。」他看見一名受傷的廓爾喀軍人「用手指在滿是血的沙土上畫圖」，那人頭部的傷勢令他神智不清。

最令人辛酸的是兩個小女孩，一個大約四歲，一個大約一歲，父母已遭殺害。兩人已獲得照料，但大女孩不停尖叫著，害怕與妹妹分離……今天我見識了戰爭的恐怖；確實恐怖。

莫伊拉伯爵的戰爭計畫把尼泊爾一分為二，以甘達基河（Kali Gandaki）分成東西兩區，這條深邃的河谷約位於尼泊爾多中央。軍隊分屬於四個縱隊，兩邊各有兩支。東邊兩支軍隊中較大的一支被分派的任務，是要拿下馬克萬布堡壘，奪下通往加德滿都的路，這將是致命一擊。另一支在左邊的較小軍隊會離開哥拉克浦，前往有爭議的邊境布德沃爾，這會讓廓爾喀的反對勢力遠離主要縱隊，如果情況允許，就要占領之前獨立的帕爾帕邦首府坦森（Tansen），其總督就是比姆森．塔帕的父親。他在戰爭前幾天已經去世，現在於此區率領廓爾喀軍隊防禦的是他的孫子烏耶爾．辛格．塔帕（Ujir Singh Thapa），也就是比姆森．塔帕的姪子。面對他的，是少將約翰．伍德（John Wood），他在吉特賈迪（Jitgadhi）這處堡壘之前游移不定。在敵軍意氣風發的壓力之下，他被召回哥拉克浦。伍德要求把英人的遺體送回時，烏耶爾．辛格告訴他：「在這強大的國度，任何不公正的侵略都會受到勇敢軍隊的嚴懲。」東邊的軍隊也面臨差不多的情況：在莫伊拉伯爵猶豫不決、延誤且粗魯干預之下，撤換了原本的指揮官、下不了決定的本內特．馬利（Bennet Marley）少將。馬利行事猶疑，而莫依拉伯爵卻找了個更優柔寡斷的人來替代。

在進攻尼泊爾的四支縱隊中，年紀最大、最不受重視的奧克特洛尼是在廓爾喀王國最西邊的一支，也最能應付山區戰事的策略需求。他的軍隊幾乎都是本地的步兵與騎兵，以及一些歐洲砲兵，也有來自錫克的士兵，他們隸屬於受到東印度公司保護的拉賈。這些士兵都很優秀，但不習慣有紀律的戰鬥。

4　指身處困境。

奧克特洛尼相當謹慎，選擇讓軍隊配備重砲，雖然莫伊拉伯爵原本的計畫是速戰速決，相當注重移動性。奧克特洛尼相對有耐性，認為敵方是靠著堡壘來防禦，因此以重砲來慢慢推進是合理的。而也確實如他所料。他用大象來運載火砲，來到可威脅納拉加的第一座堡壘之處時，這裡的守備部隊旋即投降。軍隊砍伐樹木，清出道路，帶著槍砲前往下一個目標藍加（Ramgarh），阿瑪爾．辛格．塔帕率領最精良的軍隊，在防禦柵欄後方和挖掘好的壕溝內枕戈待旦。他的部隊比奧克特洛尼指揮的印度兵更是精良，適應能力強。奧克特洛尼的高招在於欺騙阿瑪爾．辛格，讓他從難以攻破的藍加，而移師到馬龍（Malaun），也就是這位廓爾喀將軍安置妻子、幼子及財富的地方。結果，英國拿下這兩個地方，且幾乎沒有傷亡。

阿瑪爾．辛格固然驍勇善戰，可惜不夠老謀深算。在吉萊斯皮死亡、那拉帕尼陷落之後，他告訴在當地擔任廓爾喀部隊指揮官的兒子蘭傑．辛格（Ranjor Singh）說，要從防禦位置甚佳的納罕鎮（Nahan）撤退，以支援賈伊塔克（Jaithak）的小堡壘。這個決定令舍伍德相當疑惑，他寫下廓爾喀「有時能自衛良好，不光是因為勇敢，更因為明智判斷；有時候卻又忽視了最常見的防禦方法。」無論如何，占領賈伊塔克是超出吉萊斯皮繼任者加布里爾．馬丁戴爾（Gabriel Martindell）的能力之外。英國人想迅速攻占此處，卻在一天內造成數百人傷亡，其中一名陣亡者就是威廉．梅克比斯．薩克萊[5]的叔叔湯瑪斯。他當下身處空心方陣中，以延後尼泊爾人反擊，並在準備和同袍撤退時胸部中彈。在馬丁戴爾指揮下，只有七人活著回來。這次戰事遭逆轉之後，馬丁戴爾因為優柔寡斷而被擊垮。

兩條邊緣戰線的戰事則順利得多。在東邊，英軍和錫金拉賈合作，把廓爾喀推到梅吉河（Mechi river）後方。西邊是匆促規畫的軍力，由威廉．加德納（William Gardner）指揮，大多是非正規軍，包括數百個從阿富汗來的帕坦人傭兵，他們從庫馬盎的廓爾喀首長布拉馬．沙阿手中成功奪下阿摩拉。

接下來，布拉馬的弟弟哈斯蒂．達爾（Hasti Dal）陣亡，他是個備受尊敬、宛如護身符的將軍，在設法鞏固廓爾喀與西方溝通的管道遭敵軍追上。（廓爾喀為新帝國制定的最有效改革，就是官方的郵政系統〔hulak〕，讓加德滿都能獲得事件通知。）廓爾喀軍隊和英國一樣需要再補給，而阿摩拉被攻陷之後，就切斷了尼泊爾及加瓦爾——奧克特洛尼和阿瑪爾．辛格．塔帕戰鬥之處——之間的聯繫。接下來就是一連串的投降，而局勢也從哪一方會獲勝，變成加德滿都的哪個派系會出來掌控勢力大幅衰退的廓爾喀帝國。布拉馬．沙阿告訴英方，他希望權力回歸到貴族手上，因為他鄙視塔帕家族，認為他們只是狂妄自大的卡斯族。不過，雖然比姆森．塔帕必須對這傷亡擔負個人責任，卻依然掌握大權。

*

一八一四年十一月，在戰爭剛開始的幾個星期，曾與加德滿都協商的邊境專員、現擔任馬利少將的政務官的布萊德修少校，著手準備與廓爾喀的和約。他在當月底便擬定好草稿，而過了一年多，雙方就在一八一五年十二月於薩高利簽訂正式和約，前後兩種版本差異不大。在戰爭之前，廓爾喀的實力及於鼎盛，從東邊的提斯塔河（現為印度西孟加拉邦）延伸到西邊的薩特萊傑河（現為喜馬偕爾邦），確實是喜馬拉雅山區帝國。在戰後，尼泊爾失去三分之一的領土，包括加瓦爾與庫馬盎區，以及特萊平原廣大的珍貴土地。新的邊界為西邊的馬哈卡里河，東邊則為梅吉河。

廓爾喀的威脅不再，於是奧克特洛尼與梅特卡夫也把注意力轉向錫克帝國，以及薩特萊傑河東翼的

5 威廉．梅克比斯．薩克萊（William Makepeace Thackeray, 1811-1863），維多利亞時期的知名小說家，作品包括《浮華世界》。

公司保護地。然而，即使簽訂了和約，比姆森．塔帕仍試圖甩開枷鎖，拒絕批准條約，而東印度公司派奧克特洛尼主導最後一次——也可說是不必要——的戰役，強迫解決這個問題，一八一六年二月占領馬克萬布的要塞，距離加德滿都只有幾天的行軍路程。比姆森在奮力對抗英國時，無論是否必要，在談定條約與馬克萬布投降的過渡期間，尋求蘭季德．辛格及其他可能與英國為敵的人協助。他也致函嘉慶皇帝，控訴東印度公司粗暴挑釁及侵犯，只是拉薩的駐藏大臣拒絕把信件送到京師。至少他們是如此告訴比姆森．塔帕。

事實上，清朝相當留意尼泊爾的局勢。英國順利催促嘉慶皇帝派軍到西藏。在一八一六年夏天的幾個月，莫伊拉伯爵及其職員思考過中國介入的威脅。現在，三方的外交牌局展開了。中國或許不能再負擔一次昂貴的戰爭，以確保能夠掌控尼泊爾，但又希望能維持在英國面前的地位。從英國觀點來看，他們剛發現在山區作戰會耗損多少寶藏，加上承受了幾次令人不快的逆轉，因此英國最不需要的，就是敵意升高。在英國，許多人一開始就懷疑在廓爾喀打仗的意義何在，包括英國陸軍統帥約克公爵，他對於打牌和其他機率遊戲的了解很深。正如以往，一手爛牌的比姆森．塔帕卻打得最好。他知道英國對英中關係很焦慮，遂利用這項理解，追回部分損失。

在薩高利條款下，英國有權指派駐加德滿都的外交官，於是在一八一六年四月十七日，廓爾喀公使賈吉拉吉．米什拉（Gajraj Mishra）便帶領新任的臨時加德滿都常駐官約翰．彼德．布洛（John Peter Boileau）中尉穿過加德滿都街道，來到皇宮。布洛出生於都柏林的胡格諾派教徒世家，在一八一四年年底參戰時被刀刺傷大腿，但是恢復之後，竟把攻擊者的頭劈成兩半。而如今，他要執行總督的和約。在引導之下，布洛走上幾階狹窄的樓梯來到覲見室，他發現，負責侍候的大臣躲在能抵擋驕陽的白色細棉布窗簾邊。國王吉爾萬．尤達現年十八歲，已經成年，坐在四根銀柱撐起的華蓋下，他卻起身，從高台走下，迎接這名官員。真正的掌權者在房間的其他部分；接下來，米什拉引介的人是比姆森．塔帕。

布洛出示自己的國書時，清楚說明總督期待與尼泊爾建立新關係之際，廓爾喀政府的首要之務，就是執行簽訂的條約。比姆森彬彬有禮，甚至一副熱烈歡迎的樣子，卻也高深莫測，並未給予任何承諾。他身邊有幾個拉賈的巴拉達（即貴族），他們都和布洛一樣，不知道首相的下一步是什麼，沒有人有辦法提出相應的計畫來除掉他。

英國先派出布洛，七月底則派出常駐的繼任者愛德華．賈德納（Edward Gardner），他們都急於避免與中國起衝突。比姆森很清楚這一點，但他和東印度公司的關係只是更重要議題的一部分：他的生存。雖然比姆森已告訴中國，英國的下一個目標是西藏，但比姆森明白，中國不久便會認為，英國不會帶來進一步威脅。同時，他在宮廷的政敵（尤其是潘德家族）已因為沉重打擊而惱羞成怒。從這兩個角度來看，奮力對抗英國皆可減輕壓力，可向潘德家族展現威力，要他們多加考慮，也有藉口點燃中國的焦慮，讓英國更收斂。因此比姆森派駐部隊，持續觀察常駐官，並派行將就木的老將軍阿瑪爾．辛格．塔帕與西藏邊境的清朝大使談話。沒多久，他開始把這些提議的資訊透露給駐紮官，由他詳細報告給位於加爾各答的上司，而這名上司目前又考慮發動另一場與馬拉塔帝國殘餘勢力的戰爭。這麼一來，比姆森就會對東印度公司最敏感的神經施壓：中國。

眼下，最具決定性的，就是和清朝的關係。如果中國要求，賈德納就會撤退。同時，英國也緊急安撫中國，說表示尼泊爾會保持獨立，東印度公司並未覬覦其領土。大清確實要求東印度公司召回賈德納，但在廓爾喀戰後獲封為黑斯廷斯侯爵的莫伊拉伯爵運用巧妙手段，請中國自行派駐官員，留意浮躁的廓爾喀軍隊的下一步。中國反對，於是賈德納留在尼泊爾，比姆森．塔帕也有正當理由，聲稱他保住尼泊爾大致上的獨立。一八一六年十一月，年輕的國王據說在天花疫情中染疫去世，之後比姆森的手腕更加強硬；前文提過，國王的幼子是交由比姆森的姪女提普拉・桑達利照料，於是她又展開了第二次攝政。

黑斯廷斯侯爵很快明白，為了保持與尼泊爾之間的和平，東印度公司實際上變成了加德滿都拉賈的收稅者：在薩高利條約中，英國同意要給撫卹金，為戰爭時奪取的特萊平原補償廓爾喀國王。總督現在決定歸還這塊地，包括這塊地本身，以及英國曾為此交戰的鄰地。維多利亞時期的歷史學家愛德華・桑頓（Edward Thornton）主張，這個決定「把這場戰爭轉變成一場無意義且令人沮喪的鬧劇，」但考量到尼中關係和英中關係，總督的選擇不多。東印度公司的操作空間有限，也解釋了為何加德滿都的駐紮官角色和印度次大陸其他重要地點非常不同，也更有限制性：與其說是外交官或協商者，不如說是廓爾喀軍國主義的早期警報系統。

為了安置駐紮官，尼泊爾國王給予英國一塊地，位於皇宮北部三公里以外的地方，該地在尼泊爾文的意思是「惡魔屋」。這裡冬天霧霾瀰漫，夏天蚊蟲肆虐，愛德華・賈德納就在這種環境下嚴守總督對尼泊爾的綏靖政策，盡力保持不失禮、什麼都不做。他在這裡任職了十三年，直到加爾各答砍了他的薪水，令他心生不滿，索性退休。取代他的是奧克特洛尼十年前在德里見過、雙頰粉紅的新手：布萊恩・霍頓・霍奇森。他的角色會更加活躍。在因緣際會及個人傾向之下，霍奇森不僅會在加德滿都的宮廷政治占有中心地位，也會在或可稱為「喜馬拉雅山研究」中成為要角：他研究的是此地區的人種誌學、自然史，以及歐洲人剛發現的佛教。下一章會提到霍奇森所創造出的關係，將直接影響大英帝國的未來。

加德滿都與加爾各答的緩和政策對尼泊爾人民的影響，是最淒涼的戰爭後果。廓爾喀最精銳的軍隊並沒有遠離，而是急著想復仇。想改革支付軍隊的方式是不可能的，比姆森・塔帕也沒興趣這麼做。他做事講究實際，急著得到宮廷和軍隊的支持，問題是，魚的數量一樣，池塘卻變小了。資深軍官的薪酬是先從農民取得穀物，之後賣給印度以獲取現金，但眼下，現金不是送到產地，只會送到加德滿都。這麼一來，這國度的財富就集中在尼泊爾首都，尼泊爾的平民承受幾十年只獲得少少的利潤，甚至完全沒有利潤的日子，又逃不了長時間辛苦工作的絕望生活。這情況在現代尼泊爾的部分地區最能清楚感受到，例如剛納入廓爾喀帝國最西邊的區域，這裡多被視為戰爭的戰利品。這一帶依然是尼泊爾最窮的地方。

在接下來的一個半世紀，一股壓制的力量在遙遠的地方關注著此地，阻礙著喜馬拉雅山區的人。大致而言，他們認為，只要在加爾各答或北京設下的界線內循規蹈矩，其他時候就可以為所欲為。助長這股殖民冷漠的是統治階級的權貴，他們通常不去理會該如何發展平民百姓的物質生活。歷史學家路德維希・史提勒（Ludwig Stiller）在著作《無聲哭泣》（*The Silent Cry*）中，描述了尼泊爾的停滯及飄移。普利特維・納拉揚・沙阿曾相信，他的新國家會以雙腿行走前進，這兩條腿分為軍隊與農民，因此，若是農民不富有，國家就會垮。

> 在征服的路上，於槍林彈雨與汗如雨下的戰爭中，這些理想失落了。軍隊得到成長的權利，靠著尼泊爾農夫的付出來過活，許多貴族遺忘他頭銜的意義（「肩負國家重擔者」），卻要求國家服務他們。

但是跨越庫馬盎邊界，來到英國勢力範圍，就會看見不同畫面。一八一六年四月，菲利克斯・雷波（Felix Raper）上尉在距離尼泊爾新邊界西方約一百六十公里處的庫馬盎首府阿摩拉寫信給朋友。在斯利那加（Srinagar）的廓爾喀省長允許之下，雷波於九年前和英裔印度探險家海德・揚・赫西（Hyder

Jung Hearsey）探索了恆河源頭。他很熟悉這個區域，此時他預測小鎮的前景可期，將成為「炎熱氣候下時興的渡假中心。」果然如他所料，不久之後，英國就在阿摩拉附近建立療養院，而英國的山中避暑地概念於焉誕生。在尼泊爾戰爭之前幾乎無人聽聞過的山村，如今和加爾各答一樣有名，例如穆索里（Mussoorie），這地方離急躁的賭徒吉萊斯皮去世的納拉帕尼堡壘不遠；奈尼塔爾（Naini Tal）是座美麗的小村莊；以及將成為英屬印度夏季首都的西姆拉（Simla），隱身在山的北部，亦即奧克特洛尼以智取勝，打敗阿瑪爾·辛格·塔帕的地方，將會因為吉卜林而永垂不朽。先不談避暑地對於一九四七年英國人離開之前的生活有何影響，總之這些避暑地改變了原本尼泊爾殖民地的經濟前景，即使他們處於英國的霸權之下。來自尼泊爾貧窮村莊、庫馬盎與加瓦爾的年輕人，久而久之會成為印度軍隊的一部分，保護英屬印度，為英國經濟和文化的轉型過程注入財富及優勢，躍升為世上最富有的國家。

1.照片中央為聖母峰，一九九四年十一月由太空梭亞特蘭提斯號（Atlantis）朝南拍攝。朝陽照亮聖母峰最遼闊的東面，北面仍在陰影中。

2.雅魯藏布江上設有碉堡的雍布拉康宮，距離拉薩南邊一百六十公里，為雅礱王朝的重心所在。大部分可能在七世紀晚期興建，在文化大革命時期遭到嚴重破壞，後來重新整建。

3.《金剛經》為世上現存最早的印刷品，於西元八六八年五月印製，在現代中國甘肅省敦煌附近的莫高窟發現。而這些石窟發現的藏文手抄本，改變了我們對於早期西藏史的認知。《金剛經》是喜馬拉雅地區大乘佛教最重要的經典之一。

4. 查普曼在一九三六年，於藥王山的寺院拍攝達賴喇嘛的布達拉宮。布達拉宮在一六四五年開始興建，當時達賴喇嘛試圖把拉薩重建為統一西藏的首都。布達拉宮在偉大的五世圓寂十二年後，於一六九四年完工。

5.一九三七年，查普曼為英國出任務，回到印度時，從青藏高原拍攝卓木拉日峰（Jomolhari）。這就是威廉·瓊斯爵士在一七八四年於印度平原看見的山峰，暗示喜馬拉雅山的高度相當驚人。

6.一八七〇年代，英國攝影師伯恩與謝潑德（Bourne & Sheperd）拍攝的加德滿都王宮廣場。

7.民眾聚集於加德滿都，慶祝尼泊爾國父普利特維・納拉揚・沙阿誕辰——他在一七二三年一月十一日出生於廓爾喀。這座雕像在後來的少數族群示威抗議、爭取權利時，也成為示威者的目標。

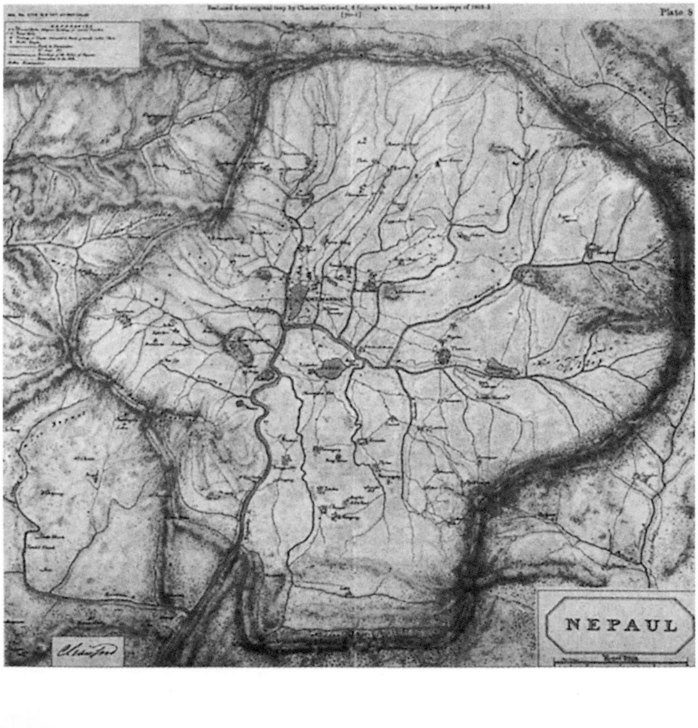

8.六化朗相當於一哩：這是加德滿都谷現存最早的地圖，由克勞福執行測量繪製。克勞福後來成為總測量師，也在一八〇二年指揮分遣隊，伴隨諾克斯使團。

9.江格・巴哈都爾與元配西蘭雅卡巴・德維（Hiranyagarbha Devi）、兩名女兒與隨從，拍照者為克拉倫斯・柯敏・泰勒（Clarence Comyn Taylor），他在一八五七年受重傷，於是轉任政治職務，一八六三年到加德滿都擔任副常駐代表。這是該谷地最早的照片之一，英國曾大力記錄印度的民族。

10.一八五七年竣工的西姆拉基督堂，設計者為孟加拉工兵群的波伊勞。西姆拉的「波伊勞甘治」就是以他命名。

11.一八二一年出生於斯萊戈郡的艾莉莎·羅珊娜·吉爾伯特（Eliza Rossana Gilbert）早年在印度度過，後來成為知名的「西班牙舞者蘿拉·蒙特斯」。她是巴伐利亞國王路德維希一世的情人，曾發揮很大的影響力，也是尼泊爾實質統治者江格·巴哈都爾的情婦。

12.圖左為西藏權貴龍廈，另外尚有四名前往拉格比公學求學的西藏男孩：門仲·齊洛貴木桑、強俄巴·仁增多吉、吉普·旺堆羅布與果卡爾瓦·索朗木貢布。這是一九一三年六月在白金漢宮晉見喬治五世之後拍攝。

13.印度總督寇松勳爵站在他剛射殺的老虎旁，這時是一九〇一年初造訪尼泊爾時拍攝。不久之後，尼泊爾發生政變，讓較可靠的昌德拉．沙姆舍爾掌權。

15.年輕的昌德拉．沙姆舍爾，一九〇一年到一九二九年間擔任尼泊爾首相。

14.約瑟夫．道爾頓．胡克爵士，植物學家，達爾文的密友，在照片拍攝的四年之前，曾在喜馬拉雅東部進行三年的重要旅程。

16. 這張照片反映出尼泊爾人與菩提亞勞力大量湧入大吉嶺，拍攝者為山謬・伯恩（Samuel Bourne），即西姆拉知名的攝影工作室伯恩與謝潑德合夥人。「菩提亞」是英國人在殖民時期所使用的詞，泛指來自西藏、住在山區印度側的族群。

17. 身穿厚大衣的就是榮赫鵬，身邊是一九〇四年英國血腥、滿懷空想入侵西藏的軍官。後方站著兩位未來的邊境軍官幹部，拄著手杖的是艾瑞克・「帽匠」・貝里，雙手插口袋的是鄂康諾。

18.烏顏・旺楚克（Ugyen Wangchuk），不丹通薩的領導者。一九〇七年，在英國支持下加冕為不丹國王，以回報他對英國入侵西藏的支持。在此之前，由於敗給英國以及一八六五年的《辛楚拉條約》（Treaty of Sinchula），不丹政治派系甚多。這張照片是一九〇五年由懷特拍攝，他把印度帝國騎士指揮官徽章授與烏顏。

19.錫金政務官查爾斯・貝爾與第十三世達賴圖登嘉措同坐。站著的是錫金王儲錫東祖古南嘉，他在牛津大學彭布羅克學院就讀，但在位統治時間很短。

20. 八世紀晚期的佛陀銅像，於喀什米爾或吉爾吉特打造。佛陀的模樣宛如詮釋了象徵宇宙的須彌山，而許多人認為，須彌山就是上圖的岡仁波齊峰。

21. 十一世紀傳說中的詩人密勒日巴，是佛教噶舉派歷史上的重要人物，和岡仁波齊峰關係密切。十五世紀傳記作家倉雍黑魯嘎說，他的人生故事鞏固噶舉派導師的世系。

22. 西元六四一年，唐太宗於京城長安接見吐蕃贊普松贊干布所派出的使節與大貢論——噶爾．東贊。

23. 蓮花生像，這位八世紀佛教大師協助建立西藏的第一間佛寺——桑耶寺。蓮花生出生於位於今天巴基斯坦的斯瓦特河谷，西藏亦稱他為古魯仁波切。

24. 佛教大師阿底峽出生於孟加拉王族，是波羅王朝的重要人物。西藏西部古格王國的國王益西沃把他帶進西藏，對十一世紀藏傳佛教後弘期相當重要。

25. 位於薩特萊傑河上游的札布讓堡壘，曾是古格王國的首都，為十一世紀西藏西部藏傳佛教後弘期的重鎮。

26. 曲吉卓美出身於西藏小王國芒域貢堂的王室，是湯東傑布的伴侶，而湯東傑布認為她是十一世紀女性密宗大師瑪吉拉準的轉世。雖然曲吉卓美在世時間不長，但她建立過尼庵，也建立起藏傳佛教最重要的女性世系：桑頂．多吉帕姆活佛。

27. 史塔布斯的銅板畫作〈韃靼犛牛〉是依照第一頭抵達英國的犛牛繪製，亦即特納率領的第二次西藏外交任務所帶回的公犛牛。這頭犛牛死後製成標本，於一八五四年水晶宮人類學展覽的民族學區（Ethnology Court）展出。

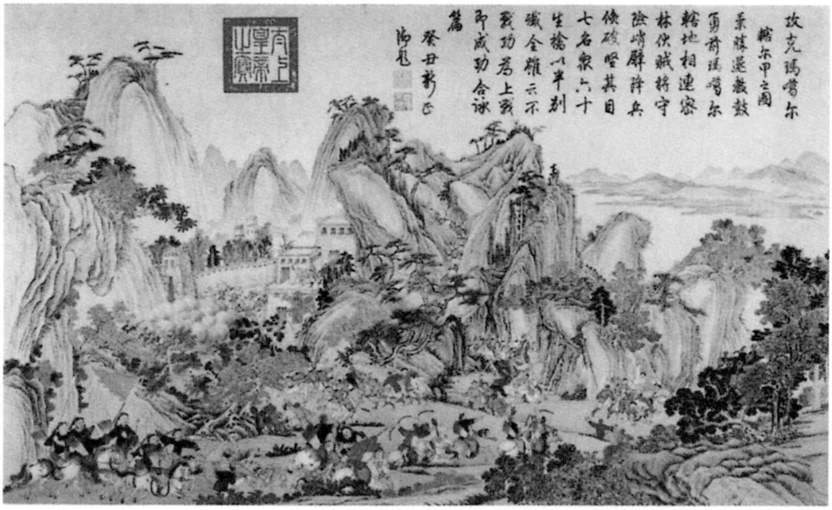

28. 這是八幅《平定廓爾喀得勝圖》銅版畫之一，由中國畫家與前往中國的耶穌會教士合作完成，並在巴黎製成。畫中兩次把廓爾喀軍隊從西藏驅逐的兩次戰役，為乾隆十全武功的一部分（包括兩次在四川對抗藏人），讓清帝國勢力擴張，但也耗費鉅資。

29. 廓爾喀首相比姆森・塔帕的小水彩畫像，他曾在十九世紀初期有效統治尼泊爾三十年。這張圖是在一八三九年繪製，當時塔帕已失勢自盡，但繪製的是他大權在握時期的模樣。

30. 弗雷澤的細點腐蝕法彩色版畫〈喜馬拉山景〉（Views in the Himala Mountains），繪製了廓爾喀軍隊，一八二〇年出版。弗雷澤曾以文字讚嘆驍勇善戰的廓爾喀軍隊，而他的兄弟威廉也曾經在尼泊爾戰爭中，擔任馬丁戴爾少將的政務官。馬丁戴爾少將曾率領投誠的廓爾喀非正規軍。

31. 外交官與學者霍奇森，大約六十歲，繪製時間為印度叛變與遊說廓爾喀軍隊支持英國之後。

32. 這張水彩畫是畫家赫西與穆克洛夫特在一八一二年正要進入西藏，前往瑪旁雍措時，遇見兩位西藏商人。

33. 泡泡葉杜鵑（Rhododendron edgeworthii）依然在世界各地花園中很受歡迎的植物，最初是一八四九年約瑟夫·胡克在錫金發現，本圖由他父親手下的主力畫家菲奇繪製。

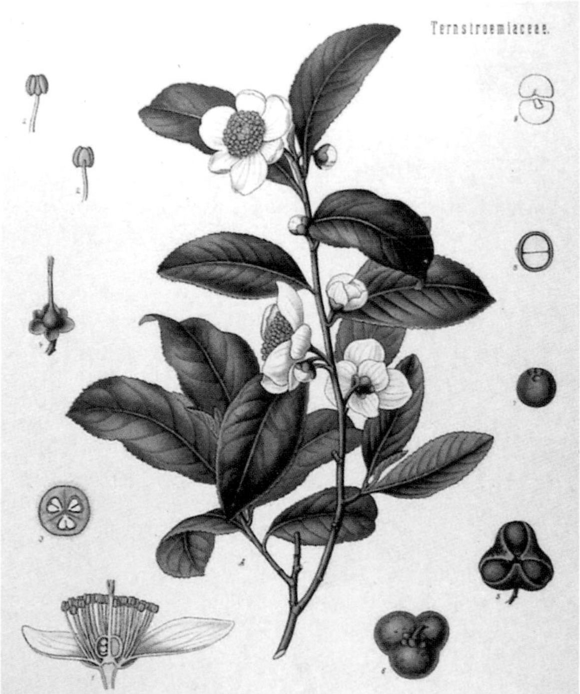

34. 從中國走私的茶樹（*Camellia sinensis*）；茶樹在喜馬拉雅東部茂盛生長，改變此區的經濟與社會。

35. 加拿大醫師與新教傳教士蘇西・卡爾森（李金哈），她尚在襁褓中的兒子查爾斯在青藏高原夭折。

36. 傳教士史德文（Albert Shelton）拍攝在康區巴塘（位於今中國四川）的受洗儀式。史德文也是醫師，出生於美國印第安納波利斯，一九〇八到一九二二年為基督會差會前往巴塘傳教，一九二二年遭殺害。

37.這位法國比利時裔的亞歷珊卓·大衛—尼爾是神祕學家與無政府主義者，一九二四年，五十五歲的她成為第一個來到拉薩歐洲女子。她是影響「垮掉的一代」的神智學家，一九六九年百歲時逝世。

38.西普頓與提爾曼在一九三四年，成為最早抵達南達德維庇護所（Nanda Devi Sanctuary）的登山探險家，當時支援的包括傳奇雪巴人昂·塔卡、帕桑·波提亞，以及昂·塔卡的堂兄弟庫桑。

39. 人類學家貝格爾測量西藏女性的頭部，這是在一九三八到一九三九年間由謝弗率領的遠征。貝格爾在一九七一年，因為收集猶太骨骼而遭到判刑。

41. 阿奇博德．斯蒂爾在一九三九年拍攝的十四世達賴喇嘛童年照，這是他前往安多地區塔爾寺進行任務時拍攝的。

40. 謝弗率領遠征時所拍攝的乃瓊護法。第五世達賴喇嘛將護法納入體制，成為甘丹頗章新政府體系的守護者。一九四七年，護法警告西藏將在不久後的虎年（一九五〇年），面臨巨大危機。

42. 特里布萬國王與尼赫魯，以及尼泊爾一九五一年出過渡時期政府的主要角色，包括在站在他們上方的新任首相畢普・科伊拉臘，而尼赫魯左邊的則是莫漢・沙姆舍爾，為拉納家族最後一任首相。

43. 一九五六年，毛澤東、第十四世達賴喇嘛與第十世班禪喇嘛合照。

44.一九七九年，十世班禪喇嘛與達賴喇嘛事實調查代表見面，平措汪傑站在右邊，當時他剛出獄一年。

45.一九六六年，第十世德木活佛和妻子在拉薩街道上的批鬥大會。這位活佛是個熱愛攝影的人，脖子上掛著相機，成為充滿諷刺意味的警告。他的作品大多遭到摧毀。

46. 政治運動人士阿旺桑卓。

47. 一九六一年三月，英國女王伊莉莎白二世與愛丁堡公爵菲利普親王在尼泊爾獵虎，那時國王馬亨德拉剛在幾週前從民選政府奪權，並把首相畢普・科伊拉臘送進牢裡。

48.前俄羅斯芭蕾舞者、俱樂部經理、飯店業者與企業家利薩涅維和第二任妻子英格爾合照。利薩涅維有戲劇天份，曾負責馬亨德拉加冕時的場地管理，也負責英國王室的造訪行程。

49.一九七〇年七月，尼泊爾王儲畢蘭德拉與妻子艾絲維亞（Aishwarya）在法蘭克福機場。他在一九七二年登基之後，面臨龐大的民眾示威，因此在一九九〇年恢復民主。二〇〇一年六月一日，畢蘭德拉、妻子與三名孩子中的兩名，遭到王儲狄潘德拉殺害。

50.一九九〇年，尼泊爾國會領導人戈奈希·曼·辛格與美國總統老布希在白宮會面。那一年他和尼泊爾共產人士合作，成為「人民運動」先鋒，致力恢復民主制度。辛格出生於一九一五年，以誠信風範馳名，一九六〇年和畢普·科伊拉臘一同遭逮捕，在未經審判的情況下坐牢八年。

十　喜馬拉雅山區的地圖繪製

一七七四年底，平易近人的博格爾來到西藏扎什倫布寺，他極力說服班禪喇嘛，要讓他知道與東印度公司貿易的好處。只是博格爾及其加爾各答的上司沃倫·黑斯廷斯總督究竟有何意圖，卻是啟人疑竇。有個博格爾稱之為「喬杜里」（Chauduri）的非正式公使來拜訪他，這名公使是第八世達賴喇嘛的攝政者派來的。博格爾不太喜歡喬杜里，批評這個人「卑躬屈膝」，遠遜於藏人「直率誠實的行為舉止」。喬杜里不是西藏人，他來自山頭另一邊的帕爾帕，當時仍是個小小的獨立山國，尚未被尼泊爾的廓爾喀王國併吞。雖然喬杜里給博格爾的承諾超出東印度公司的期待，最後卻什麼都沒有實踐；博格爾猜想，喬杜里可能是個自私自利的投機分子，但更可能的是被派來蒐集情報；拉薩的攝政者大可聲稱自己不知情，而這攝政者也確實馬上否認。

無論喬杜里的動機為何，他在西藏的存在就是提醒人們，西藏南部絕非地圖上的空白區，而是喜馬拉雅山區文化網路的一部分，連結著世上人口最多的兩個區域——印度與中國。在這個例子中，攝政者以「印度斯坦人」來轉移英國的興趣；在其他時候，西藏官員會仰賴大清的駐藏大臣，也就是大清派駐拉薩的大使，以維持大清帝國對西部邊境影響力。先前已談過班禪喇嘛相當重視貿易與情報，以及他仰賴托缽僧商人浦南吉爾當作仲介。博格爾親眼目睹喀什米爾商人與來自西伯利亞的卡爾梅克人經手的貿易，具有多麼龐大的價值。

但是西藏感受到的世界，卻遠遠超出鄰國範圍。雖然博格爾是首名和六世班禪喇嘛羅桑班丹益西相見的歐洲人，不過，這位喇嘛本身就擁有各式各樣的歐洲物品，例如一只法國袖珍羅盤、一個飾有倫敦景色的暗箱。喇嘛提到，他有個瓷器，上頭繪製的人物臉部五官和眼前這名蘇格蘭賓客很像，博格爾於是解釋，這些牧羊女的圖案事實上是中國工匠從歐洲藝術仿造而來。知識的交流是雙向的。博格爾學習到西藏歷史與法律，以及宇宙結構學等更多神祕主題。他也得到一張班禪喇嘛本人送的地圖；雖然是隨手贈予，卻帶來重要的意義。這張地圖挑戰了西方人對藏人的預設立場，並顯示地處遙遠的西藏，對山以外的世界有何想像。

*

博格爾穿越喜馬拉雅山區時，他所具備的知識，已是當時東印度公司對於西藏地理、政治與文化的最深刻了解；這些知識來自杜赫德[1]的著作，及一七三七年法國製圖師唐維爾（Jean- Baptiste Bourguignon d'Anville, 1697-1782）的《中國新地圖集》[2]。這些人都沒有去過中國，更遑論西藏：他們是援引耶穌會士的研究，而這些教士都受過測量員的訓練，即便康熙皇帝反基督教，卻仍信任耶穌會教士。耶穌會士會使用天文測量工具，修正經緯度位置，為中國技術帶來重大進展。康熙皇帝委託耶穌會士繪製地圖集，可說是法國皇家科學院（Académie Royale des Sciences）在中國繁榮發展的結果。雖然皇帝只准許朝廷官員使用這地圖集，但其中一份仍送回了歐洲，於是改變西方對中國及周圍地區的看法，包括另一個歐洲人不得其門而入的國度——朝鮮。

這些耶穌會地圖自一七〇八年起，歷經十年測量的工作，第一版於一七一八年出版。地圖納入了中國西部的朝貢國都，但不含西藏，當時西藏是直接由和碩特汗國（Khoshut Khanate）控制，並不屬於原本計畫的一部分。康熙皇帝不久就修正了遺漏之處。一七〇九年，剛派駐拉薩的清朝外交官赫壽，銜命接下測量西藏的任務。根據杜赫德的記載，赫壽帶著幾名中國製圖師前往新派駐地，「繪製所有臣服於大喇嘛的緊鄰領土。」這些領土對康熙皇帝而言具有政治重要性：這時期，許多達賴喇嘛的可能人選都在拉薩，其中一名覬覦此地位的，甚至受到和碩特汗國的領導者拉藏汗所控制。康熙皇帝及多數藏人青睞的七世達賴喇嘛格桑嘉措（Kelzang Gyatso）則在理塘。兩年後，他們的地圖集交給了人在北京的耶穌會製圖師雷孝思（Jean- Baptiste Régis, 1663-1738），只是他認為其品質不佳，做為早期的中國地圖版本，多名教士便遊說，要以他們自身更精準的技術，進行更精確的測量。一七一七年，皇帝終於許可，讓他們展開進一步工作。

獲派妥善完成這項任務的是兩名西藏喇嘛，他們受過幾何學教育，並接受耶穌會士杜德美（Pierre Jartoux, 1668-1720）的指導。和他們一起踏上這段路的還有一名理藩院——主掌藏蒙相關事務——的尚書。這支測繪團隊採用羅經方位測量距離，以晷影器（gnomon，投影裝置）確立緯度，為中國長久以來的地圖繪製傳統增添了科學基礎。他們也蒐集重要山脈的座標，而從資料來源來看，他們同時測量山的高度：還要再過一個世紀，英國才會在殖民地展開重要的「印度測繪」（Survey of India），在喜馬拉雅山區精準繪製地圖，推翻歐洲人普遍認為安地斯山脈為全球最高山的觀念。

1 杜赫德（Jean-Baptiste Du Halde, 1674-1743），法國神父、漢學家。

2 《中國新地圖集》（*Nouvel Atlas de la Chine, de la Tartarie Chinoise et du Tibet*），全名為《新中國、中國韃靼及西藏地圖集》。

對清帝國而言，地圖繪製資訊也有策略用途。在十七世紀末，青藏高原東北角的青海（當年稱為Kokonor）已是由北京直接控制。從青海的西寧市到南邊約兩千公里的拉薩，這段路對商人和朝聖者而言已不再陌生，包括當時住在西藏的亞美尼亞社群。如今，大清的八旗軍擁有這段路的可靠地圖；經過計算，拉薩位於西寧西邊十二度。如果印度測繪屬於殖民計畫的一部分，目的是強化遠處權貴的政治掌控，那麼大清在一個世紀以前的地圖繪製也是如此。待整個計畫完成之際，歐洲沒有任何一個國家所擁有的地圖更勝於中國。

西藏的測量團隊往西曾遠達岡仁波齊峰，未料一七一七年發生準噶爾汗國入侵西藏的災難，於是測繪團隊迅速撤退，悄悄回到中國。他們最可能是從四川回到中國，因為測量內容提供了拉薩與四川康定之間的道路新資訊。當時，康定稱為打箭爐（藏文稱為Dartsedu）。他們把資訊交給主事者杜德美，雖然這些地圖無法確實呈現清朝直接掌控的地區，但仍是一大進展。

然而，從英國的觀點來看，其中卻有重大缺失：地圖對於恆河源頭交代不清；負責探勘的喇嘛不得不仰賴僧侶同行的口頭資訊，才能得知這條河從哪裡出現。不過瑕不掩瑜，中西知識交流相當有收穫。根據耶穌會士宋君榮[3]，其中一名探勘的喇嘛記錄下他們的旅程日誌，而此人最可能是占布．拉讓巴（Zangbu Rabjamba），「拉讓巴」為學位頭銜，表明了他必定在西藏中部的三大寺院之一就讀[4]。我們知道，這名寫下日誌的僧侶在回到北京後不久，也把談論歐洲天文學的中文著作翻譯成藏文，而這些知識都是由耶穌會士帶到清朝的。如今，藏人對於自己國家的科學理解，亦即「喇嘛測繪」的過往已無人聞問，如同一個世紀之後，多數印度和英印混血兒的喜馬拉雅山區測量員也遭到遺忘。

博格爾攜帶的杜赫德與唐維爾的地圖，是依據耶穌會前輩的知識繪製而成，就他所知是當前關於西藏的最新地圖，因此，當班禪喇嘛隨手便提供一張更精確的地圖時，他勢必很驚訝。博格爾寫到，這是

「極佳之物」，取得這份地圖，無疑能贏得加爾各答上司的讚賞。然而，他猶豫了。

我認為，公司對這個國家沒有興趣，只關心商業；因此對認識幾個異國的名字，或者修正西藏地理也沒興趣……但是對我的族群或整體人類來說卻一無用處，而我可能因此得不償失，徒增目前協商時所招來的惡毒嫉妒。

因此，雖然班禪喇嘛堅持，博格爾仍拒絕收下這份地圖。他一見東道主相當失望，遂趕緊解釋，他更有興趣的是西藏文化，而不是地理。班禪喇嘛頓時又開心了起來，因此博格爾又對他述說一些歐洲的事，以滿足班禪喇嘛的好奇心。

經過幾個星期，博格爾對西藏的情感日益深厚，與班禪喇嘛的家族往來更加密切，還談起戀愛。地圖這回事被拋下了，但仍有個問題耐人尋味。博格爾究竟看到什麼地圖已經無從得知，更遑論是由誰繪製，直到十九世紀下半葉之前，歐洲找不到任何足以超越大清測繪成果的地圖。如果班禪喇嘛的地圖比博格爾使用的更完整，那麼究竟是誰繪製的？

其中一個潛在人選是來自義大利的德希德里，即最早抵達拉薩的傳教士之一。他在一七一六年抵達，是第一個實際學習了西藏語言及文化的人。他在色拉寺研究佛教，也獲准在此建立禮拜堂，及至一七一七年年底準噶爾汗國入侵、推翻和碩特的拉藏汗時，他還是在這裡，即使早在秋天時，嘉布遺會傳

3 宋君榮（Antoine Gaubil, 1689-1759），法國天文學家、史學家及文學家。

4 「拉讓巴」或「然堅巴」，是藏傳佛教僧侶經過長期修學而授予的學位。

教士堅稱，教廷已把西藏與尼泊爾改變信仰的任務交給他們，並要求耶穌會的德希德里應該離開。在與羅馬爭論幾年卻徒勞無功之後，德希德里的確回到印度，但在他的報告中，還是沒有博格爾可能看見的地圖版本。

班禪喇嘛的地圖另一個可能來源，則是賽繆爾．范．德．普特[5]。德希德里在前往印度南部的朋迪治里（Pondicherry）受命領導耶穌會時，途中遇見普特。德希德里在恆河南岸的帕特納與普特相遇一事，相當值得留意：普特雖然出生在荷蘭，義大利文卻很流利，有許多故事可說，因為他花了好幾年，踏上史詩般的旅程。這趟旅程將持續下去，占他這輩子的大部分時間，也是歐洲人最了不起的亞洲之旅之一，卻鮮為人知。

*

賽繆爾．范．德．普特來自家業逐漸興旺的家族，父親凱瑞爾（Carel）是澤蘭省（Zeeland）的海軍中將，這個荷蘭省分多數地區比海平面低，而他來自夫利辛亨（Vlissingen），這座港口在荷蘭私掠黃金時期興起，後來也沒落。一六六六年，英國與荷蘭爆發四日海戰，凱瑞爾獲頒肩章，他因此有權得到戰利品，鞏固未來的財務。凱瑞爾五十歲時，娶了出身中產階級家庭的喬安娜．畢斯可（Johanna Biscop）。他們短時間之內連生五個孩子，夫妻倆也在十年後雙雙去世。年輕的賽繆爾在一六九〇年出生，跟著兄弟姊妹去和叔叔同住，同時變賣家宅。他從知名的萊頓法學院畢業，一七一五年就成為家鄉的市議員。在繼承雙親遺產之後，他發現有足夠的資金買回童年的家。一場前途似錦的嚴肅人生正等待著眼前這個正直的荷蘭青年。也或許是這樣的前景驅使他冒險；於是賽繆爾和大學時期結識的富家子弟艾格蒙・凡・奈恩伯（Egmond van Nijenburg），展開了十八世紀初期的「壯遊」版本。

兩人行經法國與威尼斯，來到帕多瓦（Padua），賽繆爾在此學醫，這個科目確實令他有所啟發，也開始學起義大利文。他在大學圖書館發現一本《世界之旅》（*Giro del mondo*），這是義大利律師喬凡尼・弗朗切斯科・格梅利・卡雷利（Giovanni Francesco Gemelli Careri）的精采遊記，當時卡雷利還住在那不勒斯。雖然當時有人認為這本書是假造的，但書中所提，是懷抱單純的好奇精神，於是踏上獨自環遊世界的旅程，內容令人大開眼界。或許不令人意外，卡雷利在印度遇見的耶穌會士認為他是教宗派來間諜，不然何必旅行？而原因其實是卡雷利在求職方面屢屢受挫，因為他並非出身貴族世家，賽繆爾可能也心有戚戚焉。旅伴艾格蒙的父親是神聖羅馬帝國的男爵，艾格蒙肯定能飛黃騰達，相對地，賽繆爾未來卻是要過著單調沉悶的法律人生。在讀過卡雷利作品之後，那樣的未來似乎不吸引人。

在遊歷了君士坦丁堡與聖地之後，艾格蒙和賽繆爾來到阿勒坡，之後兩人就分道揚鑣。艾格蒙回到家鄉，回歸當初拋下的優渥生活。賽繆爾則加入商隊，出發穿越沙漠，沿著絲路來到伊斯法罕。在接下來三年，他幾乎都和商隊同行，他的旅行串起了商人和傳教士的正式文件中，偶爾出現的模糊資訊等零星片段。他父親買下荷蘭東印度公司的股票，那是當時世上最大的公司，而他的弟弟康士坦丁（Constantijn）在阿姆斯特丹的東印度公司任職，等於提供了賽繆爾全球支援網。但是當他正行通過波斯灣岡姆龍（Gamron，即阿巴斯港〔Bandar Abbas〕）的東印度公司駐地時，他曾請求協助，卻遭到拒絕：一個看起來粗野、處於飢餓狀態的怪胎，在沙漠待了兩年，穿著又像阿拉伯人，似乎很難取得協

5 賽繆爾・范・德・普特（Samuel van de Putte, 1690-1745），荷蘭探險家、語言學家及自然學家，以亞洲之旅馳名，尤其是西藏。

助。他在岡姆龍出現的事被提報到巴達維亞，亦即荷蘭東印度公司在亞洲的營運中心，之後又傳回荷蘭，這時弟弟介入了。一七二四年，荷屬東印度公司發出一項指示到整個亞洲的駐地，必須隨時準備好協助他。在此之前，賽繆爾已抵達印度南部荷蘭東印度公司駐地科欽，這時他已離開岡姆龍一年，精疲力竭的他渾身是病。

接下來的夏天，他來到加德滿都南邊兩百五十公里的帕特納，他穿越陸路前往朋迪治里，之後要搭船到孟加拉岸邊，這裡仍在蒙兀兒的掌控範圍。他為何前往喜馬拉雅山區，動機仍不得而知。卡雷利並未來到此處，因此賽繆爾可能是想有一番更獨創的嘗試，或許他越來越喜歡更荒野的地方。若從他日後做出的選擇來看，賽繆爾的生命就像一趟心理探索的旅程，隱隱呼應著幾個世紀前曾前往喜馬拉雅山區的密宗大成就者。遇見德希德里似乎不太可能是個巧合，德希德里帶著五年前回來之後便著手撰寫關於西藏的手稿，而這份手稿將在他歸國後被禁並歸檔。賽繆爾讀了德希德里的作品，寫下二十頁的筆記。他也依循德希德里的建議，從尼泊爾進入西藏，成為第一個進入西藏的荷蘭人，下一個要等到兩百年後才會出現。

接下來五年，賽繆爾會在拉薩度過，至少有一段時間是和仍住在拉薩的嘉布遣會傳教士一起停留。他對藏傳佛教深感興趣，和喇嘛交朋友。一七三一年，他和一群喇嘛同行，經由青海前往北京，並於一七三六年回到拉薩。這一次，他行經四川，在東南邊的康區進入西藏，成為第一個造訪西藏康區的歐洲人。在短暫停留之後，他經由拉達克回到印度。我們會知道他在這些旅程中所走的路線，只因為他寫了封信，向拉薩嘉布遣教會的領導者法蘭契斯科．奧拉齊歐．德拉．派那（Francesco Orazio della Penna）說明這一路的行程。這不是因為他並未保留豐富的紀錄。他精通藏文，蒐集到的知識也寫在筆記、日記以及地圖上。但是在一七四五年，五十五歲的他在荷蘭東印度公司巴達維亞總部逝世時，他留下指示，要求他在旅途中累積的一切都要燒掉，於是他一輩子的旅行和知識全部灰飛煙滅；或說差不多全部消失。

這似乎是個令人不解的沉痛決定，替他執行遺囑的人則說，賽繆爾認定自己的資料不夠精準，不值得出版。所幸有幾份文件逃過一劫，並送回給他在荷蘭的家人：一些筆記、信件的斷簡殘篇，以及草繪地圖，其中一份還讓地理學家馬卡姆納入他對早期歐洲人到西藏的探究之作，這本書在一八七六年出版，而這份草繪地圖後來也消失了。一個世紀以前，班禪喇嘛給博格爾看的法國羅盤，或許最可能是一七〇八年執行的測繪中所留下的。或許班禪喇嘛給他看的地圖，就是賽繆爾的作品。博格爾稱他的前輩是「低地的馬可波羅」；雖然立意良善，但這比較也太欠缺思慮。馬可波羅是為了利益而旅行，也為了利益而書寫。賽繆爾不是為了利益而旅行或書寫，可惜他的動機，以及他蒐集的資料真正範圍有多廣，將永遠塵封。

*

無論是誰製作了班禪喇嘛給博格爾看的地圖，顯然和西藏有所共鳴；那絕非異國古玩，而是有意義的文件。班禪喇嘛本身就是旅行作家，至少他寫過關於宇宙學指南的作品——《香巴拉的解釋與聖地敘事》（*The Explanation of Shambhala and Narrative of the Holy Land*）——聖地指的是佛教發源地印度。博格爾之後將成為這本書的資訊提供人；該書完成於一七七五年，即博格爾離開西藏的那一年。其內容詳細描述聖地當時的統治者，即剛取代蒙兀兒的人。在經過幾個世紀的沒落與流離失所之後，班禪喇嘛一定把印度政治局勢的變遷，視為有助於佛教在誕生地可望樂觀發展的動力。

這本專著最重要的是，嘗試找出密宗修法的地點，這在梵文稱為「座」（pitha）。在西藏人的想像裡，印度已成為某種失落的世界，佛陀在世時的地點等待被重新發掘，彷彿這些地方都還有生氣，儘管佛教及其機構在幾個世紀之前已遭毀，被一掃而空。如同十七世紀的其他作家，班禪喇嘛來到阿薩姆省哈鳩村（Hajo）的拘尸那揭羅（Kushinagar），此為佛陀悟道之處[6]，這裡並非位於恆河河岸，而是布拉馬普特拉河，離我們現今認為與佛教有關的比哈爾邦和尼泊爾等聖地甚遠，宛如耶路撒冷搬到開羅。這究竟是如何發生的並不清楚，但對於我們理解喇嘛如何看待地圖，是很重要的敘事。

在哈鳩村有間重新恢復人氣的印度教濕婆寺，十七世紀初逐漸吸引了佛教朝聖者，畢竟濕婆派有強烈的密宗色彩。阿薩姆可通往西藏南部，因為當時統治拉薩的是實力強大的格魯派，且勢力範圍延伸到古老的門隅王國（Monyul kingdom）——今印度喜馬拉雅山區的阿魯納查邦，位於阿薩姆省的北邊。由於越來越多朝聖者造訪哈鳩村，一種宗教狂熱也逐漸累積。一六八〇年代，知名伏藏師（能找出祕密者）帕格薩姆·益西（Pagsam Yeshe）曾造訪此地。當他抵達哈鳩，多虧了蓮花生的預言，他發現了神聖的寶物，包括某棵大菩提樹的一部分，那便是佛陀悟道之處。他帶了一根樹枝回到西藏。有些訪客對此地心生懷疑，甚至有人把哈鳩村的名聲歸因於「那邊狡詐的印度居民，他們靠著欺騙的方式過活。」但大致而言，關於哈鳩村的敘事都能夠被接受；這裡是生氣蓬勃的宗教世界，重新連結起西藏和宗教起源國。

班禪喇嘛在他的專著中納入哈鳩之際，此地成為聖地焦點的地位是事實，到十九世紀都維持如此。他只是依循著以前其他備受尊敬的佛教學者，寫下類似的作品。其中一人是桑傑嘉措，他是很有力的攝政者，把一六二八年第五世達賴圓寂的消息保密，瞞著自己的人民與中國皇帝。他會把哈鳩認定為朝聖地點，是出於明確動機，因為新的達賴喇嘛即來自該地區；班禪喇嘛不過是做了一樣的事，這在歷史上大有人在。他告訴博格爾，他現在想知道的是香巴拉的所在位置，也就是在時輪金剛的教法與印度教《往世書》描述過的美妙及純淨之國。或許博格爾回到孟加拉之後，能從有智慧的班智達（大學者）身上找到資訊？

當我們思考地圖時，會想到有用且精準的資訊，能帶領我們前往想去的地方。我們有時會把地圖視為文化產物，但在西方，卻鮮少視之為足以豐富靈性之物。不過，哈鳩的故事所訴說的，是許多西藏人翻山越嶺、穿越喜馬拉雅山區時，究竟什麼對他們而言才是重要的。整個亞洲的佛教徒都認為，自然的實體景觀只是靈性探索的起點。日本第一份描繪全球的地圖於一七一〇年的京都出版，由佛教僧侶浪華子（Rokashi Hotan）繪製。其中心焦點為亞洲，而作為聖地的印度就在地圖中央[7]。浪華子所援引的，是玄奘在喜馬拉雅山區的朝聖之旅，並包含典型的佛教宇宙學主題。這張地圖上有神話中的阿耨達池(Lake Anavatapta)，也就是佛陀之母懷孕之處，基本上就是瑪旁雍措，以及四條大河：格爾納利河、印度河、布拉馬普特拉河與薩特萊傑河，分別從源頭流出，而這四處源頭分別為狐狸、大象、獅子與馬。

英國地理學家約翰·布萊恩·哈雷（John Brian Harley）在一九八九年，於〈解構地圖〉（Deconstructing the Map）這份報告中寫到，相較於如班禪喇嘛等人所能取得的地理資訊非常的不同，西方製圖學有可能讓我們的反應變得遲鈍。我們習慣的地圖是以二維簡化的方法描繪，這種是從很高的高度來描繪的世界圖像版本：

6 另一說是圓寂之處。

7 這份地圖就是〈南瞻部洲萬國掌菓之圖〉。

通常會讓其所代表的領土「去社會化」。這些地圖所蘊育而成的，是一種缺乏社交的空間。〔西方式〕地圖的抽象特性……減輕了地景中人的良知負擔。在面對面的直接接觸領域中，做決策的權力運作都移除了。

因此印度測繪局在十八世紀末抵達時，已經可取得許多關於喜馬拉雅山區地理的知識，主要是來自商人與朝聖者，還有十七世紀初運用歐洲人的方式所繪製的一張地圖。然而，在當時歐洲大多數人的印象中，喜馬拉雅山脈的地理特色通常就是空白，這個地方要由勇敢的士兵及探險家以自己的敘事來填滿。然現實比較像是古代羊皮紙，亦即將某個地方的原有文字刮除乾淨，供新的文字書寫。「我們要走出地圖之外了，」一九二一年，馬洛里在前往聖母峰時如此主張。但這並不正確。

*

一七六四年布克夏爾戰役，以及羅伯特・克萊夫強行讓蒙兀兒皇帝打開孟加拉的大門之後，英國人便焦急地要對如今掌握的國家有更清楚的樣貌理解。恆河這條動脈最引人興趣：在加爾各答北部，有沒有可供航行的河道？為回答這個問題，總督亨利・瓦西塔特（Henry Vansittart）雖然要應付貪腐的東印度公司，以及公司和孟加拉納瓦卜米爾・卡西姆（Mir Qasim）日益惡化的關係，卻也剛好在離職前有足夠的時間，把這問題交付給雄心勃勃的年輕海事測量員詹姆斯・倫內爾（James Rennell）處理，他也是英國第一個真正了不起的地理學家。

倫內爾一七四二年十二月出生在德文郡，四歲時，身為砲兵軍官的父親在低地諸國與法國打仗時身故。母親只得賣掉房子，等到倫內爾十歲，就由查德利（Chudleigh）教區牧師扶養，這時這男孩已以繪製地圖為樂。上了幾年文法學校之後，年僅十三歲的倫內爾便成為皇家海軍護衛艦輝煌號（Brilliant）的見習生，並在七年戰爭中服役，對抗法國。他在一七六〇年來到印度，被調派到東印度公司，協助來自蘇格蘭的亞歷山大・達爾林普爾（Alexander Dalrymple），擔任海事測量員，負責繪製圖表及海港計畫。在戰爭結束後，由於缺乏人脈，倫內爾在海軍看不到前景，遂轉職到東印度公司固定工作，此時瓦西塔特找上他。倫內爾年僅二十一歲，就得負起測量孟加拉的責任，替未來的印度測繪局奠下基礎。他知道東印度公司聲名狼藉，但仍感激東印度公司投資於科學，並在四分之一個世紀之後寫道：

> 無論對公司主管有何控訴，其中並不包括忽視有用的科學。公司雇用地理學家與印度的調查嚮導、提供天文工具並鼓勵運用，這些行為至少透露出一種精神，這種精神不會只出於利益考量。

為了接下這份職務，倫內爾被指派為孟加拉的工兵少尉，而在一七六四年秋天，他著手研究恆河的走向。他手稿上有地理與氣象觀察，令瓦西塔特印象相當深刻，因此給他一年一千英鎊的收入，這和海軍薪資相比是龐大的數目；倫內爾在達卡（今孟加拉首都）蓋了一棟房子當作基地，展開這座城市的第一項計畫。一七六六年，他自願陪伴一個正在印度兵團服役的海軍老友，展開一項任務，驅趕一群搶奪不丹邊境城鎮的遁世者。他在這裡初次碰上喜馬拉雅山的巨大白牆，他稱之為「韃靼山脈」（Tartarian Mountains）。倫內爾來到一處他稱為迪胡塔（Deehoota）的村子，以為這裡很安全，未料他們這一小群的士兵意外遭到包圍。其他人殺出重圍，逃到安全的地方，倫內爾卻受困，他的手槍走火，亞美尼亞助理遭殺害。倫內爾僅配備一把短刀，只能撤退，渾身刀傷，遁世者當下以為他死定了。他踉蹌走向一支衝來協助的特遣部隊，卻在伸手未及之處便癱倒在地。救兵在他的傷口敷上碎洋蔥，而他人就躺在未有任何遮蔽的船上，六天之後回到達卡時，他已奄奄一息。其中一擊留下了一呎長的傷，傷到右肩胛骨和幾根肋骨；倫內爾再也無法好好使用右臂，左手食指也失能。新總督克萊夫肯定倫內爾犧牲奉獻，遂指定他為總測繪員，給他一支印度兵特遣隊，好在工作時獲得保護。只是在董事會要求壓縮成本的壓力下，倫內爾也被減薪了。

倫內爾在四趟不同的漫長遠征中，花了七年的時間在田野考察，終於完成任務，一名傳記作家形容是「在刺刀威脅下」完成。測繪工作向來是危機四伏。曾有一頭雪豹撕咬了他手下五個人後，他才成功以刀刺向雪豹喉嚨。他也承受過更可怕的伏擊。一七六七年年底，他的一名印度兵在遭遇不丹軍人時被殺害。倫內爾究竟深入不丹多遠，只能任憑猜測；但在這次遭遇前不久，他寫信回德文郡的家鄉：「我正在前往西藏的旅程途中，喜歡更北方的氣候，我在與山比鄰之處，呼吸到涼爽健康的空氣。」他當然很可能比博格爾更早造訪這個國度。

一七七二年，倫內爾與珍・薩克萊（Jane Thackeray）結為連理，薩克雷就是知名小說家[8]的姑婆，而倫內爾長期不在家中也成為日益加深的煩惱。連續感染瘧疾，讓他的健康亮起紅燈，而舊傷也折磨著他。一七七七年年底，距離當初來到印度已經過了十八年，這時《孟加拉地圖集》（*Bengal Atlas*）即將付梓，這對夫妻啟程返回倫敦，並得到六百英鎊的退休金，代表東印度公司的感念。此時，詹姆斯・倫內爾才剛三十五歲。

在眾人心目中，倫內爾不僅是印度地理學的一大權威。正如他的傳記作家馬卡姆的評價，他說倫內爾「既是海洋探險家，也是陸地探險家，還是地圖彙編者、自然地理學家、批判與比較地理學家，以及水道測量員。」他因為孟加拉地圖而在一七八一年獲選進入皇家學會，成為進一步研究的重要關鍵，也和許多當代的偉大科學探索者結交，例如約瑟夫．班克斯爵士[9]。倫內爾的印度地圖在一七八二年初發行，並持續更新。一七九一年，班克斯爵士在頒發皇家學會的科普利獎章（Copley Medal）給他時曾說：「英國人喜歡讓周圍鄰國視為科學進步的領導者，而我也很樂意這麼說，英國人若能擁有一張完整的英國島嶼地圖，且執行得像倫內爾少校在繪製孟加拉、比哈爾邦的界線時那麼精良的話，我將會引以自豪。」

這話並不誇張，但倫內爾一提到喜馬拉雅山區，無論是視野所及，或是穿越孟加拉時所寫下的筆記，都只能仰仗更早期唐維爾地圖集中，由耶穌會測量員和地圖繪製者的成果，沒有其他選擇。倫內爾對於唐維爾滿是讚賞。「如此優秀的地理學家在印度的內陸地區工作時，除了模糊的路線資訊與旅遊書籍之外，沒有多少資料可參考；一思及此，只覺他對這些地方的描敘委實卓越。」然而在這兩份地圖中，喜馬拉雅山區想必都是模糊不完整。倫內爾精準測繪出加德滿都，及越過邊境的西藏貿易城鎮庫提的位置，但他筆下的尼泊爾的山脈似乎只是傳說中的崎嶇山峰：「積雪的山巒應是古人所稱的艾摩督斯（Emmodus），」這名稱來自二世紀的托勒密地圖。

詹姆斯．倫內爾沒有強烈動機，加入北邊山脈的測繪：在瓦西塔特委雇倫尼爾的那一年，金洛赫已率領夢魘般的遠征進入尼泊爾，協助加德滿都的拉賈賈亞．普拉克什．馬拉抵抗普利特維．納拉揚．沙阿的軍力，而英國和尼泊爾的牽扯是幾十年後的事。對其崇高和後來的浪漫主義，以及隨之而來對山景

8 指的是威廉．梅克比斯．薩克萊（1811-1863），是和狄更斯齊名的維多利亞時代的小說家。一八四八年出版《浮華世界》（*Vanity Fair*）為其代表作。

9 約瑟夫．班克斯爵士（Sir Joseph Banks, 1743-1820），英國探險家、博物學家，曾任皇家學會會長，許多植物以他命名。

的熱愛，也得要幾十年後才會被喚起。「這些山峰足以名列舊半球最高的山，」他在描述印度地理的註腳中寫道：

> 我無法判斷其高度，但在某種程度上，或許可從得以觀察到群山拔地而起的環境——即一百五十哩（約兩百四十公里）外的孟加拉平原——來推測。

說這些山是「舊半球」最高的山脈並不誇張：當時科學家認為，特內里費島的泰德峰[10]最有可能是最高峰。當時計算出來的高度是大約四千五百公尺，幾乎比實際海拔高出了一千公尺，由此可看出當時測量者所面對的技術挑戰。而泰德峰算是相當容易測量的，從繁忙的海上航道一眼便可看見，而這些航道正是位在海平面上。反觀離海洋遙遠的山脈，便是更大的挑戰。

有另一個人也理解到，從非常遙遠之處就看見喜馬拉雅山可能蘊含的意義，他正是東方學家和語文學家威廉．瓊斯爵士（Sir William Jones, 1746-1794）。在歐洲，他已是傲視群倫的學者，歌德稱他為「是有遠見的人，設法將未知事物和已知相連。」他的父親也名為威廉，是來自威爾斯安格爾西島（Anglesey）的優秀數學家。他對航海知識豐富，有「經度」．瓊斯（'Longitude' Jones）的稱號，而他六十九歲去世時，威廉年僅三歲。威廉的母親瑪麗．尼克斯．瓊斯（Mary Nix Jones）是個了不起的人，她為孩子付出一切，當起女裁縫，為他支付哈羅公學（Harrow）的學費，而她的犧牲奉獻沒有白費。雖然政治立場激進，但是在一七八四年秋天，威廉．瓊斯和父親一樣，成為皇家學會成員，也成為加爾各答高等法院的法官；那年稍早，他成立亞洲協會[11]。十月五日，瓊斯來到恆河畔的巴加爾布爾（Bhagalpur），幾乎就在聖母峰的正南方。朝東北，在日落之後，他看見東北山峰的晚霞，他稱這座山峰為卓木拉日康峰（Chumalary peak，現今拼法為Chomolhari或Jomolhari）。平原上許多人都知道這座山，巍然聳立於春丕河谷上方錫金與西藏之間的古商路上，是顯眼且熟悉的地標。這座山也是聖山，在藏傳佛教噶舉派的心目中尤其神聖，因為和祥壽五佛母有關聯，亦即傳說中的長壽五姊妹[12]。祥壽五佛母在十一世紀詩人與瑜伽士密勒日巴的相關神話中占有一席之地，也是護法；其中一位是貞慧天女（Miyo Langsangma），黃皮膚的祂，一手拿著一碗食物，另一手則是獴類，並騎著母虎。她也和另一座山有關聯：珠穆朗瑪峰，或聖母峰。

瓊斯從不擔心過度思索，而卓木拉日峰的景象更啟發了他的好奇心。他父親曾寫過知名的航海指南手冊，因此瓊斯固然是以語言學家的身分馳名，而非測量員或製圖者，但這主題對他來說仍備感熟悉親切。瓊斯已在加爾各答認識博格爾和探險家薩謬爾・特納（Samuel Turner, 1759-1802），他們的資訊讓瓊斯對這座山脈範圍多廣很有概念。而多虧倫內爾等人的著作，他猜想卓木拉日峰距離他的所在位置「至少兩百四十四哩。」事實上，從直線距離來看是兩百二十八哩（三百六十七公里），即使如此，這種距離對瓊斯來說也有明顯的意義：這些山脈不僅非常高，而且有「充分理由相信，我們從巴加爾布爾看見的是世界最高峰，即使把安地斯山脈列入考量也不例外。」

瓊斯會提到安地斯山，並不令人意外。一七三〇年代晚期，法國科學院（Académie des Sciences）已展開一項遠征，計算赤道經度一度的長度，盼解決牛頓（Isaac Newton）提出的難題：究竟地球周長

10 泰德峰（El Teide），西班牙和大西洋島嶼的最高峰，海拔三七一八公尺，是座活火山。

11 亞洲協會（Asiatic Society），和科爾布魯克〔Henry Thomas Colebrooke〕創辦的皇家亞洲學會（The Royal Asiatic Society）不同。

12 亦稱「長壽五天女」。

在赤道比較長，還是兩極之間比較長？換言之，我們像是活在葡萄柚上，還是雞蛋上？這項計算的測量過程是在今天的厄瓜多進行，最終打造出公制系統。科學家（包括兩名西班牙人）同時測量一座巨大火山的海拔高度——位於安地斯山脈的欽波拉索火山（Chimborazo），接近基多市，就在赤道南邊而已。法國數學家夏勒・瑪西・德・拉・孔達明（Charles-Marie de La Condamine）計算出的結果是六千兩百七十四公尺，而西班牙同行喬奇・桑塔西利亞（Jorge Juan y Santacilia）計算出來的，則是六千五百八十六公尺，差距不小。同樣在十七世紀，又過了一段時間，亞歷山德羅・馬拉斯皮納（Alessandro Malaspina）率領一趟五年的遠征，算出的欽波拉索火山高度為六千三百五十二公尺。亞歷山大・馮・洪保德（Alexander von Humboldt, 1769-1859）也計算過這座火山高度，結果是六千五百四十四公尺，他甚至在一八〇二年嘗試攀登。他花了許多時間，設法剔除造成這種歧異的原因：主要禍首包括計算氣壓計及光穿過大氣層的折射時出現差異。（實際高度是六千兩百六十三公尺。）換言之，十八世紀最優秀的人才投入許多時間研究安地斯山，而受過教育的人，會接受欽波拉索火山為世界最高峰的看法。結果，由於地球在赤道會鼓起，欽波拉索火山峰頂確實是離地球中心最遠的一點，聖母峰是在北邊超過三千一百公里之處，接近北緯三十度。但若從海拔高度當作標準來考量，相較於喜馬拉雅山區，欽波拉索火山算是相當平凡，瓊斯所觀察的卓木拉日峰就高出不只一千公尺。

即使證據越來越充足，但要推翻安地斯山為世界最高山的想法仍需幾十年的工夫。威廉・瓊斯爵士在一七九四年離世，和博格爾安葬在加爾各答的同一座墓園。他去世前，正在進行龐大的印度法律翻譯工作，這項任務後來交給了文官兼知名梵文學者亨利・科爾布魯克（Henry Colebrooke, 1765-1837）。在一七九〇年代中期，科爾布魯克在比哈爾邦北部的普尼亞（Purnia）擔任助理收稅員。就和瓊斯一樣，他也觀察位於北邊的山脈，但距離更近了一百四十公里，計算出的高度約為兩萬六千呎，亦即約八千公尺。他的堂兄羅伯特・科爾布魯克（Robert Colebrooke, 1762-1808）對此深感興趣；羅伯特才獲派為孟加拉的測量主任，而這座山也令他挫折。喜馬拉雅山依然在遙遠的地方，而任何從平原上進行的測量，都滿是推測及懷疑。

一八〇二年四月，更靠近觀察的機會來了。一名年輕測量員跟著威廉・諾克斯（William Knox）上尉的貿易使團，依照一八〇一年達納浦（Danapur）條約，前往加德滿都進行任務。真正簽訂這份文件的查爾斯・克勞福（Charles Crawford）上尉指派軍隊，在旅途中護衛諾克斯，及身兼植物學家與外科醫師的布坎南—漢密爾頓。在加德滿都進行長達十一個月的任務期間，克勞福著手製作加德滿都谷的地圖。他所使用的比例尺為一吋代表一化朗（furlong，或「浪」，為八分之一哩；所以二點五公分大約代表兩百公尺多一些），這張地圖不僅對加德滿都谷地理特色提供非常精準的詮釋，也是美的產物。布坎南—漢密爾頓納入了一份他的植物標本集，裡頭有色彩優美的插圖，以及他送給林奈學會創辦人詹姆斯・愛德華・史密斯（James Edward Smith）的手稿：這是尼泊爾植物學研究的起源。這張地圖有敏感的軍事資訊，不過這名植物學家的贊助者正是總督韋爾斯利，他允許克勞福把這地圖交給史密斯。羅伯・科爾布魯克也很欣賞克勞福的作品，認為他「製作得格外俐落」；克勞福於是獲得晉升，並得到測量孟加拉北部邊境的工作。

克勞福在加德滿都時，不光是測量谷地而已。他還仔細觀察北方群山，深信那些山「非常高」。只要是一個以上的位置都能清楚看見的山峰，他便開始定其方位，其中或許包括藍塘里壤峰和多吉拉巴峰（Dorje Lhakpa）。在確定自己的大約海拔、確定方位，並考量折射、距離計算以及應用三角學之後，克勞福計算北方山脈的高度，比他「觀測點」高出一萬一千到兩萬呎（三千三百五十公尺到六千一百公尺）。可惜令克勞福和我們氣惱的是，他沒有把測量結果送到加爾各答，包括調查繪圖和日誌。克勞福後來告訴亨利．科爾布魯克，他的數據在英國，只是這些文件從未浮出水面，往往被當成是遺失了。他的工作令人想提出各式各樣的問題，卻都只是石沉大海。他怎麼知道山有多遠？他如何計算所在山谷的高度？要處理這些問題，當然要運用一些技術。一七六二年，科學家尚—安德烈．德呂克[13]是從水的沸點來計算高度，但沒有證據顯示，克勞福也採用這種方式。

即使如此，這名年輕軍官的故事仍帶來很深的影響。東印度公司在這個時期快速擴張，越來越多領土被納入其範圍。總督韋爾斯利、總司令吉拉德．雷克將軍（General Gerard Lake），以及總督的弟弟亞瑟（Arthur，未來成為威靈頓公爵）在十九世紀初能成功對抗馬拉塔帝國（Maratha Empire），恆河上游地區因而首度納入英國探索範圍。這對科爾布魯克來說是誘人的良機。倫內爾的恆河上游圖是假想的，因為幫耶穌會工作的西藏調查員並未前往該處，只仰賴口耳相傳的資訊。倫內爾說，這條河「眾人皆知，發源於西藏壯闊的山脈。」他指出，這條河是透過地下水道來到印度，並重述印度教傳說，指稱這條河是從「牛嘴」的巨大岩石浮現。倫內爾與科爾布魯克隨後起了衝突，因為科爾布魯克認為，在恆河較低之處打造運河，可以解決河道經常改變的問題；倫內爾則認為這計畫並不可行，也警告公司適可而止。眼下，科爾布魯克身為總測量師，有機會打亮名聲，並解決倫內爾也不知道的恆河源頭之謎。他的姪子亨利狡猾地挖苦科爾布魯克的前輩，並在《亞洲雜誌》寫道，「真正的測量，」：

> 從赫爾德瓦爾上方的恆河（亦即恆河進入英國領土之處），到印度朝聖者追溯到的最遠點，並前進到最遙遠的起源，是值得英國公司承擔的任務。

羅伯．科爾布魯克在一八〇七年秋天展開最後一趟旅程，他帶著妻子和九個孩子中的老大、老二，搭乘小木船往恆河上游，朝著坎浦（Kanpur）前去。夜裡，這家人聽見成群老虎的怒吼，白天，則引來人群旁觀；歷史學家約翰・基伊（John Keay）說，「這群人以前沒見過半個歐洲人——更何況是一對帶著子女的夫妻。」在前往坎浦途中，他們探索了拉普蒂河（Rapti），以及幾乎就在尼泊爾安納布爾納峰（Annapurna）正南方的城鎮哥拉克浦（Gorakhpur）。就在好奇的當地人包圍之下，科爾布魯克於此為北邊的兩座山峰定方位，其中一座很可能就是安納布爾納峰，以及另一座超過八千公尺的高峰：道拉吉里峰。他計算，這兩座山峰「垂直高度比我所在的平原高出五哩。」

在勒克瑙（Lucknow）度過聖誕節之後，科爾布魯克的妻孩先行返回家鄉，而這名測量員則在接下來的寒冷季節待在庫馬盎的叢林裡。由於這國度敵意較深，因此他在坎浦找上由威廉・韋伯（William Webb）中尉指揮的印度兵特遣隊，雖只有二十二人，但都有些許測量工作的訓練。之後，科爾布魯克染上瘧疾和痢疾而病倒。如同許多後來來到喜馬拉雅山邊緣的測量員，特萊平原的叢林讓他每況愈下。在一個稱為皮利比特（Pilibhit）的地方，大約是在巴雷利東北五十公里，鄰近現代尼泊爾西南角之處，科爾布魯克又進行另一回的山嶺觀測，卻也無法再繼續橫跨陸路。他回到巴雷利，吩咐韋伯繼續他的任務，尋找恆河源頭。到了八月，他身體急轉直下，於是搭船到孟加拉；一個月後病逝於巴加爾布爾——幾年前，威廉・瓊斯就在那裡觀察夕陽餘暉下的卓木拉日峰燦爛發光。

韋伯並不是單打獨鬥地去尋找恆河源頭。他的所屬軍團是第十孟加拉土著步兵團，而他在軍團的友人雷波曾寫下生動的冒險日誌。這個團體的第三名成員很不一樣，是幾乎像神話人物的英屬印度人海德爾・揚・赫西（Hyder Jung Hearsey）。年僅二十五歲的他已是堅毅的士兵，也是個僱傭兵，以邁索爾

13　尚—安德烈・德呂克（Jean-André Deluc, 1727-1817），瑞士地質學家、自然哲學家及氣象學家。

帝國的君王海德爾・阿里（Hyder Ali）來命名，而赫西的父親安德魯（Andrew）在一七八二年曾短暫和這名君王交戰，不久後，赫西就出生了。（有時，他的名字會寫成Hyder Young Hearsey）。這男孩的祖父與曾祖父在卡洛登戰役[14]都是戰敗方，那時詹姆斯黨（Jacobite）叛變終於敉平，因此家族在坎伯蘭（Cumberland）的莊園遭到沒收；不過，反叛的精神倒是傳承到海德爾身上。他的母親是安德魯・赫西沒有正式婚約卻同居的印度妻，名字不詳。安德魯之後到英國進行法律訴訟案，這時又娶了一名英國女子夏洛特・克蘭（Charlotte Crane）。雖然她的孩子能在東印度公司找到工作——海德爾同父異母的兄弟約翰（John）軍旅生涯相當傑出，甚至獲將軍軍階，並於一八五七年對抗叛亂——身為英裔印度人的海德爾・赫西卻受排擠。他曾在伍利奇（Woolwich）學校就學一段時間，其他時候就得靠自己展開冒險。

海德爾十六歲、父親過世的那一年，他進入奧德土邦納瓦卜的薩阿達・阿里汗（Saadat Ali Khan）軍隊，旋即又轉到異國色彩的法國傭兵皮耶・庫里耶—佩宏（Pierre Cuillier- Perron）軍隊，成為軍校學員。庫里耶—佩宏曾當過水手，並曾率領軍隊，為十八世紀晚期主宰印度大片區域的馬塔拉聯盟進攻。而年僅十七歲，海德爾就在阿格拉戰役（siege of Agra）中有傑出表現，獲得佩宏賞識，只是當這個法國人發現有機會重建法國在印度的勢力時，手下許多英國及英裔印度軍官便紛紛求去，包括海德爾・赫西。不久之後，赫西效命愛爾蘭傭兵喬治・托馬斯（George Thomas），發現自己得對抗過去的長官，而在托馬斯去世後，赫西成立自己的軍隊，效命於東印度公司。他也娶了茱荷—烏爾—尼薩（Zuhur-ul-Nissa），也就是蒙兀兒皇帝阿克巴・沙二世（Akbar II）的養女，說明了他的軍階在往上爬。他的新娘在巴雷利附近有財產，那是近期奧德土邦納瓦卜讓給東印度公司的，也是科爾布魯克發現這個兇猛又自力更生的「未加工鑽石」之處。不消說，韋伯與雷波爾都不喜歡赫西。

這三人在春季市集期間來到哈里瓦時，正逢一八〇八年的大壺節（Kumbh Mela），雖不若今日盛大，但仍有其重要性。大壺節每十二年舉行一次，是朝聖者聚集的超大盛會，期間不時有暴力或不幸的事件發生。許多朝聖者是托缽僧，不僅有正事待辦，也要在恆河沐浴。許多人也會趁此機會暗渡陳倉，例如數以百計的奴隸等售，「兩種性別都有，從三歲到三十歲」，他們都是被迫從山上下來的。巧的是，遠征隊在此遇見廓爾喀的斯利那加省長哈斯提・達爾・喬塔利亞（Hasti Dal Chautariya），一個心寬體龐的樂天男人，他也從山上下來參加慶典。（海德爾・赫西和哈斯提・達爾在幾年後又會相遇，分別為東印度公司與廓爾喀戰爭的兩方：赫西將會率領之後廓爾喀軍團的非正規兵。）哈斯提・達爾原本不介意英國繼續往上游前進，但不久後他就被撤換，新的統治者拜拉夫・塔帕（Bhairav Thapa）就沒這麼和善：英國人被迫支付價格高漲的腳夫費用，才能繼續旅程，並進入山腰的崎嶇谷地，「毫無計畫地進入龐大迷宮，」印度總測量員約翰・霍奇森（John Hodgson）這麼形容。

雷波對於這趟旅程的描述很有意思：

> 必須身歷其境，才會眼前景色有概念。下方壑谷極深、山腰的山勢漸高，喜馬拉雅山白雲籠罩，景色壯麗，形成的壯闊圖像震懾內心，而感受到的是敬畏，不是喜悅。

雷波寫道，這是「在我們的想像中，能描出的最崇高、最令人敬畏的景色。」他對人更是展現興趣，他會仔細觀察山地居民和平地居民的社會差異：

14　卡洛登戰役（Battle of Culloden），一七四六年發生在蘇格蘭卡洛登的戰爭，交戰的雙方是英格蘭漢諾瓦王朝政府軍，以及前斯圖亞特王朝支持者詹姆斯黨，後來漢諾瓦王朝獲勝。是英國本土最後一次激戰。

我們察覺到人們的舉止很不一樣。他們似乎比較文明，並未展現出一絲恐懼跡象，而是直朝路上跑，眼看著我們經過。女人甚至沒有羞怯或保留，和一般印度斯坦的女性不同；她們反而混雜在人群之中，有最大空間的自由來發表評語……她們的衣服是以粗布製成，男人的衣服則以此山區特有的綿羊和山羊羊毛所製成厚布當作衣料。不得不說，即使在這些人煙罕至的區域，女性登山者也會展現出此性別常見的嬌弱，在脖子、耳朵與鼻子上，以環或珠子妝點。如果無法取得，就以花環或花束取代；她們會選白玫瑰，喜歡其美麗與香氣。

這三人並未抵達恆河源頭，而是來到巴吉拉提河和發源於西藏的甲扎崗噶河（Jadh Ganga）交會之處。那時候，他們已走了比預期更多的路程，前方的路徑似乎更加艱險。韋伯決定派出一名當地人，偵查前方地形並回報。「赫西上尉的通譯（moonshee或munshi，意指「翻譯」與「祕書」）相當聰明，被選出來擔負這項工作，」雷波寫道。「為了讓他的觀察更正確，我們於是給他羅盤，並教他如何使用。」雷波仔細寫下他在巴吉拉提河看到的景象：

從河流本身的外觀（其河道會縮小），以及從其流過高度驚人的喜馬拉雅山區來看，無疑地，這條河的源頭就位於此白雪皚皚之山脈；其他任何假設很少能和此處的流體靜力法則一致。朝聖者與此間打水過活的居民皆說，當水流完全被雪堆隱藏時，根戈德里（Gangotri）後方的道路僅幾哩能通行，沒有旅人曾經或能夠攀登得上。關於牛嘴，我們倒是得到最有說服力的證詞，確認了我們之前認為牛嘴全為杜撰的想法，只存在於印度教的信仰典籍中。

韋伯或亨利・科爾布魯克似乎沒想到，高穆克（也就是「牛嘴」）可能是冰，而不是岩石；另一個可能，則是恆河源頭的神話名稱就是依附在實際地點上。第一個來到根戈德里的英國人是蘇格蘭旅行作家詹姆斯・貝利・弗雷澤（James Baillie Fraser），一八一五年六月，東印度公司和尼泊爾開戰後不久，他曾造訪廓爾喀人建造的廟宇。他詢問了寺廟住持關於牛嘴的資訊，住持卻只是笑答：「從平原來的朝聖者多數會問這個問題。」

韋伯和其他人繼續前往阿拉克南達谷（Alaknanda valley），以及位於巴德里納特的寺廟，之後前往西藏的瑪那村（Mana），在兩個世紀前，傳教士安德拉德與馬克斯曾雇用嚮導，並抵達札布讓。韋伯確信這條河流比巴吉拉提河大，又位於山脈更深處，因此是恆河的真正源頭。有感於任務成功，韋伯總算放下心中大石，於是轉身返鄉。羅伯・科爾布魯克的堂弟亨利已是亞洲學會的會長，也樂於將雷波的敘述在一八一二年的學會刊物中出版。這份報告有幾項引人矚目的理由，其中之一，便是海德爾・赫西幾乎沒出現。我們想必會推論，赫西對這個區域有深刻經驗、整體的表現相當堅毅，對這群人來說必定是資產；但是我們幾乎未聽聞關於他的貢獻。而這冷淡無情的沉默無疑掩飾了一八〇八年年底，一張赫西寄給倫內爾的地圖，這張地圖的來源引來了尖酸且複雜的爭論。赫西希望，這張地圖能讓他獲得些許報償，畢竟在遠征隊離開山區途中，曾遭到廓爾喀軍人搶劫。然而，他卻遭受偷竊韋伯地圖的指控，而由於他的名聲及膚色，人們無不相信這項指控。赫西養成寫日誌的習慣，內容記錄著他的測量工作，而韋伯在兩年後寄送給上司的地圖，根本比不上赫西的水準。

在雷波文章的前言中，亨利・科爾布魯克顯得相當謹慎，不急著判定喜馬拉雅山的高度：

然而，即使並未假設喜馬拉雅山超越安地斯山，仍有討論的空間：這幾乎位於熱帶緯度、高聳於永久雪線上方、綿延不絕的龐大山脈，是除了安地斯山系之外，沒有任何其他山脈可以超越或匹敵的。

一八一六年，他在另一篇《亞洲雜誌》的文章中重新探索這個主題。那時候，威廉．韋伯已自行判讀道拉吉里峰的高度數字，也得知了這座山峰的名稱（是羅伯．科爾布魯克尚未做到的事），並認為這座山峰的高度為兩萬六千八百六十二呎（八千一百八十八公尺），只比目前測量的海拔高度多出二十公尺。同時，另外兩名測量員約翰．霍奇森與詹姆斯．赫伯業已抵達高穆克，親眼目睹了高聳參天的西夫凌峰。在檢視目前蒐集到的所有證據之後，亨利．科爾布魯克更加確定了：

在查看了充分證據之後，我已能毫無保留的宣稱以下判斷：喜馬拉雅山脈是目前我們所知最高的高山山脈，最高峰大幅超越安第斯山的最高峰。

科爾布魯克的主張引起轟動，卻也引來些許噓聲：這又是來自次大陸的另一個吹噓之語。他怎麼可能這麼確定？在具有影響力的《評論季刊》（*Quarterly Review*）中，某個匿名人士寫下專業的長篇大論，表達深刻的懷疑：

我們會忍不住想，他太倉促作此結論。我們對於他的計算或公式沒有任何質疑：我們對他的精準度秉持此等意見，因此願意信賴，接受結果。我們有異議的，是他的事實不充分，不足以讓他從中得到的結論獲得認可。

評論者瞄準韋伯對道拉吉里峰的測量，因韋伯認為這是最具說服力的證據，而評論者也同樣具說服力地主張，從韋伯進行觀察的距離來看，這些觀察很可能非常不精準是不容忽略的事實。。簡言之，安地斯山測量值背後所蘊涵的科學，遠比科爾布魯克的要可信得多。經過這次冷言嘆息之後，資助喜馬拉雅山進一步測量工作的關注度迅速消退。韋伯在刺眼的鎂光燈下彷彿是個傻瓜，他曾經相當接近道拉吉里峰的實際高度，雖然既是靠著判斷，也是憑著運氣。他錯失了晉升機會，於是退出東印度公司的軍隊。由於經費縮減，喜馬拉雅山區的印度測量局的工作暫停了十年左右，而雖然一八二四年的英緬戰爭讓東印度公司可進入喜馬拉雅山的東北角——理查・威爾考克斯（Richard Wilcox）與詹姆斯・博爾頓（James Burlton）在一八二〇年代晚期探索了阿薩姆和布拉馬普特拉河——當時的測量員還沒有設備或數學計算方式，精準測量喜馬拉雅山的高度。

在十八世紀末之前，一個人所能承受的精準海拔高度，尚未讓任何人過分擔憂。一八一八年，來自蘇格蘭的兄弟檔亞歷山大和詹姆斯・傑拉德（Alexander and James Gerard），抵達什布奇山口（Shipki La）附近一座山的上方山坡，這是在金瑙爾縣（Kinnaur），即薩特萊傑河從西藏發源地流入印度的地點附近，兩人只為了「要看氣壓計低於十五吋」，並找出他們認為世界最高海拔的紀錄。他們遭遇嚴重的高山症，並將之比擬成「中毒的鎮定作用。」這對兄弟告訴世界，他們去了比洪堡德一八〇二年前往的欽波拉索火山還更高的地方，但洪堡德倒是無動於衷：「這些登山之行無論多吸引大眾好奇心，都沒有多少科學用途。」另一方面，多虧洪堡德本人的科學遠見，海拔高度的重要性日益增加。無論你在世界何處，海拔高度會和緯度一樣影響植物分布：這是很有力的科學理由，促成精準測量山的高度。如同曾在一八三七年前往不丹的植物學家威廉・格里菲斯所指出：「無法判定地點的植物學家，會摧毀其採集植物的泰半價值。」

極其諷刺的是，一八一六年，科爾布魯克在《亞洲雜誌》發表的研究，在此之後，某份報告的作者最終將提供平台，讓人精準測量喜馬拉雅山的高度。超過十年的時間，威廉·蘭姆頓（William Lambton, 1753-1823）慢慢地從印度南部往北縱向前進，在沒有多少人知道的情況下，運用三角測量，測繪出一系列非常精準的位置——「大印度子午線弧。」（Great Indian Arc of the Meridian）。蘭姆頓是亞瑟·韋爾斯利的門生，不僅是個測繪者，還是大地測量者，會精準測量地球的幾何形狀。他效法蘇格蘭測量員威廉·羅伊（William Roy, 1726-1790），其創新的球面三角學（spherical trigonometry）是過去只能運用近似值的地圖轉變為現代地圖製圖學的轉捩點。自一八一八年之後，蘭姆頓的研究在接下來五十年緩慢卻穩定的延續，被稱為「印度大三角測量」（Great Trigonometrical Survey of India），或簡稱大測量。如今要能欣賞其所達到的規模及付出了多少人力成本，並不是容易的事情，就像要在Google當道的時代去思考類比式電話的奇蹟，更遑論還要考量可能造成的死亡。地理學家馬卡姆計算，在最惡劣的季節於尼泊爾邊境進行測量時，英國人與印度人的死亡人數到達三位數。一八七〇年大測量中出現的定位圖表，看起來像印度長出可當成支架的脊椎，手臂往兩邊伸展出去；正是從這些手臂，最終測量到喜馬拉雅山的真正高度。但是等到這項測量終於完成、舉世驚歎之際，科技竟又大幅躍進，因此當初雄心壯志的規模便遭到遺忘。

蘭姆頓七十歲時在測量任務中去世，而他的繼承者就是大名鼎鼎的喬治·埃佛勒斯（George Everest, 1790-1866）；蘭姆頓低調，埃佛勒斯則急躁，但一樣堅毅。他的家族來自東倫敦的格林威治，亦即本初子午線的所在地，而他們把自己的姓氏念作「伊夫瑞斯」（Eve-rest），因此任何把他的姓氏念作「埃佛勒斯」（Ever-est）的人，喬治就會嚴厲糾正。一八四三年，接任他總測量師職位的人是安德魯·沃（Andrew Waugh, 1810-1878），沃違反常規，把恩師的名字附加到他自己在一八四七年觀測的山，這座山在一八五〇年量測時，成為當時測量到的世界最高峰，甚至高於從大吉嶺就可以清楚看見的干城章嘉峰（**Kangchenjunga**）。事情的經過可不是一般所記述的情景：一個計算員（在那個年代，指的是負責運算的人）衝進沃的辦公室，聲稱他發現了世界的最高點。這項工作實際上是緩慢的累進過程，結論要到一八五六年才公開。即使到了那時，仍有人推測世界最高峰的名號可能落在另一座山：當時在鄰近的喀喇崑崙山脈有新的對手，其測量者在規畫中以K2來標示這座可能更高的山。埃佛勒斯本人並沒見過以他命名的山；他在喜馬拉雅山區最大的趣樂，多局限在穆索里新避暑地附近的家中，並在此享受新鮮空氣。他也遵守印度測繪局的規則，無論測量什麼，都會設法以當地名稱來命名。他到底做了什麼，讓自己的名字登上世界最高峰，則未見任何紀錄。

沃進行觀察的期間，埃佛勒斯回到英國，在萊斯特郡獵狐狸。後來，他定居於倫敦——當時維多利亞時代英國的帝國之都。他一七九〇年出生時，喜馬拉雅山脈是東印度公司勢力範圍的邊緣；而英國只是數個競爭勢力的其中之一。如今埃佛勒斯上了年紀，喜馬拉雅山區成了英屬印度的北界，而英屬印度在哲學與文化都是截然不同的實體。英屬印度的演變反映出工業革命的科技進步，因此喜馬拉雅山的地理目的也隨之轉變，成為韋伯所稱的，有「優良實際用途」的精密校準工具。到那時候，喜馬拉雅山的政治地圖已被撕碎，完全重繪。

十一　暴君與學者

一八五七年五月十二日早上，一名年輕陸軍上尉帶著電報，速速送到喜馬拉雅山區的避暑地西姆拉。電報是先從德里送到上尉的父親亨利・巴納德爵士（Sir Henry Barnard, 1799-1857）手上，他是孟加拉軍隊色興德（Sirhind）師指揮官，軍隊駐紮在德里北邊兩百公里的安巴拉（Ambala）。這會兒，他兒子正要交給印度陸軍總司令。這訊息是利用印度新安裝的電報系統送到安巴拉，內容記述英國殖民強權所稱的「印度叛變」或「印度兵兵變」爆發，許多印度人則稱之為第一次獨立戰爭。在南亞，對抗英國霸權的戰爭從未停止，最近一次是一八四〇年代的英國錫克戰爭。但這一回不同。這回的叛變是從內部爆發，直接攻擊英國的國安組織核心：軍隊與警力。一開始，是離山脈的山麓不遠，有部隊駐防的城鎮米拉特（Meerut）發生士兵叛變，很快便往南擴散到德里，並在印度平原北部蔓延。

在喜馬拉雅山區的清涼早晨，總司令喬治・安森（George Anson, 1797-1857）將軍正享用著早餐，他索性先把這份電報塞到盤子下。安森在次大陸的經驗不多。他在滑鐵盧戰爭後就沒打過仗，那時他在女王衛隊服役，是年輕的陸軍中尉，而之後的過渡時期，還是國會的一員。他熱愛賽馬和打牌；前一年派駐到此，以致他的生活硬生生地被打斷。安森是為女王服務的軍官，不怎麼尊重印度陸軍，他始終認為印度軍隊缺乏紀律；他對印度兵的文化也沒多少同理心。一如許多由他指揮的英國軍隊，他從安巴拉前來山間，躲避令他健康亮起紅燈的印度溽暑，因此一開始他還不願意採取行動。他下令保護好軍火庫，而部隊下山，朝德里前進。過了三天，情況急轉直下，他回到安巴拉，抱怨「土著軍隊的行為，會毀滅任何軍團的信心。」他將在兩週之內因霍亂病逝，那時候，印度已烽火連天。

在西姆拉這座城鎮，「土著」軍隊叛變的消息不久便傳開，並引發恐慌：這只是廣泛危機的縮影，就像這座避暑地也是英國人在印度的縮影。四十年前，尚未成為英屬印度夏季首都的西姆拉，只是一處位在濃密林間的小小山間村莊，一八一五年，英國從廓爾喀手中取得這戰利品，並送給帕提亞拉大君（maharaja of Patiala，maharaja意指土邦君主），獎賞他在對抗尼泊爾戰爭時所給予的支援。這區域分布著許多廓爾喀堡壘，包括位在附近的久托格（Jutogh），而派駐附近的英國文武百官也逐漸對這鄉間越來熟悉。西姆拉的崎嶇山景結合當代對崇高的浪漫理想，又能讓人在經常熱到奪命的溽暑月份得到紓解。為人和善的政治專員查爾斯．肯尼迪（Charles Kennedy）在這裡築起第一座「普卡」[1]住宅，而來訪的朋友也開始取得土地，依樣畫葫蘆，於是促成小規模的房地產榮景，附近還開設了療養院。一八二七年，總督阿美士德勳爵[2]在此居住，遂帶起風潮，把西姆拉從夏日隱居處，變成了有熱絡的社交活動的地方，個性討喜卻性急的法國植物學家兼旅人維克多．雅克蒙特（Victor Jacquemont）曾在一八二九年寫道，這裡成了「有錢有閒，身體殘缺者的休閒處。」

殖民社群就這麼迅速發展，他們對這社群的熱愛可從華而不實的住屋名稱看出：里奇蒙別墅（Richmond Villa）、伍德拜恩小屋（Woodbine Cottage）、布萊爾斯和安納戴爾觀景宅（The Briars and Annandale View）。在寫給妻子艾蜜莉的信件中，建築師埃德溫．魯琴斯[3]描述了西姆拉空虛的外在：「要是告訴某個人，說這裡是猴子蓋的，那麼這人只會說：『這猴子也太不尋常——下次見到一定要射殺，免得牠們再建房子。』」這是屬於業餘劇場和草坪射箭員的世界，但最重要的是，西姆拉是八卦滿天飛的地方。「世界上可能沒有一個地方，」一名《先鋒報》（*Pioneer*）特派記者在十九世紀末寫道，「像永恆的雪之寓所山坡上遙遠避暑地這般，人性中的熱情面會如此開放，任憑剖析。」帝國公務員享受著在母國負擔不起的生活型態，休閒時間也能暢所欲言。然而，儘管遠離國內的關注，他們發現，在西姆拉「不滿會孳生，而妒意及醜聞會主宰。社會上小心眼的行為，在如此微小的荒僻之處起起落落、如漩渦般打轉，導致這裡停滯不前。」

一八三〇年代晚期，正當西姆拉穩健起飛之際，一名出生在愛爾蘭西岸城鎮斯萊戈（Sligo）、芳齡十幾歲的新娘，來到這座小鎮。她的美貌有西班牙基因的加持，激起了好些「妒意與醜聞」。那時候，她仍是艾莉莎．詹姆斯（Eliza James）。西姆拉副司令身為艾莉莎的繼父，把她送回蘇格蘭親戚家，希望她好好接受教育，以抹除身上的狂野氣息，可惜徒勞無功。她十五歲時，和「一個看起來時髦，穿著亮面背心，有一口皓齒」的男子私奔回印度，總督奧克蘭伯爵[4]聰明的妹妹艾蜜莉．伊登（Emily Eden）如此寫道。那男子的年紀是女孩的兩倍，但依然是個貧困的陸軍中尉。「〔艾莉莎〕很漂亮，」艾蜜莉．伊登心想：

> 是個可人兒，但他們很窮，而她既年輕又活潑，萬一遇人不淑，她會很快自嘲，陷入愚蠢困

1　普卡（pukka），亦稱pacca，是南亞地區以堅實建材打造而成的永久性住宅。

2　阿美士德勳爵（Lord William Pitt Amherst, 1773-1857），在一八二三至二八年間擔任印度總督。

3　埃德溫．魯琴斯（Edwin Lutyens, 1869-1944），英國最重要的建築師之一，也是印度總統府的建築師。

4　奧克蘭伯爵（Lord Auckland, 1784-1849），原名喬治．伊登（George Eden），一八三六至四二年任印度總督，也曾擔任第一海軍大臣，紐西蘭原本的首都就是以他為名。

境。目前夫妻深愛彼此，但十五歲就結婚的女孩，不太知道自己喜歡什麼。

等這對夫妻回到加爾各答，艾莉莎那個穿「亮面背心」的丈夫就甩了她。在返回歐洲的途中，她再度形單影隻，並將名字改成蘿拉．蒙特斯（Lola Montez），自稱是西班牙舞者，日後也將是法蘭茲．李斯特（Franz Liszt）與巴伐利亞國王路德維希一世的情人，還吸引了尼泊爾總理江格．巴哈都爾．拉納（Jang Bahadur Rana）。

殖民地自私自利的心態，在西姆拉的男人之間也一樣普遍。愛爾蘭記者威廉．霍華德．拉塞爾（William Howard Russell）曾以克里米亞戰爭報導而聞名於世，他在一八五八年印度叛變結束時遊歷印度，並在西姆拉停留了幾週，而他對一次西姆拉俱樂部晚宴之前的情況，留下不太光彩的一幕：

> 僕人忙進忙出，準備侍候老爺們，他們會從遠遠的平房過來吃晚餐。盤碟碰撞聲傳來，宣告晚餐即將備妥。英國官員及文官穿著各種英裔印度風格的服裝，身靠著客廳牆邊，等待可以大啖食物的信號。角落的那小群人是從橋牌室出來的，在場無不悄聲相傳，年紀稍長的史塔傑少校在簡單的午餐之後，從年輕的柯內．葛里芬贏了七百盧比；但是葛里芬若不速速從德里取得獎金，就不可能付得出來；而少校的搭擋小夏弗看起來不到二十歲，卻是出了名的冷靜沉著，他已從資深文官榨取近乎兩倍的錢，這個文官正是從平原帶著滿滿的荷包，和居民一起上山。其他人則是不再帶兵的前印度兵團軍官，還有女王的官員、文官、醫生、病人、失業准將、從平原來療傷養病的人；談話內容不外乎運動、球、晉升、匯率、歐洲、一點點政治，把上一期《跨陸郵報》[5]的話題再拿出來炒一遍；但是一般來說，嚴肅問題全是禁忌。觀察過度的合群精神挺有趣的，這是英國人性格裡的優

缺點，也打破了女王官員、公司官員以及文官的界線，讓他們成為一個個小團體。

拉塞爾看出大家的焦慮。叛變不僅顛覆了他們的期望，還觸發影響深遠的改革，因此東印度公司受到大幅限制，印度改由王國政府掌控。當東印度公司在平原不再掌權之際，西姆拉的許多人都在仔細盤算、評估事業、確認自身的威信，在喜馬拉雅山區重新創造英國生活的社交模式。這個地方本身有豐富、繁複的本地故事，但是這些故事對新來的居住者來說就只是原料，他們會多加利用這些故事，這類挪用反映在英國人為西姆拉及周圍山區所取的地名。例如在西姆拉西北邊有座山，稱為「本廷克勳爵之鼻」（Lord Bentinck's Nose），據說這小山的形狀像本廷克勳爵的鼻子，而本廷克勳爵是完成土地交易、把這座山城在一八三〇年代納入英國勢力範圍的總督；又如有個區域稱為「波伊勞甘治」（Boileauganj），這是源自於士兵兼工程師約翰・西奧菲勒斯・波伊勞[6]，他曾設計基督教教會，並在一八四四年奠基，一八五七年竣工祝聖，把聖公宗帶入喜馬拉雅山區，那時剛好是一個世紀以來，英國在印度面臨的最大生存危機之際。

大致而言，從米拉特到馬德拉斯，英國官員會以勇氣和決心面對叛變。法特浦（Fatehpur）的法官羅伯・塔克（Robert Tucker）曾在自己的平房樹立石柱，上頭以印地語和烏爾都語刻上十誡。他就在自己任職的法院屋頂死去，一手拿著聖經，另一手持手槍，殺了十幾名攻擊者。他的墓誌銘刻寫著：「一

5 《跨陸郵報》（*Overland Mail*），約每週出刊一次的報紙，主要讀者為東印度航線的相關人員。

6 約翰・西奧菲勒斯・波伊勞（John Theophilus Boileau, 1805-1886），曾參與多項重要建築修復及設計，包括泰姬瑪哈陵的修復工作。

八五七年因公殉職，仰望耶穌。」但西姆拉的故事不是這樣。流言蜚語讓這座山城呈現出脆弱的脾性。在五月十四與十五日，總司令前往安巴拉途中謠言四起，說附近久托格兵營的廓爾喀納西里（Nasiri）營（不是和尼泊爾戰爭時建立的廓爾喀部隊，而是較新的單位）正處於叛變。謠言說，部隊拒絕安森將軍的命令，進軍支援德里。英國陸軍軍法署署長凱斯．楊格上校（Colonel Keith Young）之妻寫信給姊妹時說，人們相信廓爾喀人會攻擊西姆拉，並掠奪此地。

> 我們的地方行政長官（威廉．海伊勳爵）及其他人說，那只是傳說罷了，軍隊是忠誠的；但是，有人在市場看見廓爾喀人笑說著德里的事，而英國人經過時就被報以噓聲。另一個廣為流傳的是，他們打算聽命下山，至於要加入歐洲或土著的行列，得看看誰比較強。

就連廓爾喀人叛變的謠言也足以恐嚇西姆拉的歐洲人。據稱經驗豐富的尼可拉斯．本尼（Nicholas Penny）少將指示把銀行劃定為安全聚集處，但有幾十戶家庭仍在前往銀行的途中改道，唯恐廓爾喀人已抵達銀行所在的市集。最脆弱的是住在小西姆拉（Chhota Simla）的家庭，這區域的位置較偏遠，很容易與市中心的安全措施切斷。一個名叫艾瑪．楊格（Emma Young）的女子描述她如何爬下她家附近的壑谷（khud），她害怕廓爾喀人已占領市集。後來她抵達河岸時，發現有上百個歐洲武裝男子，以及兩組大砲裝置，足以暫時抵擋攻擊

> 但是本尼將軍幾乎無法維持秩序，自己顯然也飽受驚嚇。他允許大多數人索性喝得爛醉；萬一廓爾喀人要過來，他們便能輕鬆殺了我們所有人。這是很可恥的場景，會讓同胞覺得丟臉。

凱斯・楊格的夫人也有相同的意見：「我們聽說，有些先生的表現實在糟糕透頂，懦弱得令人不敢恭維——大家原本以為，這些人應該是天不怕地不怕。只有面對試煉，才能看出一個人的真面目。」

那天晚上，西姆拉地區的行政長官威廉・海伊勳爵（後來成為特威德爾侯爵〔Marquess of Tweeddale〕），疲憊地從久托格返回。他設法要求廓爾喀人保證不叛變，也獲得允諾。於是海伊告訴那些守在銀行的人這個好消息，其中有些人逐漸散去，返回家中了。不過，他也見識夠多，很清楚事情可能反其道而行，因此建議鎮上的女性應該離開。凱斯・楊格上校隔天早上回到家。「完全靜悄悄。我回到家後不久，來了兩名印度兵：他們非常有禮貌，聲稱他們從來沒打算驚動『老爺』（sahib logue，字面意義是『優等民族』，意思是歐洲人。）這群無賴！」雖然和氣，他和妻子仍離開西姆拉，到山頂的拉納（rana，指基恩薩爾土邦〔Keonthal〕王公）宮殿過夜，這土邦就在仲嘉村（Junga），依然對英國忠誠。（這名拉納後來晉升為「拉賈」，因為在「叛亂時期依然貢獻卓越」。他的子民可能不以為然。）同時，西姆拉大屠殺的謠言可能傳到了平原，於是在五月十七日，楊格寫信給朋友，要他安心，知道一切安好：

> 我寫信來告訴你，「西姆拉大屠殺」的傳言沒有絲毫真實性。F〔其妻〕與我及親愛的「寶寶」都如你所願，都好端端的，在這個距離西姆拉十六哩的地方享受。我們是今天早上來到——或可說「逃到」——這裡，因為我們擔心，久托格營會發生廓爾喀叛變好對抗我們，並訴諸暴力行為。

英國人回家之後，發現和離開時沒什麼不同。

*

一八一四年與廓爾喀交戰時，英國的奧克特洛尼將軍曾提出建議，要讓廓爾喀軍隊中不滿的士兵投誠。起初，這項提議促成幾百人投誠英國。最早的「廓爾喀」部隊就是從這些人募集而來，並稱他們為「納西里」，一般翻譯為「朋友」，但更精準的意義是「幫手」：這個蒙兀兒詞彙是奧克特洛尼刻意使用的，代表深深尊敬他們帶來的有益幫助。後來，第一次戰役結束、平定西部之後，有四千七百名來自廓爾喀西部軍隊的士兵向英國投誠。奧克特洛尼判斷，招募這些人，總比放任他們加入在印度北部掠奪的其他武裝團體好。

他們組成了四個營，一開始和英國官員的關係就異常密切，和正規軍的軍團形成強烈對比。他們有助於穩定這區域在入侵與戰後的動盪，也刺激地方經濟。然而，這些新組建的營並非當地的非正規軍。大約有一千五百人是普利特維·納拉揚·沙阿認為的廓爾喀人：來自廓爾喀計畫核心地帶的切特里、馬嘉族與古隆族。軍官及許多士官會來自這一群體。不過，其他人則是來自廓爾喀征服的區域：庫馬盎、加瓦爾，以及尚在加德滿都掌控的區域，包括帕爾帕與久姆拉。

加爾各答謹慎迎接這些新的非正規軍，因為比起孟加拉軍隊核心、來自比哈爾邦和奧德土邦的婆羅門及拉傑普特人，這群新的團體軍餉便宜，可能也比較可靠。新兵宛如涓涓細流，從尼泊爾持續抵達，他們通常和現役士兵有關係，即使加德滿都決定要禁止招募。然而，他們大多數來自尼泊爾以外，亦即位於馬哈卡里河西邊的喜馬拉雅山山區小國。其中一營就駐紮在附近的是庫馬盎，守護此地，對抗來自尼泊爾的軍隊入侵。第二支納西里軍營也成立，另外還有西穆爾（Simur）營，在蘭季德·辛格及其錫克帝國入侵的威脅漸劇之際，這三個軍營負責保護薩特萊傑河區域的山丘。同時，蘭季德·辛格讓軍隊現代化之時，也在招募廓爾喀人，其中有部分來自尼泊爾境內，但他也試著引誘那些效命英國，但薪餉較低的人。

在兩次世界大戰期間，服役於英軍的廓爾喀軍人展現出的無比勇氣與犧牲，而見識過他們的英勇之舉後，可能沒想到他們當初對驚恐的西姆拉居民，並未秉持那般明確的意志及忠誠。但當時大量的殖民政府文官，以及把喜馬拉雅山區視為士兵家鄉的人之間，存有巨大的理解鴻溝：後者指的是指揮廓爾喀人的英國軍官，以及幾個來自外交和政治部門的外交人員及政務官，他們對這個地區有深刻的經驗。「西姆拉恐慌」成為叛變敘事的一部分，記者拉塞爾描述他在這裡停留的時光時如此寫道：

> 西姆拉多為女性，男性比女性還要膽怯，市集有許多壞人，如果戰爭爆發，就準備擄掠暴行。在旁遮普邊境的叛亂可能會刺激錫克，於是羅倫斯無法再掌控〔指印度總督約翰．羅倫斯爵士〕，之後歷史就會思索哲理，探討我們在印度的帝國如何崩潰。

有些廓爾喀人確實叛變。當英國部隊離開山區、前往德里時，一支駐紮在卡紹利（Kasauli）附近、由准尉（subedar）比姆．辛格（Bhim Singh）指揮的納西里營分遣隊發現駐地的藏寶箱，於是他們很快撬開，自行拿取積欠的薪餉。之後，他們朝西姆拉行進，途中遇見安森將軍的行李列車，遂毀壞這行李列車，搶劫並傷害幾名英國男女。安森召來上尉大衛．布里格斯（David Briggs）與他們和談。這麼棘手的任務交給布里格斯處理可謂明智之舉。他過去曾花了幾年的時間，負責監督印度斯坦與西藏之間的公路興建，這個昂貴無用的春秋大夢是總督達爾豪斯勳爵（Lord Dalhousie）提出，盼在英國與錫克交戰之後，重新為喜馬拉雅山區的貿易注入活力。興建過程得仰賴地方首領提供的徭役，因此受到痛責。

一八五七年，布里格斯的一名同事告訴下議院，當地人民「討厭和這條路有關的每一個人、每一件事物。」廓爾喀占領薩特萊傑河山丘已經是場災難，但當地人對英國人也沒多少好感。即使如此，在執行任務的過程中，布里格斯仍對這個區域萌生強烈的連結，於是他利用這些連結，與憤恨不平的廓爾喀人達成協議。幾乎所有人都獲釋，並得到適當的給付，雖然在叛變遭到壓制之後不久，納西里營就在一八五八年解散。

即使有些不滿，廓爾喀人仍證明自己不僅勇敢能幹，且對雇主極為忠心耿耿。位於西姆拉的納西里營相當優秀：這是相當近期招募、取代先前更知名的同名軍營，原本的同名之營已獲晉升為前線之團。這些著名的廓爾喀軍團完全值得信賴。

五月十四日，叛亂的消息傳到德拉敦。德拉敦位於喜馬拉雅山山腳下的恆河及亞穆納河之間，少校查爾斯・里德（Charles Reid）指揮的營就在這裡。四個小時內，他管轄的五百名廓爾喀士兵便朝著最早發生叛變的米拉特行進，而他們口袋滿是彈藥，後面還跟著兩頭大象及更多的軍備。他們一路上不斷遭到反叛者的騷擾和誘惑，卻全然不為所動。里德得知在德里發生暴動，反抗將軍阿齊博・威爾遜爵士（Sir Archibald Wilson），遂指派軍隊改前往德里，一個晚上行軍四十三公里。等到廓爾喀軍隊終於和威爾森的軍隊會合時，第六十來福槍步兵團的人馬以為是敵軍出現，旋即開火，一發現他們是廓爾喀軍隊，立刻士氣大振。

資深軍官對於所有本土部隊都有疑慮，對這支廓爾喀軍團也不例外，而這些本土部隊就駐紮在砲兵部隊附近，因此砲兵得到指示，一旦這群廓爾喀人惹麻煩就馬上開火，雖然威爾遜將軍認為他們「忠實可靠」。將軍雖然不信賴一些軍官，但他完全信賴里德少校。廓爾喀人活潑樂觀，因此一般士兵很喜歡他們；第六十步兵團的步兵與喜馬拉雅山的印度兵不久稱兄道弟了起來。「他們分享烈酒，」里德寫道，「也一起抽彼此的煙斗。」他們也把彼此的傷兵帶離戰場。在一八五七年九月收復德里之前，西穆爾營有超過一半的成員傷亡，而他們依然不理會反叛者要他們換邊站的訴求。不久之後，廓爾喀人和英國人的人命懸賞獎金已是同等水平。他們的勇氣毫不受挫。里德說了個故事：有個受傷的廓爾喀男孩在岩石後面找庇護，手上還拿著步槍。男孩解釋，這步槍是他父親的。他父親在前哨為槍枝填裝彈藥時，遭到殺害。後來，他幫一名第六十來福槍步兵團的英國人，之後這英國人受傷，他便把這英國人帶離戰場。男孩之後回到戰場上獨自陷入苦戰，之後雙腿都受傷。「不過我傷得不重。」他才十四歲。里德當場徵召他，並把他送往醫院。在德里事件之後，里德要求讓廓爾喀人自稱為步兵，而不是印度兵，並獲得了許可。

即使在一八五七年之前，廓爾喀人已聲名卓越，尤其在英國錫克戰爭之後，英國人發現他們多麼驍勇善戰。一八五二年，在獲選為倫敦上議院的委員之前，查爾斯．納皮爾（Sir Charles Napier）勳爵在擔任元帥期間，就曾促成原本的納西里軍團成立。他如此描述廓爾喀士兵：

> 是優秀士兵；如果有三萬名廓爾喀士兵，加上三萬名我們歐洲的士兵，那麼在印度的兵力就能隨心所欲，不再靠著信念來掌握印度，而是靠著軍力。

有人問，募集錫克軍團會不會是更好的選擇，納皮爾答道：「對，但你不知道錫克人是否忠誠……錫克人或許是好士兵，但廓爾喀人也一樣好，且對我們忠心耿耿。」他們為何如此忠誠，原因固然複雜，但金錢無疑是核心。納皮爾說，「那些人在山區飢腸轆轆，」並回憶起他告知他們，他已談妥提高薪餉時，這群廓爾喀人簡直是歡聲雷動。

他們如此的忠誠似乎是預料之外，尤其是在加爾各答。在十八世紀與十九世紀的最初幾十年，印度北部有許多軍力可供雇用，多數英國官員咸認為，廓爾喀軍隊只是另一群傭兵，一旦情況變糟，他們很容易會改變效命對象。在簽訂薩高利條約之後，尼泊爾的敵意持續了四十年。這些論點的邏輯帶著傲慢色彩：權貴和年輕軍官帶著基督教道德優越性，是不經意流露種族歧視的腫脹膿瘡。至少納皮爾親眼目睹到的，是印度兵和軍官之間的距離越來越遠，他感覺到遺憾，因為軍官們不再預期學習印度斯坦語有何好處，要晉升得靠人脈：

> 這和印度知名前輩所秉持的精神差異甚大，後生晚輩應該視為引導！光是希望和印度兵對話，就足以促使我學習他們的語言。

納皮爾常和年紀只有他一半的總督達爾豪斯起衝突。（「大事即將發生，需要有巨人之手來處理，」他在一八五〇年寫道，「但眼前卻只有侏儒。」）納皮爾提議將廓爾喀軍隊納入孟加拉軍隊，而達爾豪斯對於這個提議卻抱持憂慮：

> 我不要都是廓爾喀人組成的部隊，首要原因在於，我不認為全由外國人組成的軍隊是有利之計，其次是因為，我們自己山上的臣民就是好士兵，有權要我們雇用。

達爾豪斯仍對從尼泊爾內部招募的廓爾喀軍人保持懷疑，雖然他們只是整體的一小部分。事實上，廓爾喀營遠不只有尼泊爾人，從種族和國籍來看都相當複雜，然而英國軍官和文官經常未能理解這一點。

雖有疑慮，達爾豪斯仍確實同意納皮爾的要求，讓廓爾喀人加入正規的孟加拉軍隊，並給予適當的薪資。在他任期即將結束之際，他也看出納皮爾給予國會的建議是正確的：增加廓爾喀部隊是維護印度安全所必須。但此際，納皮爾的警告仍受到忽視；一直要到印度叛變幾十年後，英國人才獲准從尼泊爾國內招募軍隊。

＊

一八五七年叛亂爆發，一名住在新避暑地大吉嶺的年長前外交官為自己在二十五年前寫的文章──〈尼泊爾軍力部落的起源與分類〉（On the Origin and Classification of the Military Tribes of Nepal）──補上充滿嘲弄意味的註腳。布萊恩．霍頓．霍奇森曾是加德滿都的英國駐紮官，早在十三年前便已離開公司，但是他對尼泊爾的了解甚深，在加爾各答可說是人人望塵莫及，也沒有人像他一樣，持續敦促擴張廓爾喀軍團。「自從這份報告寫就之後，」他補充道：

> 對我們而言，廓爾喀士兵極為重要且隨時可上場，都是歷經證明的事實，而最令人無比遺憾的，就是亨利．芬恩（Sir H[enry] Fane）爵士、查爾斯．納皮爾（Sir C[harles] Napier）爵士與亨利．羅倫斯（Sir H[enry] Lawrence）提出由此招募軍隊的意見雖是上上之策，卻未能早早執行。

在過去十年，霍奇森不時住在布里安史東（Brianstone），他的平房所在往北望去的兩千三百公尺之處，正是廣闊的干城章嘉峰在閃閃發光。他在一八四六年來到此地時，這座山峰被誤判為是世界最高峰，若早晨天氣晴朗，就會看到旭日照耀到山頂，宛如火焰散發光芒。一八四八年四月，年輕植物學家約瑟夫．胡克（Joseph Hooker）來到布里安史東住上好幾個月。干城章嘉峰的景象令他入迷：

我從廣闊的山肩開始，仔細審視長年積雪的山脈，往東西延伸七十哩，雪線沒有絲毫中斷。這全景極美，在無雲早晨，霧氣升起之後就會顯露出來，視覺效果令人震撼。

在眺望這廣闊的景色時，霍奇森試著發揮他在加德滿都近二十五年的時光裡所學到的龐大知識。「我的主題是人種學、動物學以及教育，」他寫信給摯愛的妹妹芬妮（Fanny）時這麼說，「——到處是遼闊的原野，卻又人跡罕至，尚未出現真正的智識追求，帶來長遠價值。」一八五七年的事件意外中斷了霍奇森與世隔絕的研究生活：原先拋下的外交生涯路線，忽然重新連接起來。

在米拉特爆發叛亂前一年，霍奇森收到尼泊爾首相請求——極富個人魅力的江格．巴哈都爾（Jang Bahadur），他竄起掌權，終結尼泊爾宮廷多年來的內鬥，讓國王成為他的傀儡。霍奇森那時已經離開加德滿都，但兩人彼此熟識。霍奇森在江格身上或多或少看見他舅公的影子——前首相比姆森．塔帕，而霍奇森也目睹過塔帕失勢。但霍奇森也和加爾各答官員一樣，普遍對江格並不信賴，因為江格在登上權力巔峰的過程中殺了不少人。現在江格希望霍奇森留意他未來的女婿加吉拉．辛格．塔帕（Gajraj Singh Thapa），尼泊爾望族出身的加吉拉正前往大吉嶺，要把英文練個精通，畢竟英文很快便成為次大陸通用語言。當時二十多歲的加吉拉對茶與大吉嶺茶園深感興趣，因此把第一批茶園引進尼泊爾。加吉拉和霍奇森曾在大吉嶺一起待上一年，時值叛亂爆發。江格．巴哈都爾這時正如在英錫戰爭中的作為，也提供援助給加爾各答，讓整個尼泊爾軍隊由英國支配。但對總督坎寧勳爵[7]來說，此舉無疑是好壞參半。如果局勢進一步惡化，龐大的廓爾喀軍隊可能換邊站。而局勢確實惡化，歐洲婦孺在坎浦和殘忍的勒克瑙圍城中遭到野蠻大屠殺。江格或許對於加爾各答拖累感到惱怒，但他畢竟是個見風轉舵的投機者，於是請霍奇森發揮影響力，讓他得利。江格需要一個尼泊爾的朋友，向坎寧確保他是真誠提供支援。

為了幫江格說話，一八五七年十月，霍奇森與妻子安前往加爾各答，與擔任孟加拉首席大法官的老友約翰・柯維爾（Sir John Colville）爵士同住。柯維爾引介他與總督見面，總督的父親和霍奇森曾在殖民寄宿學校相識，該學校稱為黑利伯里書院[8]（Haileybury），也是東印度公司的訓練學院。「我不得不了解，自己已經離開這領域許多年，」霍奇森之後寫道。「不僅如此，我理當被忽略，因為我公開聲明自己是尼泊爾人之友，這在當時是飽受質疑與厭惡的。」坎寧勳爵的妻子夏洛特是維多利亞女王的親信，也是傑出的水彩畫家及植物學家。她曾前往坎格拉谷，畫下當地的知名山丘堡壘，對喜馬拉雅山脈有所知悉。然而，在介紹給安・霍奇森相識時，她立刻回絕接受尼泊爾幫助的想法：「妳和妳先生一樣讚美這些廓爾喀人，但我可以保證，在這裡，人們普遍認為他們不比反叛分子好到哪去。」儘管只得到冷淡的接待，但是在打撞球時，霍奇森和坎寧談到江格，說到他的動機，以及想從尼泊爾的援助中得到什麼回饋。沒有人比他更了解江格的觀點。霍奇森令坎寧印象深刻，讓他知道四十年前薩高利條約簽定之後發生了那麼多事，且都是霍奇森親眼目睹。霍奇森不光是退休的文官，提供相關且資訊豐富的簡

---

7 坎寧勳爵（Lord Canning），指查爾斯・坎寧（Charles Canning, 1812-1862）。

8 位於英國哈特福郡。

報。這是充滿人性且引人的故事，其核心是兩個很不同的人：一個是學者，另一個是暴君，兩人都在學著了解對方的世界。

要是霍奇森的父親（也叫布萊恩）做生意幸運一點，兒子的命運可能會不同。但他確實傳遞了瑪士撒拉的基因[9]——這對父子都會活到九十幾歲——以及對於狩獵的熱愛。他家位於柴郡佩斯貝瑞（Prestbury）教區的洛爾比其（Lower Beech），家裡養了很多狗；霍奇森最早的記憶之一，是父親穿著猩紅色的獵裝外套，和在巴克斯頓（Buxton）經營老哈爾旅店（Old Hall）的祖父站在一起，兩人剛從鬥雞活動中返回，雙手滿是血。不過，因為投資堂兄弟的馬格斯菲特銀行（Macclesfield）與愛爾蘭銅礦失利，於是家道中落，唯有靠著親戚接濟，才能維持些許顏面。霍奇森家於是離開佩斯貝瑞，搬到較素樸的住處，先是在馬格斯菲特，之後又來到康格頓（Congleton）。布萊恩先在馬格斯菲特上文法學校，板球打得很好，也會和來自當地自治區學校的男孩扭打成一團。

霍奇森的母親凱瑟琳（Catherine）美麗迷人，嫁給和藹可親卻個性軟弱的先生，於是她做了所有面臨這種情況的女子會做的事：開始動用人脈。她與克拉倫登伯爵（Earl of Clarendon）有交情，於是幫老布萊恩找到公職，在艾色克斯海岸克拉克頓（Clacton）一處馬泰樓碉堡[10]擔任看守者，而父親在眺望拿破崙的蹤影時，小布萊恩就在薩里郡上學。詹姆斯・派提森（James Pattison）曾是絲綢生產者，是他們在康格頓的鄰居，也是東印度公司的董事，因此有權每年提名一名文官人選，這項特權引來大量的遊說及貪腐。詹姆斯・彌爾（James Mill）在一八一七年出版巨著《印度歷史》（*History of India*）中，便曾嘲諷，大英帝國是「給英國上層階級的巨大戶外救濟系統」，但事實上，要進入東印度公司擔任「書記員」或祕書，等於加入世上最高薪的商業實體之一，就像加入高盛（Goldman Sachs）集團，雖然無法做到退休的風險要高出許多：印度文官的死亡率是留在英國的兩倍。不過，派提森一定是喜歡凱瑟琳及她的長子，於是把提名給了布萊恩。他對那些在旗下絲織廠工作的孩子可沒那麼大方。

在獲得派提森提名後，布萊恩・霍奇森就提前一年到黑利伯里書院就讀，那時他十五歲。他被安置到有學術明星的學院裡，此即托馬斯・馬爾薩斯（Thomas Malthus）。十九世紀初期，幾個最具影響力的知識分子與政治人物會聚集在此，討論時事。霍奇森的贊助者詹姆斯・派提森不久後成為東印度公司董事長，他去找了這位年輕的徒弟，還帶了密友喬治・坎寧（George Canning, 1770-1827），當時坎寧是管理委員會會長，後來成為首相。喬治・坎寧給小霍奇森上了一堂印度殖民史的短期強化課程，並「精采描述印度文官可能達到的職業生涯。」霍奇森得到了通往王國的鑰匙；他的家庭也期待他來挽救債務：他不能失敗。

霍奇森在黑利伯里書院表現卓越，成為同年級第一名，並贏得孟加拉語的獎項，這項殊榮讓他名列前茅，十七歲時就前往加爾各答，在威廉堡學院（Fort William College）進行文官訓練。這裡的氣候差點讓他馬上喪命。他出生在氣候溫和、偶爾下點毛毛雨的柴郡平原，這裡的悶熱與季風季節的暴雨很快帶來危害。他的健康受損，身體從未完全康復，儘管他很長壽。他的醫生說：「你有以下選擇——地下六呎、辭職，或到山上任職。」這建議讓霍奇森陷入苦惱的困境。他努力紓解家中債務，但是他活下來的機會不多。一八一九年，未來將成為製茶重鎮的大吉嶺尚是森林濃密的山丘，西姆拉也是名不見經傳的喜馬拉雅山村。在山區只有兩個職位：一是剛從廓爾喀的尼泊爾王國奮力取得的庫馬盎，另一個則是在尼泊爾首都，也就是加德滿都常駐官。這些職位都由孟加拉文官體系的外交與政治部門掌控，備受重

9　瑪士撒拉的基因（Methuselah），舊約聖經裡活到九百六十九歲的人，就像中文會用「彭祖」來代表長壽。

10　馬泰樓碉堡（Martello tower），位於海邊的圓形防禦堡壘。

視，至於最後由誰任職則由總督決定。

通常來說，缺乏試煉的年輕人是不可能擔任此等職位，但是霍奇森在加爾各答的人脈救了他。他的阿姨是伊莉莎白．道伊利女士（Lady Elizabeth D'Oyly）的朋友，也就是查爾斯．道伊利爵士（Sir Charles D'Oyly）的妻子。道伊利爵士是畫家，任職於東印度公司，還在加爾各答舉辦最迷人有趣的沙龍聚會。霍奇森不是個愛參加宴會的人。他在專門狩獵野生動物的「帳篷俱樂部」（Tent Club）有個暱稱：「年輕哲學家」。然而，他在道伊利家很受歡迎，這家族有個明確表達的想法——排除無趣的人事物。即便他比一些同伴安靜一點，他也享受和女性的對話及陪伴，看得出來是受母親的影響。伊莉莎白．道伊利傳話給堂姊妹芙蘿拉（Flora），她是印度總督黑斯廷斯侯爵的夫人。於是霍奇森取得了職位，成為庫馬盎行政專員喬治．威廉．特雷爾（George William Traill）的助理。一八一九年八月，霍奇森以第一名畢業，在畢業典禮上以波斯語和孟加拉語公開答辯。隔天，他展開正式職務，也踏上前往喜馬拉雅山的旅途。

他的新上司喬治．特雷爾是加瓦爾與庫馬盎的專員，是個認真務實的拓荒者，在山中已遊走二十一年，造訪每個有人居住的地方，把這區域的財富與資源一一記錄下來。庫馬盎在一連串入侵之下，幾個世代都承受著苦難，最先入侵的是阿富汗的穆斯林，他們恐嚇當地農夫，又抱怨寒冷，之後又有廓爾喀軍隊入侵。他們殘忍鎮壓庫馬盎，暴行甚至在諺語和傳說中留下痕跡；庫馬盎的農田泰半已荒廢。特雷爾撤銷了許多廓爾喀人的稅金，提出更公平的系統。他後來從這些調查中所寫成的報告，成為印度其他地方管理者的模範。總督或許在加爾各答統治，但特雷爾是庫馬盎國王。霍奇森就是在特雷爾門下學習，在一八一九年冬天與一八二〇年年初跟著導師，永無止境攀登上山，走訪每一座遙遠的村莊，在不需要翻譯員的情況下，和村長討論日常問題。特雷爾強調，要學習庫馬盎生活的每一個層面，而霍奇森也會身體力行。

一八二〇年十月，霍奇森轉職到加德滿都，擔任駐紮官的助理，一想到要工作生涯要在此度過就膽戰心驚。這個職位只是過程中的另一級階梯。在向特雷爾學習之後，如今他遇上：

另一個成為我模範的人，這個人和特雷爾一樣簡樸，且更是謙恭——這人有完美的智識與好脾氣；他喜歡尼泊爾人，也了解他們，他的作為令人讚歎，讓有中國習癖的宮廷能夠折衷妥協，接受原本顯得冒犯的新作為，完成責任重大的國際應對之舉。

此人即愛德華．賈德納（Edward Gardner），他在一八一六年夏天接下這職位。正如前文提到，他的任務很清楚：盡量無為而治、不失禮。尼泊爾肯定很平靜，中國也保證，其西部行軍會遠離東印度公司。他多數時間都花在園藝上。

霍奇森除了當賈德納的祕書，沒有多少專業職務要忙。他受到法令限制，離開駐紮地的距離不能超過半天的步行範圍。他有許多時間學習卡斯人的語言廓爾喀語（如今成為尼泊爾語），還有加德滿都谷的尼瓦爾語，他原本就會孟加拉語和波斯語。然而，野心啃噬著他。霍奇森求助於加爾各答的朋友，於是在抵達兩年後，布萊恩．霍奇森離開了，他被提拔為外交與政治部的副祕書。這是升遷，代表霍奇森注定要做大事，或許會在東印度公司委員會或印度某省的政府有席次。只是，他一回到加爾各答，炙熱氣候又拖垮了他的身體。回到山區或許會挽救霍奇森，無奈他在加德滿都的舊有職位已交給別人。不過，他就是會碰上千載難逢的機會，讓有權力又仁慈的人相救。威廉．巴特沃思．貝利（William Butterworth Bayley）是加爾各答祕書處一名資深且備受信賴的人，每一個人他都認識。當霍奇森向他求助時，貝利送他回加德滿都，成為駐紮處的郵政局局長，這個工作是為了霍奇森而開，目的是為了挽救他的健康。「回去尼泊爾，精通這個主題的各個層面，」貝利說。「目前你在那邊能學的不多。但是我們曾經和尼泊爾有激烈的對抗，以後也可能會再有。」精通尼泊爾「各個層面」將成為他這輩子的工作。

在加德滿都，霍奇森靠著來自家鄉的信件，以及對研究日益深厚的興趣來支撐。他和妹妹之間長期且密集的通信，信件內容鉅細靡遺，有時會對他遺世獨立的生活提出動人的見解。他把自己的挫折與希望，一股腦向妹妹傾訴。芬妮發現，自己收到的，是次大陸最異國的派駐點所寄出的郵件。如同他的父親，霍奇森也是個積極的射手，而在運動之餘，也對加德滿都谷的自然史越來越有興趣。他開始對這裡的禽鳥和動物、花朵和農業進行深度研究。他告訴芬妮：

> 我一直雇用三名本地畫家，請他們繪製大自然。我養了一隻老虎、野生綿羊、野生山羊、四隻熊、三隻麝香貓，還有六十隻美麗的雉雞。很稀有的動物園！我現在有兩千幅畫作了。

他在駐紮官的庭園裡辛勤工作，種植燕麥及馬鈴薯；又在駐紮官於城市上方山丘的小屋，打造出小小的英倫角落。「草地是翡翠色的，」他告訴芬妮，「而此處的雛菊鹵葉、薊與芸薹屬是多麼可親的象徵，對離鄉背井的人來說，是如此的珍貴。」他也逐漸對佛教產生興趣，並展現同樣的熱誠。以一名歐洲人來說，霍奇森搜集的梵文文本可是無與倫比。他寄給巴黎學者歐仁・比爾努夫的梵文文本，推動了西方的佛教學術研究。他對於佛法有深刻知識，也懂得欣賞，因此能贏得與西藏喇嘛及加德滿都宮廷的友誼。他對於尼泊爾統治者的影響越來越大，部分原因正是來自於這種文化認同感。他戒酒，也不吃肉，或許是為了保護虛弱的肝臟。他告訴妹妹：「我過得像是婆羅門。」

霍奇森為加爾各答的上司完成了尼泊爾軍隊組織的詳細研究——以及加入公司廓爾喀軍團的可能性。在這過程中，霍奇森判斷，公司加強對印度北部的掌握其實無法安撫尼泊爾的好戰精神，只可能愈發激烈。英國的併吞損及尼泊爾的經濟模式，讓上層社會渴望採取軍事行動，以及隨之而來的掠奪。普利特．納拉揚已建立世襲的統治階級，其組織原則是軍事服役。「在加德滿都，士兵自古以來便是律法和金融的主導者，也是國內的行政長官。士兵向來就是一切，今天依然不例外。」比姆森．塔帕讓那些士兵處於習慣性攻擊的狀態。霍奇森告訴加爾各答他所觀察到的廓爾喀人：

> 就我淺見，顯然最好的士兵在印度，如果讓他們參與我們軍隊，相信他們驍勇善戰的精神與純正的軍事習慣，必然會忠誠。

霍奇森又說，只要按時收到薪餉，廓爾喀軍隊就會保持忠誠。若吸收尼泊爾大約一萬人的後備部隊，英國就能給予加德滿都上流社會所需要的金錢，也讓尼泊爾軍隊不再那麼灰心喪志。這個想法很合理，但他是在一八三〇年代初期寫下來，那時印度處於承平時代。總督威廉．本廷克將軍及加爾各答的祕書處客氣謝過霍奇森的報告，隨即拋諸腦後。

在回到加德滿都九年、距離初次見到這座城市已然十三年，霍奇森擔心自己已與世隔絕，不再具有影響力或重要性。雖然在一八三三年確認成為駐紮官，他仍舊告訴妹妹：「我三十三歲——過去十三年來是在荒野度過，沒有妻小，甚至沒看見女性。一成不變，沒有社交！」當他的弟弟威爾去世時（不久前更年幼的弟弟愛德華也去世），霍奇森告訴妹妹，至少弟弟們不會有中年人的失望及幻滅。「在他們迸發的高尚情懷被抹除之前，就退出了困境。實在快樂，三倍快樂。」霍奇森得留下來，支付弟弟的債務。雖然他身為學術人員的聲譽漸高，卻覺得越來越失望，因為他得扛起責任，扶養年邁雙親，不可能有更進一步的發展。就在他開始思考自己的退休金之時，霍奇森一頭栽進他職業生涯中最艱辛的階段。

*

尼泊爾國王拉仁德拉尚未成年，由提普拉．桑達利攝政，她的伯父比姆森．塔帕仍緊緊掌握軍隊，抵擋塔帕家族最大的對手潘德家族。後來在一八三二年，提普拉感染霍亂病故，拉仁德拉業已成年，霍奇森說這人「瘋狂、殘忍、暴力、邪惡、膽小懦弱。」尼泊爾的權貴因為暴力及陰謀而從內部崩壞，起初速度很慢，但後來漸漸加快。比姆森這時已經六十多歲，更加仰賴力量強大的年輕姪子馬塔巴．辛格（Mathabar Singh）。霍奇森看出老敵手勢力漸弱，遂乘機提出新的貿易協議。比姆森基本上是贊同的，更遑論其勢力不足以和霍奇森作對。同樣地，他在宮廷內也不能顯得與英國人太親近。於是，他在一八三五年冬天，派姪子馬塔巴到加爾各答請求許可，讓他前往倫敦，送信給威廉四世，尋求國際認可他的政權。霍奇森擋下了這次行動，也折損了比姆森的威望。這是為比姆森垮台鋪路。

尼泊爾國王拉仁德拉有兩個妻子，兩人都叫拉克斯米．德維（Laksmi Devi）。大皇后是珊姆拉吉亞．拉克斯米．德維（Samrajya Laksmi Devi），是潘德家族的人，也是王儲蘇倫德拉（Surendra）的母親；二皇后是拉吉亞．拉克斯米．德維（Rajya Laksmi Devi）則是塔帕家族。國王在兩人之間相當焦躁，有時朝她們嘶吼，有時又視而不見。珊姆拉吉亞尚在襁褓中的兒子德凡德拉（Devendra）死去時，謠傳是被下毒。照料他的醫生飽受刑求，在被釘上十字架前，透露比姆森．塔帕是共謀。比姆森遭到囚禁，姪子馬塔巴則逃到印度。

比姆森的職位由朗江・潘德（Ranjang Pande）取代，他是達摩達爾的兒子，而達摩達爾在一八〇四年比姆森上台掌權後即被斬首。他極度厭惡英國，又決心要恢復家族財產，他興起掌權的時間，正逢東印度公司的政治局勢惡化，捲入阿富汗的糾紛，而俄羅斯也開始影響這個區域，東印度公司因而提高警覺。錫克帝國的統治者蘭季德・辛格也成為威脅，他也與加德滿都建立外交關係。英國與廓爾喀政體之間的關係十分緊張，因此總督奧克蘭勳爵在一八三八年派出一萬六千名部隊成員，前往尼泊爾南部邊界。雖然有軍隊在，霍奇森依然暴露於危機中。

這名公司駐紮官也算幸運，朗江過度高估自己，卻沒能如願。他認為，國王會想打一場自認為划算的戰爭，於是為軍隊訂購了昂貴的裝備：全新的大砲、滑膛槍子彈及火藥。但是為了要支付款項而加稅時，貴族便起而反對。因此，為了鞏固地位，朗江決定一口氣移除比姆森與馬塔巴造成的潛在威脅。他派刺客到印度，企圖毒殺住在西姆拉的馬塔巴，只不過沒能得手；而同時比姆森被指控殺害前任國王拉仁德拉的父親吉爾萬・尤達——這個老掉牙的謠言完全是子虛烏有。愈多的醫生遭到嚴刑逼供，甚至有尼瓦爾人在國王面前被釘在尖樁上處死，之後心臟被挖了出來。雖然找不到更多證據，但比姆森仍被扔回大牢。比姆森疲憊不堪，飽受酷刑威嚇，這時又有人謊稱，他的妻子在城裡被迫赤裸遊街示眾。老人羞憤自盡。在長年宿敵喪命之後，霍奇森告訴上司，除了蘭季德・辛格，近年來沒有更偉大的本土政治人物。

一八四〇年的多數時間，局勢勉強維持平衡狀態。東印度公司可說是使盡全力，先是和中國發生第一次鴉片戰爭，同時又占領喀布爾。拉仁德拉找上中國，尋求結盟。四月，一支尼泊爾軍隊掠奪印度邊境的幾個村落。霍奇森的人身安全受到威脅，於是派常駐官員的主通譯官到皇宮，警告拉仁德拉，如果他遭到殺害，很快將引發何種惡果。廓爾喀軍隊因為薪餉縮減而忿忿不平，忍不住想掠奪邊境另一邊的勒克瑙和帕特納，幾乎處於叛變邊緣。「沒錯，英國政府很偉大，」某個將軍告訴拉仁德拉，他被召來閱兵場，聆聽軍隊的不滿，「但尼泊爾的野狗哪會在乎他們攻擊的畜群有多大？」他們要討回尼泊爾東邊的舊殖民地以及尼泊爾在西邊強加的邊界，同時恢復廓爾喀的聲望。

在霍奇森的警告下，總督奧克蘭勳爵答應派出部隊，而霍奇森也發出最後通牒，要求尼泊爾撤軍。隨著危機在九月達到頂點，他寫信給雙親：「我在辦公時偷閒寫信，告訴你們我很好，不必擔心我，即使可能不久將與尼泊爾開戰。」相反地，廓爾喀的囂張氣勢竟煙消雲散。在普利特維．納拉揚．沙阿將喜馬拉雅山區如馬賽克般的小國整併成新國家之後，過了七十五年，恐懼、貪婪以及嫉妒掏空了上層階級，導致經濟瀕臨崩潰。尼泊爾宣揚的武力威嚇，已可看出只不過是裝腔作勢。尼泊爾對東印度公司支付賠款，開除朗江，並指派更親英的首相。霍奇森的危機處理獲得奧克蘭的盛讚。

尼泊爾不再是英國在印度的嚴重威脅。大皇后珊姆拉吉亞極其不滿政府的改弦易轍，持續抵抗東印度公司的勢力，但她在一八四一年去世，年僅二十三歲。那一年冬天，英國軍隊承受了十九世紀最嚴重的屈辱：從喀布爾撤軍時，超過一萬六千名士兵和平民慘遭消滅。然而尼泊爾權貴在宮廷派系鬥爭元氣大傷，無法乘英國脆弱之際占點便宜。一八四五年五月，接任霍奇森駐紮官職位的亨利．羅倫斯爵士在給加爾各答的信中提到，這次內訌：「尼泊爾血流成河，毫不停歇。」他稱謀殺與野蠻的興起浪潮為「血腥程序」，最後說道，這是因為「國內沒有安定的可能……

> 因此我不會預測英國政府有危險。在尼泊爾，沒有任何士兵、甚至沒一個人，曾經見過開火；也沒有人能夠領導軍隊。

東印度公司判斷，唯有印度內部發生叛亂，才會讓尼泊爾再度構成威脅，而這預測往後確實再度出現，揮之不去。

一八四三年十二月，霍奇森離開加德滿都。他是被新總督埃倫伯勒勳爵（Lord Ellenborough）趕走的，因為不若奧克蘭那般讚賞，埃倫伯勒完全看不慣霍奇森對尼泊爾國內局勢的影響力。拉仁德拉國王憂心如焚。他已認識霍奇森大半輩子，在最後一次見面可是淚眼相送，稱此為即將離去的駐紮官、一個他經常巴不得對方去死的人是「尼泊爾救星」。他拿下頭巾上的珠寶，他請新上任的駐紮官亨利．羅倫斯爵士，讓霍奇森接受這份禮物，以償還他欠「霍奇森先生的債，因為他在這麼多極為挑釁的情況下保持謹慎與耐心。」這珠寶被拒絕了。埃倫伯勒可沒那麼感激涕零。他要羅倫斯授予霍奇森的職位，是在西姆拉擔任次行政專員，這是羞辱人的降職，主要是為了刺激霍奇森，逼他辭職，而他果然不久便辭職了。

*

如今，宮廷裡分成三個派系：軟弱的拉仁德拉、瘋癲又愛看人刑求的青少年王儲蘇倫德拉以及之前的二皇后拉克斯米．德維，這女人的不擇手段和意志力絲毫不遜於當年大皇后珊姆拉吉亞為了維護兒子的利益所展現的態度。羅倫斯形容他們是「尼泊爾先生、尼泊爾主人、尼泊爾夫人。」羅倫斯只在加德滿都任職兩年，便足夠目睹拉仁德拉最新的首相馬塔巴．辛格回歸、竄起並遭野蠻殺害，以及由江格．巴哈都爾取代——這名曾提供英國人霍奇森協助的當權者，將在十四年後的一八五七年，由霍奇森在撞球檯上介紹給坎寧認識。

拉克斯米．德維誘使馬塔巴從西姆拉返鄉，原本馬塔巴在伯父比姆森．塔帕自殺，以及自己成為暗殺對象之後，靠著英國養老金過日子。為了要讓他安心，拉克斯米派出馬塔巴的外甥去接他：這人就是江格．巴哈都爾。

江格的父親巴爾．納辛．昆瓦（Bal Narsingh Kunwar）是拉仁德拉的祖父拉納．巴哈都爾的隨扈軍人。一八〇六年，拉納．巴哈都爾遭到謀殺時，就是巴爾．納辛擊倒殺手，比姆森．塔帕因而對他懷有感謝之情。比姆森發動政變、擔任首相，諸多敵人遭到殺害，之後巴爾．納辛就被晉升為大臣（Kazi），後來又成為久姆拉的省長。江格的母親是比姆森的姪女——蓋妮西．庫瑪莉（Ganesh Kumari）。長子出生之後，巴爾．納辛希望把這男孩命名為比爾．納辛（Bir Narsingh），但是在塔帕家族阻止之下，改名為江格．巴哈都爾，意思是「勇於戰爭。」

由於塔帕家在尼泊爾是望族，因此江格的童年過得相當優渥，只是當大皇后珊姆拉吉亞．拉克斯米．德維把比姆森送到監獄時，當時十八歲的江格就消失蹤影。有一段時間，他確實是待在荒野之中，在特萊平原的叢林裡當個馴象師，以清償賭債。在貝那拉斯度過一段時間之後，家族運勢又見提升，一八三九年，江格回到加德滿都。他在一八四〇年初的大象搜獵中，引起了拉仁德拉的注意。當時，有一頭野象被包圍，卻沒有人敢靠近，直到江格邁步而出，用繩索套著牠的後腿。拉仁德拉印象深刻，就此提拔江格為砲兵上尉。那年稍晚，皇家馬廄裡最大的大象發狂，踩死了看管人，這次又是靠著江格控制這頭動物。他耽溺女色，要找他，得到附近的妓院。（江格聲稱，自己一輩子和一千四百名女子睡過。他的後代聲稱，若有哪個女人能讓他早洩，就會賞這女人兩萬盧比。沒有人得到這筆獎金；據說是因為他鴉片癮的關係。他也很大方承認，愛捏造關於自己的故事。）

在大皇后拉克斯米．德維的命令之下，江格從西姆拉被找回來，而他舅舅馬塔巴就在一八四三年年終獲派為首相，可惜不久又因為其他原因，他很後悔返鄉。江格雖然得感謝馬塔巴，但兩人之間的衝突越來越多。馬塔巴的確令人印象深刻；羅倫斯稱他是「人中豪傑」。江格雖然年輕二十歲，但兩人很像，只不過江格更是精明、冷酷無情。馬塔巴決定要挫挫外甥的銳氣，把他從貴族組成的委員（bharadari）調動為王儲蘇倫德拉的隨扈，江格對此忿恨不平。同時，拉仁德拉、蘇倫德拉與拉克斯米．德維的爭吵未曾間斷。和霍奇森時期相反的是，東印度公司仍保持冷淡的立場，而在沒有來自英國的引導之下，馬塔巴希望能把蘇倫德拉當成這三人中較容易操縱的棋子。這樣就會孤立皇后，而當拉克斯米．德維取得丈夫拉仁德拉的同意刺殺馬塔巴的時候，便是江格接獲命令去執行。

馬塔巴在深夜被召進宮殿裡，把隨扈留在外頭，來到國王與皇后面前，雖然兩人已經入睡。江格從屏風後面走出，射殺了舅舅。等他確定馬塔巴已死，拉仁德拉就從床上跳起來，踢了馬塔巴的屍體，聲稱自己必須為這刺殺負責。但沒有人相信他。一如王儲蘇倫德拉所言，拉仁德拉連宰老鼠都做不到，更何況是像馬塔巴這樣的人。羅倫斯告訴上司：「這位君王或許賤踏了屍體；但我懷疑他是否有勇氣開火，更何況他所面對的，還是前任首相。」即使如此，他還是不相信江格涉入其中的謠言。「我對江格的道德人品雖然不算正面，但我認為他是無辜的。」然而，他有罪。

這項罪行重重壓在江格身上，不僅成為良知的重擔，也因為他若能對自己的舅舅做出這種事，那麼任何人都可能遭殃，即使是他的家人也一樣。多年後，他帶著殖民地官員和作家俄理範（Laurence Oliphant）參觀他在加德滿都的住所時，他在一些肖像前停下腳步：

> 江格讓我們看其中一張肖像；那是個……非常英俊的男子，那敏銳的眼神和高挑的眉毛，安置在威靈頓公爵與〔維多利亞〕女王的肖像之間並不為過。「瞧，」江格誠摯說道，「這是英國女

王；她沒有比我還忠誠的子民。」之後，他轉向有敏銳眼神、高額頭的那名男子的肖像，接著說：

「這是我可憐的舅舅馬塔巴．辛格，我開槍射殺了他；這張和他很像。」

馬塔巴．辛格遭到殺害，混亂狀況暫時停歇，在此期間，東印度公司與錫克帝國交戰，亨利．羅倫斯爵士從加德滿都被召回，擔任新的職務，首先是協助總督亨利．哈丁爵士[11]，之後又在拉合爾擔任政務官。羅倫斯的妻子奧諾麗亞聰明又機智，她觀察了尼泊爾的生活和政治，並在一八四六年一月從薩高利返回加爾各答的途中，寫信給他們的友人——倫敦東印度公司董事會成員喬治．克勒爾克。她把宮廷派系比喻成基爾肯尼貓[12]，確信這種平靜氛圍無法持續：

馬塔巴的外甥江格．巴哈都爾可說是將軍，根本可稱作總司令。他現在或許是個不起眼的角色，一副把力氣都花在設計制服的樣子。但他很有行動力，又很聰明，如果（或更正確的說法是等時候到了）宮廷又發生另一次屠殺，可能會是江格．巴哈都爾和賈根．辛格之間的鬥爭（Guggur [Gagan] Singh）之間的鬥爭。

奧諾麗亞說得沒錯。那一年九月的某個晚上，身為皇后寵信、也可能是其情人的賈根．辛格「在家中房間遭到擊斃」，根據當時的代理駐紮官歐特利上尉（Captain Ottley）指出，「那時他正在祈禱。」他兒子趕緊跑到皇宮，告訴拉克斯米．德維。拉克斯米．德維怒火中燒，速速衝向賈根宅邸。她一看到遺體，當下崩潰大哭，一時間無法繼續她來此理應執行的儀式：把黃金、羅勒以及數滴恆河河水放入賈根口中。之後，便是她展現姊妹情誼的時刻，她懇求賈根的三名遺孀可別在丈夫的火葬場上進行「娑提」。悲憫之後，她立刻採取行動。

拉克斯米從隨從身上抽出一把劍，邁步回到皇宮，告訴江格在軍械庫（kot）召集貴族委員會。奧特利說，她在等待時哭個不停，「說除非找出殺害此等忠臣的刺客，並置他於死，否則她不吃也不喝。」江格遵從命令，但是為了預防萬一，他帶了對他忠誠的三個軍團在外等候。他不僅嗅到危險，也嗅到機會。當朝臣聚集時，拉克斯米．德維錯指一人，下令殺了他。負責這項任務的朝臣阿比曼．辛格（Abhiman Singh）拒絕。他知道對方是無辜的，因為阿比曼其實是共謀者之一；阿比曼說，除非得到首相授權，否則他不會殺人，而首相是國王的親戚法塔．江．沙阿（Fateh Jang Shah）。國王拉仁德拉被派去找法塔．江．沙阿。長夜漫漫，磨損著在場所有人的脾氣。

在完成任務、告知法塔．江前往軍械庫之後，拉仁德拉決定造訪英國駐紮官，以尋求協助。奧特利上尉年紀尚輕，不知該如何是好，遂派出通譯使出拖延戰術。所以，尼泊爾國王就在外國強權的大門外等著抱怨，而英國人不想傾聽他老婆的情夫遇害的事件。通譯客氣建議拉仁德拉折返，於是國王回到軍械庫。他一抵達，卻發現水溝裡滿是鮮血，而人群擠在門外，他根本進不去。他深感慶幸，索性立刻回家，做了和以前面臨危機時一樣的事：躲到床上。拉仁德拉的統治也差不多要結束了。

等到法塔．江．沙阿終於在那一夜趕到軍械庫，江格告訴他，他們應該支持皇后，處決阿比曼．辛格。雖然法塔拒絕，阿比曼卻也擔心其中有詐。他告訴保鑣，毛瑟槍要上膛。江格看到之後便登上狹窄的樓梯，警告大皇后，說上頭有誰正在觀賞這一幕。於是，她下來庭院，再度要求殺了她所指控的人。

---

11 亨利．哈丁爵士（Sir Henry Hardinge, 1785-1856），任職年份為一八四四至四八年。

12 基爾肯尼貓（Kilkenny cat），基爾肯尼是愛爾蘭的小鎮，以前士兵會在這裡鬥貓，讓貓打到兩敗俱傷。

一發現沒有人動手，她便試著自己攻擊對方。法塔．江．沙阿與阿比曼攔住皇后，但是在跟著她回到樓梯上時，有人開火了，那人可能是江格．巴哈都爾的一名兄弟。由於在軍械庫周圍聚集著眾多的各路人馬，這會兒大屠殺勢所難免。太陽在九月十五日升起時，庭院裡堆滿了士兵及貴族的屍體，有五十五名被判定為「值得保留姓名」，但真正的死亡人數更多。江格要手下挖一個大大的方形坑，之後他就朝著在上方觀看的王儲蘇倫德拉嚷道：「無論他們能為你做什麼，我也能做。」

那一晚尚未結束，皇后便宣布由江格擔任首相。不過，要是她認為能像管別人一樣管得動江格，可就大錯特錯。江格無意依皇后所願，任她兒子取代順從的蘇倫德拉。當皇后要撤掉他的首相職位，江格便殺了他的替代者，並把皇后流放到貝那拉斯，拉仁德拉也只能逆來順受地跟隨。雖然他們繼續圖謀，要讓江格垮台，無奈已沒有多少忠誠的人可用。拉仁德拉試過入侵，豈料三兩下就被擊潰，餘生都遭到軟禁，最後比江格．巴哈都爾多活了四年。蘇倫德拉成為國王，但也被孤立。拉克斯米．德維繼續在貝那拉斯流亡；幾年後的一張照片中，她成了放蕩又過未老先衰的女人，靠著微薄的英國養老金過活；她的死亡時間無人知曉。尼泊爾國王現在完全成了江格．巴哈都爾的傀儡。江格有兄弟隨侍在側，他感覺相對有保障。他把自己從原本的首長一職晉升為首相（pradhan mantri）。過了一段時間，他的家族起源也被美化了。原本平凡的江格．巴哈都爾．昆瓦變成江格．巴哈都爾．昆瓦．拉納吉（Jang Bahadur Kunwar Ranaji）。「拉納」（Rana）這個詞尾為他賦予王公貴族的氣息，有點蒙兀兒的趾高氣昂，又帶點拉傑普特人的意味。他甚至要蘇倫德拉「確認」昆瓦家族有高尚的拉賈斯坦人起源。江格．巴哈都爾的拉納宗族，將在接下來百餘年主宰尼泊爾。

*

在掌握了尼泊爾之後，江格眼下把關注焦點轉到大英帝國。在他成長期間，英國對加德滿都的影響力從原本的邊緣性存在，轉變為深深影響宮廷政治。他知道，如果以入侵印度作為威脅，來處治權貴的貪婪與不滿，最後可能會以災難收場。面對巨大的鄰居，最好是採安撫之道，而不是暴力挑釁。不過，他的興趣不只是政治。那些外國人住的是什麼樣的世界？他們如何變成這麼強大？

為了滿足自己的好奇，一八五〇年一月十五日，也就是印度叛變、他提供協助給坎寧勳爵之前的七年，江格．巴哈都爾離開加德滿都，前往英國（尼泊爾語稱為Belait，類似印度斯坦語所稱的英國本土〔Blighty〕）。他把國家託付給弟弟班姆．巴哈杜爾（Bam Bahadur, 1818-1857），就帶著約二十五名隨從出發，包括兩名最年輕受寵的弟弟、一名畫家、一名歌手、一名醫師——當然是印度傳統醫學的阿育吠陀——還有個人負責寫下這群人對此行的印象，這份文件稱為《英國之旅》（*Belait Yatra*）。與他們同行的，還有孟加拉軍隊的上尉卡維納（Cavenagh），他後來也寫下此行紀錄；此外，一名英國的加爾各答律師麥克里歐（Macleod）也隨行，擔任口譯及私人祕書。

他們先旅行到帕特納，途中還獵捕老虎，而他們也把帕特納無處不見的英國影響都忠實記錄了下來。「敬酒，」編年史作者寫道，「是英國宴會的習俗。」這群尼泊爾人遊歷了加爾各答，視察下水道工程與織布機、瓶子工廠，以及印度盧比的鑄幣廠。總督以十九響禮砲相迎，雖然不是完整的二十一響，但已比其他印度王公多。江格與他的隨從就和所有虔誠的印度教徒一樣，在面對要穿越「黑水」（kala pani）之際，會先到普里朝聖，讓靈魂為眼前的旅程做好準備。之後，他們搭上半島東方公司（P&O）的哈丁頓號（Haddington）。幸好江格包下了這艘船，因為他嚴重暈船。有人記錄下他的抱怨：「海浪如山一般高，睡在床架上的人有滾下來的危險。」這名紀錄者身分不詳，但他記錄下尼泊爾人內心的困惑，不明白為何能如此有效掌控船隻，且顯然沒有使用暴力。而對一個從未見過海洋的寫者來說，一望無際的海域實在吸引人。「看不見山、看不見樹，沒有灌木叢，也沒有大地。太陽從海面上升，也會沉回海裡。」

船員也對他們看似顯赫的乘客同樣滿腹疑問。他是誰？國王？首相？還是大使？為什麼一個穿著高級絲綢服裝、戴著昂貴珠寶的人，依然喜歡在船上擠牛奶，並在大庭廣眾之下脫掉纏腰布來洗澡？最令人好奇的是，他會獨自吃飯，避免和非印度教徒一起用餐，污染了靈魂。這群人在蘇伊士下船之後，沿著陸路到開羅搭上渡河船，前往亞歷山卓，再搭黎彭號輪船（SS Ripon），這艘輪船的前艙與交誼廳已保留給江格及其隨從。這艘船行經直布羅陀海峽（Gibraltar，紀錄者寫成「Jivapur」），於一八五〇年五月二十六日來到南安普敦（Southampton，緒錄者寫「Sautanghat」）。

東道主與訪客都目不轉睛地看著彼此。紀錄者目睹一般人民相對地生活富足，感到難以置信。「路上不見醜陋或營養不良的人。」他們沒看見在加德滿都街道上隨處可見的天花患者，或是外貌損傷的痲瘋病患。同時間，幾個英國方面的作家既覺得好奇，又相當震驚。「使館官員的僕人顯然是種姓制度的最低層，」《晨報》（*Morning Post*）觀察道，「有人衣衫襤褸，許多人無鞋可穿，他們的服裝和主事者的華服形成強烈對比。」江格帶來的禮物價值超過一千七百萬英鎊，而僕人實在寒酸淒涼。

這群尼泊爾人的住宿地點在里奇蒙聯排屋（Richmond Terrace，記錄者寫的是「Rijavant Karij」），是八棟新古典主義的住屋群，一八二五年竣工，位於唐寧街與泰晤士河之間。江格把這裡當家一樣，只不過尼泊爾人在建築物宰羊的習慣，讓英國隨從不住提高警覺。由於住宿之處鄰近西敏宮，因此江格目睹了倫敦登峰造極，接近帝國榮耀之頂。自來水、熱氣球、劇院、蒸汽機、公園、鐵路、鋼鐵廠：一切都令他印象深刻。江格說：「英國人讓火、水與風成為他們的奴隸。」記錄者注意到英國人人戴著表。「穿衣、飲食、赴約、睡覺、起床或出門——一切都由時鐘決定。」這群尼泊爾人成了探索者，來到先前未曾發現過的土地。而正如紀錄者的觀察，財富女神樂濕彌曾對這塊土地微笑。最吸引人的，莫過於政府體系。「君主，」紀錄者寫道，可以在他的字裡行間感受到一種難以置信的態度：

> 不得沒收任何人的財產、懲罰任何人、訴諸暴力或羞辱，也不可以隨性分配或取消約定，自以為是資源的絕對主人。

相對地，英國有國會，一旦首相沒能善盡職責，就會被解職。最值得注意的是，君王也服從國會的意志。這一定讓江格很是滿意。「一個人如果做錯事情，那麼階級是幫不了他的，」紀錄者寫道，但他也寫下平民百姓對廣大社會必須負起責任。

他們心想，搭車經過皮卡迪利街（Piccadilly）時，倫敦人會著迷地看著他們，因為他們是造訪歐洲的印度教徒中種姓階級最高階者。報章雜誌彼此較勁，描述著江格的異國情調。《泰晤士報》（*The Times*）寫道，他看起來多麼俐落時髦，因為旁邊由「兩個矮甚至胖的弟弟陪伴。他的五官是以韃靼人的模子刻出來的。」他學波爾卡舞；倫敦一家樂譜出版社腦筋動得快，不久就販賣起「江格．巴哈都爾萬歲！」的舞曲樂譜。薩克雷也寫了首小詩，描述江格對倫敦社會的影響（「天哪他的脖子、腰帶、大衣／全都鑲滿了寶石……」）並發表在新出刊的諷刺雜誌《龐奇》（*Punch*）。江格和弟弟討厭歌劇——他們抱怨，歌劇聽起來都在尖叫——但還是鼓掌，而且非常用力的鼓掌，因此同個包廂的維多利亞女王問，為什麼他們半個字都聽不懂，還這麼用力鼓掌。江格答得漂亮：「不，女士，我也不知道夜鶯在唱什麼。」

《泰晤士報》也報導，江格試著學點英文，只不過，後來有個作家在加德滿都遇見他時，發現他只會三句話：「你好嗎？」、「很好，謝謝你！」及「你很漂亮。」江格的眼神游移，加上他顯然吸引了英國女性，因此他的視線必然會朝著她們望去，只是他相當謹慎。昆瓦一家熱愛克雷莫恩花園[13]，這裡有讓人跳舞的巨大平台、現代煤氣燈與安靜的角落，紳士在此得以遇見穿著鮮豔的妓女。比起出身高尚的女性，江格更喜歡妓女和投機者，因為在床上和她們說話比較不費力，也不必顧慮什麼惡果。有個叫蘿拉・貝爾（Laura Bell）的女店員，出生於赫特福德勳爵（Lord Hertford）的愛爾蘭莊園，最近剛從貝爾法斯特過來，她吸引了江格的目光，於是江格大方賞賜她禮物，多半是珍貴的珠寶。由於擔心冒失的年輕女子會向這名貴客敲竹槓，因此急於維持良好關係的國務大臣還批准償付。

在返回尼泊爾的途中，江格第一次來到巴黎，法國人嘲笑他和女伴保持距離，但是他很快故態復萌。江格和弟弟們喜歡劇院裡跳芭蕾舞的女孩，因此在表演結束後，他們跑到後台廣發珠寶。江格尤其想見一名節目單上名為芬妮・賽里托女士的舞者，她在倫敦較為人知的名字是蘿拉・蒙特斯，而在西姆拉的窄巷裡，則稱為艾莉莎・詹姆斯。她不久前被趕出巴伐利亞，那時是一八四八年歐洲動盪的革命之夏，慕尼黑人民包圍了她的住宅，受夠她敲詐路德維希，也就是「年老、不貞、愚蠢的君王」。現在，她竟跳起舞來，雖然舞技不甚高明。她的魅力不在舞姿。她在印度長大，因此能輕鬆自如以印度斯坦語和江格交談。兩人都沒料到運氣這麼好，竟然在此相逢。《畫報》（*L'Illustration*）就報導，「將有很長的時間，人人都會談起那兩條光彩奪目的鑽石手鍊，他們說，那是由偉大的印度王公親手交給她。」

對昆瓦家族的男孩來說，最美好的經驗之一就是購物。他們這輩子從沒見過那麼多東西，而且想盡所能的帶回家：柏靈頓街的珠寶；梅菲爾區詹姆斯・普迪父子（James Purdey & Sons）的槍與步槍；布洛德伍德（Broadwoods）的鋼琴，就像剛交付給蕭邦那般好。小提琴、長笛、撞球桌、獵狼犬、十八呎的水晶吊燈。「尼泊爾王公，」《泰晤士報》寫道：

> 持續成為當今最受眾人矚目的焦點之一。想當然耳，他們氣派地走過倫敦：就像鑽石一樣，展現光彩奪目的全新樣貌，每回出現在眾人面前，又有更多閃亮的特色。

江格和弟弟們喜愛衣服。他們會從薩維爾街（Savile Row）訂製西裝，造訪較有礙風化的地區時，喜歡穿這類服飾來當作掩護，只是往往徒勞無功。不過，他們也能自由以有異國風的服裝來炫富，這是英國人怎麼也做不到的。在一場宴會中，《愛丁堡新聞報》（*Edinburgh News*）報導江格的穿著：

> 華麗的東方服飾，是以貴重藍布或絲絨製成的袍子或短袍，還有金色蕾絲修邊。他的帽子正好符合他的頭形，是以白色的絲打造而成，飾以閃閃發光的珍珠與鑽石，前面有祖母綠色的寶石環垂下，還有天堂鳥的長羽毛在空中搖曳。

不過，紀錄者倒是不以為然地提到，這些尼泊爾人參加的宴會中，有不同階級的人混雜在一起，且「有些官員與妻子跳著舞，」他寫道，「有些人到處走，有些人一直坐著。他們全然不在意階級彼此熟悉。

13 克雷莫恩花園（Cremorne Gardens），位於泰晤士河畔的娛樂場所，曾經相當受歡迎。

的差異，忽視所有優先地位的問題。這類消遣不過如此。」

由於江格未來將成為尼泊爾的統治者，因此和維多利亞女王及英國大臣們的會面最重要。當年維多利亞三十歲，江格三十三歲，而在尼泊爾大使抵達之前，女王剛生下亞瑟王子（Prince Arthur），亦即康諾特公爵（Duke of Connaught），因此抵達英國的頭幾天，是由女王的親信兼顧問、高齡八十一歲的威靈頓公爵代為接見。這名「鐵公爵」和尼泊爾的統治者很像：直接、威權主義、軍人、不是知識分子，外交政策上則是走孤立主義。兩年後，威靈頓公爵去世，於是江格在加德滿都的東迪克爾（Tundhikel）閱兵場鳴放八十三響禮砲致敬，每一響代表威靈頓公爵的歲數。

待維多利亞女王體力恢復，就正式接見江格，她的家人與政府官員皆陪同出席。江格對維多利亞女王格外欣賞，就像對威靈頓公爵一樣。江格以為，君王向來是特別愛發牢騷、壞脾氣、矛盾、貪贓、瘋狂，但維多利亞女王卻是強烈的對比。江格在女王的接見室同坐，周圍是她的七個孩子，他禁不住讚歎，眼前這個嬌小的女人竟是如此龐大帝國的統治者。女王頒給他巴斯爵級大十字勳章（Knight Grand Cross of the Order of the Bath），在加德滿都引起議論紛紛，因為宮廷以為巴斯勳章代表某種程度的親密[14]。

江格造訪倫敦與巴黎，在自己的國家引發深刻迴響。尼泊爾不久之後就有現代的法律系統，稱為《國法》（*Muluki Ain*），便是參考《拿破崙法典》（*Napoleonic Code*），內容涵蓋一千四百頁的國家行政管理、稅收、刑法與民法。過去以宗教為基礎的系統允許對各種罪行施以處決，或導致身體殘缺的刑罰，《國法》則限制了體罰。但是最令江格佩服的，是英國的工業力量。他回到加德滿都後，整個人改頭換面。他覺得自己的故鄉粗鄙沉悶，子民心胸狹隘，缺乏教育。「我何必嘗試把這些見聞，告訴這些可憐、無知的人？若以為他們會相信可就荒謬了，別奢望他們了解了。」

＊

在回到尼泊爾之後，江格和西藏之間，爆發短暫戰爭，從拉薩獲得了新的貿易減讓，之後他就下台，把總理的職務交給弟弟，而國王則封他為大君（maharaja）。然而他不適合退休。一年後，由於弟弟過世，江格再度掌政，這時正逢印度發生反叛。他的家族更是緊抓權力，孩子又與國王家族聯姻，包括女兒便嫁給了王儲。他的王朝未來似乎鞏固了，江格卻又以智取勝那些他視為退化、不值的對手。其家族統治的特色，就是對於所治理的人漠不關心。一九五〇年，拉納家族終於失去權力，這時尼泊爾的國民教育與醫療水準相當低落，反觀權貴的孩子，無不在英國公學或印度的同等學校受教育。到了一九六〇年代中期，人們對江格的政權仍記憶猶新，他缺乏美感的宮殿也主宰了這座城市。這時期的尼瓦爾學者卡瑪勒．馬拉（Kamal P Malla）就描寫過拉納家族：

> 拒絕與社會的其他人溝通，除非看中錢財與廉價勞工。他們背棄傳統尼泊爾藝術、工藝以及建築。沒有任何一棟建築物，看得出這個政權支持過家鄉的建築風格。拉納宮殿不僅是模仿西方、令人沮喪的紀念碑，也是集體思覺失調的有力證據。畢竟拉納家族是統治者，他們應該和被統治的人感受不同；他們一定是住在不一樣的夢幻城堡，那是粗俗群眾無法進入的。不過，模仿之舉就不粗

14　巴斯勳章的名稱源於中世紀冊封騎士時的沐浴儀式，此儀式代表淨化。

俗嗎？尤其是模仿僅一知半解的文化？

一八五七年五月，印度北部爆發叛亂，江格．巴哈都爾索性把軍隊全交由英國發號施令。當總督對江格的提議猶豫不決時，江格已找來支持者布萊恩．霍頓．霍奇森，那年秋天，霍奇森就前往加爾各答遊說坎寧勳爵。「對於尼泊爾所提供平定叛亂的協助，」霍奇森在會面之後寫道，「我強烈主張，從中取得最大的利益，無論負面或正面，」霍奇森也很了解加爾各答對於尼泊爾大君的疑慮，但如果江格

但若江格受到合理的信賴，並交由老練、有經驗、喜歡廓爾喀人的代表手中，那麼我們就會得到善意，且有用的士兵來協助我們，最重要的是，在這個時刻，展現出優秀的印度教國家與我們結盟合作的奇景。

歷史學家詳細探究江格提供軍援的理由，認為這不是出於他對維多利亞女王的忠誠。最可能的解釋，似乎是出於實質的好處以及放手一搏：他百無聊賴，又貪心不足。霍奇森建議坎寧，把特萊平原西部的領土給予江格，那是一八一六年，東印度公司與尼泊爾戰爭結束後簽訂的薩高利條約中，尼泊爾割讓的土地。坎寧思索之後同意，並指派霍奇森的朋友喬治．麥格雷格爵士（Sir George MacGregor）作為江格的英國駐外代表。一八五八年三月，江格率領一支一萬七千人的軍隊，協助中將柯林．坎貝爾爵士（Sir Colin Campbell）接防勒克瑙，並告訴這名中將：「要是他不曾造訪英國，現在就會對抗我們，不會站在同一陣線。」除了特萊平原的土地，江格為英國提供武裝部隊，也為他贏得四千輛貨車的勒克瑙戰利品、一萬支現代英國步槍、軍事訓練的承諾，還有龐大的財務報償，以及來自英國王室的榮譽。

在英國接防勒克瑙之後幾週，一八五八年夏天，布萊恩・霍頓・霍奇森永遠離開了印度。那時他五十七歲，餘生還有三十六年的歲月，直到一八九四年於倫敦多佛街（Dover Street）去世。江格・巴哈都爾晚年住在加德滿都塔帕塔利區（Thapathali）一座仿歐洲風采的宮殿中。他打算二度造訪歐洲，不過英國起初並不願意；後來在一八七四年，終於安排好造訪行程時，他一到孟買便摔下馬，因此被迫回家。一八七六年，他招待威爾斯王儲、日後的愛德華七世，在特萊平原進行兩週的獵虎之旅。不過，雖然他迷戀歐洲強權，或者正因如此，所以江格盡全力把英國擋在門外，堅決不讓他們在尼泊爾境內招募廓爾喀軍人，同時也妨礙印度與西藏之間的貿易。就在皇室人員拜訪後剛好一年，在一八七七年二月，江格・巴哈都爾染上霍亂病故，享年五十九歲。

十二 穿越邊境

印度的米拉姆村（Milam）坐落在喬哈爾谷（Johar valley）的高處，位於印度與西藏邊境以南幾公里，接近米拉姆冰河，而戈里．甘加河（Gori Ganga，「白河」）就發源於此，往南奔流。如今米拉姆是處廢墟，村裡大約有四百棟房屋，徒留十幾棟有人居住。印度一九〇一年的人口普查中，這裡的人口將近一千八百人，如今只剩下屈指可數的牧民，每年春天，上了年紀的男女會領著牲畜往北前進，好讓牠們在夏天可啃食豐美的草地。到了冬天，刺骨寒風拉扯著沒有屋頂的牆面，熊會闖入尚存的屋子，四處翻找有沒有任何食物。若仔細觀察，會發現牆上有以精緻手工刻出的木窗框，時間可以追溯到十八世紀。米拉姆已存在許久，這些工匠的作品是繁華時代的證據。有些建築也透露出類似的文化私語。若問問當地人，他們會讓你看看「大宅」（bada ghar），這是他們祖先躲避廓爾喀入侵者的地方，那些入侵者聽說這裡相當富有。這些山中的破敗之地，引發一個顯而易見的大哉問：究竟怎麼回事？

答案通常是中共占據了西藏、達賴喇嘛於一九五九年逃到對他寄與同情的印度，而最重要的是一九六二年的中印邊境戰爭。毛澤東攻擊東西兩段邊境，其下令時間剛好和古巴危機吻合，因為他先從蘇聯總書記赫魯雪夫口中得知這個消息。印度總理賈瓦哈拉爾．尼赫魯（Jawaharlal Nehru）很快發現，潛在盟友滿腦子只注意核戰的可能。他之前低估中國的威脅，以致印度軍隊沒有做好準備。在接下來的幾十年，北京和德里一邊測試彼此的決心，一邊把喜馬拉雅山區的深厚歷史，埋在現代地緣政治的集合之下。在一九六二年的戰爭之後，幾個世紀以來的貿易模式和強烈的跨境文化連結橫遭切斷。一個空間，變成了一條線。

米拉姆兩邊的山谷及整個喜馬拉雅山區，無處不見半棄置的村落，訴說著荒廢又突然失去重要性的故事，內容往往大同小異。對許多住在西藏附近的人來說，往北前往青藏高原之後再往東或往西，遠比應付山脈的起伏地形來得輕鬆，不必在沒完沒了的山稜線上爬上爬下，但是一九六二年之後就沒了這選項，或者是得面臨諸多法規問題。許多人往南遷徙也是事實。米拉姆這座村子是靠著貿易而建立：來自西藏的鹽、硼砂和羊毛可以交換穀類。要做生意得鋌而走險，穿越山隘、對抗盜匪，卻也造就喬哈爾谷成為這一帶最富裕之處。到了二十世紀，貨物有了更廉價的海外來源，損及了這些商路的獲利。印度獨立後的改革，促成土地重新分配，也改變了喜馬拉雅山區的社會。不過，中國堅持畫下的新疆界，更是殘暴的致命一擊。

在體認到這場衝突所造成的經濟困境之後，一九六七年，印度政府把米拉姆居民及其他喜馬拉雅山區的種族族群，列入印度新憲法中的表列部落[1]，保證這些邊緣族群能有政治代表，並得以在政府工作。在中國入侵之後，喜馬拉雅山區更加軍事化，印度軍隊也改組了。新的安全部隊「印藏邊境警察」（Indo-Tibetan Border Police）成立，其中有些還駐紮在米拉姆。他們往下游方向，以挖土機剷平短短一段車道，沿著谷地通往下一座村子貝福村（Burfu），但仍需仰賴以貧窮尼泊爾人為主的腳夫來運送食物，從最近的主要道路，送到古代驅趕牲畜群的道路「克蘭查」（khrancha）。庫馬盎與加瓦爾的失業者會利用他們「表列部落」的新地位優勢加入軍隊，通常擔任印藏邊境警察。這些山地部隊經過訓練，成為滑雪者、登山者，習慣凜冽氣候與高海拔環境。一九六二年，中國和印度軍人因為自然環境所造成的傷亡人數，甚至比死於敵手的還多。從吃苦耐勞的喜馬拉雅山區社群招募軍人，是有道理的。

對米拉姆的居民來說，陷入強權國家相爭的戲碼並不陌生。在一個世紀以前，他們也曾陷入類似困境，當時大英帝國尚在設法了解國境以北、位於喜馬拉雅山後方深不可測的國度——西藏。一九六七年，居住在米拉姆的人表列為菩提亞人（Bhotias），意為來自博特（Bhot）的人，這個詞是藏人用來代表西藏的字詞。這麼一來，印度政府便沿用殖民時代的英國所留下名稱，當時他們想把所有在喜馬拉雅山脈以南的藏族群體合稱為菩提亞人。他們在取得加瓦爾及庫馬盎北部、亦即米拉姆的所在地後，就稱之為「菩提亞・瑪哈」（Bhotia Mahal），意指「菩提亞人居住的地方」。因此，如今在整個喜馬拉雅山區。從西邊的拉達克一路到東邊的阿魯納查邦，都能找到菩提亞人的蹤影。同樣地，印度外交官和中國人在一九六二年的戰爭後協商邊界爭議時，會以此為證據，指出這裡從「庫馬盎國王」喬治・特雷爾——一八一六年英國打敗廓爾喀之後來到米拉姆——的時代就屬於印度。先前提過，特雷爾馬上看出喬哈爾谷居民因為廓爾喀主人的過度要求而蒙受其害，於是他減輕稅賦，過程中還建立了此區經濟活動的詳細紀錄。換言之，印度對中國提出的主張，是源自於英屬印度設法管理一群獨立的山區居民，並畫出一條界線，與中國之前的大清帝國有所分隔。

在英國統治期間，米拉姆的人並未自稱為菩提亞人，也不認為自己屬於藏族。喬哈爾谷居民自稱是肖卡斯人（Shaukas）或拉瓦特人（Rawat），前者是描述種族，後者則較有政治意涵。他們認為，當初穆斯林的掌控勢力從西邊開始擴張，導致印度教戰士拉傑普特人流離失所，從喜馬拉雅山區的山腰往東遷移，而他們的起源正是這些拉傑普特人。這個與貴族沾光的傾向，反映在山谷居民會使用印度教

1 表列部落（scheduled tribe），印度官方對特定偏遠、邊緣部落的用語。

的名字，例如辛格（Singh）。有一則故事提到，十七世紀有個拉瓦特的領導人西魯・達姆・辛格（Hiru Dham Singh），他是從加瓦爾來的戰士，曾協助當地藏族軍力驅趕從邊境另一邊的岡仁波齊峰地區來的中國劫匪。為了表達謝意，藏族給予他貿易優惠待遇，於是他就在喬哈爾谷上游定居下來。這是米拉姆起源的一種說法。但還有其他更古老的故事，例如庫馬盎的民間傳說指出，大無畏的女英雄朗茱莉（Ranjuli）有個會魔法的商人父親森納帕提・肖卡（Sunapati Shauka），他靠咒語飛越山脈上方。還有一則傳說是說，釋迦摩尼佛的弟子齊拉（chela）先住在這個谷地，因此谷地稱為「肖卡」。考古證據當然支持更古老的故事；早在六世紀，庫馬盎就以提煉黃金馳名，這產業需要來自西藏的硼砂當作熔劑：這是米拉姆最可能存在的原因，因為它正是位於這種材料的供應路徑上。到了十五世紀統治庫馬盎的昌德王朝時期，我們已知與西藏的貿易確實存在，並有稅務紀錄。

米拉姆的過往會如此模糊並非偶然，而是其完整故事中不可或缺部分。不同文化會在此相遇並融合。正如在尼泊爾西部，亦即馬哈卡里河另一側，卡斯族遷移到米拉姆的移民碰上了原住民，創造出新的階級及新生活方式。隨著貿易發展，西藏和突厥侵略者認為，沿著庫馬盎邊境很容易得手。商人必須要討好山區兩邊的居民，以維護自己的生意，因此讓文化忠誠度模糊的能力很有用。商人在夏天時總是在高山隘口來來回回，進出西藏，購買硼砂、鹽、羊毛與黃金粉末，交易地點主要是噶大克，亦即西藏西部漫天飛塵的主要城市，並販售穀類及商品。拉瓦特婦女有時會加入綿羊、山羊、小馬與犛牛的商隊，穿過邊境，前往岡仁波齊峰朝聖，膜拜濕婆與夏克提（Shakti）。冬天時，商人會到接近平原的村莊裡存在已久的市場，這時家家戶戶會遠離高處的冰凍山谷，留在他們的第二個家。

米拉姆的宗教表面上是印度教，卻涵蓋多種傳統。當代印度旅人欽莫伊・查克拉巴提（Chinmoy Chakrabarti）曾觀察拉瓦特人：

自然環境讓他們變成泛神論，有泛靈信仰。我造訪的多數寺廟沒有神像，僅石頭上有類似印度教神祇的基本素描。我前往更高的谷地時，看到樹上綁著經幡，由此可知，這些小樹林被視為神聖。諸如山峰、岩石、小溪與樹木等大自然物體，都代表神祇。

若要從南邊經過山嶺到岡仁波齊峰，喬哈爾谷是特別受青睞的路線，這也是拉瓦特人強烈認同其印度教身分的另一個原因：昌德國王包容，讓他們蓬勃發展。而曾在庫馬盎待了許多年的英國殖民地官員艾德蒙．史麥斯（Edmund Smyth）則觀察道：

他們有印度教的名字，自稱印度教徒，但是平原或山區的正統印度教教徒卻不承認他們。在西藏時，他們似乎樂於擺脫印度教教徒身分，成為佛教徒，或是隨心所欲變換任何身分。

文化靈活度很關鍵；拉瓦特人猶如碗中之水，會滿足不同空間的需求，然而，他們永遠都還是自己。身為貿易者，他們是能力很強的語言學家，精通藏語和印度斯坦語，以及更多區域語言，例如加瓦爾語。他們自身的特有方言來自西藏，因此面對西藏商人時會更具優勢，據說西藏商人只和能一同坐下吃喝的人做生意。這導致山腰上種姓階級高的印度教教徒也對他們產生疑慮，他們排擠拉瓦特人，說拉瓦特人是吃牛肉的，能蓬勃發展的原因不是有勇氣或商業敏銳度，而是願意犧牲種姓界線。在西藏的風險也很高，這區域盜匪橫行。但米拉姆商人占盡優勢。每個人有自己的交易條件（thachia），以及一個西藏對口（mitra），雙方會直接交易：兩人會把一枚石頭一分為二，各取一半留存。只有來自喬哈爾谷的拉瓦特人可以在西藏阿里地區古兒孫販賣穀類，這裡位於薩特萊傑河谷上游。唯有拉瓦特人可以瓦解雙方的關係。他們累積了龐大的財富，利用契約勞工來耕作。據說有個拉瓦特商人非常有錢，一袋袋的黃金足以攔阻戈里河的流動。在蒙薩里（Munsyari）這座城鎮，仍有幾個老攤販記得看見他們第一支商隊到來時會有多麼令人激動，他們抵達市場時會和西藏老友握手，羊隻馱著鹽，而黃金珠寶在高海拔的烈日下閃閃發光。

早在東印度公司於一八一六年掌控之前，英國已和這些拉瓦特人（或他們所稱的菩提亞人）建立起關係。八年前，測量員威廉．韋伯在雷波上尉與看護他們的赫西陪伴之下，於加瓦爾阿拉克南達河谷的瑪那村遇見菩提亞人，地點位在南達德維峰西邊，那時他們正在尋找恆河的源頭。雷波上尉對於這些和他們很不同的族群很著迷：

> 我們一進入城鎮，所有居民都出來迎接我們。我們看見了許多美麗的女性和年輕人，比印象中在印度村落看到的還多。他們紅潤的膚色相當討喜，孩童尤其如此；多數人面色皎好幾近歐洲人。

雷波也注意到菩提亞人如何「信奉印度教，並自稱拉傑普特人，」即使

> 他們有所顧忌，不做最卑微的工作；但說到食物，比低階級清潔工還不如。就像寒冷氣候的多數居民，瑪那人多半喝酒喝到上癮的地步；甚至認為這是健康所必須。

他詳加描述菩提亞人的犛牛，且和日後多數旅人一樣，對他們的狗避之唯恐不及。

> 其中一隻顯然是優良品種，和個頭大的紐芬蘭犬差不多，毛很長，頭部類似獒犬。牠的尾巴出奇的長，就像狐狸尾巴，並往背上捲起。然而牠很兇猛，不讓陌生人靠近。

他們從加瓦爾往南朝庫馬盎前進時，韋伯、雷波和赫西發現自己被催促著離開當時屬於廓爾喀的領土：當局聽到風聲，聞言這些英國人問太多問題，故堅決要他們速速離開。他們的時間只夠留意庫馬盎的農場比加瓦爾的繁盛，並遠眺高山，除此之外，只有留下稍縱即逝的印象。但這由兩名英人與一名英裔印度人組成的三人組，在旅途中都樂於有一名庫馬盎出生的人相伴：一個叫哈爾—巴蘭姆（Har-Balam）的婆羅門。他們聘僱他，在旅程一開始就負責大小事的斡旋協商。這個人已多次證明自己的價值，因此他們整體而言，對庫馬盎人頗有好感。韋伯曾向加爾各答的上司提及一個「聰明土著」，很可能就是指哈爾—巴蘭姆。他說，此人曾造訪西藏的邊緣地帶，描述過：

> 兩座大湖，而且任何地圖都只會顯示其中一座湖，也就是曼娑瓦湖（Lake Mansurwar，亦即瑪旁雍措）……另一座顯然是最大也最重要的湖，稱榮魯（Rown Rudh，亦即拉昂措〔Rakshas Tal〕），尚未為人所知。

韋伯的資訊稍有舛誤，但這兩座大湖實在讓人忍不住想前往探勘。現在恆河源頭或許比較清楚了，然而，又出現了新的探索目標：在山脈遙遠的一邊會發現什麼？

歐洲人若要接下穿越這些山脈的挑戰，需要付出許多努力，且無法獨立完成。除非挑一組當地人負責中介（通常是商人）——他們有能力，知道如何在喜馬拉雅山區的不同區域移動——否則會徒勞無功。英國人抵達喜馬拉雅山山腳下，開始為了貿易與地理知識而研究西藏的那一刻，就深深仰賴這樣的人，只是通常在文字敘述中並不會留下紀錄。到了十九世紀末，英國人仍無法進入喜馬拉雅山的絕大部分，這些聰明勇敢的中間人會變得非常重要，代替帝國上司蒐集情報。而其中最優秀的人才，就來自喬哈爾谷。

*

十九世紀歐洲人在中亞的探索，可視為一概括性的敘事，大致而言是在不知不覺中制度化的過程。在十八世紀，東印度公司或多或少是由冒險家所經營的。一七七四年讓博格爾進入西藏的自由、無拘無束精神，過了四十年之後已煙消雲散。在總督康沃利斯和韋爾斯利的管理之下，英國對於印度的掌控迅速擴增，而東印度公司卻已大幅改革，受到官僚的緊迫掌控。由於動輒得咎，因此公司的作為十分謹慎，步步為營。同時，科學探索席捲整個歐洲，洪堡德在當時更是其中佼佼者，而達爾文也搭著小獵犬號環遊世界。大眾對於他們冒險與探索故事的需求旺盛，因此他們售出許多書，演講也場場爆滿。一八三〇年，地理學會（Geographical Society）在倫敦成立，起初是聚餐的俱樂部，一八五九年獲得皇家特許狀。探險家的名聲可能會在倫敦的會議室建立起來，也可能催毀。在一八五七年的印度叛亂之後，加上聖公會的霸權與種族傲慢心態，使得政治與機構對於探險的控制愈發強硬。然而，在十九世紀的前半仍有足夠空間，讓傭兵、特立獨行者以及自由工作者好好發展。

海德爾．赫西當然就是其中一人。在歷經加瓦爾與庫馬盎的旅程之後，他回到巴雷利（Bareilly）附近的家族莊園。一八一一年，來自廓爾喀軍隊的襲擊增加，赫西會自行積極採取行動，募集士兵，在一八一二年年初部署武器及彈藥，準備與尼泊爾人對戰。這導致東印度公司的巴雷利官員相當憤怒，因為此時英國並不願向廓爾喀政權挑釁。官方要求總督撤除赫西向東印度公司租借的財物。另一名相似的人物是亞歷山大・賈德納，人稱戈爾達納汗（Gordana Khan），一八二〇年代，他在中亞和阿姆河谷[2]的冒險及旅遊經歷委實太過不尋常，以致蘇格蘭的東方學者亨利・裕爾（Henry Yule）甚至不願意相信。他一七八五年出生在威斯康辛州，父親是蘇格蘭人，母親為西班牙人，後來成為錫克卡爾沙軍隊（Khalsa）的傭兵。不過，帶領人們前往最荒野的地區的，是赫西的另一名旅伴威廉・穆克洛夫特（William Moorcroft, 1767-1825），雖然他本人不是浪漫派，但這旅程是歐洲人在喜馬拉雅山區最浪漫的階段。

歷史學家約翰・凱伊說，穆克洛夫特是「不按牌理出牌的天才。」「他始終被描述為馬匹交易者、間諜或冒險家，」凱伊寫道，「每個描述都多少有點真實，但很可惜，錯估了他真正的身分。」現存唯一一張他的肖像（若假定確實是穆克洛夫特），其畫功實在拙劣，作家查爾斯・艾倫（Charles Allen）形容他「不安地窩在一張不穩的椅子上，是個苗條纖瘦的男子，一張臉看起來不是什麼正人君子——小眼睛、長鼻子、落腮鬍。」他確實是矮小又瘦弱，頭髮齊整，膚色紅潤，和一般印象中探險家的粗獷模樣很不同。不過這些都看不太出他人生的戲劇化歷程，以及他強大的適應力及決心，最重要的是，他的好奇心難以滿足。

穆克洛夫特最令人意想不到的一點，在於他的年紀。他在一八一二年五月與赫西前往西藏時至少四十五歲了，也在印度任職了好幾年——在印度，歐洲人的預期壽命都比較短，即使那些不太會離開辦公

2　阿姆河谷（Oxus），此為拉丁名稱，這條河在不同年代有不同稱呼。

桌的人也是如此。這讓他比較像是和博格爾同時代的人，而不是和韋伯或雷波同時代。他在一七六五年出生，起初是利物浦醫院（Liverpool Infirmary）的醫學生，後來加入家鄉蘭開夏對抗家畜流行病的行列。之後，他聽從外科醫師先驅約翰·杭特[3]的建議，開始研究新發展的獸醫學這個學門，而唯一能研究獸醫的地方是法國。他取得獸醫資格後就在倫敦從業，賺了不少錢，後來投資鑄鐵馬蹄鐵生產，卻因為專利問題而失利，並以慘賠作收。終其一生，似乎總有一部分會追求註定失敗的計畫。同時，他也需要工作。穆克洛夫特在國民軍隊中擔任志工，這支軍隊的成立是為了因應法國入侵的威脅，過程中，他結識東印度公司的董事愛德華·派瑞（Edward Parry）。派瑞於是給他一份工作：改善加爾各答的軍用種馬。這份工作薪水高，而且免稅，但這不光是恢復財富的問題而已：穆克洛夫特年紀越大，就更加焦躁不安。

一八〇八年，穆克洛夫特來到印度時，才發現任務的規模有多大。他的工作是要每年提供八百匹馬給孟加拉軍隊。穆克洛夫特很清楚，自己接收的馬匹體弱多病，他當下明白需要品質更優良的牲畜，「必須注入土庫曼馬匹的骨骼與血液。」十八世紀，印度曾進入中亞馬匹育種的市場，這多半是拜魯赫拉人之賜，這支普什圖人部落來自阿富汗，並到蒙兀兒的部隊服役，定居於印度北部。他們住在巴雷利與藍浦附近的羅希爾肯德（Rohilkhand）山區，剛好有利於馬匹育種的適當草地。藍浦的拉維市集（Lavi fair）在十八世紀便已存在，用以促進和西藏的商業，其中包括馬匹市場，交易者可從喜馬拉雅山知名的斯皮提區買到知名的查姆提（Chamurthi）矮種馬。只是隨著魯赫拉人部落衰微，要取得中亞馬匹越來越難，於是當地育種的馬匹素質也跟著衰退。穆克洛夫特也需要另一種不同的馬。孟加拉軍隊重騎兵因為要攜帶野戰裝備，重量約兩百五十二磅（一百一十五公斤），比蒙兀兒的騎兵要重多了，因此需要更高大的馬匹才行。他認為，有必要造訪最佳純種馬的產地：位於中亞的馬市，尤其是在烏茲別克的布哈拉。穆克洛夫特還有另一個動機：公司分派的種馬日常管理工作實在無趣，他想追求冒險。

於是，令雇主極其不滿的是，穆克洛夫特在一八一一年末的寒冷季節，泰半於印度北部的馬市四處打探，也因此在加瓦爾的德拉敦鎮以南六十五公里處的沙哈蘭浦（Saharanpur）認識赫西，那時這個英裔印度人正在徵募士兵，要趕走土地上的廓爾喀人。穆克洛夫特認為赫西有知識、有人脈，可以穿越喜馬拉雅山，也夠厚顏。這對尷尬雙人組希望公司核准他們的旅程，而公司位於巴雷利的官員倒是很樂於擺脫兩人。他們啟程前往山區，尋找優良馬匹與西藏知名的長毛山羊，加爾各答根本來不及聽聞風聲，召回他們。

這兩人缺乏廓爾喀官方的核准，遂假扮成托缽僧，像服侍班禪喇嘛的商人僧侶浦南吉爾，亦即將近四十年前曾陪伴博格爾前往日喀則的人：後來英國人也會漸漸仰賴這種中介者。有印度人血統的赫西看起來並不突兀，穆克洛夫特則以核桃汁及燃燒牛糞的火堆所留下的灰燼，為皮膚染色。他們取了假名哈爾格里（Hargiri）與馬雅普里（Mayapuri）。和他們一起同行的，還有個阿富汗傭兵高蘭·海德·汗（Gholam Hyder Khan），他是赫西擔任傭兵時結識的老友，也是個來自庫馬盎、年紀較長的婆羅門，穆克洛夫特稱呼他哈寶拉（Harballabh）——他是有學問的班智達，對赫西先前尋找恆河源頭的旅程非常重要，也曾經提到山的遠方有兩座湖泊。穆克洛夫特稱哈寶拉是「老班智達」，才能與他一起同行的姪子哈克·戴維（Harkh Dev）有所區別。這兩人都會幫助赫西和穆克洛夫特調查路線。雖然缺乏經緯儀，赫西仍帶了羅盤和溫度計來記錄高度，而哈克·戴維要負責的單調工作，則是計算腳步數——兩步

3 約翰·杭特（John Hunter, 1728-1793），蘇格蘭科學家、外科醫師，是當代最優秀的人物之一，提倡醫學應仔細觀察，採用科學之道。曾和詹納共同開發天花疫苗。

為四呎——以衡量距離。他們還找了四、五十名腳夫，搬運準備在西藏販售的物品。

赫西知道通往阿勒格嫩達河和道里河（Dhauli）匯流處的路線，他們在此穿過深深的峽谷，往東前行。這是往南達德維峰的西邊攀登，而東邊則是喬哈爾谷。今天這裡是一條供吉普車行駛的顛簸路段，在當年則是滿地碎岩的步道。穆克洛夫特相當佩服哈寶拉的敏捷，他不時想起這個「老班智達」是出生在庫馬盎的山區。即使這個班智達勇氣過人，但穿越毫無遮蔽的危險路段時，也得在凹處尋找庇護。赫西曾差點被山上滾落的岩石砸中，因為當時在他上方三百呎處有熊穿越。穆克洛夫特發現，要不是重要的橋被沖走，這條路會比較好走。這些橋只要一點小小的投資就可以修復，花不到一百盧比。他對於這趟旅程的描述，都刊登在一八一六年的《亞洲雜誌》，其中不僅充滿著十八世紀想要改善一切事物的衝動，彷彿遙遠的道里谷是完成度平平的英國不動產，文章裡也有包羅萬象的觀察：天氣、作物、林學、動植物群當然都包括在內，還非常詳細列出他在村落附近找到的藥草，也有地質學、水文學及我們現今所稱的人類學等新興學科的觀察。他同時目睹到當地人如何在樺樹皮上寫收據、檢視赫西殺掉的黃蛇，並注意到綿羊與山羊的差異，兩者都會用來運送來自西藏的物品，穿過陡峭的路徑。

穆克洛夫特觀察力敏銳。在穿越西藏邊境時，他注意到一個幫他們取水的西藏女人相當仁慈，於是描述起她的外表。他記錄下女子服裝的所有細節，包括珠寶，尤其是她的頭飾：

> 頭飾以銀飾邊，沿著飾邊垂墜著七串珊瑚珠子，每一串有五顆，底端是在前額搖晃的七枚銀幣（timashas）。這頭冠有許多小珍珠，分布成七排，底下是以類似綠松石的綠色寶石裝飾，但也有珊瑚珠的紋路，還有許多銀帶，以及一條黃色金屬帶——可能是黃金，大約一指寬。

穆克洛夫特便是如此細膩的觀察世界，或許有一天會把自己逼瘋。仔細留意女性，對他來說已是家常便飯。多年後，法國旅行家維克多．亞克蒙（Victor Jacquemont）重述他在喀什米爾聽到關於穆克洛夫特的流言蜚語，說「他主要的工作就是做愛。」這不完全正確。穆克洛夫特也寫下了羊絨交易的詳細專書，亞克蒙在這方面根本無法超越他。穆克洛夫特對女性的興趣遠超過性欲。他在西藏之旅的描述中，隨處可見沿途文化中關於女性地位的詳細說明。他很欣賞菩提亞女性背負重物的力量與勇氣。他給了一名替他負重的女人小費，然而硬幣卻被應該是丈夫的人拿走；但穆克洛夫特一發現那人根本不是丈夫時，便去追趕那個犯下「小氣暴行」的男子，把硬幣還給女人。他讚歎女性「從西藏學來的」編織技巧，還實際測量她們織布的速度有多快。他也注意到蓄奴相當普遍，這是由廓爾喀代理人主導的產業，他們會販賣奴隸到這一區的富有家庭。最重要的是，他注意到女人為什麼多於男人，因為男人要不是得跨越國境做生意，就是被迫徵召到廓爾喀軍隊；三年後，英國與尼泊爾開戰時，將會利用這股怨恨的情緒。

這趟遠征來到尼提村（Niti），是進入西藏的山隘前最後一座村莊，赫西與穆克洛夫特不得不停下腳步，討論該如何穿過邊境。這讓當地的菩提亞人（穆克洛夫特稱為馬恰族〔Marchas〕，今稱為絨巴人〔Rong-pa〕）面對兩難困境。眼前的富有白種外國人（feringhi）想要不計代價，做些可能會惹惱西藏官員的事情，這麼做，可能讓菩提亞人以後日子難過。他們的表面說詞是要前往瑪旁雍措朝聖，但顯然是鬼扯。朝聖者根本不會走這條路去瑪旁雍措，這麼有錢的朝聖者更不可能。最明顯的解決之道是拖延，把這些人的錢花光，同時冀望他們放棄，並打道回府。

穆克洛夫特和赫西寫信給當地的西藏官員「德巴」（deba），說明他們朝聖者的身分。村裡的首領告訴他們要有被耽擱的心理準備，因為送信的道路積雪尚未清除，還要再過幾個星期，信差才可能踏上行程。話才剛說完，兩名西藏人出現了，他們是從那條應該不通的山隘下來的。於是這封信送了出去。兩天之後，當地人派來大使，這人喝個爛醉，從騎乘的犛牛上摔下來四次，之後才登上村子上方的山頂。一切看來沒有什麼樂觀的理由。八天後，德巴帶著斷然拒絕的訊息回來。他們於是和更多人見面、做了更多承諾，砸了更多盧比來安撫疑慮。穆克洛夫特甚至搬出醫藥箱，以他的專業能力來贏得友誼。終於，村長亞仲・辛格（Arjun Singh）的兒子艾默・辛格（Amer Singh）告訴「老班智達」哈寶拉，他可以讓這些外國人穿越通往西藏的山隘（穆克洛夫特稱西藏為安迪斯〔Undes〕）。

即使有艾默・辛格的幫助，穆克洛夫特與赫西還是被迫在推諉和拖延的過程中找些事來消遣；赫西畫起這座村子，畫作現收藏於大英圖書館。即使談好了條件，這兩人也都知道自己被敲詐了。在出發前一晚，當地人舉辦了宴會，老外們捐出一瓶白蘭地來提振士氣。只是隔天他們早早起床、準備出發時，卻看不見半個人影，只有他們雇來的犛牛。後來，艾默的爸爸亞仲來了，並質疑這件事是否明智。於是他們只好撒下更多盧比，終於讓車隊開始籌備。過了一小時，嚮導宣布，他們規畫了一項典禮，紀念一年前去世的村民，於是所有人又回到村子。過了兩天，在檢視當地大黃、觀察高海拔的太陽多麼容易曬傷臉與唇，並對這些活動感到百無聊賴之後，穆克洛夫特派出一名信差，打探目前的情況。信差回報，那些村民在宴會之後仍在睡覺，在一棟房子裡睡成一堆。他們目前只能聽天由命。

最後，因為被外國人不屈不撓的決心打動，艾默帶領穆克洛夫特與赫西通過谷地開頭的山隘，進入了西藏。穆克洛夫特描述他們在高處營地醒著，之後攀登漫漫長路，來到尼提山口（Niti La），這是英國人最早寫下的高山症敘述之一，也描寫了何謂陳施氏呼吸（Cheyne-Stokes），堪稱是最生動的描述：

我很早醒來，立刻感覺呼吸困難，覺得心臟受到很大的壓迫，但深呼吸幾秒後，壓迫感就消失了。等到快睡著時，窒息感又出現，且頻繁嘆息，令人沮喪；然而，等到空氣變得暖和一點，這情況又多多少少消退。

他們在抵達山隘時，車隊遇到兩名西藏人帶著鹽巴，正前往下方的尼提。艾默・辛格告訴穆克洛夫特，這些商人「相當反對我們前進」，因此應該和所有人回到隘口三十公里外的主要村莊，那地方稱為「達巴」（Daba）。到了山頂，穆克洛夫特發現他們點燃杜松香：

他們中間有座雕像，上面綁著一塊布，而他們一邊走，一遍誦經許久。在東邊是瑪旁雍措附近的聖山，山頂上有雪，稱為開拉斯或馬哈迪奧卡令（Mahadeo ka Ling）。其中一人朝向聖山，雙手合十高舉頭上，之後碰前額，另一人旋即雙膝跪地，雙手著地，以碰觸地面之姿叩首。

想必這兩個人在赫西後來的繪畫中出現過，那幅畫鮮明地描繪出此番令人無言以對的會面景象，他們跨坐在查姆提山區矮種馬上，抽著菸斗，後方是扛滿貨物的犛牛。赫西與穆克洛夫特則是偽裝起來，騎著犛牛，朝著最神聖的岡仁波齊峰前進，遠方可見一小群野驢。

兩天後，這群人抵達達巴，這村子位於岩石構成的突出之處，可俯瞰谷地，艾默・辛格就是在那谷地，承受著先前送出訊息、拒絕「朝聖者」前來的官員不悅。穆克洛夫特提到一場會面，參與者有當地寺院的大喇嘛、德巴之子、地方大地主、艾默・辛格、老班智達哈寶拉，以及一名來自喬哈爾谷、但穆克洛夫特沒有提到名字的人；還有另一個人，他同樣沒有提到名字，只說是「西達爾」（sirdar），意為酋長或首領。在場都很清楚利害關係，所以要達到最大利益、最少麻煩，不要問太多問題。艾默・辛格的權力最小，因此必須最有說服力，小心沿著最有潛在危險的道路前進，滿足雇主的需求，同時又不能招惹西藏官員，以免影響未來在商業上的合作。穆克洛夫特與赫西並不是傻瓜，可惜兩人都不會說藏語，因此協商過程多半令他們摸不著頭緒。他們完全仰賴中間人，這個中間人隔天早上就帶領他們去見喇嘛，以及當地首領的兒子。他們遞出三碼長的鮮紅色細平棉布、糖與香料當作禮物，首領之子便洋洋灑灑寫了封信給噶大克的地區首長，向他保證穆克洛夫特與赫西確實是去朝聖的托缽僧商人，並詢問該如何應對。

不多久，地區首長噶彭（garpon）就送話來，召喚他們前往拜訪，而這正符合穆克洛夫特的心意。他一八一二年前往西藏的旅程，如今最廣為人知的是造訪聖湖瑪旁雍措；他是第一個造訪這座聖湖的英國人，相信這座湖完全被陸地包圍，既不是印度河源頭，也並非如哈寶拉所稱，與鹹水湖拉昂措相連。（事實上，哈寶拉說得沒錯：這兩座湖是相連的，只不過這連結相當短暫。穆克洛夫特推測，在哈寶拉造訪之後發生了地震，於是中斷了連結處的水流。）不過，雖然穆克洛夫特對這個區域的地理非常好奇，心中最掛念的仍是貿易的可能性——不光是馬，還有山羊絨，而噶大克正是商業中心。

車隊離開達巴，穿越古格王國破敗堡壘札布讓上方的薩特萊傑河，他們花了六天來到印度河上游，以及廣大的噶大克高原。「這介於中間的平原，」穆克洛夫特寫道：

> 確實一望無際，直到一處通往西北邊的隘口，那兒有成群的綿羊、山羊以及犛牛身影，其中還有少數幾匹馬。這些牲口的數量應不少於四萬。

噶大克本身只不過是帳篷的暫時集合處，還有噶彭的寒酸房屋。在山羊與綿羊啃著草的地方，往北有起伏的山丘，那裡鮮少有經常有人居住的村子：這是遊牧鄉間。動物會被趕到這裡來剪毛，羊毛再運送到其他地方。穆克洛夫特明白，有大筆金錢在轉手。穆克洛夫特一見到噶彭，便仔細觀察他的珠寶，在詢問西藏人，他可從印度斯坦帶什麼商品讓雙方貿易繁榮發展時，那名西藏人的回答令穆克洛夫特印象深刻，因為噶彭提出的是精準又專業的寶物列表。對於他們可能是廓爾喀或英國人（Peling，藏人如此稱呼英國）的疑慮很快就消失了，正如穆克洛夫特嘲諷地觀察道，「或許是因為德巴的代表，或者是因為我們禮物的重量。」這裡有錢可賺。

隔天，穆克洛夫特與赫西把他們帶來的物品放在尼提拉展示。拉達克國王派來的喀什米爾貿易代表也來此購買羊毛，他傳話表示，如果噶彭不想要的話，他準備收購這批貨。他們一見面，穆克洛夫特便追問起中亞商路的相關資訊。他得知噶大克是個廣大的短期市場，把青藏高原北部地區羌塘及其數量龐大的綿羊、山羊以及氂牛畜群接通到一條主要商路，這條商路會連接拉薩，以及貿易中心和拉達克首府列城；這個喀什米爾人告訴他，從拉薩到列城要花十天的行程。他還說，從列城到喀什米爾還要十天，到布哈拉的馬市（其地毯也很知名）要花一個月。根據他的描述，從德里經過喀布爾到布哈拉，並繼續前往中亞的環形路徑「非常曲折」，與這條穿越喜馬拉雅山區的相比尤其如此。穆克洛夫特也發現，西藏西部的稀少人口，會仰賴喬哈爾谷居民與其他喜馬拉雅山區的族群，以取得穀類，他們會用綿羊毛來交換。喀什米爾人較有興趣的是價值較高的山羊絨，他們靠著蒙兀兒君主壟斷了這交易，並以番紅花來交易。拉達克無法生產足夠的山羊絨，滿足喀什米爾生產者的需求，也因此推升了西藏羊毛的價格。他也稍有警覺地發現，和俄羅斯的貿易已蔚然成風；有個名叫梅迪．拉菲洛夫（Mehdi Rafailov）的俄羅斯貿易商是個波斯猶太人，他曾在一八〇八年來到喀什米爾。後來，一個拉達克貿易商讓穆克洛夫特看法國羊毛布料和俄羅斯皮革的樣本，這是來自中亞，如今都在日益擴張的俄羅斯帝國陰影之下。這其中隱含的意義將困擾穆克洛夫特一輩子，促使他提出預言般的通知給加爾各答，內容提及俄羅斯對印度的威脅，但那時倫敦和聖彼得堡仍是盟友，一同對抗拿破崙。

在離開瑪旁雍措之前，穆克洛夫特與赫西和噶彭達成協議，要買一定數量的山羊絨。有天早上，他們正準備離開門士鄉（Misar）時，馬匹載著羊毛過來了，一同前來的是噶彭手下的官員塔欽（Tharchen）。噶彭送來的羊毛比穆克洛夫特要的還多，而且只接受以盧比銀幣來換。穆克洛夫特明白，這是在測試他是不是真商人，或有其他更邪惡的動機才前來西藏。這也吸引了村子裡喬哈爾商人的注意，「他們也好奇得令人苦惱，想知道我們到底是誰，為了什麼動機而來，為什麼要買山羊絨。」喬哈爾人在當時是從印度送貨品來的主要管道，可得罪不起。

> 看見我們的部分貨品，似乎讓他們更相信我們是表裡如一。我認為，今天這個階段可修正交流動機，如此或許能為可敬的公司帶來很大的好處。

穆克洛夫特是到山區尋找馬，離開時卻是帶著喜馬拉雅山貿易的遠大策略。只是他這趟旅程留下的影響，都和這兩件事無關。

*

赫西與穆克洛夫特得知，他們要沿著原路，穿越喜馬拉雅山返回，而他們來到達巴時所遇見的事，影響將延伸到十九世紀末。有個名叫戴夫・辛格（Dev Singh）的拉瓦特商人，向穆克洛夫特自我介紹。辛格是喬哈爾谷權力很大的地主之子，他提議借錢給這些旅人；他們的旅程花費出乎意料高昂，因此可能需要一點錢。穆克洛夫特拒絕了，而是提議以一套珍貴的珊瑚珠，換取一些能生產羊絨的山羊和綿羊。他要求把這些羊送到尼提，這裡的「年輕班智達」哈克．戴維會等著把羊帶下山到平原，交給穆克洛夫特。這樁買賣就這麼談定了。在證明自己能多方面幫助穆克洛夫特之後，戴夫．辛格要求穆克洛夫特給予一張證明，基本上就是讓他能在東印度公司的管轄範圍內，以當地利率來做生意。穆克洛夫特很樂於提供。

戴夫．辛格在協助穆克洛夫特時，碰巧讓自己的子孫進入喜馬拉雅山探險最偉大的故事之一，這故事在五十年後展開，主軸是英國在幾十年間設法取得進入西藏的方法，或與西藏建立關係，卻屢屢失敗。經過一段時間，這個故事會讓「班智達」（pandit，這情況下的拼法多為「pundit」）加上其他意義，包括大膽多謀，又無比堅忍，其起源可以追溯到穆克洛夫特旅程後的七年。那時突然發生一場災難，中斷了穆克洛夫特在西藏西部的噶大克聚落所看見的貿易榮景。

一八一九年，蘭季德．辛格的錫克帝國占領喀什米爾，於是谷地落入忠誠印度教徒首領吉休爾．辛格（Kishore Singh）及兒子古拉卜（Gulab）手中，並由他們掌控，他們是野心勃勃的多格拉．拉吉普特人（Dogra Rajput）。不少喀什米爾的編織工逃到平原。不久之後，穆克洛夫特啟程展開第二趟旅程，這趟旅程的目標是探索中亞商路，結果這趟旅程更是漫長，最後也發生致命危機。他在拉達克度過兩年，培養出對此區人民與藏傳佛教的深刻敬意。拉達克人知道，錫克帝國在占領喀什米爾之後，接下來就很可能以他們為目標，而拉達克的卻嘉（國王）澤波．唐度．那嘉（Tsepal Dondup Namgy）請求東印度公司成員穆克洛夫特協助。穆克洛夫特草擬一項貿易協定，讓拉達克人直接和印度交易山羊絨，不再需要喀什米爾的仲介，並讓中亞對英國開放。這項交易不僅讓錫克帝國統治者蘭季德．辛格很反感，也讓穆克洛夫特在加爾各答的上司惱火，因而中止支付穆克洛夫特。加爾各答看不出考驗蘭季德・辛格有何好處，畢竟蘭季德・辛格理論上是東印度公司的盟友。

但是拉達克的卻嘉澤波・唐度對錫克人感到焦慮不是沒有原因的。「有人說他貪婪，」穆克洛夫特如此描寫澤波，「但他主要的特質是極為害羞又懶散，懶散到把國事管理全部交給卡隆（Khalun），」也就是首相。拉達克軍隊「士兵膽小，裝備無效」，可說基礎並不可靠。他們有很多弓箭，但是「十人用一把火繩槍、六人用一把劍。」因此在一八三四年，出生於坎格拉的多格拉優秀將領左拉瓦爾・辛格（Zorawar Singh）率軍進入拉達克，澤波・唐度於是遭廢黜。

在陰錯陽差之下，穆克洛夫特提議的目標達成了。貿易者不是與拉達克野心勃勃的新多格拉政權交易，他們在噶大克買羊毛之後，不送到首府列城，反而是跨越山區往東，在薩特萊傑河谷的藍浦買賣羊毛，而藍浦在薩高利條約之下已屬英國的掌管範圍。古拉卜・辛格因為損失收益而憤怒，遂派出左拉瓦爾，率領幾千人的部隊往西藏前進，要恢復他在羊毛交易的壟斷局面。不多久，左拉瓦爾就行軍穿過噶大克，來到接近尼泊爾邊界的普蘭（尼泊爾則稱為塔克拉科特），讓眼前較為龐大卻缺乏組織的西藏軍隊如鳥獸散。多格拉軍隊也占領喜馬拉雅山另一側、薩特萊傑河北邊的山國。

要在高海拔進攻的複雜程度，令東印度公司猶豫不前，而這時的東印度公司也在阿富汗受辱。英國正試著和中國談判，冀望有更便利的管道進入中國市場。西藏是在中國的宗主權之下，尼泊爾理論上也是。多格拉至少從名義上來看，是東印度公司的盟友。要是這幾方有人認定，古拉卜・辛格的行動是經過加爾各答同意的呢？加德滿都駐紮官霍奇森說，這是「最棘手的事件」。拉達克的流亡國王派公使到加德滿都，尋求拉仁德拉支援，這個懦弱的廓爾喀君王不久之後也會遭到江格・巴哈都爾罷黜。如果中國想要介入，那麼拉仁德拉是會提供中國支援，不過道光皇帝竟予以拒絕：拉仁德拉在大清並不受到尊重。因此拉仁德拉改變立場，考慮與古拉卜．辛格結盟。這項可能性對英國而言勢必得提高警覺，因為眼下英國面臨到某聯盟的威脅，而此聯盟擴張之後將占有喜馬拉雅山區的絕大部分。

幸好東印度公司走運，一八四一年十二月，西藏與中國軍隊攻擊左拉瓦爾，他正前往岡仁波齊峰朝聖，卻犯下了在西藏過冬的致命錯誤。他的士兵狀況淒慘，不得不燃燒毛瑟槍托以取暖，或死於凍瘡或失溫。在塔克拉科特附近的多尤（Toyo），左拉瓦爾遭到完全的擊潰並殺害；據說西藏人保存了他的些許頭髮與肉身當作護符。大清和西藏軍隊獲勝之後，繼續前往拉達克，圍攻列城，但是古拉卜．辛格增派援軍，因此歷經幾個月的膠著，雙方在名為楚舒勒（Chushul）的小村莊簽訂條約，恢復現狀。沒有任何一方認為需要讓英國涉入這次安排，甚至根本不必通知。

這時蘭季德．辛格已經去世，錫克帝國也因為他的後代爭權而分裂。東印度公司因此成立軍事部署，以面對錫克人。後來戰爭爆發，再度威脅喜馬拉雅山的權力平衡，此時拉仁德拉又寫信給拉薩的大清駐藏大臣，並提出警示：

> 英國人如今與錫克人發生戰爭，已經擊敗過錫克一次；而方才提到的國家〔尼泊爾〕與錫克為鄰，萬一英國奪走錫克領土，他〔拉仁德拉〕擔心這場勝利會導致他們覬覦西藏領土。

中國駐藏大臣送了訊息到北京，卻對於拉仁德拉不屑一顧——「此人不可理喻！」——並暗指廓爾喀國王和往常一樣，伸手要求金援。駐藏大臣也向北京保證，西藏邊界受到嚴密監視，會把英國擋在外面。

在第一次英國與錫克戰爭期間，古拉卜．辛格沿著一條明智的路線行進，讓他避開衝突，同時又不致得罪先前的主人——錫克教徒。他在一八四六年簽訂的《阿姆利澤條約》（Treaty of Amritsar）中得到報酬，英國承認古拉卜在東印度公司的保護之下，是查謨、喀什米爾和拉達克主權統治者；也導致了現代喀什米爾苦難的根源。為了回報，古拉卜對東印度公司進行小小的進貢，不在軍隊中僱用任何歐美人士，並把邊界議題交給加爾各答。在這基礎上，兩名邊界委員亞歷山大・康寧漢（Alexander Cunningham）與派翠克・范斯・阿格紐（Patrick Vans Agnew）被指派去劃定拉達克和西藏的疆界。西藏理當互惠，派出對應的官員，卻沒有任何一個來自拉薩的人前來與英國人一同合作，導致英國人無法繼續下去。范斯・阿格紐又再度被指派，不久之後，在旁遮普的木爾坦遭到殺害，這事件促成了英國與錫克之間再度發生衝突。

一八四七年，委員會二度成立，這次同樣是由康寧漢所指揮，他是軍事工程師，之後也成立印度考古調查局（Archaeological Survey of India）。亨利・斯特拉奇與他共事，那時斯特拉奇是第十三孟加拉本土步兵團的中尉。（一年前，斯特拉奇趁著病假，非法前往瑪旁雍措，那時他是駐紮在吉大港。他依循韋伯與特雷爾的腳步，造訪米拉姆谷，遇見穆克洛夫特的老旅伴戴夫・辛格；戴夫建議，為了避免受到盤查，他應該穿越蘭匹雅山口〔Lampiya Dhura〕到東邊，而斯特拉奇聽從建議，並和穆克洛夫特一樣，偽裝成朝聖者。）邊界委員會的第三名成員是醫師兼自然學家湯瑪斯・湯姆森（Thomas Thomson），他日後會加入植物學家胡克在印度的探索行動。他們懷抱著雄心壯志，計畫探索拉達克的商路，斯特拉奇則是要前往拉薩，卻在漢勒（Hanle）村受到阻礙而延遲，這村子位於拉達克與西藏邊界，距離列城東南邊約三百公里。在邊界另一邊，噶大克的西藏官員持續忽視英國人。古拉卜・辛格的測量員勉強姍姍來遲，而大清的測量員根本沒出現。康寧漢與其人馬的宏大計畫差不多就無疾而終。

對英國人來說，另一個急迫的問題就是恢復山羊絨貿易，必須從西藏西部噶大克市場轉移到藍浦；

這項貿易先前在左拉瓦爾．辛格入侵之下，粗魯地遭到中斷。和古拉卜．辛格的土地交換完成之後，斯皮提山谷現在是英國直接掌控的範圍，是快速通往噶大克的道路，距離藍浦也不到五十公里。貿易代理人知道，西藏人受夠了古拉卜．辛格課重稅的作法，也感覺到有交易必須完成；但該如何接觸到西藏人呢？從康寧漢的經驗來看，西藏西部的官員會拒絕和歐洲人有任何牽扯。金瑙爾縣的當地居民安南特．拉姆（Anant Ram）為邊境委員會工作，把一封總督的信翻譯好，送到噶大克；他又是另一名當地中介人，為山脈兩邊工作。他回來時訴說了漫長的故事，談到這封信多麼不受歡迎，也別期待在明年之前會有回應。沒有人確定他是否說真話；英國官員不會說藏語，即使喜馬拉雅山有許多地區已經在英國掌控，且這些區域有眾多藏人。

拉姆試著（或試著不要）把總督的信送到噶大克，同時間，信的副本已在送往香港的途中，朝著中國前進。這是英國首度嘗試以此方式影響拉薩，因為五年前在第一次鴉片戰爭中，英國打敗中國，因而有可能施加影響力。一八四二年中英簽訂《南京條約》後，英國進入中國市場的途徑增加，只是進展依然非常緩慢。在整個十九世紀，直接與北京應對的英國殖民地官員認為，遙遠的喜馬拉雅山區邊境爭議只是芝麻小事。第二任香港總督戴維斯爵士（Sir John Davis）透過廣東的通商港口（今天的廣州）寄送信件給道光皇帝，要求共同合作，界定拉達克與西藏西部之間的邊界。北京答應要送出適當指示給拉薩駐藏大臣，卻沒有絲毫影響。在拉薩，最有影響力的中國官員是琦善，他在第一次鴉片戰爭處理不當，因而被貶至拉薩。他並不打算和令人痛恨的英國人建立較和緩的關係。西藏政府認為，英國測量員是入侵的伏筆，而古拉卜．辛格在列城的代理人知道英國人要的是山羊絨生意，因此也不願意和西藏劃定邊界。英國人仍被拒於門外。

雖碰到以退為進的抵抗，喜馬拉雅山區邊境的英國官員仍期盼終有一天能進入西藏。只是大英帝國有更遠大的優先順序與政治考量，導致這一切化為泡影。英國官員要花超過十年的時間才明白這一點；只是等到他們領悟之後，就得請喜馬拉雅山的原住民為他們跨越邊界，尤其是喬哈爾谷的居民，穆爾克羅夫特的商業伙伴戴夫・辛格的子孫，亦即這裡的居民。

*

一八五八年第二次鴉片戰爭爆發之後，英法聯軍和滿清簽訂《天津條約》，戰爭理論上應該畫下句點。歐洲得到更多通商港口，也更有權利通行，對大清帝國來說，日薄西山的名望又遭進一步打擊。在簽訂之前，咸豐皇帝周圍的鷹派人士鼓吹他抵抗，發動新一波衝突。戰爭最後在一八六〇年終於底定，大清最信賴的蒙古將軍僧格林沁（藏語姓名，意為「獅子珍寶」）的騎兵隊，在八里橋之役完全遭到殲滅。之後英軍進入北京，掠奪並摧毀皇帝的避暑山莊，於是中國在簽訂條約時被迫做出更多讓步。在《天津條約》中，外國人獲得新權力，可在中國境內旅行。理論上，這就是為英國探險家開啟了進入西藏的道路。庫馬盎教育官艾德蒙・史麥斯利用這次機會，獲得印度政府的支援，正式到西藏出任務。雖然這次遠征並未真正出發，但史麥斯的參與會讓喬哈爾谷的人民注意到英國當局。

史麥斯出生於林肯郡，在拉格比公學（Rugby）受教育，求學時光被同時代的湯瑪斯・休斯[4]寫進了《湯姆求學記》（*Tom Brown's School Days*），因此永垂不朽。史麥斯便是克雷布・瓊斯（Crab Jones）這個角色的原型：

> 他嘴裡叼著一根麥稈漫步，是拉格比最怪、最酷的傢伙。如果他現在跌落到月球上，他會站起

身來，手依然插在口袋，面不改色。

在范斯・阿格紐遇害而爆發的第二次英錫戰爭時，史麥斯和亨利・斯特拉奇在同一個團。之後他到了德里，沉醉於他所熱愛的喜馬拉雅山區狩獵。史麥斯沒興趣留下關於他人生的敘述，但是從他留下的事蹟中，可清楚看出在十九世紀，沒有其他歐洲人像他在西藏有這麼廣泛的遊歷。他現存的少許信件中，提到在一八五〇年代和友人去了一趟西藏西部，展開四個月的狩獵旅程，而這名友人就是未來的探險家約翰・斯皮克（John Speke）。另一趟西藏的狩獵之旅是在一八六四年，那時他沒能獲得官方許可。這趟旅程記錄在湯瑪斯・魏伯（Thomas Webber）的《北印度森林》（*The Forests of Upper India*）裡，其中清楚顯示史麥斯對喜馬拉雅山北部已經有深刻的經驗。魏伯也聲稱造訪過布拉馬普特拉河的源頭，雖然瑞典探險家斯文・赫定日後將傾全力推翻這套說法。這些旅程可說是擅闖之舉，並不合法，且可能造成危害，因此史麥斯及其他耽溺其中的人無不保持低調，沒必要讓加爾各答尷尬。（並非人人皆如此低調。蘇格蘭貴族羅伯・德拉蒙〔Robert Drummond〕在瑪旁雍措讓一艘橡皮艇下水，惹得佛教和印度教朝聖者相當光火，而根據傳說，當地首長因此丟了腦袋瓜。）

一八五四年，在服役二十年後，史麥斯總算能休個長假，離開印度，和友人斯皮克旅行。他們的行跡遠達亞丁，還在此遇見了年輕的理查・伯頓[5]——伯頓後來成為史上最知名的探險者之一。斯皮克和伯頓一同前往索馬利蘭，悄悄造訪尼羅河，史麥斯則與擔任神職人員的兄弟克里斯多福和詹姆斯一起攀

4 湯瑪斯・休斯（Thomas Hughes, 1822-1896），英國律師、政治家、作家。

5 理查・伯頓（Richard Burton, 1821-1890），據說精通二十九種語言。

登瑞士阿爾卑斯山，完成知名的首登。我們會知道這件事，是因為登山家愛德華．溫珀[6]在一本寫給策馬特（Zermatt）的指南中讚揚史麥斯。「在東方，當地人會說，他可以攀登到鳥兒飛不到的地方，也就相當於西方人說的：『和岩羚羊一樣敏捷。』」後來史麥斯自願參與克里米亞戰爭，和伯頓及斯皮克一起被臨時調派到土耳其的非正規騎兵部隊「巴什波祖克」（Bashi-Bazouks），並打算與斯皮克一起穿越高加索山脈，只是因為沒有護照而打消念頭。

待假期結束，史麥斯原有的軍團在一八五七年的叛亂中為了守護勒克瑙而遭遇重大傷亡，因而解散。他獲派為加瓦爾與庫馬盎的「公共教學視察員」——教育官——職掌範圍是在這些山區建立方言學校。這份工作能完成兩件事：第一，他得以回到自己所愛的山區；第二，當年曾在西藏協助穆克洛夫特的戴夫．辛格，其子孫也在喬哈爾谷與史麥斯更密切接觸，這兩名後裔包括比爾．辛格（Bir Singh），以及在米拉姆擔任校長，因而村民稱為「班智達」的奈恩．辛格（Nain Singh）。喬哈爾谷的拉瓦特人和英國探險者之間有了聯繫，不久之後，會對英國在西藏的探險很有幫助。

史麥斯期盼能有一趟正式的西藏旅程，而在一八六〇年代初期，他可能如願以償。當時有個在拉薩與尼泊爾之間做買賣的喀什米爾商人告訴加德滿都的英國駐紮官，說皇帝已在西藏首都頒布詔書，聲明「若英國紳士出現，應以禮待之。」即使這樣的詔書確實存在，也沒有帶來什麼差異。在第二次鴉片戰爭之後，英國駐北京的代表是第八代額爾金伯爵（Earl of Elgin）詹姆斯．布魯斯（James Bruce）[7]，他的父親曾在帕德嫩神殿購買大理石。布魯斯曾簽訂《天津條約》，但他並不打算破壞中英關係，要求大清提供護照給想在大清國偏僻角落進行冒探險的人。因此，史麥斯想要護照的希望受挫了。在缺乏正確文件的情況下，史麥斯在一八六三年在西藏邊界被拒絕，並建議他向北京申請，他深深明白英國代表並不支持他。這是外交上的惡性循環，在接下來二十五年將一再發生。

官方封閉邊境對史麥斯而言影響不大，隔年他又出發，展開在西藏的另一次非法狩獵冒險；但邊境封閉對於印度大三角測量而言是很挫折的事，他們在幾年前來到喜馬拉雅山腳下時，發現尼泊爾與西藏都是禁區。印度大三角測量的負責人詹姆斯．沃克（James Walker）認為，西北邊境的部落有敵意，這麼一來就能進行報復性軍事遠征，有機會進行更多測量。他認為，這樣比「中國西藏的居民消極阻礙」要好得多。沃克找了「本地」測量員，也得到了些許成果，現在負責喀什米爾的測量員托馬斯．蒙哥馬利（Thomas Montgomerie）也以同樣的想法，作為進入西藏的方式。一八六二年，這個人稱「不像任何印度測量中的人員，反而不費吹灰之力就得到榮譽、名揚天下」的政治操作者向亞洲學會提議，送「本地」測量員到英國人無法抵達的地區。蒙哥馬利認為，印度人能輕鬆穿越歐洲人無法通過的邊境。他建議由「伊斯蘭教徒」來測量中亞，並派遣旁遮普測量員阿卜杜勒．哈米德（Abdul Hamid）到葉爾羌（Yarkand）來測試他的這番假設，因為這條路已經有部分是已知的。至於西藏，商人或朝聖者身分且又熟稔語言的印度人，便能自行通過邊境。蒙哥馬利唯一擔憂的，是找不到夠多「有充分勇氣」且可靠的當地人。多虧史麥斯，他找到這樣的人了。

蒙哥馬利知道，史麥斯曾有幾次在缺少文件的情況下穿越邊境，當時就需要優秀的當地人協助，因此他寫信給庫馬盎的史麥斯，尋求建議。史麥斯推薦在喬哈爾谷米拉姆的友人，五十年前曾協助穆克洛夫特的戴夫．辛格，就是他們的先祖。雇用山谷居民的不只有史麥斯，斯特拉奇兄弟在冒險時也帶了喬哈爾谷居民。過了二十年，史麥斯回憶起他為何及如何推薦喬哈爾谷地居民給蒙哥馬利：

6　愛德華．溫珀（Edward Whymper, 1840-1911），英國知名登山家和探險家，一八六五年成為馬特洪峰首登者。

7　中文文獻稱為「伊利近」或「卜魯斯」。

是考量到他們深諳藏語，也因為他們已獲准進入這個國家。〔蒙哥馬利〕要我選兩人，派他們去訓練。因此我選了我們的朋友〔老師或班智達〕奈恩．辛格……第二人則是他的堂兄弟曼尼或茂．辛格（Manee or Mau Singh），他是喬哈爾的本地長官（Putwarie）。曼尼的地位、財富與智慧，都比奈恩．辛格優秀得多，也可以做得更好，可惜的是，他在自己的國家已過得很好，探險生活反而顯得太艱苦。

這兩名堂兄弟在一八六三年二月離開他們的谷地，前往加瓦爾的城鎮德拉敦，沃克在此為這些祕密測量員開發一套教學方案：運用六分儀和羅盤來定方位，並以訓練過的步伐來行走，這樣兩千步就相當於一哩。這麼一來，他們就可以掌握一套良好的路線測量法。他們會用念珠來計算步伐，並在轉經筒中藏著紙條，記錄觀察結果。為了保密，他們有代號名稱。曼尼．辛格（Mani Singh）是「GM」，是把名字的第一個與最後一個子音倒置。而奈恩．辛格就稱為「班智達」，因為他的工作是老師：以後所有為英國服務的祕密旅人都會採用這名稱。

到了十二月，訓練已完成，但他們初次透過家鄉山谷附近的隘口進入西藏的嘗試卻受挫。或許邊境守衛把他們趕回去，是認為喬哈爾商人的行為乖張，也或許是他們被認出來了。他們回到德拉敦，蒙哥馬利同意讓他們嘗試經由加德滿都進入，藉口是以中介者的身分，指稱尼泊爾貨物被西藏官員沒收，再進入這國度。（這感覺像是一石二鳥的作法。）他們先設法從吉隆河谷進入，卻引來中國邊境官吏的懷疑。他們想向當地官員求情，但曼尼．辛格明白，他在噶大克就認識這人——這麼做會讓他們的掩護曝光。他們沮喪地回到加德滿都，之後奈恩．辛格決定再度嘗試，這一次，他獨自前行。

曼尼經由尼泊爾西北部返鄉時，途中也繼續測量，這時奈恩．辛格裝成拉達克商人，遂成功穿越邊境，進入西藏。他在巴什爾古國（Bashahr）遇見一群來自藍浦的商人，他們要前往噶大克。他與這群商人同行一段時間，第一次親眼目睹雅魯藏布江（進入印度之後改稱為布拉馬普特拉河）。這條河令他肅然起敬：他觀察時，看見一艘小圓舟翻覆，導致三人溺水。奈恩佯裝生病，離開這群商人並繞回來，並在一八六六年一月抵達拉薩，在三十七天走了八百公里。他在拉薩待了三個月，租了一間房間，盤纏用盡時就教學賺錢。他也在色拉寺覲見才九歲的十二世達賴喇嘛成烈嘉措。奈恩．辛格在春天離開拉薩，緩慢沿著前往噶大克的主要商路西行，之後穿越山脈，在一八六六年十月二十七日回到德拉敦，完成了這項任務。

*

奈恩．辛格的報告裡含有通往拉薩的商路測量資訊，這條路將近兩千公里長，他也畫出雅魯藏布江和流經拉薩的拉薩河交會路線。他所提供的資訊可說為印度測量計畫與印度政府帶來豐富的礦脈，因此獲得更多經費，進行進一步旅程。一八六七年，奈恩與曼尼經由瑪那隘口回到西藏，還帶了奈恩的兄弟卡利昂（Kalian）同行，他們在托林鎮穿過薩特萊傑河，這次又扮成巴什爾商人，靠著販售珊瑚珠來買山羊絨。他們的目標是索加隆（Thok Jalong）金礦，這處金礦在歷經幾個世紀的開採之後仍在生產，也是印度河與薩特萊傑河的源頭。卡利昂能抵達印度河源頭，確認是從岡仁波齊峰北邊發源。奈恩會回來展開第三次西藏與中亞的任務，從葉爾羌經于闐和班公湖（Pangong Lake）前往列城。這一次，他帶領卡利昂．辛格及堂兄弟基申．辛格（Kishen Singh），後者同樣來自米拉姆，已是個經驗豐富的班智達。

基申的代號是A-K，許多人認為他是這群人當中最優秀的。一八七八年，他離開大吉嶺，展開為期四年的測量西藏北部任務，這項嘗試是要把中亞已知的部分，與「班智達」已取得的西藏南部、西部詳細資訊連結起來。基申將有一年的時間都待在拉薩，等待要前往蒙古的車隊，他會加入車隊，前往崑崙山脈東端。等待期間，他同時搜集這座城市及西藏的治理詳細資訊。一九〇三年，榮赫鵬爵士[8]遠征西藏，英國人總算進入此地，而基申的紀錄對他們來說是很有用的。

後來，基申終於往北前進時，他加入的車隊遭受攻擊，蒙古人竟逃跑了。基申幾乎被洗劫一空，同伴之後也拿走他們剩下的一點東西潛逃。雖然如此，他仍持續向前，來到中國北方的敦煌。然而，他和唯一留下的同伴楚姆貝爾（Chhumbel）被認為有間諜嫌疑，遭拘禁七個月。後來一名造訪附近千佛洞的住持雇用了他們，讓這兩人在他返回遠在南方的家鄉寺院途中當僕人。於是基申和楚姆貝爾來到喜馬拉雅山東部，接觸到法國傳教士，而傳教士發訊息給基申在印度的上司。過去整整三年，他們無法得知他的下落。

基申與楚姆貝爾接下來的返鄉旅程行經西藏東部，在理塘碰上天花爆發，遂乘機利用西藏的人痘接種術讓自己免疫，這方法是把患者身上的痘痂吸到鼻內。他們終於在一八八二年十一月回到大吉嶺，兩人已幾乎赤貧，身無分文、衣衫襤褸，基申的上司沃克說：「他們承受著困難與匱乏，身子瘦弱憔悴。」基申．辛格這才得知，他離家期間，唯一的兒子死了，房子也破爛荒廢。由於西藏官方在懸賞他的人頭，因此他的探索時期結束了。雖然他沒有得到皇家地理學會（Royal Geographical Society）的正式肯定，仍獲得撫卹金，也有關於他冒險的大量文件、日記以及書籍保存下來，他也獲得世界各地學會的獎章。他在一九二一年去世，那一年，英國人來到聖母峰這一帶。

吉卜林一九〇一年的小說《基姆》便運用了班智達的神話，在讀者心中把他們與英俄為了中亞的爭奪相連起來，錯誤呈現出剪不斷理還亂的關係：這就是「大博弈」[9]。如果這些班智達中，有哪個人是哈里・昌德・慕克吉（Huree Chunder Mookerje）的原型，那就是另一個人薩拉特・錢德拉・達斯（Sarat Chandra Das）。他二十五歲成為大吉嶺新成立的菩提亞寄宿學校（Bhotia Boarding School）校長，這所學校在一八七四年啟用，教育年輕的西藏與錫金男孩，並提供一批口譯員和地理學家陣容，在大英帝國和西藏接觸時可派上用場。不過，達斯更是個情報官，他出生於港口城市吉大港，這個孟加拉人成年之後學習了藏文。相對地，多數班智達是真正的山地居民，測量鄉間的遼闊地域時，得全憑自己的機智及勇氣，以躲過無數陷阱，且通常無怨無悔，完成任務。麥克・沃德（Michael Ward）是一九五三年成功征服聖母峰的成員之一，他寫道：「基申・辛格最後一趟壯闊之旅，無論怎麼讚美都不為過。」這兩個從山上來的旅人完成最了不起的喜馬拉雅山之旅，似乎適得其所，而殘酷的是，他們通常得匿名進行，最終也以沒沒無聞收場。

8 榮赫鵬爵士（Francis Younghusband, 1863-1942），又譯為楊赫斯本，知名英國探險家，著有《聖母峰史詩》。

9 大博弈（Great Game），指十九世紀中到二十世紀初，大英帝國和俄羅斯帝國爭奪中亞控制權的衝突。

十三　禁城

二〇一四年末，在倫敦麥格斯兄弟古書店（Maggs Brothers）的櫥櫃裡，發現了第一位造訪聖城拉薩的英國人所留下的文件。如今這份文件由皇家亞洲學會（Royal Asiatic Society）收藏，其中有四百封信、日記、筆記和隨手筆記，還有這個旅人的遊記手稿，以及一八一一年所繪、年輕的第九世達賴喇嘛的隨手素描。這個已幾乎沒多少人記得的非典型探險家，曾短暫馳名一段的時日，並促使十九世紀拉薩的「禁城」神話再度復活，那是個與快速變遷的世界保持距離的地方。

托瑪斯．曼寧[1]一七七二年出生於英國諾福克郡布魯姆村（Broome），是地方教區牧師的次子。他身體孱弱，卻相當聰明，在家接受教育；一七九〇年，他前往劍橋大學研讀數學。他在這裡碰上浪漫主義的浪潮頂峰，結交浪漫派的重要人物，尤其是查爾斯．蘭姆[2]。蘭姆曾說，曼寧有卓越的心靈：

> 讓人佩服的能力超越柯立芝或其他人——若是與他獨處，他會使出如埃及的奇觀。只不過他懶

1　托瑪斯．曼寧（Thomas Manning, 1772-1840），據信是歐洲第一個非神職人員出身的漢學家。

2　查爾斯．蘭姆（Charles Lamb, 1775-1834），英國知名作家。

情，並不一定會使出全力；一旦他使出力量，其天才無人能比。

雖然其他人同意蘭姆的看法，但是說他懶惰，似乎不太符合這個焦躁不安、情感上相當自覺的男子。較接近的說法，應該是「不滿」。他曾寫信給朋友，談到「不尋常的思維力量和感受，促使我堅定地朝著不尋常的事物前進。」他也是個叛逆者，在即將得到劍橋的學術光環之際，拒絕對英國國教會宣誓效忠，因此學位遭到沒收，留下疑惑的父親深陷焦慮之中。

中國成為他投注高度熱情的目標，心心念念要前往這個國度，讓朋友覺得有趣又不明就裡。（「別再看旅遊書了，」蘭姆揶揄道，「裡面什麼都沒有，只有謊言。」）一八〇二年，他趁著《亞眠和約》（*Treaty of Amiens*）為英法帶來的短暫和平之際來到巴黎——許多激進者和浪漫主義者急於來到這裡，探索全新的法蘭西共和國。巴黎也是歐洲少數幾個可以學中文的地方。後來，戰爭再度爆發，身在法國的英國旅人遭到拘留，但持續的遊說之後，拿破崙親自簽了曼寧的護照，於是曼寧回到倫敦，在西敏醫院接受六個月的訓練，讓他進一步做好準備，踏上旅程。他也獲得當時擔任皇家學會會長的班克斯爵士支持，將穿上當地人的服裝來喬裝，探索中國。

一八〇六年，東印度公司帶他順著珠江來到廣東，那是當時公司在中國唯一的通商口岸，位於今天的廣州。然而，當時中國對歐洲人的行動自由有嚴格的限制，重挫了曼寧的雄心壯志。他的同胞「眼光無不朝向自己的國度，準備賺飽就離開」，鮮少有人像他一樣，對中國文化有興趣。他有幾年的時間到處遊走，從事翻譯與行醫，滿臉長出令人畏懼的大鬍子，特立獨行的名聲不脛而走，正如一個他到西藏之後才認識的人所言：「他古怪的行徑相當無害，他只在乎他自己。」

在廣東受困了幾年之後，曼寧決定從拉薩經由另一條路徑進入中國，再往東前進。對他來說，西藏本身不太重要：中國才是目的地。當時印度總督是明托伯爵（Lord Minto），他允諾廣東，加爾各答會協助曼寧。這時是一八一〇年代初期，廣東與加爾各答的貿易失衡已紓解：從孟加拉出口到中國的鴉片，讓公司的貿易轉虧為盈，不過，這是以中國人的健康和經濟為代價。只是三十年前，明托曾協助友人埃德蒙·伯克彈劾沃倫·黑斯廷斯；西藏的實驗是黑斯廷斯留下的有害影響。曼寧只能表現出一副毫不在意的寬容態度。（「傻子、傻子、一群傻子，」他在日誌中抱怨道，「忽視千載難逢的機會。」）因此他自掏腰包，在一八一一年進入不丹，那條路是當年博格爾走的路徑西邊，穿越湯東傑布的橋，進入帕羅要塞。曼寧在此被拘留在煙霧瀰漫的衛兵室，沒有窗戶，無法接近市集，比平日更常與中文翻譯趙金秀發生口角。（「不如和隻西班牙獵犬作伴。」）他們逃到帕羅之後，曼寧發現趙金秀把他的銀匙換成白鑞，侵吞了其中的價差，就像降低貨幣成色的新招數。曼寧把他送回去，才又拿回銀匙。

在位於邊境的帕里鎮（Phari），當地的官員「彬彬有禮」，只是他必須離開借宿之處，讓給中國士兵的分遣隊。「這裡的中國大人就像在印度的英國人，」他寫道，但曼寧樂見他們出現。拉薩有一名駐藏大臣是憎惡英人的滿族人，曼寧在廣東時便知道這個人：他不會以友誼之手來歡迎英人。所幸曼寧已和部隊的中國司令結為朋友，於是，他獲得許可，在十一月初離開帕里，一個月後來到拉薩，成為第一個造訪此地的英國人，可能也是一九〇四年榮赫鵬血腥遠征之前的最後一人。在整個十九世紀，僅另外兩名歐洲人曾來到拉薩。

一八八一年十二月十七日，曼寧覲見了年僅六歲的第九世達賴喇嘛隆朵嘉措，並深感著迷：

> 他的舉止是有教養的王侯孩童，單純不矯飾。我認為，他的面容是有情之美。他有快樂積極的性情。這次與喇嘛相見，令我深深感動。那陌生的悸動令我止不住地想落淚。

即使曼寧知曉這男孩能獲選為達賴喇嘛，背後其實蘊藏著深刻的政治環境影響，但他並未透露出這份理解。大清在一七九〇年代初期把廓爾喀軍隊逐出西藏之後，乾隆皇帝便設法插手神祕難解的轉世過程；對乾隆皇帝來說，重要的祖古（轉世喇嘛）似乎太常從相同的望族產生。他的計畫是官僚直覺之舉：他要得到重要宗族及掌權者的列表，並頒布《欽定藏內善後章程》。這份章程中共計二十九條，第一條就是採用「金瓶掣籤」，這是沿用中國自古以來的占卜作法：大清下令把可能人選的名字寫在象牙籤上，放進金瓶中，之後由西藏喇嘛與清朝駐藏大臣抽出。中國似乎無視於西藏的文化複雜性，這不是最後一次。而班禪喇嘛索性忽視這新規定，直接選出隆朵嘉措，而大清假裝很滿意。這孩子並沒有擔任達賴喇嘛多久，便在一八一五年的默朗木祈願大法會上感冒，九歲就圓寂。而金瓶也將成為中國介入的象徵：北京會依此選擇中意的人選，一如一九九五年選出的班禪喇嘛，雖然在此之前，經達賴喇嘛授權的靈童尋訪小組已先行找到人選。

曼寧的口譯者已警告過他，別在拉薩使用僅會的一點點普通話，於是他找了有很濃四川口音的口譯，把年幼的第九世達賴喇嘛的話翻譯成中文，譯師再翻譯成拉丁語，亦即他們比較喜歡的共同語言。這繁複的過程必定增加曼寧經常在西藏感覺到的隔閡。這座城市「如夢幽幽」，但不是以好的方式來呈現。就像許多對遙遠的拉薩懷有幻想的歐洲旅人，曼寧覺得現實令人失望。除了布達拉宮本身，「沒有任何搶眼之物，沒有外觀美麗的事物。住宅因為污垢和塵土而顯得髒污。」為了替拉薩辯護，他說初次認識巴黎時也差不多是這樣。到了一八一二年四月，曼寧盤纏用盡，遂沿著原路回加爾各答，沒取得進入中國的許可。

最終，曼寧總算造訪了北京：一八一六年，他參加了由日後將擔任印度總督的阿美士德勳爵[3]所率領的貿易使節團前往北京，只不過阿美士德不願意向皇帝磕頭，致使任務失敗。這種高層政治人物的定位會深深影響西藏的未來，也因此印度的英國官員不得不找來自米拉姆的班智達，測量喜馬拉雅山的北側。在造訪北京之後，曼寧返回英國，在海軍巡洋艦阿爾賽斯特號（Alceste）的船難中逃過一劫，還見過被流放到聖赫勒納島（St Helena）的拿破崙。接下來二十年，他在達特福（Dartford）幾乎沒有什麼家具的隱世小屋生活，此時他雪白的鬍子已及腰。他從沒能以他希望的方式造訪中國，看看「人民真正的快樂程度；他們的感受以及想法。」

二〇一四年，書店發現了曼寧的文件，並賣給皇家亞洲學會。報紙上順勢掀起一陣旋風，紛紛談起起這個「遭遺忘」的探險家、第一個抵達拉薩的英國人。但他並未真正遭到遺忘，至少不是完全遭到遺忘。一八七六年，西藏的排外名聲達到巔峰之際，皇家地理學會的榮譽祕書馬卡姆曾出版曼寧的日誌，同時收入博格爾的敘述，以及詳盡的引言與生平註解。

馬卡姆或許籌備了出版事宜，但他不太喜歡曼寧的敘述；馬卡姆認為，曼寧「暴躁易怒、輕率魯莽。」在帝國進行探索、充滿自滿心態的時代，馬卡姆認為，曼寧似乎不太可靠：他未進行地理學研究，又寫了太多自己的感受。更糟的是，就像比英國人早了近一個世紀來到拉薩的賽繆爾・范德普特，他的目的只是為了旅遊，感受並欣賞不同的人。這可沒用：只有為了讓歐洲文明提升，才值得冒著生命危險。曼寧也不是追逐名氣，而是恰恰相反。他沒有訴說自己的故事，而拜馬卡姆之賜，這些故事出版時，已不再契合當時的環境了。柯立芝或許會覺得興奮，但是皇家地理學會會長托馬斯・霍狄奇（Sir Thomas Holdich）爵士卻完全未加重視，反而認為他是個「糟糕的旅人，更糟的觀察者，」日誌「單調記錄著雞毛蒜皮的小事及憂慮。」冒險奇譚對於帝國神話與種族優越性的建立是很重要的，這需要冒險

3 阿美士德勳爵（Lord Amherst），一八二三至二八年擔任印度總督。

犯難、一點誇耀，絕對不可以有浪漫主義的內省。

關於探險目的（或至少維多利亞帝國版本），透露了另一項事實：這些大冒險發生的地方幾乎都是次等的，至少在大眾心目中是如此。地點必須是化外之地，而且充滿危險。大眾真正會回應的，是征服這地方的英雄。這故事會充滿地方色彩及觀察，但最重要的是，反映出英雄（女英雄也會很快出現）是帶著何種特質來面對挑戰，那些特質是和他同個世界的人渴望分享的。其他文化只是為了作者的目的而建構：是異邦背景，人口需要得到文明的馴化或改變，那些人與全球建立的新殖民世界秩序相對照時，會顯得不利。喜馬拉雅山區的政治複雜程度，只是令人生厭的瑣事。

對冒險者本身來說，成功及隨之而來的名氣，或許能讓他們轉變。瑞典探險家斯文・赫定耗費在調查西藏的力氣堪稱領先群倫，在一九二六年的回憶錄《我的探索生涯》（*My Life as an Explorer*）中，他憶起這股人生使命感的起源。在成長過程中，他「最親密的友人是菲尼莫爾・庫柏[4]與朱爾・凡爾納[5]、李文斯頓[6]、史坦利[7]、富蘭克林[8]、皮里[9]以及諾登舍爾德[10]。」一八八〇年四月，諾登舍爾德的維加號（Vega）從北極圈之旅的壯舉回來時，十五歲的赫定便和家人在斯德哥爾摩的港口眺望，在船進港的時候，「無數的燈與火把」照亮了港口：

> 我此生都會記住這決定我畢生志業的一天。從碼頭、街道、窗戶、屋頂，莫不歡聲雷動。於是我心想：「我也要以這樣的規格返鄉。」

對赫定來說，回家的重要性不亞於出發。即使選擇了這條路，目的地卻要等到他在柏林洪堡大學就讀，受教於地理學家費迪南・馮・李希霍芬（Ferdinand von Richthofen）門下學習時才決定。李希霍芬是王牌飛行員「紅男爵」（Red Baron）的叔叔，也是創造出「絲路」一詞的人。關於中亞、沙漠中的消失城市、早已遭遺忘古代商路等諸多神祕傳說才剛拼湊起來——而其中最神祕的，莫過於西藏。

赫定加入歐洲等地工業化國家人數激增的探險家、間諜、冒險者、傳教士、植物獵人以及登山者的行列，意欲掀開十九世紀中期西藏蒙上的面紗。在此之前的幾十年，穆克洛夫特等探險者，以及諸多英國殖民地官員和軍人階層造訪過西藏的偏遠角落，例如岡仁波齊峰。（赫定為了顧及自己的名氣，會盡力降低這些探索的重要性。）後來面紗拉下，愛冒險、探索西藏南部邊界的英國官員，意視到自己遭到驅趕。英國就是在這時開始讓原住民班智達，搜集喜馬拉雅山遠處的資訊。「神祕」西藏與拉薩「禁城」的神話於焉誕生。

把西藏視為決心遺世獨立的國家，是很引人注意的觀念。西藏想要保留或隱藏什麼？西藏蘊藏什麼祕密？這些問題在西方想像中引發了兩種回應，甚至到了現在，這些回應仍持續架構著外界對於西藏的觀感——西藏是個真實的地方，也代表一種思想。首先，這會激發一群冒險者願意接受他們都知道的挑戰，設法借力使力前進。他們無法在同樣限制重重的尼泊爾做到這一點，因為大英帝國接受尼泊爾執政者的期望，把外國人擋在門外。若嘗試前往尼泊爾，無疑是冒著遭到制裁的風險。但西藏不是如此，尤

---

4 菲尼莫爾·庫柏（Fenimore Cooper），美國作家，知名作品主要描述美國拓荒時代。
5 朱爾·凡爾納（Jules Verne），法國作家，現代科幻小說之父，作品包括《環遊世界八十天》。
6 李文斯頓（avid Livingstone），英國探險家，最重要的非洲探險者之一。
7 史坦利（Henry Morton Stanley），英裔美籍探險家，以非洲探險聞名於世。
8 富蘭克林（John Franklin），北極探險家。
9 皮里（Robert Edwin Peary），美國極地探險家。
10 諾登舍爾德（Nils Adolf Erik Nordenskiöld），芬蘭人，地質學家、北極探險家。

其是拉薩這座城市，因此冒險者前仆後繼。

理查．伯頓於一八五三年果敢造訪麥加之後，維多利亞時代的英國就有了探索「禁城」的打算。（穿透處女地的觀念就說明了一切。）他們認為，聖城拉薩不光是目前對歐洲人封閉，而是一直都是封閉的。這根本是空穴來風。有幾個世紀的時間，拉薩是跨喜馬拉雅山商路的中心，和整個亞洲都有深刻的宗教連結。拉薩向來在文化上就相當多元，長久以來，都有喀什米爾人、尼瓦爾人、蒙古人、中國人與亞美尼亞人在此居住。而西藏菁英在智性上也從不會失去好奇心。正如我們所見，蒙古人重視西藏的原因，不光是西藏在宗教上的專長，也著眼於西藏的科學，耶穌會的地圖製圖者亦仰賴西藏人的專業。然而在二十世紀初，歐洲旅人在慣例上會以屈尊俯就的態度，看待西藏對世界的科學性理解。他們認為，藏人是單純、超脫世俗的民族，沒有經過文藝復興的洗禮。藏人認為世界是平的，而藏醫學（「索瓦瑞巴」〔Sowa Rigpa〕）並未超越歐洲中世紀醫藥的思維：肺是風，也就是空氣的元素；膽代表火元素；涎（Badken）或痰則代表寒冷元素。

另一篇故事，更足以駁斥西藏迷信且孤立的陳腔濫調。十八世紀，耶穌會士來到北京，把歐洲科學介紹給清朝皇帝，皇帝看出其價值，遂提供贊助，將教士的作品翻譯成官方語言，包括蒙古語和藏語。在整個十八世紀，大清的西藏喇嘛與耶穌會僧侶密切往來，漸漸吸收了天文計算的價值及精確度。在此之前，西藏對天文學的認知就和醫學一樣，是來自十一、十二世紀的印度梵文文本，尤其是《時輪金剛續》。到了這時，在北京雍和宮寺院的西藏學者，會潛心研究耶穌會士告訴他們的知識有何涵義。大清嚴密掌控新知識及其應用方法，因此西藏僧侶得自行學習知識。

西藏安多是個有多元文化與傳統的地區，來自此區的格魯派僧侶向來以智識開放性而聞名於世。這裡的兩大寺院拉卜楞寺與塔爾寺，也採用耶穌會天文學發展出的新月曆，純粹是認為新曆比較好。雖然時輪確實說地球是平的，但十九世紀，拉卜楞寺的一名僧侶卻大可寫下：「地球是圓的」；這寺院甚至在牆上畫了大大的圓形地球。太陽系以太陽為中心的觀念雖然尚未滲透，但若認為西藏人拒絕接受物理定律，根本是錯誤的想法。諷刺的是，這迷思是從一九三八年的一篇報紙報導中突然出現，撰寫者是當時西藏知識分子領導者更敦群培（Gendun Chopel, 1903-1951），他曾嚴厲諷刺西藏的落後狀態。那時候，藏傳佛教確實不願面對現代世界。更敦群培原本是年輕的活佛轉世，因為觀念進步，遭到拉卜楞寺驅離，但是在這情況下，他低估了自己的寺院在歷史上的開放性。

西藏醫學也未必總是如表面般那麼保守，尤其是提到西藏人最害怕的疾病——天花，藏語稱為drum ne，意思是「結痂掉落的病症」。耶穌會士德希德里寫道，「每十年到十二年，就會出現天花大流行，帶走許多生命。」第六世班禪喇嘛與博格爾見面之後不久，即在北京染上天花去世，雖然令人震驚，但並不意外。天花引起的恐慌遠超過其他情況，部分原因是西藏人特別容易感染天花，也有所自知。遣使會（Lazarist，又稱拉匝祿會）的神父古伯察（Évariste Huc）和同袍傳教士秦噶華（Joseph Gabet）在一八四六年初來到拉薩（十九世紀，除了曼寧之外，造訪此地的歐洲人只有他們兩人），他寫道：「西藏人非常害怕天花，提起天花時很驚恐，彷彿是人類會染上的最嚴重疾病。」他們取消拜訪達賴喇嘛，因為他們加入的車隊抵達拉薩時，正好天花爆發。西藏官員並不反對以天花為藉口，把不受歡迎的人擋在門外。每年在允許高山隘口恢復貿易之前，當地西藏官員會先行檢查山的另一邊是否有天花疫情。一八六九年，大英帝國的挫折感逐漸累積，西藏的謹慎之舉導致《泰晤士報》刊載一篇諷刺文章，懷疑此等「可笑的粗率之舉」，西藏官員「每年慎重其事，詢問並決定女王陛下的東方帝國值不值得他們屈尊俯就或傲慢地予以認可」。

雖然愛德華・詹納[11]於十八世紀晚期所開發的疫苗在一八〇五年已來到廣東，略早於曼寧，但和刻薄的英國記者不同的是，多數西藏人得再等幾十年才能取得疫苗；不過，這不單純是忽視外國專業。西藏醫生深知中國的實際作法，這種作法可追溯至十五世紀（甚至更早）的「人痘接種術」，亦即靠著輕微感染來獲得免疫力，當年班智達基申・辛格在史詩般的旅程中便曾採行這個方式。但是人痘接種術會有完全感染的風險，因此最常見的西藏傳統因應方式是：把感染者隔離起來，通常是把他們留在某個偏僻之處幾天，之後看看他們是否康復。這種治療法固然違逆佛法教誨，卻是當時能用的方法中最安全的。

十九世紀中葉造訪期間，古伯察曾告訴達賴喇嘛的攝政者關於詹納疫苗的資訊，也馬上看出未來傳教士可以疫苗當作特洛伊木馬，促成「喇嘛教崩壞，在這異教土地上讓建立基督教成為可能。」在二十世紀，英國與中國都會利用天花疫苗，以求贏得西藏人情感與理性的支持。然而，即使西藏並未使用疫苗，但疫苗並非如多數人所臆測，在西藏不為人知：有些西藏學者曾在一本驚人的書中，閱讀過關於詹納的疫苗——此即《珍貴教導寶庫》[12]，這是一八三〇年代，由西藏人在西藏出版的疾病和療法摘要，比古伯察抵達拉薩時還要早十年以上。

《珍貴教導寶庫》的多數療法來自印度和中國；書中詳細描述人痘接種術，基本上就是把天花的結痂吸入鼻內。（男人用右鼻孔吸，女人用左鼻孔吸。）有些療法則是來自歐洲，包括一小段關於詹納的疫苗：

> 牛受到病毒感染之後，便可取得牛痘的液體，之後刮擦到尚未感染者的胳臂上……這就是歐洲人治療天花的方式。

取得這項資訊的途徑無論是我們或寶典的作者都無法確定。托缽僧商人可能是來源之一，如博格爾的嚮導浦南吉爾。疫苗也可能從南中國或甚至西伯利亞傳入，因為西伯利亞在十九世紀初即展開接種計畫，這裡和信仰藏傳佛教的區域布里亞特很接近。最可能的是從北京傳入，因為一名俄羅斯醫師幫一群中國人接種，而他和西藏的《寶庫》作者又是朋友，從這人的成就——包括另一本規模比《寶庫》更大的著作——在在證明，聲稱西藏人在智識上缺乏好奇、對國外影響封閉的假設，是與事實不符的。

《寶庫》的作者是絳白卻吉丹增（Jampel Chokyi Tenzin, 1789-1838），是第四世敏珠爾活佛[13]（Tseten Nomonhan），來自安多廣惠寺（Serkhok），位在和拉薩有段距離的東北方。這世系在政治上頗具影響力，在蒙古與北京都有駐錫。一七二〇年，準噶爾汗國在拉薩遭大清擊敗，而拉薩失去了蒙古的保護者之後，就指派第二世敏珠爾活佛[14]擔任派駐到新宗主國大清的外交大使，亦即派駐北京。這是大膽的決定，因為在與中國發生戰爭的期間，敏珠爾活佛的寺院被焚毀，僧侶遭到殺害，中國首度將部分安多地

---

11 愛德華．詹納（Edward Jenner, 1749-1823），發明第一支天花疫苗，有免疫學之父的稱號。

12 《珍貴教導寶庫》（*The Treasury of All Precious Instruction*），此譯名是參考唯色在《疫年記西藏》一書所提到的資訊，作者是第四世贊普諾門罕，亦即後文提到的敏珠爾活佛絳白卻吉。十九世紀，可見另一本英文名稱相同的著作，是蔣貢康楚（1813-1899）所編纂的五寶藏之一《教誡藏》。五寶藏包括《知識寶庫》、《噶舉密咒藏》、《大寶伏藏》、《教誡藏》與《不共藏》，內容也提到許多養生之道，尤其是《大寶伏藏》，可參考法鼓文理學院梅靜軒的研究。

13 亦直譯為「贊普諾門罕」。

14 敏珠爾活佛（Tseten Nomonhan），一般中文會採用「Mindröl」音譯，且翻譯成「敏珠爾呼圖克圖」——呼圖克圖為蒙古語，是清朝對高級藏傳佛教喇嘛的封號，地位僅次於達賴喇嘛、班禪喇嘛，高於一般的轉世活佛。在後文中，原文都會以Tseten來稱呼這個喇嘛世系，而為了配合中文用語習慣，譯文不會全部翻譯成「敏珠爾活佛」，有時會清楚指出這位喇嘛的中文名字。

區併入領土。然而，儘管擔心喇嘛成為人質，敏珠爾活佛卻成為拉薩和北京之間的關鍵連結，也是清朝皇室的家教，在中國京城也有寺院供其永久居住。

四世敏珠爾活佛絳白卻吉一七八九年出生於安多的牧民家庭。第三世敏珠爾活佛擔任西藏駐北京大使，和第六世班禪喇嘛（博格爾認識的人）一同前往北京，班禪喇嘛因為天花，在北京圓寂，而不久之後，第三世敏珠爾活佛亦圓寂，當時是絳白卻吉出生前一年。絳白卻吉在兩歲時被認定為轉世靈童，遂進入廣惠寺，研讀佛教與醫學。一八〇六年，未滿十八歲的他初次前往北京。西方探險家如果走了一趟這麼艱辛的旅程，應會覺得自己值得稱讚，但這對敏珠爾活佛等格魯派僧侶來說，是現實生活的一部分。他住在黃寺[15]，直到第九世達賴喇嘛隆朵嘉措邀請他到拉薩參加坐床。他們的會面沒有留下紀錄，但這位敏珠爾活佛和曼寧同時來到拉薩，而曼寧是另一個迷戀不同文化「感受與意見」的旅人。即使曼寧沒有察覺到這位年輕的藏人，喇嘛也知道這個英國人的存在。絳白卻吉有健談與好脾氣的名聲，而從後來的經歷來看，這位敏珠爾活佛可能相當注意曼寧。

一八一四年，絳白卻吉回到北京，繼續他的職務，接下來三年都留在北京，時而在紫禁城為皇帝進行宗教儀式，時而在自己的寺院為來自西藏與蒙古的僧侶說法。（一八一六年，曼寧和阿美士德勳爵也都在北京。）後來，絳白卻吉回到拉薩，進行嘉慶帝駕崩的相關儀式。同一年，他完成了後來成為巨著的《世界廣論》（*The Detailed Description of the World*）。這部龐大的文本經過大幅擴充，在一八三〇年應蒙古僧侶之請於當地出版，堪稱是對世界各地的百科式總覽。基本上，這本著作是談西藏人如何看待世界，而不是世界如何看待西藏。

我們並不完全清楚，絳白卻吉的資料來源為何。北京固然有歐洲傳教士，但是關於資料提供者的證據，卻相當零星。絳白卻吉確實認識神父尼基塔．雅科夫列維奇．比丘林（Nikita Yakovievich

Bichurin），亦即率領東正教北京傳教團的亞金甫神父（Father Iakinf）。亞金甫明白，缺乏文化上的理解會阻礙他的傳教工作，於是研讀起中國歷史、地理與文學。他被視為是俄羅斯第一位漢學家，也寫過關於藏蒙的主題，而他的知識來源很可能是絳白卻吉。中俄外交是以蒙古文進行，而非滿文，絳白卻吉能說流暢蒙語，因此他提供的見解也更有用。這時是沙皇與清朝皇帝之間聯繫強化的時期，而絳白卻吉擁有受過高等教育的俄羅斯傳教士友人。他把書賣給他們，有些還翻譯成俄文。他的另一個資料來源，是說德語的醫師兼植物學家亞歷山大．格奧爾格．馮．邦格（Alexander Georg von Bunge），他受偉大探索者與科學家洪堡德的個人請託，於一八二〇年代晚期來到此地，並在整個中亞收集植物，包括蒙古。第三個則是漢學家札克爾．費德羅奇．里昂泰夫斯基（Zachar Federovic Leontevsky），他在俄羅斯建立了第一座以中國文化為主的博物館。

絳白卻吉在追求知識及其所揭示的資訊時，必須步步為營。歐洲人對於天文學的概念，直接了當的和《時輪》抵觸。其他譯者會隱瞞這創新思維是來自耶穌會的事實，這樣較保守的喇嘛才不會查禁他們的作品。絳白卻吉不想這麼做；他反而在一封信中要第七世班禪喇嘛放心；班禪喇嘛知道有問題，但仍鼓勵絳白卻吉繼續寫下去，尤其是顯然優於藏曆的歐洲曆法。地理至少比較少爭議：西藏僧侶學習的佛教宇宙觀起源於印度，把一座大山放在世界中央，周圍則有四塊大陸，相當精準呈現出這個區域。而有些指南曾寫出古代佛經提到的地點位置何在，因此教育程度較好的喇嘛相當了解尼泊爾、中國西部以及印度北部等地的地理。絳白卻吉的文字也是依循這個傳統而來。

在現代脈絡下，《世界廣論》似顯天真無知，但也曾風光一時。絳白卻吉寫道，英國分成三個地

15 黃寺分為東黃寺與西黃寺，有時合稱「雙黃寺」。四世敏珠爾活佛是在東黃寺圓寂。

區：英格蘭、蘇格蘭與愛爾蘭。「他們的臉與印度人類似，只不過面白如雪……這些人很富有，但喜歡飲酒，比其他歐洲人放蕩。」另一方面，波蘭人「美麗、智慧又誠實。對於來自其他國家的人尤其和善。」（絳白卻吉的一名對話者就是波蘭人。）他也描述北極，真心認為地球的那個部分可能是永遠處於黑暗中，其他西藏學者無不視這想法荒唐。非洲是「遼闊的大陸，形狀像三角形。」有些非洲動物在亞洲也有，且是眾所熟悉的動物：獅子、大象、犀牛。長頸鹿是「一種稱『da po』的動物」，這種動物非常奇怪：

> 有馬頭與驢尾，身上有不同的顏色，包括黃色、棕色與青色。這種動物很大，頸部足足有三、四個胳臂長。

歐洲大陸則是格外值得注意，因為有些西藏學者認為，香巴拉在歐洲，佛陀就是在這西方烏托邦，對住在那裡的人醍醐灌頂。第六世班禪喇嘛曾寫過指南，也請博格爾在回鄉時尋找香巴拉確切所在的線索，讓這位喇嘛未來可以造訪。西藏的傳統中有個強烈的觀念：有個神祕國度蘊含著能讓人轉變的知識，而這個觀念也反映在絳白卻吉對歐洲的整體評論。英國人是邊境另一邊的具體威脅，但在迷人的歐洲，沒有「虧待彼此、控訴、恃強欺弱或者腐敗的情況。」歐洲是奇妙的住所，正如吉卜林在以喜馬拉雅山區為背景的小說《基姆》中提到的「妙屋」[16]（ajeeb ghar）：

> 燈光是來自會發光的油與布……鏡子能認出竊賊，讓人在敵人面前隱藏起來，並燒死敵人……各式各樣驚人的物品，例如天體與地球地圖……也有靠著火、水以及木頭等機械裝置的機器。

正如西藏歷史學家洛桑永丹（Lobsang Yongdan，或譯「落藏永旦」）寫道：「弔詭的是，西方作家創造出在西藏有個叫做香格里拉的神祕國度，而西藏學者則在尋找位於歐洲某處的香巴拉。」《世界廣論》是從佛教徒的觀點來撰寫，對歐洲讀者來說或許沒什麼道理，但是在一八三〇年代，歐洲人所發表關於西藏的敘述不多，卻也同樣離奇。那些敘述後來多半讓受過教育的西藏人感到莫名其妙或者洩氣。而絳白卻吉比任何歐洲人都更理解喜馬拉雅山北部的地理環境，例如他知道雅魯藏布江就是布拉馬普特拉河，這是英國人後來花幾十年的辛勞才理解的。西藏人印製書籍已有千年歷史，又喜歡遊歷，無怪乎對自己國家的知識非常廣闊。大型寺院吸引了來自亞洲各地的學生，而安多的寺院又匯聚著來自四面八方的影響。絳白卻吉得到北京清朝皇帝的冊封，但他同時也形容西藏是位於大清帝國的界線之外：此處有自己的認同，或多或少是以平等的地位來面對世界。

*

既然如此，究竟是什麼原因，讓西藏如此不願允許歐洲訪客進入？其中一個答案在於勢力增長的大英帝國與清朝之間有緊張關係，但是真正的原因卻更為深層。一八一一年，曼寧抵達拉薩時所得到的接待或許能看出端倪：雖然他對西藏寺院很好奇，但他寫道，他花了一段時間才找到有人可以帶他到處看看。他的口譯員趙金秀曾尋問多次，他是不是想造訪這些寺院，而曼寧終於說他想之後，趙金秀當下鬆了一口氣。曼寧發現，中國官吏與西藏當局也問了同樣的問題。

16 小說中拼法為 Ajaib-Gher。

他說，中國官員知道天主教徒不願意致敬；因此如果我去寺院，就能抹除他們的疑慮，知道我並非為了傳教而來。

嘉布遣會士離開拉薩已超過一甲子，然而他們帶來的威脅依然讓人記憶猶新。要是教宗克勉十一世是讓耶穌會士來西藏傳教，而不是派嘉布遣會前來，可想而知，西藏歷史會走上不一樣的道路。一七一六年早春，德希德里在拉薩展開五年的生活。和其他前來西藏的傳教士不同，他很投入，也夠聰明，能穿透藏傳佛教的外層，理解其核心哲學，並學習藏文，撰寫出具真正洞見的作品。這些都收藏在梵蒂岡的檔案庫中，沒有公布，直到一八七〇年代重新發現，一九三〇年代才終於出版。他之所以沒沒無聞，是因為一七〇三年，梵蒂岡把天主教會的傳教任務掌控權交給嘉布遣會。在接下來的四十年，嘉布遣會將展開三次拉薩的傳教任務。第一次雖然所費不貲，最後仍以失敗告終，甚至付了一小筆錢才讓兩名成年人受洗。第二次是在一七一六年，比德希德里晚幾個月來到拉薩，導致與大老遠的羅馬展開冗長爭論，最後是德希德里離開。之後，耶穌會將繼續蔑視嘉布遣會的傳教缺失及其對羅馬提出過於樂觀的報告。耶穌會有比對手更精明的想法，知道在西藏該如何辦事。

拉薩的嘉布遣會士將踏上一個世紀以前，在西藏西部古格王國的安德拉德神父及其耶穌會士的經驗曲線。兩組人馬都看出天主教會與藏傳佛教的相似之處，達賴喇嘛等同於教宗，也會在僧侶制度上加以比較。他們也很訝異，西藏會給予他們實踐信仰的自由，可在公共場合穿著長袍，「就像在巴黎或羅馬」。而西藏人認為，基督教基本上是良善的，會尊敬基督教的象徵，也感謝傳教士的醫療能力。嘉布遣教會來到拉薩時，西藏是由蒙族的拉藏汗統治，他也同樣對西方科學相當好奇；他知道耶穌會帶了什麼給北京的朝廷，並期盼這些傳教士能在拉薩有同樣的作為。

這般包容開放的態度鼓舞了傳教士。大清有很深的階級性和恐外情緒，政治關係是講究掌控與屈從，而西藏截然不同。西藏貴族會淡化階級，鼓勵開放性，並平等對待嘉布遣會。基督教修士因為剃頭，而獲得「白頭喇嘛」的暱稱。嘉布遣會士發現，傳教任務的開支龐大，因此向羅馬的主管保證他們進展順利，發揮影響力，西藏人就快要改變信仰了。但這是嚴重誤判。

拉薩貴族重視相敬如賓（yarab choesang），必須對他人尊重有禮，這個詞在現代西藏的重要性，一如八世紀法王松贊干布——松贊干布主張的人道十六則[17]，可說是友善版本的《十誡》。對鄰居仁善並保持謙虛態度，是這套價值觀體系的核心。（絳白卻吉就有點尖酸。他的世界百科曾對西藏不同地區的藏人提出簡短批評：來自康區是有侵略性的敵人，但也是忠實的朋友，絳白卻吉認為可以信賴；而「來自藏區的人」指的是來自日喀則一帶，「是誠實、有禮的膽小鬼。雖然聰明，卻缺乏深度……他們愛錢，但若是為了弘法，則會大方付出。」藏區的人或許會認為，這般妙語如珠，是安多知識分子的典型。）正因如此，嘉布遣會士才會獲得居住許可、免稅，也可以購買房地產。嘉布遣教會使團的監牧賓納（Francesco Orazio della Penna）曾與德希德里一起在色拉寺修習藏文，後來也獲准在此進行彌撒。在準噶爾人入侵，加上支持傳教士的拉藏汗於一七一七年離世，傳教士面對了嚴重的挫折：曾同屬於基督教網絡的亞美尼亞與俄羅斯商人紛紛出逃；他們的旅人招待所遭到洗劫，錢被搶走。然而，在大清帝國彌平動亂後，西藏權貴依然保持包容與好客，即使嘉布遣會士已清楚表明，他們希望藏人改信基督教。他們可以買土地來蓋教堂，只是本地居民開始反對，認為這些傳教士是會帶來危害並破壞自然平衡的外國勢力，這時達賴喇嘛則發出聲明，表明必須允許他們繼續活動。

---

17 這是松贊干布頒布的十六條道德規範，包括要皈依三寶、敬重報答父母、報恩等。

嘉布遣會士犯下的錯誤，就是把對於宗教的寬容慷慨，和宗教上的臣服混淆。他們認為包容是弱點，也是機會。然而，藏人絕非無知。他們欣賞嘉布遣會士的醫術，尊重其信仰，但並不希望改變信仰。（第七世達賴喇嘛位高權重的輔國公頗羅鼐．索南達結在嘉布遣會第二次任務結束時寫道，「即使事實上我們不了解〔你們的〕宗教，我們都會信任並尊重所有宗教，包括我們與你們的宗教；不僅如此，過去我們不毀謗，現在也不會毀謗。」）他們對於這些外國人可能提供的知識與科技有興趣，但沒能具體實現時則相當失望。最重要的是，西藏這國度太忙著處理不停歇的政治風暴，無暇過度關注宗教。另一方面，嘉布遣教士認為，西藏人是落後的異教徒，因此他們的工作就是把藏人帶到基督面前。和耶穌會士德希德里不同的是，嘉布遣會士認為，研究佛教形而上學的複雜性是沒有價值的。他們在西藏只取所需，目標是破壞他們視為西藏的核心特色：佛教。

第三次傳教於一七四一年展開，這時嘉布遣教士終於讓幾名藏人改信基督教。這代表上帝確實希望佛教毀滅的跡象。傳教士聲稱，達賴喇嘛並非觀世音菩薩的化身。他們要求特殊的法規，讓改信者可以慶祝基督教節日。改信者拒絕履行「烏拉」（u lag），亦即寺院徵收的勞役，一種相當令人憤怒的稅負。他們也不願意接受達賴喇嘛的加持。西藏人或許會包容其他信仰，但這下子這些行為已逾越了表述信仰的自由：這被視為是對西藏國家不忠誠。在宗教體制的堅持下，法定指控的對象並不是嘉布遣教士，而是改信者。接下來，他們也拒絕尊重宮廷的合法性，因為其權威是來自錯誤的宗教。在西藏，世俗與宗教複雜糾纏，牽一髮而動全身。於是五名改信者（二女三男）遭到起訴，並公開拷打。

嘉布遣會教士得到忠告，未來要把傳教對象局限於外國人，他們卻答道，來到西藏的唯一目的就是傳福音，並要求信仰自由。達賴喇嘛的輔國公頗羅鼐感到相當不可思議：

喀什米爾人、尼瓦爾、阿札拉〔印度人〕、中國人、突厥人、哈薩克人、吉爾吉斯人及其他住在西藏的民族，都遵守其原有宗教，我們也盡量予以支持，不使其受到傷害。但你們說西藏宗教是邪惡的。如果我們有哪個人去你們的國家，以你們的作法來向你們傳教，你們會不會懲罰他？毀滅其他宗教，意味著沒有人能遵循自己的宗教。我們守衛著我們的宗教，就像你們守衛你們的。你們自願來到這裡，不是我們找你們的；因此你們可以決定要去哪裡，以及做些什麼。

賓納和使團的其他人在一七四五年春天離開拉薩。他在那年六月，於加德滿都谷的帕坦離世，並埋葬在如今已不知在何方的墳墓中。不久之後，傳來他們在拉薩的教堂已經被夷為平地的消息。嘉布遣會使團留下的，就只有修士們在尼瓦爾城市巴克塔浦所鑄造的小鐘，如今依然懸掛在大昭寺。他們留下了一股酸腐之味，這不光是對他們身為基督教教士的疑慮，更是懷疑他們的政治意圖。

過了一個世紀，「來自西方天堂的喇嘛」古伯察與秦噶華抵達拉薩時，儼然一副想要觸發佛教崩潰的嘉布遣會士那般積極，古伯察依舊認為，拉薩是「所有亞洲民族的匯集地……種類多不可數的五官特徵、服裝和語言。」另一方面，亞洲的政治版圖也急速變遷。幾個世紀以來，西藏在與中國及蒙古形成的三角關係中占有一席之地，培養出的政教關係讓人民維持自己的身分以及深刻的文化獨立性。英國軍隊與傳教士來到西藏南界，可說是帶有不確定性的新威脅。古伯察說，一名拉薩的喀什米爾商人如此形容英國人：

是最奸詐的人。他們掌控印度的每個區域，但都是透過詭計，而非公開的影響力。相對於推翻當局，他們精明地設法拉攏他們，與他們分贓。喀什米爾有句話說：「世界是阿拉的、土地是帕夏的，但掌控權是東印度公司的。」

從達賴喇嘛到所有西藏權貴，都和這個喀什米人秉持相同觀點，因此古伯察得大費周章，向任何誤認為他來自英國的人確保自己其實是法國人。「出於某種因素，西藏人在腦海中深植的概念是英國人有侵略性，務必得當心。」這份恐懼在一八六四年升高，當時加爾各答派遣部隊到不丹，掌控了不丹的平原領土。西藏人覺得焦慮實在無可厚非。

古伯察與秦噶華面臨和嘉布遣會教士一樣的命運，只不過進展得更快。西藏人相當友善，允許他們設立禮拜堂，但大清的駐藏大臣琦善可沒那麼包容。琦善是蒙族，原本在朝廷扶搖直上，卻在為平息第一次鴉片戰爭與英國人和談後備感蒙羞。於是，遭撤職查辦，後任駐藏大臣。法國人從蒙古經由安多抵達塔爾寺，在此度過一段時間，但是他們準備依循名僧玄奘的腳步，離開西藏，前往印度。然而，這會讓人覺得大清帝國的邊境自由放任，不僅如此，若清朝的行為似是支持想顛覆藏傳佛教的基督教傳教士，勢必會削弱中國在拉薩的勢力。琦善不願重蹈覆轍，遂將古伯察與秦噶華經四川驅回中國，還有人隨侍，以確保能驅趕他們離開。待古伯察抵達廣東，報上甚至報導了他的死訊。他在廣東停留三年，寫下旅行見聞[18]。該書於一八五〇年在巴黎出版時，立刻引起轟動。博格爾和曼寧都沒有出版任何書籍，而德希德里關於西藏的著作在羅馬也愈漸遭到淡忘。許多歐美人士首度靠著這麼一本古伯察的著作，吸收到這麼多喜馬拉雅山以北的神祕國度資訊。

古伯察的初衷是寫出充滿傳教熱忱的內容，但忍不住在其中寫下奇人奇事及動人的敘述，較像是宗教冒險故事，並改編成簡化版本，讓法國學童閱讀，就像大仲馬的作品一樣。激進散文家之子威廉・赫茲利特（William Hazlitt，與父親同名）則將古伯察的敘事譯成英文，在法文版出版一年後於倫敦發行，不久之後，其他歐文版本相繼推出。古伯察後來健康走下坡，返回巴黎，受到英雄式歡迎，拿破崙三世還頒發法國榮譽軍團勳章，但他卻遭到所屬修會驅逐，認為他的敘述太過同情西藏，還把這本書列為天主教禁書。他在中國那幾年造成的健康損傷沒能恢復，於一八六〇年離世，年僅四十七歲。

*

死亡讓古伯察不用看到自己的名聲在十九世紀晚期的幾十年慘遭蹂躪，這些污衊之語主要是來自俄國探險家尼古拉・普熱瓦斯基（Nikolay Przhevalsky），這個俄羅斯帝國主義者對於亞洲人的評斷常帶有種族主義色彩。（他建議，莫斯科應該併吞蒙古及青海，曾說：「派出千名軍人，即足以征服從貝加爾湖到喜馬拉雅山區的整個亞洲。」）普熱瓦斯基譴責古伯察是騙子，部分原因是他想前往拉薩的渴望受阻。所幸這名法國人也有捍衛者，尤其是美國外交官柔克義（William Woodville Rockhill, 1854-1914），他在一八六〇年代的青少年時期閱讀了古伯察的著作，由此也確定了他這一輩子要走的路。柔克義將協助恢復古伯察的名聲，自己也加入西藏外交，那是美國首度以政治介入這個區域。

對於西藏有興趣的法國傳教士，並未在古伯察與秦噶華的史詩旅程之後停下腳步。一八四六年，他們來到拉薩，這時嘉布遣會終於放棄在西藏傳教，梵蒂岡之後也並未把傳教任務交給在蒙古的遣使會，而是交給巴黎外方傳教會（Société des Missions Étrangères）。他們其中一名神父羅啟禎（Charles Renou，或譯羅勒拿）幾乎馬上來到康區，雖然當時中法貿易協定條約禁止他前進到西藏境內。一八五

18 即《韃靼西藏旅行記》。

四年，羅啟禎在康區邊界附近的偏遠村落建立小型使團，開始把基督教經文翻譯成藏語，並種植食糧，將新的植物引進到這個區域，包括馬鈴薯。然而正如在拉薩，當地的藏傳佛教當局漸漸明白羅啟禎與同袍神父的盤算，於是敵意日間深厚。他們必須放棄第一次宣教，而外方傳教會雖然在西藏邊緣繼續存在了一個世紀，卻從未真正在拉薩勢力強大的地方安頓下來。一八六〇年，天津條約簽定之後，歐洲人的行動自由大幅提升，但羅啟禎仍無法造訪拉薩。理論上，這條約讓他們有權前往拉薩，但就像史麥斯遇到的情況，規則改變並未對西藏帶來不同。大清正奮力弭平太平天國之亂，那是史上最血腥的內戰，而清朝官員不願發給外國傳教士護照，前往最偏遠的西部省分。這個法國人有來自法國政府的支援，英國也請廓爾喀的強人江格·巴哈都爾送信到拉薩，要求尊重法國護照，但外方傳教會始終無法前進到拉薩。

隨著十九世紀緩緩前進，基督教傳教會的努力也更有力量。新教開始抵達，包括一八六五年戴德生（Hudson Taylor, 1832-1905）成立的中國內地會，在一九〇〇年派了十九名傳教士到西藏東部。其中包括杜西德（Cecil Polhill），他是在伊頓公學與劍橋大學受教育的五旬節教會會士，其傳教工作都記載在小姨子安妮·韋斯特蘭·馬斯頓（Annie Westland Marston）的《封閉的大國：為西藏懇求》（*The Great Closed Land: A Plea for Tibet*）。莫拉維亞弟兄會（Moravian missionary）的傳教士班傑明·拉特羅布（Benjamin La Trobe）寫的前言，反映出傳福音者在打開西藏大門時多麼興奮：

> 西藏一帶已拉起傳教士的陣線，從喀什米爾往西擴張，沿著印度與緬甸的北疆延伸，進入中國北部。的確，這條線依然細微軟弱，階級也有很大的落差。然而，即使傳教士「少之又少」，但若能個個固守崗位，聽從全知全能的救世主吩咐，如此要挽救多少人都不再受限。

新教傳教士來臨，為熱中冒險的女性創造機會，把上帝的話語帶到世界屋脊。伊莎貝拉・博兒（Isabella Bird, 1831-1904）的助理牧師父親曾在一八八九年旅行到拉達克，她在一八八九年寫下《藏人間》（*Among the Tibetans*）。她也是第一個在皇家地理學會演說的女性。最早前往喜馬拉雅山的西方女性人數出乎意料，而博兒和她們一樣，打從年幼起便久病不癒，然而騎乘小馬穿越青藏高原後，似乎更為健康。最早抵達西藏的女子是戴如意（Hannah or 'Annie' Royle Taylor, 1855-1922）。她一八五五年出生於柴郡，是航運公司董事的女兒。她和博兒一樣，幼時體弱多病；七歲時，醫師診斷出她有心臟方面的問題，可能危及性命，讓她無法長大成年。因此她躲過了正式教育，而叛逆天性也不受控制。十三歲時，戴如意宣稱自己是福音派的基督教徒，十六歲時在聽了一場傳教士發表關於傳教工作的演說之後，戴如意就找到了一生職志。戴如意違背家庭的期許，到倫敦學醫，在接近三十歲時，加入戴德生的中國內地會。她的駐點是在今天甘肅省的蘭州，當時，她便發現自己就在西藏的邊緣。

戴如意形容自己是「孤狼」，很難在團體中好好工作；無怪乎她和蘭州的同事相處不融洽。反之，她運用家族財產，自行展開單身女性的西藏傳教之行。她前進大吉嶺，這時名叫旁措（Puntso）的西藏年輕人被送到她面前，治療受傷的腳。旁措出生於拉薩，未來有將近二十年的時間，擔任她與西藏的連結。她在一八九〇年搬到錫金，前往一間寺院學習藏語，之後和已成為基督教徒的旁措（至少名義如此）旅行到甘肅，她削髮、穿上藏服。在安多的高原跋涉數個星期之後，她在無人注意時悄悄溜過中國茶的貿易樞紐結古（Gyegu），卻在距離拉薩僅剩三天路程的那曲（Nagchu）外遭到攔截。戴如意被逐出西藏，回到倫敦時享有一小段時間的名氣，而她利用這名氣——一名記者稱她為「上帝的小婦人」——展開另一回的西藏傳教之行。中國內地會並未準備好支持奠基於印度的計畫，或讓女性在這個領域領導男子，因此戴如意再度憑己力，在錫金成立西藏開拓布道會（Tibetan Pioneer Mission），招募十三名來自英國與斯堪地那維亞半島的傳教士，但是這項計畫很快因為她與人不合的個性而擱置。

決心留在西藏的戴如意，發現了一個相當巧妙的漏洞。英國人在一八九三年，剛和大清簽下《中英藏印條約》，允許在邊境另一邊的亞東縣設立商埠。戴如意運用條約裡的條款，隨著旁措及其妻子希古（Sigu）搬到亞東，並經營起一家商店，販售西藏物品到蘇格蘭的博物館，讓她不致陷入困境。當地人稱她為「阿尼」（ani），是藏語對比丘尼的稱呼；而那邊的英國海關官員巴爾上尉（McDonnell Parr）認為，她「根本惹人嫌。」一九〇三年年底，她依然在亞東，那時榮赫鵬正朝西藏進攻，來到這座村落。於是穿著藏服的她在村子入口的石拱門攔下榮赫鵬，「是榮赫鵬上校嗎？」她先問道，之後花了漫長的時間與他談宗教觀念。她起初支持榮赫鵬的進攻，還在他位於春丕河谷的基地行醫，但動盪和暴力似乎戕害了她脆弱的心理健康，最後在療養院度過餘生。

戴如意是先成為傳教士，之後才學醫，而蘇西．卡爾森[19]則先是醫師，後來成為傳教士。她一八六八年出生在安大略省，父母皆是衛理會的教徒；父親身為學校督學，鼓勵她進入醫學院。她和姊姊珍妮（Jennie）一起行醫到二十五、六歲左右，之後在一八九四年，聽到荷蘭出生的傳教士李彼得（Petrus Rijnhart）演講，這名傳教士近年曾為中國內地會宣教。蘇西是否知道他的完整背景不得而知：他在荷蘭時，曾為救世軍（Salvation Army）工作，之後因為不當性行為的指控而被送到國外，來到加拿大。他剛開始申請加入中國內地會時被拒絕了，但他花了三年的時間，在蘭州為內地會工作，之後又被驅趕。他回到加拿大籌募資金，準備前往西藏傳教，這時認識了蘇西，一個在少女時代曾嚮往傳教工作的人。他們很快成婚，一年之內就來到魯沙爾鎮，也就是格魯派大寺院塔爾寺的所在村莊，距離西寧不遠。他們在此治療陝甘回民起義的受害者，這場已遭到遺忘的蘇非派穆斯林起義，受到清軍與藏軍野蠻鎮壓，導致十萬人死亡，包含男女與孩童。

不久之後，這對夫婦搬到同樣位於西藏安多地區的丹噶爾，開設醫務所，收容英國騎兵軍官、從拉達克來到西藏北部的探險家蒙特古・威爾比（Montagu Wellby），他在進入拉薩時遭拒，眼下幾乎身無分文。（他的著作《穿越西藏無人區》〔*Through Unknown Tibet*〕在序言中給了誠實的建議：「未來旅人或許會學到，他不該做的事，遠多於反應該做的。」）威爾比不是唯一來到此處的探險家。雖然李彼得引導斯文・赫定去北京，但他還是來到了丹噶爾。他以為，車隊從達賴與班禪喇嘛的寺院穿過丹噶爾，是要前往北京朝貢，但蘇西卻予以糾正，指出是要進行貨物交易。

雖然李氏夫婦在丹噶爾深得人心，他們仍一心一意想到西藏首都。「我們很清楚，若要有人在拉薩歌頌福音，」蘇西寫道，乾脆無視已去過的天主教徒，「就得有人率先承擔這趟旅程，面對困境，展開第一次布道，或許永遠回不來訴說故事——誰知道呢？」一八九七年六月，蘇西生下長子查爾斯（Charles），於是他們延遲行程，隔年夏天才出發。這趟旅程一開始頗順利，想不到兩個月後來到那曲北邊時，一切開始變調。查爾斯突然夭折，他們把孩子放在空藥箱裡埋葬，還以「白色的日本法蘭絨包裹」。之後，藏軍阻擋他們的去路。他們來到距離拉薩僅一百六十公里的那曲，卻被告知不得再前進，並被送上前往康定的車隊路徑，而康定遠在東方一千公里處。這時候，他們仰賴的嚮導拉希姆（Rahim）要回家鄉拉達克。而在遭到匪徒攻擊、搶劫之後，餘下的隊員四散。十天之後，李彼得渡河，向一群他們曾在附近遇見的牧民打探消息，卻再也沒有回來。兩個月後，失去丈夫和孩子的蘇西

19　蘇西・卡爾森（Susie Carson, 1868-1908），漢名李金哈。說明：「李金哈」這個名字是因為蘇西嫁給了另一名傳教士「李彼得」後從夫姓，變成Susie Rijnhart。譯文中提及她時，有時是未婚，有時是改嫁與改姓之後的情況，因此不譯為「李金哈」，仍稱為蘇西。

蹣跚進入康定，身無分文，衣衫襤褸，後來一個名叫詹姆斯．莫耶斯（James Moyes）的傳教士來迎接她；他幾年前曾是戴如意使團的成員。莫耶斯和蘇西後來結為連理，只是蘇西生下孩子沒幾天之後就去世了。她曾在《帳篷與寺院的藏人》（*With the Tibetans in Tent and Temple*）寫下旅行見聞，她觀察入微，卻又令人心碎。

不過，並非每個前往西藏的女性都是傳教士。傑出的探險家特瑞莎．利特戴爾（Teresa Littledale）和蘇西一樣出生在加拿大，比任何西方女性都更接近拉薩，直到法國唯心主義者與探險家亞歷珊卓．大衛—尼爾（Alexandra David-Néel）在一九二四年來到拉薩。和其他人不同的是，她並沒有探險的需要或衝動值得書寫；她不是來傳福音，或者讓演講廳滿座。特瑞莎．利特戴爾在一八三九年出生於安大略省的倫敦，一八七四年在日本與第二任丈夫聖喬治．利特戴爾（St George Littledale）相遇，那年他二十二歲，比她小了十三歲。在當時，她還和另一名年紀較長的蘇格蘭地主威利．史考特（Willie Scott）有婚姻關係；特瑞莎的母親曾說，那人是「英俊的相反」。另一方面，聖喬治年輕、俊美，是備受尊敬的利物浦市長之子。聖喬治和父親一樣，以平易近人、低調、甚為有毅力而為人所知。他成年後繼承父親的財產，展開世界之旅，耽溺於打獵的熱情。他在日本與史考特夫婦結為朋友，還一同旅行到喀什米爾，那時他和特莉莎外遇。說巧不巧，威利．史考特在返家的旅途中死於傷寒，於是聖喬治與特莉莎獲得結婚的自由。

接下來三十年，他們一同探索世界，主要是為自然史博物館（Natural History Museum）蒐集標本，或為皇家植物園邱園（Kew）採集植物。他們最長的一段旅程，是在一八九五年穿越西藏，是繼古伯察之後，比任何歐洲人更接近拉薩。聖喬治為《皇家地理學會會刊》（*Geographical Journal*）撰寫的文章不多，但有一篇提到「和平常一樣的搭擋」，亦即他和現年五十五歲的特瑞莎，以及勇敢的獵狐㹴坦尼

（Tanny），還有聖喬治強健的外甥威利‧傅萊徹（Willie Fletcher），他曾經在一八九〇年代初期在牛津的船隊當尾槳手。（他在一九一七年夏天，於帕尚代爾〔Passchendaele〕戰役中遭到毒氣所傷，且未完全康復，兩年後肺炎病逝。）「我的計畫，」聖喬治寫道：

> 就是帶著大量食物，由動物馱運，盡一切努力到西藏，如果可能的話就到拉薩。其他遠征之行多半會失敗，原因在於抵達時或多或少是處於極度匱乏的狀態，這麼一來，西藏人就能依照己意來左右我們。我們也運用賄賂，並做好完善的備戰準備，對付全體貪污。

他們在一八九五年一月來到中國西部的喀什市，並招待了無所不在的斯文‧赫定，當時赫定正在進行第一次的四年遠征；他們請求給予幾個帕坦人保鏢，「以防混戰發生」，而這群保鏢穿越白雪靄靄的喀喇崑崙山，終於出現在眼前之際，他們頓時鬆了口氣。後來，這群遠征者往南前進，來到葉爾羌，並往東到且末（Cherchen），之後穿越阿卡塔格山（Arka Tagh mountains）高山隘口——這是最荒蕪的邊境——此處環境嚴寒，但他們要穿過此地，前往青藏高原北部的羌塘。在這裡，情況變得更嚴峻。他們的駝獸宛如蒼蠅般死去：一百七十頭只有八頭來到喜馬拉雅山的另一邊。某天夜裡，他們讓日後要食用的一小群綿羊散步，結果，每隻羊都被狼咬斷了喉嚨。特瑞莎飽受痢疾之苦，並在日記中坦承，「我害怕面對這趟旅程的未來。對我來說是了無希望。」但是她沒有對聖喬治說半個抱怨的字眼。凜冽寒風未曾停歇，她先生扛起射獵覓食的任務，並意識到，目標都被他在稀薄空氣中的沉重呼吸趕跑。只有坦尼很快樂，窩在特瑞莎厚厚的大衣裡取暖。

到了仲夏，他們已經穿越羌塘，距離喜馬拉雅山區不遠。然而他們到了古林隘口（Goring La）下方，距離拉薩僅八十公里之處，竟被大約一百名裝備著火繩槍的西藏人阻擋。聖喬治揮揮他們的中國護照，幸好西藏人無法閱讀，因為這護照是禁止到西藏旅行的。他試著威脅，保證他們如果有哪個人受傷，三千名印度兵就會進攻拉薩，彷彿英國在九年後入侵的預兆。他也使出「全體貪污」的「金鑰匙」，可是無一行得通。負責擋下他們的宗教官員幾乎是含著淚水告訴利托戴爾夫婦，如果讓他們通過，他會遭到處決。剛五十六歲的特瑞莎把聖喬治的曼利夏步槍拿來，交給這個喇嘛，說要麼就射殺她，也休想把她送回羌塘另一邊。最後他們達成協議，護送他們往西到拉達克，並從那裡返家。

回到倫敦之後，聖喬治得到款待。「我最了不起的旅者，」愛德華七世如此稱呼，索性忘了特瑞莎這個人。皇家地理學會頒發贊助者獎章給他（Patron's Medal），完全排除特瑞莎。在特瑞莎前往西藏前兩年，亦即一八九三年，當時皇家地理學會就曾因為女性會員資格發生內部論戰；《龐奇》雜誌曾刊登一篇打油詩諷刺：

> 女士探險家？穿裙子的旅人？
> 這想法無異於太過單純的瑣事：
> 教她們留在家顧寶寶，或者幫我們的破上衣縫邊。
> 但她們絕不能、不可以也不應該探索地理。

出版商愛德華．阿諾德（Edward Arnold）曾提供聖喬治一筆優渥的預付金，請他詳細寫下兩人的冒險旅程，但他認為那篇就夠了。利特戴爾先生根本不在乎別人知不知道他們做了什麼，於是悄然離去，不讓傳記作家找到。特瑞莎的最後一次遠征是前往蒙古，之後就從遠征生活退休。一九二八年一月，在她八十九歲去世前的幾個月，這對老夫妻在家為西藏的舊雨新知舉辦小小的派對，前來參加的包括榮赫鵬，那時他已踹開大門，解決了進入拉薩的問題；還有查爾斯・貝爾爵士（Sir Charles Bell），他是前任特使，曾在拉薩住了一年，並把英國政策帶向更有建設性的方向。榮赫鵬也帶了兩名西藏朋友來見利特戴爾夫婦，其中一人在三十三年前，聖喬治與特瑞莎很接近拉薩時，便是拉薩政府的成員。

> 他認識我們所有人。他說，他認為若是他們之中有人收賄，則會冒太大的風險。要是被發現，土地會充公並遭放逐。要是威利在另一邊聽見，會多麼開心。

利特戴爾夫婦沒有訴說出自己的故事，可說是特殊之舉。十九世紀末，幾乎每個去過西藏的人都出書。他們帶回來的故事讀者多半信以為真，但通常是經過妥協，並不完整：裡面沒有提到西藏人，也沒提到在高海拔的險惡環境裡，身體機能很難發揮；當然也沒有提到多數赤裸裸的偏見。亨利・薩維奇・蘭道爾（Henry Savage Landor）的《西藏禁地》（*In Forbidden Tibet*）就是尤其糟糕的例子：其中大加責難西藏人及其生活方式，和幻想故事差不多。（「據說喇嘛嗜飲人血，他們說能帶來力量、創造力以及活力。」）想當然耳，書評很愛這本書。「人們為什麼要寫關於我們的事，卻謊言連篇呢，」一九二〇年代，移居到英國的西藏女子仁青拉姆（Rinchen Lhamo）受夠了對她國家源源不絕的扭曲觀點，於是如此寫道，「為什麼他們盡是寫些他們根本不了解的事？」

在藏人缺乏發聲機會，以及嚴謹的喜馬拉雅山區研究才剛萌芽之際，大眾想像中的西藏主要就是這些版品，讓世界的理解偏斜，甚至至今依然如此。對某些人來說，西藏是地圖上神祕的空白區，任你憑說，因為幾乎無人能反駁。西藏成了超脫世俗的地方，能為急遽工業化在歐洲所引發的靈性混亂，找到古老祕傳的答案。正如文化人類學家馬丁．布勞恩（Martin Brauen）在《西藏幻境》（Dreamworld Tibet）中所言：

> 在十九世紀末非傳教的文獻中，西藏越來越有資格代表一座山，高聳於世界的悲傷與困難，是個屬於追尋者的島嶼。

最有力支撐著這種西藏印象的，莫過於海倫娜．布拉瓦茨基。她是出生在俄羅斯的神祕學者，也是神智學學會精神的主要創建者，這個學會結合「科學、宗教與哲學」，企圖復興一套已失落的古老知識系統。布拉瓦茨基本質上是神祕學者，從埃及學（Egyptology）展開她的祕傳之旅，之後往西藏發展，這領域看起來沒有那麼多人研究。她的信仰系統深奧難解，對演化有相當黑暗的概念，而古老智慧的大師（稱為「大聖」〔Mahatma〕）在這系統中相當重要。她聲稱，曾在西藏扎什倫布寺接受過兩位大聖的啟發，他們分別是穆亞（Mourya）與庫特．胡米（Koot Humi），不過都不是西藏人。沒有任何蛛絲馬跡能證明布拉瓦茨基曾到過西藏，雖然她確實曾遊歷喜馬拉雅山區，並在西姆拉引起小小的轟動。魯德亞德．吉卜林的父親洛克伍德（Lockwood）說，布拉瓦茨基是他見過「最有趣也最肆無忌憚的騙子」。

布拉瓦茨基的創造力——如果這個詞適當的話——在於把截然不同的元素混合起來，有些許事實、有大量虛構，並結合成靈性感受的空想，能療癒孤立且焦慮的個人，為他們帶來救贖的承諾，相信現代生活不是表面上那麼單調無意義。以「維利」（vril）這個概念為例，這是指「四處滲透的流動」，最早出現在愛德華．鮑沃爾—李敦（Edward Bulwer-Lytton）一八七一年出版的原型科幻小說《即臨之族》（*The Coming Race*）之中。當時鮑沃爾—李敦是很受歡迎的小說家及政治人物，曾提出「筆之力量勝於劍」的名言。「維利」指的是一種力量，而且短暫流行了一段時間。一名蘇格蘭肉販約翰．洛森．強斯頓（John Lawson Johnston）以此宣傳他營養的牛肉高湯：「保衛爾」（Bovril）。布拉瓦茨基樂於搶先使用「維利」一詞，並融入她所創造出複雜的靈性幻想界。「維利這個名稱或許是幻想；」她寫道，「〔但是〕力量本身這個事實，在印度甚少受到懷疑，就像『仙人』（Rishi）的存在一樣，在所有的神祕作品中都會提到。」

薩維奇．蘭道爾所描寫的西藏是充滿野蠻的僧侶和性墮落，反觀大聖庫特．胡米讓布拉瓦茨基則見識到截然不同的西藏世界：

> 幾個世紀以來，西藏擁有講究道德、心思純潔、單純的人，未受文明之福，因此也沒有被文明的罪惡玷污。長久以來，西藏是世界最後一個沒有完全墮落的角落，避免了兩種氣場的相互影響——肉體與心靈。

這就是在西方想像中會自行修復的西藏，且維持影響，彷彿我們仍可透過泰山傳說的稜鏡，評估現代非洲。亞瑟．柯南．道爾（Arthur Conan Doyle）筆下的夏洛克．福爾摩斯（Sherlock Holmes）曾葬身在萊辛巴赫瀑布（Reichenbach Falls），但後來他想讓福爾摩斯起死回生，那麼從神祕的西藏出現是理所當然的；西藏小說家嘉央諾布（Jamyang Norbu）完成了一篇模仿之作《福爾摩斯的曼陀羅》（*Mandala of Sherlock Holmes*），描述這名偵探做了些什麼。

布拉瓦茨基並不是唯一把西藏編織到故事中的幻想家。喬治．葛吉夫（George Gurdjieff）是「來自第四維度的神祕男子」，在一九二〇年代初期成名，他也聲稱自己曾住在西藏，雖然也沒有證據顯示他確實住過。匈牙利出生的騙子、曾在英國擔任自由黨國會議員的釋照空（Ignaz Trebitsch-Lincoln），也曾在上海建立自己的格魯派寺院，並允諾納粹要讓亞洲佛教徒對抗英國人。他也沒去過西藏。瑟瑞爾・哈斯金（Cyril Hoskin）同樣沒去過，他是來自德文郡的水管工人，以羅桑倫巴（Lobsang Rampa）為筆名寫下《第三眼》（*The Third Eye*），訴說一名西藏僧侶的成長傳記，但內容完全虛構。一九五六年，《第三眼》出版，暢銷國際，但很快就被揭穿是騙局。哈斯金只說，就和布拉瓦茨基一樣，他與羅桑倫巴的精神同在。這些西藏的虛構版本填滿了真空，使得世界的理解傾斜，並付出昂貴代價。

拉薩「禁城」的神話，及圍繞著其「祕密」而捏造的奇想，會造成危險的後果。正如西藏歷史學家茨仁夏加（Tsering Shakya）所寫道：

> 西方對西藏的感知，以及西藏周圍所聚集的形象，在在阻礙了西藏的政治理想。持續神格化西藏，已模糊並混淆了西藏政治困境的真正本質。

即使西藏終於拋開大清霸權的最後碎片，在世界舞台恢復位置，那些誤解也會讓西方與這古老國度接觸時產生扭曲。

十四　植物獵人

一九二六年春天，在受到大罷工影響而延後一週舉行的切爾西花卉展（Chelsea Flower Show）上，英國民眾深受一種新花朵吸引，它宛如傳說之物，引起轟動。這種花來自西藏東南部，那地方猶如月球般遙遠陌生，而這花朵就在英格蘭，彷彿是原生種似地欣欣向榮。在園藝史上，鮮少有植物像西藏藍罌粟一樣，這麼快就廣受歡迎。嚴格來說，那種花根本不是罌粟花，而是綠絨蒿屬（meconopsis），希臘文的意思是「類似罌粟」，但差異太細膩，沒有多少人在乎。美國園藝家兼傳記作家艾琳諾・佩倫伊（Eleanor Perenyi）說，這些花帶著「夏日的色彩，有金色花藥。」一九二一年，英國陸軍元帥亞歷山大・海格（Alexander Haig）提倡以眾所熟悉的紅罌粟花，緬懷第一次世界大戰的傷亡者；而藍罌粟一方面紀念當年的犧牲者，也象徵全新的開始。在浪漫主義的思潮中，藍色花朵是有力的主題，象徵著愛，也代表無窮無盡和遙不可及。這理想的起源地，除了神祕、充滿靈性色彩的西藏，還會是哪裡呢？

隔年，藍罌粟的花苗在切爾西花展出售，一株要價一畿尼[1]，相當於勞工三日的薪資。英國倫敦皇家御苑（Royal Parks）的管理者湯瑪士・海伊（Thomas Hay）把大量的藍罌粟花移植到海德公園展示，

1　畿尼（guinea），英國舊制的法定貨幣。

民眾為此十分開心，也鼓舞業餘園藝家自行嘗試。豈料，藍罌粟非常難種：佩倫伊稱藍罌粟花是「討厭的雪人」，即使一再嘗試仍無法成功，愈是種不出來，愈是吸引人。

> 我從沒見過藍罌粟——即使一再播種，也沒冒出小小的芽……我願付出一切，只求瞥一眼，即使是在他人的花園也無妨。

高個頭的庭園設計師羅素・佩奇（Russell Page）曾為許多人設計過庭園，包括溫莎公爵夫人、奧斯卡・阿里斯蒂德・德倫蒂塔[2]等眾多名人。他在回憶錄中，曾評價藍罌粟「和魔法石一樣難以成功掌握。」（佩奇總是和「無窮無盡」特別合拍；他的第一任妻子莉達〔Lida〕神祕主義者喬治・葛吉夫的姪女，第二任妻子則是詩人賀內・多瑪爾〔René Daumal〕——《擬山》〔*Mount Analogue*〕作者——的遺孀。）

諸如此類的評價不盡然天經地義，而且會令一個微不足道又沉默寡言的人感到沮喪，而這人對於一九二六年藍罌粟所引起的轟動，比誰都更有影響。法蘭克・金頓—沃德[3]並非第一個發現或甚至採集藍罌粟的人；這項殊榮屬於四十年前的法國傳教士。他甚至也不是第一個發現的英國人：第一個發現藍罌粟的英國人是個謎樣的探險家、間諜兼外交人員艾瑞克・貝里（Eric Bailey）。藍罌粟的品種不多，而貝里的名字就記錄在其中一種——喜馬拉雅山藍罌粟（*Meconopsis baileyi*）。貝里在大戰之前探勘雅魯藏布大峽谷（Tsangpo gorges）時，於西藏東南邊發現這種花。然而，是天賦異稟的植物採集者金頓—沃德蒐集到可種植的種子，並讓這種植物上市，並成為其漫長職業生涯中的里程碑。

他的父親是劍橋大學植物學教授哈里・馬歇爾・沃德（Harry Marshall Ward），而法蘭克曾聽父親的友人說過：「在布拉馬普特拉河上游，有些地方沒有白人的蹤影。」孩提時代的他於是知道這裡值得探索，並為此感到興奮。一九二四年，他親自前往位於拉薩東邊三百公里的「布拉馬普特拉河上游」，並循著他的英雄艾瑞克・貝里的腳步，凝視著會讓他成名的花朵。「我從未見過，」他在《雅魯藏布大峽谷之謎》（*The Riddle of the Tsangpo Gorges*）中寫道：

> 藍罌粟散發出如此堅韌的氣息，訴說著輕易便可在英國栽種的高度希望。作為林地植物，它比較不會受我們氣候多變的詭譎之苦；來自中高度海拔，習慣了一成不變的天氣型態，而我們很清楚如何營造這種氣候；這多年生植物，不會惹惱園丁。

它當然惹惱了園丁，但是從金頓—沃德的描述中，可看出他身為植物獵人的天分，且他或許是最後一個有無比的勇氣和專業、在喜馬拉雅山區旅行的優秀採集者。在移植這些於世界各地發現的珍貴植物品種時，這些採集者豐富了歐洲與北美的花園，也讓經濟蛻變。從比爾努夫和萊維有耐心的研究，到布拉瓦茨基的狂野幻想，促成歐洲人對佛教的認知日漸增加，並改變歐洲的哲學與精神地景；同樣地，植物學家在生物多樣性極高的喜馬拉雅山區東部進行的探索，也將改變實體地景。不過，在大西洋兩岸園藝學展覽中的園丁，並非這場交流的唯一受益者：植物也會往反其道行，進入喜馬拉雅山，有時會成為社會、經濟與人口結構劇變的催化劑，並帶來長期的政治影響，往外擴散的漣漪效應至今依然存在。

2　奧斯卡・阿里斯蒂德・德倫蒂塔（Oscar de la Renta），時裝設計師，知名客戶包括賈桂琳・甘迺迪。

3　法蘭克・金頓—沃德（Frank Kingdon-Ward, 1885-1958），英國植物學家、探險家。

＊

植物搜獵不是什麼新鮮事。人類在古早以前，就會為了娛樂及利益而移植其他物種。古埃及人會派出遠征隊，尋找能生產樹脂的樹木，這些樹脂要在神廟中焚燒。十八世紀的變化在於認識論：瑞典的卡爾．林奈（Carl Linnaeus, 1707-1778）有「植物學王子」的稱號，是現代生態學的奠基者，他為地球上每一物種建立可行的二名法系統。可靠的知識架構就緒了，以供人研究地球的動植物，這時，探索活動也出現有力的新工具，以接觸尚未發現的事物。一七六八年，林奈的學生、同為瑞典人丹尼爾．索蘭德（Daniel Solander）離開為大英博物館館藏編目的工作，他請了長假，加入富有的自然學家約瑟夫．班克斯的行列，登上詹姆斯．庫克的奮進號，展開為期三年的知名旅程，首先前往大溪地，目睹金星凌日，之後又搜尋南極大陸。奮進號在一七七一年七月返鄉時，倫敦把最多掌聲給了班克斯，而不是庫克。喬治三世讓他在邱園充分發揮，而精力充沛的班克斯運用這個機會，鼓勵更多植物學家展開探險。他在這趟環遊世界的旅程中帶回種類甚廣的植物採集——或稱植物標本集（herbarium）——但很少能夠順利生長。他想要的是活生生的標本、球莖、根與種子，並且越快送回家越好。

他第一個派出的職業實地採集者任務，於一七七二年交由法蘭西斯．馬森（Francis Masson）執行，目的地是班克斯在旅途中獲得最多啟發之處：南非。班克斯在晚年因為痛風而以輪椅代步，並建議一名出生在諾福克郡的年輕植物學家威廉．傑克遜．胡克（William Jackson Hooker, 1785-1865）前往冰島，而胡克的第一趟採集之旅，將開啟他卓越的職業生涯。雖然第二趟的錫蘭遠征必須擱置，造成龐大的個人支出，但胡克在歐洲展開進一步的採集之旅，建立起植物學作家與採集者的名氣，也或多或少償付了他的個人債務。一八二〇年，他獲指派為格拉斯哥大學（Glasgow University）的植物學教授，協助建立格拉斯哥皇家植物學會（Royal Botanic Institution of Glasgow），供應藥用植物給大學；後來他說服英國政府，把科學家納入正式遠征的成員中。一八四一年，年約五十五歲的他成為邱園園長。這一刻，堪稱前景光明。植物學在大英帝國的經濟發展中扮演著越來越吃重的角色，而邱園與愛丁堡皇家植物園可說是植物學重鎮，為不同殖民地的特殊氣候及地理位置培育可行的商業品種。在《刺胳針》[4]（*The Lancet*）中被描述為「對光徵收的荒謬關稅」的玻璃稅廢除之後，商業溫室得以快速擴張。科技能讓人達到期望，而邱園與愛丁堡也成為「經濟植物學」（economic botany）的火車頭。

植物獵人全都得面對挑戰，然而喜馬拉雅山區的深谷及陡坡是那麼遙遠，地理環境又鮮為人知。雖然有經驗的採集者可在山邊掃視，找出陌生品種，他們依然得面對如何抵達目標，以及評估其美學或商業潛力的挑戰。同樣的採集行程必須進行兩次，第一次是在植物開花時，之後是結出種子時，這意味著採集者必須知道其精確位置，而通常所在區域根本還沒有繪製在地圖上。當然，等他們啟程返鄉時，那些植物可能被吃掉或壓壞的風險永遠存在。如果植物完好無傷，那麼採集者每天晚上就得辛苦工作好幾個小時，準備植物標本，寫下詳細註記，乾燥並清理種子，把所有東西包裝妥當，這樣種子才能維持生命。

諸如金頓—沃德的愛德華時代採集者有一大優勢：可取得植物玻璃種植箱（terrarium，可密封的玻璃容器）。這種玻璃容器起初稱為華德箱（Wardian case），這是以發明人納撒尼爾·巴格肖·華德（Nathaniel Bagshaw Ward, 1791-1868）來命名。許多發明都和華德箱一樣，多數人未曾聽聞，即使這些發明將大幅改變世界。在華德箱出現之前，植物獵人搜集的標本只有渺茫機會能安然一起回到家鄉。許

4　《刺胳針》（*The Lancet*），一八二三年發刊至今的醫學期刊。

多植物不適合旅行，尤其是在海上，因為植物可能放置在甲板上，暴露於鹽沫中，或收藏在陰暗的船艙下。如果珍貴的飲用水不再充裕，水手是不願分給植物的。這問題被視為是巨大的障礙，阻礙了有價值的作物於世界各地分布的可能性。華德的發明得以克服這項困難，是我們超連結的世界上另一條連線。

納撒尼爾．華德一七九一年出生於艾色克斯郡的普拉斯托（Plaistow），在這座小鎮長大，父親是醫生，依循納撒尼爾祖父，在倫敦碼頭區韋爾克洛斯廣場（Wellclose Square）「昏暗骯髒的住宅」經營生意，那環境宛如狄更斯筆下的場景，四處瀰漫的煙霧毒害了華德的花園和蒐集來的蕨類。（知名作家約瑟夫．康拉德〔Joseph Conrad, 1857-1924〕年輕時擔任水手期間也住在那邊，而那時華德已過世幾年。）華德還是個男孩時，會在凌晨三點起床，到艾色克斯的鄉間採集植物，而他深厚的知識與醫學背景，促使他進入倫敦科學界的核心。最早的植物學家多是醫療人員，因為他們給予病患的藥品、糖漿、藥粉以及藥膏都是在花園內種植，或是鄉間的野生植物，當時稱為「藥物學」（materia medica）。這個時代所成立的植物園多與醫院相連。

華德是昆蟲學家，也是園藝家，在一八二〇年代晚期，曾研究一只密封的玻璃瓶，瓶子裡有蛾蛹和些許腐葉土。他發現，困在瓶子裡的種子會發芽。於是，他把這瓶子放在窗台上，接下來幾個月，他觀察到裡頭長出常見的草和蕨類。直到四年後，瓶蓋損壞，植物才枯萎。整個一八三〇年代，華德不斷進行密封玻璃容器的實驗，並證明植物無疑可在光線充足的密封環境下茂盛生長，不需澆水。水氣可以永無止境地循環，夜裡可在空氣中凝結出水，再度濕潤泥土。實驗者把兩只裝著英國植物的華德箱原型送到澳洲，而這些植物在旅途中好端端活了下來。之後他們清空箱子，再裝進澳洲蕨類小葉裡白（Gleichenia microphylla），並送回去給華德。雖然這趟旅程得繞過合恩角，幸而蕨類抵達倫敦時仍生氣盎然。

華德的研究過程相當漫長，極需耐性，而最早聽他訴說這些研究的人之一，便是威廉．胡克。威廉的兒子約瑟夫．道爾頓．胡克（Joseph Dalton Hooker, 1817-1911）同為植物採集者，早早就實地採用這項發明。而身為威廉次子的約瑟夫，如今最廣為人知的是他與查爾斯．達爾文（Charles Darwin）的友誼及通信，然而他的植物學家職涯甚至比父親更為耀眼。到了晚年，他在一場皇家學會的演講中，形容自己是「自然淘汰（天擇）的傀儡」，在沉浸於植物學和探索的家庭中成長。他小時候就可以辨別苔蘚，還會坐在祖父膝上，閱讀庫克的《庫克船長與太平洋》（*Voyages*）。雖然他年輕時曾有哮吼的問題——母親還稱他為「沙啞喬」（croaky Joe）——但隨著年齡增長，體弱多病的狀況也逐漸好轉。他努力工作，身體更加強壯。父親不時想起約瑟夫如何從赫倫斯堡（Helensburgh）走四十公里的路回家，而不是等著搭輪船，回到格拉斯哥。在庫克與班克斯等英雄馳騁的蒼穹下，探險這個概念一直在他心中。一八三七年，他參加天文學課程，學習測量時所需的實際與理論知識，可說是善用時光。過了六十六年，胡克八十六歲時，收到一封來自錫金西藏邊界委員會英國官員的電報，委員會成員包括榮赫鵬，以及之後將繼承他在邱園職位的戴維．普萊恩（David Prain, 1857-1944）；這封電報便是讚頌胡克在當地進行的測量工作。

威廉時時費心為兒子尋找有利的機會，有一回他在友人家中遇見南極計畫指揮官兼海軍上校詹姆斯．克拉克．羅斯（Captain James Clark Ross, 1800–1862），於是提議讓約瑟夫以自然學家的身分參與。羅斯當下同意，前提是這名年輕人必須完成醫學訓練，並加入皇家海軍服役。這趟遠征一八三九年九月從查特姆造船廠（Chatham Dockyard）出發，將持續幾乎整整四年。這趟航程至今依然是英國探險史上最重要的航程之一，也讓約瑟夫．胡克的名氣扶搖直上：他不光是有能力且有思想的植物學家（尤其精通植物分布），也是非常有趣的通信人；他的信件是探險者中數一數二精采的，散發著活力與趣味的光芒。

這趟遠征之行的兩艘船幽冥號（Erebus）與恐怖號（Terror）在一八四三年九月回到福克斯通（Folkestone），定錨之際，許多事情已和出發當年不同。胡克的父親完成長久以來的抱負，成了邱園園長，還讓剛承受閉園威脅的機構改頭換面。約瑟夫在澳洲聽聞父親晉升時，就送了好些令人興奮的新發現回家鄉。而在南極時，胡克同時得知哥哥威利（Willy）在牙買加死於黃熱病，姊姊瑪麗・哈利雅特（Mary Harriette）則死於肺癆。

胡克進行探險壯舉之後，和達爾文培養出友誼，兩人也展開科學史上最重要的通信。一八三九年出發前往南極大陸不久前，他初次與達爾文見面，當時達爾文正和羅伯特・麥考密克[5]——曾經在小獵犬號上服役，也是羅斯的幽冥號船醫——信步走過查令十字路（Charing Cross）。如今，胡克從南極大陸回來，「帶著濃濃的鹽味」，稍微放下了他成長過程中清教徒的拘謹。達爾文很有信心，認為這名年輕植物學家能讓他天擇的想法禁得起考驗。兩人紛紛旅行到遙遠的地區，例如南美最南端的火地島（Tierra del Fuego），而達爾文也支持胡克的《南極植物群》（*Flora Antarctica*），這是他關於這趟遠征中植物學發現的經典作品。

雖然剛訂婚，又有新工作展開，胡克仍定不下來。他想再踏上旅程，到令人興奮的新世界採集植物，或許是熱帶，但絕不能少了印度。他在那邊有人脈：印度北部沙哈蘭浦植物園的長官休・法康納（Hugh Falconer）便是其一；法康納建議，錫金王國是值得探索的新地點。而另一人則是胡克在格拉斯哥的學生時代便結交的植物學家友人——湯馬斯・湯姆森。湯姆森在一八四〇年代的英國錫克戰爭期間擔任醫師，後來被派到委員會，目標是畫定拉達克與西藏之間的邊界。要達成這個目標實在障礙重重，因此湯姆森多數時間是在拉達克和藏斯卡採集植物。對胡克而言，隨著經濟植物學快速起飛、華德箱帶來的變革性技術，以及父親在邱園的新職位，現在似乎是再好不過的時機，得以探索世界最高山脈尚待開發的新領域。

歐洲人在胡克抵達前的半個多世紀，已在喜馬拉雅山區採集植物。博格爾一七七四年來到西藏時，採集就是他的任務之一，而在一七九六年，自然學家托馬斯・哈德威克（Thomas Hardwicke, 1755-1835）也加入加瓦爾採集任務。十年之前，加爾各答植物園成立，起初是為了辨識並發展有商業價值的植物。到了一八三〇年代，這座植物園建立起強大的科學基礎，首先是把桃花心木引進印度的威廉・羅克斯堡[6]付出努力，之後又有丹麥出生的外科醫師納薩尼爾・瓦立池（Nathaniel Wallich, 1786-1854）投入，為超過八千種印度植物進行分類。在印度，鮮少有人在植物搜獵時不諮詢瓦立池，也多會把新的品種寄給他。這時人們對於植物的知識體系不斷擴大，喜馬拉雅山區也是其中一部分：賈德納把加德滿都常駐所花園的植物寄過去，而穆克洛夫特也送來喜馬拉雅山西部的植物。整個一八二一年，瓦立池都在尼泊爾蒐集植物，並出版了簡潔的尼泊爾植物學專論——《尼泊爾植物圖志》（*Tentamen Florae Napalensis Illustratae*）。另一名藥物學學者約翰・福布斯・羅伊爾（John Forbes Royle, 1798-1858）在一八二三年成為沙哈蘭浦植物園園長——位於喜馬拉雅山腳下普什圖人的舊宮殿。他研究喜馬拉雅山區植物的藥用價值，於一八三九年出版《圖解喜馬拉雅山區及喀什米爾植物群的植物學與其他自然史學門》（*Illustrations of the botany and other branches of natural history of the Himalayan mountains and of the flora of Cashmere*）。羅伊爾是最早提出金雞納樹或許可在印度種植的人，用以提供製作對抗瘧疾的奎寧。

5　羅伯特・麥考密克（Robert McCormick, 1800-1890），英國海軍船醫及探險家。

6　威廉・羅克斯堡（William Roxburgh, 1751-1815），有「印度植物學之父」的稱號。

英國最早在喜馬拉雅山區的園藝研究中所種下的植物，是不起眼的馬鈴薯。沃倫．黑斯廷斯派博格爾擔任使節前往西藏，鼓勵他在行經不丹的旅程中進行一項實驗：在途中的每一個階段種植馬鈴薯，看看是否會順利生長。「別兩手空空回來，證明不了你去了哪裡，」黑斯廷斯告訴他：

即使是違禁品胡桃、偷來的野玫瑰幼枝、或者對方換取你無償將親自種植的馬鈴薯送出去時，對方回贈的不丹蕪菁。

薩謬爾．特納在九年後依循博格爾的腳步，認為這場實驗失敗了，因為有人讓他看不丹種植出「小小的馬鈴薯樣本，不比男孩的彈珠大。」特納的結論是，「或許是無知，或者懶散」，不丹人「無法栽種這種珍貴的根莖植物。」

特納的西藏之旅過了十年之後，柯克派翠克來到加德滿都，要進行胎死腹中的任務——調停廓爾喀與滿清之間的爭議。

在我造訪之前，曾聽說……我們最重視的廚房植物不僅在那邊長得比在孟加拉漂亮得多，還能自己結出種子，年年繁殖……因此我發現事實是另一回事時，感到相當失望。我確知除非他們每年從帕特納採購新鮮的根莖來種植，否則連馬鈴薯也長不出來；然而，我認為他們在這方面之所以失敗，非常可能是只是因為缺乏照料或技巧，這一點毋庸置疑……只要有適當的管理，那麼我們庭園的產物，無論是水果、花卉或香草，或許無法成功種植或大量繁殖，但仍有少數可在尼泊爾谷地生長。

那時，馬鈴薯已在印度種植逾一個世紀，當初馬鈴薯剛引進歐洲不久，葡萄牙人就引進印度。而隨著英國避暑地的勞工季節性返鄉，馬鈴薯也散播到整個喜馬拉雅山區。來自愛爾蘭的費德里克・楊（Frederick Young）是廓爾喀之戰時的錫爾穆爾（Sirmur）軍營指揮官，他就在自己成立的避暑地穆索里種植馬鈴薯。加德滿都的馬鈴薯幾乎可確定是來自帕特納。尼泊爾西部的馬鈴薯，則是來自西姆拉或奈尼塔爾（Naini Tal），東部的馬鈴薯則是來自大吉嶺。布坎南—漢密爾頓曾短暫擔任加爾各答植物園園長，也比柯克派翠克晚十年造訪尼泊爾。他曾發表短短的評論，報告喜馬拉雅山的居民已掌握種植馬鈴薯的要訣，同時他仍對這些人有所偏見：

> 馬鈴薯（*Solanum tuberosum*）引進到這個國度的山區，長得也差強人意；但是並不像在帕特納那麼茂盛，原因可能是缺乏照料。

布坎南—漢密爾頓對於尼泊爾農人的能力，提出典型的傲慢假設。事實上，在接下來的幾十年，當地農民引進馬鈴薯並成功栽種，促使喜馬拉雅山區的人口急速增加，和歐洲的情況一樣，因為實驗出現成效，而自給農業的農民也受惠於更容易取得的熱量。喜馬拉雅山區的寺院是馬鈴薯最大贏家，因為馬鈴薯栽種不需要密集的勞力，這樣便能省下時間，執行宗教任務。馬鈴薯對於海拔較高處的影響最深，可以強化高地社群（例如雪巴人）的適應能力，讓他們在更高的居住地過冬。馬鈴薯很容易就有良好收成，雪巴人不需要辛苦照料土地，即可獲得可觀報酬。他們學會如何把馬鈴薯收藏在坑裡，或在高緯度乾冷的空氣中讓馬鈴薯乾燥，之後做成燉菜或與西藏交易，不然也可以磨成粉。即使到了今天，在坤布地區[7]種植的馬鈴薯風味好，在尼泊爾的其他地區也受到青睞。而從更廣的喜馬拉雅山區來看，這裡的人在食用不起眼的馬鈴薯（這裡稱為alu）時，作法令人大開眼界。正如尼泊爾作家拉姆亞塔・林布（Ramyata Limbu）所稱：

> 帕爾帕人對於他們的優格醬馬鈴薯（aloo chukauni）很自豪，尼泊爾平原則喜歡香辣馬鈴薯（aloo bhujia）配麵餅（roti），而住在高地的人，會食用令人垂涎的馬鈴薯配飯（aloo bhat）與馬鈴薯配扁豆（aloo daal）。有時候，在寒冷陰暗的冬日，最適合來點平凡的水煮馬鈴薯佐瑪卡辣椒（usineko aloo），並灑上鹽與大蒜。在馬鈴薯料理的領域，尼泊爾堪稱頂尖。

然而，東印度公司最常種植的作物不是馬鈴薯，而是茶樹（*Camellia sinensis*）。十八世紀中期，茶葉成了英國最受歡迎的飲品，銷售成績甚至超過啤酒。英國人喝下的茶，達中國茶產量的五分之一。茶葉輕，容易運送，茶葉與中國茶葉貿易成了公司命脈，也因而成為英國重要利益的一部分：英國有百分之十的稅收來自茶葉販售，而東印度公司和中國的茶葉貿易額，相當於其他與中國貿易（從絲綢到瓷器）的總和。不過，在一八三〇年代民粹主義與反對重商主義的氛圍下，東印度公司壟斷亞洲貿易的情況也日薄西山。一八三四年，該公司失去了中國的壟斷權，因此更需要終結對中國茶葉的依賴。

印度並非無法種茶。十九世紀初，蘇格蘭人羅伯・布魯斯（Robert Bruce）發現，在阿薩姆海平面高度的平地便種有類似茶的植物。他遇到的當地人景頗族（Singpho）會喝以這種植物沖泡的飲品，他也喝了一點：嚐起來有點像茶。在羅伯去世後幾年的一八三〇年代，他的兄弟查爾斯（Charles）把這種植物送到加爾各答檢驗。布魯斯的想法沒錯：這是茶，只是不同品種。休・法康納是胡克在印度的友人，一八三〇年代曾任沙哈蘭浦——位於今天的北方邦——植物園園長。法康納在這裡度過的期間是以在西瓦利克山脈（Siwalik hills）搜集化石聞名，他在喜馬拉雅山的山腳下發現第一個猴子顱骨化石，而後續與達爾文的通信也是為人所知。此外，他也提出了在喜馬拉雅山區種植中國茶的想法，並說服東印度公司展開探索。於是專責委員會成立了，而法康納在《亞洲學會期刊》（*Journal of the Asiatic Society*）中，語帶權威地訴說在中國發現的茶樹生長條件，以及在印度平原複製這些條件時會碰到的困難。另一方面，「在喜馬拉雅山區，」

> 情況則大為不同：除了定期降雨之外，這裡有著溫帶氣候的所有條件，且比印度的所有地區都要高，我們或許可以成功栽種茶。

法康納的部分計畫是從中國取得茶樹種子。這些種子在一八三五年取得，並分送到全印度的幾個地方，展開種植實驗。特雷爾在即將卸任庫馬盎專員之前，協助挑選了幾處場址，幾年之後將擴張到幾英畝，其中數千株茶樹都交由法康納留意看顧。另一名植物採集者也被派去尋找布魯斯兄弟發現的茶樹位置，而瓦立池則受命研究在印度東北部種植這些原生茶種的可能性。這時四十九歲的瓦立池健康狀況堪憂，但依舊前往東北部充滿水蛭的森林。和他一同前往的還有約翰．麥克萊蘭（John McClelland），胡克說他是「不屈不撓的蘇格蘭人，但沒多少能力。」另一名優秀的植物學家，同時也是充滿才華的藝術家威廉．格里菲斯，他顯然更獲得重視。瓦立池藏不住對這名更有才幹又年輕得多的同事的妒意，加上

---

7 指位於尼泊爾境內的聖母峰附近區域。

瓦立池動不動就崩潰大哭的慘狀，最後，他回到加爾各答，格里菲斯則繼續前往位於今天阿魯納查邦的米什米山區（Mishmi hill）和魯希特谷地（Lohit valley）。

那一年，東印度公司也在阿薩姆的高地種植原生植物。法康納堅持雇用中國製茶師，請他們發揮專長。但是對東印度公司來說很不幸的是，這些人來自低品質綠茶的產區，幾年下來只看得出他們是平庸的勞動者，更是不願傳授的師傅。更糟的是，阿薩姆茶葉味道濃烈，散發霉味，雖然最早送到倫敦的幾箱茶引起旋風，卻不合英國人的口味，因為英人的品味是靠著更細膩的中國茶培養出來的。阿薩姆茶樹的產量低，顯得不經濟。即使如此，這場實驗也不全然失敗。公司取得了在印度以商業規模來種茶的經驗，為日後的成功奠下基礎。

自十八世紀以來，東印度公司就販售鴉片到中國，並以銷售收入來買茶。這種懷抱惡意的貿易不僅為英國政府帶來龐大稅收，也資助了在印度的擴張，尤其在一八四〇年代中期達到巔峰，時值在西北邊境與錫克帝國爆發耗費鉅資的戰爭。但是這項貿易也越來越脆弱。一八三九年，大清皇帝查禁鴉片，後來甚至銷毀了廣東洋行持有的數百噸鴉片。如果以今天的幣值來看，洋行瞬間損失好幾億元。英國派出砲艦，滿清雖然抵抗，但是積弱的海軍很快遭到擊敗。英國就利用第一次鴉片戰爭，於一八四二年簽訂《南京條約》，得以進入更多通商口岸，迫使憤恨的中國對外國影響力更開放些。

這種新關係顯然很不穩定。中國的屈辱造成了局勢動盪，至今天仍是中國的痛處。一八四四年，曾參與拿破崙戰爭的老將亨利・哈丁到印度擔任總督，他在位期間的卓越成就包括戰勝錫克及簽訂《阿姆利澤條約》（*Treaty of Amritsar*），而他也警告，中國在受傷後可能造成的危險。

> 我認為，由於中國的土地已能和印度一樣，可栽種鴉片，因此北京政府藉由在中國栽種鴉片合

法化，幾年內將奪去我國政府目前主要收入來源。這絕非不可能之事。

哈丁指出，依此情況，「最好的辦法是提供各項鼓勵措施，讓印度能栽種茶。」於是，越來越多的金錢及土地浥注，以加速印度的茶產業發展。

茶的栽種地點此時業已確定。喜馬拉雅山東部的中海拔山區，和中國最優質的茶葉種植區有相同條件：海拔夠高、泥土養分豐富、水氣充足，多數時候雲霧繚繞，冬天也會結足夠的霜，以增加繁複、甘甜及風味。雖然英國種茶者尚無法進入中國茶園，但是以中國茶樹種子進行的實驗已開花結果。哈丁批准了在坎格拉（位於今天的喜馬偕爾邦）以及新避暑地大吉嶺成立商業茶園。茶經過處理、包裝，運送到英國，於一八四八年一月十二日，來到東印度公司利德賀街（Leadenhall Street）的辦公室。茶送交最重要的仲介商：唐寧（House of Twinings）、米勒與羅卡克（Miller and Lowcock）、吉布斯（Gibbs）與皮克兄弟（Peek Brothers）。他們傳來的評論結果令人相當振奮。這茶遠比阿薩姆的品種卓越。事實上，幾乎可比擬中國最好的茶：幾乎，但不完全相同。唯一的絆腳石在於，從廣東取得的茶樹種子和最優質產茶區的是不同的，而生產者缺乏中國製茶者的細膩度。

*

大英帝國的財富深深仰賴植物學知識。從香料、染料、棉花到鴉片，知道什麼樣的植物在什麼樣的地方生長，是運用植物的第一步。而約瑟夫・胡克懷抱著雄心壯志，想了解比商業運用更廣的知識。他想要知道為什麼植物會在那樣的環境生長。若能了解確立植物地理分布的原則，例如氣候、高度、土壤化學等，意味著有更多機會讓它們在其他地方茂盛生長。這就是他想在錫金研究的主題。他搭乘海軍的希頓號（Sidon）戰艦來到印度，船隻停靠在加爾各答的那天，恰好是第一批印度栽種的中國茶抵達利德賀街的那一天。同船的達爾豪斯伯爵，將替代哈丁擔任總督。達爾豪斯是個工作狂，許多人責怪他是導致一八五七年印度叛變的禍首，但他也為印度帶來維多利亞時代英國的先進技術——鐵路與電信，串連起各個分離的區域，彷彿一項全國運動般突然間有了生氣。胡克與達爾豪斯之間的交情日漸增溫，雖然這名植物學家想讓他優秀的新朋友對植物學有興趣，可惜徒勞無功。在下船的旅途中，他們曾短暫停留在中東，兩人於是展開沙漠之旅。胡克發現某種阿拉伯膠，是英國在非洲的殖民地重要出口商品，或許能引起這名前貿易處長興趣。不過達爾豪斯「把它扔到車廂窗外；而另一種含生草，其不同特性令人深感有趣，命運也沒比較好。」茶則是另一回事。

> 總督暗示我（胡克致信他在邱園的父親），他想要關於印度茶區的報告……不用說，我得盡力完成他在印度的心願。

雖然在加爾各答，胡克多數時間都在植物園，那時法康納剛擔任園長，但他抵達之前，植物園是由麥克萊蘭管轄。胡克發現，麥克萊蘭準備發表格里菲斯的日誌；三年前，格里菲斯在麻六甲因為肝臟感染寄生蟲，才三十四歲就英年早逝。而格里菲斯與瓦立池的衝突，對植物園造成實質傷害。瓦立池請病假、離開此地期間，格里菲斯完全重新安排這裡的格局，盼能更適合科學機構的需求，只是在這過程中，許多植物枯萎凋零。麥克萊蘭設法改善情況，可惜結果好壞參半。「圖書館是一塌糊塗，和瓦立池離開時一樣，而植物標本館情況更糟，」胡克告訴他的父親。他寫了一封長信給法康納，對未來提出建議，為邱園和加爾各答在接下來幾年的密切合作奠下基礎。

一八四八年四月，這名年輕的植物學家來到大吉嶺，在接下來兩年，他泰半時間會在「類似蘇格蘭格林諾克（Greenock）的氣候」中度過。（大吉嶺的雨量甚多。相信惡魔存在的登山家阿萊斯特・克勞利〔Aleister Crowley〕在前往干城章嘉峰時抱怨道：「整座小鎮充滿發霉的臭氣。」）胡克不久之後遇見霍奇森，地點是霍奇森平房的花園裡。這名前加德滿都常駐官「正和看起來像中國人的男子以藏語交談」，談論中亞的地理環境。霍奇森已退休，回到家鄉度過一段尷尬的時間之後，回到喜馬拉雅山區，在大吉嶺新避暑地的林間空地居住。雖然深愛他的家人有些擔憂，尤其已嫁給荷蘭地方法院法官、住在阿納姆（Arnhem）的妹妹芬妮，但霍奇森明白，他是「從頭到尾對歐洲的作風完全格格不入。」回來之後，霍奇森除了對喜馬拉雅山區野生鳥禽和哺乳類的熱愛之外，更培養出全新的關注焦點：這地區種族與文化多元的人口。霍奇森就像人類學家的原型，決心要詳細描述「在邊境山區與特萊平原的原住民」。

此時，胡克三十一歲，霍奇森四十八歲，但兩人的差異似乎不僅止於此。霍奇森表示，他飽受失眠之苦，而胡克則認為他的新朋友「生病又緊張，其程度之嚴重，讓他萌生大吉嶺的醫師要奪去他性命的念頭。」然而，雖然胡克告訴父親，霍奇森「據說與每個人吵架，事實上也是我認識的人當中最驕傲的，」但兩人友誼堅定，而在季風期間，胡克還與他這個隱世恩師同住。他告訴家人，他們情同手足，因此會永遠把霍奇森視為「世上最親愛的朋友。」能與知識豐富，且青睞自己畢生工作的人為友，令霍奇森很是興奮，也樂於分享自己對於喜馬拉雅山自然史的知識，胡克則認為，「這是我遇過最好運的事。」後來出於感激，胡克會以霍奇森為一種杜鵑花命名，即使霍奇森並不苟同。

這名年輕的植物學家不時身處在人脈帶來的庇佑之下。達爾豪斯可能打開政治大門，霍奇森則給了他所需要的知識，讓他在錫金的這段期間受益良多。但是要獲得造訪的許可，則相對有難度。錫金是個小王國，這裡的人包括原住民絨巴族（Lepcha），以及人數不多的林布族和馬嘉族，自十七世紀中期起，便由起源於西藏東部的南嘉（Namgyal）家族統治。這些統治者稱為卻嘉，意思是法王，但他們所居住的地理空間很脆弱，周圍有更具侵略性的強權：而胡克樂於將之比擬為波蘭，即使這裡的面積較小。不丹曾在十八世紀入侵此處，錫金也常遭受來自加德滿都的廓爾喀政權襲擊。當廓爾喀人拿下首都拉達孜（Rabdentse）、卻嘉逃到西藏，之後，四面楚歌的錫金得到清朝的援助，在一七九三年擊退廓爾喀人，卻嘉的年輕兒子恢復王位。又過了許久，這位卻嘉在已年老體衰之時，與胡克結識。

隨著清朝勢力衰微，英國來到此地，卻嘉楚布南嘉[8]找到新盟友，對抗廓爾喀政權。一八一四年，廓爾喀再度侵占錫金的東部領域，而東印度公司竟讓卻嘉復位，一八一七年，他和英國人簽訂條約。胡克認為，這條約很軟弱無力，他曾在那一年六月給母親的信件中寫道：

> 我們甚至沒有要求這位拉賈進行名義上的進貢，他曾受到中國影響，其政策是要統治三方邊境勢力的政治要角及核心，而不是統治人民；而藉由導引，讓他們對英國完全恐懼，就能把英國排除在這幾個國家之外，避免我們從東邊進入西藏，介入與中國的貿易。

這對胡克來說是相當虛偽的作為。英國已經獲利甚多。遭廓爾喀人占領的部分已割讓給東印度公司，而在一八三五年，當東印度公司也想要得到大吉嶺與這個兩千五百平方公里的疆域地區時，卻嘉沒有多少選擇，只能接受條約：每年有三千盧比的撫卹金。這書面合約效期短又模稜兩可。在卻嘉的想法中，他得到大吉嶺的租金；英國則認為這塊疆域永遠是他們的。

建立大吉嶺的人是阿奇博爾德·坎貝爾（Archibald Campbell, 1805-1874）。他出生於蘇格蘭的艾雷島（Islay），於格拉斯哥和愛丁堡學醫，並加入孟加拉醫務處（Bengal Medical Service），霍奇森在加德滿都任職時，坎貝爾曾擔任此地的外科醫生，之後在一八三九年成為這處新避暑地的監督者。當他來到大吉嶺時，這裡淨是「無法通行的森林，人口非常稀少，」但才剛過十年，這個精神抖擻的蘇格蘭人便監督起這裡的建設，打造出一座當初想在這理想之地建立的療養院，還使這裡成為小鎮。這裡修築了道路、幾十棟歐洲房屋、市集和監獄，還有地方民兵組織，並終止強迫勞動。坎貝爾也嘗試過新引進的作物，包括一八四一年從曾種植中國茶樹種子的庫馬盎植物園取得茶樹。（二十年後，有棵茶樹已二十呎高，樹圍也有五十吋。）到了一八五二年，第一座商業化的茶園開始種植，而這處避暑地已靠著農業與林業，帶來五萬盧比的收益，大幅超越要給付錫金的區區幾千盧比。

坎貝爾是錫金的政治監督官，胡克少不了這名盟友，才能獲得進入錫金這個王國的許可。可惜坎貝爾與加爾各答齟齬不合，起初並不願意協助這項請求，令胡克十分洩氣。「如果少了拉賈的同意，政府不會命令坎貝爾派我過去，以免與中國發生戰爭；而坎貝爾也不會冒著讓自己違令的風險！」即使如此，由於坎貝爾是霍奇森的老友，因此胡克在大吉嶺停留期間，兩人必然也彼此熟識。坎貝爾年幼孩子們很愛胡克，胡克為了回應他們的美意，便以他們的母親的名字為一種杜鵑命名，就像當年為霍奇森做的一樣。在持續協商的期間，胡克先行探索大吉嶺一帶的山丘，之後沿著朗吉河（Rangit river）往更北的地方前進，越過了英國的管轄範圍，到這條河與提斯塔河的交會點。他蒐集了幾種木蘭屬，其中三種由法康納確認為科學上的新發現，另有三種是新品種的杜鵑，「其中一種是你可以想像出的最美植物，

8　卻嘉楚布南嘉（Tsugphud Namgyal, 1785-1863），在位時間（1793-1863）最長的卻嘉。

是寄生在巨大的樹上，有三碼高，還有輪生的樹枝，以及三到六朵巨大的白花，在每根樹枝頂端散發出甜美的香氣。」他把這種杜鵑命名為長蕊杜鵑（*Rhododendron dalhousiae*），這是以他在加爾各答的贊助者命名[9]。

胡克對原住民人口的態度通常是自大傲慢的，他的種族和階級向來如此，即使科學界也不例外。和法康納一樣，他認為印度人無法自我治理。如果政治可能會阻撓他雄心壯志，那麼他何不自己投入？胡克寫道，卻嘉選的大使「傲慢無禮」。阻礙他前進的關鍵人物是托坎南嘉（Tokhan Namgyal），亦即新任「德旺」（dewan，首席行政長官），這個藏人和卻嘉的私生女結婚。在大吉嶺，他被稱為「瘋狂部長」（Pagla Dewan）。他當然反英，唯恐鄰近帝國的造訪會讓清朝派駐拉薩的使節出現何種反應。胡克把他的行為描述成「印度中國人」：「傲慢、無禮、有攻擊性，從來沒有施展過公開暴力，卻藉由瑣碎的侮辱，確確實實地阻礙所有真誠的理解。」胡克責備錫金政府窩藏「惡名昭彰的冒犯者」，即使大吉嶺的行政部門也做了一樣的事：雙方當局都缺乏勞工，能找到誰就找誰。「次喜馬拉雅山區（Cis-Himalayan）的菩提亞人」，他寫信告訴父親，「無論是錫金，或者更糟的不丹人，是我見過最不文明的種族。」他和多數旅人一樣，寫到絨巴族時相對有同情心，情感也明顯得到回報。過了二十二年，下一個造訪錫金的植物獵人亨利·約翰·艾維斯（Henry John Elwes）說，老一輩的絨巴人不僅記得胡克，甚至對他近乎崇拜，說他是「高度智慧與仁慈力量的化身。」

幸而霍奇森和加德滿都當前由江格·巴哈都爾掌權的皇室有連結，於是胡克在一八四八年秋天獲得允許，將探索範圍延伸到尼泊爾東部，穿過塔摩爾河谷，遠達西藏邊界，來到壯闊的干城章嘉峰西邊。他在十月底離開，帶著五十五名隨從，並在十一月二十六日抵達位於邊界的提普塔山口（Tipta La），「他在這裡看不到任何西藏的景色，卻也沒力氣往更遠的地方攀爬。」他承受「極度痛苦的頭疼」。那裡有許多新的植物可以採集，包括他以霍奇森為名的杜鵑，而且因為達爾文感興趣，他也特別留意犛牛的育種。他在十二月五日從古薩谷地（Ghunsa）返回南方，胡克稱該地為「楚哲瑪山口」（Choonjerma pass），他暫停腳步，畫了張遠山景色的素描，包括同年稍早由他人測量的埃佛勒斯峰。至於楚哲瑪究竟在何處，依然不得而知。「班智達」錢德拉．達斯認為，可能是一處台地，接近現代地圖上所稱的米爾金隘口（Mirgin La）。無論胡克在哪裡停下來，他很可能是第一個為世界第一高峰畫出可辨識圖像的人。夕陽讓胡克想起特納的作品：

> 日落時，右邊的尼泊爾山峰，會更明顯地成為更暗的龐然大物，而光芒湧現，照亮茫茫霧海，我身邊的景色因而沐浴在最奇妙且難以言喻的色彩變化中。

在他返回大吉嶺途中，胡克與坎貝爾覲見了年長的卻嘉楚布南嘉，而他雖依舊不情願，胡克總算獲得進入錫金的許可。到了五月，他再度出發，探索干城章嘉峰東邊的國家及提斯塔河的源頭。胡克在錫金的出現，暴露出卻嘉的大臣之間有嫌隙。擔任首席行政長官「德旺」的托坎南嘉反對外來介入，使盡全力阻撓胡克，但是托坎南嘉有個政敵：茨帕亞登（Tsepa Adan），英國人稱他為哲布喇嘛（Chebu Lama），其宗派是源自於西藏東部，但已與絨巴族通婚幾個世代。正因如此，哲布在錫金比較受歡迎，只是和湯瑪斯．沃爾西[10]很像的是，在處理卻嘉無子嗣的問題時陷入困境。他一心想居中協調，和胡克

---

9 學名中的dalhousiae是指達爾豪斯。

10 湯瑪斯．沃爾西（Thomas Wolsey, 1473-1530），英王亨利八世的宮廷司鐸，由於凱薩琳皇后無法生子來繼承王位，亨利八世想與凱薩琳離婚，遂要求沃爾西說服羅馬教廷，只是沃爾西沒能完成這項任務，先遭國王免職，後又被控判國罪。

同行，陪伴著他並在關鍵時刻介入調停。這種爭鋒相對的情況在十一月初達到巔峰，這時胡克與坎貝爾正試著穿越西藏邊境、高度超過一萬五千呎的隘口卓拉（Cho La）。「德旺」認為他們的行動太過挑釁，於是派人逮捕坎貝爾，將他捆綁並囚禁起來。坎貝爾全身遭捆綁之際，俘虜者甚至強迫他寫信給總督，說明他們的要求。回到大吉嶺後，霍奇森寫信給胡克的父母，向他們保證兒子沒有牽涉其中，只是失去了許多採集品，設備遭到竊取或損壞。

坎貝爾並未遭囚禁太久。另一方面，等到東印度公司保證要採取「嚴正報復」時，胡克和他的伙伴已被送回大吉嶺，剛好來得及過聖誕節。「德旺」認為，事情已告一段落，還和他們同行，順便安排一些小馬的買賣。加爾各答政府不怎麼同情坎貝爾，認為他是自作自受。其中一名官員認為，坎貝爾的行動是「嚴重不慎」，可能會惹惱中國人。另一名資深軍官則認為，山上居民對與一個來測量他們領土的歐洲人起疑心，是完全可理解的。可以想見，達爾豪斯提拔了胡克。而胡克這下子明白，當初為了要進入錫金而對坎貝爾施壓，卻帶來何種後果，因此有點內疚。即使如此，為了要受到尊重，達爾豪斯下令，要盡速並嚴正的作出回應。一支強大的軍隊占領了朗吉河北岸，對抗一個小小的佛教之國，而其實，這國家根本沒有能稱為軍隊的軍隊。於是每年支付給錫金的款項取消。錫金幾百平方公里的特萊平原是最有生產力的土地，現在遭到併吞，納入大吉嶺的管轄範圍。正如加爾各答的官員所稱：「列強之間的弱者一定加倍受苦。」

即使在胡克返回英國之前，他寄回家鄉並送到邱園的田野素描、乾燥植物以及文字描述，都讓他的父親得以出版《錫金—喜馬拉雅山杜鵑》（*The Rhododendrons of Sikkim-Himalaya*），並搭配蘇格蘭植物插畫家沃爾特·胡德·菲奇（Walter Hood Fitch）的插圖。這位才華洋溢的植物藝術家曾經在格拉斯哥為威廉·胡克工作，並跟隨他來到邱園，這裡的出版品幾乎都見得到他的畫作。這些杜鵑花之後種植在邱園的低谷道路（因此這裡又稱「杜鵑花谷」），或與整個歐洲的其他植物園分享。十六世紀以後，歐洲人就知道杜鵑花，林奈也在十八世紀中期為一些品種分類，而拜胡克的出版品及花朵在邱園的芳蹤之賜，人們對這種植物燃起了想像。杜鵑花很適合英國花園變化多端的風格，不僅耐寒，種植方法也相對天然，且在狩獵莊園很受歡迎，因為杜鵑花能掩護供狩獵的禽鳥。

胡克的《喜馬拉雅山日誌》（*Himalayan Journals*）和杜鵑書籍獲得高度評價，一八五五年被指派為父親在邱園的助理。接下來幾年，他成為經濟植物學界的要角，積極參與以華德箱來移植世上價值最高植物的過程，也重新定義了世界貿易的進展。植物獵人理察．斯普魯斯[11]以及後來主導皇家地理學會的馬卡姆（Clements Markham）——同時促成羅伯特．法爾肯．史考特（Robert Falcon Scott）成為南極探險家——從安地斯山把金雞納樹帶回邱園，而這種樹正是抗瘧疾藥物奎寧的原料。成千上萬的幼苗在實驗場種植與分布，其中包括大吉嶺，而出乎胡克的意料，這些幼苗蓬勃生長。於是奎寧價格大幅降低，連窮人也負擔得起。軟木橡樹送到旁遮普種植，巧克力送到錫蘭種植，而賴比瑞亞的咖啡則送到西印度群島種植。杜鵑與蘭花掀起了風潮，但是最大的戰利品則是橡膠，至少從經濟角度來看是如此。胡克說服政府支持遠征，前進亞馬遜取得橡膠樹（Hevea brasiliensis）的種子，之後於邱園種植。經過幾年努力，樹苗送到馬來亞及斯里蘭卡，建立起高利潤的殖民地產業，對英國在兩次世界大戰中的對戰能力產生實質影響。（幾年後，一名茶種植者懊悔地告訴胡克，他職業生涯剛起步之際，沒聽從胡克的建議去種植橡膠，因而錯過發大財的機會。）

植物的知識與科技大幅進展，而製茶產業算是最早的受惠者。一八四八年五月，約瑟夫．胡克

11 理察．斯普魯斯（Richard Spruce, 1817-1893），倫敦林奈學會創始人，是最早探索亞馬遜地區的歐洲人。

探索大吉嶺山區之際，前沙哈蘭浦植物園的長官羅伊爾造訪了倫敦的切爾西藥草園（Chelsea Physic Garden）。這時知名茶商對印度種植的中國茶評價正好送來：很好，但還不夠好。東印度公司遂提出新策略：到中國取得品質最優的植物樣本，以及一切不可或缺的要件，以完成在印度建立可行商業茶園的任務。身為東印度公司的植物學家長官，羅伊爾在切爾西的任務便是要說服最有資格的人來參與這項工作，這份工作不僅難如登天，而且危險重重。

維多利亞時代早期的植物獵人，並非都是醫師兼植物學家。有些最了不起的是來自工人階級的園丁，他們當了很長時間的學徒，很有智慧、知識豐富，可惜未受過正式的科學教育。羅伯特・福鈞（Robert Fortune, 1812-1880）就是其中耀眼的例子。他出生於伯立克郡（Berwickshire）的小村子埃德羅姆（Edrom），父親是農場工人，而他的正式教育是從地方的教區學校開始，也在這裡結束。他曾擔任當地苗圃主人的學徒，後來到愛丁堡皇家植物園，在主園丁威廉・麥克納布（William McNab）手下工作，之後又到奇西克（Chiswick）的園藝學會（Horticultural Society），負責室內植物。他冷靜、有雄心壯志，也有深厚的技術，因此園藝學會決定在簽訂《南京條約》後，善用更容易進入中國的優勢，而他們很清楚，唯有福鈞足以勝任。福鈞在一八四三年五月來到香港，接著在華北度過三年，將迎春花、金橘帶回歐洲，也在維多利亞女王三十二歲生日時獻上蒲葵當作賀禮；而其中最出色的，是傳說中的重瓣黃玫瑰，這是從某個清朝官員的庭園中竊取的。雖然有這些豐功偉業，大眾可能也不曾聽聞過他的大名，幸而他將這些有趣的旅行見聞集結成《中國北方三年行》（*Three Years' Wandering*），其中最受歡迎的述事，莫過於他如何隻身對抗一群海盜，以保護標本。東印度公司更關注的，則是談論中國茶產業的兩篇章節。沒有任何歐洲人看過這麼多中國茶，也沒有人比他更了解。

福鈞的第一次遠征並未幫助他得到符合名聲的待遇。他只有一百英鎊的年薪，園藝學會也不願提供武器，讓他在旅途中自我防衛。他們比較習慣找本身擁有槍枝、不必倚賴薪酬的士紳。然而福鈞的亮眼成就確實為他贏得切爾西藥用植物園的董事一職，整體收入大幅改善。這份工作雖稱不上薪資優渥，但確實讓他得到一棟房子及其他獲利，更重要的是，不必再冒生命危險。一八四八年，智慧財產權的概念尚不存在，不過福鈞很清楚，羅伊爾吩咐他的任務與其說是採集植物，毋寧說是產業間諜。他也知道被逮的後果。東印度公司需要提供更優越的條件，才能說服他回到中國——而東印度公司確實做到了：薪資為之前的五倍、自由通行，且採集後的植物他皆可留用，到市場上販售給越來越多的富有園丁，他們都知道中國是座寶庫。他要做的，就是交出公司所需。

福鈞偽裝成商人，為了掩飾他怪腔怪調的中文，他聲稱自己來自某個離目前所在地極其遠的地方，而他最後也完成了任務。雖然他第一批送出的數千株茶樹，絕大多數都在東印度公司手上枯萎，但福鈞並未放棄。公司告訴他，他寄出的種子全都不行，於是他想出一種相當取巧的運送方式，把種子放在華德箱內種植桑樹的泥土中，而法康納收到時，其中一萬兩千株已經發芽。雖然有挫折，還得運用詭計，但福鈞不只送出得以萌芽的植物，也找到了最好的必要工具，並雇用中國茶農，他們不僅知道自己在做什麼，也準備好傳授種茶之道。多虧福鈞，印度茶產業來到臨界質量，得以大量生長。喜馬拉雅山區永遠改頭換面。

僅僅過了十多年，大吉嶺就有三十九座茶園、共計一萬畝的土地種植茶。大吉嶺幾間最著名的茶莊正是在這時期建立的，包括原本稱為威爾森茶莊（Wilson Tea Estate）的快樂谷（Happy Valley），是由英國人大衛・威爾森（David Wilson）於一八五四年創立；葛蘭布恩（Glenburn）茶園則是由第一任管理者、來自蘇格蘭的金波・莫瑞（Kimble Murray）命名；而馬卡巴力（Makaibari）茶莊則是由孟加拉已傳承四代的巴納吉家族（Banerjee）創設。（印度總理納倫德拉・莫迪〔Narendra Modi〕在二〇一八年和伊莉莎白女王見面時，就曾送女王一包馬卡巴力的茶。）在種植茶葉的熱潮中，大量砍伐了區域的樹木，三十年前多半不受侵擾的森林就此消失。然而，這對喜馬拉雅山居民的影響更大。這裡可以種更多的茶樹，也的確如此；另一方面，大吉嶺急需更多工人，於是將社群連根拔起，永遠改變這裡的社會與政治態勢。一八三九年，坎貝爾來到此地時，大吉嶺區約有一百個居民。十年後胡克來到錫金時，人口大約為一萬人。到了一八七一年，第一次人口普查完成，人口已攀升到九萬四千七百一十二人。十年之後，大吉嶺出現鐵路，更可靠的人口統計數字則是，十五萬五千一百七十九人。再過十年的一八九一年，數字攀升到二十二萬三千三百一十四人。大吉嶺這座城鎮本身在當時已有超過一萬六千人，成為加爾各答的夏都，也是印度幾間最貴的私立學校所在地：例如聖保羅（St. Paul）與耶穌會成立的聖若瑟學院（St Joseph's），是許多尼泊爾和不丹權貴的就學之處，小說家羅倫斯・達雷爾（Lawrence Durrell）也是校友。

人口劇增多半是因為茶產業擴張。一八九一年人口普查時，一百七十七座茶園占地四萬五千畝，全數需要大量勞力。這些勞力多半來自附近國家，其中尼泊爾占比甚高，因為尼泊爾領導者多半會出手幫忙，他們也會因此得到幾塊地當作酬賞。一八九一年的人口普查紀錄中顯示，有八萬八千人是尼泊爾人，且這數字幾乎可肯定是低估的。絕大多數是拉伊人、塔曼人（Tamang）和林布人（Limbus），還有一些尼瓦爾商人，他們是藏緬族群，有自己的宗教傳統，在由卡斯族主導的階級社會中處於不利地位。也有來自錫金與不丹的移民，以及穿山越嶺前來的藏人。大吉嶺成為新的邊疆，原本是人煙稀少，現在則是多種語言、多種文化的實驗場所。你可以來到大吉嶺躲避債務、不幸的婚姻或無趣的鄉村生活。大吉嶺宛如磁鐵，是喜馬拉雅山東部一處新的引力中心。在英國人的想像中，大吉嶺關乎殖民生活，猶如《王冠上的寶石》[12]延伸而出的番外篇。但和數以萬計的移民相比，歐洲人口顯得意外地少，這些移民來到一個新環境展開新生活，家鄉規矩被大幅改變。不難想像，大吉嶺成為喜馬拉雅山區文化與文學的熔爐，雖然在一九四七年印度獨立時，這裡的尼泊爾人口必須為自己爭取政治空間。

*

若說茶改變了喜馬拉雅山的地景，那麼喜馬拉雅山也改變了歐洲與北美的樣貌，至少花園是如此。一八六六年，前身為倫敦園藝協會的皇家園藝協會安排了史上最昂貴的國際植物展。儘管倫敦氣候寒冷，展覽依然掀起熱潮，大受歡迎，甚至得以獲利。這項展覽的贊助者與籌畫者之一，是維多利亞時代知名的維徹植物種苗公司（James Veitch & Sons），該公司靠著裝飾貴族的花園致富。在整個一八六〇年代，維徹贊助植物獵人前往世界各地旅行，為富有客戶尋找新品種，尤其是南美洲以及日本。約翰·古爾德·維徹（John Gould Veitch）就曾攀登富士山，而採集並帶回的日本針葉樹是前所未見的多，還有很重要的新品種楓樹。（他回國時，和福鈞搭同一艘船，福鈞當時也正進行類似的任務。）時值約瑟夫·帕克斯頓[13]的年代，他是維多利亞時期的園藝家首席代表，前一年才剛去世：這時多為龐大的形式化花園，以昂貴且過分講究的花圃植物來裝飾，並種植在玻璃屋之下。一八六六年展覽的宴會上，倫敦市長的演說就能清楚看出這種奢華哲學：

12　《王冠上的寶石》（*The Jewel in the Crown*），英國電視劇，描述二次大戰期間及之後英屬印度的最後時光。

13　約瑟夫·帕克斯頓（Joseph Paxton, 1803-1865），園藝家與建築師，曾設計水晶宮。

常言道，大自然美麗豐富，不需人之手來訓練陶冶；但大自然的任何形式都需要栽培。

一名愛爾蘭園藝家開始對抗這種不自然的奢侈之舉，他是園藝家威廉·羅賓森（William Robinson, 1838-1935），傳記作家妮可拉·舒爾曼（Nicola Shulman）稱他打造出「美術工藝運動的園藝小屋。」一八七〇年，羅賓森出版了《野生花園》（*The Wild Garden*），提倡更自然的種植法，終止勞力密集和「移植幼苗到苗圃」的昂貴之舉。他說，應該由大自然來帶路，而這表示要更仰賴適合英國溫帶氣候的植物。他主張要採用多年生帶狀花壇[14]，亦即種植灌木與多年生植物，以減輕一般園丁的工作量。但他在提倡原生植物時，也放眼世界其他地區，尋找適合北歐氣候的植物。喜馬拉雅山就在這時候登場，因為海拔高度往往能發揮和緯度一樣的功用。和南美洲熱帶品種不同，喜馬拉雅山的植物更是羅賓森心中「自然、堅韌」的品種，例如杜鵑能開出美麗的花朵，但又能禁得起霜雪考驗。

堅韌植物與更自然的種植方法蔚為時尚，為面臨衰退的喜馬拉雅山植物採集帶來最後一段輝煌的時光。一九〇六年，約瑟夫·胡克寫信給一名同事，哀嘆相較於大英帝國的其他地區，印度的植物學呈現了衰退。但也有例外。受到胡克啟發，英國協會（British Association）安排了一趟前往錫金的遠征，成員包含亨利·約翰·艾維斯（Henry John Elwes, 1846-1922）這位大將，他是植物學家、蝴蝶蒐集者，曾擔任蘇格蘭衛隊成員，聲音宏亮，在一段距離之外最能感受得到。一九〇六年，亦即胡克抱怨印度植物學情況危急的那一年——「請容我抱怨。我確實喜愛印度植物學，也很想看見另一位格里菲斯」——邱園的植物學家艾薩克·亨利·伯基爾（Isaac Henry Burkill, 1870-1965）也造訪錫金。隔年，他來到尼泊爾，也是八十年前繼瓦立池之後，第一個造訪加德滿都谷的專業植物學家，他蒐集了四百種品種。後來，伯基爾成為附屬於治安懲戒機構的植物學家，地點位於今天阿魯納查邦的艾伯山（Abor Hills），這個機構是要對抗阿迪人（Adi），亦即痛恨英國控制的藏族。這是格里菲斯與胡克都探索過的鄉間，胡克是在遠征錫金後與湯姆森一同探索。然而胡克寫下「在這方面，印度與中國的對比實在可悲，尤其是我確信許多新的中國植物可以在喜馬拉雅山東部找到」，果然所言不虛。

有幾十年的時間，在喜馬拉雅山東部探索植物的植物學家並非英國人，而是法國人。人稱「大衛神父」（Père David）的遣使會教士譚衛道（Armand David, 1826-1900）最為人熟知的，便是對中國自然史有廣泛深入的研究。這份工作包括在一八六八年春天展開的第二次採集遠征，沿著喜馬拉雅山東緣前進，來到現在四川西部，為期超過兩年。他最知名的發現就是大熊貓，以及珙桐（handkerchief tree），對當時的西方科學界而言，這種樹是新的屬，而屬名Davidia就是為了紀念他。然而，他蒐集的植物標本集範圍之廣，同樣令人印象深刻。他出生於比里牛斯山，父親是醫生，對自然史有廣泛的興趣，並教導孩子相關知識。大衛是優秀的自然學家。他從四川把六百七十六種植物樣本送回巴黎的自然史博物館，該館植物學家阿德里安・弗朗切特（Adrien Franchet）發現其中一百五十種是新品種：有十二種杜鵑，包括牛皮杜鵑（*Rhododendron aureum*）、報春花、堇菜屬、栒子屬（cotoneaster）與柳樹。雖然大衛神父承受「多到說不完的疲憊、病痛、匱乏以及疾病」，但終究還是行經青藏高原前往北京，由此他便能親眼目睹碧藍的青海湖——中國最大湖泊。

其他法國教士也以譚衛道的為榜樣，最知名的就是賴神甫（Jean-Marie Delavay, 1834-1895），他和譚衛道一樣在山區長大，但是是在法國另一側的上薩瓦省（Haute-Savoie），這裡培養出他對高山花朵的終身熱情。賴神甫於一八六七年來到廣東，一開始，他把蒐集到的全部交給同樣熱愛植物的英國領事

14 帶狀花壇（herbaceous border），又稱花鏡，其中種植多種多年生植物，較一般花壇強調自然野趣。

亨利·漢斯（Henry Hance, 1827-1886）。在一八八一年的返鄉之旅中，賴神甫遇到了譚衛道，譚衛道當下說服他為法國自然史博物館的弗朗切特及「祖國」（la patrie）採集植物。這般改變刺激了賴神甫，他在一八八二年回中國時，來到雲南西北部，或許是第一個造訪這些深谷的歐洲人；在當時，那是屬於喜馬拉雅山區東邊的偏遠區域。他和譚衛道一樣獨自工作，蒐集了龐大的乾燥標本集，弗朗切特說，是他看過最好的標本集，共有四千種，主要是高山植物，其中一千五百種是新的發現。其中有弗朗切特描述的藍罌粟（*Meconopsis betonicifolia*）。這種花的種子在愛丁堡植物園也可見，之後在埃薩克·貝利·巴爾福（Isaac Bayley Balfour）擔任園長期間達到黃金時期。（這種藍罌粟和之前的 *Meconopsis baileyi* 是否為同一品種仍有爭議；前者在一九二六年曾在倫敦展示。）

賴神甫和其他植物獵人不同，沒有隨從助手為他搬運設備及標本，因此採集的每一種品種樣本數量不多，只有幾種發現能成功引進歐洲。任務於是又交給下一代喜馬拉雅山東部的植物獵人：荷裔美國人法蘭克·梅爾（Frank N Meyer）是美國農業部派遣的植物獵人，此時，美國農業部剛進入喜馬拉雅山探索的圈子；歐內斯特·亨利·威爾蓀（Ernest Henry Wilson）曾為維徹公司前往雲南，尋找傳說中的珙桐，之後又為波士頓的阿諾德植物園（Arnold Arboretum）出任務；還有喬治·福雷斯特（George Forrest），這名蘇格蘭人是巴爾福招募的，他來到世界上生物多樣性最高的雲南，成為最成功的採集者。福雷斯特一路上獲得法國傳教士朱爾斯·杜伯納（Jules Dubernard）的協助，杜伯納已在湄公河上游谷地住了四十年，讓過去的奴隸改信基督教。一九〇五年，福雷斯特初次抵雲南展開採集遠征時，他目睹西藏僧侶反叛暴動，這是因為英國前一年入侵西藏所觸發，對抗基督教傳教士與清朝官員。福雷斯特逃離僧侶叛亂後，他回去時，這才發現杜伯納已遭到斬首，他自己也成了搜捕對象。

清朝氣數將盡，而中國朝西藏進軍，對植物獵人來說越來越危險。威廉·珀德姆（William Purdom）

是個高大討喜的諾森伯蘭園藝家之子，從男孩園丁一路穩定發展，晉升到邱園的初級領班。後來他沒來由遭到解僱，遂改為維徹公司和阿諾德植物園工作，前往與青藏高原西北邊接壤的甘肅省採集植物。雖說採集一事絕非如此簡單，但身為有天分的攝影師，珀德姆曾在卓尼禪定寺拍攝到絕無僅有的「法舞」照片，亦即亡靈回歸時跳的舞。卓尼寺位於獨立的藏族自治州，有自己的統治者世系，可追溯回十三世紀在忽必烈的贊助之下所成立的薩迦派寺院。珀德姆顯示出民族誌學者的眼光，在照片中捕捉到這段深厚歷史的回音。

一九一四年，珀德姆與雷金納德．法雷爾（Reginald Farrer）一同回到甘肅，法雷爾曾推動假山花園（rock garden），這項風潮最近又捲土重來。法雷爾個頭矮小，出生時有兔唇，他後來用鬍子把兔唇遮掩起來，只是許多痛苦的手術所造成的心理創傷與陌生人的憐憫從未遠離。他的家族在約克郡擁有英格博羅（Ingleborough Hall）莊園，而他也在家鄉接受教育；後來他到牛津大學貝里歐學院（Balliol College）求學，在努力飛黃騰達之際，同時也為自己向來富裕的家庭感到苦惱。為他寫下傳記的舒爾曼說，他想要的，「是成為聲名卓著的文學家」；他果然成為熱情活躍、平易近人的園藝作家，大多傾向「寫下關於自己的事，無論表面上主題是什麼。」

法雷爾一輩子都懷抱著在喜馬拉雅山採集植物的雄心壯志，加上他提倡假山花園獲得名氣，遂讓理想成為可能。法雷爾最初想去雲南，但開始尋找金援時，發現愛丁堡皇家植物園的巴爾福非但不提供身為業餘者的法雷爾任何經費，更遑論已有金頓—沃德與福雷斯特在雲南付出諸多努力，挖掘一切有價值的植物。他應該前往甘肅。法雷爾比外表看起來更加堅毅，即使如此，珀德姆也要參加這趟冒險，對他來說可謂好運至極。珀德姆勇敢堅強，曾去過甘肅，也了解攝影，並樂於讓法雷爾依照自己的步調行事。

法雷爾和珀德姆發現甘肅——一處土匪強盜的國度——已由導致華北陷入混亂的叛軍掌握，起義的領導者叫作白朗，曾在日本接受訓練，要顛覆中國新成立的共和政體。白朗的名字聽起來像「白狼」，法雷爾與珀德姆就這麼稱呼他們的敵人。珀德姆發現自己遭到白朗的兩百名人馬伏擊，甚至射殺了他的兩匹小馬，於是他回擊，然後逃跑。法雷爾於《在世界屋簷下》（*On the Eaves of the World*）一書中曾談及這段旅程，並附上一張照片，照片裡的珀德姆穿得放蕩不羈，宛如地痞流氓。這對搭擋碰上摧毀了當地村莊作物的暴風雪，並讓自己深陷危險之中。當地寺院掌大權的大喇嘛下令對兩人展開報復，於是珀德姆與法雷爾碰上了一群揮舞著火繩槍的憤怒暴民，幸而珀德姆施展個人魅力，兩人這才逃過一劫。

雖說他們冒了極大的風險，所幸報酬十分迷人——他們找到香莢蒾（*Viburnum fragrans*，也稱為 *V. farreri*），這種植物在英國庭園依然深受歡迎，花朵白裡透紅，法雷爾稱之為「臉紅的星子」；他們也找到新的醉魚草，有紫色薰衣草般的花朵，還有覆盆莓的香氣，「只挨著極其炎熱乾燥的裂縫、懸崖、石壁以及最乾燥酷熱之處[15]成長；以及紫斑牡丹（Paeonia rockii），那是「單一一朵巨大的花，其波浪狀與有皺摺的純白花瓣，具最大膽的優雅線條，而花瓣底部放射出最深的醬紫色羽狀物，那是從花朵最中央金色蓬鬆的圓形突出物所延伸。」法雷爾並未蒐集任何紫斑牡丹的種子，而引進這種植物的盛名，是屬於探險家兼植物學家約瑟夫．洛克（Joseph Rock），即便法雷爾見到的和洛克蒐集的是否為同一種植物，仍有待商榷。洛克的牡丹是在一九二六年蒐集，即藍罌粟掀起風潮的那一年，蒐集地點是在卓尼寺，亦即幾年前珀德姆曾經拍照的地方。不過，法雷爾和洛克無法交換意見：法雷爾已經在四十歲時的一九二〇年秋天，因為感染及飲酒過量，於緬甸北部山區去世。法雷爾的母親目睹兒子落入園藝界的西部戰線，於是在家族的英格博羅豪邸花園蓋了座小噴泉獻給兒子，上頭寫著：「他在尋找罕見植物的過程中，因為愛與任務而離世。」

金頓—沃德在一九二四年前往西藏神祕的雅魯藏布峽谷遠征，同行的有年輕貴族第五代考多伯爵（Earl Cawdor）約翰・坎貝爾（John Campbell），而這次行動也為喜馬拉雅山植物採集的浪漫時期畫下句點。除了邱園與自然史博物館賦予的任務之外，他也同意蒐集種子給第十三世達賴喇嘛，讓他在夏宮羅布林卡種植，於是他送了報春花與藍罌粟的種子：「是容易種植的炫目花朵。」金頓—沃德初次見到藍罌粟的花朵，是在拉薩以東三百公里的灌木叢中，他原以為自己看見漂亮鳥兒的翎羽。「這些花朵，」他寫道，「從海綠色的葉子中振翅而出，宛如藍金色的蝴蝶。」雖然他這一生的時光都將探索亞洲高地，而喜馬拉雅山的植物學今天也一樣重要，但在大眾的想像中，金頓—沃德的探索卻是不再重現的時光。藍罌粟讓喜馬拉雅山成為遙遠伊甸園的完美象徵，那份想像，再也不會如此盛開綻放。

15　原文提到這個地方稱為「Ha Shin Fang」，但實際地名已不可考。

十五 登山先鋒

一八九五年的某個夏季傍晚，一名小眼睛、身材壯碩的威爾斯年輕人，來到世界第九高峰南迦帕爾巴特峰之西，他坐在地處偏遠的羊圈圍欄上，觀看宰羊的這一幕。可敬的查爾斯．格蘭維爾．布魯斯（Charles Granville Bruce, 1866-1939）是年輕的廓爾喀兵團軍官，胃口極佳，忙了三十個小時之後，這會兒他飢腸轆轆。前一晚，他待在此峰南面五千八百公尺處，感到寒冷難耐，無法入眠。布魯斯其實是匆促之間來到南迦帕爾巴特峰的，保暖的登山裝仍放在喀什米爾的行李箱裡。尚未從腮腺炎康復的他，穿著毛衣和輕便的法蘭絨裝，在夜裡瑟縮度過，其中一條綁腿布纏繞腰際，還把雙腿塞進帆布登山背包中。但是柴火烤著羊肝的時候，布魯斯覺得更接近平時活力十足的自己了。「沒有任何東西能像眼前的食物這樣令我歡心鼓舞，」他如此寫下那一刻，「尤其是在這樣的環境之下。」

四十年後，已從陸軍准將退役的他，最為人津津樂道的，便是最早率領團隊，嘗試攀登聖母峰。對於一九三〇年代的年輕登山者來說，他就是傳奇人物。聖母峰的攀登者之一是知名小說家格雷安．葛林（Graham Greene）的哥哥雷蒙（Raymond Greene, 1901-1982）——布魯斯晚年的主治醫師，也曾在布魯斯的第一個軍團「牛津白金漢郡輕步兵」（Ox and Bucks）服役。他們依然不時訴說著老將軍的故事，即使他已離開四十年。布魯斯的父親阿布戴爾勳爵（Lord Aberdare）曾擔任威廉．格萊斯頓[1]的內政大臣，期間通過售酒法，若在公眾場合酒醉就是犯罪。勳爵的么兒於是在眾目睽睽之下，公然挑戰這項規定。布魯斯與人打賭，他可在一天內從倫敦跑到布萊頓，並在途中的每一間酒館停下來喝一杯。他能連續飆髒話幾分鐘，用詞沒有重複，這本事讓他的登山伙伴湯姆．朗斯塔夫[2]「羨慕得說不出話。」他熱愛阿爾卑斯山區的體能活動，遂贏得「瘋狂登山機」（Mad Mountain Machine）的暱稱。

如今布魯斯被歸類為聖母峰帝國戲劇的配角，一個好動過人的卡通角色，在高海拔上不時喧鬧著。但他其實精明得多。他的喜馬拉雅山登山生涯從一八九〇年代以後展開，那是富裕卻鮮為人知的時代，並延伸到第一次世界大戰後的幾年。在大眾的想像中，聖母峰是進入未知世界的階梯，但喜馬拉雅山的登山活動並非從聖母峰展開。到了一九二二年，布魯斯率領一群全心全意嘗試攀登聖母峰的團隊，這時的他已有三十年攀登世界最高山脈的經驗，也面對過這些山峰獨特的挑戰：其規模以及極端的高海拔。幾十年來，登山引來諸多議題，以及關於這些議題的正反意見，並衍生出許多想法及爭論：這些議題包括缺氧、飲食與設備，還有究竟該從阿爾卑斯山招募嚮導，或者仰賴當地人（布魯斯偏好後者）。身為駐紮在喜馬拉雅山的軍人及山岳會成員，布魯斯無疑是在適當的時間來到適當的地點。因此，那些為聖母峰搭起舞台的獨特小角色，他幾乎都認識。

一八八〇年代中期，身為年輕軍官的布魯斯開始攀登，這時鞏固登山的現代倫理架構首度出現。簡言之，登山者必須回答一個基本的問題：為什麼要登山？是應該要滿足更廣泛、更有道德或科學目的，或攀登本身就是目的？登山這項活動興起於十八世紀晚期的浪漫主義、科學探索，以及壯遊擴展而來的冒險活動風潮中。男人、女人都可因為登上山峰而成名：可說是維多利亞時代的「自拍」文化。這種關注自己的現象引發約翰．羅斯金[3]不安，他認為，山脈的美學榮耀因為遊客的蠢行而失色。一八五七年山岳會在賭上科學界的利益之下成立，狄更斯如此諷刺其造作：

> 施雷克峰（Schreckhorn）、艾格峰（Eiger）以及馬特洪峰（Matterhorn）等高山的規模，對科學成就的貢獻程度就如同年輕紳士組成的俱樂部一般，而這群紳士應該要承擔責任，跨坐在英國所有教堂尖塔的風信雞上。

身為科學家的約翰・廷德爾（John Tyndall, 1820-1893）對輻射熱的研究奠定了我們對氣候科學的理解，而他也是重要的登山家。一八六一年，他曾首登備受崇敬的維斯洪峰（Weisshorn）——位於瑞士阿爾卑斯山區的策馬特（Zermatt）附近。他也是山岳會的早期成員，但是在首登維斯洪峰後的一年、剛擔任副會長時便退出會籍，因為年輕的萊斯禮・史蒂芬（Leslie Stephen）——維吉尼亞・吳爾芙（Virginia Woolf）和凡妮莎・貝爾（Vanessa Bell）的父親——一篇輕率的文章激怒了他。史蒂芬在文章中笑稱，科學如何變成只是嚴肅登山事業的附屬品。一八六五年，馬特洪峰發生山難，當時有四個人從山頂下撤時摔落致死，其中一人是昆斯貝里侯爵（Marquess of Queensberry）之子，於是原本不贊成登山的風氣演變成強烈反對的風暴。這不光是一起意外；「正是這起意外」，一名《高山雜誌》（*Alpine Journal*）的編輯寫道，凸顯出這些登山者「在陰暗影子下四處活動之際，一般旅人對這類活動鮮少掩

1　威廉・格萊斯頓（William Gladstone, 1809-1898），一八六八至九四年期間，有十二年擔任英國首相。
2　湯姆・朗斯塔夫（Tom Longstaff, 1875-1964），英國醫師、探險家與登山家，在一九〇七年完成特里蘇爾峰首登。
3　約翰・羅斯金（John Ruskin, 1819-1900），英國維多利亞時代的重要藝評家，也是英國工藝美術運動的發起人之一，強調自然、藝術以及社會之間的聯繫。

飾的不屑一顧。」

率領那趟馬特洪峰攀登之行的愛德華・溫珀同樣深受衝擊[4]。在因緣際會之下，攀登高山讓他跳脫卑微的社會階級出身，一如科學為廷德爾帶來的影響一樣。但在馬特洪峰事件之後，他對登山運動的興奮和精力瞬間凝結；這項伴隨他黃金歲月的運動中固然可見新事物及發展，但他無法從中看出任何價值。在馬特洪峰山難之後，他的冒險乘載著繁重的目的：啟動科學遠征，先是到格陵蘭，之後又到祕魯，於是他成為欽波拉索火山的首登者。這座山和洪堡德有密切的關聯，十九世紀幾乎每一次的科學探索中的重要人物（包括達爾文）都曾受到他啟發。對溫珀而言，若登山有目的，此目的都會在洪堡德學識及社會名望的範圍內。對於終身以出版為業的人來說，額外的好處就在於抱著希望，等待終有一天出版一本很有分量、不可或缺的書。

在探索北極之後，溫珀下一步前往喜馬拉雅山是合理之舉，原因不光是家族和此地有強烈連結。他的弟弟亨利曾學習啤酒釀造，之後前往印度，到新成立的莫里啤酒廠（Murree Brewery）任職，這間啤酒廠在拉瓦平第（Rawalpindi）北邊的皮潘札嶺（Pir Panjal），通往喀什米爾的路上。愛德華擁有這間公司的股份，而亨利也在莫里啤酒廠替兄弟約瑟夫（Joseph）與賽謬爾（Samuel）尋得工作。另一名兄弟法蘭克（Frank）在郵局任職，最後成為孟買的郵政署署長。約瑟夫後來搬到穆索里，亦即喬治・埃佛勒斯蓋了房子的避暑地，在德拉敦與印度測量局總部的北邊三十公里處。他在此成立王冠啤酒廠（Crown Brewery），賽謬爾也在這裡待了一段時間，之後搬到奈尼塔爾從事類似的工作，而在奈尼塔爾，舉目便可見加瓦爾最雄偉的群山：卡美特山、特里蘇爾峰（Trisul）及南達德維峰。隨著東印度公司往北擴張，這三座山峰成了登山者的可及範圍，也成為喜馬拉雅山攀登先鋒的早期目標，但溫珀不在其中。他的姪子羅伯特後來說，溫珀曾考慮過嘗試攀登聖母峰，那裡的原始狀態會吸引他發揮雄心壯志，只不過「太過昂貴而放棄這個念頭。」溫珀是個不怎麼浪漫的人：從經濟角度來看，欽波拉索火山的遠征之行比較有意義。雖然在印度累積了大量的實際物資，姊妹也會到印度造訪兄弟們，但身為當代最知名登山者的溫珀卻從未見過喜馬拉雅山。

對洪堡德本人來說，喜馬拉雅山開通得太遲，即使他滿懷熱忱，想前往當地旅行，也或許是想重複當年攀登欽波拉索火山的嘗試：「我這輩子，最懊悔不已的事，」洪堡德在朝著一八五九年的人生盡頭前進時如此說道。他的雄心壯志由一小群他所支持的年輕探索者繼承，而洪堡德宛如蜘蛛網中央的蜘蛛長老，由一群通信者把資料交給他，讓他奮力完成《宇宙》（*Cosmos*）這部關於自然界的巨著。一八四〇年代，他協助友人約瑟夫·道爾頓·胡克，運用他在倫敦的人脈，為胡克前往喜馬拉雅山東部的旅程提供金援。及至一八五〇年代中期，喀什米爾及南迦帕爾巴特峰的南入口也在東印度公司的掌控，因此洪堡德的再傳弟子將著手嘗試首登喜馬拉雅山的重要山峰，目的只純粹為了攀登。可惜的是，為期三年的精采遠征以悲劇告終。

洪堡德稱他們是「三葉草」，五名成員中有三人是巴伐利亞的兄弟檔：即慕尼黑眼科醫師約瑟夫·施拉金特維特（Joseph Schlagintweit）的兒子，分別為赫曼（Hermann）、阿道夫（Adolf）以及羅伯特（Robert）。赫曼是三個孩子中的老大，出生於一八二六年，三人在一八五四年出發前往印度時，他也才接近而立之年。這三人曾發表過關於阿爾卑斯山地理與地質的研究，而在攀登高山的旅程中，差點完成西歐第二高峰羅莎峰（Monte Rose）的首登。這些人是登山運動黃金時期的攀登者，那時代只有他們成功登上喜馬拉雅山。他們所仰賴的，是洪堡德的支持以及他在東印度公司的人脈。他們聲稱，自己的任

4 這就是一八六五年馬特洪峰的首登之行。共有七人一起攀登，在下撤時四人墜落死亡，另外三人存活。

務是考察印度的地磁，因為地球磁場也是洪堡德的研究重心。他們將帶回大量地質學、動物學和植物學的珍貴樣本，還有冰河學理論、精緻的山岳水彩畫，及大量的民族誌材料，足以讓么弟艾彌爾・施拉金特維特（Emil Schlagintweit）展開成為西藏學者的終身職志。後來，他們在一八五七年九月於都柏林舉辦的不列顛科學促進會（British Association for the Advancement of Science）年會中發表演說，而在會議結束後，達爾文寫信給他們，他想了解犛牛的育種方式。

這三名兄弟在喜馬拉雅山區的足跡相當廣，且各自獨立。在一八五五年春天，赫曼獨自離開加爾各答，前往大吉嶺，想沿著辛加利亞山脊（Singalila ridge）前往干城章嘉峰，這座山峰在西方人的想像中地位堅固，就像胡克掀起的杜鵑風潮一樣。同時間，阿道夫和羅伯特則往庫馬盎出發。羅伯特在喬哈爾谷等待，阿道夫則攀登上品達利冰川（Pindari glacier）。雖然是有能力又愛冒險的旅人，施拉金特維特兄弟大多順著先驅的腳步：為了和弟弟再次會合，阿道夫二度跨越特雷爾山隘——連接品達利冰河和米拉姆村——且即使不是第一人，但挑戰性依然不減。他們在米拉姆雇用未來的班智達奈恩與曼尼・辛格，之後穿越邊境，進入西藏（假扮成佛教朝聖者，以免遭到逮捕），抵達印度河畔的商業營地噶大克，這是在一八一二年穆克洛夫特之後，歐洲人首度來到此地。更近期，趁著贏得錫克戰爭之際，英國自然學家得以更輕易進入或行經此地；亨利與約翰・斯特拉奇的兄弟理查在庫馬盎採集標本後，就穿越邊境進入西藏，並造訪神聖之湖瑪旁雍措。

阿道夫與羅伯特・施拉金特維特具真正創新之舉的，在於他們被噶大克當局識破並驅逐，因而從西藏南返時，竟對山頂展開異想天開的嘗試。從薩特萊傑河上方，加瓦爾北邊的景色是由卡美特龐大的三角山體主導，這座山峰有七千七百五十六公尺高，而這山脈在當時多稱為伊比加米（Ibi Garmin），一八四八年由斯特拉奇確認並粗略測量。阿道夫與羅伯特決定在回印度的途中探索這群山，並在這座山下海拔五千兩百公尺的地方紮營，度過兩個星期。他們在大約六千公尺的營地決心嘗試攻頂，並往上攀登八百公尺。二十世紀的登山家查爾斯・米德（Charles Meade）探索卡美特時曾證明，這對兄弟其實登錯山峰，他們嘗試的是卡美特的鄰山，也就是聳立於另一邊的山，如今稱為米德山口（Meade's Col）。任何人如果沒有地圖（一八五五年就沒有地圖），並從北邊往卡美特出發，就可能犯下同樣的錯誤。這第二座山峰今稱為「艾比加米尼」（Abi Garminy），緊貼著更高的南方鄰山卡美特，兩者在中午看似合而為一。這對兄弟用氣壓計的數據，計算他們的高度為六千七百七十八公尺，多年來都被視為是無庸置疑的紀錄。一九九九年，人類發現了獻祭用的印加兒童木乃伊，這令人難以忘懷且保存良好的木乃伊，是五百年前留在智利與阿根廷邊界、高度超過六千七百公尺的尤耶亞科山（Llullaillaco）山頂，不禁讓人重新思考施拉金特維特兄弟的紀錄。雖然沒有實體證據顯示人類曾抵達安地斯山脈更高、海拔六千九百六十一公尺的阿空加瓜山（Aconcagua），但可能性相當高。由於西藏犛牛牧民會把犛牛帶到六千公尺以上，因此安地斯山的居民會抵達類似高度也相當合理。

施拉金特維特兄弟在喜馬拉雅山利用洪堡德的模式進行龐大規模的工作，因此在回歸途中贏得許多讚賞。阿道夫選擇以陸路返回家鄉，沒料到，與兄弟分開之後卻消失蹤影，這命運無疑讓他們的名聲錦上添花。印度當局，以及理查・斯特拉奇的哥哥亨利無不克服萬難，想知阿道夫死活：原來，他被控是中國間諜，在喀什市未經判決就遭斬首。最後在一八五九年，一名哈薩克士兵和學者喬坎・瓦里漢諾夫（Shoqan Walikhanov）發現他的首級，也啟發了吉卜林寫下短篇故事〈要做國王的人〉[5]。他們的作品後來發表在重要的英國期刊上，可惜好幾冊的旅行紀錄並未翻譯，於是施拉金特維特逐漸消失在英語世界

5 〈要做國王的人〉（*The Man Who Would Be King*），後來改編成電影《大戰巴墟卡》。

的視野中，然而他們的攀登之行啟發了自發性冒險，隱藏在學術敘述的森林之後。

在後來的時光，一如我們所知，印度測繪局的工作範圍橫跨喜馬拉雅山區與喀喇崑崙山，沿途中登上了幾座山巔，但正如在阿爾卑斯山或高加索山脈，軍隊測量者來到制高點是為了取得資訊，而非運動。第一次純屬於登山運動的喜馬拉雅山遠征，還得等上二十五年才會出現。當代高山登山者會說，一八五七年的印度叛變是造成登山運動暫停的原因之一；而在一八六〇年代，阿爾卑斯山也出現許多挑戰，這些挑戰，同樣可以解釋登山運動何以暫停。鐵路網剝奪阿爾卑斯山的荒野，於是高山攀登者開始造訪更偏遠的山脈，例如高加索山脈，這裡成為實用的實驗場，為喜馬拉雅山做準備。隨著英國對印度的掌控更深入山區，要前往喜馬拉雅山也更容易了。

一八八三年二月，甫職業不久的律師威廉・伍德曼・葛瑞姆（William Woodman Graham）與瑞士嚮導約瑟夫・伊姆波登（Josef Imboden）抵達孟買。葛瑞姆是喜馬拉雅山攀登前驅，說這個人具有神祕色彩並不為過，其名聲介於冒險家、怪胎與騙子之間。葛瑞姆雖然年輕，但攀登高山的經驗相當深厚，然而在前一年的十二月，山岳會投票反對他加入。令人意外的是，這在當時很常見，而且大多屬於個人意見，只是這一次投票結果卻是一面倒地反對。雖然明確原因仍不得而知，但是那年夏天，葛瑞姆把某座山的首登者名號納入囊中。這座高山位於山城霞慕尼（Chamonix）上方，稱為「巨人齒峰」（Dent du Géant），是充滿戲劇性色彩且備受重視的花崗岩高山。在首登時，他所仰賴的，是義大利登山隊設置的五金與固定繩，這多少顯得有些可恥。葛瑞姆非但未自己固定這些繩索，他還站在固定這些繩索的人肩上。

其他人或許就把這種事往肚裡吞，但葛瑞姆毫不猶疑，對《高山雜誌》完整訴說他的喜馬拉雅山遠征，並在皇家地理學會上當場讀給觀眾聽。他說的故事相當精采，是歷時幾個月的活動，他先從大吉嶺北邊的干城章嘉峰區域展開，夏天來到加瓦爾，秋天則回到錫金。他的嚮導伊姆波登在第一段旅程因為發燒與思鄉，覺得這山區太寒冷，不宜攀登，於是返回。接下來，他的任務交給了艾彌爾・伯斯（Emil Boss），他是瑞士格林德瓦（Grindelwald）的熊旅館（Bear Hotel）老闆，這間旅館以臨近艾格峰聞名，另外還有一名嚮導烏爾里希・考夫曼（Ulrich Kaufmann）。這兩人在前一年幾乎攀登了紐西蘭的庫克山（Mount Cook），是令人敬畏的搭擋。他們在季風季於加瓦爾前進，飽受水蛭攻擊，導致在途中加入山岳會的法國成員德克先生（Monsieur Décle）落荒而逃。他們的計畫是攀登南達德維峰，是完全位於印度境內的最高峰，但是在精力充沛、抵達險惡的里希根加峽谷（Rishiganga Gorge）之後，葛瑞姆強烈渴望嘗試攀登杜納吉里峰（Dunagiri）。他來到將近七千公尺，但是因為天氣變壞，於是在距離山頂一百五十公尺就得打住腳步，只好和伯斯下撤。他也攀登了測繪者稱為A 21的山，即後來所稱的強卡邦峰（Changabang）。認為葛瑞姆可能攀登這座以難度奇高而聞名的山峰，恐怕是讓人一笑置之的想法；直到一九七四年，這座山才有人運用現代的設備與技術完成首登。他們可能是認錯了山，因為葛瑞姆是使用一張不怎麼樣的地圖來比對所行經的鄉間。

回到大吉嶺，他與「西達爾」（意為「首領」）會合，這名西達爾是「強健、老實的西藏人」，名叫加卡（Gaga）。加卡在那年春天已幫他安排好腳夫，而十月初，葛瑞姆在大約五千六百公尺的營地表示，這裡距離卡布魯峰（Kabru）山頂十到二十公尺——卡布魯峰是干城章嘉峰雄偉的鄰山之一。號稱「當今腳程最快的台階鑿切者」的考夫曼試圖攀登最後一段陡峭冰坡，因為這道斜坡已覆蓋著薄薄一層結凍的雪。而其山頂本身「只是根冰柱」，但由於太堅硬陡峭，難以征服。他們那天晚上回到了營地，看起來只差一點就攀登上七千四百一十二公尺的山峰，幾乎是當時人類攀登過的最高點。

葛瑞姆在對皇家地理學會談到自己的經驗時，提到許多插曲，但是非常簡潔；年近七旬的約瑟夫・

胡克也在觀眾席，但他不太在乎這個自命不凡的年輕人，並質疑起葛瑞姆聲稱高度並不令他困擾的說法。胡克心存懷疑：如果心臟的周圍沒有「一圈鐵箍」，他自己是無法在這種高度行動的。對於印度測繪局所繪製的地圖品質，葛瑞姆也提出一些尖銳的見解。這反而讓他大吃苦頭，承受他人的敵意，「但是當我們發現一整座山脈被忽略，而畫著冰河的地方卻有四呎粗的樹木生長，這時我能說什麼……」他在南達德維峰遇到另一名旅人，說他們兩人用的地圖都是「美麗卻不精準。」他的登山伙伴伯斯不光是旅館老闆，也是瑞士陸軍上尉，而瑞士陸軍所繪製的瑞士地圖是無與倫比的。在葛瑞姆演講後，隔天伯斯又對山岳會演說。他說，雖然印度測繪局最新的錫金地圖非常出色，但加瓦爾的地圖根本是空想之作。長期以來，登山者與軍事當局之間會合作，繪製精準的山嶺地圖。他建議，印度測繪局的官員不妨到瑞士，接受高山測繪的訓練。道格拉斯．弗里斯菲爾德（Douglas Freshfield）是山岳會的重要成員，也鼓吹高山登山者前往歐洲以外的地區攀登，他後來也支持威廉．亨利．強森（William Henry Johnson）——出身不起眼的測繪員，曾建議成立與山岳會類似的喜馬拉雅山岳會——不過這個想法被自滿的印度當局輕視。

即使這些批評有建設性，印度測繪局卻不以為然。一名自稱「在喜馬拉雅山區漫走近三十年」的匿名記者寫下言詞嚴厲的文章，駁斥葛瑞姆聲稱幾乎攀登上卡布魯峰的說法，這篇文章刊登在阿拉哈巴德（Allahabad）的《先鋒報》（*Pioneer*），不久之後，吉卜林就會來這間報社這裡工作。後來，「印度登山學校」的信件如雪片般降臨報社，為印度測繪局說話，並蔑視葛瑞姆。如果大吉嶺勇敢剛強的西藏人與雪巴人都說不可能，那必定是不可能。他們主張，葛瑞姆或許是把卡布魯峰與卡伯爾（Kabur）混淆，後者是戰鬥行軍時會抵達的山麓，這說法只是為了羞辱。而弗里斯菲爾德則攻擊《先鋒報》的論點，重申他們提出這些協助是出於善意，且為了呼應大博弈，他甚至以不討喜的比喻形容，認為印度當局的態度好像囉唆的保母，而俄羅斯則是欣然放任。葛瑞姆本人倒是保持沉默，不久就從眾人眼中消失。據說他碰上嚴重財務危機，遂前往美國，有人說是去當牛仔。一九一〇年，他再度現身，成為墨西哥城市杜藍哥（Durango）的副領事、幾份墨西哥報紙褪色剪報上的一張模糊臉孔。他就像格雷安．葛林小說中的角色，靠著職位的裝飾，勉強隱藏著必然不得了的故事，而我們恐怕永遠無法得知實情。

偶有說法指出，登山「體制」背棄了葛瑞姆，但這回並非如此。弗里斯菲爾德仍給予支持，而在一次大戰前幾年，錫金的高山攀登者也幾乎都加入他的陣營。至於確實鄙視葛瑞姆主張的登山者往往是牽涉到利害關係，例如威廉．杭特．沃克曼（William Hunter Workman），他的妻子是不屈不撓的新英格蘭探險家芬妮．布拉克．沃克曼[6]，一個繼承家產的女子。他在一九〇三年登上喀喇崑崙山，創下的登高海拔世界紀錄，但這項紀錄岌岌可危，因為前提是不考量葛瑞姆的成就。公開質疑葛瑞姆攀登成就的山岳會成員中，包括傑出的馬丁．康威爵士（Sir Martin Conway）：他是藝術史學家、作家，且和沃克曼夫婦一樣，致力於自我推銷。康威也聲稱自己創下高度紀錄，在一八九二年遠征喀拉崑崙山時，抵達了六千九百〇四公尺的巴托羅崗日峰（Baltoro Kangri）。他駁斥葛瑞姆創下攀登紀錄的說法，同時宣揚自己的成就，在一九〇八年《運動百科》（*Encyclopaedia of Sport*）的條目中，寫下自己的攀登紀錄。弗里斯菲爾德當時已是探索喜馬拉雅山的老將，便在《高山雜誌》與康威爭論了起來，於是在一九一一年的版本中，康威撤回這項條目。

或許最大力抨擊葛瑞姆的是肯尼斯．梅森（Kenneth Mason, 1887-1976），他是授勳軍人，也是知名地理學家，曾是徹頭徹尾的印度測繪計畫人員，後來成為牛津的地理學教授。他的喜馬拉雅山探索與登

6 芬妮．布拉克．沃克曼（Fanny Bullock Workman, 1859-1925），是最早的女性職業登山家之一。

山史在一九五五年首度出版，距離葛瑞姆遠征已七十年，堪稱是其出版類型中和聖母峰一樣的登峰造極之作，至今依然有影響力。他在駁斥關於葛瑞姆的書中紀錄時，就像父母親帶著溺愛之心，耐著性子從學步黏答答的手中，取出珍貴的傳家寶。梅森年幼時，就受到「最後一位帝國時代的冒險家」榮赫鵬的探索旅程啟發。在一八九三年，榮赫鵬於契特拉（Chitral）的馬球場上，與查理・布魯斯天馬行空，想要嘗試攀登聖母峰。（或至少是在說故事。幾十年後，布魯斯提醒榮赫鵬這件事時，榮赫鵬早以忘得一乾二淨。但這阻擋不了他們在《每日電訊報》〔*Daily Telegraph*〕上，以此故事吹捧埃佛勒斯：「若能為遠征基金再賺得二十鎊，那就是好事一樁。」）梅森及他之前的諸多測量員認為，登山應該要有良好的組織、有生產力且能派上用場。登山應該助長知識，幫圖書館填滿地圖與目錄。登山不是遊戲，不是為登山而登山；地圖上的空白之處應該要填滿，而不是從中獲得樂趣。

梅森的觀點在哲學上迥異於許多登山者，反映出一八八〇年代開始的分裂，其影響將滲透到攀登聖母峰的嘗試，甚至到一九五三年的攀登依然如此。在最極端的情況下，差異會變成兩極化。其中一方是重視結果勝於方法；另一邊則是完全相反：如何攀登比登頂重要。這種另類觀點認為，登山本身就是報酬，本身就是一場遊戲，也產生更異想天開、稍有文學性的輸出。有些權威機構的人士認為這樣是自我耽溺，他們相信要有更高尚的目的，尤其是愛國情操，才值得賭上自己的性命。他們比較喜歡大型遠征，有豐厚金援和機構名望作為後盾，目的也不只是登山本身，而是為了科學、為地理知識。他們喜歡在人山人海的演講廳演說，交出沉甸甸的書籍，這樣的遠征會讓自己的事業更上層樓。

對康威而言當然是如此。他是身強體壯的高山攀登者，曾從策馬特攀登馬特洪峰，還來得及回來喝下午茶，但就像多數事情一樣，登山最後令他厭煩。一八九二年，他遠征喀喇崑崙山時是仿效溫珀的祕魯探索，因為印度總督蘭斯唐爵士（Lord Lansdowne）建議他，刪去登山許可申請書上的「登山團隊」一詞，改以「探索團隊」來取代，原因在於「若把登山視為運動，則無法取得官方的注意，無論如何我是這麼認為的。」他帶著來自瑞士薩斯費村（Saas-Fee）的優秀嚮導馬提亞斯・祖布里根（Matthias Zurbriggen），日後威廉與芬妮・沃克曼也雇用他；同行的還有擔任運輸官的年輕人查爾斯・布魯斯，以及激烈的社會主義者奧斯卡・艾肯斯坦（Oscar Eckenstein）——優秀的登山者，向康威介紹冰爪後，康威滿臉不甘願地穿上。康威、布魯斯以及艾肯斯坦於是一起探索希斯帕冰河（Hispar）與比亞福冰河（Biafo glacier），兩者共同形成了極圈以外最長的冰河，長達一百二十公里。艾肯斯坦後來因為一場嚴重的政治爭論，離開了這趟遠征，展開了一段長久的鬥爭。康威繼續前往比亞福冰河，嘗試攀登上他稱為「金色寶座」的山峰，即今天的巴托羅崗日峰。康威在一八九五年受封為爵士，顯然是因為他對喀喇崑崙山地圖繪製的貢獻，他後來成為劍橋大學斯萊德美術講座教授（Slade Professor of Fine Art），也在一九一八年大選中成為「聯盟代表」（coalition coupon）的國會議員。當他的貴族爵位公諸於世時，《龐奇》刊載了一幅漫畫〈登山者〉，只見康威把冰斧織入他的紋章中。不過，他再也沒到喜馬拉雅山。

「住在印度的英國人，會熟悉三種喜馬拉雅山的壯闊景象，」布魯斯寫道，「從大吉嶺望向干城章嘉峰、從奈尼塔望向南達德維峰與特里蘇爾峰，以及從莫里山區（Murree）望向南迦帕爾巴特峰。」康威遠征喀喇崑崙山及弗雷德・穆梅里（Fred Mummery）在一八九五年嘗試登上南迦帕爾巴特峰，兩者之間的對比再明顯不過。這是第一次有人嘗試這麼氣勢磅礴的高山，而且喜馬拉雅山的攀登活動也才剛萌芽，猶如萊特兄弟才在基蒂霍克（Kitty Hawk）試飛一個星期，就要飛越大西洋。

從南迦帕爾巴特峰東南邊的德奧賽平原（Deosai plateau）更能明顯看出這意象；山的南壁矗立於魯巴爾山谷（Rupal valley）之上，是一座龐大雪白、閃閃發光的山壁。最早看到南迦帕爾巴特峰的歐洲人之一，是旅人戈弗雷・托馬斯・維格尼（Godfrey Thomas Vigne），他在一八三〇年代晚期，受到巴提斯坦（Baltistan）的拉賈艾哈邁德・沙阿（Ahmed Shah）歡迎，因為他是這名拉賈第一個見到的英國人。維格尼的著作是西方首度完整描述這個區域，立即成為經典，而從這個角度所看到的山峰是「是喜馬拉雅山最令人敬畏的壯闊景象。」施拉金特維特在一八五〇年代中期經過南迦帕爾巴特峰時，把它的梵文名稱翻譯成「裸山」，在水彩畫中清楚捕捉其浩瀚雄渾的山體如何主宰喀什米爾。喜馬拉雅山區許多知名的山峰會被其他山脈擋住，因此無法一眼望見，但是南迦帕爾巴特峰並沒有這種狀況。從附近流過的印度河河岸就能望向山頂，視線就這樣爬升了七千公尺。

稱這趟登山為遠征或許太冠冕堂皇。說是登山派對才是貼切，由來自阿爾卑斯山的一群友人組成。和查理・布魯斯一同紮營、看羊屠宰的是來自約克郡的傑佛瑞・黑斯廷斯（Geoffrey Hastings），身為中尉的他身強體壯，默默散發堅毅氣質，又值得信賴，在布拉福（Bradford）經營精紡毛織品的生意。在阿爾卑斯山，他最為人所知的，便是會在最適當的時刻，從背包裡拿出鼓舞人心的美食，例如培根或香檳。黑斯廷斯在幾天前腳部受傷，因此這趟遠征花了許多時間，在這土匪橫行的鄉間，設法購買食物。最後來到營地的，是諾曼・柯利（Norman Collie）與弗雷德・穆梅里。柯利個子高，是個傑出的人才，在倫敦大學學院擔任化學家，其上司就是日後發現惰性氣體而獲頒諾貝爾獎的威廉・拉姆齊（William Ramsay）。幾個和柯利同時代的登山者覺得他嚴肅，但學生們很喜歡他，欣賞他能默默展現出愛挖苦人的幽默機智，以及能賺點錢的賽馬訣竅。他的嗜好相當廣泛，喜歡波爾多淡紅酒（claret），是日系木雕專家，還會吹製自己的玻璃燒瓶，同時菸斗根本不離口。他在挪威進行過許多探險登山行程，由於經常叼著一根菸斗，又戴著獵鹿帽，因此常有人誤認為柯利是夏洛克・福爾摩斯。

而這群登山者中的明星，無疑是亞伯特・費德烈克・穆梅里（Albert Frederick Mummery），即前文所稱的弗雷德・穆梅里。穆梅里來自多弗（Dover），近四十歲生日時加入登山行列。他的父親在多弗擁有一間製革廠，還擔任市長。雖然他到二十一世紀依然名聲響亮，我們對於他的早年生活卻所知不多，因為他的家族文件在德軍轟炸時軼失了。我們確實知道，他在出生不久脊椎就出了問題，且有嚴重的近視。他被歸類為體弱多病的孩童，因此父母把他留在家裡，不像同儕一樣被送去上學。布魯斯曾在哈羅公學就讀，挨打的次數創下紀錄，柯利則是查特豪斯公學（Charterhouse）的學生。穆梅里從未擁有他們所打造出的人脈，也沒留下文件紀錄。他通常不在乎能否延續香火，對自己的外觀很介意，厭惡拍照。然而，柯利確實曾在南迦帕爾巴特峰為穆梅里拍照，就坐在布魯斯旁邊。布魯斯（Bruce）有個暱稱「瘀青者」（Bruiser），他雙腿岔開而坐，胳臂擱在膝蓋上，脖子因為腮腺炎而腫脹，予人的整體印象是戴著木髓帽的鬥牛犬。（「我想，」他曾經寫道，「我三不五時就會從邊境的部落逃跑。」）穆梅里則巧妙戴著兩頂鬆垮垮的帽子，中間還夾著雪，如此方能應付喜馬拉雅山的夏日悶熱。他細瘦的肢體緊貼著身體，彷彿警戒的蜘蛛，而厚厚的眼鏡穩租地架在鷹鉤鼻上，下巴宛如箭頭，整體的感覺像是比較瘦的《脫線先生》[7]。

穆梅里十六歲時，全家一同前往瑞士度假，這時他看見了馬特洪峰「在九月的月光下散發出寧靜雄偉的光芒，」便對馬特洪峰一見鍾情。他成為有耐性的學徒，學習攀登技術，探索如何應付自己身體上的極限。八年後，他和嚮導好友亞歷山大．伯格納（Alexander Burgener）首登馬特洪峰的茲馬特山脊（Zmutt ridge），這是阿爾卑斯山諸多重要新路線中的第一條，不僅引來讚賞，也招致嫉妒。他第一次申請加入山岳會時獲得弗里斯菲爾德的支持，卻遭到匿名抵制，這其實是來自外交部公務員威廉．愛德華．大衛森（William Edward Davidson）的暗中教唆。穆梅里遂陷入自我懷疑的漩渦，差點連登山都

7《脫線先生》（*Mr Magoo*），一九四九年於美國推出的卡通。

放棄。

一八八〇年代，登山熱暫時退燒，這段期間，穆梅里顯然培養出有一種原始的智性生活。他的朋友（包括像柯利這樣備受肯定的學術界成員）認為，穆梅里是個一針見血的思想家。康威說，穆梅里「以同樣的原始、不受拘束的清新心靈登上山嶺。」除了登山之外，他對經濟學極富熱情。許多登山歷史學家認為，這是穆梅里人生如此有趣的另一個層面。事實上，他的觀念不只有趣，且深具影響力。穆梅里曾和英國經濟學家約翰・阿金森・霍布森（John Atkinson Hobson, 1858-1940）共同撰寫過專著《產業生理學》（*The Physiology of Industry*），談論消費不足的負面影響，而這部作品甚至影響了約翰・梅納德・凱因斯[8]。穆梅里不是霍布森的傳聲筒；是穆梅里說服霍布森撙節的危險。（沒有證據顯示，穆梅里和霍布森一樣反猶太。）

穆梅里對於拆解人類複雜行為的熱愛，延伸到了登山。當他回到山岳，就把好奇心應用到闡述這項運動多層面的魅力上。穆梅里在其著作《我在阿爾卑斯山與高加索山攀登》（*My Climbs in the Alps and Caucasus*）精明闡述了這項運動的核心原則及最佳實踐之道，這是前所未聞的創見。雖然在穆梅里的時代，設備與知識急速發展，重要的現代登山者依然援引這些理想。萊茵霍爾德・梅斯納爾[9]是首位獨自無氧攀登聖母峰的人，他和南迦帕爾巴特峰有深厚的個人關係，因為他的弟弟鈞特（Günther）便是在南迦帕爾巴特峰喪命，而他也在此完成過難度最高的攀登。梅斯納爾曾說，穆梅里或許是史上最重要的登山家。

穆梅里的主要見解是自立自強的重要性，是高山登山者的「重大真理，只相信自己的技巧和知識。」他不再跟隨嚮導攀登，拒絕他人協助，以免抹除了挑戰性。他顛覆現狀，和女性一起攀登困難路線，因而惹怒了山岳會中較保守的成員。「這項運動的要義，」穆梅里寫道，「並不在登頂，而是與困難奮戰，並克服困境。」經緯儀讓他覺得無趣。穆梅里也對大規模遠征興致缺缺；他拒絕康威一同前往喀喇崑崙山的邀約。登山該是為了樂趣，亦即穆梅里所稱「純粹的遊樂」。他的一名友人寫道：「他在山上總是很快活，也讓他成為討人喜歡的同伴。」無怪乎像溫珀這種頑強不屈，視登山為事業的職業人士會鄙視穆梅里。大衛森是穆梅里在外交部的宿敵，他也一樣看不起穆梅里，而且曾在給溫珀的信中寫道：

> 我認為，探索是困難又遙遠的領域，無論是梅里不願意投入成功所需的時間或金錢，我都很不欣賞，因此，我不預期他會從中獲得任何重要成果。

穆梅里選擇南迦帕爾巴特峰，是因為這座山的規模適當且容易進入；他和友人沒有時間或經費，進行更長的登山活動。他寫信給已是喜馬拉雅山的旅行專家布魯斯，請他安排幾名廓爾喀男性，要夠強壯，並盡所能的支援攀登者，「要能說英文及本地語言。」之後，敦厚的他心血來潮，在兩人於喀什米爾相遇時邀請布魯斯同行。他們沒有精通此道的機構提供經費或商業贊助，純粹是去度假。穆梅里寄給妻子的信件中寫道：「我認為我們必將攻克山巔……這只不過是穩定的訓練，讓我們的氣息有規律，」字裡行間散發著輕鬆愉快的樂觀之情，也導致歷史學家認為他太天真。不過，這就是穆梅里的重點：探

8　約翰．梅納德．凱因斯（John Maynard Keynes, 1883-1946），英國經濟學家，主張政府在必要時應干預市場，幫助經濟復甦；和亞當斯密主張的放任市場是不同的。

9　萊茵霍爾德．梅斯納爾（Reinhold Messner），出生於一九四四年的義大利登山家，第一個完成攀登全球十四座八千公尺高山的人，有史上最偉大的登山者美稱。

尋未知之事，測試目前尚未抵達的極限，沒有什麼理由值得洩氣。

然而，這組團隊無疑是氣力耗盡。黑斯廷斯受了傷，柯利生了病。布魯斯已從腮腺炎康復，可惜假期已結束，必須回部隊。穆梅里不為所懼，和布魯斯帶來的一名廓爾喀人拉古比爾．塔帕（Raghubir Thapa）進行最後一次嘗試，到南迦帕爾巴特峰巨大的狄亞米爾（Diamir）山壁間，攀登奇峰疊嶂，在抵達六千公尺之後，拉古比爾喊停。一九三九年，一組來自奧地利的團隊也嘗試了這條路線，團隊中還有最早攀登艾格峰知名北壁的海因里希．哈勒（Heinrich Harrer），他們在穆梅里攀登的第一座山口頂端找到一片木柴。他們說，這次攀登困難重重；穆梅里並未在南迦帕爾巴特峰創下海拔高度的紀錄，但是他和拉古比爾已完成喜馬拉雅山區最困難的攀登之行，接下來幾十年無人能及。

幾天後，柯利與黑斯廷斯帶著龐大的遠征設備踏上長路時，穆梅里出發尋找捷徑，前往南迦帕爾巴特峰北側下方的雷克歐特谷（Rakhiot valley），亦即他們唯一尚未見過的南迦帕爾巴特峰山壁，拉古比爾與戈曼．辛格（Goman Singh）這兩個廓爾喀人與他同行。他們未抵達便失去蹤影，最可能的原因是在雪崩中遭掩埋。穆梅里曾信誓旦旦對柯利說，他不會為了通過隘口而冒任何風險，但他其實賭上一切——而且輸了。這是喜馬拉雅山最早殞命的登山者；兩名被說動加入這冒險事業的亞洲人成了傷亡者，也預示著未來的不幸。弗里斯菲爾德告訴山岳會：穆梅里「離開得太早，對本會而言是重大損失。」溫珀在自己的《高山雜誌》上，於這段話底下畫了線，並在頁緣寫：「不苟同。」在這次長征之後，印度當局面對困境，傑佛瑞．黑斯廷斯也從山岳會引咎辭職。柯利再也沒去喜馬拉雅山區。一九二九年，一名英國陸軍軍官在穿越當年穆梅里走過的馬澤諾隘口（Mazeno pass）時，遇到附近奇拉斯村（Chilas）的老人，他記得這名英國「老爺」（lat）的壯舉，那記憶猶如遙遠的回音，回憶著過去超前時代的企圖心。無論溫珀怎麼想，啟發未來世代的是穆梅里的遺澤，而不是溫珀。

＊

許多人認為，南迦帕爾巴特峰山難導致登山者反對在遠征喜馬拉雅山時只使用輕裝備，這情況一直延續到一九三〇年代。而事實上並非如此。輕裝備的冒險並未停止，而是與更大型、昂貴的「國家級」遠征並存，而且成功率不相上下，甚至更高。這些不那麼正式的冒險深深吸引歷史學家，讓他們像飛蛾撲向更燦爛的火光，而火光也照亮了穆梅里之後的喜馬拉雅山遠征，例如自稱「世上最惡劣的人」、亦為艾肯斯坦好友的阿萊斯特・克勞利，就曾踏上這段路。他們一同攀登阿爾卑斯山，還有人提名克勞利成為山岳會成員，其中一個提名人是想看笑話的柯利，另一位提名人則是康威爵士，他支持的理由如今依舊令人不解。克勞利的申請書在投票舉行之前就消失了，又過了幾年，克勞利大力諷刺山岳會，說比起艾肯斯坦，協會簡直是自滿又保守。艾肯斯坦與克勞利在一九〇二年嘗試攀登K２，團隊中還有奧地利登山奇才海因里希・普芬（Heimrich Pfannl）。雖然這一次他們確實完成了一些值得讚許的探索，也嘗試攀登這座山，然而這趟遠征卻是不幸的。艾肯斯坦被當成間諜遭到逮捕（或許是因為康威的煽動），而克勞利則對著另一名遠征成員揮舞手槍，逼他退出。第二趟遠征是一九〇五年前往干城章嘉峰，卻毀了克勞利身為登山者的名聲。他們在六千四百公尺處起了爭執，有人主張紮營，有人則要在當天撤退，雖然時間已晚。選擇後者這不智之舉的人當中，有三名當地人死於雪崩。同時，克勞利竟在自己的帳篷啜飲著茶，雖然照理來說，他的判斷正確，但他卻對同伴的生死無動於衷。一九二三年，雷蒙・葛林在牛津大學的朋友拉烏爾・洛夫迪（Raoul Loveday）死於克勞利位在西西里島神祕教派的「反僧院」中，於是葛林去找克勞利，希望問出來龍去脈，卻只發現一個暴躁易怒的胖子；他認為克勞利實在愚不可及。葛林以為會聽到藥物和性愛等刺激的故事，但克勞利想討論的卻是攀岩。

克勞利與艾肯斯坦的遠征，和路易吉・阿梅迪奧・朱薩伏伊—奧斯塔王子（Prince Luigi Amedeo di Savoia-Aosta，即阿布魯齊公爵〔Duke of the Abruzzi〕）的遠征形成了最強烈的對比。阿布魯齊公爵是義大利第一任國王的孫子，家財萬貫的他大筆資助遠征，包括阿拉斯加和育空地區邊境的聖埃利亞斯山（Mount St Elias）、北極，以及非洲中部的魯文佐里山脈（Ruwenzori）。這些遠征的特色就是規模，而阿布魯齊一九〇九年嘗試攀登K2也不例外；這趟旅程促成義大利人長久以來對K2的心神嚮往，並在一九五四年首登之後達到最高峰。阿布魯齊率領了七名義大利嚮導和眾多腳夫，這些嚮導全都有攀登喜馬拉雅山的經驗，而六公噸重裝備動用了五百名當地腳夫，陣容浩大，讓他的團隊能在野地待上幾個月。「溫珀與康威形塑的，」登山史學家華特・昂斯沃特（Walt Unsworth）寫道，「由公爵達到極致。」阿布魯齊的團隊鬥志高昂的努力結果，為日後東南山稜首登路線鋪路，這邊多稱為阿布魯齊支脈（Abruzzi spur），高度達到六千七百一十公尺；他雄厚的財力代表這趟遠征將有完美的紀錄。一次大戰期間，在倫敦工作的醫師兼研究者菲利波・德・菲利皮（Filippo de Filippi）曾寫下官方敘述，他迅速帶過艾肯斯坦的早期嘗試，但捕捉到喀喇崑崙山超乎想像的規模，「雄赫浩瀚，讓人無法在一時半刻對整體有印象；視線只能及於其中一部分。」對阿布魯齊來說，他有幸帶著另一雙獨特之眼隨行——此即義大利登山家及攝影師維托里奧・塞拉（Vittorio Sella, 1859-1943）——他曾與弗里斯菲爾德來到干城章嘉峰，也和阿布魯齊一同前往其他遠征旅程。塞拉至今仍是史上數一數二的山岳攝影師，拍攝的畫面除了記錄山岳的構造結構之外，也記錄著山岳無以名狀的精神力量。他的照片將影響並啟發未來世代的登山者。塞拉並非唯一拍攝喜馬拉雅山的義大利人；來自皮埃蒙特的登山家馬里奧・皮亞琴察（Mario Piacenza）在一九一三年，成為喀什米爾七千公尺的坤峰（Kun）的首登者，而同一年，他也帶著相機遊歷錫金。不過，塞拉才是大師。

阿布魯齊和昂貴的家當搬運車在K2時，另一種大相徑庭的冒險在東南方八十公里處展開。三名英國山岳探險家初次穿越薩爾托洛隘口（Saltoro Pass），俯視這個未來將稱為錫亞琴冰河（Siachen glacier）的地方。「錫亞琴」意為「大量玫瑰」，薩爾托洛正是以玫瑰而聞名。為了爭取這條冰河，印度與巴基斯坦在高海拔地區血腥的衝突未曾停歇，因此錫亞琴成了憂鬱的名詞，但也可能是其中一個英國人的創見。他是湯姆．朗斯塔夫（Tom Longstaff），蓄著海盜般的紅鬍子，在第一次世界大戰之前，不時在喜馬拉雅山區現蹤。湯姆的父親是富商盧埃林．朗斯塔夫（Llewellyn Longstaff），曾出資打造發現號（Discovery），羅伯特．法爾肯．史考特和船員就是搭著這艘船駛向南極大陸。由於沒有一定要工作的束縛，加上葛瑞姆的啟發，朗斯塔夫索性專注在山岳探險，並解釋他的醫學學位只是讓自己在遠征途中學以致用。他也是專業的植物學家，自學日後會所需的知識及其使用的語言，也經常在只有當地人伴隨的情況下旅行。

朗斯塔夫的方法和阿布魯齊恰恰形成對比。他第一次喜馬拉雅山遠征持續六個月，首先是在加瓦爾探索與攀登，和阿萊克西斯與亨利．布羅切瑞爾（Alexis and Henri Brocherel）兄弟一同嘗試南達德維東峰（Nanda Devi East）與南達科特峰（Nanda Kot），這對兄弟是來自位於義大利境內白朗峰的科馬耶爾（Courmayeur）。之後，他獲阿摩拉副專員查爾斯．謝林（Charles Sherring）之邀，加入位於尼泊爾西北角的西藏之旅，包括大膽嘗試攀登納木那尼峰（Gurla Mandhata），亦即聳立於瑪旁雍措南岸的高山。他寫道：

我們就像柯爾特斯[10]初次見到太平洋；沒有其他人曾在這麼高的地方，親眼目睹重巖疊嶂的奇景。

他和布羅切瑞爾抵達七千三百公尺，之後折返。他只靠著不到一百英鎊的預算，就完成這趟行程。朗斯塔夫將啟發一九三〇年代之後知名的輕裝備登山家，主要包括艾瑞克．西普頓（Eric Shipton）與哈洛德．威廉．提爾曼（H W Tilman，多被稱為「比爾．提爾曼」。）

朗斯塔夫在喜馬拉雅山最亮眼的一年是一九〇七年，那一年也是山岳會成立五十週年。他曾希望和布魯斯與出版商阿諾德．莫姆（Arnold Mumm）加入聖母峰偵查，和榮赫鵬一樣享有寇松勳爵（Lord Curzon）的贊助。可惜的是，印度事務大臣莫萊子爵（Lord Morley）不贊成寇松之舉，尤其不滿榮赫鵬入侵西藏，遂否決了這趟探險。於是這三人另闢蹊徑，聘僱阿萊克西斯與亨利．布羅切瑞爾兄弟前往加瓦爾，但他們和葛瑞姆不同，找不到路穿越里希根加峽谷，前往南達德維峰。然而在廓爾喀人卡爾畢．布達托奇（Karbir Budhathoki）的隨行下，朗斯塔夫與布羅切瑞爾兄弟攀登上七千一百二十公尺的特里蘇爾峰，有幾年的時間是人類攀登上的最高峰。朗斯塔夫登上山頂的那天，從最高的營地攀登了一千八百公尺，精力異常驚人。

同一年在錫金，兩名二十歲的挪威學生卡爾．威爾海姆．魯本森（Carl Wilhelm Rubenson）與英格瓦德．蒙拉德—艾斯（Ingvald Monrad-Aas），幾乎抵達卡布魯峰頂，如一八八三年葛瑞姆聲稱的成就。魯本森有攀登經驗，但是伙伴蒙拉德—艾斯則完全沒有。年輕人的旺盛精力固然充沛，但強烈的秋風讓他們沒能登頂就折返。他們在倫敦的山岳會描述自己的經歷時，曾說自己多讚賞雪巴「苦力」——當代的用詞——是多麼盡所能的支援他們。有個瘦瘦的男性在台下仔細寫著筆記，攀登聖母峰的喬治．馬洛里（George Mallory）說，這人外表「駝背、窄胸，戴著厚厚的眼鏡，鬍子又長又尖，因此顯得古怪。」這人名叫亞歷山大・凱拉斯[11]，在一次大戰之前，他對人類在高海拔地區的生理知識貢獻最多。

這位凱拉斯先生沒能得到應有的讚揚並不令人意外。和穆梅里一樣，他不太在乎後代子孫，至少不在乎自己的後裔。但是和穆梅里不同的是，他很害羞，基本上是個獨行俠，沒有出版多少自己的敘述。他曾寫下「最廣義的登山，是世界上最有哲理的運動」，但幾乎沒有留下自己的足跡。他在一八六八年出生於亞伯丁（Aberdeen），童年時就有些心理疾病的潛伏線索，導致晚年出現幻聽及妄想，令他相當困擾。或許他會獨自生活並不奇怪。他是個受過訓練的化學家，和柯利在同一間實驗室工作，但從未成為像柯利那樣的頂尖攀登者，更無法與穆梅里相提並論。與其說他能啟發他人，不如說是可靠的工作伙伴，而他覺得有志難伸，遂前往密德瑟斯醫院（Middlesex Hospital）為學生講課。他的登山經驗累積得很慢，卻在一九〇七年（和盧本森與蒙拉德—艾斯同一年）到錫金旅行時，突然展現出爆發力。他帶著兩名瑞士嚮導，但在後續的幾次遠征，他改請雪巴嚮導。雪巴人是藏族的一支，在幾個世紀以前移居到尼泊爾東部的山區，包括聖母峰一帶的坤布（Khumbu）地區。凱拉斯在登山時通常沒有歐洲旅伴，並與雪巴族友人培養出深厚的感情，給予他們優質的配備，不僅對他們的生理深感興趣，也深受雪巴文化吸引。就算凱拉斯不是第一個讚賞雪巴族的人，至少是最具影響力的擁護者。生物學家約翰・伯頓・桑德森・霍爾丹（J B S Haldane）認識凱拉斯，因為凱拉斯是他父親約翰・史考特・霍爾丹（J S Haldane）的友人，老霍爾丹就像凱拉斯一樣，是個優秀的自我實驗者。小霍爾丹在一九六二年，於大吉嶺的高海

10　柯爾特斯（Cortez），此處應指西班牙殖民者埃爾南・科爾特斯（Hernán Cortés, 1485-1547），活躍於中南美洲。

11　亞歷山大・凱拉斯（Alexander Kellas, 1868-1921），英國化學家、探險家、登山家。

拔論壇上這麼說：

> 有些人會在高海拔聽到的聲音，凱拉斯醫師在海平面高度也聽得到……他說，在山上，當沒有其他歐洲人在那裡的時候，他會回應這些聲音，而他的雪巴友人對於夜裡會和神靈聊天許久的人深具信心。

凱拉斯向來對當地人的感受深感同理，曾公開主張，埃佛勒斯峰應改以當地名稱來稱呼：珠穆朗瑪峰。

凱拉斯最高的登山成就，是一九一一年攀登錫金的堡洪里峰（Pauhunri）。到了這時候，他對這處喜馬拉雅山區的了解已和家鄉蘇格蘭的山丘一樣，因為他已像當地人那樣來回往返多次，不見一絲較大型遠征所帶來的盛況或舒適痕跡。因為印度測繪局的錯誤，他永遠不知道堡洪里峰的真正高度是七千一百二十八公尺，比特里蘇爾峰高了幾公尺，這表示當時登高的紀錄保持人應該是凱拉斯，而不是朗斯塔夫。不過，這疏忽不太重要：凱拉斯之所以成為真正的先鋒，是因為他的觀念。他盡一己所能來記錄並測量，訓練當地人成為攝影師，並派他們到聖母峰。他認為，利用嚮導是不道德的。他也把攀登速率理論化。他相信，在聖母峰峰頂附近，無氧攀登每個小時只攀登三百呎（九十公尺）；一九七八年，梅斯納爾終於完成無氧攀登聖母峰的壯舉時，速度就大致吻合這個數字。聖母峰委員會（Mount Everest Committee）的祕書長亞瑟・辛克斯（Arthur Hinks）是個嚴肅無趣、無時無刻顯得急躁的人，他寫信告訴凱拉斯：「世界上或許沒有人像你一樣，結合著登山者的雄心壯志，以及對於生理學的知識。」

正當他的研究愈來深入時，他的強迫症變得越來越明顯，也越來越不穩定，他彷彿知道自己時日不多。他辭去工作，專注在聖母峰。他人生中最後的冬天與春天，是在忙亂中度過，導致他一九二一年夏天參加初次攀登聖母峰的預先探勘遠征時，已精疲力竭。這趟遠征的食物沒有好好管理，引發胃腸疾病，不僅讓團隊中的幾個人病倒，還奪去凱拉斯的性命，於是他就在青藏高原去世，身旁不見任何隊友。這趟遠征的領導者是嚴肅、難相處的軍人查爾斯・霍華—伯里（Charles Howard-Bury），他寫道：「把一個中年男子送到這個國家並不值得。」約翰・諾埃爾（John Noel）曾拍攝過一九二四年的遠征（也就是馬洛里失蹤的那趟遠征），他曾和凱拉斯分享抵達聖母峰的夢想。他寫道，英國人或許有機會，「結合凱拉斯對喜馬拉雅山的知識，以及馬洛里的衝勁。」馬洛里的衝勁將及於永恆；而亞歷山大・凱拉斯有用的智識及開放的心胸，卻終將無人聞問。

十六　聖母峰的外交風雲

「有時我會認為，這趟遠征，」一九二一年夏天，馬洛里在聖母峰的陰影下寫道：

> 自始至終，都是一個狂野、充滿熱忱的人——榮赫鵬——所捏造出來的騙局，並由幾個山岳會智者般的成員自負地吐露智慧，加諸在你們卑微僕人的年輕熱忱上。

若說攀登聖母峰是場騙局，那麼馬洛里為了這場騙局而付出了性命。三年後的一九二四年六月初，他試著抵達雲霧包圍的山頂時失去蹤跡，留下亙久的探險傳說及一則謎團：他究竟在死前有沒有登頂？這個問題或許不會有答案；即使他的遺體在一九九九年被發現之後，依然沒能帶來確切的證據。綜合多數專家的意見，馬洛里並未登頂，而這結論只是平添了一個人不朽的形象，且至今依舊強烈：他克服萬難，只為實現看似無法實現的夢想。他的良師益友傑佛瑞．溫斯羅普．楊恩（Geoffrey Winthrop Young）寫了封信給剛守寡的茹絲．馬洛里（Ruth Mallory），他在信中如此描述那份理想：「那份了不起的勇氣與堅忍，是人類的精神在對抗環境、對抗死亡時，值得慶幸且至高無上的勝利。」馬洛里還在世時，則視這樣的說法不過是一種宣傳。在一九二一年的一封信中，他以帶著諷刺的無奈口吻寫道：

無論從哪個方向來看，攀登成功的可能性幾乎是零，而我們目前的工作，就是在不可能之前摸摸鼻子，告訴人類，某種高尚的英雄主義再度失敗。

一九二〇年代初期共有三次聖母峰遠征，可謂一場共計三幕的戲劇，由馬洛里擔綱主演。馬洛里出生於柴郡，父親是牧師，母親是牧師的女兒，而作家派翠克．法蘭奇（Patrick French）說，他是「公學的老師，也是布魯姆斯伯里集團的邊緣成員。」馬洛里在煩躁不安的自我耽溺，和布爾喬亞的體面身分之間試著拿捏平衡。身為劍橋大學學生的利頓．斯特拉奇（Lytton Strachey）則對他表現出強烈的欲求。（「老天爺！——喬治．馬洛里！——既然寫下這幾個字，還需要說什麼嗎？」）但除了曾拙劣地刺探過利頓的弟弟詹姆斯之外，馬洛里通常不會偏離常軌。在飛來波女郎[1]與現代主義剛萌芽的那十年，他是個三十多歲的已婚教師，育有三名幼子，不若那些較為知名的劍橋友人光鮮亮麗；楊恩在說服他前往遠征時說，「聖母峰標籤」是個機會，或可讓他早年希望的餘燼重燃。

榮赫鵬爵士是個帝國主義者與神祕主義者，也是皇家地理學會的會長，在四十年前的年輕時期，大膽穿越穆士塔格隘口（Mustagh Pass）之舉，令英國上下很是興奮。攀登聖母峰對他來說又是個機會，重燃年輕時的火焰，只不過得靠他人代勞。他需要一支箭來瞄準此山，而在一次大戰後空了一半的箭袋裡，馬洛里是最好的選擇。（或者如湯姆．朗斯塔夫給《高山雜誌》編輯的字條中寫道：「由於大戰之故，年輕登山者比之前更少。」）榮赫鵬認為馬洛里「相貌俊美，散發出理智、有教養的氣質。」後

1 飛來波女郎（flapper），崛起於一九二〇年代的新時代女性時尚文化，以短裙、短髮及濃妝等象徵女性性解放、言論自由等。從小說《大亨小傳》中可見一般。

協格爾
朋曲
定日
中尼公路（318國道）
蘭可寺
朋山口
西
藏
塔西宗
定結縣
達茲卡河
拉姆納山口
拉曲
多亞拉山口
吉德拉克
絨布寺
絨布冰河
朋曲
囊帕拉山口
卓奧友峰
格重康峰
卡爾塔
薩加瑪塔
國家公園
聖母峰／珠穆朗瑪峰
高里三喀峰
洛子峰
聖母峰基地營
珠穆隆索峰
若瓦爾喜馬
塆其爾
坤
布
馬卡魯峰
天波切寺
陳塘
南崎巴札
盧克拉
馬卡魯巴倫國家公園
索
盧
法普盧
尼
泊
爾
圖姆林塔爾
N
都得科西河
波澤布林縣
阿龍河
丹庫塔
0
30公里
桑格西河
0
30英里

來，在馬洛里去世之後，他反而強烈批評馬洛里，從未理解榮赫鵬的理想規模，認為一切都是「有點譁眾取寵。」馬洛里在寫給朋友的信中明顯一副笑鬧的口吻，描述榮赫鵬如何「令我感到有趣，為我帶來樂趣。」一九二一年，聖母峰的考察任務「成為他眼中某種宗教朝聖之旅。我預期最後會坐在他腳邊，聆聽拉薩與契特拉的故事。」這種準神祕主義的脈絡，是馬洛里長久以來的神話中一項重要特色，這樣的敘事是由榮赫鵬刻意發起，他對於宣傳頗有天分，並由小說家約翰・布肯（John Buchan）與楊恩提供協助——楊恩稱馬洛里是「聖母峰的加拉哈德[2]」。

一九二〇年代的聖母峰遠征中，第一次是在一九二一年的探索考察，而一九二二年與二四年則是兩次完整嘗試，一般認為，這些遠征的特色是為大戰的恐慌寫下終曲。許多參與遠征的人都曾參加過第一次世界大戰，馬洛里也是如此。然而，遠征並不是從戰爭的悲傷或其所促成的現代主義得到文化啟發，而是企圖重新捕捉愛德華時代的自信。推動計畫的人（例如榮赫鵬）較為年長是很自然的，不過一九二一年勘察行動的參與者平均年齡也有四十歲，而專業登山者的平均年齡更高。他們或許曾經參戰，卻不是在戰火中長大、形塑人格。

在榮赫鵬的內心裡，晚期帝國主義的氛圍與整個一九二〇年代一種難以界定的精神渴望交織，在那個年代，老兵會花時間，寫下越來越多自我耽溺的神祕短文。這種明顯的矛盾正是他的特色。一九〇四年，榮赫鵬率領大軍朝著西藏前進，對毫無勝算的藏軍開火之前，曾讀過《宇宙意識》（*Cosmic Consciousness*），該書作者是神智學家，同時又積極參與政治運動的安妮・貝贊特（Annie Besant），兩人曾在不久前見面。榮赫鵬告訴妻子海倫，這本書提供「最美麗與和平的宇宙觀。」榮赫鵬的典型作為，就是腦袋裡同時對西藏有兩股強大卻彼此矛盾的迷思，既是失落的靈性庇護所，也是帝國主義探險家的空白畫布。事實上，早期的聖母峰遠征整體而言，可以理解為悲劇英雄登山的神祕成就，也是幾十年來，英國對西藏的軍事活動和外交介入的一部分。

榮赫鵬並非維多利亞時代唯一對西藏有興趣的掌權探險家。他前一任皇家地理學會會長是相對平凡的測繪員湯瑪斯．霍迪奇爵士（Sir Thomas Holdich）。一九〇六年，霍迪奇曾出版《神祕西藏》（*Tibet the Mysterious*），幾本類似的書籍也在榮赫鵬入侵西藏之後相繼問世。事實上，霍迪奇的西藏並不那麼神祕。他寫道：

> 我們的西藏任務現已回到印度邊界，我們同時明白，拉薩根本沒有什麼足以讓神祕的想像合理化……面紗已掀起，裸露的城市露出了怪異的野蠻特質。

然而，在霍迪奇的監守下，戰前的聖母峰攀登之夢再度復甦。在霍迪奇之前，喜馬拉雅山探險家弗里斯菲爾德（大戰期間皇家地理學會會長）的祖父，曾靠著東印度公司賺得財富。在弗里斯菲爾德之前，則有政治重要人物寇松動爵，身為總督的他不僅派榮赫鵬進入西藏，還為聖母峰探險提供早期的強大支援。「我總是認為，」寇松在一九〇五年寫信給弗里斯菲爾德時提到：

> 世界第二高峰〔指干城章嘉峰〕絕大部分在英國領土內，而最高峰則在附近的友善國度，而身為世界最卓越的登山者與先驅的我們，竟未能持續做出科學嘗試，攀登此兩座山的山頂，這彷彿是一種責備。

2 加拉哈德（Galahad），亞瑟王傳說中，能尋得聖杯下落的騎士。

英國人在一九二一年終於首次造訪聖母峰，這份企圖心不僅是發自於這群人共有的帝國主義世界觀，還依循著寇松侵略性政策，沿著一九〇四年入侵時所開通的實際路線前進。要獲得這次遠征的許可，需要相當程度的外交努力，其中牽涉到高層政治官員。雖然登山者上了頭條，但他們要能進入這座山，卻是靠著地位獨特的外交官介入。在馬洛里喪命之後，一九二〇年代就沒有人進一步嘗試攀登聖母峰。表面上是因為惹惱了西藏政府，然而此落差卻有更深的真正原因，透露出大英帝國在喜馬拉雅山邊陲的策略，而這策略源於一八五七年叛變的燜燒殘骸。

*

一八五八年十一月一日，維多利亞女王宣布，指派坎寧勳爵擔任第一任印度總督，這命令在阿拉哈巴德公布，權力正式從東印度公司移交至英國君王。維多利亞女王允諾要包容種族與宗教，並宣布，她受到對印度新子民的「職責義務」所約束，這新契約是依照正義建立，試著為內戰造成的恐慌開啟新頁。另一項承諾，則是針對印度權貴：

> 我們希望不擴張目前擁有的領土；在不允許我們的領土和權利受到侵占、不姑息躍躍欲試者之際，也會禁止入侵他方。

這份誓言安撫了對於未來地位焦慮的印度王公，也暗示了觀點變化。東印度公司為掌控印度而使出的暴力行為結束了，而在正義和保護的王權盾牌下，一段合併期於焉展開。這沒能預防無數印度人慘死於後來的饑荒，尤其是一八七〇年代晚期，那時放任經濟毀了印度南部。當時的總督利頓勳爵比較擔心外在威脅，尤其是俄羅斯帝國，也就是「大博弈」，雖然這個詞在吉卜林一九〇一年出版《基姆》、使之普遍前幾乎不存在。衝突發生在印度西北邊的中亞，但隨著時間過去以及英國的政策發展，喜馬拉雅山區也納入了衝突範圍。維多利亞女王承諾要避免取得新疆域，但這無法阻止英屬印度在喜馬拉雅山行軍時，對沿途一堆小國強化其影響力，無論這些小國小邦是否樂見。

在拉薩看來，英國在十九世紀初期來到喜馬拉雅山區，一定像失控的野火燎原。一七五〇年，清朝讓達賴喇嘛擔任暫時性的國家領導人，卻被中國的駐藏大臣困在拉薩；達賴喇嘛是古老且難以駕馭的貴族階級，也是西藏龐大僧侶體系中的強權，而僧侶系統又掌控著經濟體。信奉佛教的西藏，直覺就是不要與好戰且占領了佛陀傳授佛法聖地的強權有所牽連。東印度公司也如履薄冰，不願惹惱大清，因此英國在十九世紀上半葉幾乎沒有和西藏往來。但是到了一八五〇年代，情況又大不相同。在與尼泊爾交戰之後，東印度公司掌控了庫馬盎和加瓦爾。樂觀的加德滿都軍方政權或許無意間把公司更進一步拖進有害且昂貴的戰爭中。相對地，尼泊爾結合地理、內鬥以及外交優勢，因此不若阿富汗，而是成為了邊境國家的模範，至少從英國的觀點是如此。

但就西藏的立場來看，情況則大不相同。深具群眾魅力的尼泊爾領導人江格・巴哈都爾可不願被安撫，於是設法在其他地方截長補短，彌補失去的優勢。一八五〇年代初期，大清陷入嚴重內戰，要對抗號稱基督教千禧年主義的太平天國，西藏又因為十一世達賴喇嘛圓寂而陷入混亂，因此江格乘機入侵西藏，迅速占領吉隆縣與波特科西河谷之間眾所熟悉的山間商路。成千上萬的藏軍撤退到荒涼的定日平原，以防敵人進入拉薩；早期的聖母峰攀登者很熟悉定日平原這一帶。雖然江格面臨了比預期更頑強的抵抗，仍迫使藏人簽下《藏尼條約》，大幅恢復尼泊爾舊有的貿易特權，並讓尼泊爾公使——這外交人員的存在，對英國人非常有利——回到拉薩。

英國原本擔心，江格可能趁一八五七年印度叛變而有所行動，不過他代替英國介入勒克瑙圍攻，於是抹去了這項疑慮；在接下來幾十年，他的繼承者在王朝鬥爭，反而給了英國有利的槓桿。一八八五年，江格的弟弟和繼承者拉諾迪普（Ranodi）遭到暗殺。這和常見的情況一樣，是家務事。江格的么弟迪希爾（Dhir）有七個兒子（satra bhai），其中四個進入皇宮，藉口是要幫加爾各答的總督送訊息。最年長的比爾．沙姆舍爾（Bir Shamsher）留在樓下，也就是國王的寓所；而包括未來首相昌德拉．沙姆舍爾（Chandra Shamsher）等人則繼續上樓。以政治運動新聞記者威廉．狄比（William Digby）的話來說，他「以卑劣的謀殺，來回報伯父的信賴。」第一枚子彈擦破拉諾迪普前額，第二枚筆直射中他。狄比曾經積極揭發一八七〇年代晚期饑荒時英國的過失，也曾在印度國會任職一段時間，這回則大力批評英屬印度。他描述了英國與尼泊爾關係，砲轟加爾各答在這次危機中毫無作為，不協助拉諾迪普的王朝，即使他在一八五七年的印度叛變時曾支持英國：

> 在任何國家，無論是暴君或憲法統治，沒有任何公共部門像加爾各答外交部這樣記性如此短暫，對歷史或政治主張如此無視。

對加爾各答外交部來說，這只是個利己的問題。長久以來，英國人一直想招募尼泊爾的廓爾喀人，但是江格．巴哈都爾和弟弟拉諾迪普一再抗拒。比爾的血腥政變讓英國人找到他們需要的施力點，取得協商機會。

就西藏而言，英國是霧裡看花。東印度公司有優秀的學者可用，但都不會說藏文。公司沒有投入多少心血，探究北方的遼闊國度。幾年前，公司曾給予匈牙利語文學家喬瑪（Sándor Csoma de Kőrös, 1784-1842）一小筆津貼。一八二二年，喬瑪和穆克洛夫特於喀什米爾結識，這兩位了不起的旅人成了朋友：一個是一向好奇樂觀的英國人，另一個則是安安靜靜的匈牙利人，天生就是學者，害羞又專注。穆克洛夫特建議喬瑪和他一同旅行，前往拉達克，一起到那裡的佛教寺院進行研究與翻譯。在穆克洛夫特的引介之下，這名匈牙利人成為第一個造訪藏斯卡的歐洲人。藏斯卡是一處令人不安的荒野地區，位於拉達克首府列城的南邊，他就在藏斯卡河岸的贊格拉宮（Zangla）向一個名叫森格平措（Sangey Phuntsog）的喇嘛學習。森格平措不是僧侶，而是藏醫（amchi），也是占星者。這兩人坐在羊皮毯上，在匈牙利人的狹小房室內依偎禦寒，費力閱讀藏傳佛教的浩瀚全書。

喬瑪也造訪了宗庫（Zongkhul）的寺院，在這裡向住持昆加楚列（Kunga Choeleg）學習到更多佛法。這位住持也依據喬瑪提出的問題，完成一本著作——《歐洲人司康達的問題》（*Questions of European Skandar*）——其中，孟加拉文的「司康達」便是匈牙利文的「桑達」（Sándor），亦即「亞歷山大」。喬瑪後來還到薩特萊傑河岸的金瑙爾縣佛教中心卡納姆（Kanam），經過多年的研究及不辭辛勞，他終於來到加爾各答，在此以英文出版第一本藏文文法書。他受到孟加拉亞洲學會的歡迎，擔任了幾年圖書館館員，而在一八四二年，五十八歲的他前往拉薩。他在穿越特來平原的上山途中不幸染上瘧疾，病逝於大吉嶺，並埋葬於此。

從政府事物的角度來看，喬瑪的著作或許是次要的，但是加爾各答在十九世紀晚期與西藏交涉時，缺少的正是他的柔軟身段。加爾各答處理土邦與外國勢力的單位是印度政治部（Indian Political Department）。一八四三年，艾倫巴勒伯爵（Lord Ellenborough）著手改革政治部，這裡的官員稱為「政治官」（political），負責管理對英國效忠的土邦君主關係，也管理區域性的異國關係，例如西藏、不丹以及尼泊爾。諸如庫馬盎的特雷爾，以及加德滿都的霍奇森在這些角色中發揮很大的作用，但是要像他們一樣，建立起足以商討協議的個人網絡，並解讀每次政治危機的複雜性，都需要積年累月地付出心力。曾前往西藏的喬治・博格爾很清楚這一點，因此和班禪喇嘛建立起很好的工作關係。若這兩人都還活著，英國與西藏的關係可能會朝更有建設性的方向發展。幾個洞察力較強的外交官，就會參考博格爾隊旅程的敘事，包括手稿及一八七六年的成書。然而，英國官僚一直要到二十世紀初，才體會到其中的奧義。到那時已過了一個世紀，巨大的損害也已造成。

若能對西藏文化有更清楚的理解，或許也能回答加爾各答政府最困惑的疑問之一：中國與西藏的關係。即使遲至一八九〇年代晚期，歐洲人對於當代西藏狀況的了解仍不多，對中國在西藏的地位也有矛盾的意見。許多觀察者是基督教士，他們並不了解他們企圖顛覆的藏傳佛教。一八六〇年代中期，年僅十幾歲的美國外交官柔克義讀到古伯察一八四六年遠征拉薩的敘述，因而受到啟發，學習藏文，成為第一個學習藏文的美國人。他運用繼承來的財產，探索華西及藏東，同時在北京的公使館任職。「一旦中國看見此舉之必須，」他在那些旅程的敘述中寫道：

> 就會積極地在西藏主張其至高地位，要是說中國在那邊沒有無上的權力，以及中國官員在那邊只是管自己人，而這個國度向來只是在容忍中國——這些淨是荒謬的說法。

然而，也有人持相反觀點。身為年輕騎兵軍官的漢密爾頓・鮑爾（Sir Hamilton Bower）將軍曾在一八八〇年代晚期與一八九〇年代中期，於中亞執行機密任務。早先，蘇格蘭商人安德魯・達格利什（Andrew Dalgleish）在列城與葉爾羌之間的路上遇害，他必須找出兇手；此外，鮑爾也買了寫在樺樹皮上的古梵文文本，激發人們對東突厥斯坦絲路上失落的佛教文化的興趣。在那之後，鮑爾從西到東穿越西藏，並未嘗試造訪拉薩。他如此訴說這段旅程：

> 我自己的印象是，中國的宗主權非常模糊，雖然排他的西藏人與外國勢力協商時，不排斥躲在中國後方，得到庇護。如果中國在西藏果真有權力，且西藏確實為中國的一部分，那麼依照《天津條約》，英國人大可持護照前往西藏，但眾所周知，中國無法發行西藏人認為有效的護照。

及至一八五八年和印度叛變結束，西藏人有了幾個不信賴並厭惡英國人的理由。西藏掌握權力的僧侶體制主宰著貿易，尤其是從中國進口的茶，他們不希望金流被外國人介入而中斷。他們也不願提供任何路徑，讓外國傳教士在西藏邊境聚集。在西藏東部邊境的法國遣使會神父，最能代表國際間期盼西藏更開放的意見。而更棘手的是，英國人被認為是加德滿都廓爾喀政權的同盟，而該政權一開始就和拉薩不和。西藏唯恐廓爾喀軍隊入侵，而江格．巴哈都爾一八五四年入侵之後所簽訂的《藏尼條約》更是令藏人極為痛恨，條約不僅恢復尼泊爾在拉薩的派駐常駐官員，西藏還得支付款項給尼泊爾。的確，尼泊爾在十九世紀初與英屬印度為敵，但幾十年來，雙方關係出現劇烈變化。在西藏統治者的心中，一八五七年印度叛變時，廓爾喀支持東印度公司就說明了一切。

在此脈絡下，到了一八六〇年代，英國逐步在印度接近西藏邊境處建造公路時（尤其是在錫金），西藏就認為，此舉將造成安全威脅。西藏也擔心加德滿都與北京之間的關係強化。江格．巴哈都爾在一八六六年恢復廓爾喀對北京進貢，雖然主要是交易，而非表達順服。北京為了禮尚往來，遂派大使到加德滿都，但這種明顯友好的安排，在拉薩激發了反尼泊爾的暴動。中國的駐藏大臣迅速安撫達賴喇嘛的政府，而為了表現支持的態度，還指示軍隊使用尼泊爾常駐官員的宅邸進行步槍演練。後來，中國協助西藏強化與尼泊爾的邊境，導致北京和加德滿都的關係進一步惡化，到了一八七三年，這兩個小鄰國的戰爭似乎是無可避免。但這情況並未發生，由此可看出雙方各自有其諸多弱點。尼泊爾擔心一七九二年的事件重蹈覆轍，當時，中國部隊逼近加德滿都。而中國也很清楚，雖然仍有幾千名軍人在西藏，但不可能再嘗試類似的大膽之舉。西藏猶如一灘死水，其領導者所屬的神權統治系統似乎不願面對工業化與全球貿易帶來的龐大政治及文化變遷，但同時也是因為束手無策。

處於工業化與全球貿易最前線的英國，因此饒有興味地思考如何利用這個衝突。印度軍官兼行政官員歐文·都鐸·伯恩（Owen Tudor Burne）在一八七四年，曾寫下印度喜馬拉雅山鄰國的緊張情勢：

> 勢必為我方帶來優勢，因為無論議題為何，必定會改善我們與尼泊爾、與西藏的關係，如今這兩國皆兀自關起大門，且靠著韋德先生（Mr Wade）和江格·巴哈都爾先生，上述情況便能繼續維持下去。

韋德先生即威妥瑪[3]，是「特命全權公使與英國駐華商務總監」，因此不傾向於推動幾乎無關緊要的跨喜馬拉雅山貿易，犧牲了和大清的良好關係。韋德認為，西藏風光如畫，但無法帶來獲利，不值得費心。而在大吉嶺的英國官員只能從受訓過程，以及從西藏和印度之間的貿易常遭到中斷的情況，推想國界另一邊的政治局勢。

然而，要求改善貿易的壓力依然很大。自稱「商業先驅」的托馬斯·索恩維爾·庫柏（Thomas Thornville Cooper），就提出改善貿易的重量級意見。父親是達拉謨郡（County Durham）的一名船東，他是家中第八個男孩，少年時體弱多病，因此依循醫療建議，離開英國，前往陽光普照的澳大利亞。十九歲時，他在馬德拉斯（Madras）的亞布斯諾（Arbuthnot）銀行任職，之後遊歷印度，再啟程前往上海，剛好遇上天翻地覆的太平天國之亂。待動亂弭平，他在上海的歐洲商人的支援啟程，預計自西藏前往印度。庫柏考慮隨尼泊爾的進貢隊伍返回加德滿都，但還沒離開上海，就被拒絕進入西藏。因此在一八六八年年初，他決定獨自出發。他抵達中國四川的巴塘，這裡正好位在成都與拉薩主要的貿易路線上，並在此遇到遣使會教士。教士覺得有機會，於是提供協助。他們說服四川總督，發給庫柏前往西藏的護照，而且一心巴望著庫柏會遭到藏人逮捕，迫使英國採取行動，打開西藏的大門讓傳教士進入，包括他們。庫柏假意與他們合作，但是他一到邊界，護照只是單純的遭拒：這名商業先驅被迫往南轉，越過橫斷山脈到印度，豈料再度失敗，於是返回上海。庫柏後來再度嘗試同一段旅程，但是反向而行：從印度阿薩姆省前往中國。這一次，他仍然敗興而歸。

雖然吃了這麼多次閉門羹，庫柏依舊擁護印度與中國西部的貿易。他第二次叩關失敗，返回加爾各答之後，對加爾各答商會宣讀了冗長的備忘錄，描述成都與拉薩之間透過康定進行貿易的情況，而康定這座位於邊境的城鎮，過去稱為打箭爐。其貿易核心業務正是茶。庫柏估計，西藏每年消耗超過兩千噸的茶，主要從四川進口。為什麼不從大吉嶺茶園進口茶呢？庫柏知道，西藏寺院幾乎壟斷了茶葉貿易，並從茶葉稅中分一杯羹。如果沒有某種介入，他們不會放棄這項利益。庫柏認為，情況不會有任何改變，除非「英國派駐官員到拉薩，而喇嘛在真正接觸到英國軍力之後，認知到他們完全無能為力。」一

3　全名湯瑪斯・法蘭西斯・韋德（Thomas Francis Wade, 1818-1895），外交家及漢學家，是中文羅馬拼音威妥瑪系統的創造者之一。

八七三年，正當西藏與尼泊爾戰爭一觸即發之際，庫柏協助組織一支由喜馬拉雅山老手組成的強大遊說團體，其中成員包括霍奇森與胡克。他們訴求，要在西藏改善道路、舉辦商展並設立英國代表處，這些訴求將成為印度政府的政策。來自北邊英國工業城的商會同時施加壓力，而早在庫柏進入這個圈子以前，他們便已經向印度辦公室請願，要求應該設法進入中國西部的市場。著作等身的作家包羅傑（Demetrius Charles Boulger）同樣大力支持帝國主義，活躍於一八八〇年代，他期盼有一天，「四川人身穿曼徹斯特的商品，使用雪菲爾的餐具。」

此貿易管道是透過錫金的春丕河谷來到西藏，榮赫鵬稱之為「從喀什米爾到緬甸，整個東北邊境唯一有價值的戰略點。」一八六〇年三月，仍因十年前遭囚禁的恥辱而耿耿於懷的阿奇博爾德·坎貝爾，帶著一群本地軍人進入錫金，抗議英國管轄遭到侵犯，自己卻遭到攻擊，被迫匆促撤退，而這支小部隊的行李就這麼隨手棄置一旁。為了要清理坎貝爾留下的爛攤子，以維持英國威望，加爾各答派約翰·考克斯·高勒（John Cox Gawler）率領一支規模更大的軍隊展開報復，隨行的包括政治官員亞斯利·艾登（Ashley Eden）。這場閃電戰的結果，是艾登與卻嘉簽訂《庭姆隆條約》（*Treaty of Tumlong*）。條約明文解除貿易的限制，英國獲得在錫金興建道路的權利。

部分在錫金的加爾各答敵方陣營逃到不丹，催化了醞釀數十年的緊張情勢於是升高。艾登被派去完成某種程度的和解，在錫金卻受到和坎貝爾當年一樣的對待。這回加爾各答毫不猶疑就派兵。此時的不丹因為內戰而不穩定，軍隊的裝備是老舊的火繩槍及弓箭，有些士兵甚至還穿鎖子甲。然而他們堅決抵抗，英屬印度軍隊只能難堪撤退。待英屬印度終於在一八六五年占了上風之後，不丹把山腳下的平原杜亞爾斯（duars）讓給英國，以收取租金。加爾各答認為，花錢換取不丹的合作，會比強迫合作容易。接下來二十年，不丹飽受內戰暴動內亂之苦，讓英國不太能指望把這國家當成通往西藏的途徑。由於西藏西部封閉、尼泊爾無法進入，而建議興建中國與阿薩姆之間的鐵路只是遙遠夢想，因此穿越喜馬拉雅山、自由進行貿易的焦點，就落到了錫金上。

這時期，一般仍認為西藏的難題會由北京解決，有時似乎也有進展。一八七五年，英國翻譯官馬嘉里（Augustus Raymond Margary）在探索中國與緬甸之間的商路任務時，從雲南回到上海的途中遭到殺害。（在這麼偏遠的地方，暴力致死是殖民地公務員的職業傷害：三年後，於緬甸擔任政務官的貿易遊說者庫柏也遇害。）繼任埃爾金勛爵（Elgin）駐北京公使一職的威妥瑪，利用馬嘉理之死，在一八七六年簽訂《煙台條約》，為外國勢力向中方爭取到更多行動自由，並確保西藏也納入其中。然而，情況未有一絲改變，錫金的跨境貿易並沒有更容易，而無論北京發給何種護照，西藏依舊是禁地。

一八八三年，不丹有英國的金援支持，加上厭惡拉薩的宗主權，因此掠劫西藏邊境城鎮帕里鎮——接近錫金邊境。這次掠奪中斷了則里拉山口的貿易，由於這處隘口是西藏與錫金的界線，因此大吉嶺的市集也注意到這事件，加爾各答政府遂指派財政司長馬科雷（Colman Macaulay, 1849-1890）前往西藏調查。馬科雷來自愛爾蘭阿爾斯特（Ulster），父親是新教教徒，母親是天主教教徒，這次任務讓他感覺到機會。他來到崗巴鎮（Khamba Dzong）——一處通往日喀則途中的行政中心——一名當地官員告訴他，西藏對歐洲商品的需求受到壓抑，沒能獲得滿足，「一旦有人獲得英國製品，就有上百人過來看。」阻礙貿易的是作風保守的大型拉薩寺院，但為數可觀的俗人寧可雙方關係更為溫和。他暗示，位於日喀則的班禪喇嘛可能提供進入西藏的途徑。馬科雷曾讀過博格爾的文章，也採用博格爾策略：印度政府應給班禪喇嘛一塊加爾各答的土地，一如博格爾當年的作法；而被他描述為「永遠與中國作對的國族黨派」的拉薩寺院，則可獲得補償。班禪喇嘛似乎對這前景相當期待，於是列出長長的購物清單到加爾各答，其中包括英藏字典及攝影器材。把印度茶與英國製品出口到西藏和中國西部，似乎指日可待。

不過，並非人人都這麼樂觀。北京的代辦是另一個愛爾蘭人——來自羅斯康芒郡（County Roscommon）的尼古拉斯・歐格納（Nicholas O'Conor）。歐格納警告倫敦，大清依然視西藏為清帝國的一部分，只是無法把期望加諸到達賴喇嘛或其政府身上，因為那時達賴喇嘛只是個九歲男孩。任何英國的任務確實都有碰到暴力的風險，尤其是武裝進行的任務。馬科雷堅決挺進，並獲得當時在倫敦休假的印度事務大臣倫道夫・邱吉爾[4]批准。邱吉爾派馬科雷到北京，取得必須的西藏護照，與他同行的，還有參與西藏祕密之旅的班智達之一薩拉特・錢德拉・達斯。在北京期間，他住在黃寺，即西藏大使敏珠爾活佛的駐錫所在，而藏人也在這裡緊盯馬科雷協商。達斯明白，西藏體制決心要阻礙馬科雷，班禪喇嘛只是單純設法借力使力，以對抗拉薩，而中國又急於避免馬嘉理事件重演。他們推論，若馬科雷出了岔子，英國就有理由併吞西藏，就像在緬甸的作法。而加爾各答對馬科雷的計畫也沒有多少熱忱。總督達費林勳爵（Lord Dufferin）清楚察覺到，英國人民非常不滿緬甸的軍事活動，因此他相當樂於取消馬科雷的任務，以換取中國承認英國在緬甸的地位。他是比馬科雷或邱吉爾更精明的外交官，最不需要的，就是在帝國的邊緣發動一場不受歡迎的昂貴戰爭。

達費林的決定太晚發揮效力。西藏政府內的部分人士不願惹惱英國，但是達賴喇嘛背後的僧侶勢力卻抱持完全相左的看法。乃瓊護法是西藏的國家護法，他主張採取軍事行動，於是在一八八六年夏天，藏軍穿過則里拉山口，進入錫金，而錫金也強化自我防禦來對抗攻擊。這不是一場孤立的勢力展現。多年來在喜馬拉雅山區的邊境沿線，西藏持續堅持自我主張，一方面顯示獨立於中國，一方面也蔑視英屬印度。兩年後，加爾各答耐心用盡，英國軍隊終於把藏人趕出錫金，展開拖延已久的談判。

一八九〇年，英國與清朝簽訂新的條約，加深了英國對錫金的掌控。約翰・克勞德・懷特（John Claude White，又譯為「惠特」）成為第一任駐錫金首都甘托克的英國政務官，而在接近錫金和西藏邊界的亞東鎮[5]也有商務官員進駐。貿易談判持續進行，一八九三年頒布了新的規章。一年後，著有《錫金地名詞典》（*Sikkim Gazetteer*）的學者赫伯特・霍普・瑞斯利（Herbert Hope Risley）寫道，西藏「位於高牆的另一邊，而身為印度統治者的我們，沒有絲毫野心攀登。」瑞斯利指出，任何攀登企圖，「皆是無比愚蠢。」

儘管瑞斯利提出警告，但是在十年內，印度政府便派出榮赫鵬與軍事遠征隊，越過高牆，占領拉薩。

*

英國曾耗費將近半個世紀的時間，設法透過中國，與西藏劃定喜馬拉雅山的界線，沒想到，西藏竟入侵並短暫占領錫金，英國這下子總算明白，即使與中國簽訂條約，但任何和西藏有關的條款都無法保證實行。一八九五年，中國遭到日本帝國擊潰。此時局勢非常明顯，東亞的權力平衡已往日本傾斜，遠離了西歐強權，這個過程又因為義和團運動而加速。義和團是在一八九九年開始發生的動亂，主要是對抗帝國主義與基督教。對於帝國的事業來說，錫金是個比四捨五入的誤差更為不起眼的小國度，而約翰・克勞德・懷特在此發現，西藏人不願遵守一八九〇年代簽訂的條約；這裡的貿易微不足道，邊境爭議依然持續。這時出現了兩個同樣具有魅力及野心的人，強化這種不確定的局勢：寇松勳爵與第十三世達賴喇嘛。這兩人可謂素未謀面的對立者，也可說都失敗了，但只有一項錯誤會演變為悲劇——達賴喇

4 倫道夫・邱吉爾（Randolph Churchill, 1849-1895），亦即英國知名首相溫斯頓・邱吉爾之父。

5 亞東鎮（Yatung），此商埠位於日喀則地區亞東縣，藏人稱之為「下司馬鎮」。

嘛試圖讓他的國家現代化。

一八九九年一月，凱德斯頓的寇松勳爵（Lord Curzon of Kedleston）成為維多利亞女王時期最後一名印度總督，時為英屬印度的鼎盛期，他同時滿足了自己成年後的人生抱負。寇松有天分又勤勉，卻備受排斥，他的名字可說是英國上層階級的傲慢心態縮寫。牛津大學貝里歐學院的打油詩，可說是和他形影不離：

> 我的名字是喬治・納森尼爾・寇松，
> 乃是人中蛟龍。
> 雙頰紅潤，頭髮油亮，
> 每週在布倫安宮用餐兩回[6]。

他的第二任妻子回憶道，寇松家在挑選侍者時，注意的是端盤子手腕是否優雅。即使他還年輕，友人便預言他將成為外交大臣；他進入政治圈之前雖然背部患有慢性傷勢，仍熱愛探索之旅，呼應了他對聖母峰探險的熱忱。一九一九年，他確實實現朋友的預言，成為外交大臣，也讓聖母峰遠征出現希望。

有一張一九〇一年拍攝的照片，寇松也在其中，照片上的他看起來光彩又虛榮，也看得出他往來的社交圈。他穿著精心打折的英國狩獵褲站立，右手拿著木髓帽，身邊站著一群英國參謀及行政官員、尼泊爾上校和戴頭巾的隨行搬運工，驕傲俯視他剛射殺的巨大老虎屍體。在帝國主義時代，狩獵（shikar）如同今天的商人打高爾夫球，是當年英國貴族與印度君主喜愛的活動。這是談生意的機會，而寇松也有自己的盤算。

在尼泊爾，總督未必總受到歡迎。比爾．沙姆舍爾．拉納是江格．巴哈都爾的姪子，一八八五年，伯父拉諾迪普遭到射殺之後仍是大君，但寇松要求造訪尼泊爾時，他稱身體欠安，起初不願答應。不過，在發出邀請之後、寇松於一九〇一年三月抵達之前，比爾．沙姆舍爾就去世了，並由弟弟德瓦繼位。在這十七個兄弟中，德瓦和江格．巴哈都爾遭到邊緣化的兒子最親近，因此也不受到信任。更糟的是，他一心想改革，希望尼泊爾的孩童能普遍獲得初等教育，並更廣泛參與政治。因此寇松的造訪，適逢比爾．沙姆舍爾過世兩週，時機並不方便。德瓦的弟弟昌德拉是軍隊首領，自願帶寇松去打獵，但接下來事態的發展，似乎代表他們談論的不可能只有老虎。三個月後，在一九〇一年六月，昌德拉在政變中推翻德瓦，加爾各答也迅速承認其政府，恭賀他在沒有一般的流血衝突之下達到目的。維多利亞女王或許曾經承諾，英國不會位在次大陸取得更多領土，但不排除政權會出現變化。

寇松從昌德拉得到的回饋，則是支持他的西藏政策。在一八五六年的《藏尼條約》中，若遭受外國勢力攻擊，尼泊爾技術上必須支援拉薩。寇松必須要穩定拉攏尼泊爾，之後才能往前推進。他決心要終止西藏邊界飄忽不定的局面，尤其是真誠簽下的協議遭到忽略，而寫給喇嘛的信則原封不動被退回。更重要的是，寇松下定決心，阻斷他認為俄羅斯會帶來的威脅，亦即俄羅斯趁中國勢力衰微，把西藏納入其帝國勢力。俄羅斯確實從大清帝國的衰敗中獲益，在滿州取得領土。而經過了一個世紀，英國人也很清楚地感覺到，喜馬拉雅山有著俄羅斯的勢力：博格爾與穆克洛夫特都見識過。但寇松則另有其他顧慮。他相信在這場戲裡，另一名要角落入了聖彼得堡的政治掌控——十三世達賴喇嘛。然而，俄羅斯和西藏固然有共同利益，卻遠不足以讓軍事介入合理化。正如即便二〇〇三年並未在伊拉克發現大規模毀

6　布倫安宮是馬爾博羅公爵的鄉間宅邸，也是英國唯一不屬於王室或教會，卻能稱為「宮」的宅邸。是邱吉爾家族的居住地。

滅性武器，嚴謹的政治人物仍相信俄羅斯的威脅存在，不過，這威脅多多少少也可能子虛烏有。

十九世紀多數時候，達賴喇嘛都只是政治小卒，是越漸保守的宗教體制容易於掌控的男孩，在即將成年或剛成年不久便會離世，而且未必是自然死亡。十二世達賴喇嘛成烈嘉措在一八七三年親政，這年十六歲，卻在兩年後就因為「神祕疾病」而示寂。由於接連幾個國家領導者都未成年，意味著扎什倫布寺的班禪喇嘛，以及拉薩大型喇嘛寺的資深僧侶會緊緊抓住政治舵柄（只是未必和諧），而中國的駐藏大臣會抱著提防的心態在一旁監督。十三世達賴喇嘛圖登嘉措可就不同了。首先，這時的班禪喇嘛也是個孩子。其次，隨著中國影響衰微，圖登嘉措成為清朝唯一的達賴喇嘛人選，這表示拉薩愈來愈有信心忽視金瓶掣籤，獨立行動。圖登嘉措年幼時曾染上天花，但活了下來，只是皮膚稍顯坑坑疤疤，而他是在宗教性的隱世氣氛下成長，與英屬印度日益緊張的關係隔絕。雖然多數達賴喇嘛十八歲便能獲得政治掌控權，但圖登嘉措要求，讓他繼續學習兩年。即使到了那時，他依然擔憂自己經驗不足，無法面對山脈另一邊益發嚴重的危機，因此他聽從勸告，諮詢乃瓊護法之後再掌權。他也面對了來自內部的威脅，之前的攝政者曾試圖暗殺他，而他終究逃過一劫，活了下來。

寇松擔心的是，達賴喇嘛長久以來和一名布里亞特[7]的蒙古僧侶交情甚篤，此人即阿旺．德爾智[8]。德爾智比圖登嘉措年長二十歲，是他年輕時的老師及思辯時的對象。他告訴圖登嘉措關於自己家鄉的事，以及俄羅斯日益加深的影響。由於中英簽訂了西藏不願見到也不核可的條約，加上越來越難鞏固西藏邊界，因此達賴喇嘛視德爾智為與俄羅斯帝國首都聖彼得堡的聯絡窗口，明確請求俄羅斯支援，如此能在英國施壓力道增強時，成為外交抗衡手段。雖然此舉令英國震驚，但動機實在明顯不過。隨著俄羅斯帝國在西伯利亞成立，沙皇對信仰藏傳佛教的子民相對友善，反觀英國顯然對佛教有敵意，卻支持基督教會士。認為俄羅斯會派兵到西藏，或許是異想天開的想法，但寇松將德爾智的任務視為溫床，導致西姆拉與大吉嶺的市集衍生出諸多空穴來風的謠言，指稱俄羅斯的影響力擴張。寇松還有尼泊爾大君與友人昌德拉・沙姆舍爾協助，後者把駐拉薩的加德滿都代表所傳來、不利俄羅斯的流言蜚語，轉述給加爾各答：俄羅斯運送武器到西藏首都的消息，刺激英國派軍到尼泊爾。一九〇三年，昌德拉在德里杜爾巴，[9]和寇松相見時，向寇松承諾（這次盛會簡直可稱為「寇松加冕」〔Curzonation〕），尼泊爾將忽視對於西藏的義務，只要能有所補貼。

寇松西藏政策的核心成員，是他的摯友榮赫鵬。兩人在一八九二年榮赫鵬休假返英時相識，兩年後又在今天巴基斯坦的契特拉再度見面。向來順應己意的寇松喜歡探險家，對邊疆念念不忘。榮赫鵬很清楚寇松的缺點，卻也深知寇松是為了踏上仕途順利的捷徑，也讚賞他的信心及動機。他也找不到更好的朋友，至少就事業來說是如此。寇松到印度擔任總督時，榮赫鵬早期看似即將鴻圖大展的事業卻停滯不前。他是拉賈斯坦邦的殖民行政官員，專事處理可怕的饑荒，目睹絕望的印度人吃植物的根與葉，或「抓起火葬架燒過的遺體殘骸，便啃食了起來。」寇松邀請他到西姆拉休養一段時間，並給他更優越的職位，並向榮赫鵬保證仍視他為「老友與旅伴」。待寇松決定壓制西藏時，他早已決定，此任務非榮赫鵬莫屬。

一九〇三年七月，榮赫鵬展開外交任務，一開始就穿越西藏邊境，明確向藏人宣示，寇松決意要解決當下情況。與他同行的政治官員克勞德・懷特是錫金的「小神明」，但是榮赫鵬說他「在應付獨立國

7　布里亞特（Buryat），蒙古族的一支，多數分布在西伯利亞地區。

8　阿旺・德爾智（Agvan Dorzhiev, 1854-1938），十三世達賴的政治顧問，主張西藏應和俄羅斯結盟。

9　德里杜爾巴（Delhi coronation durbar），指英屬印度的土邦權貴對大英帝國表達效忠的社交盛會，分別在一八七七年、一九〇三年和一九一一年，英國君主登基加冕為印度皇帝時舉辦。

家的高官時，比一無是處還不如。」榮赫鵬幾乎無法有任何進展。藏人仍對英國的要求無動於衷。他們無奈地在崗巴鎮的堡壘外紮營，這時榮赫鵬急切地把亞東傳教士戴如意傳來的謠言告知加爾各答：兩萬名俄羅斯大軍正朝拉薩前進。「我們只要把僧侶力量的泡泡戳破，」他寫信向寇松說，「就能讓人民與我們同在一起，驅逐已傷害我們甚深的俄羅斯影響力。」他們誤判西藏局勢，因此很難擊敗對方。

十二月月底，青藏高原正值凜冽寒冬，這時榮赫鵬再度出發前往青藏高原，這一次帶了一千名縱隊成員，主要是廓爾喀人和錫克人，並有龐大的輜重隊伍，包含數以千計的犛牛、騾子、閹牛與小馬，多數都在青藏高原行動的嚴苛條件下死亡。這項軍事行動由少將詹姆士・麥克唐納（James Macdonald）指揮，他或許是個稍嫌無趣工程師，但非常老練，曾在非洲歷練很長一段時間。更近期，他在錫金鋪設公路，而寇松下令軍事介入時，他也是現場的資深軍官。麥克唐納對於補給線相當苦惱，不時敦促大家要有警戒。榮赫鵬洩氣之餘，轉而從身邊的軍官找人才，尤其看重上尉鄂康諾（Frank O'Connor, 1870-1943）。鄂康諾出生於愛爾蘭朗福德郡（County Longford），年輕時以砲兵軍官的身分來到大吉嶺，之後愛上北方高聳、無人探索的國度。鄂康諾是整個印度軍隊中，第一個（也是當時唯一一個）能以藏語對話的英國軍官，因此被指派為榮赫鵬擔任口譯。鄂康諾現身在英國喜馬拉雅山外交場合是可以理解的，但在接下來的二十年似乎無所不在。另一人是弗雷德里克・馬士曼・貝里（Frederick Marshman Bailey, 1882-1967），藍罌粟的發現者。人們稱貝里為「艾瑞克」，當時年僅二十出頭，出生於拉合爾，是印度軍隊中校的兒子，也是鄂康諾的朋友，並效法他學習藏文。榮赫鵬注意到他，認為他正是帝國在邊疆地區需要的人才。

對英國人來說，西藏冬季的苦寒絕不亞於六十年前左拉瓦爾・辛格（Zorowar Singh）的道格拉軍隊所面臨的狀況。英軍的堆納（Tuna）營地位於五千公尺的高原，在狂風吹襲下，這些孤立無援的士兵圍繞在以犛牛糞生起的火堆周圍；十幾個錫克工兵死於肺炎。中尉亞瑟．哈多（Arthur Hadow）來自諾福克軍團（Norfolk Regiment），他掌管縱隊的馬克沁機槍（Maxim），於是運用蘭姆酒及煤油，避免槍枝的冷卻系統在攝氏零下三十度的地方結冰。（英國的西藏任務具有何種霸凌性質，從這些馬克沁機槍即可看出。）

一九〇四年三月的最後一天，在接近曲美辛古（Chumi Shengo）溫泉附近，英國縱隊恢復行軍，朝向江孜這座重鎮前進，這時他們的路被兩千名藏兵阻擋，其中許多是武僧（dob-dob），亦即在有時動蕩不安的寺院裡維持秩序的僧侶。西藏將軍拉丁（Lhading）與英國指揮官曾有短暫的會面；之後，英國軍隊側翼包圍對方，致使他們不得不投降。他們甚至完全沒有發射子彈。當錫克工兵開始解除西藏人的武裝時，英國軍官便乘機拍攝這些身懷火繩槍與刀劍、有著異國外貌的敵人。隨後發生了些許誤解，引發了槍戰。一名錫克人的下巴被擊中，於是馬克沁機槍射擊而出。

麥克唐納隔天早上向寇松報告，說他的人馬動用了一千四百發機關槍、超過一千四百發來福槍彈藥，以及縱隊火砲中的五十枚榴霰彈。英國這邊有十幾人受傷，主要是刀傷與彈弓傷害，而坎貝爾清點過後，發現西藏有六百二十八人死亡。許多人背部中彈後奮力脫身。目睹這場殺戮的《每日郵報》（*Daily Mail*）記者問道：「以菩薩與聖者之名，他們為什麼不跑？」至於現代的俄羅斯武器則幾乎沒有出現，只有少許古舊的後膛槍，之後有些獵槍，可能是幾十年前交易而來的。

榮赫鵬告訴他父親，這是場「純粹的屠宰」，他自己也是驚恐萬分。然而，他把錯推到西藏將軍拉丁身上，因為他「徹底的愚蠢幼稚」，而藏軍本身又「無能，連被我方軍隊全面包圍時，仍無法理解情況的嚴重性。」他也責怪達賴喇嘛，說他終究「是一切麻煩的根源，理當好好踹一腳。」這些藉口根本是呈現出榮赫鵬荒謬的錯誤想法。他不理解過時的西藏政治系統中所發生的鬥爭：國族主義興起及不願意妥協，而領導者對此很是困擾。他一心只想要「粉碎那些自私、污穢、縱欲的喇嘛。」這種赤裸的偏見，源自於英國一支反天主教的福音派，認為拉薩和羅馬一唱一和。榮赫鵬的論點和寇松一樣，認為藏人是一群在宗教上受到壓抑的人，非常渴望自由，但這只是空想，還用來合理化使用現代武器，並對付確信魔法護符能擋子彈的軍隊。即使在曲美辛古的屠殺之後，藏人天真的勇氣及犧牲仍持續，以致急忙趕來的英國援軍看了之後深感欽佩。可惜這並未阻止英軍在前往拉薩的途中不斷掠奪、大肆採買，並送回四百匹騾子承載量的藝術品和紀念品，今天有部分仍屬於英國的博物館或私人收藏品。原本應該展現英國權威的舉動，淪為相當骯髒的破壞及奪取。

正當榮赫鵬即將以勝利之姿進入拉薩、迎接「我一生最大成就」之際，寇松正在倫敦，在譴責聲浪越來越大的英國內閣面前為這趟任務辯護。在城市陷落的前一天，西藏身分認同的實體和精神化身達賴喇嘛，和德爾智逃到蒙古首都烏蘭巴托——當時稱烏爾格（Urga）。這項選擇有政治意義：他避開中國，表達獨立之意；他還有俄羅斯領事館可以商議。（達賴喇嘛的出現讓蒙古的精神領袖八世哲布尊丹巴呼圖克圖〔Jebtsundamba Khutuktu〕處境尷尬。他本身也是西藏人，是達賴喇嘛的隨從裡一名幹事的兒子，也是蒙古最資深的格魯派僧侶。他是個曖昧的角色，一九一九年，堅毅的英國旅人布斯卓女士〔Beatrix Bulstrode〕形容他「中年，卻已衰老，外觀浮腫、放蕩、一點也不吸引人。」波蘭旅行家費迪南·奧森多夫斯基〔Ferdynand Ossendowski〕則認為他「聰明、敏銳，精力充沛。」這個僧侶老年時失明，被歸因為梅毒及酗酒。）一九〇四年九月，榮赫鵬在達賴喇嘛缺席的情況下，於拉薩簽訂條約。隔年底，英國新成立的自由派政府將中止這項條約，因為新政府厭惡帝國般的專橫干預。（與其說是和人權有關，不如說干預外國是昂貴的。）這時，寇松已請辭總督。傳教士戴如意雖遭英國軍官惡意驅離，卻是言簡易賅地道盡其結果：

> 英國在藏印邊界的沿線優勢離所謂強化還遠得很，反而是弱化了，唯一獲得好處的是中國。

俄羅斯與英國在一九〇七年簽訂《英俄條約》，實際上終結了在西藏的敵對狀態，同意只透過中國來處理西藏。達賴喇嘛別無他法，只能與北京交涉。他搬回安多一段時間，之後決定前往北京，即使擔心可能遭拘留。他在途中曾於五台山寺院短暫停留，發送邀請函，請外國外交官來訪，包括英國外交人員。這多少是深思熟慮後所做的努力，試圖將西藏決心孤立的路線改為實際參與。他告訴美國外交官柔克義，他對抗中國所做的努力，以及西藏為何「沒有外國友人。」柔克義則告訴達賴喇嘛他錯了，全世界有許多人在祝福西藏，期盼西藏能繁榮發展。柔克義寫信給友人西奧多・羅斯福（Theodore Roosevelt），時值這位老羅斯福總統的第二任任期，柔克義說，這次會面是「我這輩子最獨特的經驗。」達賴喇嘛是個「理解速度快，也是性格堅強的人。」

又過了一天，達賴喇嘛與未來的芬蘭總統兼俄羅斯皇家軍隊軍官古斯塔夫・曼納海姆（Gustaf Mannerheim，中文名「馬達漢」）會面，而喇嘛的隨員則一方面確保觀察曼納海姆的中國官員被阻隔在外。曼納海姆表面上是旅行，實際上是間諜，曾以瑞典文記下整個中亞的旅程，再交給聖彼得堡的上司。達賴喇嘛問曼納海姆，沙皇有沒有要他代為傳遞訊息。雖然沒有，但曼納海姆給了他一把手槍來自衛——白朗寧手槍，不是俄羅斯製的武器——並教他如何上膛。他也注意到，這個流亡在外的西藏領袖在外交事務上相當活躍、有智慧，曾如此描寫達賴喇嘛：

> 看起來不像個百依百順的人，只扮演中國政府要求他扮演的角色，反而像是個一心等待機會、好讓對手自亂陣腳的人。

一九〇八年九月，達賴喇嘛來到北京，他拒絕向光緒皇帝及慈禧太后磕頭，但他們仍清楚表明，達賴喇嘛必須回到拉薩，聽命於駐藏大臣。

不多久，光緒皇帝與慈禧太后雙雙駕崩，光緒皇帝這年才三十七歲便遭毒害。達賴喇嘛被迫在國喪期間滯留北京，而滯留期間，歐洲外交人員首度見到他的廬山真面目。鄂康諾剛好也在北京，陪錫金年輕王公展開世界旅程，因此成為第一個見到西藏領袖的英國政府官員，也見到了達賴喇嘛的布里亞特顧問德爾智。這次會面氣氛熱絡、友好，當時英國幾乎要從西藏完全撤離，也有助於友善氣氛。達賴喇嘛背後有美國人柔克義協助，即使中國反對，他還是見到日本大使。旅僧河口慧海曾喬裝成中國僧侶，在拉薩與十三世達賴喇嘛見面，而他把這段旅程寫成《三年旅藏》(*Three Years in Tibet*)，在日本掀起了西藏熱。等達賴喇嘛終於回到拉薩，日本軍事顧問前來協助藏軍現代化。可惜為時已晚，實在太遲、太遲了。

*

寇松在辭去總督一職之前不久，已在寫給弗里斯菲爾德信中提到，他開始為聖母峰遠征鋪路。在榮赫鵬任務期間，兩名陸軍上尉賽西爾．羅林(Cecil Rawling)與查爾斯．萊德(Charles Ryder)——後來成為印度測繪局局長——已從一百公里外清楚看見聖母峰，因此寇松就把這件事牢牢記在心中。攀登聖母峰有兩條路，一條是從北邊的西藏，另一條則是從南邊的尼泊爾。有趣的是，寇松在信中明白建議要找尼泊爾大君昌德拉．沙姆舍爾，請求他准許從南邊取道進入，信中並未提到西藏。他或許是感覺到，儘管有英國的軍事介入，但要從北邊根本不可能，請求他的朋友昌德拉更是上策。

山岳會慶幸能獲得如此有力的支援，遂著手籌備一九〇七年的遠征，適逢山岳會成立五十週年，他們寄望能從西藏這條路線出發，因為看起來比較可行，也比較知名。資金充裕的出版商兼山岳會成員阿諾德·穆姆（Arnold Mumm）有意願攬下這趟任務所需經費，只要他和他的瑞士嚮導可以加入遠征團隊。同行的有喜馬拉雅山老將湯姆·朗斯塔夫、查理·「瘀青者」布魯斯，還有兩名高山嚮導、九名布魯斯找的廓爾喀人。豈料這群高山登山者組成的列車，一出發就差點被政治派系之爭搞到動彈不得。新任的印度事務大臣是無趣的書呆子約翰·莫萊（John Morley），此人不贊同浪漫探險；就連他的頂頭上司首相亨利·甘貝爾—班納曼[10]也說他是個「暴躁光棍」。英國與俄羅斯的協商仍在進行，而莫萊並未準備讓登山遠征擾亂這池水。喬治·高迪[11]可說是奈及利亞的塞西爾·羅茲，而當時擔任皇家地理學會會長的高迪寫了封尖刻的信到《泰晤士報》，但莫萊不為所動；而泰晤士報的一名主管相當支持他。

莫萊也擋下寇松從尼泊爾出發的建議。一九〇八年，達賴喇嘛前往北京時，昌德拉·沙姆舍爾來到英國，獲頒牛津大學榮譽學位，這是由已遠離政治圈的牛津大學副校長寇松親自頒發。昌德拉同時獲得皇家地理學會頒發的榮譽獎項，但他私下與莫萊會面時，這位印度事務大臣告訴他，「地理學會是很重要的學會，要求我允許他們探索聖母峰。我拒絕了。你不是希望我這麼做嗎？」昌德拉和他意見一致。尼泊爾的孤立讓英國人得以維持良好名聲，許多尼泊爾人都蜂擁加入英軍。如果允許登山者進入，其他人也會跟進。這麼一來，「大人啊，就不能期望英國人當紳士了。」然而，在昌德拉的同意之下，印度事務部確實允許一項讓步，以安撫寇松：一九〇七年，印度測繪局的納圖·辛格（Nathu Singh）成為第一個探索尼泊爾聖母峰區域南邊的外來者，這範圍包括都得科西河（Dudh Kosi），一條從冰河流下的

10　亨利·甘貝爾—班納曼（Henry Campbell-Bannerman, 1836-1908），英國自由黨政治家，一九〇五至〇八年任英國首相。

11　喬治·高迪（Sir George Goldie, 1846-1925），曾致力將奈及利亞納入英國的勢力範圍。

「牛奶河」。穆姆、布魯斯與朗斯塔夫並未前往聖母峰，而是到加瓦爾，並取得特里蘇峰首登者的榮耀。

在面對官方不贊成的情況下，前往聖母峰成為暗中進行的事情。亞歷山大・凱拉斯（將在一九二一年勘察行動殞命的化學家）有個嘗試從北面登山的祕密計畫，而在一九一三年，機關槍部隊上尉約翰・諾爾展開祕密行程，則從錫金跨越邊境，比羅林更接近聖母峰一點。一九一九年三月，榮赫鵬（不久之後將繼任霍迪奇，接下皇家地理學會新會長一職）在一場演講中，以開創性冒險為主題，並以此為開端，在一九二〇年代展開遠征嘗試。十月，寇松成為外交大臣，於是成了政府內推動遠征的盟友。然而諷刺的是，成為打開聖母峰大門的鑰匙的，是另一場入侵西藏的行動，也會讓英國的西藏政策在某個人專業引導下，朝向更有建設性的新方向前進：這人就是查爾斯・貝爾。貝爾來到拉薩，將讓榮赫鵬的冒險取得不可或缺的許可，繼而前進。

*

一九〇四年年底，英人離開西藏後不久，大清的道員[12]趙爾豐來到康區西部，此時的清帝國設法在原本居於此地的藏人之間，建立起中國的農牧殖民地。此舉卻引發了暴動，負責執行此政策的官員遭到殺害。趙爾豐於是展開猛烈攻勢，重新伸張中國的掌控權，卻引來更多復仇行為。一群僧侶躲在鄉城鎮（Chaktreng）寺院厚實的圍牆後方，但趙爾豐使出伎倆，讓他們以為援軍抵達，遂打開大門，於是他處決了生還者。趙爾豐成功平定康區動亂，獲得擢升，一九〇九年，他對之前獨立的德格王國所在地更慶鎮（「德格」意為「四德十善」[13]）——康區政治勢力重鎮——故技重施，而趙氏在過程中摧毀具歷史重要性的察雅寺（Drakyap，舊稱「乍丫」）。他的軍隊犯下的暴行使他被稱為「趙屠夫」；而西藏文化遭到毀滅，也預示著日後文化大革命將帶來更黑暗的陰影。一九一〇年二月，達賴喇嘛才返回幾個星期，趙爾豐便帶著兩千人來到拉薩，官方理由是來監督英國人依照一九〇八年新簽訂條約而建立的市場，但藏人解讀為一種侵略宣示。這一年，夜空中出現了火焰燃燒般的哈雷彗星，更被視為惡兆。如今三十多歲的達賴喇嘛被迫再度逃亡，這一次逃亡中國勢力範圍以外的錫金。

在西藏與錫金邊境亞東鎮的英國貿易代表是大衛・麥克唐納（David Macdonald），是一九〇四年西藏任務的資深文官，在鄂康諾生病之後接任口譯一職。麥克唐納的父親是蘇格蘭茶商，母親是當地的絨巴人，只是大衛（出生名為Dorje）年幼時，父親便拋下了母親。大衛收到電報警告，說達賴喇嘛要來，並指示大衛要予以協助，只是表面上要維持中立。位於亞東的中國官員在等待趙爾豐部隊前來時，要求交出達賴喇嘛。但在暴風雪的冬夜，達賴喇嘛於深夜逃過則里拉山口，進入錫金，又繼續前往大吉嶺。溫文儒雅，帶著同情心的政務官查爾斯・貝爾歡迎他的到來。貝爾陪同新客人前往加爾各答，而總督明托勳爵也恭敬地和達賴喇嘛相見，並傾聽他的求助。印度事務大臣莫萊當時回到倫敦，對這件事一點興趣都沒有。莫萊和榮赫鵬一樣鄙視達賴喇嘛，認為他不過是「危害社會的動物」，應該「自作自受。」莫萊主張，中國的侵略只是聲張主權，是理所張然之舉。英國絕不會支援，畢竟這違反一九〇七年的《英俄條約》。莫萊告訴明托，要嚴守中立立場。達賴喇嘛本來獲得出乎意料的溫暖歡迎，消息一傳來，滿懷的希望突然情勢逆轉，令他深感重挫。貝爾回憶起這消息讓達賴喇嘛「十分震驚、痛苦，有那麼一兩分鐘，他什麼話都說不出來。」

12　道員，明清時代的地方政府官職。

13　四德，即佛有四德；十善，則是菩薩的十種善行。

清軍霸道占領拉薩，英國又顯得冷漠，於是達賴喇嘛找上俄羅斯人，可惜政治風向已轉變，他遭到禮貌性拒絕。他考慮從印度前往北京，直接進行訴求，但是中國情況快速惡化，他沒有多少選擇，只能繼續在英國的保護下，前往佛陀度過童年的迦毗羅衛，以及悟道成佛的菩提伽耶朝聖，最後在大吉嶺東邊的卡林邦（Kalimpong）落腳。

其中一個和達賴喇嘛一起流亡的，是外交與軍事領袖達桑占堆[14]，他曾在達賴喇嘛逃離西藏之際，在曲水（Chaksam river）阻擋中國軍隊，殺了大約其中的七十人。當時達桑占堆二十五、六歲，他出身雖然卑微，後來卻和望族擦絨家族（Tsarong）成婚，並繼承家族姓名及隨之而來的頭銜，尤其是夏卜拜[15]（Shap-pe）。他很快在二十世紀初期成為西藏很有影響力的政治人物。達賴喇嘛稱他貼身侍衛（Chensel），意思是看得見，因為他隨時都在。後來更多人稱他擦絨夏卜拜，他比任何人都更認同達賴喇嘛的理想，認為現代化國家更能面對外國威脅。他將成為英國在西藏的最佳盟友，「一個在拉薩真正清醒的人，」位於江孜的教師法蘭克·勒德洛（Frank Ludlow）這麼形容。一九一一年秋天，他前往日喀則，趁著北京局勢混亂的當下，帶頭反抗大清，為達賴喇嘛回歸開路。

達賴喇嘛在卡林邦流亡期間，與查爾斯·貝爾培養出真正的友誼。和許多當代人不同，貝爾打心底認同西藏文化。無論上司莫萊勳爵怎麼想，貝爾和中國人一樣了解到，達賴喇嘛是西藏守護神觀世音菩薩的化身，也是西藏政治的關鍵人物。貝爾一八七〇年出生在加爾各答，曾經在溫徹斯特（Winchester）與牛津大學新學院求學，之後依循父親亨利的腳步，踏上印度文官的任職之路。正因如此，他就是少數從文官階級中拔擢出來的「政治官」，軍中同僚視他為「先生」（babu），指的是文書工作者，不是邊疆地區需要的勇者。他原本待在比哈爾邦和奧里薩邦（Orissa），而在他的職涯中最令人興奮的一刻，莫過於派駐到大吉嶺，這時他完全傾心於西藏的世界。貝爾不僅變得精通藏語，還寫了一本關於藏語的書

——《藏文口語手冊》（*A Manual of Colloquial Tibetan*）。在榮赫鵬簽訂的條約條款之下，春丕河谷成為英國的掌控範圍，貝爾也率先掌管了這個地方，之後才又從克勞德．懷特手中繼任錫金、不丹以及西藏的政務官；相較於貝爾，懷特比較關心自己的退休金，而非喜馬拉雅山區的政治命運。整體而言，達賴喇嘛在一九一〇年流亡是個從天而降的好時刻，貝爾將秉持同情心，為英國建構全新的西藏政策。

一九一三年九月，貝爾來到西姆拉，為印度外交大臣亨利．麥克馬洪爵士（Sir Henry McMahon, 1862-1949）提供建議，時值麥克馬洪負責監督印度與西藏疆界劃定的最新嘗試。協商過程相當折騰人，中國最後也拒絕簽署，西藏卻簽了，而且這項協議的特色是來自貝爾的想法。英國人爭取的商業機構獲得保留，貝爾更是說服了西藏的主要協商者夏扎．班覺多吉（Longchen Shatra）——老練的外交官，與英國有著長久、有時痛苦的交涉經驗，曾把原屬於西藏具戰略位置的城市達旺（Tawang）讓與印度政府。雖然當時西藏政府得到步槍與彈藥作為補償，但拉薩的官員大為惱火。西藏仍繼續管轄這座城鎮，但是如今屬於印度阿魯納查邦的達旺，之後一直是火藥庫，也是中國與獨立後的印度在一九六二年衝突的起因之一。這也透露出，雖然貝爾是支持西藏的人，並自稱「已西藏化」，但他終究是為英屬印度工作。在西姆拉之後，他繼續支持達賴喇嘛將西藏及藏軍現代化的舉措，雖然第一次世界大戰導致進一步的軍事支援受到限制。如今，有英國支援的軍隊雖然更有效力，卻會對僧侶體制造成威脅：是現代世界的先兆，也是魚與熊掌不得兼的權力基礎。

貝爾真正想做的是造訪拉薩，這是在榮赫鵬的任務之後就沒有英國軍官做到的事。他一九一八年退

14 達桑占堆（Dasang Damdul, 1888-1959），以主張現代化改革而著稱的重要人物。

15 查爾斯．貝爾指出，夏卜拜即是西藏噶廈的長官噶倫。

休，一心在西藏研究時，似乎就錯過了機會。達賴喇嘛正在進行漫長的隱修，而一九一四年簽訂的《西姆拉條約》似乎也化解了英國對這個地區的擔憂。之後，俄國革命所影射的意義更清楚了。布爾什維克斯撕毀了沙皇簽訂的條約，再度為英國打開了造訪的大門。原本取代貝爾的政務官又意外下台，於是還待在這個區域的貝爾再次被指派。對聖母峰遠征而言，最好的消息是寇松在一九一九年十月成為外交大臣，而貝爾發揮不屈不撓、思慮周密的精神，提出想前往拉薩的主張，這次終於獲得寇松善意的回覆。後來，貝爾在森林環繞的亞東等待，想知道是否如願以償、獲准前往，一名計畫於一九二一年展開聖母峰偵查遠征的代表正好抵達，為登山者遊說。

查爾斯．霍華—伯里是個有錢的愛爾蘭地主，也是資深的英國軍官，有錢又有聲譽，必然有辦法展開成功的遊說活動。他曾在索姆河戰役服役，於一九一八年春天的行動中遭到德國人俘虜，才獲釋三個月，他就寫信給聖母峰委員會祕書長亞瑟．辛克斯，希望有機會效勞——他自己會出錢。一年後，當榮赫鵬推動這個議題時就找上他，請他承擔改變印度心意的挑戰，可惜出師不利。一九二〇年七月，霍華—伯里來到西姆拉，和英屬印度當局協商之時，就感覺到有重大決定懸而未解，而聖母峰只是令人分心的事。同樣顯而易見的是，一心掛念著拉薩任務的查爾斯．貝爾有進入西藏的鑰匙，但並不支持他。「我越聽貝爾的說詞，就越擔心他不幫我們，」霍華—伯里向榮赫鵬報告。「大家都說他很難應付，因為他慢吞吞的、謹小慎微，絕不犯任何錯誤。」到了七月底，倫敦的印度事務部正式拒絕許可，沒想到，榮赫鵬卻指示霍華—伯里，還是得到亞東拜訪貝爾。

這個議題之所以緊張，是源於武器的問題。霍華—伯里的理解是，藏人急於要英國人出售更多武器給藏軍。事實上，武器的議題是應該處理，但不算重大。貝爾很了解如何從這系統中取得他想要的，用這樣的要求當作籌碼，需要時就拋出去。霍華—伯里和貝爾一起享用午餐時：

他說他今天就可以問西藏政府，也很確信他們會允許這趟遠征，但他不認為現在是適當時機。

貝爾很可能把霍華—伯里當傳聲筒，傳達訊息給榮赫鵬，再傳給公開支持聖母峰計畫的寇松，說明如果女王陛下的政府希望英國登山者到西藏，就應該派貝爾到拉薩。十月中，貝爾獲得許可，而一九二〇年十一月十七日，一個依照藏曆精挑細選的黃道吉日，他來到了聖城，內心滿懷著他已努力十多年的雄心壯志。

不到一個月，登山者便獲得攀登聖母峰的許可。一九二一年勘察計畫的領導者是霍華—伯里，而非顯然更適合的登山者人選查爾斯．布魯斯，這是為了獎勵霍華—伯里的努力不懈，並承認這趟探險可能隱含外交層面，畢竟布魯斯不是外交官。馬洛里這時也登場了，而早期聖母峰遠征的傳說於焉誕生。榮赫鵬在皇家地理學會的就職演說中告訴全世界：

> 此等成就的達成，將提升人類的精神。會讓人覺得人定勝天，我們可以真正掌握任何環境。

在歷經了人類史上最血腥的戰爭以及對抗現代主義孤立與都市化的風潮之後，他的這番言論聽來彷彿是來自另一個世界的回音。

*

查爾斯．貝爾在拉薩又停留了一年，用來處理攀登聖母峰核可這種小事都還綽綽有餘，也有違上司的期待。在那段期間，他重先界定英國與西藏之間的關係，鞏固與達賴喇嘛之間的友誼。貝爾會一直強調他住在西藏的社會中，讓他的計畫能往前更進一步，並引用僧官的話來說明：

當歐洲人和我們藏人在一起時，我覺得他是歐洲人，我們是藏人；但倫欽貝爾與我們同在時，我感覺到我們都是藏人。

這並不表示貝爾未曾受到挑戰。保守派的人會把他和主張現代化的軍隊領袖擦絨·夏卜拜聯想在一起。一九二一年年初，在西藏新年期間的默朗木祈願大法會，貝爾親眼目睹要求刺殺他的公告。貝爾依照西姆拉條約，狡詐地為英屬印度取得達旺，也惹惱了掌握大權的哲蚌寺僧侶，因為他們失去了能賺取收入的邊境村莊。隨著英國與西藏發展出更緊密的關係，英國也設法把錢投進寺院，買通反對勢力的一部分。軍隊及後來的新警力依然是不滿分子的目標。然而貝爾認為，這些機構正是西藏不可或缺的，如此才能鞏固西藏地位，成為獨立於中國的國家。

教育是另一個摩擦來源。在達賴喇嘛的請求下，印度政府嘗試把英國公學的價值引進西藏。一九一三年，四名來自權貴家庭的男孩被送到拉格比公學，每一個人都確實學習到實用的技能[16]，日後將對家鄉的現代化過程提供有力的幫助。其中一名門仲·齊洛貴木桑（Khyenrab Kunzang Mondo）在南約克夏的礦村格里莫索普（Grimethorpe）學習礦業工程，後來則在西藏西部擔任地方首長，卻因剝削當地人而惡名昭彰。強俄巴·仁增多吉（Rigzin Dorje Ringang）在英國停留最久，他主攻電力工程，並帶著足夠的設備返鄉，建立小型的水電計畫，為達賴喇嘛的夏宮羅布林卡（Norbulingka）裝設電燈。過了十年，也因為貝爾的造訪，於是新的教育方式出現了，這次是在西藏境內。一名來自印度教育局（Indian

Education Service）的教師法蘭克・勒德洛來到江孜商務委員會，開設一間小規模的英文學校。

勒德洛敏感又有能力，是訓練有素的自然學家，他的老師是劍橋大學的植物獵人之父法蘭克・金頓—沃德。勒德洛終生都待在邊疆，進行涵蓋外交服務、自然史以及探索的各項事務。一九二三年八月來到江孜的他相當樂觀，只是若要說服當地人，則需要發揮耐心，才能吸引到足夠的小學生來響應外國人的創新之舉；學校終於在十二月啟用，共有十三名學生加入，人數日後將會倍增。其中一門頗受歡迎的入門課程是足球。勒德洛從印度帶來幾顆球，但男孩們很快把球玩到磨損，因此他請人寄更多球來。由於長長的藏袍「朱巴」（chuba）在球場上奔跑時不適穿，於是他也幫孩子們添購足球球衣，顏色是依照僧服設計成黃色和栗紅色。勒德洛堅持只當裁判而未下場，因為他發現，在這麼高海拔的地區，「我跑個二十碼就喘不過氣。」

勒德洛的學校將在英屬印度與西藏的關係惡化時成為犧牲品，屆時，查爾斯・貝爾的進展會突然停滯，而前進聖母峰的進展也會中斷數年。正如之後所見，一九二四年的遠征被稱為造成關係中斷的原因，然事實上，真正的原因要深刻得多。雖然馬洛里與登山伙伴安德魯・厄文（Andrew Irvine）的死引起大眾注意，但在一九二四年，其他方面也出現了異常戲劇性的發展。這年年初，經常和達賴喇嘛作對的班禪喇嘛逃離日喀則的扎什倫布寺，流亡到中國。之後，拉薩親英的現代化派與拉薩的僧侶體制爆發衝突，後者越來越抗拒軍事能力如英國所願那般成長，藉此讓西藏成為可實際作戰的緩衝國家。而如此錯綜複雜的爭權過程中，核心就在新任的英國駐錫金政務官，這個人專注於情報工作及政治操縱：弗雷德里克・馬士曼・貝里（又稱「貝利」）。

16　門仲・齊洛貴木桑學習礦業；吉普・旺堆羅布學習郵電；果卡爾瓦・索朗木貢布學習軍事；強俄巴・仁增多吉學習電力。

朋友稱艾瑞克．貝里為「帽匠」，他沒有花多少時間像貝爾那樣「西藏化」，以促成英國利益。貝里雖然談吐溫和，但軍人出身的他總帶著桀驁不馴的尊嚴；他在榮赫鵬一九〇四年的軍事行動中擔任年輕軍官，也是個探險者，曾爭取到前往布拉馬普特拉河上游的知名旅程。他曾在一次大戰期間於西線受重傷，當時的他和廓爾喀人一起參與加里波利之戰，之後被派到塔什干進行情報任務，評估莫斯科布爾什維克新政府在中亞的意圖。待貝里必須返家時，他偽裝成阿爾巴尼亞的軍隊職員，並說服布爾什維克的祕密警察單位「契卡」[17]，為他尋找布哈拉的英國間諜。他在途中收到間諜操作者的電報，要求他找出惡名昭彰的英國特務——這名特務叫貝里。

貝爾駁斥蘇聯在西藏有影響力的想法，但貝里與之前的上司及盟友鄂康諾則相信，新成立的蘇聯會試圖破壞英國在這個區域的利益：俄國人在拉薩當然有間諜。他們兩人都擁護比較激進的「前進」策略，一如他們之前的上司榮赫鵬。貝爾或許會擔心這將衝擊他千辛萬苦建立起來的緊密關係，於是一九二一年，貝里來到錫金，急著想前往西藏時，仍在拉薩的貝爾阻止他前來。這種怠慢之舉讓貝里心生憎惡，他大致上不會告訴別人此事，但在一封給母親的信中提及貝爾時寫道：

> 根本是個無能的騙子，完全靠為自己歌功頌德而步步高升。他竭盡所能，讓我在這裡的工作變得困難——因為他花了十五年，不願意就此放棄，於是心生嫉妒。我在一九二一年有了前往拉薩的念頭，請他把我介紹給達賴喇嘛和其他在拉薩的人，但他不讓我去……他在退休之後，還是設法與達賴喇嘛通信，讓我在這裡更難做事，因為他們不明白，一個人退休之後，事情就應該告一段落了。

貝里在一九二四年十一月寫下這封信，那時他剛從拉薩回來，而西藏與印度政府的外交關係也突然降溫，這過程破壞了貝爾當初忍辱負重、辛苦完成的成就。局勢轉變也導致英國暫停嘗試攀登聖母峰，究其原因，在於貝里努力把西藏權貴導向符合英國帝國利益，遠離共產主義威脅。貝里的這些努力，主要是希望評估並影響西藏國安機構。和貝爾不同的是，他沒有獲得上司核准，因此不能親自前往西藏。想要遠距影響西藏政策有其難度，貝里必須發揮想像力，如同當年在塔什干一樣。

一九二二年十月，前英國陸軍將軍喬治．柏來樂（George Pereira）穿越中國和青藏高原，來到拉薩。柏來樂童年騎馬時曾發生意外，因此有「單腳跳的人」（hoppy）的暱稱，他在戰爭之前是駐北京的駐外武官，精通中文，但這位老將在前往首都時便愛上了西藏。

> 我看見孩子們到處奔跑嬉戲，不時聽見老人的笑聲，而西藏農民看似無憂無慮，和中國的村莊生活大相徑庭。

官方稱柏來樂是「私人旅行者」，但他其實是貝里的老友。貝里親自為柏來樂安排旅程，並未告知他在加爾各答的上司。柏來樂的工作和以前一樣是駐外武官，會把藏軍的情況回報給貝里，並和軍隊領袖擦絨．夏卜拜會面。在柏來樂離開拉薩，踏上致命歸途的隔天，西藏政府要求印度政府協助，建立現代警力，這想法是貝爾播下的種子，卻沒能看到開花結果。另一方面，貝里的政策似乎也有了進展。

然而過了幾週，另一個白人來到拉薩，此人可是不速之客。他的出現顯示英國對拉薩的仍有些許的影響力，他是年輕的美國講師威廉．麥高文（William McGovern），任教於倫敦的亞非學院（School of

17 契卡（Cheka），意為「全俄肅清反革命及怠工非常委員會」。

Oriental Studies）。他曾是前往拉孜的官方研究群成員之一，只是沒能獲得許可就繼續前往拉薩，這多半是因為貝里的堅持。倫敦的印度事務部之前發電報給貝里，警告他雖然這群人馬有牛津大學研究生，但他們「顯然懷有二心」，意思是他們同情共產主義。貝里不願承擔此污名，於是這群人被召回印度。麥高文拒絕接受這個決定，遂於未獲許可的情況下，再度偽裝並穿越邊界，於一九二三年二月抵達拉薩。僧侶們聽聞他出現在城市的風聲，就拿石頭扔向他的住處，於是麥高文很快被護送回印度。貝里及其他政務官（包括貝爾）得知這個美國人出版了旅行見聞時，禁不住勃然大怒，這份敘述透露出在拉薩有親中派的存在。貝里請聖母峰委員會的祕書長辛克斯協助，在皇家地理學會的會刊上狠批麥高文的名聲，說這是要他支持聖母峰遠征的「等值交換」。

印度政府指派協助藏人建立現代警力的人，是一九〇四年榮赫鵬任務的老將。現年四十六歲的索南・旺菲・萊登拉（Sonam Wangfel Laden La, 1876-1936），在喜馬拉雅山區的英國情報界中成長，他是知名班智達的姪子，十八歲時初出茅廬，第一份工作的雇主另有其人：編纂藏語字典的薩拉特・錢德拉・達斯。後來，萊登拉加入大吉嶺警方，執行過不少敏感任務，例如監視到印度朝聖的班禪喇嘛，那時英國正考慮支援從班禪喇嘛駐錫地日喀則分裂的國家。不久，萊登拉成為達賴喇嘛流亡時期的保安官，也是陪同四名男孩前往拉格比公學的人之一。一九二三年八月，萊登拉抵達拉薩時，麥高文目睹的派系活動正如火如荼展開，貝里一定是期盼警察在這城市出現之後，能強化英國的立場。

萊登拉不久便建立起種子警力，並聯合軍隊首領擦絨・夏卜拜。這其中牽涉到多少事固然有爭議，但的確有證據顯示，要不就是在一九二四年的初夏、馬洛里還在聖母峰時，要不就是過幾個星期之後，這兩人協議推翻現有的宗教政府，以利更進步的世俗政府，而達賴喇嘛仍是掌管寺院的虛位國家領導人。雖然貝里聲稱不知情，但他是此區域經驗豐富的專業情報官專家，有可能清楚這項計畫。後來，他那年夏天來到拉薩，與擦絨和萊登拉兩人會面。他是否先行知道擦絨與萊登拉有何盤算，是另一回事。但多年後，當這件事的其中一個版本洩漏到英國媒體時，貝里在上司面前捍衛萊登拉；若這件事是出於這名警察個人的行為，貝里或許不會這麼做。

貝里離開拉薩時，擦絨也隨之離開。但是擦絨在秋天返回時，發現自己已被拔除軍隊領袖的頭銜，年輕愛將也被分發到西藏的偏遠角落。接替他的是個精明的政治權貴——龍廈（Lungshar），他是資深的財政官員「孜本」。龍廈與萊登拉之間也有過一段故事；龍廈曾和拉格比公學男孩前往歐洲，並在未獲得拉薩許可的情況下與中國大使見面，萊登拉便向上司報告這事情。萊拉登這時意識到自身職位岌岌可危，遂返回印度，據說他飽受精神崩潰之苦。隨著西藏軍隊展開肅清，一名曾在拉薩為萊登拉工作的不丹僧侶佩瑪・昌德拉（Pema Chandra）也趕緊出逃，藏軍在邊境前逮到他，把他的首級帶回拉薩示眾，上頭還有標示，指控他侵占公款，詆毀達賴喇嘛。仍在江孜教書的勒德洛，此時耳聞學校將會關閉的謠言。一九二六年，大刀終於揮下，部分原因是勒德洛所稱「一九二四年萊登拉、擦絨與其他人在拉薩的愚蠢舉動。」無論擦絨與萊登拉所談及的政變是不是真有那麼一回事，卻足以讓保守的西藏體制轉而對抗起英國支持的現代派。貝里的努力付諸流水，而他也就此被打入冷宮。

在外交降至冰點的風暴中，聖母峰探險無辜遭到波及。一九二四年十一月，辛克斯寫信給貝里，請求他協助獲得西藏許可，讓他們在一九二六年可再次嘗試。他曾幫貝里詆毀美國學術人員麥高文，遂期盼能獲得正面回應。不過貝里發出電報，直言聖母峰的許可是不可能的。他聲稱，諾爾的遠征影片《聖母峰史詩》（*Epic of Everest*）冒犯了拉薩，尤其是一名西藏老人吃小孩頭蝨的片段。他之後又寫了一封信，解釋拉薩也很不滿諾爾雇用一群江孜寺院的喇嘛。諾爾後來帶他們到英國表演舞蹈，試圖為一部看似嚴肅苛刻的紀錄片，在上映時平添一點異國的人性面向。在英國鄉間電影院，喇嘛吹奏腿骨號角的景象根本算不上是外交夢魘——他們經常在印度巡迴演出——但貝里堅稱，這次「跳舞喇嘛事件」讓拉薩不可能發出許可。等他明白這些喇嘛並未取得適當的護照（即使諾爾如此堅持），貝里無疑是找到破口。他讓倫敦的印度事務部以冰冷憤怒的態度，攻擊聖母峰委員會。在可預見的未來，不會再有聖母峰遠征。

諾爾很清楚，阻擋聖母峰攀登申請的是貝里，而不是藏人，但他不明白原因何在。貝里曾是榮赫鵬的擁護者，而聖母峰又是榮赫鵬的夢想。他的朋友亨利．莫斯黑德（Henry Morshead）是一九二一年聖母峰偵察任務的一員，他也曾和莫斯黑德一起在雅魯藏布峽谷探險。貝里通常會大力協助同袍探險家，無論他私底下對他們的看法如何。一九二四年夏天，他支持過金頓—沃德與考德勳爵（Lord Cawdor），當時他們正準備依循貝里的腳步，解開雅魯藏布峽谷的謎團。他也歡迎過神祕學的法國旅人亞歷珊卓．大衛．尼爾（Alexandra David-Néel），在她祕密進行拉薩之旅後，曾前往他位於甘托克的常駐點。沒有人了解到，「跳舞喇嘛事件」是現實狀況最貼切的託詞：貝里政策失敗，與西藏的關係幾乎崩潰。

關於那年夏天所謂「政變意圖」，是過了兩年，消息才傳了出去，那時貝里已即將離開這個職位了。一九二八年十月，接替他的繼任者來到甘托克。萊斯里．魏爾（Leslie Weir）在達賴喇嘛流亡期間，擔任江孜商務委員，他也了解西藏。他崇敬查爾斯．貝爾，稱貝爾是「他的上師」。魏爾在準備就任新職時，發現「我們的優勢……比我上次在這裡時嚴重倒退。」那時，隱藏著諸多祕密的艾瑞克．貝里已經離開：到喀什米爾接下令人垂涎的職位，也是他的最後一份工作——加德滿都的英國公使。

十七 烏托邦

一九三六年八月十六日，德國出生的登山家鈞特·狄倫福斯（Günter Dyhrenfurth）來到阿爾貝特·史佩爾[1]於柏林建造的奧運體育場，接受國際奧委會頒發的登山獎，成為登山運動的金牌得主。現代奧運的創辦人古柏坦男爵（Baron de Coubertin, 1863-1937）會在每一屆的奧運會之前，肯定幾年來最了不起的攀登壯舉，因為登山是他的熱情所在（他也愛狩獵與飛行）。奧委會的其他成員可沒那麼熱情：這獎項最一開始在一九二四年首屆冬季奧運頒發，當時是在法國阿爾卑斯山的霞慕尼舉辦，時間距離首屆的現代夏季奧運已有二十八年。那一年，一九二二年聖母峰遠征的登山領導者愛德華·萊爾·斯特拉特（Edward Lisle Strutt）代表英國和雪巴人領獎，在那趟遠征中，有七人於一場雪崩中喪命。之後，登山獎項斷斷續續頒發。狄倫福斯和妻子海蒂（Hetti）於一九三六年獲選，因為他們在兩年前成功遠征喀喇崑崙山。海蒂更是錫亞康戈里峰（Sia Kangri）的首登者之一，打破了一九〇五年芬妮·沃克曼創下的女性攀登海拔高度紀錄。

1 阿爾貝特·史佩爾（Albert Speer, 1905-1981），德國建築師，曾經擔任納粹德國裝備與軍火部長。

狄倫福斯勉為其難才走完閉幕典禮，這時行進中的每一個掌旗者會在希特勒的注視下把國旗放低，而希特勒也會舉起手臂，擺出納粹的行禮姿勢。（這和奧運的敬禮方式太像，因此奧運後來不再沿用。）雖然狄倫福斯更早些時候已得知獲獎，但是以電報派發的正式邀請，是前一天才送到他位於瑞士的新家。這其實不是一時失察。狄倫福斯是「混血」（Mischling），具有雅利安與猶太人血統，一九三三年辭去波蘭布雷斯勞（Breslau，現稱為弗次瓦夫〔Wroc aw〕）大學的地質學教授一職，以抗議希特勒掌權。海蒂則是來自西利西亞知名的猶太實業家家族，[2] 過去曾是網球冠軍，雖然個子嬌小，在山上的青現卻是膽識過人。她也討厭習俗。一九三〇年，她搭船前往印度，參與先生的干城章嘉峰遠征，途中卻遭到英國登山者弗蘭克．史邁斯（Frank Smythe）斥責，因為她與印度人共舞。史邁斯認為「此舉對女士而言不可接受」，而她只是客氣地微笑以對，便繼續跳起舞來。

海蒂．狄倫福斯決定不和先生一同前往柏林，部分原因是厭惡德國的反猶太主義。兒子諾曼當時才十幾歲，一九三六年稍早時曾擔任助理，在位於巴伐利亞的加米什帕丁基亭（Garmisch- Partenkirchen）為冬季奧運拍攝影片，卻遭到騷擾（一九九四年以前，夏季與冬季奧運會是同年舉辦）。而另一個海蒂保持距離的原因，是該部影片的攝影師——漢斯．埃特爾（Hans Ertl）。他是有雄心壯志的年輕登山家，後來成為電影工作者，也曾參與她丈夫的喀拉崑崙山遠征。為這次探險出資的製作公司，找來埃特爾來拍攝高海拔的連續鏡頭。（他們通往喀拉崑崙山的路線，會穿越喀什米爾，行經拉達克藏傳佛教壯觀的蘭馬玉如寺，不過，即使有這些動人的背景，這部電影《喜馬拉雅山的惡魔》〔*Der Dämon des Himalaya*〕仍遭到嚴厲抨擊。這並未阻止匈牙利出生的導演安德魯．馬頓〔Andrew Marton〕戰後在好萊塢援引這部電影的原有畫面，重製出《西藏風暴》〔*Storm over Tibet*〕，其中有句名言：「看看世界屋脊……坍塌在十億噸的冰下！」）在這趟遠征中，海蒂與埃特爾成為情侶，但他很擔心這樣有違團隊精神，於是決定坦白。鈞特．狄倫福斯比埃特爾高得多，他緊抓著妻子情人的肩膀，並向他保證：「小伙子，這種事情就是會發生。」狄倫福斯喜歡凡事都保持開放，例如婚姻、山岳以及邊界，但此時的歐洲已不再是這情況。如今埃爾托來到柏林，為另一名前女友萊妮．里芬斯塔爾（Leni Riefenstahl）工作，她為法西斯獻上拍攝技法相當炫目的頌歌《奧林匹亞》。海蒂不想見到他們的任何一個。一年後，海蒂與鈞特分開，獨自前往美國；兒子諾曼會很快跟來。

右翼國族主義興起，滲透到歐洲人生活的每個層面，登山也不例外；但這時，印度卻有不同的政治風暴在醞釀。甘地和平的公民不服從及其他獨立運動各個分支糾纏著日漸衰微的大英帝國，這樣的對抗包括喜馬拉雅山區的政治熱點，例如大吉嶺。但是山區的其他地方，改變來得比較慢。在尼泊爾，一九二九年寇松的盟友昌德拉．沙姆舍爾去世之後，拉納王朝掌權的鐵腕逐漸出現裂痕，但欠缺龐大、受過教育的中產階級，意味著要挑戰現狀是既困難又危險。

在西藏，一九三三年年底，積極的圖登嘉措示寂，因此政治階級全力投入尋找新的達賴喇嘛。西藏才剛與穆斯林軍閥馬步芳所率領的國民黨軍隊在邊界交戰，結果慘不忍睹。一九一一年，清朝滅亡，但民國成立才一年，中國便陷入內戰與軍閥的泥淖中。國民黨在蔣介石的領導下，耗費了整個一九二〇年代只為統一中國，並將偏遠殖民地（例如西藏）納入勢力範圍。接下來發生更多邊界戰爭，而西藏與中國的關係惡化，促使印度政府與拉薩之間的關係解凍，甚至促成了九年來第一次聖母峰攀登。

即便如此，保守派的勢力依然強大。除了一次大戰之後的歐洲出現政治變遷、帝國消失以及國族興起，科技的進步也讓世界變得更快、更小、更具物質主義色彩。馬洛里第一次前往聖母峰時，航空器

2 西利西亞是中歐的歷史地名，大部分位於今天波蘭西南部，也有小部分位於捷克和德國。

是以帆布製成，旅行更是非常昂貴，無線電台新穎且稀少，而電影是默片，諾爾的《聖母峰史詩》就是如此。但在十年間一切變了樣。若說華爾街股市大崩盤迫使許多上班族的生活陷入愁雲慘霧，現代性持續創造的新未來則導致人與人疏離、幾近冷漠。一時間，對西方人來說，喜馬拉雅山區似乎凝結在時空中，是個光明的失落世界，聳立於會帶來威脅的戰爭烏雲上方。一九三〇年代將成為喜馬拉雅山旅行的黃金時代，是舊世界的最後一瞥，之後暴風雪爆發，舊世界也將永遠消失。對於住在喜馬拉雅山區的人來說，過時政權也行將就木，那些過往的政權禁錮著這裡的人民太久、太久了。

＊

鈞特．狄倫福斯在柏林奧運領取了登山獎之後，又過了幾個星期，湯姆．朗斯塔夫在昔德蘭收到一份簡潔的電報：「兩人八月二十九日登頂。」這名登山老將的經歷可追溯回喜馬拉雅山區剛開始有人攀登的時期，如今他已六十出頭，知名的紅鬍子也黯淡變灰，不過，他還是一如以往地充滿興趣及熱忱，心知這訊息所代表的意義——有人登上南達德維峰。對他來說，沒有任何一座山的意義更甚於南達德維峰：「在我踏上喜馬拉雅山之前的好幾年」，這座山就是他的企圖心所在。即使一輩子都在登山，一九二二年甚至加入聖母峰遠征，他依然相信南達德維峰所在的加瓦爾是「所有亞洲高山最美的鄉村」，是「其他地方無法超越的極樂之地。」任何人可能攀登南達德維峰的恐怖想法充斥在他腦海裡，「這種瀆聖行為太可怕，無法思考。」然而，這封電報如此簡短，著實令他安心。這裡沒有提到名字，沒有指出征服這座山的英雄：「這是謙虛，而非驕傲。」

從某些方面來看，朗斯塔夫是他所屬時代及階級的典型象徵——伊頓公學與牛津大學基督學院校友。舉例來說，一九二二年攀登聖母峰途中，他很慶幸聽聞甘地因煽動犯罪而遭逮捕，「大快人心」。然而一提到登山，他和任何人一樣又是全然的積極。聖母峰遠征要動用龐大笨重的力量，遠不如一小群朋友在山間輕快、自由移動那樣引人。聖母峰幾乎是信仰宣言。一九〇五年，他從南達德維峰東邊的喬哈爾谷攀登，抵達山陵線，從這裡可看見之前隱藏著的壯闊谷地，感受到這聖所多麼教人難以抗拒，也多麼危險。一九〇七年，朗斯塔夫回到這裡，再試一次。他攀登附近的特里蘇爾峰，在接下來二十一年是人類抵達的最高峰紀錄，不過南達德維峰的聖所依舊無人能及。一九二〇年代雖然有更多嘗試，但直到一九三四年，才有一組人成功穿過險惡的里希根加峽谷，來到南達德維峰的山腳下：兩名英國登山者艾瑞克・西普登與比爾・提爾曼，以及三名腳夫，提爾曼樂於稱他們是「老兄」：昂・塔卡（Ang Tharkay）、帕桑・波提亞（Pasang Bhotia），以及昂・塔卡的堂兄弟庫桑（Kusang）。

對登山者來說，西普登和提爾曼的名號焦孟不離，猶如藍儂和麥卡尼，兩人可說是一種探險方法的簡稱：輕量，卻不失雄心壯志，矛盾結合了遼闊山岳及低調作風。攀登南達德維峰是西普登提出的想法，他參加過英國與西藏關係融冰後的第一次遠征，並於一九三三年前往聖母峰。這次的領導者是低調的印度公務員休・拉特利奇（Hugh Ruttledge），他在派駐阿摩拉時，曾自行二度遠征南達德維峰。受拉特利奇啟發，西普登看看身邊的人，卻沒找到能一同登山的伙伴。他聽從自己旅行的渴望，成為唯一一個與昂・塔卡等人同行的歐洲人，這時有人寫了封信給他，那是來自當年他在肯亞種植咖啡時認識的山友提爾曼。提爾曼比他年長十歲，剛結束由東到西橫跨非洲的單車之旅，返回家鄉。他提議到湖區兩個星期，但西普敦的提議卻是到加瓦爾，展開七個月的遠征。這對搭檔從利物浦出發時拍了張照片，可從中看出兩人衣裝講究，穿著一九三〇年代流行的服飾：寬領帶、高領以及寬領片。西普登比較高，穿著大衣，一頭鬈髮和突出的顴骨不太協調。提爾曼留著短短的八字鬍，梳著平整的油頭，帶著笑靨的臉龐讓人一瞥他面對世界的精練外表下仍帶著幽默。他曾參加第一次世界大戰，在索姆河戰役戰役時滿十八歲。和之前的登山世代不同，這場戰爭經歷對他有重大影響，成為他一生默默扛著的重擔。

西普登相對和藹可親，但也更神祕。他父親在錫蘭種植茶，卻在艾瑞克三歲時去世。和他不親近的母親為了躲避悲傷，於是出發旅行，之後定居在喀拉拉邦涼爽的尼爾吉里丘陵，這裡的生活很能吸引熱愛冒險的男孩。只是，母親後來再婚，便回到倫敦，住在肯辛頓花園的公寓，艾瑞克自由的生活就這樣畫下句點。艾瑞克被送去死氣沉沉的預備學校，而他閱讀能力遲緩，導致進一步遭到孤立。雖然西普登自稱愛做夢，相當孤單，但他又擅長交友，且和被歸類為厭女的提爾曼不同，西普登一輩子都吸引著女人。碧翠絲．魏爾（Beatrice Weir）的父親當年繼任艾瑞克．貝里的政務官職位，也曾協商取得一九三三年的聖母峰登山許可；一九三八年，芳齡十七歲的碧翠絲於喀什米爾的花園宴會中遇見西普登。「每個人都在談他那雙炙熱的藍眼；他一逕地坐著、環顧四方。實在是無以名狀，我像冰塊一般融化了。」他們在夏利馬爾花園一同散步，然而碧翠絲的母親洞悉一切，因此斬斷兩人的情絲。「這男人愛做夢，只活在冰河上。」

西普登確實找到了不太重視地位或職業的生活型態，而這樣的人生觀會讓他失去一九五三年留名青史的聖母峰遠征領導者地位。一九三三年，約莫是他第一次遠征聖母峰時，他就明白，沒有理由去節制可以讓他快樂的事：自由、山岳、探索。「為何我不把這些變成我的畢生志業呢？」而最明顯的答案無疑是金錢，雖說不上便宜，然而人們越來越負擔得起喜馬拉雅山之旅，尤其是西普登與提爾曼所實踐的斯巴達版本。一九三四年，他們七個月的遠征花不到三百英鎊（相當於今天的九千英鎊），包括從英國出發的航程。未來的戰爭英雄弗雷迪．史賓賽．查普曼[3]和他的五人團隊（兩個歐洲人、三個雪巴人）花費三十九英鎊五先令，成功攀登上卓木拉日峰：相當於今天的兩千六百多英鎊。（這就是一七八四年威廉・瓊斯在平原上看到的山；在查普曼之後，鮮少人攀登這座山峰。）最省錢的無非奧地利人赫伯特・蒂奇（Herbert Tichy），一個後來被迫成為納粹宣傳者的人。他在一九三五年騎著普克（Puch）機車到印度，偽裝成朝聖者，穿越里普列克山口（Lipu Lekh），這是在剛越過尼泊爾西邊疆界、進入西藏之處，接下他在神聖的岡仁波齊峰轉山，之後嘗試納木那尼峰的首登。正如西普登在戰爭期間所寫下的，若思及財富：

> 財富的價值，鮮少比令人滿足的生活方式更能持久。這畢竟是命運、世界災難都無法奪去的唯一財產；若我們曾真正活在永恆的一刻，那麼沒有什麼可以改變這事實。

提爾曼的感覺也差不多，但多少帶點諷刺意味，畢竟他老驥伏櫪，不會把這樣的想法大聲說出口：他比較善於討論天氣，而不是訴說情感，視線通常也投向地平線。他在寫作中鮮少出現人性的判斷，要不，也是從最不直接了當的角度來思考人性。他稱讚西普登「是最早質疑在登山活動中，最偉大的登山者必定是最好的登山者的想法，」所謂「偉大」的意思是知名。兩人都厭惡登山者自我推銷。任何會讓親身經驗的豐富程度淡化的事——知名度或名氣——他們都從背包中扔出。任何無關緊要的事物都被丟到一邊，提爾曼說：「裝袋、報廢。」兩個人對於扁豆和扁麵包的喜愛，勝過福南梅森百貨（Fortnum's）高級的食物籃禮盒。即使是他們的友誼，兩人同樣謹慎看待。西普登曾說，提爾曼是個「嚴苛的同伴。」

---

3 弗雷迪・史賓賽・查普曼（Freddy Spencer Chapman, 1907-1971），英國陸軍軍官，二戰時期戰功彪炳。

兩人在一九三四年夏天克服了里希根加峽谷這道難關，進入聖所南達德維峰一帶，這可說是西普登一生中最甜美的時刻之一。里希根加峽谷這類神祕難尋的峽谷所具備的魅力有著常見的喻義：對西藏人來說，幾個世紀以來，這種「隱谷」（beyul）是其神聖地景概念的一部分。西普登得以在這些地方找到心理上的解脫。

我孩提時代最幸福的夢想，就是來到這樣的山谷，隨心所欲漫遊，探索大自然至今尚未揭示的榮光。如今，在我眼前的美妙現實，毫不遜於幾乎遺忘的夢想；而在這幻滅的時代裡，有多少孩童時的夢想能夠再次被提起？

對當地牧民來說，這座山谷是進不去的，因此西普登就這麼闖入有豐富植物的失落世界：

南達德維峰的巨大峭壁巍峨參天，令人生畏，展現道地的喜馬拉雅山風格，但是冰河邊界的右方，於清楚的側磧後，可見遼闊起伏的草地綿延數哩，形成動人的對比……這片放牧地是庇護所，許許多多野生動物在此生活，不受侵擾。願此景長存！

此景當然沒能存留多久。一九六二年，中國和印度發生邊境戰爭之後，擁有雪巴人支援及中情局撐腰的印度和美國登山者，設法把原子能感應裝置悄悄裝置在南達德維峰山頂，卻因為天氣惡劣而棄置。這裝置後來在一場雪崩中消失，一九七〇年代中期，這件事連同輻射性物質一起洩露了出來，令雙方政府備感尷尬。登山者所造成的衝擊更是明顯，因為他們留下大量垃圾，印度政府索性在一九八二年禁止進入，如今又多了氣候變遷的衝擊。

一九三六年夏天，提爾曼在南達德維峰登頂——不是與西普登攀登，而是地質學家諾爾·奧德爾（Noel Odell）——或許就想到了這般每況愈下的情形。那時已是下午，雲遮住了周圍的許多山峰，但北邊陽光普照的棕色青藏高原蔓延到天際。他寫道：

> 在這趟勝利的最初喜悅之後，我禁不住感受到一股悲傷；這座山岳已屈從，一臉驕傲的女神低下頭來。

提爾曼這段話可說是打開自己的心房，你可以感受到其中蘊含著戰爭陰影下的厭世感。遠征本身是一大成就，是熱情的年輕美國人和英國登山老手精力充沛的組合，而他們幾乎靠著因緣際會，一同出征。查理·休斯頓（Charlie Houston）當時仍是年紀輕輕的哈佛大學醫學院學生，若非在最高營地不慎吃了腐敗的肉品罐頭，那麼登頂的就會是他，而不是提爾曼。休斯頓回憶道：

> 這些英國人不知道如何理解我們美國佬，也難以理解我們的語言形式，即使我們應該有共同語言。

即便有差異，但他們的登山哲學倒是差不多，在山岳間的強烈連結，力道遠超過共同的護照。南達德維峰是喜馬拉雅山區第三十高峰，也是人類在二次大戰之前抵達的最高峰。

西普登很自責，他沒能和提爾曼一同登頂，而是浪費時間在「荒唐的聖母峰事務」：同年夏天，聖母峰遠征隊展開第四度嘗試。雖然私底下可能是出於嫉妒，但西普登公開讚揚這次成就是「第一次征服喜馬拉雅山區難纏的巨人。」這一次最新的聖母峰遠征又是另一次龐大的事業，耗費相當於今天五十萬英鎊，有豪華的設備及專業規畫，卻沒交出能媲美前三次登頂嘗試的進展。因為天氣惡劣，經常下大雪，導致遠征尚未真正開始，就把登山者擋在門外。在五月底，西普登與法蘭克．史邁斯率領四十一個腳夫（這人數也是怪）前往北坳，這時開始降下史邁斯所稱「我在喜馬拉雅山經歷過最嚴重的暴風雪」：

> 這場暴雪降了兩呎。營地遭到半掩埋。我們無事可做，只能在睡袋裡整整躺兩天，並在我們之間放普賴默斯（Primus）登山爐，煮點熱飲來保暖。

這支團隊擁有最新的無線電設備，因此史邁斯可和基地營對話，尋求建議。他決定下撤，即使有雪崩的危險。「這責任極其重大——四十一條人命——但願以後不用再面對這麼沉重的責任。」這處位於絨布寺上方岩石荒地的基地營，折騰著史邁斯。「空氣十分乾燥，我們咽喉充血，除此之外我沒什麼問題，整天都抽著菸斗。」他的鼻子在高海拔烈日下曬傷，「出現紅斑、乾裂，皮綻肉開，還結了痂。」讓他繼續前進的，是英國鄉間和位於薩里的新家之夢。

> 我可以清楚勾勒出那畫面——果樹開花、譚寧舒克林地（Tenningshook Wood）綠意盎然，一片藍鈴草在樹下搖曳。那和眼前的全然荒蕪呈現多麼強烈的對比！沒有任何景色和英國鄉間一樣美。

史邁斯可說是英國至上主義者：德國人海蒂．狄倫福斯與印度人共舞就激怒了他，他高傲地談論喜馬拉雅山文化，而他卻只是經過此地，幾乎稱不上了解。這情況主要是因為缺乏安全感。雷蒙・葛林在伯克姆斯特德學校（Berkhamsted School）——由葛林的父親擔任校長——時就認識史邁斯，而十年前提爾曼則是這裡的小學生。史邁斯就是在伯克姆斯特德就讀時開始登山，「他是個相當瘦弱的金髮男孩，據說心臟衰弱，胸部有雜音，因此不能踢足球。」一九三三年，他和葛林一起攀登聖母峰時，當時擔任醫生的葛林仍可用聽診器聽到雜音。史邁斯看似孱弱，卻堪稱英國在兩次大戰期間最優秀的登山者。「在高海拔之處，似乎有一股新的力量進入法蘭克體內，」葛林在回憶錄中寫道：

> 他的心靈也呈現不同的色彩。在海平面，他總帶著一種被誤解的自卑感，但那是他遭受不公平對待的早期經驗埋下的種子，導致他有時暴躁易怒、不夠圓融，相當容易感覺被冒犯。

雖然在聖母峰時夢想著英國庭園，但史邁斯在家鄉從未能真正放鬆。他覺得被家庭生活困住，而且他還是個疏遠的父親。

史邁斯在加瓦爾高北邊的比昂達谷（Bhyundar valley，花谷）發現了另一種庇護所，這個地方充滿豐富的植物，因此他稱這裡為「花谷」，印度當局把這一帶劃入國家公園時，便以「花谷」命名。史邁斯是在一九三一年，與西普登攀登卡密特山時發現這裡豐富的植物；卡密特山距離南達德維峰不遠，曾是喜馬拉雅山區登山活動的攀登里程碑之一。一九三六年聖母峰攀登失利，令史邁斯甚為沮喪，於是他選擇在他稱為自己的香格里拉之處，獨自和一小群雪巴人度過夏天。他寫道：

> 這是我人生第一次能夠思考。我並非刻意客觀或有條理的思考，而是把思維交給周圍環境。這

> 是我們在西方不了解的力量，卻是東方抽象思維的基本。如此可以讓心靈接受環境帶來的感覺，而非尋求感覺，也因為捨去過多的思緒，反而更有收穫……一旦面對這樣的情形，人的心智就能逃脫本身軟弱想像的束縛，與創造者合一。

史邁斯是個多產作家，雖然雷蒙．葛林認為，他「總設法要『有文學性』」，但因為太努力嘗試，反而從未成功。」（聖母峰老將愛德華．斯特魯特〔Edward Strutt〕——《高山雜誌》的毒舌編輯，也是聖母峰委員會成員——則稱他的作品為『心理空談』。）和提爾曼不同的是，史邁斯的作品如今沒有多少人欣賞，然而，雖然他為了發揮影響力而費盡心力，但一想到這個自戀、壞脾氣的人在絕美的谷地暫時讓自己放鬆，那景象卻是相當動人。

一九三六年，提爾曼或許和史邁斯、西普登去過聖母峰，但是他在前一年的勘察行動中適應得極差，因為西藏的許可在出乎意料的時間送來，導致他們在最後一刻草草成行。即使到了七月，天氣依舊穩定，季風已遲來一個月，但他們從這趟旅程中沒學到多少新知。（若一九三六年天氣一直這麼好，那麼聖母峰很可能在二次大戰之前就有人攀登。）相對地，在一九三五年的勘察過程確實攀登了許多較次要的山峰，其中二十六座超過兩萬呎（六千零九十六公尺），西普登形容這是「名副其實的放縱。」麥克．斯彭德（Michael Spender）是詩人史蒂芬．斯彭德[4]的兄長，曾參與許多測繪工作及遠征，也曾分派工作給一個出生於西藏的高海拔腳夫丹增．布提亞（Tenzing Bhotia）——一九五三年之後以「丹增．諾蓋」（Tenzing Norgay）或雪巴丹增之名聞名於世。這是他第一份登山腳夫的工作，西普登看中他臉上的溫暖笑容，在最後一刻選上他。至少，一九三五年的探險活動安排起來並不算貴。

團隊來到了聖母峰附近，可是出現在眼前的淒涼景象，暴露出他們探險背後的動機有多草率、多有問題。這趟遠征的隨行醫師是日後備受尊敬的兒科醫師查爾斯・沃倫（Charles Warren），他竟找到探險家及一次大戰老兵莫里斯・威爾遜（Maurice Wilson）的遺體，當下震驚不已。威爾遜在第四次伊普爾戰役[5]後獲頒軍功十字勳章，但後來因為機關槍擊中他的胸膛，也造成左手臂出現慢性損傷。由於他心理嚴重受創，難以延續原有的生活，於是從位於英國布拉德福德（Bradford）的故鄉移居他方：先是到美國，之後是紐西蘭，以尋求某種解決之道或目的。他絕非悲傷或可憐人：他高大，雖有慢性傷害，但身體健康，因此過得相當不錯，只是無法在某個地方定居太久。一九三二年，他搭船回英國的途中結識了幾名印度瑜伽修行者，稍加探索了齋戒以及其宗教實踐。他返鄉之後生病，傳統藥物沒能發揮功效，於是他利用習得的知識治癒自己，並與自身強烈的基督教信仰融合。在經過這次經驗刺激，加上他想展現新信仰工具和齋戒的力量，遂決定登上聖母峰：「信仰——只有信仰：可以推動你知道的山岳。」

威爾遜的計畫是駕駛飛機到這座山的山腳下，遂加入倫敦航空俱樂部（London Aero Club）。雖然缺乏天資，他仍取得飛行員執照，還買了一架二手的舞蛾（Gypsy Moth）飛機，並命名為「埃佛瑞斯號」（Ever Wrest）。威爾遜的計畫傳到媒體耳中之後，掀起了些微騷動，從白廳、德里和其他相關單位都不贊成。儘管如此，威爾遜鍥而不捨，最終抵達印度，但是沒能獲得飛到尼泊爾的許可。他果斷地賣掉飛機，並在一九三四年春天扮成僧侶，和三名有經驗的菩提亞人跋涉，穿過錫金與西藏，來到基地營。絨布寺的僧侶一見眼前一名孤單的英國登山者有點驚訝，但威爾遜告訴僧侶，他是一九三三年攀登團隊的一員，現在又回到這座山。僧侶把拉特利奇先前寄放在此、未來的征服之旅所需的存糧交給了

4 史蒂芬・斯彭德（Stephen Spender, 1909-1995），英國詩人、小說家及散文家，其作品相當注重社會正義。

5 伊普爾戰役（Battle of Ypres），一次大戰期間，發生在法蘭德斯地區的戰役。

他。遺憾的是，威爾森為當個攀登者所做的準備，不若成為飛行員那般周全，於是在幾次嘗試抵達北坳後，於帳篷死去。沃倫指出，由於飢餓、暴露在環境中以及精疲力竭等原因，導致他死亡。他日記的最後一條是：「再度出發。美好的一天。」

威爾遜的遺體歷經風雪摧殘，而發現遺體的這些人並未對他多加苛責。沃倫回憶起他們把威爾遜埋在冰縫之後說：

> 我們舉起帽子。相信在場每個人對這件事都感到不舒服。我以為自己看見死者時早已無動於衷；但不知為何，在這情況下，加上畢竟他生前正在做的事和我們幾近相同，他的悲劇似乎讓我們更徹底地意識到一些事實。

帳篷外，大雪紛飛，身為優秀數學家及校長的艾德溫．坎普森（Edwin Kempson，人稱為「G」）讀了威爾遜的日記片段給西普登與沃倫聽。西普登說：「彷彿這個人親自對我們說話，透露出他不為人知的思緒。」他毫不懷疑威爾遜的誠懇，即使「他顯然對山沒有多大的好感，當然也沒有因為山的存在而獲得性靈提升。」許多英國人認為，攀登聖母峰是一種形而上學的艱辛過程，或關乎國家的聲望。但一九三〇年代真正來到聖母峰一帶的人都抱著相對懷疑的態度，雷蒙．葛林也是如此：

> 我想，過去已有許多人說過攀登聖母峰的精神與神祕意義，也說過此舉對英國聲望的可能影響……但我們完全不是為了這些理由來到聖母峰，而是單純為了樂趣，或者滿足純粹個人且自私的心理衝動。

*

威爾遜駕駛飛機到聖母峰的大膽計畫，或多或少是受一年前一架飛機飛過山頂的啟發，那是一次精采且成功的嘗試。在第一次世界大戰之前，熱氣球已能飛到比聖母峰還高的高度，而在一九一九年，法國傑出的飛行員尚恩·卡塞爾（Jean Casale）就曾飛越超過九千公尺的高空。運用航空器來探勘聖母峰攀登路徑，似乎是合理之舉；科學家凱拉斯即曾以此為題，撰寫過研究報告。霍華—伯里在率領一九二一年聖母峰勘察之行的前一年，曾前往印度，取得聖母峰許可，並在任務中打探印度皇家空軍的態度。雖然一開始軍方相當冷漠，但後來仍派出飛機和飛行員，以及必要的攝影裝備。可惜後來不了了之，而這或許才是最好的結果，因為準備派出的飛機是Airco DH9a，飛行高度差不多是三千公尺出頭。一九二〇年代中期，美國「巡迴表演藝人」飛行員羅斯科·特納（Roscoe Turner）與聖母峰委員會接觸。但特納日後之所以成名，是因為買了一頭小獅，關起來飼養，日後提供給好萊塢。他依照贊助者的名稱，將這頭小獅子取名為吉爾摩（Gilmore），並以塞考斯基（Sikorsky）S-92A直升機載著牠在美國西岸飛行，直到吉爾摩長到體型變得太大，沒辦法穿上降落傘挽具。這種性質的噱頭是遠遠配不上聖母峰委員會的尊嚴的。

但是對委員會來說，很不幸的是，飛行後來比雙腳攀登要時髦得多。這個時代屬於世界知名的飛行先鋒，例如查爾斯·林白[6]、愛蜜莉亞·瑪麗·艾爾哈特[7]與艾米·強森[8]。一九三一年，五架英國韋斯

---

6 查爾斯·林白（Charles Lindbergh, 1902-1974），美國飛行員、作家、探險家，首位成功單飛橫渡大西洋的人，晚年投入環保運動。

7 愛蜜莉亞·瑪麗·艾爾哈特（Amelia Earhart, 1897-1937），第一位獨自飛越大西洋的女飛行員，曾協助建立女飛行員組織。

8 艾米·強森（Amy Johnson, 1903-1941），第一位從倫敦單飛到澳大利亞的英國女飛行員。

特蘭（Westland）的馬鹿號軍機（Wapiti）飛越南迦帕爾巴特峰，沿途還拍攝了壯闊的影片畫面。如果尼泊爾政府允許，應該可以在聖母峰如法炮製吧？史都華・布萊克（Stewart Blacker）是武器設計者，也是一次世界大戰的飛行員，曾遭到射擊墜落三次，卻倖存了下來。他也是瓦倫廷・布萊克（Valentine Blacker）——喬治・埃佛勒斯的前任印度測繪局長——的後裔。一九三二年三月，他在航空工程學院（College of Aeronautical Engineering）成立辦公室，以執行這項任務。皇家地理學會幾乎馬上予以支持，許多印度和英國的貴族也紛紛相助，包括小說家與政治人物約翰・布肯（John Buchan）。他清楚知道如此規模的計畫需要哪一類的英雄，於是找上迷人又有衝勁的年輕飛行員道格拉斯・道格拉斯—漢米爾頓（Douglas Douglas-Hamilton），他是第十四代道格拉斯與克萊斯戴爾侯爵（Marquess of Douglas and Clydesdale），也是漢米爾頓公爵（Duke of Hamilton）的長子。二十九歲的克萊斯戴爾是皇家空軍中隊最年輕的隊長，也是蘇格蘭選區東倫弗魯郡（East Renfrewshire）的國會議員。那年夏天，經濟情況惡化，幾名支持者退出，於是他找上朋友露西・休斯頓夫人（Lucy, Lady Houston）。人稱「波比」（Poppy）的露西曾是有著蜂腰的歌舞劇團歌手，如今則是掌握龐大財產的寡婦，那是她第三任丈夫、船業大亨羅伯・休斯頓留給她的。她一開始並未被說動，認為這很危險，也不希望眼前這個英俊的年輕男子有任何不測，「我告訴他，我不想幫他自殺。」而克萊斯戴爾一再向她保證，飛越聖母峰比起霧的晚上走過漢普斯特德荒野（Hampstead Heath）還安全。休斯頓夫人這才簽了張一萬英鎊的支票給他，還答應他，如果需要的話，會再給更多。

克萊斯戴爾之所以能說服她，不光是因為貴族魅力。一年前，飛機製造商超級馬林（Supermarine Aviation）的工程師雷金納德・約瑟夫・米切爾（Reginald Mitchell）正在研發一種飛機，後來將會成為噴火戰鬥機[9]，只是當時拉姆齊・麥克唐納[10]的國民政府砍了這項計畫的預算，休斯頓夫人索性給了超過十倍的金額。這筆錢可以讓公司繼續爭取航空的史奈德盃[11]，亦即為鼓勵航空器創新的獎項，也是堅決對抗麥克唐納的宣傳行動——波比認為，麥克唐納簡直和叛國者沒什麼兩樣，竟然讓倫敦的上空毫無防衛。波比在年少輕狂時曾支持女性參政，之後卻奔向右派，成為法西斯派奧斯瓦爾德·莫斯利[12]的支持者。飛越聖母峰會是宣揚英國聲望的好機會，也提醒印度人，母國如今依舊能夠達成此等成就。不出意料，印度國民大會黨認為這項計畫太過分。除了有休士頓夫人支援，具高戰力管理手法的空軍准將裴爾格林·費羅斯（Peregrine Fellowes）也發揮其專業的軍事規畫，讓這項計畫及時完成。克萊斯戴爾曾駕駛過韋斯特蘭華勒斯戰機原型（Westland Wallace），飛機內建布里斯托爾飛馬（Bristol Pegasus）引擎增壓裝置，在一九三三年四月三十日曾飛過山巔，這一趟，由布萊克擔任觀察員，他伸長頸子，尋找馬洛里與厄文的任何跡象。第二架飛機的駕駛是大衛·麥金泰爾（David McIntyre），一名非常好看的蘇格蘭人，後來還建立格拉斯哥普雷斯特威克機場（Prestwick Airport）。同在飛機上的，還有英國高蒙電影公司（Gaumont British Films）的攝影師，他拍攝到諸多山岳的壯觀畫面，但因為氧氣筒在寒冷中破裂，導致他昏迷倒地。幸好一條手帕修好了氧氣筒。《泰晤士報》以頭版來讚揚這次壯舉，並以駕駛艙拍攝的畫面來搭配故事——只不過照片有誤，那是馬卡魯峰。

9 噴火戰鬥機（Spitfire），英國在二次大戰期間的主力戰鬥機。

10 拉姆齊·麥克唐納（Ramsay MacDonald, 1866-1937），工黨出身，曾兩度擔任英國首相，並和其他政黨組成稱為「國民政府」的聯合政府，日後也與工黨關係決裂。

11 史奈德盃（Schneider Trophy），一九一二年由法國飛行愛好者雅克·史奈德（Jacques Schneider）所發起的水上飛機競賽，從一九一三至三一年，每一年或兩年頒發一次，原本是為了促進民用航空的發展，但後來也成為競速賽事。

12 奧斯瓦爾德·莫斯利（Oswald Mosley, 1896-1980），不列顛法西斯聯盟的創辦者和領導者。

這些成就令人振奮，很快地，就讓聖母峰委員會相形失色。費羅斯很有計畫的天分，幾個月就完成了委員會花了十年時間想做的事。這部探險影片則是另一回事。《飛越聖母峰》（Wings over Everest）是伊沃．蒙塔古（Ivor Montagu）共同執導的紀錄片，他是猶太共產主義者、俄羅斯情報的重要資產，也是乒乓球金牌。（他的哥哥伊文在戰爭期間曾任職於軍情六處，策畫了肉餡行動〔Operation Mincemeat〕，伺機在一九四三年入侵西西里島。）蒙塔谷的政治派別可從場景迅速切換的鏡頭看出：貧窮的印度農場男孩從稻田抬頭仰望，而閃亮的英國機器飛掠而過，展開另一趟虛假的帝國探險。由於山上的鏡頭只有幾分鐘，因此這部紀錄片的確需要拼湊出長一點的內容。毒舌的斯特拉特為《高山雜誌》寫了一篇尖酸的評論，幾乎不隱藏他多憎惡人們把注意力都放到公關特技演員，他再一次未意識到，大眾根本不在乎完美的細節，只想要看搶眼的頭條。他寫道：

> 電影給人的感覺，多半像是透過為羊圈柵欄所遮蔽的鑰匙孔拍攝。造成這種感覺的原因，完美的機器那令人絕望的結構責無旁貸。除了少數例外，成功的畫面都被橫擋在眼的機翼毀了。

不過，這些都不妨礙影藝學院在一九三六年三月把奧斯卡獎頒給《飛越聖母峰》。那年夏天，克萊斯戴爾動爵獨自駕駛著私人飛機到柏林，加入納粹德國邀請的國會團體，並參加奧運會。

＊

在柏林奧運不到一個世紀以前，約瑟夫．胡克曾手繪聖母峰，可謂歐洲人史無前例。在胡克的世界裡，歐人對於山的想像若不是浪漫主義脈絡下的崇高性，就是啟蒙運動講究的探索科學價值，洪堡德就是一例。後來攝影日益進步，在第一次世界大戰前後出現較輕量、可攜式照相機，例如一九二〇年代前往聖母峰的英國人所攜帶的柯達摺合式蛇腹相機，如此一來，大眾突然得以目睹到極端高山地景中，蘊含著令人感到刺激的特性，這可說是破天荒的景象。這種極端全新的山岳畫面改變了人類的視角，就像半個世紀後的登月照片一樣。而電影只會強化這種印象。創意藝術家與思想家會援引這種精采的新調色盤，追求和胡克時代截然不同的哲學目標。

萊妮・里芬斯塔爾在紀錄片《奧林匹亞》中，和攝影師漢斯・埃特爾應用他們在拍攝「山岳影片」（Bergfilme）中所學習到的觀點：德國版本的西方視野。她的登山想像成為有用的隱喻，可供納粹宣傳。把力量強大的年輕雅利安人征服大自然的艱鉅挑戰拍攝成畫面，是多麼令人醉心的機會。登山本身便是援引自這樣的哲學，其中最能說明的，莫過於德國人和奧地利人攀登世界第九高峰南迦帕爾巴特峰，即穆梅里在一八九五年謝世之處。正當英國和聖母峰纏鬥之際，德國人在一九三〇年代，曾五度遠征南迦帕爾巴特峰，這結合了個人傲慢與政治意識形態的持續性行動，還造成二十六名登山者與雪巴人在過程中死亡。這也撕裂了德國規模可觀的登山社群，因為納粹正盡所能的掌控有力的運動團體——這是希特勒龐大「一體化」（Gleichschaltung）策略的一部分，亦即讓德國生活的每個層面納粹化。這種精神上的鬥爭將放大檢視登山運動的價值。

德奧山岳會（The Deutscher und Österreichischer Alpenverein）發源於一八六〇年代，當時奧地利山岳會率先成立，以仿效最早成立的倫敦山岳會。倫敦山岳會僅全心投入登山的人及社會權貴得以加入，反觀德奧山岳會，則對所有人開放，無論能力或社會階級皆可加入，因此到了一九三〇年代，德奧山岳會的會員有二十四萬人，而倫敦山岳會只有幾百人。在希特勒崛起之前，德國和奧地利山岳會在共同的主旨之下，即成立不同分會。有些奧地利分會在一九二〇年代初期便禁止猶太人加入，這令位於慕尼黑的《新德國高山報》（Neue Deutsche Alpenzeitung）相當不以為然：

> 你們尋求傳統及頭蓋骨的形狀，全然忽略心跳及靈魂的跳動。這樣重點何在？事況會如何結束？

只不過，並非所有慕尼黑登山者都有相同感受，包括律師保羅・鮑爾（Paul Bauer），他曾經在德國登山活動中主導希特勒的一體化，並把這樣的裂痕引進喜馬拉雅山，也導致了致命的後果。鮑爾在一次大戰中加入德國軍隊，一九一七年遭英國人囚禁。大戰之後，他認為遭到平民戰士的背叛，遂心生不滿，於是加入自由軍團[13]，對於登山能恢復德國人驕傲的想法深感興趣。「當我們的步槍被拿走，」他曾說過，「成為孤兒的手會去尋找冰斧。」這種修正式的國族主義修辭免不了帶來後果：這些自稱為「山岳同志」（Bergkamaraden）的死亡率，在艾格峰北壁之類的挑戰會飆升。鮑爾鄙視鈞特・狄倫福斯混亂的國際主義價值觀，後者曾邀請國外登山者（包括法蘭克・史邁斯）一同參與一九三〇年的干城章嘉峰遠征。鮑爾也時時掛心著干城章嘉峰，但他要的團隊是全由德國人組成的。對他來說，這團隊就是一切。慕尼黑學生登山會（Akademischer Alpenverein München）對鮑爾來說，曾是戰後一片混亂又疑惑的慕尼黑裡一處心智健康的焦點，因為在戰後，鮑爾最在乎的事情似乎都遭人踐踏。對鮑爾來說，登山是回歸戰時同袍情誼的方法，以及

> 檢試在日常生活中已顯得多餘的特質，但對我們來說，這些特質仍是世上最高尚的特質：無可動搖的勇氣、袍澤之誼以及自我犧牲。

雖然鮑爾是個國族主義派，卻也親英，他曾加入山岳會。他在《喜馬拉雅雜誌》（*Himalayan Journal*）中寫道：

> 喜馬拉雅山區的地理環境帶來一種結果，就是讓我們與英國登山者、其他英格蘭及大英帝國的人接觸；因此我們一再享有他們的協助與款待。

一九三一年，鮑爾與德國登山界新星威洛・維珍巴哈（Willo Welzenbach）在競逐喜馬拉雅山利益一事上發生爭執。鮑爾希望英國給予他攀登干城章嘉峰——位於英屬印度邊界——的許可。維珍巴哈認為，鮑爾打算攀登世界第三高峰的計畫是白日夢，因此決定自行率領遠征團隊到南迦帕爾巴特峰，他認為這裡的成功機會較高，鮑爾因此大為光火。但鮑爾知道如何與英國應對，而他靠著在英國占優勢的人脈，獲得當年的登山許可。一九三二年，鮑爾出版的干城章嘉峰遠征敘述獲得了國際奧委會頒發的獎牌，而在希特勒掌權之後，他在德國登山界的地位又更是穩若金湯。納粹的體育部部長漢斯・馮・恰默・翁德・奧斯滕（Hans von Tschammer und Osten）希望山岳會禁止猶太人加入，並成立與之抗衡的機構，由鮑爾掌管。想要造訪喜馬拉雅山的德國登山者，這下也得加入主流政治氣候。狄倫福斯和妻子離開瑞士，原因如奧地利自由登山家埃爾溫・施奈德（Erwin Schneider）所說：「他出生的機遇，意味著他將無法在第三帝國獲得獻花。」

不過，仍有幾個少數的例外。一九三四年，另一回的南迦帕爾巴特峰遠征正值規畫階段，這次除

13 自由軍團（Freikorps），指第一次世界大戰後，德國軍隊在退出戰場後所組成的準軍事組織。

了登山者之外，還有一支科學家隊伍也要一起前往，目的是研究這座山的地質。其中一名成員米士（Hans Peter Misch）是探索花崗岩如何形成的重要人物。米士出生於柏林，是重要哲學家威廉·狄爾泰（Wilhelm Dilthey）的外孫，並以庇里牛斯山中央的岩石學研究剛獲得博士學位。然而他的父親是猶太人，在反猶太的《公務員復位法》（*Law for the Restoration of the Civil Service*）規定下，導致米士失去遠征資格。這次遠征的科學團隊領導是理查德·芬思特瓦爾德（Richard Finsterwalder），他反對排除米士，甚至一路往上請求魯道夫·赫斯（Rudolf Hess），亦即希特勒的副元首，聲稱這種作法「是把除此之外還算健全的法律，施加到無罪者的身上。」於是米士獲准參與。芬思特瓦爾德率領的團隊交出很有用的工作成果，完成環繞山脈的壯舉，提出高度精準且詳細的地形圖。攀登過程是場災難。他們選擇攀登南迦帕爾巴特峰的路徑，並非穆梅里曾探索過位於南面的魯波（Rupal）或位於西面的地阿米（Diamir）山壁，而是在山峰北面廣大的拉奇歐山壁（Rakiot Face）。雖然攀登不困難，但風險很高。在六月初，攀登者艾弗烈德·崔斯勒（Alfred Drexler）猝逝，原因或許是高海拔肺水腫。遠征隊隊長威利·默克爾（Willy Merkl）拍攝了崔斯勒遺體的照片及鏡頭，他們以巨大的卍字旗包裹大體並拖下山，這張照片後來刊登在德國報紙上。上面的納粹符號惹惱了團隊中的史奈德，而默克爾在回應他的抗議時，卻是以禁止史奈德攀登作為威脅。維珍巴哈寫下他對默克爾的領導心生恐懼：

> 默克爾越來越像獨裁者，不容批評。他似乎真的相信，嚴厲且不妥協的行為，有助於建立權威。若是嘗試如此宏大的壯舉，這恐怕不是最適當的氛圍。

七月初，默克爾遠征行動中，這支由十六名攀登者與雪巴人組成的龐大隊伍在一處毫無遮蔽的營地遭受到猛烈的暴風雪圍困，這是基地營上方的第八個營地，正位於山峰下方。而讓所有人都來到高處，正是默克爾計畫的一部分，意味著這團隊的神聖不可侵犯。在這場暴風雪中，這十六人在嘗試下撤時，其中九人不幸喪命，是當時喜馬拉雅山攀登史中，最嚴重的悲劇。默克爾與一直忠心伴隨他的雪巴人蓋雷（Gaylay）遺體，四年後被尋獲。馮・恰默・翁德・奧斯滕在默克爾出發之前曾告訴他：「為了德國的榮耀，期待你們征服這山峰。」但由於死亡人數及代價這麼高，而一般德國人民也不覺得振奮，以致這趟遠征顯得相當尷尬，尤其是叛徒狄倫福斯在柏林奧運會還獲頒金牌。鮑爾和這趟企圖心很高的行動保持距離，指控史奈德與其奧地利伙伴彼得・阿申布倫納（Peter Aschenbrenner）拋下雪巴人；兩人成為一場虛假調查的目標。他甚至批評維珍巴哈，說他是「墮落者」，只在乎一己榮耀，不像鮑爾是個「老兵」——早期納粹愛用的字詞之一。鮑爾告訴馮・恰默・翁德・奧斯滕：「對我們來說，在一九二三年，希特勒便已不容質疑。」納粹官員下令，有種族疑慮的米士要交出研究資料，雖然他在危急之際曾奮力展開救援。米士拒絕，逃出德國，先到中國教書，中日開戰後，他再度被迫移民。最後在西雅圖的華盛頓大學安頓下來，浸淫在漫長且卓越的學術生涯中。史奈德要到戰後才回到喜馬拉雅山，這時這位優秀的地圖繪製者畫下最早的尼泊爾山區地圖，其中包括聖母峰。

一九三六年，由納粹支持的新喜馬拉雅山探索機構成立——德國喜馬拉雅基金會（Deutsche Himalaja-Stiftung），而利用關係之便掌管基金會的，正是鮑爾。那一年，他率領遠征隊前往錫金，首登辛尼歐楚峰（Siniolchu）。登頂的兩人中，有一人是他信賴的中尉卡爾・維恩（Karl Wien）；隔年，維恩銜命率領另一支遠征隊前往南迦帕爾巴特峰。但在一九三七年六月十五日，維恩駐紮的營地上方的雪檐斷裂，觸發巨大的雪崩，往他們的帳篷傾倒了十呎深的雪，七名登山者和九名雪巴喪命。鮑爾急忙從德國前往南迦帕爾巴特峰，即使感染瘧疾，仍在悲劇發生後的一個月抵達現場。他們挖出遺體時，發現這群人帶著的腕表停在凌晨十二點十分。

第二次世界大戰宣戰後，鮑爾被趕出山岳會，而在大戰結束後，鮑爾歷經去納粹化過程，重新申請加入。山岳會可是左右為難。在戰後的亂局中，盟軍曾指派鮑爾掌管慕尼黑，他並未被判為戰犯。於是，山岳委員會決定尋求會員的意見。查爾斯．休斯頓驚恐萬分。他寫道：

> 他在德國入侵波蘭期間及其之後曾寫信給我，他在信中所言令我相當厭惡，足以證明他對人權冷淡，因此我必須表達強烈的反對。

戰爭期間，提爾曼先是在阿爾巴尼亞，之後在義大利與敵方戰線後方的游擊隊對戰，他也不同意。而提爾曼的論點成功獲得支持。鮑爾在一九九〇年去世，享年九十四歲。

*

喜馬拉雅山攀登活動被收編為陰暗政治目的的一環時，喜馬拉雅山的神話也提供了一種超脫塵世的隱喻，以對抗現代生活中的心靈錯位。一九三六年夏天，在世界另一端的好萊塢正重新打造喜馬拉雅山，把詹姆斯．希爾頓的小說《失落的地平線》改拍成電影[14]。執導這部電影的法蘭克．卡普拉（Frank Capra）有許多賣座之作，而上映未久的《富貴如雲》（*Mr. Deeds Goes to Town*）也會為他贏得第二座奧斯卡獎，而且在情感上，正好搭上富蘭克林．羅斯福（Franklin D Roosevelt）競選連任時獲得壓倒性勝利的順風車，促使這部片也橫掃票房。但是《失落的地平線》卻是耗費鉅資的票房毒藥，可能讓哥倫比亞電影公司倒閉。到了晚年，卡普拉將因為讓這部電影起死回生而獲得讚譽；他還說當初把最早的兩卷膠卷扔進片場的焚化爐，因為看過試映的觀眾認為，這部片太冗長。事實上，是片場老闆哈里．考恩（Harry Cohn）把卡普拉亂無章法之作，費盡心力剪輯成有機會登上賣座電影的作品。即使如此，《失落的地平線》和卡普拉早期作品相比仍遜色不少，理由正如格雷安．葛林在《旁觀者》雜誌（*Spectator*）一語中的的評論：

> 最能透露人的個性的，莫過於他們的烏托邦。這個烏托邦相當類似比佛利山莊的明星豪宅；在葡萄棚架下打情罵俏、在不真實的瀑布下，於花朵盛開的池子裡戲水潛泳，還有豐盛的大餐。

在結論中，葛林認為，這是「很冗長的電影……打從開場的場景一結束，便無聊至極。」

葛林指出了電影與小說共同的瑕疵：香格里拉——其所描繪的，是消失的喜馬拉雅山區世界，卻是西方的理想化版本。哥倫比亞影業的場景設計師史蒂芬．古森（Stephen Goosson）為卡普拉設計出晚期裝飾藝術風格的西藏寺院，也因此抱回小金人，只是那更偏向好萊塢房地產幻想的風格，而非援引喜馬拉雅山區博大精深的建築遺產。香格里拉本身只不過是心靈的消費主義。卡普拉確實聘請了顧問，諮詢關於西藏的所有事物，而該名顧問是《國家地理雜誌》（*National Geographic*）的記者哈里森．福爾曼（Harrison Forman），他在一九三二年訪談過第九世班禪喇嘛圖丹曲吉尼瑪（Thubten Choekyi Nyima），這時的班禪喇嘛正流亡到西藏東北邊的拉卜楞寺。這些都未在電影中出現。除了隱隱約約的東方主義神

---

14 中文電影名稱為《西藏桃源》。

祕色彩之外，香格里拉就是殖民者的幻想，有教養、有品味的歐洲權貴監督著單純的「西藏」農民，把他們當成孩子般引導。

《失落的地平線》背後的精神哲學，多是源自神智學，而不是西藏。布拉瓦茨基的漫談忠於自我，內容幾乎和喜馬拉雅山的藏傳佛教毫無關聯，但是在一八九〇年代初期，布拉瓦茨基出版了《祕密學說》（*The Secret Doctrine*）之後、佛洛依德成為更有說服力和吸引力的人物之前，這段期間神智學就成為歐洲與北美時興的精神糧食。文學沙龍女主人芬格爾伯爵夫人（Countess of Fingall）伊莉莎白・伯克—普倫克特（Elizabeth Burke- Plunkett）回憶起她見到神智學會的「世界導師」吉杜・克里希那穆提（Jiddu Krishnamurti）時的興奮之情。她的朋友葉慈[15]曾說，布拉瓦茨基是「在世者當中最有生命力的一個。」到了晚年，他則比較小心謹慎：

> 他們沒有學問，言語和書寫也都很拙劣，然而他們熱心探討偉大的問題，談論時既單純又非傳統，或許就像中世紀大學裡的人那樣探討偉大的問題。

然而，神智學卻是成功的催化劑。一九〇四年，葉慈參訪史丹佛大學時，啟發了神智學支持者沃特・伊文斯—溫慈（Walter Evans-Wentz），促使他後來到牛津大學研究塞爾特神話。伊文斯—溫慈遇見了年輕的湯瑪斯・愛德華・勞倫斯上校[16]，而勞倫斯建議他前往東方。在印度，伊文斯—溫慈認識了神智學的重要人物，包括安妮・貝贊特和克里希那穆提，並著手翻譯了知名的《西藏度亡經》（*The Tibetan Book of the Dead*）。從卡爾・榮格[17]、赫曼・赫塞[18]到尼赫魯，都對神智學起了興趣。書中關於宇宙幾何學、宇宙是從單一一點擴散，到無限複雜度等觀念，也啟發了數個世代的抽象藝術家，包括皮特·蒙德里安[19]，他曾在作品中尋找烏托邦與普世；俄羅斯藝術家瓦西里·康丁斯基（Wassily Kandinsky, 1866-1944）亦受其影響。

另一名沉浸於神智學的俄羅斯藝術家，和真正的喜馬拉雅山有著根深柢固的淵源。一八七四年，尼古拉斯·洛里奇（Nicholas Roerich）出生於聖彼得堡，身為博學之士的他，曾在聖彼得堡大學研究藝術，後來成為劇院經理謝爾蓋·達基列夫（Sergei Diaghilev）身邊的固定班底。洛里奇早期的工作並非專注於抽象的幾何造型，而是俄羅斯的神祕過往，而他之所以成名，是因為替達基列夫設計了俄羅斯芭蕾舞團的舞台背景，包括伊果·史特拉汶斯基（Igor Stravinsky）的《春之祭》。一九〇一年，他娶了埃琳娜·伊凡諾夫娜·莎波什尼科娃（Elena Ivanovna Shaposhnikova），正是莎波什尼科娃把印度的神祕學者及作家介紹給他，例如羅賓德拉納特·泰戈爾（Rabindranath Tagore）。她也把布拉瓦茨基的《祕密學說》翻譯成俄文。

在俄國大革命之後，政治立場溫和的洛里奇夫婦離開俄國，前往歐洲，一九一九年來到倫敦，加入當地的神智學學會分支，結識了年輕的克里斯瑪·韓福瑞（Christmas Humphreys）——同為專業律師和

---

15 葉慈（W B Yeats, 1865-1939），二十世紀文學界最重要的人物之一，早期作品有濃厚的神祕主義色彩，後來的作品也有現實主義的特色。一九二三年獲頒諾貝爾文學獎。

16 湯瑪斯·愛德華·勞倫斯上校（T E Lawrence, 1888-1935），以「阿拉伯的勞倫斯」而聞名於世，對阿拉伯從鄂圖曼土耳其帝國與歐洲統治中解放出來，有很深刻的影響。

17 卡爾·榮格（Carl Jung, 1875-1961，分析心理學創始人。

18 赫曼·赫塞（Hermann Hesse, 1877-1962），出生於德國的文學家，一九四六年諾貝爾文學獎得主，知名作品包括《流浪者之歌》。

19 皮特·蒙德里安（Piet Mondrian, 1872-1944），風格派的荷蘭畫家，對後來的建築及設計影響很大。

難對付的檢察官，日後亦成立佛教學會，並在他偶爾引起爭議的餘生中廣泛撰寫此相關主題。俄羅斯內戰對洛里奇夫婦來說有千禧年主義的特點，他們對西藏神話的興趣也是源自於千禧年主義的觀點：兩人都認為，香巴拉國王終將回歸，摧毀邪惡者，重新點燃人類具創造力的靈魂。尼古拉斯繼續在倫敦從事布景設計，為指揮及劇場經理湯瑪斯．畢勤爵士[20]工作，不久又到美國，但他和海蓮娜（他的妻子以此名字而為人所知）真正想要的是走一趟喜馬拉雅山，尋找香巴拉：西方佛教的大使回歸到神祕教導的起源，一窺這些讓他心靈豐富的根源。如果布爾什維克願意幫他支付一點高昂的遠征費用，他也願意幫蘇聯做點間諜工作。那時，俄羅斯東部地區尚未對佛教展開野蠻鎮壓，但蘇聯仍對洛里奇的烏托邦任務抱持懷疑。然而，當洛里奇來到他們的勢力範圍時，他們確實支援他的後勤。

這趟旅程的參與者有海蓮娜，以及他們已成年的兒子喬治——知名的藏學學者，在索邦大學求學期間，為敦煌探險者伯希和的學生，也曾受教於印度學者萊維的門下。他們從錫金展開行程，這時貝里仍是政務官。（他在回憶時說，他們是「我俄羅斯的藝術家朋友」，但坦承「不太喜歡（尼古拉斯）的畫作」。）由於西藏與英屬印度的關係停滯，洛里奇一家人在這趟史詩冒險的進展往往只傳來零星的消息；一九二七年夏天，他們全失去聯絡，而且情況維持了將近一年，還有人以為他們死了。事實上，洛里奇一家只是遭西藏當局囚禁在獄中，雖然他們有護照，對佛教也有熱情。這家人在一九二八年三月獲釋後，便速速前往印度，成立喜馬拉雅山研究所，或稱「烏如斯瓦迪」（Urusvati），意思是「晨星之光」。研究所最先位於大吉嶺，之後則常設在印度西北的古盧山谷（Kullu valley）。

第二次世界大戰之後，布拉瓦茨基更具神祕學色彩的概念重新浮現在大量書籍上，這些書籍探索的，是秉持神祕觀點的國家社會主義者對西藏的興趣。法國作家路易．鮑威爾（Louis Pauwels）聲稱，西藏格魯派僧侶的群體在卡爾．豪斯霍弗（Karl Haushofer）——德國軍人兼地質學教授，曾是魯道夫・赫斯的老師，也與他維持友好關係——的邀請之下，從一九二〇年代就住在德國。豪斯霍弗據信就是神祕主義結社維利會（Vril Society）的創辦人，也是神祕學家喬治・葛吉夫（George Gurdjieff）的朋友。這些說法的真實性並不可考。在納粹計畫的核心人物中，有些是對神祕學神話及和西藏相關的種族理論有興趣，但其他人則擺明了看不慣。比方說，阿佛烈・羅森堡（Alfred Rosenberg）就是種族意識形態的擁護者，和希特勒相當接近，也是海因里希・希姆萊（Heinrich Himmler）的死敵，後來因為違反人性之罪而遭處決。羅森堡認為，藏傳佛教就和天主教一樣具有不良的影響。他認為，若不是新教改革：

> 今天歐洲就會和印度、西藏的聖人一樣，滿身髒汙，這根本是徹底愚蠢的狀態。

納粹採用卍字符當作象徵，並不是因為它在喜馬拉雅山區隨處可見。卍字符在喜馬拉雅山區的地位較像幸運符，而非神聖標誌，且在第一次世界之前即已出現在歐洲：吉卜林就曾在書籍封面上使用卍字符。（事實上，引起納粹種族理論派興趣的，是德國考古學家海因里希・施里曼〔Heinrich Schliemann〕在特洛伊發現的卍字符：如果卍字符和古代有所聯繫，那便是來自這個在特洛伊發現卍字符。）

德國的登山活動除了有宣傳價值之外，納粹對喜馬拉雅山的關注，就僅限於親衛隊全國領袖希姆萊的「研究」團隊——祖先遺產學會（Ahnenerbe）。希姆萊自己對印度哲學有興趣，據說還讀過《薄伽

---

20 湯瑪斯・畢勤爵士（Sir Thomas Beecham, 1879-1961），曾創立倫敦愛樂、皇家愛樂等重要樂團，也負責多個音樂家的作品在英國首演。

梵歌》。他對西藏的興趣可能來自他的助手卡爾．馬里亞．維利古特（Karl Maria Wiligut），維利古特對於祕傳異教的熱情，就和心理不穩定的程度不相上下：希姆萊後來發現，維利古特曾被妻子送到精神病院，於是他就失寵了。維利古特曾在幻想中去過一趟藏傳佛教的寺院，還有複雜的能量光束網絡，連結著歐亞的古老城市，包括西藏，這種風水世界觀呼應著希姆萊的世界觀。雖然科學上站不住腳，但一九三五年成立的祖先遺產學，目的是要處理納粹最黑暗的政策，包括最後要滅絕猶太人，讓這些政策有些許學術名望。一九三八年，祖先遺產學會是西藏科學遠征的贊助者之一，這趟遠征之所以取得核准，是透過希姆萊個人向倫敦外交部請求，並仰賴支持希特勒的英國海軍上將貝瑞．唐維爾爵士（Sir Barry Domvile）介入，最後由英國向西藏政府申請才獲准。

率領這趟遠征的，是自然學家恩斯特．謝弗（Ernst Schäfer），他對西藏的迷戀是受到孩童時期的英雄斯文．赫定所啟發。謝弗在一九三六年加入親衛隊的時候，剛從第二次藏東遠征回來，同行的還有美國學術人員布魯克．多蘭（Brooke Dolan）。（一九四二年，多蘭將代表美國情報部門造訪拉薩，同行的還有伊利亞．托爾斯泰〔Ilya Tolstoy〕，亦即列夫．托爾斯泰的孫子。）謝弗團隊所進行的工作可說具有科學性，包括自然史、地球物理學與氣象學。希萊姆尤其關注氣象學的工作，因為獨立可靠的氣象預測是備戰時不可或缺；出於相同理由，他的興趣也延伸到馬匹育種，呼應十九世紀初期穆克洛夫特的旅程。唯一例外的是遠征期間執行的偽人類學，由布魯諾．貝格爾（Bruno Beger）所執行，他曾是優生學家漢斯．費德里希．鈞特（Hans Friedrich Günther）的學生，而鈞特曾在一九三〇年代晚期，於柏林大學教授納粹種族理論。（希特勒手中便有四本鈞特影響深遠的著作《德國人的種族科學》〔*Rassenkunde des deutschen Volkes*〕，並把這本書列入黨員的建議閱讀清單中。）鈞特主張，北歐人種的理想型態——亦即優等種族（Herrenrasse）——在社會精英中最為常見。正因如此，貝格爾尤其注意拉薩貴族，因為在西藏社會階層中，最可能在貴族身上找到有相同亞利安祖先的證據。但對他來說，不幸的是，雖然幾百個西藏人民都讓他測量頭部，可是拉薩貴族一概拒絕。（在大戰期間，貝格爾與親衛隊解剖學家奧古斯特·希爾特〔August Hirt〕合作，在奧斯威辛集中營裡，選出不同種族族群的受害者。之後，他們遭到毒氣殺害，並剝去皮肉，製成猶太人骨骼收藏，這是為了展現猶太人種族墮落的恐怖嘗試。一九七一年，貝格爾因為戰爭罪被判刑三年，但可以緩刑。他在二〇〇九年過世，享年九十八歲。）

＊

納粹德國殘忍的種族理論對戰前拉薩的看法，和好萊塢版本的香格里拉或神智學家的豐富想像差不多。這些理論只是單純把東方主義的幻想，投射到喜馬拉雅山區。另一方面，民族國家——可說是另一種烏托邦——其興起則是緊要議題。民族主義會促成即將來臨的風暴，對喜馬拉雅山區的居民產生長遠的影響。

十三世達賴喇嘛與布里亞特的追隨者阿旺·德爾智都曾抱持願景，建立泛中亞的藏傳佛教根據地。但史達林正在清除異己，佛教在蒙古遭到壓抑。德爾智就在蘇維埃的酷刑折騰下死去，而年輕老成的達賴喇嘛也看見相同的宿命吞噬西藏：

> 未來，這珍視靈性與世俗的土地，將受到內部或外來壓力，壓迫這套系統。如果在這情況下，我們無法保護自己的土地，那麼神聖的喇嘛，包括他們勝利的父子〔達賴與班禪喇嘛〕都會被抹除，連名字都不留……我的人民將承受恐懼和悲慘遭遇，日夜難以忍受。

一九三三年，達賴喇嘛去世，中國感覺到機會來臨，北京國民政府派出黃慕松將軍前往拉薩弔唁。黃慕松是蔣介石國民政府軍事委員會的成員，受到的隆重歡迎遠超過任何英國官員，西藏政府甚至允許中國建立無線傳輸，由此，中國就不需使用英國的電報線路，以免輕易便受到監測，取得情報。黃慕松很有耐性，但目標很明確：要西藏宣布他們是共和政體，屬於中國「五族」之一。他帶了大筆的準備金，以賄賂重要官員，但即使如此，西藏領導階層仍客氣告訴他，他們是由十三世達賴喇嘛統治，不會改變。西藏是獨立國家，也會繼續如此。他們也問到班禪喇嘛何時歸來，因為他在貝里擔任政務官時已遭放逐，而且，並未像國民黨所堅稱的，由大批中國的士兵護送。這般團結與決心讓黃慕松感到洩氣，沒達成中國的整體目標就返回家鄉。然而，這趟旅程的方向很明確：中國駐藏官員和軍隊在一九一二年遭逐之後，中方就設法重申在西藏的權力，雖然這時掌權的已不是清朝，而是中華民國。他們會再度嘗試，只是時間早晚的問題罷了。

中國官員時時在拉薩出現，觸動了印度的警鈴。查爾斯．貝爾曾推論，英國不需要在拉薩設立使館，除非中國勢力返回：現在他們確實回來了。長期擔任政務官的諾布頓珠（Norbu Dhondup），代替印度外事部門監視黃慕松，而黃慕松的到來也促成英國再次前往拉薩的任務。就像和中國前來西藏的任務一樣，這將成為常態，但不會承認意圖。一九三六年八月二十四日，巴茲爾．古德（Basil Gould）來到西藏，這時柏林奧運已經閉幕一週，再過一個星期，提爾曼就會登上南達德維峰。古德在這年年初就擔任駐錫金政治專員，二十年前曾擔任貝爾屬下的他，幾乎完全效法貝爾的作法。貝爾在一九三〇年代中期曾出現在邊疆，警告西藏政府「英國正一點一滴把權力交給印度，但印度並不會展現相同的友誼……或以相同的力量來協助西藏。」

古德這下子有機會重新點燃與西藏的關係，而西藏面對越來越多來自中國的壓力時，古德也給予安定力量。他帶了兩名電報員、一名醫療官，以及登山者弗萊迪・斯潘塞・查普曼（Freddy Spencer Chapman）。古德是在因緣際會之下認識弗萊迪，於是邀請他擔任個人祕書。查普曼帶了最新的杜菲彩色（Dufaycolor）電影膠卷，為拉薩留下驚人的色彩紀錄。他拍下這座城市的模樣，但才過了十多年，中國將於一九五〇年入侵，讓一切風雲變色。古德團隊的最後一名成員是黎吉生，即新任的江孜商務委員，他是來自聖安德魯斯的蘇格蘭高個子，在牛津大學求學期間，培養出對西藏的興趣。在接下來的十四年，他有八年待在拉薩，先是代表英國，後來則是印度政府，過程中成為學富五車、相當可貴的西藏專家，也在未來的風暴中，成為西藏獨立地位的強力擁護者。兩年後，黎吉生將監督謝弗的遠征行動，而西藏的看法終於改變，對抗起德國人帶著相機、滿不在乎的侵入，甚至為動物學收藏而獵捕動物。希姆萊曾想靠著謝弗帶領，在高海拔地區製造動亂，以擾亂英國在中亞勢力，所幸這想法無疾而終。

為了建立雙方的橋梁，古德發起「土撥鼠任務」（Mission Marmots），鼓勵和英國人進行足球賽，任何想參加的人都可以參加。其中一支球隊來自尼泊爾大使館，另一支則是來自拉薩長久存在的穆斯林群體，還有一支球隊是由藏軍組成，他們是最難應付的對手，踢出了兩場和局。「藏人踢出一場困難且公正的運動賽事，」古德如此描述。教師勒德洛的影響力顯然還在。十一月底，球季不得不結束，因為球門柱被拿去當柴燒。熱振寺的祖古或活佛熱振・圖旦絳白益西丹巴堅贊（Jampal Yeshe Gyaltsen, 1910-1947）才二十三歲，就被指派為西藏攝政，他曾詢問查普曼能否借用足球，而查普曼認為，這對任務進展來說是個好跡象。（西藏重新展開足球運動，且很受歡迎，拉薩後來有十二支常設球隊，只不過在一九四四年，西藏保守的僧侶吹起終場哨音，比賽遭禁。十四世達賴喇嘛的兄長嘉樂頓珠（Gyalo Thondup）曾感傷憶道，他曾因和剩下的隊友在學校違禁踢足球而慘遭挨打。）

古德是在非常敏感的時間進行任務，當時正在尋找新一世的達賴喇嘛。一九三三年，十三世達賴喇嘛圓寂之後的這段期間，不出意料是一段令人難受的時光。當時權力最大的官員是土登貢培（Thubten Kunphel, 1905-1963），人稱貢培拉（Kunphela），是達賴喇嘛身邊的強人，起初是個隨從，但後來靠著個人能力崛起，領導西藏戰力最高的軍事單位。他被視為是親近國民黨的勢力。他的死敵（尤其是龍廈）趁著達賴喇嘛猝逝，建立起反貢培拉的聯盟。龍廈是掌管財稅的四名孜本之一，在一九二〇年代也與擦絨為敵。貢培拉的權力基礎瓦解，並遭到囚禁，然而，他的衰敗引起了藏東康區的盟友反抗，亦即有錢有權的邦達倉家族（Pandatsang）。這些人數不多的反抗者同時也對抗中國共產黨那令人難以忍受的恐怖長征，因為共產黨被國民黨勢力逼到中國內陸，以及藏東邊境。貢培拉與邦達倉不久便流亡國外，成立反對運動：西藏革命黨。

龍廈也沒能享受優勢地位多久。他和貢培拉一樣主張現代化，曾陪伴四名年輕的西藏貴族前往拉格比公學，並了解到西藏必須改變。然而他試圖犧牲拉薩的貴族和僧侶體制，以增加國家稅收，卻讓他處於不利地位，遭控為親共分子，這是萊登拉在他們前往歐洲的旅途之後就提出的警告。這時的噶廈（內閣）由非常保守的人領導——赤門・夏卜拜[21]。他比龍廈智勝一籌，於是龍廈遭到逮捕，還被判處古代的剜目酷刑。世人未曾有人執行過這種懲罰，於是事情搞砸了。不久之後，赤門夏卜拜也辭去公職，放棄挑選新達賴喇嘛的任務。尋找喇嘛的過程通常相當令人苦惱，因為預言很容易受到政治影響。十三世達賴喇嘛的遺體躺著時，有人看見他頭部轉向東北邊。攝政者熱振活佛在聖湖看見兩個字水裡浮現「Ah」（ཨ）、「Ka」（ཀ），分別暗示安多與塔爾寺，亦即現代的青海，位於拉薩的東北邊，當時由國民黨的軍閥馬步芳所掌控。黎吉生則指出拉薩的疑慮，因為這些靈視對熱振活佛有利，他在這個西藏歷史的關鍵時刻是非常具有爭議的人。西藏的僧侶權貴在面對派系衝突時依然很脆弱，主導的格魯派和寧瑪派之間仍有衝突。熱振活佛雖然是格魯派，卻被認為太親寧瑪派，而寧瑪派則尋求中國統治者的保護。

熱振活佛或許暗示，需要來自邊疆的達賴喇嘛來挑戰位於權力核心的大型僧院。

理論上，班禪喇嘛也要加入尋找小男孩的行列，但班禪喇嘛從流亡之處回歸的協商停滯，他仍在中國掌控的康區東部，位於西藏文化世界的邊緣。色拉寺的喇嘛結昌仁波切（Kewtsang Rinpoche）是尋找十四世達賴喇嘛的領導者，他來到班禪喇嘛所在的結古寺，尋求他的意見。班禪喇嘛提供了三個名字，包括一個紅崖村「無所畏懼的」小男童，這裡距離塔爾寺不遠。一年後，在一九三七年十二月初，班禪喇嘛突然離世。一開始，中國想利用班禪喇嘛遺體回歸當作籌碼，就像他仍在世時一樣。之後局勢變了。黎吉生說：「中國人對於已示寂的（班禪）喇嘛興趣降低，轉向更有前景、仍在世的達賴喇嘛。」同一年，結昌仁波切相信，這名來自紅崖村的大無畏男孩拉莫頓珠，就是下一任達賴喇嘛。

有一段時間，結昌仁波切不得不保持沉默。紅崖村與附近的塔爾寺仍在穆斯林軍閥馬步芳的掌控。一九三〇年代初，馬步芳在十三世達賴喇嘛圓寂之前鎮壓了藏軍，並把部分安多地區併入青海，包括塔爾寺。馬步芳的勢力正在攀升，且和父親馬麒一樣以兇惡聞名，在藏人之間尤其如此。他曾對果洛人——一支對抗他統治的藏族部落——進行種族滅絕行動，且一路破壞並擄掠僧院。雖然他虔信伊斯蘭，但擔任中國青海省主席的他也是立場堅定的中國民族主義者，是兇狠的反共者。如果在馬步芳掌權的情況下宣布小男孩的身分，會出現被大批中國軍隊護送回拉薩的嚴重風險。

馬步芳知道結昌已在青海省見過幾名人選，也知道如果在他的管轄範圍把尚在幼童階段的男孩宣布為達賴喇嘛，可讓他更有優勢，影響北京的中央政府，增強自己在地方上的權力。於是，他讓三歲的拉莫頓珠及其家人留在身邊。一開始，拉薩採拖延戰術，不明說他們選擇誰，同時間和中國協商條件，讓

21 赤門．夏卜拜（Trimon Shap-pe, 1874-1954），指赤門．羅布旺傑。

新一世的達賴喇嘛能到拉薩。幸好國民黨政府這時與日本交戰，無力顧及西藏問題，畢竟中日戰爭問題更加嚴峻。當西藏派出高僧代表去青海接這男孩時，還得順便談妥一筆交易。西藏必須付給馬步芳四十萬中國銀元做為補償，而這筆錢則由印度政府協助取得。

一九三九年七月，在發現拉莫頓珠兩年後，這男孩也四歲了，他與隨從及一小批馬步芳的士兵在護送下，離開塔爾寺，前往南邊的西藏。他們一跨出馬步芳的邊界，所有關於達賴喇嘛身分的模糊性都被拋棄了：官方宣布拉莫頓珠一直都是真正的人選。在拉薩，熱振活佛讓這男孩剃度為僧，給他新名字──丹增嘉措。男孩成為十四世達賴喇嘛、觀世音菩薩的化身，人們尊稱他為「昆頓」（Kundun），意思是「存在」。到了這時，世界已陷入戰亂。藏人和所有喜馬拉雅山區的民族站在深處且有時劇烈的變化邊緣，這些變化威脅著他們的身分認同，一如這些變化帶著現代世界衝撞而入。

十八　登頂狂熱

在加瓦爾山區高處的卡林迪冰河（Kalindi），旭日剛剛升起。只見六個人準備離開營地，他們揹起背包，此刻雪白山巔在陽光下燦燦發光，而底下的山谷仍隱身於藍色陰影中。昨天，他們在準備一條台階步道，把柔軟的白雪踏實，經過一夜的冰凍之後，台階變得堅實，和真正的階梯頗相似，表面的硬冰層在光線折射下，晶體閃閃發亮。這群人踏出沉重步伐踩了上去，往東北前進。在他們上方是卡林迪山口（Kalindi khal），這條白雪靄靄的山口海拔將近六千公尺，連接後方神聖的根戈德里與阿瓦谷（Arwa valley），這座山谷往東切出一條路通往蓋斯托里村（Ghastoli），從村子往南走一天，就能抵達朝聖重鎮巴德里納特。在山口頂端，這群人暫停腳步。眼前出現一片壯闊山景，包括在東北邊站哨的卡密特峰，俯視著古格王國已被遺忘的世界，以及西藏西部極為乾燥的曠野。這一天，是一九四七年八月十五日。

要迎接印度獨立日，沒有多少地方能勝過此處；這裡是山神的王宮大殿，至少在季風之雲從谷中升起，或雪開始飄下之前，這裡都是首選之地。昨夜，當時鐘指針走向午夜，這些人在帳篷裡躲避酷寒之際，印度首位總理賈瓦哈拉爾·尼赫魯在印度國會的大堂，發表了「與命運的密約」演說。

對於在印度的我們、全亞洲與全世界而言，現在是命中註定的一刻。一顆新星升起，這是東方

> 的自由之星，新希望出現了，長久以來珍惜的理想也具體化實現了。

這份理想對於喜馬拉雅山的人來說，有很大的意義。

站在卡林迪山口一起度過印度獨立日的這六個人當中，有個人和命運有密約，將在六年後和尼赫魯見面。這時的丹增諾蓋三十三歲，剛失去妻子的他帶著兩個年幼的女兒潘潘（Pem Pem）與妮瑪（Nima）回到大吉嶺居住。此時，他身上帶著女兒們的裝框照片。丹增在戰爭期間於西北部的契特拉擔任印度陸軍的勤務兵，回來之後，為攀登遠征隊擔任「雪巴」（雪巴這個民族身分到一九四〇年代，仍和在高海拔擔任腳夫的工作相互混淆。）六年後，他會和艾德蒙．希拉里[1]踏上漫漫長路，登上聖母峰，而眼前這趟旅程也就顯得十分關鍵。這趟遠征的隊長這天並未來到山口，他是瑞士登山嚮導安德烈．羅克（André Roch）、戰前最成功的登山嚮導之一，曾與鈞特及海蒂．狄倫福斯攀登喀喇崑崙山脈。現在戰爭結束了，四十歲的羅克回到喜馬拉雅山，重新開始。身為冰河學家，每到休息日時，他會把下午的時間用在繪製風景畫。他的團隊成員包括瑞內．迪特（René Dittert），一個和藹可親、不愛出鋒頭的日內瓦人，也是安德羅薩斯登山會（Androsace Club）的重要成員，這個登山會裡有許多瑞士最優秀的登山者。羅克與迪特在五年之後，都將成為最早嘗試攀登聖母峰的瑞士人，而那時丹增與雷蒙．蘭伯特（Raymond Lambert）則已接近山巔。羅克不久前才讓丹增擔任要職，成為遠征隊中雪巴人小隊的「西達爾」（首領），因為他原本選的隊長受傷了。其他雪巴對攻頂似乎興趣缺缺，唯有丹增例外。一名登山者說：「丹增的眼神中，散發著決心的光芒。」羅克認為，丹增是「我們的最佳人選。」在首登七千公尺的開達納斯峰（Kedarnath）時，就是由丹增帶路，後面跟隨的是受過高度訓練、身手矯健的瑞士嚮導。

丹增發現，為這些瑞士人工作，比戰前為英國的聖母峰遠征隊工作要溫馨得多。他們登上開達納斯峰之後甚至舉行了派對。其中一人憶起那晚的情況：

> 我們全都下到基地營，大家坐好後，他和我們一起坐下，喝了杯酒。這可是前所未見的。西普登與提爾曼不會覺得怪，但我可以想像多數英國登山者的反應。

說這段話的遠征隊成員是崔佛．布拉姆（Trevor Braham），他不是瑞士人，而是一九二二年出生在加爾各答的英國人。陪同這位布拉姆的，正是丹增和一支由五名雪巴人組成的隊伍，他們在印度獨立日的早晨來到卡林迪山口，接著其中三人返回營地，留下布拉姆及兩名雪巴人繼續往山下的巴德里納特前進。

布拉姆接受瑞士的慷慨邀請，加入喜馬拉雅山岳會，前往根戈德里遠征：這是善意的表示。在一九二〇與三〇年代，任何想探索喜馬拉雅山的人，第一個會尋求的對象，正是這個登山會。但由於經過戰爭掏空，山岳會近乎停擺。歐洲的混亂和緊縮，使得本來源源不絕的登山人數變成屈指可數。布拉姆是在大吉嶺的聖若瑟學院就讀，他父母會在炎熱的夏季從加爾各答來此避暑。當時布拉姆只在錫金攀登過很短的一段時間；這趟和歐洲頂尖登山者前往加瓦爾的九週行程，對他來說既是試煉，也是教育。

一九四七年八月十五日那天，布拉姆比主要團隊早一步踏上返家的路途，他想順道造訪比昂達山谷，亦即法蘭克．史邁斯的花之谷。過了六十年，他依然記得當初匆忙走下步道、前往巴德里納特時，

1　艾德蒙．希拉里（Edmund Hillary, 1919-2008），紐西蘭登山家與探險家，和丹增諾蓋是聖母峰首登者。

空氣中瀰漫著剛砍下的松樹香氣，因為許多剛退伍的人返鄉，山上出現新蓋的木屋。待他從卡林迪山口走了兩天、來到寺廟之後，印度獨立日的旗幟依然高掛，周遭洋溢著歡欣氣氛。然而在前往德里的列車上，印巴分治帶來明顯的恐怖氣氛。他和一名錫克教徒在同一個包廂：

> 那個人很安靜；但我們聊了許久。之後，我們在一處車站停車。他下了車，隨即化身為兇猛的戰士。他嚷道：「殺了他們！我看過他們如何對待我們的人民。」

到了德里，月台上躺著兩具屍體，而警方想沒收布拉姆的冰斧。

暴力行為多半集中在旁遮普邦，卻也蔓延到喜馬拉雅山區。當他們回到喬斯希馬特（Joshimath）這座小鎮時，瑞士人被送上軍用卡車，回到德里，以策安全，留下雪巴人自行防衛。在閒晃了兩個星期之後，丹增與隊員正要搭車前往德拉敦，這裡的公民秩序剛瓦解。一名年輕的錫克教徒回憶道，鎮上有個穆斯林區遭人放火，隔天就有十五名穆斯林女孩的遺體被送上卡車。丹增在德拉敦有個好友傑克．吉布森（Jack Gibson），他在位於印度北阿坎德邦的杜恩公學（Doon School）擔任校長，曾在戰後雇用丹增，陪他登山度假。吉布森在學校操場設立了小小的難民營，讓穆斯林能有地方避難，而這幾個雪巴人也待在這平靜的綠洲，等待吉布森設法送他們回家。

外國人未必都像這群瑞士人如此幸運。西奧斯．伯納（Theos Bernard, 1908–1947）是來自美國的旅人，也是知名的瑜伽研究者，他在亞利桑那州的湯姆斯通鎮（Tombstone）長大，家人深深沉迷於東方宗教：他「偉大的伯父」（Oom the Magnificent）就是皮爾．伯納德（Pierre Bernard, 1875-1955），為美國早期的瑜伽提倡者，也是個商人，販賣具靈性色彩的蛇油。和「伯父」一樣，西奧斯也是不屈不撓的自我推銷者。他在戰前曾到西藏旅行，而他照相時所造成的干擾讓僧侶很不高興。回到家鄉後，他出現在《家庭天地》雜誌（*Family Circle*）的封面，只見他穿著訂製的僧袍，站在剛出道的好萊塢年輕女星旁，並把他的經驗分享在旅行回憶錄《神之閣樓》（*Penthouse of the Gods*）。他在戰爭期間攻讀博士學位時，主要是研究哈達瑜伽，戰後則前往斯皮提，尋找遺失的手稿。他在前往凱伊寺（Kye monastery）時正逢印巴分治的暴動期間，於是和穆斯林腳夫被逮；西奧斯和第三任妻子海倫遭到殺害，遺體應該是被扔進斯皮提河裡了。

受到獨立衝擊的不只有印度，而是在喜馬拉雅山區的每個國度都能感受到。八月十五日，布拉姆在卡林迪山口與丹增．諾蓋道別時，尼泊爾有史以來最受敬重的政治領袖之一剛從加德滿都的監獄獲釋，這是掌權者的精明之舉，目的是嘗試安撫拉納王朝引來的沸騰民怨。畢什韋什瓦爾．普拉薩德．科伊拉臘（Bishweshwar Prasad Koirala, 1914-1982），世人多簡稱他「畢普」（BP），一九一四年，他出生於印度的貝那拉斯。父親克里希納．普拉薩德（Krishna Prasad）是個巴洪（bahun），即山區的婆羅門，他從加德滿都東邊的故鄉移居到當時靠近印度邊界的小村子比拉特納格（Biratnagar）。來到此地之後，他飛黃騰達了起來，既是商人，也幫政府收稅；他有兩個妻子，生下的五個兒子和四個女兒也都順利長大，成了政治世家的成員，其中三個兒子會當上尼泊爾的首相。克里希納．普拉薩德．科伊拉臘曾經歷過周圍都是窮苦人的日子，遂決定採取行動，出錢興學，但即使是這麼輕微的社會改革嘗試，也招來拉納政權的不悅，逼得他只好逃往貝那拉斯。拉納家族沒收了他的財產，整個大家族和隨從也陷入貧困。克里希納．普拉薩德選擇加入印度國民大會黨，因為他認為，尼泊爾不會有任何改變，除非拉納家族失去保護他們的盟友——英屬印度。畢普最早的記憶之一，是父親在一九二〇年代初期，於貝那拉斯接受尼泊爾政治支持者致贈的花圈。甘地在一九二九年鼓吹公民不服從的運動時，畢普的回應是站在學校桌上說，「我要離開學校。」三年後，他遭到逮捕，因為他有協助「恐怖分子」共謀反抗英國當局的嫌疑，這是他年輕歲月期間，初次遭到囚禁，但不會是最後一次。

克里希納．普拉薩德在第一次世界大戰時被放逐，那時尼泊爾的首相是昌德拉．沙姆舍爾，即寇松的親密盟友。昌德拉不是到處擴張勢力的拉納家族典型，而是個自我克制的人，他滴酒不沾、堅持一夫一妻，且不苟言笑。（據說他如果對誰笑，那人之後就會生病。）他大力支援英國在戰爭時期的投入，派出五萬五千大軍給印度陸軍的廓爾喀軍團，並從尼泊爾軍隊釋出一萬八千名士兵，在印度擔任駐防部隊。如果把其他在印度擔任軍事或警政角色的尼泊爾人也算進來，這國度總共貢獻了約十萬人，其中一萬人死亡，而整個國家的人口為五百萬。

一九一五年六月，同盟國對今天的土耳其展開入侵，爆發有如災難的加里波利之戰，這時喜馬拉雅山探險家查理．布魯斯重回之前的軍營，亦即第五廓爾喀軍團第一營，也和當年在登山時認識的老友——少校哈卡比爾．塔帕（Harkabir Thapa）——重逢。（一八九九年夏天，哈卡比爾在斯凱島登山時曾令當地人瞠目結舌，因為他速度很快，一個勁地便赤腳跑上格拉邁格山（Glamaig）的山頂；當地人不敢相信他只花了這麼短的時間，他索性再跑一遍。）布魯斯的任務就是為老同袍指出一條前進路線，在俯瞰加里波利半島的阿奇山（Achi Baba）展開攻擊計畫。布魯斯知道，這是「在條件相當不充分的情況下，執行不可能的任務。」他回憶道，「我幾乎確定，我正在向摯友道別。」展開攻擊的這一天，共有七名軍官和一百二十九名軍人陣亡。塔帕受傷，但倖存了下來。

這種犧牲程度大大刺激了尼泊爾社會。在戰前，廓爾喀軍團每年大約徵召一千人。在這次戰役之後，成千上萬見識過外面世界的尼泊爾士兵決定返鄉，要不然，就是選擇留在英屬印度內的尼泊爾社區裡，因為比較容易找到工作，也不會有什麼政治辯論，只有直接行動。新任國王特里布萬不甘於只當拉納的虛位領導人。他在一九一一年登基時年僅八歲，到了一九二〇年代總算成年時，他開始尋求重掌權力的途徑。就連拉納家族較年輕的部分成員，也看出改革勢不可免。隨著家族涉入程度愈來愈大，昌德拉為了限制枝葉繁茂而衍生的龐大成本，而把家族分成三支：A、B、C，這時家族的年輕人也更投入改革。那些位處C階級的拿不到拉納家族的報酬，便有了理由在家族之外進行煽動。他們許多人在印度求學，看出尼泊爾落後的情況越來越嚴重。

昌德拉對英屬印度的忠心耿耿，確實獲得回報。在戰前，英國已開始認為尼泊爾較像土邦，而非完全獨立的國家。一九二三年，英屬印度正式承認尼泊爾獨立。英國也讓昌德拉的津貼增加一倍，他用這筆錢來恢復對尼泊爾有象徵性的發展計畫，他築起吊橋，也開闢道路及索道，連接與印度接壤的比爾甘傑和北邊一百三十公里的加德滿都谷。他把娑提（也就是寡婦跳進死去的丈夫火葬柴堆中自焚）列入非法，還設法處理奴隸甚是普遍的困境，讓超過六萬名奴隸因為這項方案而獲得釋放。然而，這些都是尼泊爾面對外在壓力時的權宜之計。昌德拉最關心的，是讓家族掌握權力，即使是要犧牲尼泊爾平民。他告訴喬治五世，英國在印度有麻煩，是因為犯下了提供印度人民教育的錯誤。

昌德拉最認同的英國改革之舉，就是讓他們有權從第三方國家進口貨物，不必付關稅給英屬印度。這時的尼泊爾經濟主要靠賣米給印度，因此有了盈餘。如今，多虧了這項協議，大量的便宜進口商品湧入尼泊爾，尤其是來自日本，因為日本快速工業化，有能力和英國商品的成本削價競爭。（在戰後，這種免關稅的優惠將廣泛助長走私品越過邊境，流回印度，政治人物則睜一隻眼閉一隻眼，有時甚主動參與。）新的貿易協定會促成消費榮景，快速榨乾退役軍人的存款，國內的織品生產崩潰。昌德拉當然對供應過剩的進口物徵收關稅，讓拉納王朝獲得更多財富，得以享受片刻奢侈。一九一四年出生的政治人物帕舒帕蒂・拉納（Pashupati Rana）是昌德拉的曾孫，他憶起母親那一代衣著多麼奢華時尚：

手工版印的達卡織品，內裡是細緻的平紋細布襯墊，絲絨以粗的純金線刺繡，間或以珍珠點綴，細緻的紗麗有製作精美的邊緣，而冠狀頭飾上則有鑽石與珠寶。

那樣的生活奢華得令人難以想像。帕舒帕蒂回憶父親的家中有幾百名僕人：「我童年時，在室內有四個女僕和一個奶媽照料，到了戶外則有四個男僕。」至於收稅員的職位，拉納家族則會以競價的方式賣給最高出價者，而擔任這個職位的克里希納·普拉薩德·科伊拉臘就深切感受到社會多麼不平等。他為何被迫流亡是廣為流傳的故事，他的兒子及政治繼承人畢普·科伊拉臘便如此訴說：

那時是冬天，他的許多同胞在極度貧窮、衣衫襤褸的情況下，移居至印度找工作。他叫其中一個人穿衣服，而自己則從那人的袋子裡掏出破布。他把破布寄給首相，並附上一封信，說這就是「您的人民在冬天通常會穿的衣服；和你現在穿的比較一下吧。但願這不會被詮釋為我的行為不尊重，竟把這些髒破布寄給閣下。」

昌德拉早已對克里希納·普拉薩德多所懷疑；把叛變的孟加拉人帶到尼泊爾的安全地點，並在學校教導平民，根本是遊走在煽動叛亂邊緣的行為，這包破布是最後一根稻草。科伊拉臘家族為了躲避逮捕，遂投入印度獨立運動的懷抱，播下的種子會在戰後開花結果。

一九二九年，昌拉德去世，他的弟弟比姆·沙姆舍爾繼位，他活得剛好夠久，可以要求英國處理生活在印度的尼泊爾人當中，越來越多的反拉納組織。在他之後繼任的朱達·沙姆舍爾[2]是迪希爾（江格．巴哈都爾的么弟）十七個兒子中的么兒，他以大君身分統治尼泊爾。朱達更是獨裁，身為軍人的他，不但有能力，而且行動力驚人；一九三四年，加德滿都因為大地震差點夷為平地，而朱達在地震後的表現得非常亮眼。然而，政治難倒他了。印度報紙及加德滿都市場常傳出八卦謠言，說國王特里布萬很快就會回來掌權，而這種會帶來破壞性的反拉納故事總是不斷出現。就連軍隊也甚為不滿。一九三六年，行動人士舒克拉．拉吉．沙斯特里（Shukra Raj Shastri）組織公開集會，立刻就被送進大牢。沙斯特里主張振興尼瓦爾文化，是尼泊爾少數民族中最早的政治意識覺醒運動。反對黨逐漸成形，稱為人民議會黨（Praja Parishad），而在號召起義時，拉納政權逮捕了幾十個行動人士，並處決其中四人，包括仍因為甫定罪不久而坐牢的沙斯特里，自由運動自此出現第一批的殉難者。

這時候，世界又陷入了戰局。朱達和昌德拉一樣，表現出對英國的效忠，但許多拉納王朝成員卻相當失望，因為這時德軍橫掃西歐。英屬印度原本光鮮的門面也逐漸崩塌。一九四二年八月，印度國民大會黨的行動人士截斷尼泊爾與外界聯絡的電報線路，放火燒了鐵路、警察局和郵局，中斷英國和加德滿都盟友的聯繫。印度當局花了幾週的時間才恢復與加德滿都的連結，朱達政府這時才清醒了過來。這遲緩的反應顯示出尼泊爾在英國人眼中的確切地位，即使這國度忠心耿耿地犧牲。（在二次大戰時，英國頒發了兩百八十二枚維多利亞十字勳章，其中廓爾喀軍團得到十三枚。）朱達希望從英尼關係中獲得更多助益，遂要求英國協助興建工廠，這樣才能和條件更好的印度工廠競爭。英國則偏好資助興建水力發電廠，以提升尼泊爾的生活水準。

可惜，各方都無法保護尼泊爾不受印度通貨膨脹的波及。戰爭期間，印度盧比幣值崩跌，導致廓爾

2　朱達．沙姆舍爾（Juddha Shamsher, 1875-1952），一九三二至四五年間，擔任尼泊爾首相，亦是陸軍元帥及土邦大君。

喀軍團的撫卹金價值暴跌，這原本是尼泊爾經濟的重要優勢，現在竟下跌了三分之一。在印度的山區避暑地（例如大吉嶺），生活費大幅攀升，侵蝕了最弱勢者的儲蓄，包括丹增・諾蓋。他回憶起自己靠著第二任妻子安・拉姆（Ang Lhamu）當奶媽（ayah）賺錢，才能勉強餬口：「似乎無法樂觀，只能沮喪。」他買了兩匹馬來載旅客，多數是來造訪的美國軍人，他們上到虎嶺（Tiger Hill），觀看干城章嘉峰的壯闊景色。尼泊爾士兵大舉返鄉之際，除了帶回好幾百萬的印度盧幣，這時也發生了貨幣危機：尼泊爾就是沒有足夠的硬幣流通，讓印度紙鈔兌換。德里政府並未準備好以可接受的價格來出售銀，因此一名在倫敦的尼泊爾外交官找遍英國首都的銀經銷者，在公開市場買了一百萬盎斯的銀，足以穩定這貨幣。

尼泊爾的平民夠機敏，懂得隨機應變，但有越來越多人想要改變：孩子沒能上學，日漸年邁的父母又缺乏醫療照護。尼泊爾政府（就是拉納家族）並沒有專業能力或足夠的政治意願發展這個國家。朱達・沙姆舍爾有二十個兒子、二十個女兒，唯恐自己已到人生盡頭，於是在一九四五年年底引退，前往朝聖。繼位者是帕德瑪・沙姆舍爾・拉納（Padma Shamsher Rana，或譯作伯達馬塞爾），也就是朱達的兄長比姆之子，個性低調、講究實際，和朱達與昌德拉的兒子們屢屢衝突，尤其是昌德拉有話直說的長子莫漢。由於帕德瑪在政治上的實力不夠，因此想進行合理的改革方案時總遭遇阻撓：如廣設學校、增加電力設施及道路，包括鋪設東西向快速道路。然而，發展必須要盡速具體實現，才能挽救拉納王朝，以及已經不利他們的歷史風向。尼泊爾需要重型機具設備才能興建道路，而英國因為戰爭而疲憊不堪，幾乎到了破產的地步，因此等他們送來簡直曠日廢時。帕德瑪是個聰明人，遂往其他地方尋找支援，萬一英國阮囊羞澀，放棄印度，那麼拉納王朝得交新朋友，對方最好也很富有。日本在戰前曾讓尼泊爾嚐到消費主義的滋味，可惜戰後也破敗不堪。美國顯然是新強權。因此，帕德瑪指示尼泊爾的領導者在參加盟軍一九四六年六月於倫敦的勝利遊行之後，繼續前往華盛頓，與美國總統哈瑞·杜魯門（Harry Truman）會談。尼泊爾著眼於美國的開發援助，便請求美國建立外交關係。

美國使團在一九四七年春天抵達的那天，全國展開了甘地作風的和平示威（satyagraha，意思是「真理永恆」），發起者是新政黨——尼泊爾大會黨（Nepali National Congress）。這政黨整合了位於印度貝那拉斯與加爾各答的尼泊爾社群，還有國王心照不宣的同意。國王特里布萬有心臟病史，他以健康為由，造訪加爾各答，並與反對勢力的領袖會談。等到美國抵達時，畢普·科伊拉臘已遭逮捕，因為他協助安排比拉特納格的黃麻加工廠進行罷工，盼提升工資，現在他又被迫回到加德滿都。之後他入監，引來印度獨立運動最知名的幾名領導者的同情與支持，例如甘地就曾寫信給帕德瑪，要求釋放畢普·科伊拉臘。

帕德瑪又一次展現出高明的政治手腕。他很憂心忡忡，不希望在尼泊爾鼓勵相同的運動，因此答應頒布新的憲法，並邀請印度憲法律師來協助撰寫。他宣布要成立獨立的司法機構，推動女性教育及地方選舉。雖然拉納家族很獨裁，卻把自己表現成保守的印度教帕哈迪人（pahadis）擁護者，亦即中海拔山腰具有主導地位的婆羅門切特里種姓。這就足以說服尼赫魯，尼泊爾若要改革，不能靠著政變，至少在帕德瑪德領導下是如此。於是在印度獨立那天，帕德瑪下令釋放畢普·科伊拉臘，他旋即回到印度，展開流亡生涯。

關於改革的必要性，帕德瑪最需要說服的對象正是自己的大家族，但他說服不了。他的堂兄弟莫漢認為，帕德瑪的憲政改革將為拉納的主導權劃下句點。他們兩人之中得有人離開，而帕德瑪起初無視於此，直到一九四八年年初才辭去職位，那時尼泊爾的新憲法才剛頒布。莫漢掌權之後並未廢止憲法，但大多無法發揮效力。相反地，他鎮壓言論與集會自由，禁止尼泊爾大會黨，於是惹來嚐過自由滋味的尼泊爾人民輕蔑。禁止尼泊爾大會黨，也成為他和尼赫魯協商時的策略災難，因為尼赫魯有辦法操弄莫漢的恐懼，讓他不知道印度會如何回應，於是逼迫尼泊爾政府讓步：在商業上讓步，並讓印度使用目前在印度軍隊服役的尼泊爾士兵。而目的達成之後，尼赫魯就支援巧妙操弄的政變，致使拉納失勢。

在此同時，特里布萬的地位更加艱困。反對者的焦點是希望國王仍受到拉納家族緊緊掌控。一九五〇年十一月的某個早晨，他出發去狩獵之旅，同行包括絕大多數的家庭成員，車隊由兒子們駕駛。在他們經過印度大使館時，便直接轉彎，進入開著的大門，之後大門就上鎖。特里布萬的小孫子賈南德拉被留下，讓拉納家族安心，以為沒有什麼不對勁，於是莫漢讓這孩子繼任為國王，並允許特里布萬飛往印度流亡。英國人預計繼續支持莫漢，部分原因是尼泊爾大會黨對於廓爾喀募兵帶有敵意，但現在發號施令的是尼赫魯，而不是英國。他可以任意啟動尼泊爾武裝叛亂分子的開關，並利用暴動的威脅，建立壓力來對抗莫漢，而莫漢在一九五一年年初終於投降。特里布萬回國領導新的政府，這個政府經過尼赫魯審慎度量，納入部分舊政權成員，以及他在尼泊爾大會黨的盟友。在江格．巴哈都爾大開殺戒以掌權後的一個世紀，這國家終於準備好，民主即將啟航。

*

莫漢想避開改革浪潮，卻徒勞無功，而當時他沒做的，就是讓尼泊爾回到過去的孤立地位。除了英國外交官，在二十世紀的上半葉曾造訪尼泊爾的歐洲人不多，甚至比前往應該遺世獨立的西藏還少。長居國外的家人會帶回印度萌芽的獨立運動相關消息，除此之外，尼泊爾人民仍過著幾個世紀以來的生活。有幾個記者獲准進入。佩妮洛普．切特沃德（Penelope Chetwode）曾在一九三五年為《國家地理雜誌》寫了篇文章〈僻靜王國〉（The Sequestered Kingdom）。切特沃德當時才二十五歲，剛和詩人約翰・貝傑曼（John Betjeman）結為連理，是英國陸軍元帥切特沃德勳爵的獨生女，不像是個會挑戰尼泊爾不尋常的靜止現狀的人。同樣地，美國冒險旅行記者愛德華・亞歷山大・鮑威爾（Edward Alexander Powell）也是如此，一九二七年，住在加爾各答期間，他心血來潮申請、並幸運取得簽證。他寫下《最後的神祕之鄉：尼泊爾探險》（*The Last Home of Mystery: Adventures in Nepal*），和切特沃德一樣，把拉納家族描寫得「格外進步」，卻忽視這項事實：現代化的嘗試是為了讓尼泊爾統治者得到好處，而不是人民。

在當時最能掀開尼泊爾表面、揭露出其真面目的歐洲人，是義大利學者朱塞佩・圖齊。一九二九年夏天，他花了四個月的時間在加德滿都谷，是十八世紀傳教士來到尼泊爾之後，第一個待在這裡的義大利人。在戰前，歐洲沒有比他更卓越的喜馬拉雅山學者。鮮少有探險家來到這麼遠的地方，探險範圍也沒這麼廣，而這樣優秀、憤世嫉俗又有抱負的機會主義者，從不猶豫利用政治上的利己之計，只要能讓他更接近學術目標就好：他的領域內涵是「過去」，而不是「現在」，拉納家族不必覺得圖齊有什麼好怕的。圖齊生於一八九四年，父親是稅務官，任職於馬切拉塔（Macerata）這處偏僻鄉間，出身於這裡的最知名人物是耶穌會會士利瑪竇。圖齊十七歲時，以家鄉附近鄉間的拉丁文碑文為題，完成了第一篇研究報告，發表在名聲卓越的德國考古期刊；之後，他幾乎一輩子都未曾停止寫作。他在羅馬就讀大學時，受到法西斯哲學家喬凡尼・詹提勒（Giovanni Gentile），以及詹提勒的贊助者墨索里尼的影響。他也培養出對中國哲學的長久熱情，尤其是道教和帶有神祕主義的老子。他曾告訴一名印度記者，自己打從年少時期就對佛教有興趣。這戲謔之語巧妙規避了一個矛盾現象：在圖齊之前，沒有任何歐洲學者如此近乎解開藏傳佛教的無比複雜度，而圖齊只接受其核心哲學：運用疏離當作保護，對抗平凡或無趣的透明泡泡。有一陣子，法西斯也有同樣的吸引力。一九二〇年代初期，圖齊和法西斯知識分子、《反抗現代世界》（*Revolt against the Modern World*）作者尤利烏斯・埃佛拉（Julius Evola）相當友好，兩人是在神智學會的義大利分會認識的。在大戰結束許久之後，剛過花甲之年的圖齊依然寫道：「在西藏，人尚未完全將自己抽離開來：他們仍把自己的根源深入集體潛意識，不知道過去與現在的差別。」他就像許多來到喜馬拉雅山區的西方人一樣，是個「追尋者」。

一九二五年年底，圖齊和他的梵文教授卡洛・佛米奇（Carlo Formichi）接受泰戈爾邀請，來到印度。泰戈爾是印度第一位，也是目前唯一一位諾貝爾文學獎得主，他曾環遊世界，尋求支持，讓他得以在孟加拉沉睡的小鎮森蒂尼蓋登（Shantiniketan）成立的實驗性維斯瓦・巴拉蒂大學（Visva-Bharati）中，致力於學術大門外的知識及印度國族主義。泰戈爾在那年初造訪義大利時，就是由佛米奇擔任口譯員，佛米奇還寫信給墨索里尼，請求給予金援，找個義大利文老師陪伴泰戈爾回鄉，讓他之後再度造訪。在此之前，墨索里尼這個領袖對於印度沒有太多政治考量，但為了要抗衡法西斯義大利在歐洲其他地方的負面名聲，他把這次支持視為良機。他下令把大量的義大利文學藏書送到維斯瓦・巴拉蒂大學，並支付師資費用：這名老師就是圖齊。一年後，泰戈爾回到義大利時，這位詩人受到墨索里尼直率的魅力所惑，遂告訴佛米奇：「那個人的腦袋裡有著如此龐大的精力，我禁不住聯想起米開朗基羅的鑿子。」受到溫暖歡迎的泰戈爾受寵若驚，於是他告訴一家義大利報紙：「讓我夢想，在浴火之後，義大利不朽的靈魂會披著不滅的光芒走出。」泰戈爾相對自由派的歐洲友人對此番言論莫不驚恐萬分，但這詩人一離開義大利，馬上又改口。墨索里尼也不會再慷慨送禮，雖然這名獨裁者後來又帶著些許崇敬，歡迎甘地來到羅馬。

泰戈爾造訪義大利的那幾個月，對圖齊而言是愉快的插曲，可在桑蒂尼蓋登村溫暖僻靜的環境下閱讀與研究，並和佛米奇在泰戈爾成立的大學花園裡散步。佛米奇對這名年輕人讚賞有加。

> 除了梵文與印度文學方言之外，他也懂中文、藏文，並鑽研伊朗文，以及中亞語言。

佛米奇說，圖齊是「未來東方學問的王公」，並視如己出。只是沒料到，圖齊在成名之後，反而和佛米奇保持冷淡的距離，還自稱是「自學者」，年輕時，覺得在義大利沉悶的學術圈裡快要窒息。對他來說，要分享功勞並不容易。他不太會攝影，因此仰賴同伴做視覺紀錄，包括第二任妻子茱莉亞．努沃里尼（Giulia Nuvolini），他在一九二五年帶她前往印度，卻很少提到照片是她拍攝的。圖齊的學生皮奧．費里帕尼—羅康尼（Pio Filippani-Ronconi）本身也是詹提勒學派的法西斯者，他說，圖齊就是這麼不知感恩的人。費里帕尼認為，圖齊既有魅力又殘酷，懂得巧妙算計另一個人的用處。

而最能發揮這份魅力的，莫過於和喜馬拉雅山區的英國殖民官員交涉的過程。他初次登上喜馬拉雅山區，是和泰戈爾一起前往，地點位在大吉嶺後方的山間，但不久之後，他便聚焦在西藏西部，以及第十與十一世紀之間的藏傳佛教後弘期。他在達卡、加爾各答和貝那拉斯教學以賺取生活費用，之後到拉達克與藏斯卡展開研究旅程，學習各種他將來會需要的通關體系，讓他之後可以在西藏進行更廣泛的探索。他在一九三一年回到義大利，擔任那不勒斯東方大學的中文教授，他抱著雄心壯志，安排兩次前往西藏西部的長征，到這些他認為對研究藏傳佛教後弘期相當重要的地方：位於斯皮提山谷的塔波寺、附近建築風格類似的那可寺（Nako）、位於今天西藏西部邊境內阿里地區的托林寺，以及附近的堡壘札布讓。在西藏西部，他尤其感受到龐大的宗教事業灰飛煙滅，幾乎化為塵土，於是毫不留情地從找得到的崩塌紀念碑中取走各種文物，包括一幅完整的壁畫。

但這並不是無人聞問。擁有英國和希臘血統的登山家、佛教徒馬可・帕利斯（Marco Pallis）是優秀的旅行家，他對於喜馬拉雅山區的熱情不僅限於過往。他和同伴花了七個月的時間，穿著朱巴——羊皮製成的長袍，深受西藏牧民喜愛——在拉達克旅行。他之所以這身打扮，是刻意逆轉多數英國人予人的印象：穿著西式服裝和本地人保持安全距離。帕里斯攀登到那可寺附近時，發現了圖齊的所作所為，遂寫信告知當局。圖齊虛情假意地建議印度當局，應該為這些古老文物成立博物館，而在他們興建博物館之前，他會把這些收藏品安全保存。而他也不是唯一一個把喜馬拉雅山寶物帶回家的學者。

圖齊在戰前又去了兩趟西藏，主要是西藏中部，一九三九年的第二趟成效更多，他造訪了薩迦寺，也更詳細地先行記錄了未來將在文化大革命期間遭到摧毀的一切。第一趟於一九三七年成行，這次帶了身兼攝影師、人類學家、作家和登山者的福斯科・馬萊尼（Fosco Maraini）。馬萊尼寫過關於喜馬拉雅山區和日本的旅遊書，可從中看出他溫暖的個性猶如炭火發光。他喜歡西藏人的生活方式，並在經過深思熟慮下，完成他所稱的《祕密西藏》（*Secret Tibet*）一書。

> 這祕密並不會透露出什麼怪異之事，反而蘊含著普通事物——真實的人、血肉之軀、愛、欲望、悔恨、驕傲以及懦弱。

馬萊尼從第一次西藏遠征帶回的照片，堪稱是戰前西藏最好的照片，也是迷人的歷史紀錄。馬萊尼一九一二年出生在佛羅倫斯，母親科莉尼亞・優依・克羅斯（Cornelia 'Yoï' Crosse）有一半的英國血統，她曾開玩笑，因為自己的緣故，使得馬萊尼習慣了糟糕的食物，為遠征人生做了最好的準備。他的父親是安東尼奧・馬萊尼（Antonio Maraini），為墨索里尼工作，事業蓬勃發展。他曾把全家登記為法西斯黨員，而福斯科就在父親面前撕毀黨證。另一方面，圖齊則是在一九三七年代表墨索里尼前往日本。戰爭期間，馬萊尼會和他的西西里美人妻子托帕齊亞．艾莉阿塔（Topazia Alliata）及三個女兒，在日本的集中營度過兩年，因為他們拒絕支持墨索里尼法西斯國家的殘餘勢力——義大利社會共和國（Republic of Salò，又稱薩羅共和國）。

在戰後，雖然圖齊因為曾支持墨索里尼，而無法成為羅馬大學校長，但他毫不浪費時間，又設法回到西藏，並在一九四六年致信拉薩的印度政府代表黎吉生，請求許可。圖齊總是有辦法甩掉效忠，就像蛇脫皮一樣。「在政治人物的虛榮、不一致以及言行不符面前，我向來是站在聖人與英雄，詩人與科學家的對立面的，」他如此寫道。英國人鮮少歡迎歐洲人到西藏，而圖齊是其中之一，這就不得不說是他的魅力了。嚴格來說，英國和義大利仍在交戰，但黎吉生謹慎地予以支持。中國在不久之前曾提供資金，於拉薩設立圖書館，英國不落人後，也做了一樣的事。黎吉生建議圖齊寄送幾份最新著作給拉薩的重要官員，以做好準備。

圖齊於一九四八年出發，那時義大利已簽訂和約，印巴分治的暴動也已結束，可是旅伴的簽證（包括馬萊尼）卻遲遲未能取得。於是圖齊自己先行動身，並帶了丹增．諾蓋當雜務工。圖齊讚賞丹增的效率，而他藏語流暢，和丹增的聊天話題亦無所不包，從不知名的西藏聖人到他的朋友——印度新任總理尼赫魯——都能聊。圖齊向丹增保證，會把他介紹給尼赫魯認識。在拉薩，他們遇見奧地利人海因里希．哈勒（Heinrich Harrer）和彼得．奧弗施奈特（Peter Aufschnaiter）。一九三九年，他們在德國另一次嘗試攀登南迦帕爾巴特峰之後遭到拘留。戰爭即將結束時，他們逃離了位於德拉敦的戰俘營，穿過邊界，進入西藏，而為了避免被偵查，遂於苦寒中穿過羌塘，來到拉薩。哈勒的第一任妻子哈娜．夏洛特（Hanna Charlotte）是地質學家韋格納的女兒，她聽說圖齊同意西藏東道主認為地球是平的想法，不禁瞠目結舌，只是圖齊為了得到想要的或前往自己想去的地方，總不惜顛倒黑白。他造訪拉薩的三大寺：哲蚌寺、色拉寺與甘丹寺，並和貝里的老友擦絨夏卜拜坐在一起，瀏覽這位政治老手的個人藏書。他和第十四世達賴喇嘛有漫長的談話，這位長成青少年的達賴喇嘛對外界很感興趣，相當主動積極。國共內戰與毛澤東興起，是西藏謹慎保守的政治領袖念茲在茲的事。他們太慢、太遲才明白世界其他地方對西藏的理解及想法，將影響到這國家是否能以獨立實體生存下來。西藏珍寶在毀滅前夕，圖齊已經記錄下來。

*

有幾十年的時間，西方寫作者——傳教士、探險家以及神祕主義者——訴說了許多他們為何喜歡西藏生活的原因，而往往甚至沒去過西藏。一九四〇年代晚期，毛澤東的共產黨使盡全力，在一九四九年十月一日成立了中華人民共和國。此時出現了急迫需求，需要國內外大眾更加關注當代西藏，才能幫助維護西藏的整體性，不被虎視眈眈的毛澤東併吞。錫金政務官巴茲爾．古德依循恩師查爾斯．貝爾支持西藏獨立的觀念，資助當時唯一一份藏文報紙《西藏鏡報》（*Melong*）。這份報紙的編輯不在拉薩，而是在鄰國錫金，是會說藏語的基督教徒多吉．塔欽（Gergan 'Khunu' Tharchin，或Gergan Dorje Tharchin）。（人們多稱他「昆努」〔Khunu〕——意指位於斯皮提某一角的地名，為他的出生地。他是莫拉維亞弟兄會傳教士的改信者，早期職業是教師，其發展出的人脈遍布整個喜馬拉雅山區。）外國新聞報導更為困難，原因之一，是中國共產黨員同時嘗試越過界線。英國駐拉薩的官員黎吉生於戰爭期間被派到重慶，成為和蔣介石的國民政府聯絡官，而中國共產黨也有個聯絡官——周恩來。黎吉生察覺到周恩來很能吸引外國記者，使媒體附和著共產黨路線。其中一人是英國記者史都華・吉爾德（Stuart Gelder），他是左翼分子，在布魯姆斯伯里集團中是個小角色，而他對共產黨抱持著支持與同理心，因此在一九六二年得以進入西藏，時值集體化的最高峰。在重慶，黎吉生雇用了一名有進取心、出生於加拿大的記者阿奇博德・特洛簡・斯蒂爾（Archibald Trojan Steele），探討西藏的前因後果。斯蒂爾曾因為一九三八年南京大屠殺的獨家報導而轟動全球。黎吉生安排他前往拉薩，於一九四四年為《芝加哥日報》（Chicago Daily News）訪問年輕的達賴喇嘛。阿奇・斯蒂爾認為，這是他漫長的職業生涯中最令他興奮的一項任務。即使如此，當斯蒂爾問一名官員為什麼拉薩沒有報紙時，官員告訴他：「這國家從來沒發生什麼事。」未料到了一九四〇年代末，中國態度已大轉彎，西藏局勢變得萬分緊急，因為毛澤東想拿下西藏的意圖更加明顯了。

中國必將入侵的前景，掐住了幾個在西藏生活的歐洲人。奧弗施奈特曾致信慕尼黑的登山界老友保羅・鮑爾：

> 又一次，我的命運來到了緊要關頭。我原本已強烈以為，自己永遠都會住在此地，因為不知怎地，我最喜歡在這裡的生活。在歐洲或其他地方從事一份固定工作，已絲毫不再吸引我。在這個半荒野的國家剛剛好，而正如我之前寫信告訴你的，歐洲人都不願意離開此地。你可以自行想像這裡多美好，因為西藏人不知道何謂飢餓，過得比鄰人都好。

雖然奧弗施奈特與哈勒一同來到西藏，但兩人性格截然不同。奧弗施奈特在離開德拉敦的戰俘營之前已精通藏語，因此在前往拉薩途中，哈勒相當仰賴他。後來，哈勒完全暢銷書《西藏七年》（*Seven*

Years in Tibet），成為舉世聞名的人。奧弗施奈特則寧願過著簡單的生活，繼續在喜馬拉雅山區工作。他是個名副其實的農業科學家，在此研究種子儲量與西藏的第一起灌溉計畫，然而他從未低估那些工作對象的知識及靈活度。鮮少有人像他擁有這麼多方面的能力：他為拉薩提出城鎮規畫，並在奇異公司打算興建電力設施時出手相助。他是非常敏銳的西藏文化觀察者，會分辨拉薩的佛教與整個喜馬拉雅山區文化意義較為多變的佛教之間有何差異。奧弗施奈特對早期佛教藝術的探索令圖齊相當欽佩，他曾受到十一世紀的宗師兼詩人密勒日巴的啟發及引導，而密勒日巴也喜歡大自然與孤獨。

一九五〇年十月，中華人民共和國成立一年多之際，毛澤東進軍西藏。奧弗施奈特盡量待在西藏不走。接下來一年，他在西藏南部度過，畫出壯闊的希夏邦馬峰附近的吉隆地區地圖，也攀登東絨布冰河，前進到聖母峰的斜坡。後來，中國步步逼近，形勢太危險。共產黨官員傳話給他，歡迎他留下，繼續他所開發的工作，但奧弗施奈特感覺到即將發生的事，仍較希望離開：他想要的生活是當個西藏的莊園主人，而不是變成有宣傳價值的黨政官僚。一九五二年一月，他和一名吉隆的地主朋友要前往印度菩提伽耶朝聖，於是先從特耳蘇里谷下山，前往加德滿都。

就在這一刻，尼泊爾相對知名的煽動者正逆向而來，他要攀登谷地，前往西藏，雖然就目前所知，他們兩人實際上並未碰到對方。昆瓦·英德爾吉特·辛格（Kunwar Inderjit 'K I' Singh, 1906-1982）是個醫師，也是尼泊爾大會黨的鬥士，有「喜馬拉雅山區俠盜羅賓漢」的稱號，曾把從特萊平原西部沒收充公的土地補助金一一發放賑濟。一九五一年二月，特里布萬從印度庇護返回，那時後拉納時代的政府剛成立，但辛格拒絕放下武器，於是新內閣請印度軍隊逮捕他。這對特里布萬政權來說並不是個好兆頭，而有些尼泊爾人民質疑起剛發生的改變究竟為何。到了同一年的十一月，特里布萬必須肩負起任務指派繼任莫漢的首相時，情況更顯惡劣。他不理會多數人中意的畢普·科伊拉臘，反而相中他同父異母的兄長馬特里卡．普拉薩德．科伊拉臘（Matrika Prasad 'M P' Koirala, 1912-1997），即印度人較信賴的保守人物。一九五二年年初，奧弗施奈特正準備離開西藏時，激進的尼泊爾大會黨民兵（Raksha Dal）受夠了尼泊爾的進展的方向，於是在加德滿都策畫反抗。急躁憤怒的運動人士在加德滿都附近開車，聲稱無產階級獨裁，還把辛格從監獄放出來。辛格獲邀領導這次政變，但他旋即拒絕，反而出發到中華人民共和國，這會兒人就在西藏的邊境外，並在沙布魯（Shabru）摧毀橋梁，於是印度追兵又再度逮不到他。

在變化如此快速的世界裡，突然間，未來似乎人人都可以爭取。在特耳蘇里的市集，奧弗施奈特聽到當地尼瓦爾人說要重建他們的王國，回歸到馬拉國王的時代。尼泊爾的少數民族已可看出，婆羅門山居部族帕哈迪正要掌握權力。兩個世紀以來，沙阿和之後的拉納王朝把特萊平原視為殖民地；新政府恐怕也是如此。奧弗施奈特到了加德滿都之後，在一間骯髒的旅館住了幾天，那間旅館位於市中心的阿山街區（Asan Tol），是來自吉隆的旅人都會經過的地方。印度軍人幾乎立刻上前，逼問他關於中國軍隊部署的資訊。印度前一年才在尼泊爾政權交替時擔任協商者，這時對尼泊爾有很大的影響力。當時的英國大使注意到特里布萬太待在印度的時間太過頻繁，此舉有損他的聲望，而英國大使也報告，印度駐尼泊爾大使可以和特里布萬和畢普．科伊拉臘雙方直接接觸。

印度最大的焦慮是國安。一九五〇年年底，尼赫魯曾向印度國會發表演說，並在當中指出「從無法追溯的久遠年代，我們就有壯麗的邊界，亦即喜馬拉雅山區。」在這「壯麗的邊界」中，有些在此時理論上是屬於獨立的國家。尼赫魯政府已和不丹簽訂條約，實際上是延續著一九一〇年不丹與英國簽訂的《普那卡條約》（*Treaty of Punakha*），當時，不丹的外交政策是由殖民時代印度掌控。如今，他則提出警告：

即使我們樂見尼泊爾獨立，卻不能讓尼泊爾在出了任何問題時，對我方的安全造成風險，無論是邊疆遭人穿越，或弱化我們的邊境。

尼赫魯最擔憂的，是不確定中國的下一步。就印度而言，喜馬拉雅山的邊境在殖民時代已底定，包括一九一四年在西姆拉會議中畫定的麥克馬洪線（McMahon Line）——劃定了印度東北部與西藏的界線。中國已拒絕承認這些分界線，印度擔心人民解放軍來到邊境時，毛澤東到底有何盤算。有鑑於此，印度陸軍派出一支小型分遣隊，帶著無線電到尼泊爾的遙遠據點監測邊境。（當時年輕的記者詹姆斯・莫里斯〔James Morris〕——後來改名為珍〔Jan〕——之後會利用其中一處位於聖母峰地區南崎巴札〔Namche Bazar〕的無線電台，報導丹增諾蓋與希拉里已經在聖母峰登頂。）對中國懷有疑慮，或許也可以解釋為什麼印度不願准許奧弗施奈特留在尼泊爾，即使他的朋友凱撒・沙姆舍爾・拉納（Kaiser Shamsher Rana）曾提供贊助，而當時在加德滿都設立據點的聯合國糧農組織也需要他。最後，奧弗施奈特在德里安頓了下來，著手繪製西藏的地圖。尼泊爾沒有什麼選擇，而尼泊爾的政治人物越來越怨恨德里視他們為理所當然。

日後將派駐倫敦的印度高級專員馬哈拉賈・克里希納・拉斯戈特拉（Maharaja Krishna Rasgotra），這時在尼泊爾展開了外交職涯，於特萊平原進行救援計畫。他注意到馬特里卡・普拉薩德・科伊拉臘的黨工為達政治目的，竟操弄印度所提供的救援，向當地人宣傳，這些救援要不是來自美國，就是印度的部分陰謀，其目的是要讓特萊平原和尼泊爾漸行漸遠：「單純、易受騙的民眾對印度原本只有善意，但現在受到政府誤導，即使尼赫魯費心伸出援手。」一九五四年夏天，帶著善意前來的印度政治人物使團，在加德滿都的機場碰上反印度的抗議者扔擲石頭。尼赫魯相當憤怒，寫了封憤恨不平的信給馬特里卡・普拉薩德・科伊拉臘：

> 我們對尼泊爾政府展開金融與各方面的協助，而我們的同胞卻受到羞辱，對抗印度的陰謀依然持續。

科伊拉臘這時已和尼泊爾大會黨絕裂，自己重組政黨，他把這次風波怪罪到拉納家族。印度外交人員並未被愚弄。尼赫魯認為，馬特里卡・普拉薩德・科伊拉臘令人相當失望，根本是個一開始要求建議，之後又不當一回事的人，同時間又鼓勵黨工煽動反印度的情緒。

尼泊爾政治人物則是陷入困境。尼泊爾遺世獨立的局勢已然結束，現代世界已經闖入。這個國家過去的治理方式像是拉納家族底下的封邑，缺乏民主國家所需的各種體制。尼泊爾的領導者必須填補這個落差，同時也要維持拉納王朝一手促成的國家認同感。他們持續給予不知如何完成的承諾，又彼此爭奪支配地位，而政黨也因此分裂。他們從醫療保健、學校到警力，一切都需要技術協助，也需要以某種方式來抗衡南邊的龐大鄰國，以免對方勢力獲得壓倒性的勝利。

這一次的求助對象顯然又是美國。杜魯門總統提供美援，以防止世界上的窮國變成共產國家，而美國國務院也看出喜馬拉雅山的戰略利益。德里大使館的代辦喬治・梅雷爾（George Merrell）早在一九四七年就指稱，西藏或許可就近變成火箭發射場，以對抗蘇聯。特里布萬在流亡德里期間，已和美國簽訂了技術協助的協議，未料他在一九五五年前往瑞士治療有家族史的心臟病時猝逝，年僅四十八歲。他獨裁的兒子馬亨德拉（Mahendra）完全了解這可能性。馬亨德拉對於民主試驗的好感度低得多，卻玩弄起援助預算，讓提供援助的競爭強權彼此對抗。他最為成功之舉，是中國不附帶任何條件，便提供一億兩千六百萬美元援助，當時的毛澤東等同於是把人民的財產交出去，藉此證明共產主義的奇蹟。再加上來自美國的金錢，尼泊爾的現金確實多到花不完。一九五九年，馬亨德拉將鎮壓尼泊爾第一個民選政府，那時政府設法將稅賦系統制度化，尼泊爾的權貴家族也納入其中；於是國王問：「如果我們可以一直從美國人手中拿到更多錢，為什麼還要繳稅？」

＊

在漫長曲折的政治動盪中，尼泊爾的各個競爭政營總會尋求外國支援。雖然取得簽證仍不容易，但對於有適當資格的人來說——先是外交人員與科學家，接下來是登山者以及更一般的觀光客——要來到這長久以來拒人於外的「僻靜國度」，突然間成為可能。在梅雷爾的建議之下，鳥類學家希德尼．狄隆．里普利（Sidney Dillon Ripley, 1913-2001）在一九四七年季風季之前，以及一九四八年季風季之後獲得遠征許可，著手進行尼泊爾鳥類分類的工作（後來里普利會把史密森尼學會經營得有聲有色）。在戰爭期間，里普利曾為美國中情局的前身戰略情報局工作，而派駐在亞洲時，就曾與最後一任印度總督蒙巴頓勳爵建立起友誼。里普利這個人的有趣之處，在於雖然間諜經常利用科學作為掩飾，他倒是利用情報工作，延續觀鳥活動。即使他的任務單純，但在喜馬拉雅山區從來不缺間諜活動。史密森學會——美國國家級博物館與檔案庫——之後也坦承，他們的其中一名研究者曾幫助中情局訪談西藏難民。威爾斯登山家席尼．威格納（Sydney Wignall）在一九五五年曾計畫一趟遠征，想前往尼泊爾遙遠的西部。他在幾十年後，回憶起有個印度情報人員（「稱我為辛格」）找上他，到古老的戰略邊境小城普蘭鎮，監視中國軍隊的部署，但後來遭逮捕並監禁，因此經歷了在冬天穿越喜馬拉雅山、非常不舒服的返程之旅。

起初，尼泊爾並不歡迎登山者，只有在科學家的陪同下，登山者才會獲准進入。於是，提爾曼在一九四九年夏天花了將近四個月的時間，探索加德滿都以北的藍塘峰，亦即位於拉蘇瓦嘉迪的邊境過渡區（清軍曾入侵此地），也探索崎嶇的甘內許山峰，最後來到東邊的竺嘉爾山（Jugal）。和他一起攀登的登山家彼得・洛伊德（Peter Lloyd）過去也曾一同前往南達德維峰，另外還有兩名科學家同行。其中一人是地質系的大學生哈米許・史考特（Hamish Scott），也是蘇格蘭橄欖球國際聯盟的球員，另一位則是植物學家與作家奧列格・波魯寧（Oleg Polunin），他的其中一個手足，正是環保人士尼可拉斯（Nicholas）；奧列格曾經為提爾曼一九五二年的著作《尼泊爾的喜馬拉雅山區》（*Nepal Himalaya*）撰寫植物採集者附錄。提爾曼雇用老友丹增・諾蓋負責安排一切，他也聽說了丹增在前一年和圖齊的探險：

> 他告訴我，他們帶走了四十孟德（大約一公噸）的書。丹增和大家相處得很好，善於和當地人應對；他有迷人的笑容，在山上時的表現也很穩健，還很會做歐姆蛋捲，口感軟硬適中。

提爾曼樂在其中，便決定開始蒐集甲蟲——任何甲蟲他都蒐集，正好其中一種在科學上是新品種。然而他並不喜歡偶有複雜的利益競爭出現。「無論多麼渴望一石二鳥，但這種情況鮮少能刻意達成，而且若刻意瞄準兩者，是永遠達不到的。」

尼泊爾與西方國家的外交關係改善，對世界各地的登山者而言都是令人振奮的事。在喜馬拉雅山脈與喀喇崑崙山脈，共有十四座八千公尺以上的高山，其中八座是部分或完全位於尼泊爾境內。雖然有些登山者曾攀登到這麼高的海拔高度，但在一九五〇年以前沒有人成功攻頂，而所有尼泊爾的山峰都是禁止進入的。到了一九六〇年，只有一座尚未有人攀登。直至一九五六年，尼泊爾的八座八千公尺以上高山，有七座已經有人攻頂：登山狂熱席捲而來。無論是戰前或戰後，一些喜馬拉雅山的攀登者都希望，來自各國的登山者可一同攀登這些巍峨山峰。但這情況並未發生。僅有一座八千公尺的高峰是由國際團隊征服──世界第七高峰道拉吉里峰。沒有人能負擔得起以個人身分攀登這些山──需要國家級的運動組織來募款，處理外交難題，取得官方許可──而這對歐洲國家來說，是重建戰後國家聲望的重要機會，絕不可浪費。

法國是第一個受惠於新開放局勢的國家。一九四九年，提爾曼回到加德滿都時，強行要大君莫漢．沙姆舍爾聽他說，他指向地圖上位於尼泊爾西部的安納布爾納峰，請莫漢准許他到那邊；但等到獲得許可時，法國遠征隊已在現場，以致提爾曼遠征隊可能的成就黯然失色：法國遠征隊已光榮地登上安納布爾納峰，這不僅是第一次嘗試攀登八千公尺的高山，而且完成首登，是登山探索數一數二的成就。能達到此成果有兩項明顯的原因：法國登山隊堪稱擁有史上最強的年輕登山者班底，諸如路易．拉舍納爾（Louis Lachenal）、萊昂內爾．特瑞（Lionel Terray）與加斯頓．雷巴法特（Gaston Rébuffat）；而所有重要的法國全國登山協會，包括法國山岳會（Club Alpin Français）都是由同一個人經營──盛氣凌人、獨斷專行的路西安．德維斯（Lucien Devies），他以不懈的精力持續推動這項計畫。

法國的第三項優勢是後來的人多半會忽略的──外交手段。德里的法國大使館有個工作人員，是年輕的登山家及耐力運動英雄──法蘭西斯．德．諾瓦耶（Francis de Noyelle）。德．諾瓦耶知道法國剛指派丹尼爾．勒維（Daniel Levi）擔任第一任駐加德滿都的大使，於是請勒維幫忙，說服莫漢．沙姆舍爾的政府予以相助，讓首度登上尼泊爾八千公尺高山的人是法國人。德．諾瓦耶完成任務的獎賞，就是在這項遠征中擔任聯絡官，後來也擔任尼泊爾大使。他們拿到了道拉吉里峰與安納布爾納峰這兩座五千公尺高山的許可，這兩座山分別位於卡利甘達基峽谷（Kali Gandaki gorge）的兩邊，且兩邊都還超過五千公尺。遠征隊成員特瑞說，道拉吉里峰果然是「刁鑽困難」，因此他們把注意力轉向目前尚未看過的安納布爾納峰。但光是要看一眼，就已是出乎意料地難以捉摸的任務。到了五月中旬，距離季風季不久了，團隊卻還沒有多少進展，因此有強烈企圖心的領導者莫里斯．赫佐格（Maurice Herzog）在土庫切村（Tukche）的基地營召開緊急會議。攀登者以奇快的速度，從山峰的西北山嘴先行嘗試，卻是無功而返。後來他們以快速指令開出一條路，也在北面設置一連串的營地。西普登的老友昂．塔卡曾帶領雪巴人，而出於平等的精神，登頂團隊中給了他一個位置，但他客氣拒絕。特瑞和赫佐格已是最強壯、最適應氣候的人了，但是補給線停滯時，泰瑞就放棄攻頂機會，而是把補給品送到高處的營地。同行成員拉舍納爾在山頂營地代替了他的位置，往登頂推進。

拉舍納爾與赫佐格穿的皮靴缺乏足夠的保暖功能，而以擔任高山嚮導為生的拉舍納爾，禁不住擔心起自己的雙腳。他問赫佐格，若他回頭下撤，那麼赫佐格會怎麼做？「我應該要自己繼續往前，」他回答拉舍納爾。「那我跟著你，」拉舍納爾答道。他們在六月三日下午兩點登頂，雖然是不是真的到達安納布爾納峰的最高峰，近年來引起了爭議。然而下山的路途無疑是場夢魘，因為赫佐格丟失手套，嚴重凍傷。赫佐格花了六個星期的時間才回到家，雙手疼痛，而回到家時，發黑的雙腳上爬滿了蛆。然而，他在山巔舉起三色國旗的照片，讓《巴黎競賽》週刊（*Paris Match*）創下其有史以來最暢銷紀錄：他們稱赫佐格為「我們的第一英雄」。法國總統樊尚．奧里奧爾（Vincent Auriol）在遠征電影的首映會上現身，而最後赫佐格也舉起受傷的手，答謝大家的喝采。赫佐格寫的書銷售了一千一百萬本，是史上最暢銷的登山書。到一九五〇年代即將走向終點時，他已是政府官員，並與布里薩克公爵（duc de Brissac）的女兒成婚。拉舍納爾也受了重傷，但是他在登上安納布爾納峰之後的生活卻相對多災多難。他三十四歲時，到霞慕尼上方的白山谷（Vallée Blanche）滑雪時墜落冰隙，不幸身亡。

法國的成就激起其他國家的登山隊下定決心，全力以赴。瑞士也有老練登山者組成的強大隊伍，例如曾帶著丹增・諾蓋前往加瓦爾的登山者羅克與迪特爾，他們比法國人有更豐富的喜馬拉雅山攀登經驗。瑞士也握有外交祕密武器——旅遊作家艾拉・梅拉[3]。人在加德滿都梅拉不斷提出請求，讓瑞士能比英國早一步獲得許可，率先嘗試攀登聖母峰。瑞士也有「瑞士高山研究基金會」（Schweizerische Stiftung für Alpine Forschung），有能力在一九五二年支援兩次（而不是一次）攀登聖母峰的嘗試，一次在季風來臨之前，另一次在季風之後。瑞士的首度嘗試就解決了許多人認為從南邊攀登聖母峰，到了上方斜坡時會碰上的問題：冰瀑。這是坤布冰河流經了陡峭的落差和裂口時，所留下的凌亂的巨大冰塊，對登山者來說是致命的迷宮。好些登山者推測，或許沒有穿越冰瀑的途徑，就算有，也懷疑風險太高，不值得一試。一旦越過這障礙，到了上方，登山者會來到西冰斗（Western Cwm）；馬洛里在一九二一年從北邊前來勘察時，就曾俯視這座懸谷。瑞士人攀登上這處懸谷上方的陡坡，來到了南坳，進入最後八百公尺。在春天進行嘗試的時候，雷蒙・蘭伯特與丹增・諾蓋從南坳上方東南山脊的營地嘗試登頂，但是他們供氧設備的重量和氧氣量根本不成正比，經過五個小時，他們只爬了兩百公尺高，距離山頂還有三百公尺，差不多和一九二四年的聖母峰遠征時，諾頓抵達的高度一樣，也是先前所知的高點。

取代聖母峰委員會的喜馬拉雅委員會非常驚訝：馬特里卡・普拉薩德・科伊拉臘的政府竟然較青睞瑞士人；這是英國影響力隨著拉納王朝衰微的明顯訊號。而英國未做好準備也是不爭的事實。瑞士人在聖母峰時，西普登率領的遠征隊則在附近的卓奧友峰——世界第六高峰。雖然沒能成功，但這支隊伍在生理學家格里菲斯・普格（Griffith Pugh）獨特的眼光下，進行了重要的研究工作。這也刺激了喜馬拉雅委員會，鐵了心地斷然於一九五三年嘗試攀登聖母峰時解雇西普登，改由約翰・杭特（John Hunt,

1910-1998）率領；杭特企圖心強，又充滿幹勁，人稱「驅動器約翰」。從政治立場來看，他和前輩相較起來，是偏左派的，與其說是帝國探險者，更偏向社會民主派，呼應著所處的大英國協時代。他遴選出一組成功的登頂團隊，包括紐西蘭人希拉里與當地人丹增・諾蓋，便能反映這一點。

馬特里卡・普拉薩德・科伊拉臘一給出登山核准，數百名腳夫就分階段以小團隊離開加德滿都，帶著補給品及設備，供十幾個外國登山者和二十八名杭特規畫僱用的雪巴使用。直到這趟遠征來到西冰斗（Western Cwm）之前，希拉里和諾蓋從未一起攀登過。眼下就剩下他們兩人，希拉里便帶路通過冰瀑。兩人都把眼光放在頂峰，而希拉里的推測是，杭特或許不希望看到這趟遠征由兩個紐西蘭搭檔——希拉里本人和喬治・洛（George Lowe）——一起登頂。希拉里也對丹增很好奇，因為在這個階段，丹增比任何人都更有攀登此山的經驗。

> 雖然在攀登冰雪時，技術上或許並不傑出，但是他很強壯、有決心，很能適應環境。就我看來，最棒的是他準備好勇往直前。

很快地，他會有感謝丹增的理由。希拉里從西冰斗快速下山，彷彿和喬治・洛打賭似地回到基地營途中，卻不慎踏進冰裂隙。這個紐西蘭人想在冰壁間用雙臂支撐起自己，丹增則抽起纏繞在他靴子後頭的冰斧上的繩索，扶起他的搭檔，這行為堪稱典範。兩人賣力展現在高海拔的力量，顯然杭特多次把這對搭檔視為是自己最好的牌，打敗聖母峰最難對付的一局。當南坳的進度膠著，遠征似乎岌岌可危之

---

3 艾拉・梅拉（Ella Maillart, 1903-1997），瑞士探險家、旅遊作家及攝影師。

際，杭特派這兩人上去鼓舞士氣，讓行動有所進展。杭特的團隊能把更多氧氣供給、燃料、設備以及補給品送上南坳，數量遠超過瑞士做到的，正是其中的關鍵差異。

五月二十六日，來自英國的查爾斯・伊凡斯（Charles Evans）與湯姆・布迪隆（Tom Bourdillon）這隊雙人組展開第一次登頂嘗試，其所使用的是實驗性的「封閉式」氧氣裝備，比「開放式」系統更有效率，效果也更好，缺點是容易故障。雖然前進速度快，但暫停下來更換氧氣筒時，伊凡斯的氧氣筒逐漸出問題，等他們來到南峰時已是下午一點，這是人類在聖母峰地區來到的最高處。如果繼續推進會顯得魯莽，因此他們折返，安全下山。多虧南坳提供大量補給，因此第二次登頂嘗試於焉展開，希拉里與丹增這次用的是更可靠的「開放式」氧氣裝備。有一組支援隊伍協助這對搭檔在南坳和山頂間設立中間營，以提高成功機率。他們在五月二十九日早上六點半離開營地，雖然下雪的情況讓希拉里感到焦慮擔憂，五個小時後，仍依照計畫抵達山頂。「我第一個感覺是鬆了口氣，」希拉里寫道，「因為終於結束了長期的磨難。」不久之後，他就開始感到滿足。「我轉身面向丹增。即使戴著氧氣面罩，頭髮掛著冰柱，我仍然看得出他露出總是感染人的笑容，傳遞著純粹喜悅。」希拉里伸出手，而這對丹增來說並不夠；丹增伸出胳臂，摟著希拉里的肩膀，兩人「捶彼此的背，相互道賀。」

多虧杭特的率領、普格的科學研究，強大的後勤以及兩名登山者高度的企圖心，人類終於登上聖母峰，而這消息正好來得及在伊莉莎白二世的加冕典禮上傳回英國。就像在法國一樣，這成就的性質及規模多少契合歐洲在戰後經濟緊縮之後的新氣象。在喜馬拉雅山區，丹增・諾蓋是成功登頂的搭檔之一，這帶來的政治影響很大，且高度複雜。一個出身卑微的亞洲人，幾乎一夜之間舉世聞名。有些印度記者甚至呼籲重新幫這座山命名，以表揚他的成就。在大吉嶺，全印度廣播電台（All India Radio）播報丹增成功登頂的新聞時，他的朋友拉賓德林納德・米特拉（Rabindrinath Mitra）在城裡到處張貼他的照片。米特拉是在加爾各答出生的孟加拉人，卻是土生土長，且接收了一處倒閉的茶園，並開始發行尼泊爾語的報紙《薩提》（*Sathi*），意為「朋友」。他寫了些關於雪巴人社群的文章，認為他們對於登山運動的貢獻遭到忽視。他也鼓勵雪巴人發起組織，不要再仰賴殖民時代的喜馬拉雅山岳會。而曾給丹增一面印度國旗，讓他帶到山頂的人，正是米特拉。印度報刊上開始出現故事，引用「接近這次遠征的訊息來源」，說丹增先抵達山頂，並領導希拉里來到山頂。這個想法並不是來自丹增；那時他還在步行下山途中，只是這方面的見解已在後殖民時代的印度到處流傳。當時仍是個年輕記者的因德・馬賀拉（Inder Malhotra）——後來的《印度時報》（*The Times of India*）編輯——回憶道：

> 認為白人帶頭的想法被斥為敝屣，這一次我們做到了、我們的同胞做到了，丹增做到了，為何這份成就要錯放在其他人身上？就是這種感覺。

問題是，誰是「我們的同胞」？丹增出生在西藏，曾在坤布度過，過去二十年住在大吉嶺。在那段時間，有帝國崩潰，新國家誕生。尼泊爾對於印度的干預非常敏感，也同樣熱切地稱丹增為「我們的同胞」。尼泊爾報紙《廓爾喀日報》（*Gorkhapatra*）則沿用印度所言，丹增率先登頂的說法。達馬拉吉・塔帕（Dharma Raj Thapa）是個詩人，平時的工作是在尼泊爾擔任廣播製作人，當他聽到這消息時，正和米特拉一起在大吉嶺，於是他馬上動手譜寫歌詞，一開頭便是「我們的雪巴丹增」（Hamro Tenzing Sherpa le），後來歌詞送到加爾各答，搭配音樂。這首歌引起轟動，其中帶著相同的訊息：丹增帶領希拉里，但這一回表達的不是印度國族主義，而是尼泊爾國族主義。出版商卡馬爾・曼尼・迪克西特（Kamal Mani Dixit）在一九五三年還是學生，他回憶道：「無論尼泊爾人在何處，都會唱這首歌。尼泊爾文歌曲出現在每分鐘七十八轉的唱片上，是史無前例的。尼泊爾的民族性觀念也是新的。」不僅如此，丹增出身貧困，卻幾乎是一夕成名。在加德滿都這麼講究階級的地方，人會受到種姓和階級定義，因此這次確實是革命性的事件。「對於出身貧寒的人而言，」迪克西特說，「丹增的成功是一記強心針。他曾一度比特里布萬國王還受歡迎。」當遠征隊回來時，珍．莫里斯形容，加德滿都的氣氛「是馬戲團與競選活動的合體。」丹增將搭乘特里布萬的私人飛機離開這座城市，投入偉大學者賈瓦哈拉爾．尼赫魯的懷抱。丹增說：

> 打從一開始，這位偉大的學者就像我父親一樣對待我。他溫暖仁慈，且和許多人不同，從沒想過要如何利用我。

即使這說法聽起來天真，但尼赫魯確實對丹增這個人由衷感到興趣，丹增的成功反映出尼赫魯對國家的期待：平民也能成功。由於有尼赫魯關注的加持，丹增將獲得印度護照並萌生一種使命感——「如果尼赫魯告訴我，我是印度人，」希拉里說，「我也會相信他」——不過，丹增在一九五〇年代晚期再度來到加德滿都時，他所受到的招待就相對冷漠了。

一九五三聖母峰遠征在全球都可見大量的報導，之後還有鋪天蓋地的文章、書籍與電影，因此大眾認為，當初攀登這座山的方法，適用於攀登所有山脈：固定營地和陣容浩大的團隊。榮獲新頭銜的約翰．杭特爵士和團隊成員抵達倫敦的那一天，奧地利登山家赫爾曼．布爾（Hermann Buhl）登上了南迦帕爾巴特峰。布爾是在英國登山隊成功登上聖母峰之後，過了將近三個星期才聽聞這個消息，於是，他在南迦帕爾巴特峰北邊的拉奇歐特山壁六千公尺高處的營地，以一罐慕尼黑啤酒向英國敬酒。這趟遠征的領隊是卡爾・賀爾科佛（Karl Herrligkoffer），即威利・默克爾——一九三四年遠征南迦帕爾巴特峰時喪命——同母異父的兄弟。賀爾科佛和保羅・鮑爾一樣，鄙視「個人熱忱」，寧願「集體遠征，即使未能抵達山巔」。另一方面，他自己也不算是登山家，但布爾卻是世上頂尖的攀登者。賀爾科佛命令布爾下山，因為根據預報，天氣將轉為惡劣，布爾卻不予理會，反而從最高處的營地炫技似地奔向山頂——距離營地有四千呎，是希拉里與丹增必須攀登的距離的兩倍。他靠著坦克巧克力（Panzerschokolade）來補充能量，即二次大戰期間德軍使用的甲基安非他命巧克力。（布爾不是唯一靠著甲基安非他命來克服高難度攀登的登山者。一九五三年，英國的裝備列表上也有坦克巧克力。）在經過四十一小時的往返，他回到最高基地，此時的他已疲憊不堪，飽受凍傷之苦，但他成功了。賀爾科佛絕不原諒他，兩人後來陷入法律程序的僵局。布爾會在一九五七年，再度嘗試輕裝首登八千公尺高山——位於喀喇崑崙山的布洛阿特峰（Broad Peak），但不久便喪命；他在附近一座山峰再度採用阿爾卑斯式攀登[4]時，不慎踩到頂峰山脊的雪簷墜落。

這段登山運動的黃金時代，為喜馬拉雅山區增添光彩，使之成為時尚又具有異國風情的旅遊目的地。這次風潮的最大推手，是俄羅斯移民鮑里斯・利薩涅維奇（Boris Lissanevitch）。他曾是謝爾蓋・達基列夫的俄羅斯芭蕾舞團舞者，一九二九年，達基列夫去世之後，他的舞蹈生涯也告終。這時，利薩涅維奇在蒙地卡羅認識了第一任妻子奇拉・徹巴契娃（Kira Stcherbatcheva），於是這對夫妻來回於上海到孟買之間的奢華飯店和俱樂部，靠跳探戈舞維生。這段婚姻宣告失敗後，鮑里斯成為加爾各答三百俱

4 一種自給自足式的登山方式，不需其他人協助，由登山者自行攜帶配備、補給物品，有時，甚至連氧氣瓶也沒有。其所講求的，是體能、技巧、靈機應變的能力。

樂部（300 Club）的靈魂人物、經理以及掛名負責人，這是一間高檔的「混合式」場所，歐洲人和印度人無論白天或夜晚，皆可隨時在這裡一起喝酒，只要能負擔得起。這處俱樂部是特里布萬國王的最愛，因此在一九五一年，在限制重重的酒類專售法導致他的事業關門大吉之後，鮑里斯接受國王邀請，搬到加德滿都。他和來自丹麥的第二任妻子英格・菲佛（Inger Pheiffer）在特里布萬酒精成癮的小兒子巴森哈拉（Basundhara）支持下，於尼泊爾開設第一家生意興隆的歐式飯店，飯店就位在皇宮的側樓。這間皇家旅館是鎮上唯一供外交人員、間諜、救援工作者、登山者、雪人搜尋者、名流消費的飯店——從影星英格麗・褒曼（Ingrid Bergman）和卡萊・葛倫（Cary Grant），到經濟學家兼外交官高伯瑞（Kenneth Galbraith）——而鮑里斯也透過湯瑪斯・庫克（Thomas Cook）旅行社的人脈，吸引到川流不息的富有觀光客。正如一名旅客所言，這家飯店是「維多利亞時代博物館的展示廳」，大廳裡滿是鱷魚標本、水晶吊燈、拉納王公的鍍金框油畫肖像，彷佛訴說著英屬印度射殺老虎及匹夫之勇的幻想。英格的母親就住在這皇家旅館，養了一隻小熊貓當寵物，這隻小貓熊就叫班達智（Pandaji），是常客希拉里送的。這裡的住宿品質很差。房客會在住房內瞥見大老鼠，也會在廚房看見活生生的豬隻。入住這裡的時光，絕對是令人難忘的。

尼泊爾人對旅遊業的前景不乏懷疑及不安。對種姓階級高的人來說，和外國人接觸時會產生儀式上的不潔，因此一開始的互動相當尷尬，而許多尼泊爾權貴無法理解，為什麼外國人總想前來。幾間古老寺廟究竟有何特別之處？鮑里斯在贊助者特里布萬國王前往瑞士治療時，尋求王儲馬亨德拉的許可，讓一架達科塔飛機盡量多載些的富有美國人，入住他的新飯店。馬亨德拉雖是遷就他，卻也不明白為什麼會有這想法，直到他親眼目睹這些美國人把飯店內禮品店販售的小裝飾品一掃而空。一九五五年三月，特里布萬去世，馬亨德拉告訴鮑里斯，希望他安排隔年的加冕典禮。這次場合將成為尼泊爾的門面，告訴所有人，這裡既是旅遊目的地，也是一項開發援助計畫。許許多多外國的顯要受到邀請，還有許多西方記者。記者洛維爾・湯瑪斯（Lowell Thomas）跟著吉普車隊，沿著加德滿都第一條聯外道路前來。他巨大的攝影機架設在皇宮高台前，都還聽得到湯瑪斯在典禮期間，對馬亨德拉高聲指示：「國王，別動！」

另一個外國記者是有歐亞血統的小說家韓素音，她出生在中國河南省，本名為周光瑚（Rosalie Matilde Kuanghu Chou）；其小說《愛情多美好》（*A Many-Splendoured Thing*）改編的電影《生死戀》在前一年於好萊塢造成轟動。韓素英在她算不上虛構的小說《青山青》（*The Mountain is Young*）裡，捕捉到加德滿都的人初入社交圈的宴會，以及利薩涅維奇燈紅酒綠的片段。（「他們確實說，有件事情叫『山中狂喜』，」她寫道，「在高山上，有股怪異的欣快俘虜著他們，類似狂喜或瘋狂。」）她在加德滿都遇見第三任丈夫，一個名叫陸文星（Vincent Ratnaswamy）的印度軍隊上校，由此成為小說裡的愛情故事腳本。在戰前，韓素音曾在布魯塞爾求學，是比利時漫畫家艾爾吉[5]的朋友。一九五六年，艾爾吉又在尋找新地點，想為他筆下的虛構記者丁丁進行下一趟冒險。他們的友誼或許影響了艾吉爾，讓他選擇喜馬拉雅山區，雖然艾爾吉早在一九四〇年代，就曾以西藏為背景。新故事雖名為《丁丁在西藏》（*Tintin in Tibet*），銷售成績也相當不錯，但就其內容的發生地點來說，西藏和尼泊爾的份量不相上下，且畫中的加德滿都廟宇既迷人又精準。故事中也提到雪人（yeti），也就是神話中可惡的雪人，當時名氣非常高。艾爾吉在這方面的「專家」顧問，是自稱神祕動物學家的貝爾納・厄韋爾曼斯（Bernard

5　艾爾吉（Hergé），比利時人，本名喬治・波斯貝・勒米（Georges Prosper Remi, 1907-1983），有「近代歐洲漫畫之父」的稱號，其作品《丁丁歷險記》系列享譽全球。

Heuvelmans），而他也曾親自和聲稱看過這種生物腳印的法國登山家赫佐格談過。

不過，《丁丁在西藏》更深刻的靈感，是艾爾吉在寫這故事時所承受的心理折磨，他在兩名女性之間拉扯，於是在夢想中的異國世界尋找天真與希望。新國王馬亨德拉所宣傳的喜馬拉雅山區，就是這樣的版本。他無情地把利薩涅維奇逐出商界，隨後自己則投入旅遊業，即使他曾親手粉碎尼泊爾的第一次民主嘗試。

十九 暗牢之歌

美國聯合軍力推翻薩達姆．海珊的政權後，過了幾個星期，我訪談西藏良心犯阿旺桑卓（Ngawang Sangdrol，或譯「阿旺桑珍」）。當時她年僅二十五歲，卻有將近一半的歲月都在牢裡度過。她最知名的事蹟，是身為一小群阿尼的一員，而這群阿尼抗議中國持續占領西藏，因此我聽聞過些許她遭監獄守衛毆打折磨的事。但我沒料到她的個子這麼嬌小。桑卓身高差不多一百五十公分，相當清瘦，甚至可說太過單薄。她穿著薄薄開襟羊毛衫，一眼便可清楚看見鎖骨，不難想見一個帶著鐵棒的男人會對她做出什麼事。她輕柔的回答著我的問題，無意間會按摩著頭。她長期以來承受著暴力，造成了偏頭痛，腎臟受損，消化道功能不佳，能活下來似乎已是奇蹟。唯有當我提問，她覺得為什麼自己會被挑選出來，遭受格外嚴苛的對待時，我才瞥見她的堅定信念。她雙眸露出堅定的眼神，諷刺地略揚嘴角：「或許是他們不喜歡我。」

在喜馬拉雅山區，充滿勇氣與任性的故事固然俯拾即是，但鮮少有人能和阿旺桑卓的故事相比。一九七七年，她出生於拉薩，俗名日曲（Rigchog），監獄守衛總是以這個名字叫她，藉此剝奪她的宗教身分。她雖然家境貧困，但家人關係緊密，投身於追求自由，虔信能表現其文化的藏傳佛教。父親南嘉塔希（Namgyal Tashi）曾參與一九五九年三月的拉薩動亂，那時藏人起身反抗中國占領，擔心著流亡在外的第十四世達賴喇嘛安危。從一九六〇年代初期到一九七〇年代的集體化和文化大革命災難期間，南嘉塔希多次進出監牢及拘留營。南嘉塔希會告訴桑卓與她的兄弟姊妹，在共產主義導致風雲變色之前，西藏是什麼模樣。她母親強巴曲珍（Jampa Choezom）則詳述在文化大革命期間，他們的父親會從批鬥大會（藏文稱為「thamzing」）不省人事地被送回家；在批鬥大會上，共黨幹部會羞辱並毆打他們認為政治上不值得信賴的人。他因為拒絕簽署信件、對中國的西藏政策表示支持，因而遭到更多迫害。桑卓聽到這些抵抗的故事感到相當欽佩，也和父母一樣有強烈的藏人身分認同。

十二歲時，桑卓加入拉薩北邊的格日寺（Garu nunnery）。這是一間尼姑庵，在其創寺傳說中，提及寧瑪派始祖古魯仁波切看見這地方是個福地，但無法決定該建立僧院或尼寺。之後，他在靈視中看見三名女神在眼前跳舞，亦即荼吉尼（藏語稱為「khandroma」、梵文則是「dakini」，意思是空行母），遂決定興建尼寺。古魯仁波切的梵文名稱為蓮花生，有兩名荼吉尼相伴，一是曼達拉娃（Mandarava），一是伊喜措嘉（Yeshe Tsogyel），兩人本身都是佛教導師，熟稔密宗佛教。伊喜措嘉在西藏傳說中仍是很受歡迎的角色，整個喜馬拉雅山區有許多地方都和她的名字有關。特別的是，伊喜措嘉有專屬於她的傳記。藏傳佛教和其他宗教一樣厭女，認為女性缺乏悟性，無法完全理解法。其中有個例外是造橋者湯東傑布，他生活與修法的伴侶是一名女性，名叫曲吉卓美（Choekyi Dronma）。湯東認為，曲吉卓美是女祖古（轉世喇嘛），為少數、也是最重要的女活佛轉世：桑頂・多吉帕姆活佛（Samding Dorje Phagmo）。（東印度公司的博格爾在她過世後三百年，遇見曲吉卓美的轉世。）而伊喜措嘉也一樣，絕不是小跟班而已。她顛覆了常見的情況，有自己的隨從（這是很啟迪人心的例外），因此到了今天，她在講究進步思想的女性主義佛教徒中占有一席之地。有一則故事說，伊喜措嘉和信徒發現，古魯仁波切在不丹帕羅峽谷高處的塔克桑寺洞穴打坐。（她之前化身為母老虎，把他帶到那裡去。）

伊喜措嘉行頂禮之後，蓮花生稱她為赫魯嘎（heruka），意思是完全領悟存在的真正本質的高人。古魯仁波切告訴她：

> 完成密續的女瑜珈修行者，肉身乃悟道之基礎。無論是男性身體，或較為次等的女性身體——皆無差異。若能悟道，女性身體實際上更優越。

在藏文中，女神稱為康卓（khandro），意思類似在空中的舞者，帶有趣味或喜悅的特質：以心靈層次來表達完全開悟的心。但桑卓的經驗中卻沒有多少這樣的情況。她在格日寺發現，父親的苦難並不特別；許多更年長的女性也有類似故事。一九九〇年八月，年僅十三歲的桑卓首度和其他十二名阿尼，在雪頓節大喊「達賴喇嘛萬歲」的口號。雪頓節是每年夏天於羅布林卡公園舉行的節慶，代表格魯派僧侶傳統隱修期「夏安居」的結束。當時有許多維安人員在場。一九八〇年代晚期，西藏曾發生反對中國統治的大型示威抗議，最後往往以暴力收場，眾多抗爭者中，有幾十個死亡，在此之後，西藏情勢仍相當緊張，三個月前才剛結束戒嚴。穿著警裝或便衣警察幾乎是馬上把這些阿尼拖走，帶上卡車。她們被帶到公安局位於拉薩東邊的古札（Gutsa）拘留中心，遭到審訊並毆打，即使桑卓年紀尚輕、體型瘦弱，也沒獲得較好的待遇。她憶起自己像個娃娃，在房間裡被到處扔。當局要她們懺悔，並說出其他抗爭者的姓名，但阿尼們拒絕，遂遭到更多虐待。這裡沒有足夠的食物，而在古札，遭囚禁者往往被迫以血來換取配給。桑卓告訴我，在下雨天，她會把杯子放到牢房外的窗戶以收集雨水，只是她個子太矮，幾乎碰不到窗戶。

她母親強巴曲珍得知她拘留在何處，獲准探視。桑卓強迫自己不能哭；她母親傷心得無法言語，也不想在守衛面前說話。九個月後，桑卓獲釋，才知道父親和哥哥丹增西熱（Tenzin Sherab）在桑耶寺示威之後遭到囚禁；五十二歲的母親則心臟病發離世。身為前政治犯，桑卓無法回到尼寺，於是和兄弟姊妹住在家裡，受到警方監視，並與朋友疏遠，以免朋友遭到牽連。她為母親誦經，但時時掛念著仍在獄中的人，也時時準備繼續政治行動。一九九二年六月，距離她第一次示威與囚禁還不到兩年，她又加入其他格日寺阿尼及甘丹寺僧侶的行列，進行和平示威，支持達賴喇嘛與西藏自由。這次地點是在八廓區，即大昭寺周圍的街道和朝聖路徑，而大昭寺是拉薩及整個西藏的核心所在。未想才一開始，桑卓和其他人就被拖走。她遭判三年徒刑，「因鼓吹顛覆與分裂」。那時才十五歲的桑卓，是世界上最年輕的政治犯之一。

這一次，她囚禁在扎基監獄（Drapchi），這處監獄的名稱是來自以前曾占　此地的西藏陸軍軍團。後由人民解放軍接收，用以容納一九五九年拉薩動亂的囚犯。作為一種政治隔離的機構，這裡開設了兩個新單位（rukhag），容納新一波騷動之後大量湧現遭囚禁的異議分子。男性（通常是僧侶）會被放到第五單位；她父親就被拘留在此。女人則到第三單位。雖然男性囚犯總比女性多，但當局不得不擴張第三單位，以因應阿尼持續抗議的情況。第三單位的生活極為殘酷艱辛。桑卓被分派到監獄的地毯工廠，每天都有工作配額，如果達不到就會挨打或扣住她的配給品。即使在這種風氣下，抗議仍持續發生。有個獄友偷偷夾帶錄音機，於是十四名阿尼合力撰寫並錄製歌曲，訴說在監獄的生活並抵抗中國占領。每個人都署名，並獻上一首歌曲或詩歌，給那些並未忘記在牢裡的她們的朋友及支持者，也訴說她們遭到毆打及致力西藏獨立。這些錄音又被偷偷帶出扎基監獄，在國外發行專輯。一九九三年十月，她三年刑期才剛過一年，桑卓又另外遭判六年，罪名是「煽動反革命宣傳」。

第三單位的主管是四十多歲的西藏女人貝瑪．布特里（Pema Butri），每天下班後就會到附近的教堂祈禱。她稱這些阿尼為女魔（dumo），要是她們不夠恭敬，就讓她們嚐嚐苦頭。布特里認為，阿旺桑卓就是各種蔑視小舉動的元兇。一九九六年三月，桑卓坐在牢房外。那天下著雪。布特里和一小群守衛過來，看見桑卓坐在那邊，就要她站起來。桑卓拒絕。一名守衛把她拉起，其他人開始毆打。桑卓掙脫，不住喊出政治口號。場面混亂了一會兒，直到武裝警察到來，質問是誰先開始的。布特里指著桑卓，但身邊的警員以為她指的另一名女子貝瑪．彭措（Pema Phuntsog），於是朝她腹部踢下去。不是她，布特里嚷道，是那個桑卓。雖然彭措什麼都沒做，但兩個女人都被拖去單人監禁，西藏囚犯稱之為「暗牢」，沒有窗，也沒有光。彭厝和桑卓中間，隔著一間空牢房。

桑卓牢房的天花板有鐵柵，一名犯下刑事罪行的男性囚犯可透過鐵柵俯視她。那人牢房的光會滲入她的囚室。若她伸展雙臂，就會碰到兩邊的牆面。她一攤開墊子，幾乎就鋪滿了整個地板。地板角落有個洞，讓她排便。這裡很臭，因此守衛很討厭踏進來。有時候在她睡覺時，老鼠會從洞裡跑出來。在一個冬夜，老鼠甚至爬到她囚服袖子，想鑽到她腋下取暖。即使在西藏的隆冬，這裡也沒有暖氣，水龍頭的水在夜裡會結冰。由於她睡覺時，只能在冰冷的地板上鋪一塊薄薄的墊子，因此她一直背痛；有時候守衛會半夜叫她，確認她是否還活著。

桑卓白天祈禱，透過牢房門鉸鍊的縫隙，看著外頭角落的影子。如果那影子在晃動，表示監獄守衛正要過來。如果她在祈禱時被逮到，就會遭到毒打。在她的囚服之下，她穿著一件薄薄的紅色毛衣，桑卓會拆下衣緣線頭，做成念珠（mala）。她在誦經時會數珠子，喚著達賴喇嘛、宗喀巴等聖者名號，那些是格魯派傳統的精神引導，祈求能解脫她所承受的心理折磨。她遺憾自己那麼年輕就被尼寺拒於門外，還來不及好好學佛。她似乎覺得，年紀較長的阿尼們更堅強，更不會動氣。每天晚上，只要附近沒有守衛，她會和彭措呼喚彼此，為對方打氣。後來，第三單位的其他女子絕食，抗議她們受到的對待，而過了六個月，這兩人終於獲釋。等她們終於可以自由說話時，桑卓問彭措，為什麼她明明沒有喊口號，卻要承認自己有喊。彭措露出笑臉。「為了支持你。」桑卓被帶到法庭，在她原本已服刑中的九年刑期上，又再判八年。那時她才剛十九歲。

一九九八年夏天，阿旺桑卓遭到痛打，差點喪命。五月一日是中國勞動節，獄吏安排了慶祝遊行，要舉中國國旗。兩名獄友開始嚷起西藏獨立，而政治犯也加入，監獄裡於是陷入一場混亂。武裝警察抓起囚犯，把他們拖走。等終於恢復秩序時，當局宣布，五月四日要再舉行勞動節遊行，但這次桑卓等長期政治犯不得參加。儘管如此，獄友仍高聲大喊支持達賴喇嘛。桑卓與其他阿尼在自己的牢房，透過窗戶觀看，並砸玻璃窗，這樣她們的支持吶喊才能被聽到。原本不能參加的僧侶如今也衝向監獄院子的大門，於是武警開火，擊中其中一人。過了半小時，布特里帶著更多武警來到阿尼的牢房，把桑卓拖到外面，用棍棒狂打，很快地，她失去意識。一名阿尼目擊者說，她頭上血流如注。之後布特里往前一步，用皮帶扣打她，這是文化大革命時紅衛兵經常使用的招式，布特里一副從熟悉的劇本中引用似的。這麼一打，桑卓醒了過來，而布特里對她吼道：「我以為妳死了，結果沒死。」桑卓沒死，但在這場示威的暴力餘波中，另外五名阿尼死了。獄方聲稱她們是自殺的，而目擊過她們遺體的人都說，那些遺體被打到根本無法辨認。桑卓因為一九九八年示威所扮演的角色，導致刑期延長，不過國際人權組織越來越注意她，要求當局減刑，因此桑卓在二〇〇二年十月獲釋，正好趕得上在父親離世前和他重聚。如今桑卓是美國公民，也是人權運動人士。

雖然阿旺桑卓比許多西藏良心犯有更高的知名度，但她的故事在那時代的西藏異議分子中並不算少數，而在過去五十年中國占據西藏的環境下，這樣的故事也是屢見不鮮。有時候，阿尼會在對抗中國壓迫時扮演重要角色，而和阿旺桑卓不同的是，那樣的抵抗未必總是和平。一九六〇年代晚期，在中國文化大革命引起的大混亂之後，中國當局逐漸恢復一些掌控措施，這時，年輕的阿尼赤列曲珍（Thrinley Choedron）在位於拉薩西邊的故鄉尼木縣率領凶暴的反抗行動。在這次尼木事件中，曲珍和追隨者帶著刀劍與長矛衝進縣政府，殺了在那邊工作的共黨幹部。有些中國受害者遭人投火，而他們的西藏黨羽也被砍斷手。這場屠殺點燃了平民暴動，很快蔓延到其他縣。藏人赤列曲珍自稱是《格薩爾王傳》[1]中的聖鳥（Labja Gongmo）化身，因此有神奇的力量，沒有子彈能傷了她。然而，當中國終於派出人民解放軍鎮壓叛變時，躲在山區的她以及十五名追隨著當即遭逮，送到拉薩處決。

這次暴動通常被委婉地稱為「尼木事件」，其意義卻受到質疑，正如在這種往一面倒的漫長衝突中常見的情況。一開始，拉薩當局認定赤列曲珍只是表現出文化大革命所釋放出來殘忍的黨派之爭，也就是毛澤東樂見，但此時北京當局卻試著壓制的情況。多數西藏鄉間會遵循拉薩的共黨體制；另一方面，尼木卻是已知的激進熱點。但再看一眼，他們又指出，曲珍事實上並不是無賴的紅衛兵，而是自稱聖戰士，鎖定「信仰的敵人」。當他們逮捕她時，就只是認為她是達賴「分裂主義分子」的黨羽，並將她處決，重新聲張黨的全方位掌控。將她處決是直覺反射，是觸動神經後所發生的痙攣；沒有人敞開心胸詢問，為什麼一個普通女子會有這樣的行為。雖然該黨的手段在過去五十年已更加成熟，但中國領導者就像殖民強權那樣，依然不太了解藏人如何構思世界，也沒興趣知道。從共產黨當局如何推銷西藏旅遊業即可看出端倪：他們不出所料，推廣曾一心想抹除的文化，但只是將之視為一種品牌，而不是哲學性的世界觀。

西藏歷史學家茨仁夏加（Tsering Shakya）稱尼木暴動為「千禧年主義運動」，反映出一九六〇年代

1 《格薩爾王傳》是西藏和中亞地區流行的知名史詩，對藏傳佛教影響很大。

西藏瘋狂的絕望，以及許多西藏人極端憤怒，因為他們生活中的每個層面都受到攻擊。中國的占領不只是空間上、策略性取得領土，雖然這也很重要：西藏被認為是中國的後門，需要關閉，以免印度或蘇聯闖入。這次占領也是心理層面的。中國是心理層面的入侵，全方位攻擊西藏身分認同，所有創造這些想法的古老體制與傳統，都受到系統性的攻擊。不僅如此：在文化大革命期間，藏人甚至被要求要協助進行這項毀滅之舉。這過程帶來心靈的不和諧；在文化大革命期間住在西藏的人形容，那就像是天塌下來。無數的故事提到，人們在面對這種對自我的暴力攻擊中發瘋。二十年前，在聖母峰附近的村子裡，有人告訴我，中共幹部在文化大革命期間，總要當地人摧毀寺院裡的珍寶，這個過程當時就在高原的另一邊發生。其中一個村民悄悄拿了這些珍寶，埋在山谷另一邊的山上，只有他知道位置。之後他被帶到再教育營，遭到嚴重毆打，自此發瘋。村民花了幾年的時間挖掘可能埋藏之處，卻徒勞無功。這些珍寶至今依然在他當初埋藏的地方。

毛主義認為，人性就像一塊白板。藏人的心可以簡單抹除乾淨，而黨的期望可以覆寫過往。但不是這樣運作的。阿旺桑卓的反抗是在赤列曲珍之後二十年才發生，之後也帶來二十多年的抗爭。這在過去十年又達到巔峰，發生可怕的自焚行動，多半是在西藏核心以外的地區，也就是現已被納入中國省份、過去屬於西藏的地方。許多自焚者過去或當時是僧侶和阿尼。其中一人是班丹曲措（Palden Choetso），是至今大約一百五十名如此犧牲自己的人當中的第十一個，也是第二名女性。她二十歲出家，自焚時三十五歲。曲措的尼寺是甘丹曲林寺，靠近四川道孚縣。幾個甘丹曲林寺的阿尼涉入二〇〇八年三月北京奧運前四處蔓延的示威活動。二〇一一年十一月三日，曲措走進市中心，在頭上淋石油，隨後朝自己身上點火。和第一個自焚的二十歲女性丹增旺姆（Tenzin Wangmo）不同的是，班丹曲措的死被人拍攝了下來。目擊者聽到她大喊支持達賴喇嘛的口號，但在鏡頭裡主要是旁觀者的尖叫。曲措在完全被火焰吞噝前，挺直站立了超過二十秒。等到她終於癱倒在地，一名女子帶著白色儀式用圍巾哈達走上前，朝著她拋下。

一九七五年，在中國出生、曾把馬亨德拉加冕典禮寫進《青山青》的小說家韓素音獲准進入西藏旅行。她是女性主義者，又崇拜中國共產黨，於是將砲火對準過去共產主義對西藏女性的作為：

> 就我看來，西藏女子是比較「革命性」的，隨時準備反抗，因為她遭到了極嚴重的剝削。她無法參加宗教儀式，卻未免於宗教勒索，一旦她意識到自己的勞力就是力量，她就會更強力地否認這體系。

那麼，這一個接著一個、準備承受難以想像的身體痛苦的女性，究竟想告訴我們什麼？中國聲稱，這類抗議是外部策畫的，這些罪魁禍首是想要分裂祖國、傷害中國的人，其中以達賴喇嘛為首。但這麼毅然決然且極端的反對，在經過七十年依然持續不斷，無疑暗示著北京根本嚴重的誤判。中國平民就算知道自焚事件，也會把西藏人的痛苦和西藏如明信片般的風景如畫視為兩碼子事。西藏出生的詩人、散文家茨仁唯色（Tsering Woeser）回憶，自己曾在前往拉薩的火車上，和中國旅客談論這個問題，但他們很快失去興趣。

> 不過我還是願意多說幾句，比如，給他們介紹一下在自焚藏人當中，有些人留下的遺言。似乎沒有人願意再聽下去了。畢竟進藏旅遊是許多中國人的夢想……他們的心思都在沿途風景以及旅行社推薦的「西藏景點」，並不關心生活與景點無關的當地人，如自焚的藏人。

到了拉薩，當中國旅客從車站蜂湧而出，興奮造訪這座城市，而唯色和幾個西藏旅客卻被攔下，刷身分證件，承受進一步詢問。

近年來，中國在西藏地區展開龐大的投資。二〇一一年，在班丹曲措自焚之前，北京宣布了兩百二十六件基礎建設計畫——機場、道路、鐵路與水力發電廠——共斥資兩百一十億元。這對於藏人的生活水準提升是很明顯的。然而，藏人依然明白表達他們的不滿，這讓漢族疑惑又憤怒。他們相當敏感，認為是外來干預，才會導致中國的西藏政策遭到批評。即使有世上最無所不在、最精密的國家監視，即使有數不盡的告密者和獎勵金，藏人依然找到足夠的空間，保有自己的身分，宛如空行者。中國的說詞與現實之間的落差，意味著中國的占領在某種深刻的層面是失敗了。而最明顯的問題是：為什麼？

＊

一九五〇年，西藏並未完全且立即地反對中國介入。中國在短暫的軍事行動之後，一舉一動都相當節制，短期內仍保留著貴族和僧侶的權力結構。四年內，有兩條連接西藏與中國的道路興建完成，共動用了三萬名內心充滿感激的藏人，達成此驚人成就。在中國占領之後，西藏與印度的邊界關閉，羊毛交易受到波及，而中國乾脆收購所有的羊毛，讓從事貿易的富商家族大感慶幸。健康照護改善了，藏人也樂於有機會到中國受教育。達賴喇嘛在一九五四年前往北京與毛澤東會面時，曾寫下一首詩，說中國的介入是「及時雨」。達賴喇嘛本人告訴作家派翠克．法蘭奇，說：

> 毛澤東有熱忱，認為西藏在共產黨的領導下可以蛻變。毛主席做出許多承諾……我之所以離

開西藏，並不是因為我反對改革原則。

確實，在整個二十世紀上半葉，西藏需要改革是再明顯不過的事實。十三世達賴喇嘛想以溫和的方式，讓西藏進入現代世界，無奈抗拒改革的力量根深柢固。西藏是僧侶政體，多數經濟活動由僧院掌握，仰賴土地持有與貿易，以支撐大量的僧侶，和十四世紀的歐洲相當類似。只要輕扯線頭，整張掛毯就會分崩離析。一般藏人不懂何謂政府；政治意識就交給他們打從心裡信賴的達賴喇嘛。國家的經營就留給資深喇嘛與西藏權貴家族，如果達賴喇嘛較為弱勢時，權貴家族就會來爭奪影響力。在拉薩以外的西藏平民不太清楚或根本不知道現代國家如何運作；只有在印度受過教育的富人知道。而這個階級是最急於大幅改革的。

那份焦慮多半發生在西藏之外。在錫金的卡林邦是個印度城鎮，位於大吉嶺東部的提斯塔河谷上方，在一九三〇年代，是與西藏東部進行羊毛貿易的重鎮，因此也成為密謀的中心。事實上，多吉．塔欽就是在這裡創辦《西藏鏡報》，這是唯一的藏語報紙，有來自英國的支援。一九三九年，有些異議分子也在此創辦反對黨「西藏革命黨」，雖然該黨只有零星的暗中活動。這個新政黨中，最有影響力的人物包括土登貢培，他在一九三〇年代初期是十三世達賴喇嘛底下的一名鐵腕，只是達賴喇嘛圓寂後就遭到驅逐；另一人則是邦達饒嘎（Pandatsang Rapga, 1902–1974），他來自康區極為富有的邦達倉家族，多多少少控制了康區的羊毛貿易——當時多數羊毛都是從這小鎮上出口的。邦達饒嘎深深崇拜國民黨的孫文以及他提出的「三民主義」：民族、民權、民生。第九世班禪喇嘛流亡期間，便是來到國民政府統治的中國西緣，他也熱愛孫文的政治哲學。邦達饒嘎構思的西藏未來，是成為中國內部的自治共和體，因此尋求蔣介石與國民黨協助，支援康區民兵來打敗藏軍，推翻拉薩的噶廈政府，解放受到僧侶權貴統治的人民。

深具影響力的西藏作家更敦群培，亦深受這種原型革命運動吸引。更敦群培的人生相當複雜，比土登貢培或邦達饒嘎更能彰顯出西藏在入侵之前的樣貌。他究竟對這些西藏政治流亡動機投入到何種程度，很難精準界定，和他人生許多境遇一樣，無法一言以蔽之。更敦群培原本是個特立獨行的僧侶，在二十世紀初期是西藏知識分子明星，但因為問了三個剛好都不該問的問題，因此遭到安多的寺院驅逐。一九二七年，二十四歲的他旅行到拉薩，於哲蚌寺學習，與寺內最優秀的年輕學者喜饒嘉措（Sherab Gyatso, 1884-1968）辯論，後來惹得喜饒嘉措非常憤怒，不以名字稱呼更敦群培，只說他是瘋子。一九三四年，喜饒嘉措向印度梵文學者拉胡爾・桑克里提亞揚（Rahul Sankrityayan, 1893-1963）介紹更敦群培。身為佛教徒的桑克里提亞揚也倡導獨立，曾被英國羅織罪名入獄。（桑克里提亞揚後來成為無神論者的馬克思派，在列寧格勒大學教導佛教的知識。）在他們會面時，桑克里提亞揚已是第二次來到西藏，目的是為了尋找古代佛教經典的梵文版，也就是西元一千年剛開始時，由譯師翻譯成藏文的古佛教經典。他指認出，位於日喀則附近的俄爾寺（Ngor）和夏魯寺（Shalu）這兩間寺院可能是來源，但需要專業翻譯來幫他查看。他聽聞過喜饒嘉措的名聲，於是詢問他；喜饒嘉措遂引介門下最好辯的學生——更敦群培。桑克里提亞揚和群培發現了他們想找的經典——以褪色墨汁寫在皺皺的棕梠葉子上——接著，他們往南前往加德滿都，在此耗費五個月的時間研究這些經典。這兩人似乎很合得來：桑克里提亞揚把群培介紹給摩訶菩提會（Maha Bodhi society）——印度最重要的佛教組織，推動佛教重鎮的修復運動。桑克里提亞揚在加德滿都完成任務之後，就前往日本，留下群培獨自生活；群培先待在大吉嶺，之後又前往卡林邦，結識了報紙編輯塔欽。

群培協助塔欽解決的一個翻譯問題，往後將帶來強大的政治影響力。塔欽擁有些許來自敦煌的文件，那是法國學者雅克・巴克（Jacques Bacot）留給他的。過去要把這些古體翻譯成現代藏文，顯然太過困難。而群培在有所進展之際，也漸漸有了看待自己國家的新方式。群培讀了《舊唐書》的譯本，一探十世紀末的西藏早期歷史，雖然《舊唐書》是出自中國朝廷觀點，不過，這是第一次西藏歷史學家有機會接觸西藏的資料來源，說明古代吐蕃帝國的規模。在印度獨立所鼓動的國族主義浪潮中，這些新觀點啟發了他，讓他寫下新的西藏史《白史》，「以衡量第一個西藏王國的統治權與力量。」過了十幾年，他在去世前仍持續撰寫此著作。

從一九三〇年代晚期到一九四〇年代，群培在印度共度過十二年，過著像是「達摩流浪者」的生活，是個心思敏銳的漂泊者；他忙著翻譯，其中幾年則為富有的俄羅斯藏學家喬治・洛里奇（George Roerich）工作，翻譯十五世紀的西藏史書《青史》。（群培寫道，接下這種工作根本是「獅子服務狗」，懊惱自己沒得到適當的肯定。）他酗酒、抽鴉片，還去加爾各答的妓院，以寫出一本討論情欲的《西藏欲經》，內容完全是以詩歌體寫成。（他建議，想延後射精的男性可以背誦乘法表，並大方希望他之前的愛人「繼續向前，從喜樂到喜樂／抵達最大的喜樂，也就是法身。」）更敦群培刻薄地說，他還是個年輕僧侶時曾堅守獨身誓言，但身邊許多僧侶則非如此——不過，被驅逐的卻是他。拉薩的三大寺院每間都有五千名左右的僧侶，對於剛出家的小沙彌而言應屬令人生畏之處。西藏史學家扎西次仁（Tashi Tsering）說，一九四二年，年紀還小的他被強徵為達賴喇嘛的宮廷舞者，得承受被年長僧侶逮到、成為新一代雞姦人選的風險。更敦群培在詩歌中曾對此揶揄，這比他的哲學要好懂，也更有樂趣——狡猾，但是溫暖。「人人都假裝不喜歡性，／但在心中，性事是唯一人人都愛的東西。」在這時候，他也寫下了堪稱百科全書的《金穗：智遊列國漫記》（Grains of Gold），闡述現代世界及現代世界如何產生，並敏銳地道出殖民主義的邪惡，他也在報上發表文章，抨擊西藏落後的體制。

一九三七年，聽說老辯友喜饒嘉措要離開拉薩，並從海上前往中國，更敦群培便到加爾各答送行。他們在旅館房間激烈爭論世界是不是平的。喜饒嘉措用力搥著桌子說：「我會讓世界變平。」群培在印度學過西方天文學，於是警告朋友，如果再繼續這麼說，到了中國會沒人對他認真以對。喜饒嘉措朝群培的頭賞了一巴掌，在這房間裡目睹兩大佛學者對話的人莫不大驚失色。隔年，群培在塔欽的《西藏鏡報》上寫下這爭論。

在等船時，這兩人的共同朋友把他們介紹給當時已七十多歲的榮赫鵬，他在幾天前來到印度，要和林白見面。這位美國知名的飛行員突然寫信給榮赫鵬，盼能探索宇宙奧祕，以及「和瑜伽士蹲坐在一起」。他們和林白的妻子安一起用餐，相伴的還有長期擔任「政治」與貿易代表的大衛．麥克唐諾，及自稱為「白人喇嘛」的西奧斯．伯納德——剛從西藏回來，在西藏時，塔欽曾帶他到處走走。伯納德很喜歡更敦群培，若不是群培的簽證被拒，他就會帶群培到美國。隔天，喜饒嘉措要啟程前往中國時，榮赫鵬在加爾各答碼頭發表簡短的演說。而喜饒嘉措之後會和中國人合作，成為中共青海省人民政府副主席，即使那時中國尚未接管西藏中部。

帝國主義探險家榮赫鵬祝福西藏學者旅途平安，實在是很諷刺的情景，不過更敦群培的反應為何，倒是未有任何記載。我們確實知道的是，在印度友人桑克里提亞揚的影響下，群培的確嚴厲指責英國殖民主義與英國人。「小心金毛猴子的種族，」他在一首譴責英國人的詩中寫道，因為他們「缺乏對他人有益的惻隱之心潤滑」。群培在印度的最後幾年，都耗在卡林邦的政治陰謀中。雖然他到底多投入西藏革命黨尚不得而知，但其標誌是他設計的，上頭有藏文與中文。（中文名稱比較直接，稱為西藏革命黨，而不是西藏進步黨。）邦達饒嘎委託更敦群培繞道回到拉薩，沿途繪製英屬印度邊境的地圖及筆記，而這些資訊之後會交給國民黨。這可能是讓群培惹上麻煩的原因。

黎吉生也知道這情況；有個線民告訴他，饒嘎已準備印刷黨員證。藏人要求引渡饒嘎，不過蔣介石已發給他中國護照，讓他逃到上海。同時，西藏當局對更敦群培提出的罪名是散布偽幣；他遭到盤問、鞭打，判三年徒刑，被扔進布達拉宮下的雪城監獄（Shol prison）。即使到了那時，喇嘛仍想要得到他的學識，於是給他書寫工具，讓他能繼續工作。然而他在拉薩時，寫下了最知名的作品《中觀甚深精要嘉言・龍樹密意莊嚴論》，內容為談論「中觀」哲學的書籍，唯有運用格魯派佛法教義的人，才能妥善了解其真義。他從未失去幽默感，也沒有失去對於詩歌的熱愛。在監獄牆上，他留下了一首戲謔的詩歌：

願智者成為憐憫的目標
誠實的孩童能遠離一切
在荒野中，遠離發出的駭人怒吼
醉飲嫉妒之血的固執老虎。

人民解放軍來到此地時，他建議西藏年輕人到中國去，好好接受教育，讓此國度現代化。更敦群培在一九五一年，因為酗酒而離世。

＊

如果說西藏革命黨帶有流亡貴族些許厭煩及憤恨的色彩，那麼西藏共產分子則直接得多。西藏共產黨的中心人物是葛然朗巴・平措汪傑（Baba Phuntsok Wangyal, 1922-2014，漢名閔志成），通常簡稱為平汪。一九二二年出生在康區東部的巴塘縣，是在拉薩噶廈政府的政治範圍之外，但仍屬於藏族的世界。他人高馬大，頗具知識與文化涵養，曾於國民黨蒙藏委員會在南京設立的蒙藏學校就讀。一九三四年，中日戰爭爆發，學校跟著國民黨暫時遷都重慶，他在這時接觸到共產主義。後來，有人發現了平汪的政治傾向，導致蔣介石親自把平汪趕出學院。十八歲的他已能動員西藏共產分子，與後來成為中共國家主席毛澤東底下的第一任總理周恩來見面。平汪極有野心。更敦群培對舊吐蕃勢力的規模留下深刻印象的同時，平汪則想像著要重新建立：整合西藏所有不同的部分，包括拉達克，並把不合時宜的封建系統轉變成現代的社會主義國家。

一九四〇年代的多數時候，他都住在拉薩，左翼知識分子和期盼現代化的權貴會到他的住所談論相關主題。同時，他也發動游擊攻勢，對抗四川軍閥劉文輝，對於康區的藏人來說，劉文輝如芒刺在背，因為他在一九三〇年代曾和馬步芳結盟，擊退藏軍。（事實上，劉文輝只是名義上與國民黨結盟：在共產黨長征時，他給予通融，讓他們從江西撤退到更內陸的基地，而共產黨掌權之後，他也很快又選邊站。）問題是，沒有人這麼認真看待平汪。當他到卡林邦，鼓吹英國支持藏軍對抗劉文輝，幾乎沒能成功：英國人忙著規畫退場策略，無暇多注意他。他參與共產黨的活動，導致在一九四九年被逐出拉薩，而這一年，共產黨也掌控了中國。這時，平汪寫信給在卡林邦結識的《西藏鏡報》編輯塔欽：「如果西藏政府不聽，我應該就會帶（共黨）中國軍隊入藏。那時我會寫信告訴你。」那年十月，共產黨在平汪位於康區東部的家鄉巴塘舉行公開大會，宣布成立中華人民共和國：毛澤東在內戰中獲勝，對手蔣介石逃到台灣。平汪發表演說，讓人用攝影機記錄下他和一小群共場黨員結盟，強化中國共產黨的力量。

一九五〇年年初，平汪發表完演說後幾個星期，他收到人民解放軍總司令朱德的電報，邀請他到重慶，討論「和平解放西藏的實際問題」。那一年稍晚，他與擔任中央書記處總書記的鄧小平見面。鄧小平自一九七八年起成為中共的領導者，曾如此描述平汪：

> 是個能幹的人，與藏人的上層階級有人脈，能整合一群傑出的年輕人。是康藏地區有開放心胸的共產黨員，擅長漢語，能閱讀英文書。對馬列主義有基礎認知，也很能理解。在藏族中是罕見的幹部……〔我們〕決定令他和解放軍一起進入西藏。

十月六日和七日晚上，人民解放軍度過長江上游的金沙江，火速孤立位於邊境昌都苦撐的藏軍主力。藏軍指揮官阿沛．阿旺晉美（Ngabo Ngawang Jigme）在許多藏人心目中是個立場極其曖昧的人物，他不認為自己的部隊有絲毫對抗中國的機會。有些分隊奮勇對抗，形成藏軍反抗勢力的範圍，可惜戰力有限，犧牲了幾百條生命，且距離首都拉薩又遠。十月十九日，阿沛投降，更大範圍的投降協議於焉展開。一九五一年，中國進入拉薩時，平汪傳了一份電報給塔欽：「平安抵達拉薩平措汪傑。」

不出意料，許多藏人認為平汪是叛國賊，但他的角色以及後來的命運將顯示，他其實是愛國者，願意全心全力為西藏人的理想付出。一九五七年，毛澤東發動短暫的「百花齊放、百家爭鳴」運動，無疑是個巧妙詭計，先邀請敵方表達自己的不滿及建議，之後再一一掃除這些人。平汪曾建議在康區進行政改革，處理藏人的不滿，避免他們繼續發動游擊戰來對抗共產黨統治；這是處理對非漢族的歧視，也是毛澤東聲稱要積極對抗的沙文主義。到了夏天，平汪接到長官電話，命他前往北京。之後，他就遭到告發。這次固然透露出大漢族主義，然而也讓大漢族主義被新的惡行取代：地方民族主義。平汪曾是忠誠的資深幹部，達賴喇嘛會聽進他的話。他曾是達賴喇嘛在北京的翻譯，在此之前，也曾於一九五〇年中國入侵之後，協助制定《十七條協議》。但就和任何官僚體制一樣，對一心只想避免麻煩的人而言，共產黨是一條最適合的職業道路。一九六〇年，這個經驗老道又有能力的人，被送到北京惡名昭彰的秦城監獄（後來六四天安門事件的幾名指揮也被囚禁於此），單獨囚禁十八年。毛澤東死後數年，平汪終於獲釋，而他的女兒回憶起這時的父親，只記得他的嘴角淌著口水。在八十二歲左右，平汪寫下了好些強而有力的文章，包括寫給中共國家主席胡錦濤的公開信，詳細指出中國對西藏的政策瑕疵，並呼籲讓達賴喇嘛回歸。

平措汪傑和更敦群培都因為反對西藏的噶廈政府而遭到懲罰：更敦群培被關進牢裡，而平汪則遭驅逐。西藏的神權政體自認等同於國家。改革在戰前已很困難，那時的中國積弱不振，在存亡關頭，是很難去思考政府的結構改變。一九四九年，國民黨戰敗，噶廈採取相關措施，與各派的中國領導權保持距離。他們羅列出共產黨的同情者，包括被驅逐的平汪。同時，在十三世達賴喇嘛圓寂後於一九三四年抵達的國民黨代表，也被告知要打包離開。唯恐這群人在共軍獲勝後選邊站，是很合理的疑慮，因為毛澤東打從一開始，在拉薩就有實質上的存在。

《新華報》社論則譴責這項行動，說是「在英帝國主義分子與印度唯命是從的尼赫魯政權煽動下，西藏上層反動分子進行的陰謀」。這篇社論繼續寫道，根除國民黨是「在中國共產黨的領導下，中國人進行的革命奮鬥，不關外國的事」。指控外國干涉，是中國在談論西藏時從未斷絕過的思路，這道幽靈從鴉片戰爭、中國受到殖民羞辱便已存在，也很能引發全國性的憤慨。確實，黎吉生以印度政府僱員的身分留在拉薩，可能對噶廈的行動有某種程度的影響。且無可否認的是，如同尼泊爾的拉納王朝，西藏在益發急迫之際尋求國際社群的援助，為後殖民時代的亞洲所面臨的新現實尋找解方。不過，這是大環境的力量所造成，不光是中共的反宗教勢力興起，更是因為西藏受到西方帝國主義的傀儡師所操縱哄騙，最終自傷。

＊

一九四九年，印度駐錫金政務官是赫里什沃爾．德耶爾（Harishwar Dayal）。這個三十四歲的外交新星娶了前印度網壇明星莉拉．羅（Leela Row）。（他之後將成為印度駐尼泊爾大使，卻在坤布登山時病倒離世。）德耶爾被視為同情西藏人。他的前輩、最後一任英國駐錫金政務官亞瑟．霍普金森（Arthur Hopkinson）曾寫信給貝里——此時已退休，住在諾福克的斯蒂福克（Stiffkey）一邊賞鳥，一邊撰寫自己一生充滿冒險的生活。霍普金森在信中寫道：「一開始，印度國民大會黨似乎有完全出賣西藏的跡象，但我們堅決反對。」德耶爾允諾，要依照印度政府先前的承諾，給予西藏武器彈藥，但他強調訓練的重要。在古德一九三六年的任務之後，情況也沒有多少改變，那時准將菲利普．寧姆（Philip Neame）這名唯一獲得維多利亞十字勳章及奧運金牌殊榮的人指出，西藏的軍事能力實在是衰敗到近乎毀滅：

> 西藏政府對於軍事組織、管理或訓練毫無概念。軍方即使有知識，也無權應用。士兵沒有受過訓練，不可靠，也對國家不滿……事實上可合理地說，除了擁有一些沒多少人知道如何使用的現代武器之外，這支軍隊和一九〇四年的情況相較，沒有多少進步。

寧姆在拉薩參加了一場為他準備的操練展示，他發現，隊伍中的士兵沒有任何人這六年來曾發射過槍枝子彈。他制定一系列計畫，讓軍隊現代化。到了一九四九年夏天，哈勒報告，「拉薩周圍的平原已改為訓練場，」可惜亡羊補牢，為時已晚，風暴即將來臨。

藏軍並未準備好應付身經百戰的人民解放軍，因此西藏要能獨立，最有希望的辦法在於民主並訴諸外界。一九四八年，有支貿易使團前往英國與美國。（各代表團員的西藏護照獲得外國簽證戳印，被天真地視為西藏有望獲得獨立地位的證據。）正如我們所見，突然衝向長久以來都保持距離的世界，會多麼教人意外的一件事——不光是對世界上的登山者而言。西藏政府請哈勒監看外國新聞台提到西藏的情況，而在一九五〇年一月，拉薩廣播電台（Radio Lhasa）開播，以藏語、中文與英文來報導半個小時的新聞提要，英文是由雷吉諾．福克斯（Reginald Fox）來播報；美國捐給西藏政府的設備，委由兩個英國工程師架設，而福克斯就是其中之一。另一名英國技師則是前空軍工程師，來自特倫特河畔伯頓（Burton-on-Trent）的羅伯特．福德（Robert Ford）。一九四九年夏天，他離開拉薩，和位於東邊的康區建立電台聯繫，並訓練西藏軍隊來因應即將到來的入侵。人民解放軍出現時，他依然在那裡，導致他在中國坐了五年的牢，完全不知能否保住性命，由此也說明了英國過去在這裡的影響力已消失無蹤。

一九四九年秋天，一名來自奇異的工程師李德（J E Reid）在拉薩待了七週，評估新水力發電計畫的可能性。他指出，西藏政府「突然領悟到具威脅性的危險現實，愈來愈後悔過去獨善其身的政策。」拉薩政府如今想要「全世界的曝光度」，為此目的請來了記者洛維爾．湯瑪斯（Lowell Thomas），也就是七年後會到加德滿都參加馬亨德拉加冕典禮的人。他來到這裡，為達賴喇嘛帶來不得體的禮物：象牙製的菸嘴，還有一個用象腳製成的字紙簍。湯瑪斯離開時，被交付了一封要轉交給杜魯門總統的信，信中傳達了友誼，並尋求承認。

西藏了解美國日益強大的影響力：十三世達賴喇嘛在一九〇四年英國入侵之後流亡在外時，曾與美國大使柔克義會面。對日戰爭刺激了雙方關係。一九四二年，連接緬甸與中國西南部的滇緬公路遭到封閉，這表示盟軍必須透過空運——從印度飛越喜馬拉雅山東邊（飛行員稱為「駝峰航線」〔Hump〕），前往雲南昆明——以補充在中國的軍力。這是危險又很耗費資源的航線，因此戰略情報局提出想法，希望建立一條穿越西藏的公路。儘管美國國務院有疑慮，但戰略情報局獲准從印度派兩名情報員，勘查前往拉薩的可能路徑。他們之後會繼續透過康區的結古（Jyekundu），尋找在重慶指揮的約瑟夫．史迪威將軍（Joseph Stilwell，暱稱「醋罈子喬」）。

一九四二年十二月，兩名戰情局人員來到拉薩：一是伊利亞．托爾斯泰（Ilya Tolstoy）上尉，也就是小說家的孫子，以及布魯克．多蘭（Brooke Dolan）中尉，他在戰前曾以自然學家的身分，和德國鳥類學家與即將成為納粹軍官的謝弗一同來到西藏。他們帶著七月三日由小羅斯福總統寫的信，信中說明「當今聯合國是如何奮戰，以維護並延續自由。」（聯合國共同宣言是那年新年，由美國、英國、蘇聯以及中國國民政府這『四大巨頭』簽署。）托爾斯泰留給西藏領導階級良好的印象。他發現他們想要通訊設備時，他就安排運送；一九五〇年年初，拉薩廣播電台開播時，使用的便是他送來的發射器。托爾斯泰也建議西藏參與和平會議，為戰爭結束進行規畫。一九四二年年底，在拉薩的英國使節領袖是前江孜學校教師兼自然學家勒德洛，他長期以來都深愛西藏：他代表印度政府，承諾藏人會「盡力協助」。兩人都無權許下這樣的承諾，而托爾斯泰明白自己已逾越了界線。羅斯福的信件只附帶但書寫著，不承認西藏獨立。由於戰爭尚未明顯占上風，美國人不願得罪中國盟友。

無論這些承諾多麼缺乏基礎，西藏外交局（Tibetan Foreign Affairs Bureau）一聽聞能夠參與戰後的和談會議便欣然接受。身為貴族的外交部長索康．旺欽格勒（Surkhang Wangchen Gelek, 1910-1977）告訴來訪者：

> 西藏現在能獨立，完全是靠著英國，（以及）西藏政府向來信賴英國不明言的善意，也從不認為這份信賴所有誤置。

這說法根本虛情假意；多數西藏貴族是親英派，但不愚蠢。即便如此，一得知德里的殖民政權迅速否認這個想法，他們必定備感洩氣。勒德洛得到指示，告訴西藏政府這想法是他自己的，並不是印度政府的政策。之後，他就被撤換了。一名倫敦官員明言：「我希望西藏對英國如孩子般的善意信賴並未錯置——但我沒什麼信心。」

英國政府確實考慮過公開支持西藏獨立。在思索後殖民的世界時，一份一九四三年春天外交部的報告直言不諱地提及中國未來會如何占領西藏：

> 中國人是最不講情面，也最自私自利的國家，但他們是精明的宣傳者，也夠聰明，把他們的渴望變成一份無私的願望，確保鄰國有相同的自由，不受外國帝國主義的侵擾，而他們自己卻想占領這些鄰國。

這份報告建議，未來可由獨立的印度政府負擔起某種程度的義務，讓西藏有能力鞏固和中國的邊境。豈料後來卻變成不要惹毛中國才是謹慎之道，因為中國同為對抗日本的盟友。於是他們推測，「中國如不是戰爭結束前就併吞西藏，也必定會在戰爭結束時併吞。」而在印度獨立之際，英國對西藏也愛莫能助。眼下若「鼓勵藏人對抗中國，對藏人而言只會壞事。」當共產黨宣布入侵意圖時，英國首相克萊曼・艾德禮（Clement Attlee）的政府則不為所動。過了四十多年，到了一九八七年，成為知名西藏運動人士及學者的羅伯．巴聶特（Robert Barnett），目睹那一年在整個拉薩發生的反中國示威，是西方人最早目擊到的反中示威。他被帶去會見一名高僧，並問高僧，有沒有什麼訊息要巴聶特傳達給他的政府。

「哪個政府？」他問道。

「英國政府，」我解釋道。

他不再哭泣，似乎鎮定了下來。他想了一會兒，之後，幾乎察覺不到地搖搖頭。接著他說：

「英國人過去背叛了我們，未來也還是會背叛我們。」

的確，過去背叛過，未來也是如此。二〇〇八年，北京奧運開幕在即，西藏再次爆發暴力事件，三月十日——即一九五九年暴動紀念日——後的四天。雖然死亡人數尚有爭議，但總之有數十人，包括漢族與藏族。（中國媒體想要凸顯無辜的中國受害者，因此稱之為三一四暴動，以呼應九一一事件。）數千名藏人遭到拘留，而到了六月，國際特赦組織報告，還有上千名仍遭到拘留，下落不明。後來，有四名藏人因為在暴動中的角色而遭處決。那年十一月，達賴喇嘛的使節和北京之間為了安撫這情況而舉行的會談結束時，英國外交大臣大衛．米勒班（David Miliband）宣布，英國要改變對西藏的政策。英國不再認為中國對西藏只有宗主權，這是一九一四年《西姆拉條約》所留下來的化石，而是承認西藏為中國的一部分。雖未用到「主權」一詞，但就是暗指這個意思。英國殖民時期的戰事籌碼中，唯一僅存有價值的武器就這麼被平白地拋棄了。

＊

一九四七年，尼赫魯成為印度獨立後的第一任總理，他也不確定該如何處理西藏。西藏政權引人反感，被視為過時，在社會上又多所束縛。在英國帝國主義急流湧退之時，「緩衝國」的概念也跟著消失。周恩來告訴印度新駐華大使潘尼迦（Madhava Panikkar），「解放」西藏是中國的「神聖任務」，彷彿西藏只是個亞洲小老弟，急需伸出援手相救。相較於北京的一心一意，德里似乎心不在焉。雖然一九四九年德耶爾在擔任錫金政務官時曾表示支持西藏，但他相當悲觀，不認為印度會做出任何有意義的舉動，來阻止中國併吞西藏。隔年，中國確實入侵西藏，德耶爾送出一份充滿絕望的備忘錄，建議印度占領錫金北部的春丕河谷。這是個很聰明的點子，卻被完全忽略。

由於中國的盟友蘇聯也是聯合國安理會的成員，拉薩想加入聯合國的雄心壯志根本不可能有任何進展。克里什那．梅農（Krishna Menon）曾擔任印度駐聯合國大使與駐英高級官員，他告訴英國人，潘尼迦建議印度「完全別管西藏」。拉薩繼續對美國抱著期望，而美國對於共產主義的恐懼如今驅動著外交政策。美國雖表同情，卻受到印度和英國的引導，需要藏人自行宣布反共。這是噶廈不願意做的事，因為在西藏東部邊境有四萬名共軍集結。直到後來，在一九五〇年代中期爆發反中國占領的暴動之後，美國才提供祕密資金給反抗團體「四水六崗」，也就是其發源地康區的古稱。

中國觀望著西藏想在國際間獲得正當性的嘗試，也很懂如何善用西藏內部的歧義。一九五〇年一月，新華社發布電報，這是以當時在青海塔爾寺的班禪喇嘛為名，發給毛澤東的電報，要求中國軍隊「解放西藏，消滅反動分子，驅逐帝國主義者」。第十世班禪喇嘛還不到十二歲，他的「聲明」反映出長期以來在日喀則的追隨者與拉薩政府之間的摩擦。人在青海的學者喜饒嘉措，在六月的廣播中警告藏人，不要信賴「英美帝國主義者的誹謗，其目標是要為民族衝突播下種子。」清朝時，中國偶會在西藏政治中找到很有用的操作手段，毛澤東何必不故技重施？

一九五九年，達賴喇嘛流亡印度，班禪喇嘛成為當下西藏境內最資深的宗教領袖，也成為中國最有利的盟友。但是在一九六二年，班禪喇嘛在西藏巡迴，親眼目睹共產化如何分裂僧侶體系及佛教習俗之後，便痛斥黨的西藏政策，寫下《七萬言書》。他警告，貧窮的情況越來越嚴重，人口也在減少，共產改革失敗。中國總理周恩來雖表同情，只是整個中國的情況都在惡化，而黨內的態度也越發強硬。毛澤東稱班禪喇嘛的請願書為「毒箭」，於是班禪喇嘛受到公開指責，並被關進秦城監獄——與共黨員平措汪傑同一處監獄。至少，在文化大革命展開時，班禪躲在相對安全的監牢。反觀喜饒嘉措，一九六八年，紅衛兵打斷了他的腿，導致他傷勢過重而死。

一九五〇年九月，黎吉生離開拉薩，再也沒有回來。

這是此地舉辦年度宴會的季節；人人卻未放在心上，目光只聚焦在他們的代表和新中國大使的協商過程。無論如何，沒有人——就連駐印度的中國大使也沒有——對一九五〇年十月七日中國將入侵西藏做好準備。

六天後，毛澤東派出二十萬大軍到韓國，於是，西藏的苦難就在那場巨大的衝突陰影中遭到隱沒。

*

在中國入侵後六十六年，我站在西藏最神聖的大昭寺露台上，俯視朝聖者在寺廟門口的石板路上叩拜，世世代代的信徒把石板磨得晶亮。在文化大革命期間，我腳下的庭院被改成豬圈，後來變成客房，待毛澤東去世後又隨意修復。不過，這會是拉薩城市中，黎吉生還認得出來的少數幾個地方。他住在那裡時，拉薩這座城市的人口大約是三萬人，現在則有十倍的人口。黎吉生認識的拉薩，或至少是這裡的街道布局，是現今拉薩的中央核心：是由藏人主導的老城。其他地方就和漢族大城市差不多。我想，他會很高興看到這麼多他引進的天竺葵，由城市的園丁悉心照料。他也會樂見城市裡有這麼多樹木，為新的大道遮蔭；在他那個年代，這些區域都還只是草地，雖然這些措施彌補不了西藏南邊的森林區域遭到中國建築產業濫砍濫伐。

我初次來到拉薩，已是二十多年前的事，那時大昭寺周圍八廓街的老屋紛紛拆除，景象實在令人不忍卒睹。韓素音在一九七五年曾經大讚「屬於西藏權貴的美麗老房子都獲得保存，乾乾淨淨，修繕得宜。」實情正好相反。這些房子就留在原地頹圮，變得不安全，便於最後的拆除作業，也嘉惠了現代的水泥。我初次來到西藏時，這裡幾乎沒有任何工業，只有水泥業例外。一九九〇年代，拉薩依舊由毒害著工人的巨大水泥工廠主導。人們（無可否認，多數是孩童）依然在街上大小便。比起毛澤東年代，現在這裡乾淨多了，是更加繁榮的現代城市。這裡有高科技的高海拔鐵路，帶來數百萬的中國遊客。八廓街不再是個等待拆除的工地，而是時髦的商店街，令西方觀光客相當驚訝，有些人甚至會想，眼前的景象適不適合出現在「拉薩」這神祇之地。事實上，商業向來是朝聖體驗的一部分，是僧侶賺錢的方式。

在傍晚繞行八廓街時，杜松的煙霧裊裊，身邊依舊是藏人包圍，他們念著祈禱，轉動經輪。這裡似乎散發著強烈的團體精神，能參與其間是很特別的體驗，雖然在這飽受爭奪的城市中做出任何假設都嫌魯莽。正如行動人士與學者的巴聶特所稱：

外國人對於另一個民族城市裡街道與建築之間的關聯，往往理解有限，而在西藏，即使精通此地語言，至多也只能猜測自身相形之下太過政治化的觀念，是否和本地人一樣。

在八廓街的入口，西藏平民會被搜查身上是否有打火機，然而他們似乎逆來順受。這是自焚行動所造成的後果，而他們的背包、提袋等，還得通過X光機掃描。不過，我完全無法判斷他們真正的感受，也不打算詢問。我初次造訪西藏是在一九九五年，上一趟則是二〇一六年，其間最大的差異之一，便是國家監視的廣度及深度已達到何種程度。我搭乘的交通工具必須下載衛星追蹤數據，再傳給警方。在離拉薩很遠的地方，我也看到高速公路上的龍門架正在安裝新的監視器。我重訪偏遠的村落，二十年前，那裡幾乎看不出國家的痕跡，現在則有處小小的警察局。國家的觸鬚伸得又深又遠。提款機裝載臉部辨識系統軟體，而拉薩的計程車也有此規畫。在未來，中國將會監視藏人的行走方式，用的是步態辨識軟體，這比臉部判讀系統還更精準。

諸如此類的科技在人民權利受到獨立司法機構保護的地方，或許能帶來一些好處，但在中國，看起來反而像偏執狂：是巨大的政體所使用的工具，而這政體對於掌控權的極限深感焦慮。就議題來說，西藏成為中國民族主義者的有用資源。任何呼籲國家團結、對抗達賴喇嘛分裂陰謀的官方要求，絕不會受到忽視，中國社交媒體上一般人民的貼文即可證明這一點。如果過去的殖民強權對中國國內的事務置喙，那麼中國人大可以表達憤怒，且廣受認可。共黨幹部要是想爭取較包容的路線，都沒有什麼好下場。在西方，西藏幾乎是佛教的同義詞，富有哲學意涵，而非代表中國用來扭轉經濟，卻毀滅環境的消費主義。在中國，達賴喇嘛與西藏流亡政府在在使人激憤，讓人想起在貪婪的帝國主義者手中，中國遭到何等羞辱。

大約有六百萬藏民居住在西藏自治區及各個有藏民人口的自治區。這占了中國人口大約零點四（或〇．四），以及四分之一的領土。過去七十年，中國曾讓藏民挨餓、予以殺害、折磨、監禁、賄賂並邊緣化。這系統化的敵意並未讓他們不想留在西藏，就像中國人，同樣忍受過毛澤東帶來的饑荒和文化大革命，卻依然覺得自己是中國人，沒有絲毫動搖。於是，身分認同並非像毛澤東以為的那樣，如水龍頭一般任人開關；你無法深及他人的內心，把它關掉。在平措汪傑寫給中共前國家主席胡錦濤的信中，他提出有力的社會主義論點，讓西藏能在有主權的中國中成為真正的自治體，並讓達賴喇嘛回來。他在信末提出警告：「錦濤同志，縱火犯只需要一根火柴，但滅火需要龐大的力氣。」二〇一四年三月，九十二歲的平措汪傑去世。那個月，又有三名年輕藏人自焚喪生。

二十 珠峰之爭

莉絲・賀利[1]位於加德滿都的公寓陰暗，卻相當舒適，能躲避季風來臨前的烈日，以及迪里市集（Dilli Bazar）的喧囂，是個讓人得以昏昏欲睡的庇護所。屋內整理得井然有序，紙張放在書桌上、靠枕擱在椅上。椅子看似樸實，坐起來卻出乎意料地舒服。這年二〇一五年，莉絲九十一歲。我在一九九〇年代中期初次與她見面時，她簡直就像隻城市麻雀，在飯店之間忙碌穿梭，和城裡每支登山遠征隊的隊長見面，記錄他們的計畫，及其遠征後的成就和未竟之業，隨後她又跳上天藍色福斯，前往下一個目的地。近年來，城市裡的建築施工和污染趕跑了麻雀，而莉絲也和麻雀一樣，來到人生的盡頭。她身子虛弱，氣自己力不從心，但嘴角總會慧黠一撇，一笑置之。她在我對面的小沙發坐下時，面容雖然沒入影子中，聲音卻依舊堅定。我閉上眼傾聽。

莉絲回憶起一九六〇年，遭到馬亨德拉國王逮捕監禁的尼泊爾前首相——畢普・科伊拉臘。那時她剛來到加德滿都居住，為美國報社提供新聞資訊。那個月，她原本計畫和畢普一同爬山，為《生活》（*Life*）雜誌寫一篇關於他的報導，訴說尼泊爾的民主先驅，來到故鄉的山脈。但是，她得再等個二十

1 莉絲・賀利（Elizabeth Ann Hawley, 1923-2018），美國記者，編纂過喜馬拉雅山探險史。

年，才能書寫關於他的敘事。時間來到一九八二年七月，她剛結束一年一度探望母親的行程，她人在曼谷機場，準備搭機到加德滿都，這時她瞥見畢普的兄弟吉里賈（Girija）在航空公司的櫃檯邊。莉絲這才得知，原來醫師說畢普罹患喉癌，已無法治療，因此吉里賈要帶他回尼泊爾嚥下最後一口氣。他這會兒躺在商務艙的地板上，莉絲在這趟航程中記下筆記，並進一步和他們確認一些事。那天夜裡，畢普過世了，莉絲要發給路透社的文章都還沒完成。而五十八歲這一年，《紐約時報》刊登了莉絲撰寫的頭版文章。

儘管在尼泊爾生活了半個世紀，仍聽得出莉絲語氣裡帶著新英格蘭腔，那是她小時候住在美國中西部時，母親便下定決心要她學的。她的舉止落落大方，有時甚至一不留神而顯得失禮。我總想像莉絲在一九五〇年代的曼哈頓，從位於中城的公寓沿著第五大道，來到洛克菲勒中心（Rockefeller Center）的《財星》（*Fortune*）雜誌辦公室，擔任十一年的研究者。該出版社是講究事實的聖殿，因此她擁有令人讚歎的背景，不過，這也是那個年代女性成就的天花板。她明白這一點，覺得有些無趣，於是三十五歲左右的她決定旅行一段時間，同時寫些報導。當初安排的旅程相當漫長，要觀察東歐與蘇聯的共產主義，尼泊爾只是其中一站。在前往尼泊爾之前，她先去了貝魯特，遇見雙面間諜金・費爾比（Kim Philby）和他的父親約翰，而約翰認識莉絲心中的英雄——了不起的中東探險家葛楚・貝爾[2]。在開羅，她在月光下攀登大金字塔。喀拉蚩則是南亞另一座發展太快的醜陋城市；而她在一九五九年二月來到加德滿都時，發現這裡恰好相反，清幽寧靜，充滿綠意與美；「宛如童話中的海市蜃樓」，莉絲如此形容，是「永恆亞洲」的神話。

在德里，她得到《時代》雜誌分社所指派的任務，報導尼泊爾第一次普選，這一次，畢普・科伊拉臘獲得大勝。馬亨德拉原本不願舉辦選舉，但他確信這次選舉將導致國會分裂，由此他便得以輕易主導國會，他這才同意舉辦。莉絲、《觀察家報》（*The Observer*）的西里爾・當恩（Cyril Dunn）以及伊利・艾貝爾（Elie Abel）周旋在尼泊爾的政治菁英之間；艾貝爾是莉絲在《紐約時報》的朋友，於德里擔任特派員，那年春天將負責報導拉薩動亂。這似乎都比研究《財星》檔案庫裡其他人的故事更令人振奮。當她回到紐約，她在聯合廣場（Union Square）一帶閒逛，邊吃巧克力聖代，邊看著周圍的人群。「這樣很美好，」她告訴自己，「卻不是真實的世界。」她反而想像自己在尼泊爾，「在那邊，可以親眼目睹世界會變成什麼模樣。」在那裡，她大可過著花費不高的生活，甚至還能雇用員工，讓自己稍微喘口氣。在初次造訪十八個月後，她口袋裡放著幾個自由撰稿者可運用的人脈名單，就這樣回到加德滿都，而且定居了下來。

她可說選對了時機，成為喜馬拉雅山區的記者、研究人員。中國無情鎮壓一九五九年三月的拉薩動亂，之後這裡的緊急狀態持續升高，而莉絲此時並不在場。尼赫魯為達賴喇嘛提供庇護，但也就僅止於此——政治支持當然是能免則免——他認為，這樣就能挺過惹惱中國的難關，不致破壞他在戰略上的優勢，可惜他錯了。達賴喇嘛在流亡印度時，獲准舉行記者會，讓北京相當憤怒。雖然年輕，但達賴喇嘛逐漸證明自己是有能力的政治領袖，開始吸引全球媒體的正面關注。時值一九五九年春天，毛澤東正吃力地應付大躍進的負面效應；尼赫魯無疑是在傷口上灑鹽，從《人民日報》大肆抨擊尼赫魯的文章中可見一斑。這份由毛澤東親自監督的日報警告，「印度的大資產階級同帝國主義又有千絲萬縷的聯繫」。一九五四年，印度接受中國統治西藏的善意，至此全部蒸發。尼赫魯的反應就像是失望的老師：

2 葛楚・貝爾（Gertrude Bell, 1868-1926），英國作家、探險家、政府行政官員，深深影響大英帝國對西亞的外交政策，曾推動伊拉克建國，也塑造出今日中東的政治版圖。

我對於這些評論的語氣，以及中國主事者對印度提出的控訴，感到相當失望。他們運用冷戰的語言，無視真理，也不考慮是否得體。

如此高傲的態度惹惱了中國；周恩來在一九七三年告訴季辛吉，中國想要「壓制他〔指尼赫魯〕的高傲。」而在印度則有個笑話，把樂觀的口號「中印兄弟情」（Hindi-Chini bhai bhai）變成「中印說再見」（Hindi- Chini bye-bye）。

如果正如毛澤東後來告訴尼泊爾官員的說法，是西藏挑起這次緊張局面，那麼，中印之間的喜馬拉雅山邊緣則加劇了這場衝突。一九五〇年共產黨掌權之後，中國地圖就囊括了喜馬拉雅山區的大片土地，原本花了幾個世代定下的邊界，變成中華人民共和國的疆土。在新疆西南部，中共幹部及當時仍屬於印度的拉達克居民見面，說他們的家現已是中國的一部分。一九五三年，為了連接偏遠的新疆省與西藏，中國興建起穿越阿克塞欽的道路，那是位於拉達克東北邊的荒涼鄉間，德里認為屬於印度查謨和喀什米爾邦。隔年，印度與中國簽訂協約，使中國在西藏的地位合法化，其條約序言眾所周知，訴說著尼赫魯的「五準則」，作為印度與國外勢力和平共存的基礎。毛澤東因而自滿，認為那是中國可多加利用的禮物，於是共產黨繼續他們的計畫：這條路在一九五七年完工。事實上，美國靠著喀什市的間諜網絡所得到的情報（印度應該也有部署），從一開始就知道這件事，而尼赫魯為了顧及先前發表關於社會主義與亞洲興起的聲明，因此才把這條路的存在當作機密，不讓印度人知道；即使到了一九五九年四月，拉薩發生動亂之後，尼赫魯仍不願承認阿克塞欽公路穿越印度領土。

一九五〇年之後，西藏西部的噶大克有中國軍人進駐，但是在接下來西藏喜馬拉雅山區的諸多區域（包括聖母峰北邊的定日縣），幾乎看不到多少共產黨的蹤影。然而在拉薩暴動之後，情況有所改變，人民解放軍前來恢復秩序。解放軍來到印度，面對的是輕裝的邊境軍力。從集結速度來看，中國透露出來到喜馬拉雅山區的真正意圖。一九五九年八月二十六日，中印軍隊在喜馬拉雅山東部麥克馬洪線的朗久（Long ju）交火，一名印度軍人遭到俘虜。中國軍隊過去就曾屢屢越界，但直到這次，印度大眾才得知這情況，也導致政治氣氛升溫。之後，周恩來致信德里，聲稱擁有印度喜馬拉雅山區十三萬平方公里的領土。（「我必須坦言，」尼赫魯回道，「你九月八日的信令我們大為震驚。」）即使尼赫魯明言禁止，印度巡邏隊仍銜命派駐在拉達克邊境，同時有一群印度儲備警力埋伏在列城東邊約一百六十公里的空喀山口（Kongka La）。雙方出現短暫且戲劇化的僵持，因為印度軍官卡拉姆・辛格（Karam Singh）彎下腰，拾起一把泥土，並讓泥土從他手上落下，暗示這是印度的泥土。中國軍官則依樣畫葫蘆。（諷刺的是，這裡曾屬於大西藏的疆域，而在當時，也屬於藏族文化。）中國重機槍從對面山邊開火，以致命的交叉火力攻擊印度人。十一名警察身亡，其中一名是後來傷重不治；其他人遭到俘虜，包括卡拉姆・辛格。他在酷刑下被迫簽署自白書，指稱印度人來到中國領土，必須為這次暴力負責。

這次殺戮對印度的民意造成很大的衝擊；眾多抗議者要求親中的國防部部長梅農下台。尼赫魯於是下令，印度軍隊承擔起掌控邊境的責任，批准在麥克馬洪線北邊成立前哨，魯莽主張印度所有權，卻未提供足夠的軍力，以嚇阻對方攻擊。中國則巧妙地杜撰故事，聲稱印度這種「前進政策」呼應著寇松和英國人，是有敵意的舉動：他們說，以前殖民時代西邊拉達克的邊境，以及東邊塔萬的邊界，都奪走了中國擁有的土地；現在中國只是討回本來就屬於自己的東西。

整個一九六二年夏天，小規模衝突及攻勢升溫，但直到最後一刻，印度軍事家都不認為會爆發全面的衝突。即使如此，一九六二年十月二十日在協商陷入僵局，並以古巴飛彈危機作為掩飾之下，人民解放軍攻擊了東西兩邊的前線：在雙方有爭論的塔萬，其北邊的印度陣地遭到闖進，居民撤離。印度軍隊在色拉山口（Se La）一帶防守。在喜馬拉雅山的另一邊，中國軍方驅趕了仍在阿克塞欽的印度軍人，並進入拉達克東東部——這一帶的軍隊駐地沒有足夠的人力或軍力抵抗。原本在英國觀察者眼中只是小範圍的邊境衝突，在四天之後，中國就奪下目標。這次根本沒有宣戰，而周恩來寫信給尼赫魯提出條件之後，雙方很快展開停戰和談。

甘迺迪總統注意到中國入侵的危險，不住高聲提出質疑：「長期來看，哪個危機〔指印度或古巴〕影響較為深遠？」但是就立即後果來看，美國面臨存在威脅，於是要求駐德里大使約翰・肯尼斯・高伯瑞（Kenneth Galbraith）及美國國家安全會議（National Security Council）的人員羅伯特・科默（Robert Komer）擬定美國對中印戰爭的政策。之後，在尼赫魯生日當天戰事再起，印度軍隊攻擊中國位於阿魯納查邦東部的陣地瓦弄鎮（Walong），而中國為了報復，於是攻擊色拉及拉達克的楚舒勒，由於人數占有極大優勢，導致印度重創。隔天戰事逆轉的消息引起德里恐慌，高伯瑞感到十分訝異，「這是我第一次目睹民眾士氣瓦解。」尼赫魯請求美國協助，遂獲得十幾支噴射戰鬥機中隊支援，驅逐了原本乍看之下有如全面入侵的中國攻勢；他說這次威脅「不僅攸關印度存亡，更是整個次大陸自由、獨立的政府存亡。」儘管尼赫魯很是驚慌，但中國旋即停戰，滿足於併吞阿克塞欽並確保了新建的道路。印度國防部部長梅農辭職，印度軍隊則展開快速現代化。美國設法透過提供印度的軍事援助，以發揮影響力，盼能迫使印度下定決心，解決和巴基斯坦之間對喀什米爾的爭議。德里原本對此憤恨不平，但不久後，中國就與巴基斯坦簽訂雙方共同承認的邊界，破壞了美國的策略。這短暫的衝突導致數千人死亡，其中許多人是因為禁不起喜馬拉雅山區的酷寒環境考驗，也重創了接下來幾十年的中印關係。

高伯瑞渾然不知中國已陷入大饑荒，還讚賞毛澤東的經濟改革。他也認為，西藏抵抗運動四水六崗只不過是來自「很不衛生的部落異議分子」的行為，也認為美國支持他們是「格外不理性的冒險計畫」，而派駐印度的中情局主管哈利．羅西茲克（Harry Rositzke）同樣秉持這種看法。如果尼赫魯發現美國涉入西藏，肯定會動怒，並破壞美國與印度的關係。而美國干預當然讓毛澤東與周恩來大為光火，他們依舊認定尼赫魯很清楚中情局正在訓練藏人，以對抗中國。但事實上武器供應不足，遠低於期望。（達賴喇嘛的兄長嘉樂頓珠是西藏反抗者與中情局之間的聯絡人，他後來寫道：「欺騙西藏人的不只有毛澤東，中情局也是。」這話所言不假，不過，嘉樂頓珠也規避了自身的責任。）當中國入侵印度，高伯瑞總算可以坦白承認中情局支持西藏反叛者，並遵守白宮與中情局總部所在的朗利（Langley）的策略。

即使在一九六〇年年初、中國攻擊印度前的兩年，對抗中國占領的西藏武裝者也已解散。在達賴喇嘛逃到印度之後，中國便展開粗暴鎮壓。四水六崗位於洛卡的基地遭到壓制；包括曾受中情局訓練的抗爭者死的死、逃的逃，許多都前往卡林邦與大吉嶺，迫使這一區作為煽動者與間諜交叉路口的名聲甚囂塵上。許多人被找去興建錫金的道路。在大吉嶺，四水六崗領導者貢布扎西（Gonbo Tashi）——一名富商，來自康區悠久的貿易重鎮理塘（現位於四川西部）——和資深支持者召開會議，討論成立新基地一事。究竟是誰選擇位於尼泊爾北部的木斯塘（Mustang）當作據點，依然沒有定論。有些歷史學家認為是中情局提出的想法，因為他們大可把事情交給馬亨德拉，如此即可視而不見。比起解放西藏，美方更在意的是中國情報，因此木斯塘對中情局來說有優勢，此地距離中國剛在藏南興建的道路G219不遠。若是如此，則確實是精明的選擇；隔年，四水六崗的抗爭者在木斯塘基地對這條路發動突襲時，取得了高度敏感的情報，透露出在西藏部署的新軍隊，以及中蘇關係出現裂痕。對西藏抗爭者來說，雖然木斯塘距離拉薩甚遠，並不方便，卻也存在優勢。木斯塘的當地人基本上是藏族，會支持他們。拉莫茨仁（Lhamo Tsering）是達賴喇嘛兄長嘉樂頓珠的代表，也是中情局在國外訓練的人，負責在木斯塘組織基地。同時，貢布扎西繼續招募，不多久，德里就明白為何錫金邦數以百計的西藏道路工人突然不幹了。然而，即使這支西藏生力軍還沒到來，小小的木斯塘卻引發國際事端，波及尼泊爾剛萌芽的民主。

*

尼泊爾新首相畢普・科伊拉臘與他選舉勝出的政府官員所面臨的威脅，主要來自國內：國王派系，以及共產黨的反對勢力。不僅如此，中國也對他憂心忡忡。一九五九年秋天聯合國舉行投票，準備制裁北京對西藏的行動，雖然畢普・科伊拉臘棄權，但直覺上是親近印度的，同時他也看到尼泊爾的未來可能和南方鄰國差不多。他說，印度應該支持尼泊爾的民主嘗試，以免哪天一覺醒來，發現中國就在後院；北京必須仰賴科伊拉臘允許，讓他們把西藏路網延伸到邊界外，來到加德滿都。而中國繪製的地圖染指了喜馬拉雅山區的龐大區塊，不僅德里憂慮，尼泊爾政府同樣有所警覺。這張地圖包括整個聖母峰山體及坤布地區，後者可是尼泊爾的聖母峰所在地。這種有辱國家尊嚴的舉動導致加德滿都出現示威抗議，許多人認為整座山峰都位於尼泊爾，不只是南面而已。原本在一個世紀以前，在尼國首都沒沒無名的山，頓時成為亞洲的戰略棋盤。

到了一九六〇年，中國已很清楚聖母峰的政治價值，主要原因是蘇聯的登山者。在沙皇時代的俄國，登山是屬於權貴的休閒活動，而在一九一七年俄國革命之後，登山者得要很努力，建立起夠牢固的無產階級架構，才能說服蘇聯當局。在一九二〇年代，登山成為社會主義者的理想，由沒有任何個人色彩的成員組成團隊，準備好面臨一切，以求成功。在二次世界大戰之後，由於競爭性的運動成為冷戰的文化前線，因此登山照例也變得更為競爭，不僅獲得國家准許，還有國家經費。雖然國家接受登山運動，但是蘇聯政府仍不信賴登山家，他們不得出國，因此蘇聯登山家相當孤立，只能攀登境內的山。

直到一九五三年，情況才有所轉變：這一年史達林去世，且有人登上聖母峰。起初，蘇聯不把希拉里與丹增・諾蓋的成功當一回事，但俄羅斯人民卻相當有興趣，記者後來也找到可接受的角度，來報導這次帝國主義者的勝利。一九五四年，體育記者艾夫根尼・西蒙諾夫（Evgeny Simonov）解決了這個問題：他大力讚賞雪巴人「天真誠實，能展現堅毅，完成行動，直到最後！山之子正是如此。」丹增所表現的，是「亞洲正在興起，這裡的人正展現出逐漸成熟的新力量。」丹增的角色讓西蒙諾夫及時強調一項政治訊息：蘇聯如何幫助亞洲，擺脫殖民主義的枷鎖。即使在整個一九三〇年代，「埃佛勒斯峰」（Everest）一詞是通用的，但俄羅斯作家已開始使用當地的稱呼「珠穆朗瑪峰」，也是中國喜歡的漢化用法。赫魯雪夫也授權對中國大量援助，累積工業與軍事能力，而體育也是雙方關係的一部分。

一九五五年，俄羅斯登山者引介中國人在蘇聯的勢力範圍登山，先是在高加索山脈，之後是在中亞高海拔的帕米爾高原。一年後，這兩個國家安排遠征隊前往新疆省，攀登慕士塔格峰（Muztagh Ata）與公格爾九別峰（Kongur Tiube），兩座山峰都超過七千五百公尺。兩組人馬的相遇極富啟發性。理論上，他們有相同的政治意識形態，但俄羅斯人很清楚，他們處在旅程的不同階段。將近四十年後，一名蘇聯登山者回憶道：

> 當我更進一步觀察他們，我意識到，這些和我們一起的伙伴不僅不是登山者，根本連運動員都不是。是黨指引他們執行這項工作，對黨忠誠的政治信念與素養，取代了他們的力量與登山體驗。

一九五八年五月，中華人民共和國的體育運動委員會正式邀請蘇聯登山者加入，嘗試攀登聖母峰的北山脊，即當年馬洛里與戰前所有其他英國登山者走的路線。在一場北京舉行的會議中，所有人都同意，在隔年的季風季來臨之前嘗試。俄羅斯對可能遇到的情況很緊張，遂建議那年秋天就先行出發考察。中國答應考慮，並進行準備。既然眼前有這麼值得爭取的目標，雙方政府在計畫背後都投入了相當可觀的資源。俄羅斯工程師著手開發氧氣設備，人民解放軍也開始在沒有鋪面的路上行動，好讓卡車能把補給品送到基地營。十月初，北京告知俄羅斯，可以進行考察了。

十月二十三日，戰前曾經攀登帕米爾山脈而成名的葉夫根尼・貝列斯基（Evgeny Beletsky），和兩名同行者列夫・費里莫諾夫（Lev Filimonov）及阿納托里・克維柯夫（Anatoly Kovyrkov）來到拉薩，此時，騷動正在醞釀。這幾個俄羅斯人回報，他們與中國西藏自治區委員會書記張國華見面時，他告訴他們：「這裡的人不了解我們。」他們得到中國與西藏之間會發生衝突的警告，並得到指示，不要告訴任何人他們在這裡要做什麼。就連遠征隊的西藏腳夫，也是從共青團精心挑選而出。可以明顯感覺到，中方擔心俄羅斯賓客會出事。這支神祕的聖母峰團隊——三名俄羅斯人、十名中國攀登者、三位氣象學家、四位地形測量師、四位無線電操作員與十名腳夫——出發前往日喀則，並有配備迫擊砲和手榴彈的堅實軍隊護送。中國人告訴俄羅斯人，藏人尤其害怕迫擊砲，因為靈魂如果離開支離破碎的身體，是無法得到平靜的。

在日喀則，他們改用駝獸，因為原本應該修築好的路尚在施工。貝列斯基因為速度緩慢而洩氣，加上冬季腳步逼近，於是他走到主要隊伍前面，抵達山腳下的絨布寺，在中國即將粗暴鎮壓僧侶生活之際，這裡仍有七十名僧侶居住。在短短十二天內，貝列斯基的小團隊就探索了前進北坳的兩條路；貝列斯基親自拍攝北坳關鍵路段的照片後開始下撤，幾乎就在同時，他發現一九二二年喪命於此地的七名雪巴和藏人腳夫之一。貝列斯基和許多俄羅斯人一樣，不太想找大批腳夫登山，也不喜歡中國建議的大陣仗遠征。即使如此，他們離開絨布寺時，對於隔年春天要全力嘗試攀登的前景仍滿懷樂觀。

在經過冬季訓練營的鍛鍊之後，俄羅斯的聖母峰攀登團隊在三月一場於莫斯科舉辦的歡送會集合，卻只見領隊基里爾・庫茲明（Kirill Kuzmin）低著頭，含淚抵達。中國人取消了攀登計畫。沒有人解釋理由，後來其他遠征隊成員才得知拉薩發生暴動，西藏陷入混亂。一九六〇年春天，中國又會再度邀請蘇聯登山家，但這時毛澤東與赫魯雪夫之間的關係正日漸惡化。雪上加霜的是，那年春天，中國人說他們已自行登上了聖母峰。

根據他們的敘述，他們奮戰了好幾個小時，征服第二台階的垂直絕壁，屈銀華甚至脫下靴襪嘗試，仍無濟於事。

> 接下來該怎麼辦？像英國登山者那樣打道回府？不！萬萬不可！中華民族與黨都在看我們。這一刻，我們想到在基地營時盛大的歡送，敲鑼打鼓，齊聲歡呼，而我們出發前也有嚴肅誓詞，還帶著國旗與毛主席的半身胸像，於是我們使盡全力，再來一次。

赤腳的屈銀華站在同伴劉連滿的肩上，打上冰錐，自己挺身往上攀，再把後面三名同伴拉上去。劉連滿精疲力竭，留在後面，而屈銀華、王富洲讓一個名叫貢布的藏人帶路，進入越來越黑暗的地方。他們又花了十一個小時，在五月二十五日凌晨四點二十分抵達山頂。當時一片漆黑，他們沒有拍照，再加上毛派修詞，且不住讚美「我國社會主義體系無比的優越」（相對於蘇聯的體系），因而破壞了官方說法的可信度；他們先前的俄羅斯登山伙伴不會相信的。不過，凍傷就夠真實了：屈錦華失去所有腳趾和六根手指。他在北京獲得英雄式的歡迎。三十年後，前蘇維埃登山家艾夫格尼・吉彭雷特（Evgeny

Gippenreiter）和已是西藏自治區體育官員的貢布相見時，心中所有疑慮都已化解。

一九六〇年三月，中國與西藏登山家啟程攀登聖母峰，與此同時，畢普．科伊拉臘則來到北京，討論邊界以及中國聲稱擁有尼泊爾認定屬於尼國的疆域等主權問題。中國表現出適度的贊同。雙方同意不讓士兵接近邊界二十公里，也簽訂雙方都接受的邊界協議。毛澤東不太在乎邊界往哪裡畫，只有提到聖母峰時例外。毛澤東希望這座山峰是「中尼友誼峰」，不過科伊拉臘則表達反對立場，主張整座山都是尼泊爾的。毛澤東指出，尼泊爾甚至沒有為聖母峰命名。然事實上，聖母峰確實有尼泊爾文名稱——薩加瑪塔（Sagarmatha），意思是「眉宇及天者」。這名稱在一九三九年，由歷史學家巴布拉姆．阿查里亞（Baburam Acharya）介紹給世界，他為尼泊爾報紙《薩拉達》（*Sharada*）撰寫一篇文章，解釋他曾諮詢過幾個當地人及腳夫。而眼下，這故事只是個幌子；「薩加瑪塔」是徹頭徹尾的梵文詞彙，主要是用來惹惱拉納王朝（也達成目的），也用來反抗英國。科伊拉臘吃力地憶起「薩加瑪塔」這個詞，還向毛澤東說，中國人也沒替這座山峰取名，因為「珠穆朗瑪」是藏文。毛澤東只回：「西藏是中國的。」

最後，毛澤東與科伊拉臘都同意，把山從中間劃分為二，只是科伊拉臘回到加德滿都時隱瞞了這消息，以免引起不滿。幾週後，周恩來造訪尼泊爾時，聖母峰一分為二的協議才為大眾所知。在周恩來造訪後不久，中國登山者攻頂的消息讓科伊拉臘勃然大怒：顯然在協商完成之前，中國便已前進。在一次新聞簡報中，科伊拉臘試圖翻轉局勢，讓整座山歸尼泊爾所有，但為時已晚。這令人無法反駁的新現實——中國可以隨心所欲、也會隨心所欲——也進一步燃起了對中國霸權的恐懼。

又過了幾個星期的六月底，印度軍隊的木斯塘無線電台，亦即尼赫魯在獨立後要求尼泊爾交出的無線電台網路之一，發布了一條來自當地拉賈的訊息：一大群中國士兵在邊境集結。德里的中國大使告訴尼泊爾軍隊，他們是要搜捕西藏叛亂分子。在印度電台的尼泊爾軍官派出沒有穿制服、沒有武裝的巡邏者去評估局勢；一名士兵遭中國軍隊射殺，加德滿都瞬間爆發國族主義的憤怒。

*

聖母峰遠征與木斯塘士兵遭殺害，這兩起事件僅僅相隔幾個星期，幾名歷史學家認為其中是有關聯的。這是純粹巧合，或者是有跡可循，目的是要展現中國能隨意掌控與尼泊爾的邊界？（「你說殺人，即使我們啥都沒做，」毛澤東告訴科伊拉臘，「沒有人會相信我們的嚴正聲明。大家寧願相信你們這些小國。」）科伊拉臘以冷靜的權威回應這次危機，英國大使對於他的領導力感到印象深刻，而他也趁這次情況獲得政治優勢，贏過對手：民族主義的廓爾喀議會黨（Gorkha Parishad），以及親中的共產黨。科伊拉臘經常被指控外交立場軟弱，這次的強勢表現反而備受好評。那年，在評估尼泊爾局勢時，英國外交部結論道：「無疑地，這個政府代表了尼泊爾最有希望的未來。」

科伊拉臘的行政管理固然有其問題——一定程度的貪腐、黨內派系之爭、威脅到大眾秩序——不過科伊拉臘表現出「有決心處理他們面對的困難問題。」可惜的是，他的政府只是曇花一現。科伊拉臘經常與馬亨德拉見面，後者想要這位首相的名氣，也擔心首相背後有陰謀。科伊拉臘寫道：

> 有一次，國王要求我談談我的心中的抱負。我說，要讓所有人都享有像我的家庭那樣的中產階級生活水準。他問，這樣要花多久。我回答，需要我贏得選舉三次，如此才能朝此目標前進。

馬亨德拉沒給他機會：一九六〇年十二月，在木斯塘槍擊案發生後才幾個月，他逮捕了科伊拉臘及其內閣，於是尼泊爾的民主尚未開枝散葉，便遭腰斬。

回到監牢的科伊拉臘怨不得事前沒有預警。在一九五〇年代初期，馬亨德拉的元配英德拉（Indra）去世，於是他和父親特里布萬對接下來的續絃人選起了爭執。（這比較像是兄弟鬩牆，而非父子爭執，畢竟馬亨德拉出生時，父母年僅十三歲。）英德拉是朱達．沙姆舍爾的孫女，朱達是個獨裁的大君，曾盡力鎮壓政治反對勢力，並羞辱特里布萬，迫使他和談。馬亨德拉並未選擇印度前土邦的公主之類的人，反而選了英德拉的妹妹拉特娜（Ratna）。他再次與影響力很大的拉納家族攀上關係，即使特里布萬奮力與之爭奪國家掌控權，而拉納家族依然掌握軍隊。特里布萬明白其中的意含，拒絕參加婚禮，於是馬亨德拉派畢普．科伊拉臘去說服他。特里布萬不為所動，當下告訴科伊拉臘，皇室應該切斷與拉納家族的所有關聯。科伊拉臘離開後不久，特里布萬警告身邊的人：「你們記住我的話：這王儲會要你們全都啜泣；他會讓你們淚眼汪汪。我了解他，他會要你們泣不成聲。」

馬亨德拉趕走科伊拉臘的前幾週，他曾前往英國，與拉特娜王后停留在白金漢宮，享受四天國事訪問的豪華待遇，接著搭上伊莉莎白女王的皇家列車遊歷英國。他十五歲的兒子畢蘭德拉已封為王儲，當時就讀伊頓公學，期間獲准離校陪同父母。他們去視察了飛機工廠和農業中心，但最精采莫過於造訪牛津大學。馬亨德拉一心想獲得榮譽學位，就像半個世紀前昌德拉．沙姆舍爾那樣。可是呢，牛津也不再那麼乖順，更沒有寇松勳爵當校長來擺平一切。校方甚至在傷口上灑鹽，邀請馬亨德拉視察昌德拉捐給博德利圖書館（Bodleian Library）的梵文手稿，之後又安排他和昌德拉的曾孫帕舒帕蒂．沙姆舍爾（Pashupati Shamsher）一起喝茶。英國外交部以為這是很好的安排，因為帕舒帕蒂和王后是堂姊弟，沒發現昌德拉與朱達的子孫之間在惡鬥。（這次鬥爭將帶來惡果。二〇〇一年六月，當時的王儲狄潘德拉殺了家族中的十人，包括父親畢蘭德拉和母親艾絲維亞〔Aishwarya〕，而一般尼泊爾人都知道這段歷史：艾絲維亞是朱達的孫女，而狄潘德拉的女友戴維亞妮〔Devyani〕——也是他想迎娶的對象——則是帕舒帕蒂的女兒，也就是昌德拉的後代。）

馬亨德拉在一九六〇年十一月初離開倫敦之前，曾應伊莉莎白女王之邀，前往唐寧街十號與首相哈洛德．麥克米倫（Harold Macmillan）共進午餐。馬亨德拉是否透露出回國後有何計畫，從紀錄中是看不出來的。尼泊爾政治親信曾警告他，在返國後可能遭到強烈抵制；他至少應該延遲奪權，以免妨礙伊莉莎白女王二月底回訪。結果科伊拉臘一遭逮捕，無論在國內或在國外，幾乎大家都面不改色。尼泊爾作家拉爾（C K Lal）寫道：

> 在國會掌有三分之二絕大多數席次的總理畢普．科伊拉臘，於市中心年輕黨員的公開活動中，遭到軍方帶走，但加德滿沒有一隻狗吠叫。

英國方面卻滿不在乎。女王即將拜訪的，是一名剛把有能的民主政府囚禁起來的國王，這件事引發了疑慮，然而，高傲的麥克米倫根本不當一回事。

伊莉莎白女王為期四天的造訪，是賀利早期幾篇重要的報導之一。為了從具當地人情味的角度切入，她描繪了一名即將臨盆的雪巴婦女從坤布前往加德滿都，想見見女王；她在途中短暫停留幾個小時，把孩子生下來。（是個男孩，並以愛丁堡公爵為名，取名為菲利浦。）鮑里斯．利薩涅維奇在馬亨德拉的加冕典禮立下大功，因此他的皇家飯店負責這次女王造訪的接待任務：安排馬車、野餐、遊行，以及獵虎。獵虎這項活動得動用到三百多頭大象——「沒有人有辦法和鮑里斯一樣，想像得出這麼大陣仗的活動」——牠們在女王離開時，還一一舉起象鼻致意。不久之後將創辦世界自然基金會的菲利普親王，當下假裝自己有扳機指，以傷勢推諉必須親自宰虎的眾人期待。（但這阻止不了他的副官海軍少將克里斯多福・伯納姆—卡特〔Christopher Bonham-Carter〕獵殺一頭虎，外交大臣杜嘉菱爵士〔Alec Douglas-Home〕則是兩度失手。）新聞影片顯示，馬亨德拉戴著他的深色墨鏡，猶如專制暴君版的羅伊・奧比森[3]，與年輕的女王相見；敘述者陶醉在加德滿都異國風情的陳腔濫調——「亞洲十字路口」、「呈現對比的國度」——卻隻字未提廣大群眾近日有多否定他們的政府。在新聞畫面中，女王搭著敞篷禮車，穿梭在加德滿都嶄新、整潔的街道，對成千上萬最近被剝奪選舉權的投票者揮手。

尼泊爾人沒有忘記淺嚐過的民主滋味。反對馬亨德拉政變的聲浪即使被消音，不久後又再度累積。正如美國大使亨利・斯特賓斯（Henry Stebbins）指出，馬亨德拉為了擺脫畢普・科伊拉臘與尼泊爾國會，曾「惹出新一套問題」，也缺乏該如何解決問題的實際想法。一九六一年十月，馬亨德拉前往中國，簽訂科伊拉臘之前協商的邊境協議。馬亨德拉亨有在巨大鄰國之間挑撥離間的聲名，他稱此政策為「積極中立」，而他也會竭力避免說出任何會進一步激怒印度人的話語。緊接著，在這趟旅行即將畫下句點時，馬亨德拉一股腦地同意中國的要求，在加德滿都與西藏之間興建一條公路：既非普通道路，也不是邊界協議。如果這是「積極中立」，那麼德里可不喜歡。同一個月，反對馬亨德拉政權的動亂爆發，這是從位於印度的勢力所發起，並由尼泊爾的反對黨實質組織，雙方聯合起來恢復民主。九月底，印度展開非正式的經濟封鎖之際，馬亨德拉已在考慮妥協。他告訴他的顧問，他準備釋放畢普・科伊拉臘；而顧問則說再等幾週吧。

馬亨德拉相當走運。一九六二年十月二十日，中國朝印度邊境發動全面的軍事攻勢，而在印度受辱之後，尼赫魯突然需要尼泊爾服從。他鎮壓暴動，終止經濟封鎖。馬亨德拉不受拘束，頒布新憲法，其依據是古老的南亞潘查亞特制度（South Asian Panchayat），也就是五老會：這體系讓他獲得完全的掌控權。印度的支援持續流入這個國家，而畢普也就留在牢裡老朽。

為了討好美國人，馬亨德拉擦亮他反共的憑證，讓西藏反抗者留在木斯塘的基地，甚至還搭直升機去見他們的領導者巴巴益西（Baba Yeshi）。甘迺迪也給予互惠，促使尼泊爾成為最早獲得和平工作團（Peace Corps）成員援助的國家之一。即使四水六崗在西藏發動幾次突襲，仍不足以形成足夠的威脅，破壞尼泊爾與中國的關係。一九六四年年初，《紐約時報》報導，有一萬兩千名「尼泊爾農工」在尼泊爾境內，正努力開鑿通往西藏的道路，其背後則有中國的經費與專業的支持。從加德滿都有兩條傳統商路會穿過喜馬拉雅山區，其一是朝特耳蘇里谷攀登並經過吉隆縣，而另一條則是往東，前往波特科西河（Bhote Kosi），到科達里村（Kodari）。中國詢問馬亨德拉，他們應該勘查哪一條路時，馬亨德拉選擇了波特科西河，因為這一帶難度較高，要花比較長的時間來興建道路。中國工程師火速動身，一九六三年便完成其境內的道路。那年稍晚，車輛就開上這條路，而到了一九六七年，整條道路已完整開通。

馬亨德拉在一九七二年年初心臟衰竭，意外猝逝，但在他剩下的在位期間，很懂得從中國對抗印度的行動所殘留的緊張局勢中獲得好處。到一九六八年，他對自己的地位很有信心，遂釋放畢普．科伊拉臘及其盟友戈奈希．曼．辛格（Ganesh Man Singh），雖然畢普因為政治運動逾越界線，不久便流亡。馬亨德拉的兒子畢蘭德拉是相對溫和的國王：他的尼泊爾是「和平區」，是比「積極中立」要溫和的版本。但這無法為他的王國避開地緣政治的板塊變動。一九七二年，美國尼克遜總統前往中國會晤毛澤東，修補兩國之間的關係。美國對西藏的支援嘎然而止。隔年，印度總理英迪拉．甘地（Indira Gandhi）

3 羅伊．奧比森（Roy Orbison, 1936-1988），美國創作歌手，其形象是戴墨鏡，歌聲鮮明有特色，知名作品包括〈Oh, Pretty Woman〉等。

派兵前往錫金，這是受種族上為尼泊爾人的總理之請，平定該處反叛，於是這半獨立的王國遭到併吞。經過三個世紀的卻嘉統治，曾因為俘虜約瑟夫．胡克而惹惱英屬印度的錫金藏族王朝就此告終。鄰國的不丹與尼泊爾王室同樣謹慎以對。不久後的一九七五年六月，印度自身也陷入獨裁的陰影，英迪拉．甘地宣布進入緊急狀態，讓她得以依照所頒布的命令繼續執政，此時也許多人權侵害事件傳出。諸如畢普．科伊拉臘等異議分子發覺自己不再受到歡迎，不得不回到加德滿都，面臨牢獄之災。

即使有這些挫折，尼泊爾仍以雖顯緩慢卻穩定的腳步回歸民主。隨著人口快速成長，國內出現許多渴望改革的年輕人。一九八九年，世界上發生許多動盪事件，東歐開始推翻數十年來蘇聯的打壓，而這些事件也刺激了尼泊爾，使其開始反對馬亨德拉的五老制。在面對印度經濟封鎖以及無可抵抗的「人民運動」（jana andolan）騷動時，畢蘭德拉同意恢復多黨民主。那時，畢普．科伊拉臘已離世八年。

莉絲．賀利非常讚賞畢普：「他是尼泊爾少見的卓越人物，也是堅守信念的政治領袖。」在莉絲眼中，一九五九年，他的政府失勢，對一九九〇年代的民主政權投下了長長的陰影；一九九〇年代，尼泊爾大會黨與各個共產派系陷入內鬥及貪腐；尼泊爾最貧窮的社區挫折感日益加深。一九九六年，一小群毛派的政治領袖分裂出來，展開人民戰爭，並把毛澤東的《論游擊戰》做為教科書。尼泊爾的政治與軍事領袖心充滿怨懟地窩在加德滿都谷的閉關自守，而毛共則在國家的其他地方擴大其影響力。二〇〇一年，王儲殺害全家，似乎呈現出國家從內到外被掏空的症狀。新國王是畢蘭德拉的兄弟賈南德拉，更像是馬亨德拉的化身。二〇〇五年，他重演父親的大膽決定，奪走民選政治人物的權力，也面臨了類似的反撲。不過，這一次，沒有國際上的危機來挽救他。待賈南德拉把權力交回給尼泊爾的政治人物，包括畢普的弟弟吉里賈．普拉薩德．科伊拉臘（Girija Prasad 'G P' Koirala），他們已擁有人民的支持，一同推翻王朝。馬亨德拉或許能背叛民主，但他的王朝不行。

*

除了幫《時代》及路透社寫稿之外，莉絲為了維持生計，也踏入尼泊爾剛萌芽的旅遊業，為前廓爾喀軍隊的吉米・羅伯茲（Jimmy Roberts）——不時有人稱他為登山產業之父——及其旗下公司山嶽旅遊（Mountain Travel）處理行政作業。兩人個性都是眾所周知的善變，前一秒一副靦腆害羞的樣子，下一秒就變得尖酸刻薄，但莉絲從羅伯茲身上學到許多近年登山史的知識。莉絲也為約翰・考普曼（John Coapman）處理類似的工作，健壯、有領導力，卻又不可靠、不討人喜的他，在尼泊爾西部創辦虎山（Tiger Tops）野生動物旅宿，這是仿效非洲的游獵營地，以及吉姆・科比特（Jim Corbett）——原為大型獵物狩獵者，後來成為自然學家——於一次大戰後在印度建立的類似營地。考普曼是因為大型獵物狩獵活動而結識馬亨德拉，而國王心臟衰竭時，他也在一旁。如果少了王室贊助，外國人無法長期從事旅遊業。一九六〇年代，尼泊爾旅遊業如火如荼發展時，莉絲曾敏銳地目睹這一切。一九六七年，第一架噴射客機降落時，她就在現場，多年來，她看著嬉皮們來來去去：哈佛心理學家理查・阿爾伯特（Richard Alpert）染上迷幻藥，學習「活在當下」（be here now），並以此為著作的書名[4]；卡特・史蒂文斯（Cat Stevens）在小木屋餐廳吸食大麻，寫起多達三張專輯的素材。她目睹之後的探險旅遊蓬勃發展，承受著城市龐大快速的成長，如珍寶般的寺廟廣場埋在混凝土及糾纏的電話線路中。

莉絲剛來尼泊爾時曾試著學習尼泊爾文，卻發現她需要對談的人個個會說英文。她來到這裡沒多久，就成為經常在利薩涅維奇身邊出現的人，當然也和在皇家飯店遇見的上流社會、王公貴族及拉納家

4 他後來多採用印度導師取的名字拉姆・達斯（Ram Dass），並以身心靈理論與瑜伽，為美國戰後嬰兒潮世代帶來深遠的影響。

族維持良好的關係。她之所以開始認識登山運動，是第一次在加德滿都度過除夕時結識了希拉里。幾乎是整整兩年前，希拉里駕著改造過的麥賽福格森（Massey Ferguson）農業牽引機抵達南極點，是繼阿蒙森（Amundsen）及史考特之後的第三組團隊，在這過程中，他無視於遠征隊領隊維維安・福克斯（Vivian Fuchs）——自另一側的海岸登陸，而且時程已延誤——充滿憤怒的指令。除了英國對於希拉里的行為禮貌性地予以忽視外，其他地方的人多認為他傲慢自負。法國《巴黎競賽》記者雷蒙・卡蒂耶（Raymond Cartier）寫道：「和希拉里接觸過的人，大概都有理由抱怨他自我中心。」

飽受批評而身心俱疲的希拉里退居紐西蘭，重拾原本的養蜂事業，然而他懷抱雄心壯志又無法安於現狀，於是，再度離開家鄉。莉絲遇見希拉里時，他正在尼泊爾坤布區的阿瑪達布拉姆峰（Ama Dablam）山坡上，參與具劃時代意義的醫學研究遠征團。這次科學研究的領隊是生理學家普格，也是一九五三年聖母峰遠征的一員，而希拉里得到一家芝加哥百科全書公司的重要經費，請他去尋找雪人。他在坤布高處的山谷搜尋這神祕的野獸時，同時造訪了塔米村（Thami）下方絕望無助的難民營，這裡安置了數千名躲避拉薩動亂及後續保安鎮壓的藏人。回到加德滿都之後，他協助瑞士飛行員運送救援物資給難民；而為了回報，飛行員則答應運送興建學校的建材到昆瓊（Khumjung）的村莊裡。他會興起幫助雪巴人的念頭，源於一次和腳夫隊長烏爾康（Urkein）坐在營火邊聊天。希拉里納悶地高聲問道，聖母峰地區的人未來會如何。烏爾康告訴他，這裡的居民身陷在缺乏教育的痛苦中。「我們的孩子有眼睛，卻看不到，」他說。於是，著手興建學校的計畫成為希拉里首要的終身任務：透過他成立的慈善機構喜馬拉雅信託（Himalayan Trust）來幫助坤布發展。莉絲是他帶來的諸多朋友之一，他們通力合作，多年來也培養出堅定的友誼。希拉里的第一任妻子路易絲（Louise）和女兒貝琳達（Belinda）在一九七五年五月底墜機身亡時，便是莉絲搭機到希拉里在山中的工作處，告訴他這個消息。

莉絲與希拉里的友誼，點燃她以登山為主題的興趣。在戰後，外國人報導的喜馬拉雅山區新聞總帶有濃厚的政治色彩，中國占領西藏、印度獨立後的後殖民樂觀氣氛都是原因。到了一九六〇年，這份關注日益消退；這時，比起令人困惑的當地政局，編輯更能接受冒險故事，尤其是美國人在一九六三年嘗試登上聖母峰一事。只是在他們成功攀登之後，有好一陣子不見這個地區的報導，尤其是一九六五年三月，中國外交部部長陳毅造訪的前幾天，尼泊爾更是宣布禁止攀登，而這項禁令就這樣持續了四年。

尼國此舉的原因不得而知。在此不久前，一名興建通往拉薩中尼公路（Friendship Highway，亦稱中尼友誼公路）的中國工程師叛逃到臺灣，並聲稱在這條公路上，尼泊爾橋梁的設計是要能承載中國坦克車的重量。而喀什米爾的緊張局勢也很高，印度與巴基斯坦瀕臨開戰邊緣。更可能的原因是一九六四年，一部未經許可就拍攝的電視紀錄片，片中可見一群位於尼泊爾促姆（Tsum）的反抗者，距離木斯塘的四千名軍力不遠。負責拍片的是蘇格蘭教士喬治．派特森（George Patterson），他投入西藏運動多年，曾在《每日電訊報》報導西藏動亂。到一九六〇年代中期，他已是備受推崇的駐香港記者，而在一九六四年，他帶著攝影團隊前進尼泊爾，與當地的西藏反抗者見面，說服一小群位於促姆谷的西藏反抗者對中國軍隊發動突擊，好讓派特森能拍攝。待影片安全送出尼泊爾之後，他便向當時的英國大使安東尼．達夫（Antony Duff）——原為潛艇艦艦長，日後擔任英國情報機構軍情五處（MI5）主管——坦承一切。接著，他又把這消息傳達給馬亨德拉。在此之前，尼泊爾政府選擇拒絕承認西藏反抗者的存在，而中國也選擇相信。這下子馬亨德拉警告達夫，這部紀錄片會令「你我雙方頭痛不已。」雖然這部紀錄片要到一九六六年才會上映，但派特森已在中國外交部部長陳毅造訪加德滿都前不久發表一篇文章，描述所發生的一切，且透過印度報紙很快地傳開。馬亨德拉很可能是以登山禁令來安撫中國，防止任何類似事件再次發生。

待一九六九年登山運動恢復時，新一代的登山者來了，他們帶著全新的觀念和遠大的抱負前來：梅斯納爾、克里斯．波寧頓（Chris Bonington），以及極富個人魅力的波蘭遠征隊領隊安德烈．薩瓦達（Andrzej Zawada）。薩瓦達率領的團隊創下第一個冬攀聖母峰的紀錄。這些人是莉絲崇敬的登山者，不同凡響，足以主導整場記者會。在這些有力人士的加持之下，她為這一地區所記下的登山紀錄因而凝聚著動能，成為人類成就的資料庫，其中的苦難與失落在探險史上，堪稱前所未有。一九九〇年代中期初次與莉絲見面後不久，我赫然想到，她是在一九六〇年來到這裡，當時，尼泊爾旅遊業的盛況、遍地是金的景象已接近尾聲，而眼前的她，意識到自己身處在不那麼有吸引力、更顯一般的時代。她似乎對這一切有點厭倦。帶著付費客戶踏上熟悉路線的商業遠征越來越常見，也沒有什麼太高的利潤。但她慧黠的幽默感及誠實的紀錄，讓她得以繼續努力下去。由於精英登山者通常自戀又脆弱，我因此認為，她缺乏個人的興趣反而是正向的優勢。她可以盛氣凌人又具洞察力，鏡框下只見她不耐煩地瞪眼直視。無怪乎她的祖父是個會計師，在一九三〇年代的芝加哥打擊組織犯罪。

在談笑間，電話響了。我們正聊到前一年在聖母峰第二營地的三名歐洲登山者遇到的襲擊，其中一人是享譽全球登山界的瑞士人烏里．斯特克（Ueli Steck）。一組雪巴人在固定繩索時，不慎把冰踢到他們身上，斯特克的義大利同伴西蒙尼．莫羅（Simone Moro）以尼泊爾文罵他們「王八羔子」。於是，一群雪巴人毆打一名歐洲登山者的手機影片，在全世界流傳。莉絲忍不住翻了翻白眼，吃力起身去接電話。一開始我沒太留意電話交談內容，但越來越仔細聽。「死了十一人，」她說。之後又說：「至少十一人。」事實上，人數是十六：十六名高海拔的工作者（多數是雪巴人）在扛著重物前往聖母峰西冰斗的第二營地時，山肩高處的雪崩落，把他們掩埋。在莉絲漫長的生涯中，這是她碰見最嚴重的山難。莉絲無私地分享她所知的一切，一小時後，我便離開前去安排飛往盧克拉（Lukla）的班機，那是最靠近聖母峰的機場，隔天早上再出發到基地營。那是我與莉絲最後一次見面。

*

五天後，我來到聖母峰，對於一個尚未適應氣候，還得寫報導的記者來說實嫌倉促。為了紓緩頭疼，我望向帳篷，那些帳篷猶如往四面八方擴張的村落，在坤布冰河時時移動的冰上占據空間。每一次我回到坤布，都對於觀光業帶來的改變感到震驚不已。一九六四年，曾在前一年跟著美國聖母峰遠征隊來實地考察的心理學家吉姆·萊斯特（Jim Lester）發現了吉米·羅伯茲為剛起步的新事業所做的第一幅廣告。他致信美國登山家與作家、且為《國家地理雜誌》報導這次攀登的詹姆斯·拉姆齊·烏爾曼（James Ramsey Ullman），在信中他提到這件事。他告訴烏爾曼：「我們之前說，要在南崎（Namche）擺個檸檬水攤位之類的玩笑話，如今看來可能是未卜先知。」他進一步解釋了原因。南崎巴札（Namche Bazar）是坤布最大城鎮，這時可見愛爾酒吧和德國麵包店，為每年約六萬名行經此地的登山者提供服務。基地營的手機收訊比英美許多山城都好。直升機往來的頻率相當驚人，飛過原本要花幾週時間穿越的鄉間，把登山客載回加德滿都。龐大的騾隊堵在山路，運送食物補給個觀光旅宿，也帶來另一種排廢問題，平添環境壓力。

前一年，在聖母峰發生打鬥的事件報導曝光之後，關於這件事的說法若不是說傲慢的西方人虐待雪巴人，就是雪巴人在汲汲營營的商業市場裡，失去了其開朗天真的本性。（塔西·雪巴〔Tashi Sherpa〕是知名服裝品牌「雪巴」（Sherpa）的老闆，他雇用了一千四百名尼泊爾本地人，多數為女性，他便對這說法嗤之以鼻：「難不成你們希望雪巴人還是那些沒受教育的單純民族嗎？不，我們希望我們的孩子能夠接受教育，走進外頭的世界。」）今年的情況相對單純：被寵壞的外國登山客抱著自私的企圖心，正如一名英國專欄作家所稱，「漫不經心的傻瓜」，造成了十六人賠上性命，這些人，是人父，也是人子。這名專欄作家也說，聖母峰對雪巴人而言變得越來越危險。這話並不正確。賀利和技術專家理查·索爾斯伯里（Richard Salisbury）合作，把統計數字繪製程表，顯示自一九五〇年以來，在危險的高海拔冰瀑工作的人，死亡率降低了一半以上。然而，以雪巴人為主的當地工作者依然比外國客戶面臨更高得多的死亡風險，畢竟這些外國人鮮少在這危險的區域往返。可笑的是，這裡的男人，甚至偶爾也有女人要這樣冒著生命危險，以符合外國人企圖心過盛的渴望，而這些外國人少了本地人的支援，根本無法應付這登山之旅。

眼前的基地營是一片茫然的景象，畢竟才剛發生了這麼大規模的悲劇事件。我望著四肢攤開的遺體吊掛在直升機下，從冰崩現場飛離的畫面，就像《生活的甜蜜》[5]開場的黑暗版。附近成群的雪巴人看起來憤怒又悲慟；許多外國人深感同情，有些人則想著是否還有機會攀登。多數人是砸下重金，才得以來到這裡。這次悲劇之後引發了示威抗議，甚至對任何在這攀登季節繼續工作的雪巴人展開暴力威脅。媒體誇大了這些威脅，不過在基地營看過線上新聞的人，便四處瘋傳這些訊息。有些登山者對此仍震驚不已，儘管如此，仍相信他們的英雄在書中對雪巴文化的浪漫描寫。

坤布很快也出現了變化。塔西·雪巴的祖父賈贊（Gyalzen）晚年回憶起在遠征出現前的生活，他們多半過得極度貧困。「這裡根本沒幾棟房子。多數雪巴人都當苦力，幫幾個住在這邊的富商運送貨品。遠征改變了這情況。」希拉里建立學校、觀光業蓬勃發展以及坤布房地產價格飆漲，讓出生在此地的雪巴人得到了他們雙手捧著的機會。奧地利出生的菲雷爾—海門多夫是一九五三年第一位造訪坤布的人類學家，他熟悉昆瓊這座重要的村莊。一九八〇年代，他再次回到這裡，展開第二項研究——他稱之為《轉變的雪巴人》（*The Sherpas Transformed*）。當時西藏邊境封閉，已完全打斷古代貿易模式，如今經濟有賴觀光業推動。他重新造訪昆瓊的每一棟房子，追蹤登山健行與攀登變得多麼無所不在。此後，變化只會加速，而坤布也歷經了建設榮景。雪巴人利用登山掙來的錢興建登山旅宿，或開設餐廳。後生晚輩會到加德滿都的私立學校就讀，並到澳洲或美國上大學。而這一代一年中的泰半時間選擇住在加德滿都，或移民國外。現今紐約市的雪巴人和坤布一樣多。

關於聖母峰的媒體報導，予人的印象是雪巴人就是在登山，但是對多數雪巴人而言，聖母峰只是個跳板，讓孩子有機會從事更安全的工作：成為商人、飛行員或醫師。他們再也不必耕田：他們可以請移工代勞，如此，就有新鮮的食物可供給自營的旅宿。在二〇〇〇年代晚期，尼泊爾內戰之後——尼共毛派忙著推倒舊沙阿王室的雕像——旅遊業逐漸恢復，之後蓬勃發展。雪巴人只占尼泊爾人口的百分之零點五，其經濟影響卻遠遠超過人數。南崎巴札是整個國度中極富裕的一區，儘管連一條路都沒有。然而，超過百個雪巴人裡才會出這麼一名飛行員或醫師；其餘雪巴人多不是出生在聖母峰的登山路徑，卻急著踏上旅遊業梯子的第一級，即使這梯子連接的，是冰裂隙。

在基地營的茫然中，有兩個主題浮現了，我很快明白這兩個主題適用於喜馬拉雅山區的大部分地區，而不只是適用於住在聖母峰陰影下的一小群人，且不光是眼前情況，也適用於整個歷史。西方媒體多聚焦在付錢給聖母峰產業的富人，卻沒有注意到這實際上是相關產業的意外事故。要確保工作人員的安全，要做的，還有很多。有些傷者從冰崩中復原之後，這才發現他們肩負的重量遠超過法定限制。有些人並未受過足夠的訓練，以因應這份工作帶來的挑戰。不難想像這份驚慌——肩負極高的重量吃力前

5 《生活的甜蜜》（*La Dolce Vita*），義大利導演費里尼於一九六〇年推出的電影。

進，聽見冰裂開，頭上傳來轟隆聲響，腎上腺素大量湧出，而這一切的代價都只是為了一天二十美元。要求高海拔工作者身扛過多重量，或承擔超出必要範圍的危險的是尼泊爾人，不是外國人。尼泊爾法規系統薄弱，充滿貪腐，對工地的工人、卡車司機，以及在聖母峰工作的人來說都是如此。冰崩意外過了一個星期之後，又有十六人遭到活埋，這一次是水力發電廠工地發生山崩，地點在觀光小鎮波卡拉（**Pokhara**）的東北邊。這次的結果比較好些：其中十三人活了下來，包括三名中國工程師。不過，當傷亡者家屬發起抗議，要求補償時，警方卻在現場拉起封鎖線。工會呼籲政府懲罰建設公司的違法之舉：這樣的情況也可能發生在聖母峰。很殘忍的諷刺是，登山業界最有力、也最實在的工會領導者之一多傑・卡特里（**Dorje Khatri**），就在那一天於聖母峰喪命。

幾個世紀以來，缺乏機會迫使尼泊爾人出國找工作，當起士兵、腳夫、茶園工人或勞工。大吉嶺能夠快速發展，就是以他們的勞力為基礎。到了二十一世紀依然沒有多少改變。人口成長與製造業的停滯，意味著人力供給是充足的。在二〇一八年之前的十年，尼泊爾政府發出三百五十萬份許可，讓國民到國外工作。這就占了大約百分之十的人口。這些工作者匯回家鄉的工資，占尼泊爾經濟的三分之一；尼泊爾有一半的人口仰賴這些錢。外國人通常以為，觀光業是尼泊爾最重要的產業，其實觀光業只占該國經濟體的百分之四．三，遠低於全球平均值百分之五．二，和移工的工資一比，更是無足輕重。的確，尼泊爾快速成長的產業之一正是金融業，因為有大量的現金湧入這個國家。但移工也沾染上貪腐的色彩，因為尼泊爾平民急於取得必須的文件。而政治人物也未必總是贊成國民出國，因為這攸關著國家的經濟。為二〇二二年卡達世界杯足球賽興建體育場的尼泊爾移工身亡，登上報紙頭條，但無論這些工人去到哪裡都有風險，因為他們被視為比其他地方的移工更缺乏權力。我回到加德滿都時，一名尼泊爾友人跟我說：「別管聖母峰了，每天都有三個屍袋送回機場。大家應該寫寫這個吧。」相信他說的「大家」指的就是我。

那年春天聖母峰的抗議事件，還有另一件事令我印象深刻，這件事更難分析或界定，卻是從身分認同與主權的結合中出現的。簡言之，我有個疑問：聖母峰到底屬於誰？一九六〇年，畢普．科伊拉臘和毛澤東討論過這個議題。科伊拉臘說，整座山都屬於尼泊爾，而毛澤東則像隻老狐狸般指出，尼泊爾人連該怎麼稱呼它都不知道。住在山兩邊的人在語言與文化上或多或少相同，卻未受邀參與這次會議。如今都過了五十多年，雪巴人表達了他們憤怒：位於加德滿都的政府收了幾百萬的稅金，冒險的卻是雪巴人。一名政府官員搭機前來，得靠氧氣筒呼吸，才能直挺挺站著，他不安地向抗議者保證，他們的悲傷會獲得回應；這群雪巴人質疑地看著他。這種話他們以前就聽過了。

四分之一個世紀以前，在一九九六年尼共毛派叛亂前不久，一位知名的尼泊爾記者告訴我，他感覺到尼泊爾沒有因為種族而分裂，著實鼓舞人心。然而為了要在暴動中激起支持，尼共毛派鎖定的正是種族差異，冀望少數民族的不滿得以發揮力量。他們稱這些群體為部落（janjati），例如塔芒族與拉伊族，而住在平地的則是塔魯族（Tharu）與馬德西族（Madhesi），這些族群被山腰上主導政府的主流——婆羅門——切特里——邊緣化。在內戰過程中，尼共毛派激起了這些少數民族的期望，之後他們又因為毛派無法實踐承諾而失望。其領導者的貪腐程度不亞於尼泊爾政治人物。毛派本來是二〇〇八年選舉後的最大黨，這可是宣布為共和國之後的頭一遭，但是在接下來二〇一三年的大選中卻落到第三。然而，少數民族的憂心卻未曾消除；他們對於身分認同的想法和世界各地一樣，成為尼泊爾發燙的政治論述中最具影響力的成份。極其諷刺的是，二〇一四年春天聖母峰基地營的那些人當中，靠著這次悲劇而獲得政治利益的人是普拉卡什．達哈爾（Prakash Dahal），即尼共毛派游擊隊領袖與前總理普什帕．卡邁勒．達哈爾（Pushpa Kamal Dahal）的兒子。於是幾個民粹的新聞標題又乘機提醒投票者，尼共毛派依然關心種族權利。

許多西方人感到遺憾：聖母峰原本是共同的人性象徵，代表著我們身體的挑戰以及心智的極限，如今卻落入這般境地，在人類排泄物的重量下掙扎，無論是真實或比喻盡皆如此。世界屋脊上的生活似乎曾超脫這些茫然與混亂，是個更美好的所在，讓我們能找到自我。只是，當地人臉上令人熟悉的迎賓笑容，已為憤怒愁容所取代。然而，那年春天雪巴人的抗議還有另一個層面：他們提醒世界，雖然帝國與遠在他方的人以冷淡和敵意來對待此間人民，喜馬拉雅山區仍是個真實的地方，有自身的歷史和文化。留心看看我們的原鄉，眼前的雪巴人似乎從山間屬於他們的所在說道：看看什麼造就了我們。

誌謝

本書醞釀了二十五年，我理所當然得感謝許多這個區域的個人及組織，從犛牛飼主、農人，到政府官員、轉世活佛都包括在內。將他們一一列出似乎沒有必要，或許還會惹人反感，畢竟我可能遺漏重要人物，或指出不想被認出的人。有些我最想感謝的，是我從不知道名字的人，例如在我需要的時候，給予我遮蔽及食物的人，即使他們自己也僅能勉強溫飽。這一帶最貧窮的人卻無比慷慨，是在喜馬拉雅山區旅行時最令我感到謙卑之處。此外，我要感謝優秀的經紀人大衛・高德文（David Godwin）給予支援、博德利頭像出版社（Bodley Head）編輯威爾・漢蒙（Will Hammond）支持我的想法，而且全心全意投入編輯的過程，以及亨利・霍華德（Henry Howard）利用豐富學識，仔細留意細節。我一定要感謝家人，忍受我常年在外，有時還陪伴我前往遠方。

Commons • 7：新華社 / Alamy Stock Photo • 8： Crawford, Charles. (1819, December 14). Kathmandu, Nepal. Map of Charles Crawford, 1802-03. Zenodo. http://doi.org/10.5281/ zenodo.2245205 • 11： Pictorial Press Ltd / Alamy • 14：倫敦國家肖像館（National Portrait Gallery, London）• 17與38：皇家地理學會（Royal Geographical Society）/ Getty • 19： Bridgeman Images • 17 (Kailas) 與25： Ed Douglas • 27： Florilegius / Alamy • 29： Indian Miniature Paintings / Peter Blohm • 39： Ernst Krause, Federal Archives • 40： Ernst Schäfer / Bundesarchiv • 47與49： Keystone Press / Alamy Stock Photo

參考資料說明

這本書漫長的醞釀過程中，我曾與前保守黨閣員共進晚餐。他大方地對我的計畫展現出興趣，聽我訴說幾件喜馬拉雅山區的事情時，似乎也相當愉快。後來在結束談話時，他說：「當然，這其中並沒有戰略利益。」我認為，這似乎是很發人省思的評論。原因並非這評論是正確的，而是這評論並不正確：問問德里、北京或加德滿都的政治學家就能明白。不過，他的這一評論卻也開啟了一扇窗，讓我們得以一窺英國帝國事業——無論有多自嘲，他就是由此提出他的結論——如何看待印度的北部邊界。追根究柢，大英帝國把喜馬拉雅山區視為外圍、有異國風情之處，是充滿奇談或讓人冒險的地方，不是資源或政策；是招募兵團的地方，而不是派兵之處。不僅如此，他對英國在中國與西藏關係中所牽涉的利益毫無著墨，然而這利益會讓這層關係更容易引爆。

這種觀點的後果之一，便是留下一處空白，沒能說明喜馬拉雅山地區是怎麼被外界人士干預。這並不是說，喜馬拉雅山區在地圖上有智識上的空白：那裡所有生活層面，都足見豐富的學術研究。這處空白呈現更多的是，關於喜馬拉雅山區的迷思及傳說持續主導大眾文化，橫擋在西方人面前，讓他們無法運用學問，產生對這個區域的更多理解。本書就是嘗試小規模地建立橋梁，彌補這之間的空隙處。無論好壞，這本書試著描述能吸引大眾的內容，符合有興趣了解更多的人的需求，而書中運用的見解，是源自長久以來對喜馬拉雅山區研究的關注與閱讀。正因如此，我刻意不納入註腳，以免落至更難以掌握的大主題。多數專精於這個地區的學者，會認出本書的書寫素材來自何處。以下的參考書目列出的來源僅是出發點，提供給想要閱讀得更廣更深的讀者。我尤其注意約翰·惠普頓（John Whelpton）的尼泊爾史，及茱莉·馬歇爾（Julie Marshall）關於西藏的權威著作中相關的參考書目。

多數未列在書目中的，是我多年來仰賴的大量媒體報導，包括《尼泊爾時報》（*Nepali Times*）、《加德滿都郵報》（*Kathmandu Post*）、《喜馬》（*Himal*）與後來改刊名的《喜馬南亞》（*Himal South Asian*）、《紀錄》（*The Record*）、《故鄉網》（*Phayul*）、《西藏太陽新聞網站》（*Tibet Sun*）與《西藏郵報》（*Tibet Post*），以及尼泊爾的文學雜誌《La.Lit》。今天喜馬拉雅山區的部落客很多，但我尤其欣賞嘉央諾布（Jamyang Norbu）的「西藏之影」（Shadow Tibet），及提姆·尚伯蘭（Tim Chamberlain）的「路標」（Waymarks）。約翰·樊尚·貝爾查（John Vincent Bellezza）的「穹隆航班」（Flight of the Khyung）亦列入參考書目中。西藏運動人士與作家唯色的作品，出現在「高峰淨土」（High Peaks Pure Earth）這網站。其他我認為有用的線上資源，還包括生命寶藏（Treasury of Lives）網站，這裡提供指引，讓人一探藏傳佛教的複雜世界；喜馬拉雅山藝術資源（Himalayan Art Resources）也很有幫助，要欣賞喜馬拉雅山山區文化的博大精深，藝術或許是最容易入門的方式。此外，此處沒有列出的是喜馬拉雅山的小說，即使這些小說深化了我對此區的欣賞與知識。曼朱希瑞·塔帕（Manjushree Thapa）的非文學作品列入參考，但不包括她的小說《歷史導師》（*The Tutor of History*）與《生命中的我們》（*Each of Us in Our Own Lives*）。她和傑出短篇故事作家普拉文·阿迪卡里（Prawin Adhikari）的作品，都由大吉嶺的重要作家英德拉·巴哈杜爾·萊伊（Indra Bahadur Rai）翻譯出來，讓非尼泊爾文的讀者能閱讀這些令人低迴之作。萊伊具獨特的表達方式，他的書寫足以捕捉到非虛構領域（尤其是外界人士）永遠無法企及的部分。什拉達・加勒（Shradha Ghale）是另一位尼泊爾作家，同樣搭起連接非虛構與虛構之橋：她的小說《任性的女兒》（*The Wayward Daughter*）是文筆優美之作，一探在現代尼泊爾成長的年輕女性要面臨的挑戰，以及透露出在身分認同的年代裡，加德滿都如何改變。還有許多其他作家之作值得一讀：拉比・塔帕（Rabi Thapa）、普蘭那亞・拉納（Pranaya S J B Rana）、薩姆拉特・烏帕迪亞伊（Samrat Upadhyay）與錫金建築師和作家契坦・拉傑・史瑞斯塔（Chetan Raj Shrestha）。喜馬拉雅山的作家應該得到比現在更多的注意，他們至今仍生活在印度的陰影下。我也受惠於喜馬拉雅山電影拍攝者的作品，尤其是格桑次丹（Kesang Tseten），此外還有阿旺曲培（Ngawang Choephel）、欽哲諾布（Khyentse Norbu）、狄帕・羅尼亞（Deepak Rauniyar）與陸川等。

在以下的列表中，我想要挑出少數幾本一般讀者也會喜歡的。除了先前已提到的喜馬拉雅山區作家以外，凱特・泰爾徹（Kate Teltscher）關於喬治・博格爾的書《通往中國的要道》（*The High Road to China*）也值得一讀。出於諸多不同理由，妮可拉・舒爾曼（Nicola Shulman）的《岩石花園浪潮》（*A Rage for Rock Gardening*）同樣值得閱讀，她慧黠描寫了全心投入的植物採集者雷金納德・法雷爾（Reginald Farrer）。托瑪斯・貝爾（Thomas Bell）筆下多層次且變化多端的加德滿都，不僅捕捉到這古老城市的複雜性，也訴說現代尼泊爾政治的複雜性。羅伯・巴聶特（Robbie Barnett）的《拉薩：記憶街道》（*Lhasa: Streets with Memories*）也對西藏首都有類似的描述，捕捉到這座古城在重造之前的情況。薩謬爾・考萬（Sam Cowan）的《論尼泊爾》（*Essays on Nepal*），充滿這位前闊爾喀軍團榮譽大司令的見解，但易於理解，充滿活力。我也期盼讀者注意參考書目中的諸多學術文章，涵蓋包羅萬象的聲音，對主題有焦點明確的闡述。

最後，雖然本書寫作時幾乎沒有第一手研究，但我確實在大英圖書館找到弗雷德里克・馬士曼・貝里（F M Bailey）的文件，發現他厭惡查爾斯・貝爾的證據，此外，我也利用在山岳會檔案庫看見的一兩件珍寶。因此，我要感謝山岳會的檔案管理員葛林・休斯（Glyn Hughes）與圖書館員奈傑爾・巴克利（Nigel Buckley）。

參考書目

文章與研究報告

Akasoy, Anna, and Yoeli-Tlalim, Ronit, 'Along the Musk Routes: Exchanges between Tibet and the Islamic World', *Asian Medicine* 3, 2007.

Amatya, Shaphalya, 'British Diplomacy and its Various Missions in Nepal from 1767–1799', *Ancient Nepal* 6, 1969.

——, 'The Failure of Captain Knox's Mission in Nepal', *Ancient Nepal* 46–48, 1978. Anon., 'Obituary: Colonel Edmund Smyth', *The Geographical Journal* 39, 1912.

——, 'Dr McGovern's Visit to Lhasa', *The Geographical Journal* 63, 1924. ———, 'Obituary: Professor Augusto Gansser', *Daily Telegraph*, 9 August 2017.

Bajracharya, Manik, and Michaels, Axel, 'On the Historiography of Nepal: The 'Wright' Chronicle Reconsidered', *European Bulletin of Himalayan Research* 40, 2012.

Batten, J H, 'Notes and Recollections on Tea Cultivation in Kumaon and Garhwál', *Journal of the Royal Asiatic Society* 10, 1878.

Beall, C M, et al., 'Natural selection on EPAS1 (HIF2a) Associated with Low Hemoglobin Concentration in Tibetan Highlanders', *Proceedings of the National Academy of Sciences* 107, 2010.

Beckwith, Christopher I, 'Tibetan Sciences at the Court of the Great Khans', *Journal of the Tibet Society* 7, 1987.

Bell, Tom, 'What Happened to Kinloch's Expedition to Kathmandu', *European Bulletin of Himalayan Research* 51, 2018.

Bellezza, John Vincent, 'Review: "Earliest Tea as Evidence for One Branch of the Silk Road across the Tibetan Plateau"', *Flight of the Khyung* (tibetarchaeology.com), April 2016.

——, 'A Mirror of Cultural History on the Roof of the World: The Swastika in the Rock Art of Upper Tibet', *Flight of the Khyung* (tibetarchaeology.com), May and June 2016. Bharati, A, 'Fictitious Tibet: The Origin and Persistence of Rampaism', *Tibet Society Bulletin* 7, 1974.

Bidari, Keshav, 'Halji Monastery: A Hidden Heritage in North-West Nepal', *Ancient Nepal* 155, 2004.

Bilham, Roger, 'Location and Magnitude of the 1833 Nepal Earthquake and its Relation to the Rupture Zones of Contiguous Great Himalayan Earthquakes', *Current Science* 69, 1995.

Black, C E, 'The Trade and Resources of Tibet', *Asian Review* 26, 1908. Blakeney, T S, 'Whymper and Mummery', *Alpine Journal* 57, 1957.

Blaser, Willy, and Hughes, Glyn, 'Kabru 1883: A Reassessment', *Alpine Journal* 114, 2009. Bonapace, Caterina, and Sestini, Valerio, 'Traditional Materials and Construction Technologies Used in the Kathmandu Valley', UNESCO (unesdoc.unesco.org), 2003.

Boulnois, L, 'Chinese Maps and Prints on the Tibet–Gorkha War of 1788–92', *Kailash* 15, 1989.

Bray, John, 'A History of the Moravian Church', *The Himalayan Mission*, 1985.

——, 'The Lapchak Mission from Ladakh to Lhasa in British Foreign Policy', *Tibet Journal* 15, 1990.

——, 'Ladakhi History and Indian Nationhood', *South Asia Research* 11, 1991.

——, 'Christian Missionaries and the Politics of Tibet 1850–1950', in Wagner, Wilfried (ed.), *Kolonien und Missionen*, Bremen, 1993.

——, 'French Catholic Missions and the Politics of China and Tibet 1846–1865', in Krasser, H., et al., *Tibetan Studies: Proceedings of the 7th Seminar of the International Association for Tibetan Studies, Graz, 1995*, Vienna, 1995.

——, 'Captain Barré Latter and British Engagement with Sikkim during the 1814–1816 Nepal War', in McKay, Alex, and Balikci-Denjongpa, Anna (eds), *Buddhist Himalaya: Studies in Religion, History and Culture. Volume II*, Gangtok, 2012.

——, 'Stumbling on the Threshold: Annie Taylor's Tibetan Pioneer Mission, 1893–1907', *Bulletin of Tibetology* 91, 2014.

—— and Gonkatsang, Tsering D, 'Three 19th Century Documents from Tibet and the Lo Phyag Mission from Leh to Lhasa', Supplement 2 to *Rivista Studi Orientali* 80 (n.s.), 2009.

Brown, C W, '"What we Call 'Bhotias' are in Reality not Bhotiyas": Perspective of British Colonial Conceptions', *Himalaya Past and Present* 2, 1991–2.

——, 'Salt, Barley, Pashmina and Tincal: Contexts of being Bhotiya in Traill's Kumaon', *Himalayan Past and Present* 3, 1992–3.

Burke, Jason, 'First Englishman in Lhasa: Intimate Letters Reveal Story of Unsung Explorer', *The Guardian*, 13 October 2015.

Cammann, Schuyler, 'New Light on Huc and Gabet: Their Expulsion from Lhasa in 1846', *Far Eastern Quarterly* 1, 1942.

Chakrabarti, Chinmoy, 'Bhotias of the Bhotia Mahal', *Himalayan Journal* 62, 2006. Chamberlain, Tim, 'Edge of Empires', *British Museum Magazine*, 2010.

Chatterjee, Bishwa B, 'The Bhotias of Uttarakhand', *India International Centre Quarterly* 3, 1976.

Chinn, B, 'Rulers, Reconstructions and Responses: Kumaon under British Rule', *Himalaya Past and Present* 4, 1993–4.

Choegyal, Lisa, 'Hiking with Jimmy [Roberts]', *Nepali Times*, 8 June 2018.

Christie, Clive, 'Great Britain, China and the Status of Tibet 1914-21', *Modern Asian Studies* 10, 1976.

Church, Mimi, and Wiebenga, Mariette, 'A Four-fold Variocana in the Rinchen Zangpo Tradition at Halji in Nepal', *Asian Art*, 21 October 2008.

Cohn, Bernard S, 'The Role of Gosains in the Economy of Eighteenth and Nineteenth Century Upper India', *Indian Economic and Social History Review* 1, 1963–4. Corbett, Geoffrey, 'The Word Himalaya', *Himalayan Journal* 1, 1929.

Dabaral, S P, 'Gorkhali Rule in Garhwal', *Regmi Research Series* 20, 1987.

Datta, C L, 'The Simla Hill States under British Rule 1816–1856; and Construction of Roads and the Begar', *Proceedings Punjab History Conference* 10, 1976.

Davis, Richard, 'Davis on Burnouf, *Introduction to the History of Indian Buddhism*', H-Asia (networks.h-net.org/h-asia), 2011.

Devereux, David R, 'The Sino-Indian War of 1962 in Anglo-American Relations', *Journal of Contemporary History* 44, 2009.

Douglas, Ed, 'I was Ready to Die in Tibet', *The Observer*, 29 June 2003.

——, 'Out of Thin Air: Discovering how Climbers and People who Live at Altitude Cope with Limited Oxygen Could Bring Big Advances in Medicine', *New Scientist*, 15 June 2013.

Dyhrenfurth, Günther O, 'The International Himalayan Expedition, 1930', *Himalayan Journal* 3, 1931.

Engelhardt, Isrun, 'Between Tolerance and Dogmatism: Tibetan Reactions to the Capuchin Missionairies in Lhasa, 1707–1745', *Zentralasiatische Studien* 34, 2005.

En-Lai, Chou, et al., '59. Memorandum of Conversation: Beijing, November 13, 1973', *Foreign Relations of the United States, 1969–1976, XVIII: China, 1973–76.*

Fleetwood, Lachlan, '"No Former Travellers Having Attained Such a Height on the Earth's Surface": Instruments, Inscriptions, and Bodies in the Himalaya, 1800–1830', *History of Science* 56, 2018.

Free Tibet, 'Eleventh Tibetan – Second Nun – Dies After Setting Fire to Herself', 3 Nov 2011. French, Patrick, 'Mad, Bad and Dangerous', *Telegraph Magazine*, 2001.

Gardner, Kyle J, 'The Ready Materials for Another World: Frontier, Security, and the Hindustan-Tibet Road in the 19th Century

Northwestern Himalaya', *Himalaya* 33, 2013. Gellner, David N, 'Hodgson's Blind Alley? On the So-Called Four Schools of Nepalese Buddhism', *Journal of International Association of Buddhist Studies*, 12, 1989.

——, 'The Emergence of Conversion in a Hindu-Buddhist Polytropy: The Kathmandu Valley, Nepal *c.*1600–1995', *Comparative Studies in Society and History* 47, Oct 2005.

——, 'The Idea of Nepal', Mahesh Chandra Regmi Lecture, 2016.

—— and LeVine, Sarah, 'All in the Family: Money, Kinship and Theravada Monasticism in Nepal', *Occasional Papers in Sociology and Anthropology* 10, 2007.

Gettelman, Nancy M, 'Letter of First Westerner to Visit Bhutan, Tibet, Nepal (Joao Cabral, 1599-1669)', *Kailash* 9, 1982.

Gippenreiter, Yevgeniy B, 'Mount Everest and the Russians 1952 and 1958', *Alpine Journal* 99, 1994.

Giri, Anil, 'Kathmandu-Kerung Railway Project "Complicated and Arduous", Report Says', *Kathmandu Post*, 16 Aug 2018.

Gittings, John, 'Han Suyin Obituary', *The Guardian*, 4 Nov 2012.

Gommans, Jos, 'The Horse Trade in Eighteenth-Century South Asia', *Journal of the Economic and Social History of the Orient* 37, 1994.

Goodwin, Stephen, 'Everest Revealed?', *Alpine Journal* 115, 2011.

Graafen, Rainer, and Seeber, Christian, 'Important Trade Routes in Nepal and their Importance in the Settlement Process', *Ancient Nepal* 130–33, 1992–3.

Grey-Wilson, Christopher, 'Bailey's Blue Poppy Restored', *The Alpine Gardener*, Jun 2009. Griffith, William, 'Journal of the Mission which visited Bootan in 1837–38, under Captain R Boileau Pemberton', *Journal of the Asiatic Society* VIII, 1839.

Gurdon, E M, 'Obituary: Brigadier-General the Hon Charles Granville Bruce MVO CB', *The Geographical Journal* 96, Oct 1940.

Hansen, Peter H, 'The Dancing Lamas of Everest: Cinema, Orientalism, and Anglo-Tibetan Relations in the 1920s', *American Historical Review* 101, 1996.

Hay, W C, 'Report on the Valley of Spiti; and Facts Collected with a View to a Future Revenue Settlement', *Journal of the Asiatic Society* 19, Calcutta, 1850.

Heller, Amy, 'The Silver Jug of the Lhasa Jokhang: Some Observations on Silver Objects and Costumes from the Tibetan Empire', *Asian Art*, 2002.

Heller, Amy, 'Tibetan Inscriptions on Ancient Silver and Gold Vessels and Artefacts', *Journal of the International Association for Bon Research* 1, 2013. Hilton, Isabel, 'Royal Blood', *New Yorker*, 2001.

Hodgson, Brian Houghton, 'Notices of the Languages, Literature and Religion of the Bauddhas of Nepal and Bhot', *Asiatick Resarches*, XVI, 1828, updated in 1841 and 1874.

——, 'On Three New Species of Musk (Moschus) Inhabiting the Himalayan Districts', *Journal of the Asiatic Society* 8, 1839.

Hodgson, J A, 'Journal of a Survey to the Heads of the Rivers Ganges and Jumna', *Asiatic Researches* 14, 1822.

Höfer, András, 'On Re-Reading *Le Népal*: What We Social Scientists Owe Sylvain Lévi', *Kailash* 7, 1979.

Howard, Neil F, 'Military Aspects of the Dogra Conquest of Ladakh 1834–1839', *Proceedings of the Fourth and Fifth International Colloquia on Ladakh*, Delhi, 1995.

Howgego, Raymond J, 'Edmund Smyth: English Explorer (1823–1911)', *International League of Antiquarian Booksellers* (ilab.org), 30 May 2011.

Huerta-Sánchez, Emilia, et al., 'Altitude Adaptation in Tibetans Caused by Introgression of Denisovan-like DNA', *Nature* 512, 2014.

Huntingdon, John, and Bangdel, Dina, 'A Case Study in Religious Continuity: The Nepal– Bengal Connection', *Orientations* 32, 2001.

Jing, Anning, 'The Portraits of Khubilai Khan and Chabi by Anige (1245–1306), a Nepali Artist in the Yuan Court', *Artibus Asiae* 54, 1994.

Jinpan, Nawang, 'Why Did Tibet and Ladakh Clash in the 17th Century? Rethinking the Background to the "Mongol War" in Ngari (1679–1684)', *Tibet Journal*, 2015.

Joshi, Maheshwar P, and Brown, C W, 'Some Dynamics of Indo-Tibetan Trade through Uttarakhanda', *Journal of the Economic and Social History of the Orient* 30, 1987.

Kak, Manju, 'Indo-Tibet Trade Routes as Public Sphere', in Muthukumaraswamy, M D, and Kashaul, Molly (eds), *Folklore, Public Sphere and Civil Society*, New Delhi and Chennai, 2004.

Kalmus, Marek, 'Remarks on Selected Bridges of Thangtong Gyalpo', *Journal of Comparative Cultural Studies in Architecture*, 2015.

Kathayat, Gayatri, et al., 'The Indian Monsoon Variability and Civilization Changes in the Indian Subcontinent', *Science Advances* 3, 2017.

Kellas, Alexander M, 'A Fourth Visit to the Sikkim Himalaya, with Ascent of Kangchenjhau', *Alpine Journal* 27, 1913.

——, 'A Consideration of the Possibility of Ascending the Loftier Himalaya', *Geographical Journal* 49, 1917.

——, 'The Possibility of Aerial Reconnaissance in the Himalaya', *Geographical Journal* 51, 1918.

——, 'The Nomenclature of Himalaya Peaks', *Geographical Journal* 52, 1918.

——, 'A Consideration of the Possibility of Ascending Mount Everest' [1920], *High Altitude Medicine and Biology* 2, 2001.

Khachikian, Levon, 'The Ledger of the Merchant Hovhannes of Joughayetsi', *Journal of the Asiatic Society* 8, 1966.

Khan, D S, 'Nepal's Relations with British India', *Regional Studies* 5, 1987. Kingdon-Ward, Frank, 'Blue Poppies', *Blackwood's Magazine*, 1946.

Kobayashi, Ryosuke, 'Tibet in the Era of 1911 Revolution', *Journal of Contemporary East Asia Studies* 3, 2014.

Kuleshov, Nikolai, 'Agvan Dorjiev, the Dalai Lama's Ambassador', *Asian Affairs*, 1992.

Kunwar, Mayura Jang, 'China and War in the Himalayas 1792–1793', *English Historical Review* 77, 1962.

Lama, Tsewang, '"It's Difficult to Govern a Place if You Don't Understand its Ecology", Tsewang Lama Discusses Life and Governance in Humla', *The Record*, 4 Nov 2018. Lange, Diana, 'Decoding Mid-19th Century Maps of the Border Area between Western Tibet, Ladakh, and Spiti', *Revue d'Etudes Tibétaines*, 2017.

Le Calloc'h, Bernard, 'Historical Background of Csoma de Körös' Soujourn in Ladakh (Zanskar) between 1822 and 1826', *Proceedings of the Fourth and Fifth International Colloquia on Ladakh*, Delhi, 1995.

Lecomte-Tilouine, Marie, 'On Francis Buchanan Hamilton's Account of the Kingdom of Nepal', *European Bulletin of Himalayan Research* 14, 1994.

Lee, Peter, 'The British Forgery at the Heart of India and China's Border Dispute', *South China Morning Post*, 1 Nov 2016.

Leland, John, 'Sherpas of Elmhurst', *New York Times*, 14 July 2017.

Lohani, S C, 'The Birth of Rana Feudalism in Nepal', *Ancient Nepal* 8, 1969.

Losty, J P, 'Clarence Comyn Taylor (1830–79): The First Photographer in Udaipur and Nepal', *History of Photography* 16, 1992.

Lu, Houyuan, et al., 'Earliest Tea as Evidence for One Branch of the Silk Road across the Tibetan Plateau', *Scientific Reports* 6, 2016.

Luczanits, Christian, 'From Kashmir to Western Tibet: The Many Faces of a Regional Style', in Linrothe, Rob (ed.), *Collecting Paradise. Buddhist Art of Kashmir and Its Legacies*, New York, 2014.

Malla, Kamal P, 'Epigraphy and Society in Ancient Nepal: A Critique of Regmi', *Contributions to Nepalese Studies* 13, 1985.

Manandhar, Tri Ratna, 'Crisis with Tibet (1883–84)', *Voice of History* 3, 1977.

——, '"Note on our Position with Regard to Nepal": A Report by H Wylie Dated 19 March 1894', *Voice of History* 4–6, 1978–80.

——, 'A New Light on the Kot Massacre', *Rolamba* 4, 1984.

——, 'Some Documents on Nepal–Tibet War (1855–56)', *Rolamba*, 1985.

——, 'British Residents in the Court of Nepal during the 19th Century', *Voice of History* 20, 2005.

Marpeau, Benoît, 'Gustave Le Bon et les universitaires. Fragments de correspondance', *Mil neuf cent* 16, 1998.

Martin, Dan, 'On the Cultural Ecology of Sky Burial on the Himalayan Plateau', *East and West* 46, 1996.

Mason, Kenneth, 'Frederick Williamson 1891–1935', *Himalayan Journal* 8, 1936.

——, 'Great Figures of Nineteenth Century Himalayan Exploration', *Journal of Royal Central Asian Society* 43, 1956.

Maurer, Eva, 'Cold War, "Thaw" and "Everlasting Friendship": Soviet Mountaineers and Mount Everest, 1953–1960', *International Journal of Sport* 26, 2009.

McGranahan, Carole, 'The CIA and the Chushi Gangdruk Resistance, 1956–1974', *Journal of Cold War Studies* 8, 2006.

——, 'From Simla to Rongbatsa: The British and the "Modern" Boundaries of Tibet', *The Tibet Journal* 28, 2003.

McKay, Alex, 'The Establishment of the British Trade Agencies in Tibet: A Survey', *Journal of the Royal Asiatic Society* 3, 1992.

——, 'David Macdonald: The Early Years', *Tibet Society Newsletter* 4, 1992.

——, 'Tibet 1924: A Very British Coup Attempt', *Journal of the Royal Asiatic Society* 7, 1997.

——, 'Hitler and the Himalayas: The SS Mission to Tibet 1938–39', *Tricycle* 10, 2001.

——, '19th Century British Expansion on the Indo-Tibetan Frontier: A Forward Perspective', *Tibet Journal* 28, 2003.

——, '"A Difficult Country, A Hostile Chief, and a Still More Hostile Minister": The Anglo-Sikkim War of 1861', *Bulletin of Tibetology* 45, 2010.

Mirsky, Jonathan, 'Destroying the Dharma', *New York Review of Books*, 2 December 2004. Mojumdar, Kanchanmoy, 'Nepal–Tibet War 1855–56', *Journal of the United Service Institution of India* 94, 1964.

——, 'Nepal and the Indian Mutiny 1857–58', *Bengal Past and Present* 85, 1966. Molenaar, Dee, 'Hans Peter Misch 1909–1987', *American Alpine Journal*, 1988.

Monika, Chansoria, 'Reaching Tibet in July 1900 via British India and Nepal: Journey of the First Japanese, Ekai Kawaguchi', Policy Brief, Japan Institute of International Affairs (www.jiia-jic.jp/en), 2019.

Moorcroft, William, 'A Journey to Lake Mánasaróvara in Ún-dés, a Province of Little Tibet', *Asiatick Researches* 12, 1816.

Moore, L G, et al., 'Maternal Adaptation to High-Altitude Pregnancy: An Experiment of Nature – A Review', *Placenta* 25, 2004.

Mulmi, Amish Raj, 'The Making of the Gorkha Empire', *The Record* (recordnepal.com), Aug 2017.

——, 'Using Shikhar Diplomacy in 19th-Century Nepal', *The Wire* (thewire.in), 19 Aug 2017.

——, 'Momo: The One Dumpling that Rules them All', *LiveMint* (livemint.com), 22 Sep 2017.

Nalesini, Oscar, 'A Short History of the Tibet Explorations of Giuseppe Tucci', in Seccaroni, C, et al. (eds), *Visibilia Invisibilium*, Rome,

2011.

Neame, Philip, 'Tibet and the 1936 Lhasa Mission', *Journal of the Royal Central Asian Society* 26, 1939.

Norbu, Dawa, 'The Europeanization of Sino-Tibetan Relations, 1775–1907', *Tibet Journal* 15, 1990.

Norbu, Jamyang, 'The Incredible Weariness of Hope: Review of *Tibet, Tibet* by Patrick French', *Phayul* (phayul.com), 2003.

——, 'Untangling a Mess of Petrified Noodles: Reflections on Gyalo Thondup and Modern Tibetan History', *Shadow Tibet* (www.jamyangnorbu.com/blog), 29 June 2016. Pathak, Sunitikumar, 'British Activities in India during the Gorkha–Tibet War II (1854–56)', *Proceedings of the Indian History Congress* 23, 1960.

Pearse, Hugh, 'Moorcroft and Hearsey's Visit to Lake Mansarowar in 1812', *The Geographical Journal* 26, 1905.

Peng, Y, et al., 'Genetic Variations in Tibetan Populations and High-Altitude Adaptation at the Himalayas', *Molecular Biology Evolution* 28, 2011.

Pereira, George, 'Peking to Lhasa (from the Diaries of the Late Brigadier-General George Pereira)', *Geographical Journal* 64, 1924.

Pradhan, Kamal, 'The Myth of Chinese Suzerainty', *Voice of Tibet* 1, 1967.

Qiu, Jane, 'Tibetan Plateau Gets Wired up for Monsoon Prediction', *Nature* 524, 2014.

——, 'Listening for Landslides: A Year after a Devastating Earthquake Triggered Killer Avalanches and Rock Falls in Nepal, Scientists are Wiring up Mountainsides to Forecast Hazards', *Nature* 532, 2016.

——, 'Tibetan Plateau Discovery Shows Humans May Be Tougher Than We Thought', *Scientific American*, December 2016.

——, 'The Surprisingly Early Settlement of the Tibetan Plateau', *Scientific American*, March 2017.

Rana, R, 'B H Hodgson as a Factor in the Fall of Bhimsen Thapa', *Ancient Nepal* 105, 1988. Raper, F V, 'Narrative of a Survey for the Purpose of Discovering the Sources of the Ganges', *Asiatick Researches* 11, 1810.

Rawlinson, H G, 'A Forgotten Hero; Some Notes on the Life and Work of Csoma de Körös', *Journal of Indian History* 8, 1929.

Regmi Research (Private) Ltd, 'The Salt Trade during the Nepal-Tibet War', *Regmi Research Series* 16, 1984.

Richardson, Hugh, 'George Bogle and his Children', *Scottish Genealogist* 29, 1982. Riccardi, Theodore (trans.), 'Sylvain Lévi: The History of Nepal. Part I', *Kailash* 3, 1975. Romolo, Gandolfo, 'Bhutan and Tibet in European Cartography (1597–1800)', in *The Spider and the Piglet: Proceedings of the First Seminar on Bhutan Studies*, Centre for Bhutan Studies, Thimphu, 2004.

Rovato, Giuseppe de, 'An Account of the Kingdom of Nepal', trans. John Shore, *Asiatick Researches* 2, 1790.

Rubenson, Carl W, 'An Ascent of Kabru', *Alpine Journal* 24, 1908.

Sakya, Tsering, 'Tibet and the League of Nations with Reference to Letters Found in the India Office Library, under Sir Charles Bell's Collections', *Tibet Journal* 10, 1985.
——, 'Making of the Great Game Players: Tibetan Students in Britain between 1913 and 1917', *Tibetan Review* 21, 1986.
——, 'Interview: Beyond Development and Diversity', *Himal Southasian* (himalmag. com), 25 June 2018.
Sankararaman, Sriram, et al., 'The Combined Landscape of Denisovan and Neanderthal Ancestry in Present-Day Humans', *Current Biology* 26, 2016.
Santoli, Ali, and Getachew, Mahlet, '"The Tibetan People Seek Dignity, Freedom and Respect": An Interview with Former Tibetan Political Prisoner, Ms Ngawang Sangdrol', 2003.
Sarkar, Swatahsiddha, 'Obituary: Kumar Pradhan (1937–2013)', *Himalaya* 34, 2014.
Schaik, Sam van, 'Review: *The Gathering of Intentions: A History of Tibetan Buddhist Tantra*, by Jacob P Dalton', *Buddhist Studies Review* 35, 2018.
Selin, Eva, 'Carl Rubenson, Kabru and the Birth of the Norwegian AC', *Alpine Journal* 113, 2008.
Sen, Jahar, 'India's Trade with Central Asia via Nepal', *Bulletin of Tibetology* 8, 1971.
——, 'Arms Deal between India and Nepal: Genesis of Gurkha Recruitment in the British Army', *Calcutta History Journal* 4, 1980.
Shakya, Min Bahadur, 'Nepalese Buddhist Artist Arniko and his Contribution to Buddhist Heritage of China', Nagarjuna Institute, n. d.
Sharma, Prayag Raj, 'Kirkpatrick's An Account of the Kingdom of Nepal', *Contributions to Nepalese Studies* 1, 1973.
Shivram, Balkrishan, 'Reflections on 1857 Revolt: A Study of Himachal Pradesh', *The Punjab Past and Present* 37, 2006.
Shrestha, Bal Gopal, 'Ritual and Identity in the Diaspora: The Newars of Sikkim', *Bulletin of Tibetology* 25, 2011.
Shuttleworth, H Lee, 'A Wool Mart of the Indo-Tibetan Borderland', *Geographical Review* 13, 1923.
Slusser, Mary S, 'The Lhasa gTsug lag khang: Further Observations on the Ancient Wood Carvings', *Asian Art* (asianart.com), 7 February 2006.
Smyth, Edmund, 'Obituary: The Pundit Nain Singh', *Proceedings of the Royal Geographical Society* 4, 1882.
Snelling, John, 'Agvan Dorjiev: Eminence Grise of Cental Asian Politics', *Asian Affairs* 21, 1990.
Spear, Percival, '*Morley and India, 1906–1910* by Stanley A Wolpert', *Modern Asian Studies* 3, 1969.
Toffin, Gérard, 'Royal Images and Ceremonies of Power in Nepal (17th–21st Centuries)', *Rivista di Studi Sudasiatici*, 2008.
Traill, G W, 'Statistical Report on the Bhotia Mehals of Kamaon', *Asiatic Researches* 17, 1832.

Truschke, Audrey, 'The Power of the Islamic Sword in Narrating the Death of Indian Buddhism', *History of Religions* 57, 2018.

Wade, Nicholas, 'Scientists Cite Fastest Case of Human Evolution', *New York Times*, 1 July 2010.

Wang, B, et al., 'On the Origin of Tibetans and their Genetic Basis in Adapting High-Altitude Environments', *PLoS ONE* 6, 2011.

Wang, Y, et al., 'The Effect of Low Density over the "Roof of the World" Tibetan Plateau on the Triggering of Convection', *Atmospheric Chemistry and Physics*, July 2019. Ward, Michael, 'The Survey of India and the Pundits', *Alpine Journal* 103, 1998.

West, John B, 'A M Kellas: Pioneer Himalayan Physiologist Mountaineer', *Alpine Journal* 94, 1989.

——, 'Alexander M Kellas and the Physiological Challenge of Mount Everest', *Journal of Applied Physiology* 63, 1987.

Whelpton, John, 'A Reading Guide to Nepalese History', *Himalaya* 25, 2005.

Witzel, Michael, 'The Coronation Rituals of Nepal: With Special Reference to the Coronation of King Birendra (1975)', in Gutschow, Niels, and Michaels, Alex (eds), *Heritage of the Kathmandu Valley. Proceedings of an International Conference in Lübeck, June 1985*, Sankt Augustin, 1987.

Wong, Edward, 'Printing the Ancient Way Keeps Buddhist Texts Alive in Tibet', *New York Times*, 21 March 2017.

Xu, S, et al., 'A Genome-Wide Search for Signals of High-Altitude Adaptation in Tibetans', *Molecular Biology Evolution* 28, 2011.

Yamamoto, Carl, 'Review of *Crazy for Wisdom: The Making of a Mad Yogin in Fifteenth Century Tibet* by Stefan Larsson', *Himalaya* 32, 2013.

Yi, X, et al., 'Sequencing of 50 Human Exomes Reveals Adaptation to High Altitude', *Science* 329, 2010.

Yongdan Lobsang, 'Tibet Charts the World: The Btsan po No mon han's Detailed Description of the World, an Early Major Scientific Work in Tibet', in Tuttle, Gray (ed.), *Mapping the Modern in Tibet*, [Andiast,] 2011.

——, 'The Translation of European Astronomical Works into Tibetan in the Early Eighteenth Century', *Inner Asia* 17, 2015.

——, 'The Introduction of Edward Jenner's Smallpox Vaccination to Tibet in the Early 19th Century', *Archiv Orientální* 84, 2016.

——, 'A Scholarly Imprint: How Tibetan Astronomers Brought Jesuit Astronomy to Tibet', *East Asian Science, Technology, and Medicine* 45, 2017.

Zhao, Yang, et al., 'Effects of the Tibetan Plateau and its Second Staircase Terrain on Rainstorms over North China: From the Perspective of Water Vapour Transport', *International Journal of Climatology* 39, 2019.

書籍與長篇著作

Acharya, Baburam, *The Blood Stained Throne: Struggles for Power in Nepal 1775–1914*, trans. Acharya, Madhav, New Delhi, 2013.

Adhikari, Aditya, *The Bullet and the Ballot Box: The Story of Nepal's Maoist Revolution*, London, 2014.

Adhikari, Krishna Kant, *Nepal under Jang Bahadur 1847–1877*, 2 vols, Kathmandu, 1984.

Aitken, Bill, *Touching upon the Himalaya*, New Delhi, 2004. Akbar, M J, *Nehru: The Making of India*, London, 1988.

Alder, Garry J, *Beyond Bokhara: The Life of William Moorcroft*, London, 1985.

Allen, Charles, *The Search for Shangri-La: A Journey into Tibetan History*, London, 1999.

——, *The Buddha and the Sahibs*, London, 2002.

——, *A Mountain in Tibet: The Search for Mount Kailas and the Sources of the Great Rivers of India*, London, [1982,] 2003.

——, *Duel in the Snows: The True Story of the Younghusband Mission to Lhasa*, London, 2004.

——, *The Prisoner of Kathmandu: Brian Houghton Hodgson in Nepal 1820–43*, London, 2015. Anderson, J R L, *High Mountains and Cold Seas: A Biography of H W Tilman*, London, 1980. Anderson, James A, and Whitmore, John K (eds), *China's Encounters on the South and Southwest: Reforging the Fiery Frontier Over Two Millennia*, Leiden, 2014.

Andreyev, Alexandre, et al., *The Quest for Forbidden Lands: Nikolai Przhevalskii and his Followers on Inner Asian Tracks*, Leiden, 2018.

Archer, Mildred, and Falk, Toby, *India Revealed: The Art and Adventures of James and William Fraser 1801–35*, London, 1989. Aris, Michael, *Bhutan: The Early History of a Himalayan Kingdom*, Warminster, 1979. ———, *Views of Mediaeval Bhutan: The Diary and Drawings of Samuel Davis, 1783*, London, 1982.

—— and Aung San Suu Kyi, *Tibetan Studies in Honour of Hugh Richardson*, Warminster, 1979.

Astill, Tony, *Mount Everest: The Reconnaissance 1935*, [Ashurst,] 2005.

Atkinson, Edwin Thomas, *Gazetteer of the Himalayan Districts of the North-Western Provinces of India*, 3 vols, Allahabad, 1884.

Aufschnaiter, Peter, and Brauen, Martin (eds), *Peter Aufschnaiter's Eight Years in Tibet*, Bangkok, 2002.

Avedon, John F, *In Exile from the Land of Snows*, London, 1984. Aziz, Barbara Nimri, *Tibetan Frontier Families*, Delhi, 1978. Baker, Ian A, *The Dalai Lama's Secret Temple*, London, 2000.

Bailey, Frederick Marshman, *China, Tibet, Assam: A Journey*, London, 1911.

——, *Mission to Tashkent*, London, 1946.

——, *No Passport to Tibet*, 1957.

Bajpai, S C, *Kinnaur in the Himalayas*, Delhi, 1981.

Bajwa, Fauja Singh, *Military System of the Sikhs During the Period 1799–1849*, Delhi, 1964.

Bamzai, P N K, *A History of Kashmir; Political, Social, Cultural, from the Earliest Times to the Present Day*, Delhi, 1962.

Banskota, Purushottam, *The Gurkha Connection: A History of the Gurkha Recruitment in the British Indian Army*, Jaipur, 1994.

Barnett, Robert, *Cutting Off the Serpent's Head: Tightening Control in Tibet, 1994–1995*, New York, 1996.

——, *Lhasa: Streets with Memories*, New York, 2006.

—— and Akiner S (eds), *Resistance and Reform in Tibet*, London, 1994.

Bates, C E, *A Gazetteer of Kashmir, and the Adjacent Districts of Kishtwár, Badrawár, Jamú,Naoshera, Púnch, and the Valley of Kishen Ganga*, Calcutta, 1873. Bauer, Paul, *Himalayan Quest*, London, 1938.

Baumgartner, Ruedi, *Farewell to Yak and Yeti? The Sherpas of Rolwaling Facing a Globalised World*, Kathmandu, 2015.

Bell, Charles, *Tibet Past and Present*, Oxford, 1924.

——, *The People of Tibet*, Oxford, 1928.

——, *The Religion of Tibet*, Oxford, 1931.

——, *Portrait of a Dalai Lama*, London, 1946.

Bellezza, John Vincent, *The Dawn of Tibet: The Ancient Civilization on the Roof of the World*, Lanham, 2014.

Bernard, Theos Casimir, *Penthouse of the Gods: A Pilgrimage into the Heart of Tibet and the Sacred City of Lhasa*, New York, 1939.

Bernstein, Jeremy, *In the Himalayas: Journeys through Nepal, Tibet, and Bhutan*, New York, 1996.

Berry, Scott, *Monks, Spies, and a Soldier of Fortune: The Japanese in Tibet*, London, 1995. Bishop, Peter, *The Myth of Shangri-La: Tibet, Travel Writing and the Western Creation of Sacred Landscape*, London, 1991.

Bista, Dor Bahadur, *People of Nepal*, Kathmandu, 1967.

——, *Fatalism and Development: Nepal's Struggle for Modernisation*, Kathmandu, 1991. Boileau, Digby W, et al., 'The Chronicles of the Family of Boileau', unpublished, n.d. Braham, Trevor, *Himalayan Playground: Adventures on the Roof of the World 1942–72*, Glasgow, 2008.

Brauen, Martin, *Dreamworld Tibet: Western Illusions*, Bangkok, 2004. Bruce, Charles G, *Kulu and Lahoul*, London, 1914.

——, *The Assault on Mount Everest 1922*, London, 1922.

——, *Himalayan Wanderer*, London, 1934.

Buckley, Michael, *Meltdown in Tibet: China's Reckless Destruction of Ecosystems from the Highlands of Tibet to the Deltas of Asia*, New York, 2014. Buhl, Hermann, *Nanga Parbat Pilgrimage*, London, 1956.

Bulwer-Lytton, Edward, *Vril, the Power of the Coming Race*, London, 1871. Byron, Robert, *First Russia, Then Tibet*, London, 1933.

Cams, Mario, *Companions in Geography: East–West Collaboration in the Mapping of Qing China (*c.*1685–1735)*, Leiden, 2017.

Chan, Victor, *Tibet Handbook*, Chico, 1994.

Chapman, Frederick Spencer, *Lhasa: The Holy City*, London, 1938.

——, *From Helvellyn to Himalaya*, London, 1940.

Chapple, John, *The Lineages and Composition of Gurkha Regiments in British Service*, 2nd ed., Winchester, 2013.

Chopel, Gendun, *In the Forest of Faded Wisdom: 104 Poems*, ed. and trans. Lopez, Donald S, Chicago, 2009.

——, *Grains of Gold: Tales of a Cosmopolitan Traveler*, trans. Jinpa, Thupten, and Lopez, Donald S, Chicago, 2014.

Clinch, Elizabeth, and Nicholas, *Through a Land of Extremes: The Littledales of Central Asia*, Stroud, 2008.

Cocker, Mark, and Inskipp, Carol, *A Himalayan Ornithologist: Life and Work of Brian Houghton Hodgson*, Oxford, 1988.

Coleman, A P, *A Special Corps: The Beginning of Gorkha Service with the British*, Edinburgh, 1999.

Collie, Norman, *Climbing on the Himalaya and Other Mountain Ranges*, Edinburgh, 1902. Collister, Peter, *Bhutan and the British*, London, 1987.

Conefrey, Mick, *Everest 1953: The Epic Story of the First Ascent*, London, 2013. Conner, Victoria, and Barnett, Robert, *Leaders in Tibet: A Directory*, London, 1997.

Cooper, Thomas Thornville, *Journal of an Overland Journey from China towards India*, Calcutta, 1869.

Cowan, Sam, *Essays on Nepal: Past and Present*, Kathmandu, 2018.

Craig, Mary, *Tears of Blood: A Cry for Tibet*, London, 1992.

——, *Kundun: A Biography of the Family of the Dalai Lama*, London, 1997.

Cranston, Sylvia, *H P B: The Extraordinary Life of Madame Helena Petrovna Blavatsky, Founder of the Modern Theosophical Movement*, New York, 1994.

Cunningham, Alexander, *Ladak, Physical, Statistical, and Historical; With Notices of the Surrounding Countries*, London, 1854.

Dahal, Pushpa Kamal, *Problems and Prospects of Revolution in Nepal*, Kathmandu, 2004.

Dalrymple, William, *City of Djinns: A Year in Delhi*, London, 1993.

——, *White Mughals: Love and Betrayal in Eighteenth-Century India*, London, 2002.

——, *The Last Mughal: The Fall of a Dynasty: Delhi, 1857*, London, 2006.

Danielli, Giotto, and Spranger, J A, *Storia della Spedizione Scientifica Italiana nel Himàlaia, Caracorùm e Turchestàn Cinese (1913–1914)*, Bologna, 1924.

Dasgupta, Atis K, *The Fakir and the Sannyasi Uprisings*, Calcutta, 1992.

Datta, C L, *Ladakh and Western Himalayan Politics: 1819–1848*, New Delhi, 1973.

Dattaray, Sunanda K, *Smash and Grab: Annexation of Sikkim*, revised ed., Chennai, 2013.

David-Néel, Alexandra, *My Journey to Lhasa*, London, 1927.

Davis, Wade, *Into the Silence: The Great War, Mallory and the Conquest of Everest*, London, 2011.

Desideri, Ippolito, *An Account of Tibet: The Travels of Ippolito Desideri of Pistoia*, London, 1932.

Dhondup, Kelsang, *The Water-Horse and Other Years: A History of 17th and 18th Century Tibet, Dharamsala, 1984*

——, *The Water-Bird and Other Years: A History of the 13th Dalai Lama and After*, New Delhi, 1986.

Diemberger, Hildegard, *When a Woman Becomes a Religious Dynasty: The Samding Dorje Phagmo of Tibet*, New York, 2007.

Digby, William, *A Friend in Need, 1857, Friendship Forgotten, 1887: An Episode in Indian Foreign Office Administration*, London, 1890.

Dikötter, Frank, *The Tragedy of Liberation: A History of the Chinese Revolution 1945–1957*, New York, 2013.

DiValerio, David M, *The Holy Madmen of Tibet*, Oxford, 2015.

Dixit, Kanak Mani, *Peace Politics of Nepal: An Opinion From Within*, Kathmandu, 2011.

—— & Ramachandaran, Shastri (eds), *State of Nepal*, Lalitpur, 2002.

Dodin, Thierry, and Räther, Heinz (eds), *Imagining Tibet: Perceptions, Projections, And Fantasies*, Somerville, 2001.

Douglas, Ed, *Chomolungma Sings the Blues*, Constable, 1997.

——, *Tenzing: Hero of Everest*, National Geographic, 2003.

Duff, Andrew, *Sikkim: Requiem for a Himalayan Kingdom*, Edinburgh, 2015.

Duka, Theodore, *Life and Works of Alexander Csoma de Körös*, London, 1885.

Dunham, Mikel, *Buddha's Warriors*, New York, 2004.

Evans, Charles, *Kangchenjunga: The Untrodden Peak*, London, 1956. Evans-Wentz, Walter Y, *The Tibetan Book of the Dead*, London, 1927.

Farrer, Reginald, *On the Eaves of the World*, 2 vols, London, 1917.

Farwell, Byron, *The Gurkhas: A History of the Finest Infantrymen in the World*, London, 1984.

Feigon, Lee, *Demystifying Tibet: Unlocking the Secrets of the Land of the Snows*, London, 1999.

Fisher, James F (ed.), *Himalayan Anthropology: The Indo-Tibetan Interface*, The Hague, 1978.

——, *Sherpas: Reflections on Change in Himalayan Nepal*, Berkeley, 1990.

Fisher, Margaret W, Rose, Leo E, and Huttenback, Robert A, *Himalayan Battleground: Sino-Indian Rivalry in Ladakh*, London, 1963. Fleming, Peter, *Bayonets to Lhasa*, London, 1961. Ford, Robert, *Captured in Tibet*, London, 1957.

Foster, Barbara and Michael W, *The Secret Lives of Alexandra David-Néel*, New York, 2002.

Francke, August Hermann, *A History of Western Tibet, One of the Unknown Empires*, London, 1907.

——, *Antiquities of Indian Tibet*, 2 vols, Calcutta, 1914–26.

Fraser, James, *Journal of a Tour through Part of the Snowy Range of the Himala Mountains and to the Sources of the Rivers Jumna and Ganges*, London, 1820.

French, Patrick, *Younghusband: The Last Great Imperial Adventurer*, London, 1994.

——, *Tibet, Tibet: A Personal History of a Lost Land*, London, 2003. Fürer-Haimendorf, Christoph von, *The Sherpas of Nepal*, Berkeley, 1964.

——, *Himalayan Traders*, London, 1975.

—— (ed.), *Asian Highland Societies: In Anthropological Perspective*, Michigan, 1981. ———, *The Sherpas Transformed: Social Change in a Buddhist Society of Nepal*, Delhi, 1984. Gamble, Ruth, *Reincarnation in Tibetan Buddhism: The Third Karmapa and the Invention of a Tradition*, Oxford, 2018.

Garzilli, Enrica, *Il Duce's Explorer: The Adventures of Giuseppe Tucci and Italian Policy in the Orient from Mussolini to Andreotti*, Milan, 2015.

Gellner, David N, *Monk, Householder and Tantric Priest: Newar Buddhism and its Hierarchy of Ritual*, Cambridge, 1992.

——, Pfaff-Czarnecka, Joanna, and Whelpton, John (eds), *Nationalism and Ethnicity in a Hindu Kingdom: The Politics of Culture in Contemporary Nepal,* Abingdon, 1997.

Ghosh, Durba, *Sex and the Family in Colonial India,* Cambridge, 2006. Ghosh, Jamin Mohan, *Sannyasi and Fakir Raiders in Bengal,* Calcutta, 1930. Gibson, J T M, *As I Saw It,* Delhi, 1976.

Gillman, Peter and Leni, *The Wildest Dream: Mallory, His Life and Conflicting Passions,* London, 2000

Gilmour, David, *Curzon,* London, 1994.

——, *The Long Recessional: The Imperial Life of Rudyard Kipling,* London, 2002.

——, *The British in India,* London, 2018.

Goldstein, Melvyn, *A History of Modern Tibet, Volume 1: The Demise of the Lamaist State, 1913–1951,* London, 1989.

——, *The Snow Lion and the Dragon: China, Tibet and the Dalai Lama*, Berkeley, 1994.

——, *A History of Modern Tibet, Volume 2: The Calm Before the Storm, 1951–1955*, Berkeley, 2007.

——, *A History of Modern Tibet, Volume 3: The Storm Clouds Descend, 1955–1957*, Berkeley, 2013.

——, Sherap, Dawei, and Siebenschuh, William R, *A Tibetan Revolutionary: The Political Life and Times of Bapa Phüntso Wangye*, Berkeley,.2004.

——, *Jiao, Ben, and Lhundrup, Tanzen, On the Cultural Revolution in Tibet: The Nyemo Incident of 1969*, Berkeley, 2009.

Greene, Raymond, *Moments of Being*, London, 1974.

Gregson, Jonathan, *Blood Against the Snows: The Tragic Story of Nepal's Royal Dynasty*, London, 2002.

Gurung, Harka, *Maps of Nepal: Inventory and Evaluation*, Bangkok, 1983.

Gutschow, Niels, *Architecture of the Newars: A History of Building Typologies and Details in Nepal*, 3 vols, Chicago, 2011.

Gyatso, Palden, *Fire Under the Snow: Testimony of a Tibetan Prisoner*, London, 1997.

Gyatso, Tenzin, HH The Dalai Lama, *Freedom in Exile*, London, 1990.

——, *Awakening the Mind, Lightening the Heart*, New York, 1995.

——, *Tibet and the Tibetan People's Struggle: 10 March Statements (1961–2005)*, Dharamsala, 2005.

——, *The Essential Dalai Lama*, London, 2005.

Gyawali, Surya Bikram, *Amar Singh Thapa 1748–1816*, Darjeeling, 1943.

Hackett, Paul G, *Theos Bernard, the White Lama: Tibet, Yoga, and American Religious Life*, New York, 2012

Hagen, Toni, *Nepal*, Bern, 1960.

Hamilton, Francis Buchanan, *An Account of the Kingdom of Nepaul, and of the Territories Annexed to this Dominion by the House of Gurkha*, Edinburgh, 1819.

Harcourt, Alfred Frederick Pollock, *The Himalayan Districts of Kooloo, Lahoul and Spiti*, London, 1871.

Harrer, Heinrich, *Seven Years in Tibet*, London, 1954.

Harris, Clare E, *The Museum on the Roof of the World: Art, Politics, and the Representation of Tibet*, Chicago, 2012.

Harris, Clare E, *Photography and Tibet*, London, 2016.

Harris, Georgina Maria, *A Lady's Diary of the Siege of Lucknow*, London, 1858. Harvey, Andrew, *A Journey in Ladakh*, London, 1983.

Hasrat, Bikrama Jit, *History of Nepal, as Told by its Own and Contemporary Chroniclers*, Hoshiarpur, 1971.

Hedin, Sven, *Transhimalaya*, London, 4 vols, 1909.

Heruka, Tsangnyön, *The Life of Milarepa*, trans. Quintman, Andrew, London, 2010. Hibbert, Christopher, *The Great Mutiny: India 1857*, London, 1978.

Hillary, Edmund, *High Adventure*, London, 1955.

——, *View from the Summit*, London, 1999. Hilton, James, *Lost Horizon*, London, 1933.

Ham, Peter van, *Guge: Ages of Gold: The West Tibetan Masterpieces*, Munich, 2016.

——, *Alchi: Treasure of the Himalayas*, Munich, 2019.

Herzog, Maurice, *Annapurna*, London, 1952.

Hilton, Isabel, *The Search for the Panchen Lama*, London, 1999.

Hobson, John Atkinson, and Mummery, Albert Frederick, *The Physiology of Industry: Being an Exposure of Certain Fallacies in Existing Theories of Economics*, London, 1889. Hodgson, Brian Houghton, *Essays on the Languages, Literature, and Religion of Nepál and Tibet; Together with Further Papers on the Geography, Ethnology and Commerce of those Countries'*, London, 1874.

Hoerlin, Bettina, *Steps of Courage: My Parents' Journey from Nazi Germany to America*, Bloomington, 2011.

Höfer, András, *The Caste Hierarchy and the State in Nepal: A Study of the Muluki Ain of 1854*, Kathmandu, 2004.

Hoftun, Martin, Raeper, William, and Whelpton, John, *People, Politics and Ideology: Democracy and Social Change in Nepal*, Kathmandu, 1999. Holdich, Thomas Hungerford, *Tibet the Mysterious*, London, 1904.

Hooker, Joseph Dalton, *The Rhododendrons of Sikkim-Himalaya*, London, 1849.

——, *Himalayan Journals: Or, Notes of a Naturalist in Bengal, the Sikkim and Nepal Himalayas, the Khasia Mountains, etc*, London, 1854.

Hopkirk, Peter, *Trespassers on the Roof of the World: The Race for Lhasa*, London, 1982.

——, *The Great Game: On Secret Service in High Asia*, London, 1990.

Hopkirk, Peter, *Quest for Kim: In Search of Kipling's Great Game*, London, 1996.

Howard-Bury, Charles, Leigh-Mallory, George H, and Wollaston, A F R, *Mount Everest: The Reconnaissance, 1921*, London, 1922.

Huc, Régis-Evariste, and Gabet, Joseph, *Travels in Tartary, Thibet and China 1844–1846*, trans. William Hazlitt, 2 vols, London, 1852. Hunt, John, *The Ascent of Everest*, London, 1953.

Hunter, William Wilson, *Life of Brian Houghton Hodgson*, London, 1896.

Hussain, Asad, *British India's Relations with the Kingdom of Nepal 1857–1947*, London, 1970. Hutt, Michael, *Nepal in the Nineties*, Delhi, 1994.

——, *Modern Literary Nepali: An Introductory Reader*, Oxford, 1997.

—— (ed.), *Himalayan People's War: Nepal's Maoist Rebellion*, London, 2003.

——, *The Life of Bhupi Sherchan: Poetry and Politics in Post-Rana Nepal*, Delhi, 2010.

—— et al., *Nepal: A Guide to the Art and Architecture of the Kathmandu Valley*, Singapore, 1994.

Huxley, Leonard (ed.), *Life and Letters of Sir Joseph Dalton Hooker*, 2 vols, London, 1918.

Isserman, Maurice, and Weaver, Stewart, *Fallen Giants: A History of Himalayan Mountaineering*, New Haven, 2008.

Ives, Jack D, and Messerli, Bruno, *The Himalayan Dilemma: Reconciling Development and Conservation*, London, 1989.

Jha, Pranab Kumar, *History of Sikkim (1817–1904): Analysis of British Policy and Activities*, Calcutta, 1985.

Jha, Prashant, *Battles of the New Republic: A Contemporary History of Nepal*, London, 2014.

Kapadia, Harish, *Exploring the Hidden Himalaya*, London, 1990. Kawaguchi, Ekai, *Three Years in Tibet*, Adyar, 1909.

Keay, John, *Explorers of the Western Himalayas*, London, 1977.

——, *The Honourable Company: A History of the English East India Company*, London, 1991.

——, *The Great Arc: The Dramatic Tale of How India Was Mapped and Everest Was Named*, London, 2000.

Khan, Sulmaan Wasif, *Muslim, Trader, Nomad, Spy: China's Cold War and the People of the Tibetan Borderlands*, Chapel Hill, 2015.

Kimura, Hisao, and Berry, Scott, *Japanese Agent in Tibet: My Ten Years of Travel in Disguise*, London, 1990.

Kingdon-Ward, Frank, *The Land of the Blue Poppy*, Cambridge, 1913.

——, *The Mystery Rivers of Tibet*, London, 1923.

——, *The Riddle of the Tsango Gorges*, London, 1926.

——, *A Plant-Hunter in Tibet*, London, 1941.

Kinloch, George, 'Journal of Capt George Kinloch on the Expedition to Nepal', 1767. Unpublished MS, British Library.

Kircher, Athanasius, *China Illustrata*, Amsterdam, 1667.

Kirkpatrick, William, *An Account of the Kingdom of Nepaul, being the Substance of Observations made during a Mission to that Country in the Year 1793*, London, 1811.

Klimburg-Salter, Deborah E, *Tabo: A Lamp for the Kingdom*, London, 1998.

Knaus, John Kenneth, *Orphans of the Cold War: America and the Tibetan Struggle for Survival*, New York, 1999.

Koehler, Jeff, *Darjeeling: A History of the World's Greatest Tea*, London, 2015.

Kohli, M S, and Conboy, Kenneth, *Spies in the Himalayas: Secret Missions and Perilous Climbs*, Lawrence, 2002.

Koirala, B P, *Atmabrittanta: Late Life Reminiscences*, trans. Kanak Mani Dixit, Kathmandu, 2001.

Korn, Wolfgang, *Traditional Architecture of the Kathmandu Valley*, Kathmandu, 1976.

Lach, Donald F, and Van Kley, Edwin J, *Asia in the Making of Europe, Volume III*, Chicago, 1998.

Lall, John, *Aksaichin and Sino-Indian Conflict*, Ahmedabad, 1989.

Lamb, Alastair, *British India and Tibet, 1766–1910*, London, [1960,] 1986.

——, *The China–India Border: The Origins of the Disputed Boundaries*, London, 1964.

——, *The McMahon Line: A Study in the Relations Between, India, China and Tibet, 1904 to 1914*, 2 vols, Abingdon, 1966.

——, *Tibet, China and India 1914–1950*, Hertingfordbury, 1989. Landon, Perceval, *Lhasa,* 2 vols, London, 1905.

——, *Nepal*, 2 vols, London, 1928.

Larsson, Stefan, *Crazy for Wisdom: The Making of a Mad Yogin In Fifteenth Century Tibet*, Leiden, 2012.

Lawrence, John, *Lawrence of Lucknow: A Biography*, London, 1990. Le Bon, Gustave, *Voyage to Nepal*, Bangkok, 1986.

Legassie, Shayne Aaron, *The Medieval Invention of Travel*, Chicago, 2017.

Lévi, Sylvain, *Le Népal,* étude *historique d'un royaume hindou*, 3 vols, Paris, 1905–8. Lhamo, Rinchen, *We Tibetans*, London, 1926.

Liechty, Mark, *Far Out: Countercultural Seekers and the Tourist Encounter in Nepal*, Chicago, 2017.

Lopez, Donald S, *Prisoners of Shangri-La: Buddhism and the West*, Chicago, 1998.

——, *The Madman's Middle Way: Reflections on Reality of the Tibetan Monk Gendun Chopel*, Chicago, 2006.

——, *The Tibetan Book of the Dead: A Biography*, Princeton, 2011.

——, *From Stone to Flesh: A Short History of the Buddha*, Chicago, 2013.

——, *Gendun Chopel: Tibet's Modern Visionary*, Boulder, 2013.

—— and Jinpa, Thubten, *Dispelling the Darkness: A Jesuit's Quest for the Soul of Tibet*, Harvard, 2017.

—— and Bloom, Rebecca, *Assembly of the Exalted: The Tibetan Shrine Room from the Alice S. Kandell Collection,* Milan, 2018.

Lyte, Charles, *The Plant Hunters*, London, 1983.

——, *Frank Kingdon-Ward: The Last of the Great Plant Hunters*, London, 1989. Macaulay, Colman, 'Report of a Mission to Sikkim and the Tibetan Frontier with a Memorandum on our Relations with Tibet', Calcutta, 1885.

Macdonald, David, *Twenty Years in Tibet*, Delhi, 2008.

Mailänder, Nicholas, *Er ging voraus nach Lhasa: Peter Aufschnaiter, Die Biographie*, Innsbruck, 2019.

Malla, Kamal P, *The Road to Nowhere: A Selection of Writings 1966–1977*, Lalitpur, [1979,] 2015. Manandhar, Tri Ratna, *Some Aspects of Rana Rule in Nepal*, Kathmandu, 1983.

Manandhar, V K, *Cultural and Political Aspects of Nepal–China Relations*, Delhi, 1999. Maraini, Fosco, *Secret Tibet*, London, 1952.

Markham, Clements R, *Narratives of the Mission of George Bogle to Tibet, and of the Journey of Thomas Manning to Lhasa*, London, 1876.

——, *Major James Rennell and the Rise of Modern English Geography*, London, 1895. Markus-Gansser, Ursula, and Eichenberger, Ursula, *Augusto Gansser: From the Life of a World Explorer*, Zürich, 2012.

Marshall, Julie G, *Britain and Tibet 1765–1947: A Selected Annotated Bibliography of British Relations with Tibet and the Himalayan States Including Nepal, Sikkim and Bhutan*, Abingdon, 2005.

Marshall, Steven D, *Hostile Elements: A Study of Political Imprisonment in Tibet, 1987–1998*, London, 1999.

——, *Rukhag 3: The Nuns of Drapchi Prison*, London, 2000.

——, *Suppressing Dissent: Hostile Elements II, Political Imprisonment in Tibet, 1987–2000*, London, 2001

Mason, Kenneth, *Abode of Snow*, London, 1955.

Maxwell, Neville, *India's China War*, New York, 1970.

McDonald, Bernadette, *I'll Call You in Kathmandu: The Elizabeth Hawley Story*, Seattle, 2005. McKay, Alex, *Tibet and the British Raj: The Frontier Cadre 1904–1947*, London, 1997.

—— (ed.), *Tibet and Her Neighbours: A History*, London, 2003.

——, *Kailas Histories: Renunciate Traditions and the Construction of Himalayan Sacred Geography*, Leiden, 2015.

Mill, Christine, *Norman Collie: A Life in Two Worlds*, Aberdeen, 1987.

Mishra, Kiran, *B P Koirala: Life and Times*, New Delhi, 1994.

Mitchell, Ian R, and Rodway, George W, *Prelude to Everest*, Edinburgh, 2011.

Mojumdar, K, *Political Relations between India and Nepal 1877–1923*, New Delhi, 1973. Montgomerie, Thomas George, *Routes in the Western-Himalayas, Kashmir etc with Additions from Major C E Bates's Gazetteer and other Sources*, 3rd ed., Dehra Dun, 1909. Moorcroft, William, and Trebeck, George, *Travels in the Himalayan Provinces of Hindustan and the Panjab in Ladakh and Kashmir; in Peshawar, Kabul, Kunduz and Bokhara*, ed. Wilson, Horace Hayman, 2 vols, London, 1841.

Morris, Jan, *Coronation Everest*, London, 1958.

Mullik, B N, *The Chinese Betrayal: My Years with Nehru*, Delhi, 1971.

Mummery, Albert Frederick, *My Climbs in the Alps and Caucasus*, London, 1895.

Muthukumaraswamy, M D & Kaushal, Molly (eds), *Folklore, Public Sphere and Civil Society*, Chennai, 2004.

Noel, John B L, *Through Tibet to Everest*, London, 1927.

Norbu, Jamyang, *Warriors of Tibet: The Story of Aten and the Khampas' Fight for the Freedom of Their Country*, London, 1987.

——, *The Mandala of Sherlock Holmes*, New York, 2003. Norbu, Thubten Jigme, *Tibet is my Country*, London, 1960.

Northey, William Brook, and Morris, Charles John, *The Gurkhas: Their Manners, Customs and Country*, London, 1928.

Norton, Edward F, *The Fight for Everest: 1924*, London, 1925.

Nugent, Maria, *A Journal from the Year 1811 to the Year 1815, Including a Journey to and Residence in India*, 2 vols, London, 1839.

Ogura, Kiyoko, *Kathmandu Spring: The People's Movement of 1990*, Lalitpur, 2001. Oidtmann, Max, *Forging the Golden Urn: The Qing Empire and the Politics of Reincarnation in Tibet*, New York, 2018.

Oldfield, Henry Ambrose, *Sketches from Nipal*, 2 vols, London, 1880.

Oliphant, Laurence, *A Journey to Katmandu (The Capital of Nepaul), with the Camp of Jung Bahadur; Including a Sketch of the Nepaulese Ambassador at Home*, London, 1852. O'Malley, L S S, *Bengal District Gazetteers: Darjeeling*, Calcutta, 1907.

Ortner, Sherry, *Sherpas through their Rituals*, New York, 1978.

——, *High Religion: A Cultural and Political History of Sherpa Religion*, Princeton, 1989.

——, *Life and Death on Mount Everest: Sherpas and Himalayan Mountaineering*, Princeton, 2011.

Osmaston, Henry, and Denwood, Philip (eds), *Proceedings of the Fourth and Fifth International Colloquia on Ladakh*, London, 1995.

Pal, Pratapaditya, et al., *Himalayas: An Aesthetic Adventure*, Chicago, 2003.

Pallis, Marco, *Peaks and Lamas*, London, 1939.

——, *The Way and the Mountain*, London, 1960.

Patt, David, *A Strange Liberation: Tibetan Lives in Chinese Hands*, New York, 1992.

Pearse, Hugh, *The Hearseys: Five Generations of an Anglo-Indian Family*, Edinburgh, 1905. Peissel, Michel, *Tiger for Breakfast: The Story of Boris of Katmandu*, New York, 1966.

——, *Mustang: A Lost Tibetan Kingdom*, New York, 1967.

Pemble, John, *The Invasion of Nepal: John Company at War*, Oxford, 1871. Perrin, Jim, *Shipton and Tilman*, London, 2013.

Petech, Luciano, *Mediaeval History of Nepal* c,*750–1482*, Rome, 1958.

——, *The Kingdom of Ladakh:* c.*950–1842*, Rome, 1977.

——, *China and Tibet in the Early 18th Century*, Leiden, 1978.

Pomplun, Trent, *Jesuit on the Roof of the World: Ippolito Desideri's Mission to Tibet*, New York, 2010.

Pradhan, K L, *Brian Hodgson at the Kathmandu Residency 1825–1843*, Guwahati, 2001.

Pradhan, Kamal, *A History of Nepali Literature*, Delhi, 1984.

——, *Gorkha Conquest: The Process and Consequences of the Unification of Nepal, with Particular Reference to Eastern Nepal*, Calcutta, 1991, reprinted Lalitpur, 2009.

Pranavananda, Swami, *Kailas-Mansarovar*, Calcutta, 1949.

Praval, K C, *Valour Triumphs: A History of the Kumaon Regiment*, Faridabad, 1976.

Prinsep, Henry Thoby, *History of the Political and Military Transactions in India during the Administration of the Marquess of Hastings 1813–1823*, 2 vols, London, 1825. Pye-Smith, Charlie, *Travels in Nepal: The Sequestered Kingdom*, London, 1988.

Raeper, William, and Hoftun, Martin, *Spring Awakening: An Account of the 1990 Revolution in Nepal*, New Delhi, 1992.

Ramble, Charles, *The Navel of the Demoness: Tibetan Buddhism and Civil Religion in Highland Nepal*, Oxford, 2008.

Raj, Prakash A, *'Kay Gardeko?': The Royal Massacre in Nepal*, Delhi, 2001.

Rana, Prabakhar S J B, Pashupati S J B, and Gautam S J B, *The Ranas of Nepal*, Geneva, 2002.

Rasgotra, Maharajakrishna, *A Life in Diplomacy*, Delhi, 2016.

Rathaur, Kamal Raj Singh, *The British and the Brave: A History of the Gurkha Recruitment in the British Army*, Jaipur, 1987.

Rawling, Cecil G, *The Great Plateau*, London, 1905.

Ray, Desmond, *Sir Joseph Dalton Hooker: Traveller and Plant Collector*, London, 1999. Regmi, Dilli Rahman, *A Century of Family*

Autocracy in Nepal, Kathmandu, 1958.

——, *Modern Nepal: Rise and Growth in the Eighteenth Century*, Calcutta, 1961.

——, *Medieval Nepal*, Calcutta, 1965.

——, *Inscriptions of Ancient Nepal*, 3 vols, New Delhi, 1983.

Regmi, Mahesh Chandra, *A Study in Nepali Economic History 1768–1846*, New Delhi, 1972.

——, *Land Ownership in Nepal*, Berkeley, 1976.

——, *Thatched Huts and Stucco Palaces: Peasants and Landlords in Nineteenth Century Nepal*, New Delhi, 1978.

——, *An Economic History of Nepal* 1846-1901, Varanasi, 1988.

——, *Imperial Gorkha: An Account of Gorkhali Rule in Kumaun* (1791-1815), New Delhi, 1999.

Richardson, Hugh E, *Tibet and its History*, London, 1962.

——, *High Peaks, Pure Earth: Collected Writings on Tibetan History and Culture*, London, 1998.

Rijnhart, Susie Carson, *With the Tibetans in Tent and Temple,* Edinburgh, 1901. Risley, Herbert Hope (ed.), *The Gazetteer of Sikkim*, Calcutta, 1894.

Roberts, David, *True Summit: What Really Happened on Maurice Herzog's First Legendary Ascent of Annapurna*, New York, 2000.

Roch, André, *Garwhal Himalaya: Expedition Suisse*, Neuchâtel, 1947.

Rocher, Rosane, and Ludo, *The Making of Western Indology: Henry Thomas Colebrooke and the East India Company*, Abingdon, 2012.

Roerich, George, *The Blue Annals*, 2 vols, 1949–1953. Rose, Leo E, *Nepal: Strategy for Survival*, Berkeley, 1971.

—— and Fisher, Margaret W, *The Politics of Nepal: Persistence and Change in an Asian Monarchy*, Cornell, 1970.

Rose, Sarah, *For All the Tea in China: Espionage, Empire and the Secret Formula for the World's Favourite Drink*, London, 2010.

Russell, W H, *My Diary in India*, London, 1859. Ruttledge, Hugh, *Everest 1933*, London, 1934.

Sandberg, Graham, *The Exploration of Tibet: Its History and Particulars from 1623 to 1904*, Caluctta, 1904.

Sangharakshita, *Facing Mount Kangchenjunga: An English Buddhist in the Eastern Himalayas*, Glasgow, 1991.

Sawerthal, Anna, 'A Newspaper for Tibet: Babu Tharchin and the "Tibet Mirror" (Yul phyogs so so'i gsar 'gyur me long, 1925–1963) from Kalimpong', doctoral dissertation, Heidelburg University, 2018.

Schaeffer, Kurtis R, Kapstein, Matthew T, and Tuttle, Gray (eds), *Sources of Tibetan Tradition*, New York, 2013.

Schaik, Sam van, *Tibet: A History*, London, 2011.

Schlagintweit, Hermann and Robert, *Official Reports on the Last Journeys and the Death of Adolphe Schlagintweit in Turkistán*, Berlin, 1859.

Schlagintweit, Hermann, Adolphe and Robert, *Results of a Scientific Mission to India and High Asia*, 4 vols, Leipzig, 1861–6.

Schneider, Hermann G, *Working and Waiting for Tibet: A Sketch of the Moravia Mission in the Western Himalayas*, London, 1891.

Schwieger, Peter, *The Dalai Lama and the Emperor of China: A Political History of the Tibetan Institution of Reincarnation*, New York, 2015.

Searle, Mike, *Colliding Continents: A Geological Exploration of the Himalaya, Karakoram, and Tibet*, Oxford, 2013.

Sen, Jahar, *Essays in Indo-Nepal Trade: A Nineteenth Century Study*, Calcutta, 1991.

Sever, Adrian, *Nepal under the Ranas*, New Delhi, 1972.

Shaha, Rishikesh, *Jung Bahadur: The Strongman of Nepal*, Kathmandu, 1978.

——, *Modern Nepal: A Political History 1769–1955*, 2 vols, New Delhi, 1990. Shakabpa, W D, *Tibet: A Political History*, New York, 1984.

Sharma, Prayag Raj, *Preliminary Account of the Art and Architecture of the Karnali Region*, Paris, 1972.

Sharma, Shivaprasad, Vaidya, Tulsiram, and Manandhar, Triratna (eds), *Military History of Nepal*, Kathmandu, 1992.

Sherring, Charles A, *Western Tibet and the British Borderland*, London, 1906.

Shipp, John, *Memoirs of the Extraordinary Military Career of John Shipp, Late a Lieutenant in His Majesty's 87th Regiment*, London, 1829. Shipton, Eric, *Nanda Devi*, London, 1936. ———, *That Untravelled World*, London, 1969.

Shokdung, *The Division of Heaven and Earth: On Tibet's Peaceful Revolution*, trans. Akester, Matthew, London, 2016.

Shulman, Nicola, *A Rage for Rock Gardening: The Story of Reginald Farrer, Gardener, Writer and Plant Collector*, London, 2002.

Shaha, Rishikesh, *Modern Nepal: A Political History, 1769–1955*, New Delhi, 2001.

——, *Politics in Nepal 1980–1991*, New Delhi, 1992.

Shakya, Tsering, *The Dragon in the Land of Snows: A History of Modern Tibet Since 1947*, London, 1999.

Shrestha, Bal Gopal, *The Sacred Town of Sankhu: The Anthropology of Newar Ritual, Religion and Society in Nepal*, Newcastle upon Tyne, 2012.

Singh, Amar Kaur Jasmir, *Himalayan Triangle: Historical Survey of British India's Relations with Tibet, Sikkim and Bhutan, 1765–1950*, London, 1988.

Slusser, Mary S, *Nepal Mandala*, Princeton, 1982.

Smythe, Frank S, *Kangchenjunga Adventure*, London, 1932.

——, *Kamet Conquered*, London, 1932.

——, *The Valley of Flowers*, London, 1938.

Snellgrove, David L, *Himalayan Pilgrimage: A Study of Tibetan Religion by a Traveller through Western Nepal*, Oxford, 1961.

—— and Richardson, Hugh, *A Cultural History of Tibet*, London, 1968.

Snelling, John, *The Sacred Mountain: Travellers and Pilgrims at Mount Kailas in Western Tibet, and the Great Universal System of the Sacred Mountain*, London, 1983.

——, *Buddhism in Russia: The Story of Agvan Dorzhiev*, Shaftesbury, 1993.

Sperling, Elliott, *Tibet Since 1950: Silence, Prison, or Exile*, New York, 2000.

Steele, Peter, *Eric Shipton: Everest and Beyond*, London, 1998.

Stein, Rolf A, *Tibetan Civilization*, London, 1972.

Stevens, Stanley F, *Claiming the High Ground: Sherpas, Subsistence and Environmental Change in the Highest Himalaya*, Berkeley, 1993.

Stiller, Ludwig F, *Prithvinarayan Shah in the Light of Dibya Upadesh*, Kathmandu, 1968.

——, *The Rise of the House of Gorkha: A Study in the Unification of Nepal, 1768–1816*, Kathmandu, 1973.

——, *The Silent Cry, the People of Nepal 1816–39*, Kathmandu, 1973.

——, *Letters From Kathmandu: The Kot Massacre*, Kathmandu, 1981.

——, *Nepal: Growth of a Nation*, Kathmandu, 1993.

Suyin, Han, *The Mountain is Young*, London, 1958.

——, *Lhasa: The Open City*, London, 1977.

Swinson, Arthur, *Beyond the Frontiers: The Biography of Colonel F M Bailey, Explorer and Secret Agent*, London, 1971.

Tapovanam, Swami, *Wanderings in the Himalayas*, Mumbai, 1960. Taylor, Annie R, *Pioneering in Tibet*, London, 1898.

Teltscher, Kate, *The High Road to China: George Bogle, the Panchen Lama and the First British Expedition to Tibet*, London, 2006.

Tenzing, Judy and Tashi, *Tenzing and the Sherpas of Everest*, Sydney, 2001.

Thapa, Deepak, *A Kingdom Under Siege: Nepal's Maoist Insurgency 1996–2004*, Kathmandu, 2004.

Thapa, Manjushree, *Forget Kathmandu: An Elegy for Democracy*, Delhi, 2005.

——, *The Lives We Have Lost: Essays and Opinions on Nepal*, New Delhi, 2011. Thapa, Rabi, *Thamel: Dark Star of Kathmandu*, New Delhi, 2016.

Tharkay, Ang, *Mémoires d'un Sherpa*, Paris, 1956.

Thomas, Lowell, *Out of this World: Across the Himalayas to Tibet*, New York, 1950.

Thondup, Gyalo, *The Noodle Maker of Kalimpong: My Untold Story of the Struggle of Tibet*, London, 2015.

Thubron, Colin, *To a Mountain in Tibet*, London, 2010.

Tibet Information Network, *A Poisoned Arrow: The Secret Report of the 10th Panchen Lama*, London, 1997.

Tilman, H W, *The Ascent of Nanda Devi*, Cambridge, 1937.

——, *Everest, 1938*, London, 1948.

——, *Nepal Himalaya*, London, 1952.

Tladhar-Douglas, Will, *Remaking Buddhism for Medieval Nepal: The Fifteenth-Century Reformation of Newar Buddhism*, Abingdon, 2005.

Toffin, Gérard (ed.), *Man and his House in the Himalayas*, Delhi, 1991.

——, *From Monarchy to Republic*, 2013.

Troelstra, Anne S, *Bibliography of Natural History Travel Narratives*, Leiden, 2016.

Tucci, Giuseppe, *To Lhasa and Beyond*, Rome, 1956.

——, *Nepal: The Discovery of the Mallas*, London, 1962.

——, *Tibet: Land of Snows*, London, 1967.

——, *Transhimalaya*, London, 1973.

Tuckey, Harriet, *Everest: The First Ascent*, London, 2013.

Tuladhar, Kamal Ratna, *Caravan to Lhasa: A Merchant of Kathmandu in Traditional Tibet*, Kathmandu, 2011.

Turner, Samuel, *An Account of an Embassy to the Court of the Teshoo Lama in Tibet*, London, 1800.

Tuttle, Gray, and Schaeffer, Kurtis R (eds), *The Tibetan History Reader*, New York, 2013. Unsworth, Walt, *Tiger in the Snow: The Life and Adventures of A F Mummery*, London, 1967.

——, *Everest: The Ultimate Book of the Ultimate Mountain*, Oxford, 1989.

Upadhya, Sanjay, *Nepal and the Geo-Strategic Rivalry between China and India*, Abingdon, 2012.

Uprety, Prem R, *Nepal: A Small Nation in the Vortex of International Conflicts*, Kathmandu, 1984.

Vitali, Roberto, *Records of Tho.ling: A Literary and Visual Reconstruction of the 'Mother' Monastery in Guge*, Dharamsala, 1999.

——, *A Short History of Mustang (10th–15th Century)*, Dharamsala, 2013.

Waddell, Laurence A, *The Buddhism of Tibet, or Lamaism, with its Mystic Cults, Symbolism and Mythology, and in its Relation to Indian Buddhism*, London, 1895.

——, *Among the Himalayas*, London, 1899.

——, *Lhasa and its Mysteries*, London, 1905.

Waller, Derek, *The Pundits: British Exploration of Tibet and Central Asia*, Lexington, 1990. Wangyal, Phuntsok, *Witness to Tibet's History*, New Delhi, 2007.

Ward, Michael, *Everest: A Thousand Years of Exploration*, Glasgow, 2003. Wasserstein, Bernard, *The Secret Lives of Trebitsch Lincoln*, London, 1988.

Waterhouse, David, *The Origins of Himalayan Studies: Brian Houghton Hodgson in Nepal and Darjeeling*, London, 2004.

Webber, Thomas W, *The Forests of Upper India and Their Inhabitants*, London, 1902.

West, John B, *High Life: A History of High Altitude Medicine and Exploration*, Oxford, 1998.

Wheeler, James Talboys, *Summary of Affairs of the Government of India in the Foreign Department from 1864 to 1869*, Calcutta, 1868.

Whelpton, John, *Jang Bahadur in Europe: The First Nepalese Mission to the West*, Kathmandu, 1983.

Whelpton, John, *A History of Nepal*, Cambridge, 2005.

White, John Claud, *Sikhim and Bhutan: Twenty-One Years on the North-East Frontier 1887–1908*, London, 1909.

Wignall, Sydney, *Spy on the Roof of the World*, Edinburgh, 1996.

Williamson, Margaret D, *Memoirs of a Political Officer's Wife in Tibet, Sikkim and Bhutan*, London, 1987.

Woeser, Tsering, *Tibet on Fire: Self-Immolations Against Chinese Rule*, London, 2016. Wolpert, Stanley, *Morley and India: 1906–1910*, Berkeley, 1967.

Wright, Daniel (ed.), *History of Nepal, Translated from the Parbatiya by Munshi Shew Shunker Singh and Pandit Shri Gurunand*, Cambridge, 1877.

Wulf, Andrea, *The Invention of Nature: The Adventures of Alexander von Humboldt, the Lost Hero of Science*, London, 2016.

Young, Keith, *Delhi 1857: The Siege, Assault, and Capture as Given in the Diary and Correspondence of the Late Colonel Keith Young*, London, 1902.

Younghusband, Francis, *The Epic of Mount Everest*, London, 1926.

Zurick, David, and Pacheco, Julsun, *Illustrated Atlas of the Himalay a*, Lexington, 2006.

國家圖書館出版品預行編目（CIP）資料

喜馬拉雅：雪之寓所、神話起點與人類的歷史／艾德・道格拉斯（Ed Douglas）著；呂奕欣譯. -- 初版. -- 臺北市：麥田出版：英屬蓋曼群島商家庭傳媒股份有限公司城邦分公司發行，2022.10
面；　公分
譯自：Himalaya : a human history
ISBN 978-626-310-300-9（平裝）
1.CST: 喜馬拉雅山脈　2.CST: 世界史
730.832　111012848

喜馬拉雅
雪之寓所、神話起點與人類的歷史
HIMALAYA: A HUMAN HISTORY

作　　者／艾德・道格拉斯（Ed Douglas）
譯　　者／呂奕欣
特約編輯／劉懷興
主　　編／林怡君

國際版權／吳玲緯
行　　銷／闕志勳　吳宇軒　陳欣岑
業　　務／李再星　陳紫晴　陳美燕　葉晉源
編輯總監／劉麗真
總 經 理／陳逸瑛
發 行 人／凃玉雲
出　　版／麥田出版
10483臺北市民生東路二段141號5樓
電話：(886)2-2500-7696　傳真：(886)2-2500-1967
發　　行／英屬蓋曼群島商家庭傳媒股份有限公司城邦分公司
10483臺北市民生東路二段141號11樓
客服服務專線：(886) 2-2500-7718、2500-7719
24小時傳真服務：(886) 2-2500-1990、2500-1991
服務時間：週一至週五09:30-12:00・13:30-17:00
郵撥帳號：19863813　戶名：書虫股份有限公司
讀者服務信箱E-mail：service@readingclub.com.tw
麥田網址／https://www.facebook.com/RyeField.Cite/
香港發行所／城邦（香港）出版集團有限公司
香港灣仔駱克道193號東超商業中心1/F
電話：(852)2508-6231　傳真：(852)2578-9337
馬新發行所／城邦（馬新）出版集團 Cite (M) Sdn Bhd
41, Jalan Radin Anum, Bandar Baru Sri Petaling, 57000 Kuala Lumpur, Malaysia.
Tel: (603)90563833　Fax: (603)90576622　Email: services@cite.my

封面設計／兒日設計
印　　刷／前進彩藝有限公司

■2022年10月29日　初版一刷

定價：820元
ISBN 978-626-310-300-9